字源풀이
자원

漢字의 精釋
한자 정석

字源풀이
자원

漢字의 精釋
한자 정 석

김삼분

도서출판 지성人

· 김삼분

방송통신대학 중문과 졸업
초등학교 2부 특활 강사
서예 한문 교습소 운영
문화 센터 생활 한자 및 향교 명륜 대학 수료
한자 능력 검정 1급 취득

자원풀이
한자의 정석

2025년 11 월 20 일 초판 1쇄 발행
저 자 김삼분
펴낸이 엄승진
책임편집.디자인 도서출판 지성인 편집실
펴낸곳 도서출판 지성인
주 소 서울 영등포구 여의도동 11-11 한서빌딩 1209호
메 일 Jsin0227@naver.com
연락주실 곳 T) 02-761-5915 F) 02-6747-1612
ISBN 979-11-89766-64-1 01710

정가 60,000원

字源풀이 漢字의 精釋
자원 한자 정석

한국어문회 지정 한자 1급까지 3500자 정확하게 자원 풀이된 한자 설명서입니다

한자가 얼마나 어려우면 한자 한(漢)자와 복잡할 잡(雜)자를 합하여 어려울 난(難)자를 만들었을까? 사실, 한자 공부는 획이 복잡한 데다가 뜻을 음미해야 하므로 쉽게 넘어갈 수가 없다. 그러나 어렵다고 외면할 수 없는 우리 언어의 뿌리이며, 인류 최고의 문화유산이며, 역사 그 자체의 기록으로 단순한 글자가 아니라 오랜 시간 동안 사람들의 생각과 문화가 응축되어 상형과 의미, 소리로 살아 숨 쉬는 문자이다. 우리는 일상 속에서 수많은 한자어를 사용하면서도 정작 그 구성 원리나 뜻을 정확히 알지 못하는 경우가 많다. 이 책은 바로 그 궁금증에서 출발한 것이다.

본인이 처음 한자에 입문할 때 가장 궁금했던 것이 획의 의미였다. '왜 이렇게 썼을까?' 분명히 이유가 있는 뜻글자인데 하며 언제나 의문을 가지고 알고 싶어 했다. 하지만 그 어디에서도 마음에 드는 풀이는 찾을 수 없었다. 그래서 시행착오를 거치며 스스로 연구를 했다. 그렇게 스스로 터득한 여러 가지 방법 중 더러는 영어사전이나 중국어 사전의 친절한 예문이나 설명을 참고하고 더러는 백과사전을 참고하며 자획과 관계되는 실마리를 찾은 다음 관계되는 획을 유추해서 풀어나갔다.

한자 속에는 세상의 이치와 자연의 이치와 역사와 문화와 사상이 고스란히 들어있다. 그 담긴 뜻을 글자 속에서 획으로 읽어내어 처음 글자가 생긴 배경을 정확하게 풀려고 무진 애를 썼다. 다행히 나름대로는 서예를 했었고, 문화센터를 통하여 명심보감과 사서를 배웠었고, 사주 명리학도 독학해 보았고, 그런

상식들이 도움이 되었고, 방송통신대학교의 중어 중문과를 졸업하면서 중국 역사와 문화에 대한 전문지식을 넓히고, 반백 년을 살면서 터득한 의식주와 일상의 온갖 우리 언어를 토대로 틈만 나면 오로지 이 한 분야를 연구해 왔다. 안 풀리던 이치도 덮어놓고 있다가 다시 시도해 보면 문득 실마리가 떠올라 명쾌하게 풀릴 때는 발명에 가까운 짜릿한 희열을 느끼면서 사명감까지 생겼다.

이젠 어디에 내놓아도 부끄럽지 않을 만큼 온갖 방법과 오랜 연구에서 얻어지는 나만의 비법으로 해결했다. 적어도 내 마음에는 만족스럽다. 복잡한 획에 숨겨진 의미를 찾는 것은 마치 숨은그림찾기를 방불케 한다. 방대한 글자의 의미가 너무도 과학적이란 사실에 놀라고 그 발상이 너무도 실감이 나서 놀란다. 스스로 만족감에 행복을 느낄 때도 많았다.

너무 부연 설명하면 지루하거나 분량이 많아질까 봐 자획과 관계있는 꼭 필요한 내용으로 설명을 압축했다. 그래도 방대하지만 이렇게 정확하게 한눈에 찾기 쉽게 사전식으로 엮은 참고서는 아마 없을 것이다.

이 책을 통해 독자분들이 한자를 쉽게 익히고 한자의 뿌리를 이해하고 한자를 더욱 사랑하며 나아가 동양문화에 대한 통찰을 넓히는 계기가 되기를 바란다.

이 책이 나오기까지 본인이 항심(恒心)을 가지고 연구할 수 있도록 그동안 항산(恒産)이 되어주고 마음의 안정과 컴퓨터 막힐 때마다 손 봐주고, 긴 교정작업에 함께 해준 남편, 출판사와의 소중한 인연을 맺어준 은인 같은 친구와 교수님, 부족한 원고를 흔쾌히 받아주신 출판사 사장님께 깊이 감사드리며, 예전에 교습소 학생들 지금은 성인이 되었지만, 교습소의 사랑하는 회원들과 한자를 사랑하는 모든 이들에게 내 평생의 연구를 이 한 권의 책으로 바친다.

2025년 10월 30일

김삼분

후기

그동안 내 일생은 한자를 취미이자 특기로 삼으며 희로애락을 같이했다.

한문 교습소를 하면서 교학상장으로 한자를 통하여 언어와 지식의 깊은 맛을 느끼며 순수한 아이들에게 한자를 통하여 세상의 이치와 인성을 가르치는 보람을 느끼며 적은 수입이지만 가계에 보탬이 되어 부모 형제와 정의를 나누며 생활의 윤활유가 되기도 하였으니 이만하면 가히 군자삼락이 아니고 무엇이겠는가?

그러나 세월은 무상하여 학원은 아이들이 줄고 나는 시절 따라 성업인 요양사 일을 하러 떠났다. 한자를 아시는 어른들 한두 분이 내가 적어다 주는 추구 등을 즐기신 적도 있지만 10년을 묻어두었던 한문에 다시 불을 붙이며 정리를 한다.

한자는 의미가 있는 획과 글자끼리의 합으로 이루어져 있다. 어떻게 쓰이는지를 충분히 알고 글자의 구조를 뜯어보아 자원을 풀었으니 완벽하진 않더라도 유익하고 신선한 발상을 만끽할 것이라 본다. 자원을 정확히 파악하면 이해도 쉽고 활용도 쉽고 해석도 쉽다. 복잡한 한자가 하나의 그림처럼, 이야기처럼 다가와 재미있는 공부가 되기를 바라며 한 자씩 명쾌하게 풀릴 때마다 스스로 가슴 벅찼던 잊을 수 없는 내 연구물을 기꺼이 공유하고자 한다.

목 차

➢ 특징 및 활용방법

1. 명쾌한 자원의 풀이로 글자의 뜻이 분명해 짐과 동시에 자원의 발상이 자못 흥미로울 것이다.

2. 연관되어 이어지는 자획을 일목요연(一目瞭然)하게 배열할 수가 없어서 가나다 순으로 나열했다

3. 만약 어떤 자를 알려고 하면 합체된 처음의 자를 먼저 알면 더욱 좋다. 잘 모르면 그 글자의 음을 가나다순으로 찾아서 참고하면 된다.

4. 합체한 글자에서 부수가 있는 의미 부분의 자를 앞으로 배치했다.

5. 자원이 된 중요한 의미의 말은 밑줄을 그어 이해를 도왔다.

6. 부수와 부수의 결합인 회의 자, 부수와 음의 부분을 결합한 형성 자 외에 여러 자의 획을 조합한 풀이도 있다.

7. 분량이 많아져 부연설명을 줄였으니 예시된 낱말을 활용하면 이해가 더욱 확실해질 것이다.

부수 한자

부수 한자		훈 음	풀 이
一	1획	하나 **일** 첫째 **일** 오로지 **일**	하나를 가리키는 지사 자로 첫째란 뜻과 한결같으니 오로지 등의 뜻
丨	1획	뚫을 **곤**	아래로 찔러 넣어 뚫는다, 위아래로 통한다, 세운다는 뜻
丶	1획	표 점 **주** 심지불 **주**	표시하는 점이란 뜻
丿	1획	삐침 **별**	오른쪽 위에서 왼쪽으로 비스듬히 끌어내리며 점점 가늘어지는 획으로 바로 내려오지 않고 옆으로 삐딱하게 내리치니 삐친다는 뜻
乙	1획	새 **을** 굽을 **을** 둘째 **을** 모모 **을**	새의 가슴처럼 구부러진 모양으로 굽었다는 뜻과 천간의 둘째란 뜻과 모르는 사람을 지칭할 때 아무개(갑, 을)란 뜻
亅	1획	갈고리 **궐**	아래 끝이 구부러진 갈고리란 뜻과 걸린다. 건다는 데 쓰임
二	2획	두 **이**	막대기 두 개로 둘이란 뜻과 둘로 나누어진다는 뜻과 거듭이란 뜻과 등호(=)의 표시로 같다는 뜻도 있음
亠	2획	돼지 **해 머리** 머리부분 **두**	돼지 해(亥)의 머리부분이라서 붙인 이름이며, 뜻없는 토라고도 함. 기준선의 위에 표 점을 찍어 사물의 위인 머리 부분을 가리킴
人 (亻)	2획	사람 **인** 사람인 **변**	고문에는 구부리고 두 발로 걷는 사람 모양이었으나 삐침과 파임의 두 획으로 안정감 있게 처리한 상형 자로 사람, 곧 인간이란 뜻
儿	2획	어진 사람 **인** 발	人이 아래 발의 위치에 붙을 때 변형된 모양으로 두 다리로 우뚝 선 사람이란 뜻과 우뚝 서니 우러르는 어진 사람의 발이라는 뜻

부수 한자		훈 음	풀 이
入	2획	들 **입**	사람(人)의 머리 부분을 구부린 모양으로 문틀에 받힐까 봐 머리를 숙이고 들어간다는 뜻
匚	2획	상자 **방**	한쪽이 트인 네모 상자란 뜻
匸	2획	감출 **혜**	상자 방(匚)과 망할 망(亡)의 합으로 상자 속에 넣어 없는 듯이 숨긴다, 감춘다는 뜻
十	2획	열 **십**	가로와 세로를 더한 모양으로 더하다는 뜻과 손가락을 다 합하니 열이란 뜻과 손가락 모두란 뜻과 그리스도의 상징인 십자란 뜻
卜	2획	점 **복**	거북의 등을 지져서 갈라져 금이 가고 터진 모양으로 점을 친다는 뜻
卩	2획	몸기 **절**	몸의 마디가 접혀 꺾이는 모양으로 무릎을 꿇다, 마디가 서로 들어맞으니 맞추어보는 신표인 부절이란 뜻
厂	2획	언덕 **엄**	上의 부수와 삐침 별(丿)의 합으로 비탈진 약간 높은 언덕이란 뜻
厶	2획	사사로울 **사** 마늘 **모**	수컷의 생식기 모양의 변형으로 사생활의 私(사)의 古字(고자)로 사사롭다는 뜻과 마늘 모양 같아서 '마늘 모'라고 부르기도 함
又	2획	또 **우**	오른손 모양으로 대개 오른손의 힘이 더 나으니 더 나아지게 하려고 연습 등을 또, 더 하니 '또'란 뜻과 거듭이란 뜻 *오른 우(右)와 같음
口	3획	입 **구** 구멍 **구**	사람의 입 모양으로 입에서 말이 나오거나 먹을 것이 들어가니 나오고 들어가는 출입구나 뚫린 구멍이란 뜻
囗	3획	둘레 **국** 큰 입구 **몸**	사방을 들러 싼 담의 모양으로 전체를 둘러싼 '둘레 국' 또는 '큰 입구 몸'이라 함

부수 한자		훈 음	풀 이
土	3획	흙 **토**	아래 하(下)와 합할 십(十)의 모양으로 동식물의 생명에 필요한 각종 무기질과 물, 공기, 그리고 유기물로 합하여 뭉치고 덩이 져 아래에서 만물을 싣고 생명이 살게 품어주는 흙이란 뜻
士	3획	선비 **사**	흙 토(土)의 열 십을 크게 하여 특별히 두드러짐을 나타낸 모양으로 특히 학문 분야에 두드러지게 뛰어나다는 출세(出世)의 뜻과 병사, 박사, 변호사, 기사 등 어떤 분야에든 뛰어난 전문인을 이름
夂	3획	뒤져 올 **치**	조금씩 걸을 척(彳)의 변형으로 다리를 길게 끌며 천천히 걷는다, 뒤진다는 뜻
夕	3획	저녁 **석**	해 일(日)이 기울어진 모양으로 해가 서산에 넘어가 기울어져 아래 획이 묻혀 없는 모양으로 서쪽, 기운다, 저녁이란 뜻
大	3획	큰 **대**	사람이 팔다리를 벌리고 자세를 크게 한 모양으로 크다, 길다는 뜻
女	3획	계집 **녀**	큰 대(大)자에서 다리를 모으고 얌전히 앉은 여자 모양으로 대장부 남자에 반대 뜻인 여자(계집)란 뜻
子	3획	아들 **자**	마칠 료(了)와 세대 세(世)의 합으로 일생을 마치면 세대를 이어갈 아들이란 뜻과 동물의 어린 새끼나 식물의 씨앗을 나타내며 12 지의 첫째 동물인 쥐란 뜻과 사물의 이름 밑에 붙이는 접미사로 쓰임
宀	3획	집 **면**	덮을 멱(冖)의 위를 표하여 비바람을 덮어 막아줌이 주(主)가 되는 집이란 뜻
寸	3획	마디 **촌**	또 우(又)와 표 점 주(丶)의 합으로 손목의 맥 짚는 곳을 점으로 표시한 모양으로 맥이 뛰는 시간이 짧다는 데서 짧다는 뜻과 짧은 길이인 한 치(인치), 맥을 헤아린다는 뜻

부수 한자		훈 음	풀 이
小	3획	작을 **소**	고문에는 모래나 좁쌀알처럼 작은 점 셋을 해서(楷書) 획으로 쓴 모양으로 작다는 뜻
尢	3획	절름발이 **왕**	높은데 오르려고 큰 대(大)의 한쪽 다리를 올려놓아 굽힌 모양으로 한쪽이 짧아서 절름발이 왕, 굽을 왕이라 한다.
尸	3획	주검 **시**	뱀 사(巳)가 꼬리를 길게 뻗힌 모양으로 몸을 길게 뻗고 늘어져 눕는다. 뻗으니 주검(인간의 시체)의 뜻
屮	3획	싹 날 **철**	초목의 싹이 양쪽으로 잎을 달고 위로 솟아 나오는 모양
山	3획	메 **산**	높고 낮은 봉우리를 표시한 산 모양
巛 (川)	3획	개미허리 내 **천**	냇물이 휘돌아 흐르는 모양의 상형 자로 川의 고자(古字)이나 부수에서는 둘 다 쓰이고 있음 *巜; 내보다 좁은 도랑 괴
工	3획	장인 **공** 만들 **공**	위 상(上)과 아래 하(下) 곧, 두 점을 연결하여 걸쳐서 책상을 만들듯이 윤곽 구조 장치 등을 만든다는 뜻
己	3획	몸 **기** **자기 기**	상체와 하체를 꺾고 굽혀 낮춘 몸으로 겸손하게 낮추는 자기란 뜻과 시키지 않고 굽히고 몸소 행하는 몸이란 뜻
巾	3획	수건 **건**	덮을 멱(冖)과 뚫을 곤(丨)의 합으로 바늘로 뚫어 꿰매어 몸을 덮는 천이란 뜻
干	3획	천간 **간** 방패 **간**	열 십(十)과 아니 불(不)의 합으로 옛날에 하늘에 10(갑, 을, 병, 정, 무, 기, 경, 신, 임, 계)개의 태양이란 뜻, 자기가 태어난 날 지구에서 볼 때 태양이 위치하는 별자리가 자신의 탄생별인데 자신의 별자리는 태양에 가려서 보이지 않으니 가리는 보호막인 방패란 뜻과 방패처럼 끼어들어 막으니 간섭한다, 선을 넘으니 범한다는 뜻

부수 한자		훈 음	풀 이
幺	3획	작을 **요**	꼬물꼬물한 아기의 고사리 손처럼 꼼지락거리는 동작이나 모양이 작다는 뜻
广	3획	큰집 **엄**	언덕 원(原)의 부수와 임금 주(主)의 합으로 적의 침입을 피하여 요새가 되는 고원(高原)에 지은 영주(領主)나 군주(君主)가 사는 큰 집이란 뜻
廴	3획	끌 **인** 길게 걸을 **인**	조금 걸을 척(彳)에서 들어 얹힌 획이 걸리적거려 빨리 가지 못하고 시간을 끈다는 뜻
廾	3획	손 맞잡을 **공**	왼손(屮), 오른손(又)을 같이 더하여 잡은 모양이란 뜻
弋	3획	주살 **익**	오늬(화살의 뒷부분)에 줄을 맨 화살이란 뜻과 줄을 잇다, 이어간다는 뜻
弓	3획	활 **궁**	굽은 활의 모양을 본뜬 자
彐 (彐)	3획	고슴도치머리 **계**	고리나 걸쇠가 위아래로 감겨들게 걸린다는 뜻과 고슴도치 휘(彙)의 머리라고 이름 함
彡	3획	터럭 **삼**	여러 가닥으로 갈라지는 털 모양으로 털이란 뜻과 빗살이나 햇살이나 가닥 져서 길게 뻗치는 모양에 쓰임
彳	3획	자축거릴 **척** (두인 **변**)	두 사람 겹친 모양으로 '두인변'이라 하며 오고 가는 다닐 행(行)에 비해 한 방향 곧 편도로 간다는 뜻
扌 (手)	3획	손 **수** 재방 **변**	손 맞잡을 공(廾)을 세워놓은 모양, 손 수(手)가 변으로 갈 때의 변형으로 재주 재(才)의 모양이라 재방이라 이름 함
氵 (水)	3획	물 **수** 삼수 **변**	물(水)의 부수변형으로 물이 똑, 똑 방울져 떨어지는 모양으로 '삼수'라 이름 함
犭 (犬)	3획	개 **견** 사슴 **록**	개 견(犬)은 주살 익(弋)과 삐침 별(丿)의 합으로 견(犬)은 오늬에 줄을 묶은 주살처럼 목을 묶어서 끌고 다니는 개란 뜻이고 견(犭)은 부수변형으로 개처럼 네발짐승을 나타내는 '개 사슴 록'이라 이름 함

부수 한자		훈 음	풀 이
阝 (阜)	3획	언덕 **부** 좌부 **방**	아래를 더하여 덧쌓아 놓은 높은 언덕이란 뜻과 부수변형으로 '좌 부 방'으로 나타냄
阝 (邑)	3획	고을 **읍** 우부 **방**	邑은 뱀 파(巴)와 둘레 국(口)의 합으로 돌돌 말고 있는 큰 뱀처럼 담으로 사방이 둘러싸인 도읍이란 뜻과 부수변형으로는 '우 부 방'으로 나타냄
忄 (心)	3획	마음 **심**	心은 몸속의 염통 모양으로 온몸으로 피를 펌프질해 보내어 영양을 공급하고 다시 돌아오는 중심이 되는 장기로써 중심이 되고 보이지 않는 속에 있다 하여 마음이라 함 * 忄은 心의 부수변형
日	3획	해 **일** 날 **일**	우주에 중심이 된다고 가운데 표 점이 있는 둥근 태양이란 뜻과 해가 떠서 지기까지의 동안인 날이란 뜻
月	4획	달 **월**	밤하늘의 기울어진 조각달 모양으로 달이라는 뜻과 달이 지구를 한 바퀴 도는데 걸리는 기간인 달이란 뜻
戶	4획	문 **호** 집 **호**	대문(門)의 한쪽을 나타낸 여닫이 외짝 문
戈	4획	창 **과**	주살(줄 달린 화살) 익(弋)과 삐침 별(丿)의 합으로 주살처럼 줄이 달리고 사냥물을 찍어서 걸어 끌어 당겨올 수 있게 작살처럼 미늘이 달린 창이란 뜻
支	4획	가를 **지** 지탱할 **지**	또(손) 우(又)와 열 십(十)의 합으로 손의 손가락이 10개로 갈라지듯이 사방으로 갈래가 벌어진다, 가른다, 지점을 낸다는 뜻과 손가락을 합쳐 잡으니 지탱한다는 뜻
攴	4획	칠 **복**	점 복(卜)과 또 우(又)의 합으로 점을 치려고 손으로 산가지를 톡 톡 두드리다, 혹은 노크하듯이 똑똑 두드린다, 가볍게 친다는 뜻
攵	4획	칠 **복** 등 글월 **문**	칠 복(攴)과 같이 쓰이며 文과 같은 모양이라 같을 등의 '등 글월 문'이라고도 함

부수 한자		훈 음	풀 이
文	4획	글월 **문**	없을 망(亡)과 다스릴 예(乂)의 합으로 망가져 알아볼 수 없는 갑골문의 획을 맞추어보듯이 짜 맞추어 쓰는 한자의 부수나 영어의 알파벳이나 한글의 자모음 같은 글이란 뜻과 짜 맞추는 피륙의 무늬란 뜻
斤	4획	도끼 **근**	날카로운 날과 손잡이 있는 도끼란 뜻
方	4획	네모 **방** 방식 **방** 방향 **방**	도시 시(市)와 쌀 포(勹)의 합으로 도시를 구획할 때 길로 둘러싸서 네모지게 설계했다는데서 네모지다, 반듯하다는 뜻과 방법·방향이란 뜻
斗	4획	말 **두**	쌀 미(米)와 열 십(十)의 합으로 쌀 같은 곡물을 되는 열 되이니 한 말이란 뜻과 되같이 생긴 북두칠성이란 뜻
无 (旡)	4획	없을 **무** 이미 기 **방**	더욱 우(尤)와 윗 상(上)의 부수를 합하여 한계라서 그 위에 더는 없다는 뜻, 無(무)의 古字(고자)
牛	4획	소 **우**	고자(古字)를 보면 위 상(上)에 싹 날 철(屮)의 합으로 양쪽으로 뿔이 드러난 소를 나타냄
曰	4획	가로 **왈** (말할 **왈**)	입 구(口)와 아니 불(不)의 합으로 아니라고 입을 가로막으며 논쟁하는 모양으로 왈가왈부한다는 데서 옳음을 강조하여 말한다는 뜻
父	4획	아비 **부**	공평할 공(公)과 다스릴 예(乂)의 합으로 공평하게 이 세상을 만드시고 다스리시는 하느님 아버지란 뜻과 나를 낳은 아버지란 뜻
木	4획	나무 **목**	하늘로 오르는 줄기와 옆으로 뻗는 가지와 땅으로 내린 뿌리 모양의 나무란 뜻
欠	4획	하품 **흠** 입 벌릴 **흠**	기운 기(气)와 사람 인(人)의 합으로 노래를 부르듯 입을 크게 벌리고 입김을 뿜으며 하품을 한다, 틈이 벌어지니 모자란다는 뜻

부수 한자		훈 음	풀 이
止	4획	그칠 **지**	윗 상(上)과 가운데 중(中)의 합으로 기계 등을 돌리던 중(中)에 위로 세운다, 차를 세우니 멈춘다, 중지(中止)한다, 하다가 그친다는 뜻
歹 (歺)	4획	죽을 사 **변** 뼈 앙상할 **알**	아래 하(下)와 저녁 석(夕)의 합으로 해가 넘어가듯이 땅 아래로 넘어가니 죽는다는 뜻과 죽을 몸처럼 뼈만 앙상하다는 뜻
殳	4획	몽둥이 칠 **수** 창 **수**	안 석 궤(几)와 칠 복(攴))의 합으로 공중으로 붕 띄우듯이 높이 치켜들며 몽둥이를 내려친다는 뜻과 멀리 나아가게 손을 높이 붕 띄워 던지는 긴 창이란 뜻
毋	4획	말 **무**	계집 녀(女)와 삐침 별(丿)의 합으로 여자는 끌어내면서 들어오지 말라는 금지의 뜻
比	4획	견줄 **비**	꼬부라진 늙은이 둘이 나란히 놓여있는 모양으로 나란하다는 뜻과 나이나 키 등을 비교한다는 뜻
毛	4획	털 **모**	손가락처럼 가닥으로 갈라진 짐승의 털 모양
氏	4획	각시 **씨** 성씨 **씨**	물갈래 파(派) 획의 모양으로 같은 성에서 혼인으로 갈라져 퍼지는 씨족이란 뜻과 시집오는 신부에게 그의 아버지의 성을 따서 부를 때 뿌리 있는 혈통이라고 존칭으로 붙이던 접미사로 시집오는 신부인 각시란 뜻과 지금은 남자나 여자의 성이나 이름 뒤에 존칭으로 붙여 쓰이고 있다
气	4획	기운기 **엄**	빌 걸(乞)과 윗 상(上)의 합으로 엎드렸다가 위로 일어나려는 기운, 활력이란 뜻
牙	4획	어금니 **아** 대장기 **아**	어그러질 천(舛)과 창 모(矛)의 합으로 어긋나게 입 밖으로 삐져나온 뻐드렁니인 코끼리의 창처럼 뾰족한 어금니란 뜻과 상아로 장식한 '대장기'란 뜻
火 (灬)	4획	불 **화**	불꽃이 활활 타는 모양 *불화 발(灬): 아래에 놓인 불의 모양

부수 한자		훈 음	풀 이
爪	4획	손톱 **조**	새의 발가락 모양으로 손톱이나 발톱 또는 손톱같이 날카로운 새의 부리란 뜻
耂 (老)	4획	늙을 **로**	흙 토(土)와 오랠 구(久)의 부수 ノ의 합으로 이 땅(지구상)에 나와서 오래되어 등이 꼬부라진(匕) 늙은이란 뜻
爻	4획	점괘 **효** 본받을 **효**	주역의 음과 양이 복잡하게 뒤섞이는 육 효(점괘)란 뜻과 효를 보고 따라 하니 본받는다는 뜻
爿	4획	조각 **장**	나무 목(木)의 가운데를 나눈 왼쪽 모양으로 잘라 편편한 널조각이란 뜻
片	4획	조각 **편**	나무 목(木)의 가운데를 나눈 오른쪽 모양으로 잘라낸 한 조각이란 뜻
艹 (艸)	4획	풀 **초**	떡잎이 갈라진 싹 날 철(屮)을 두 개 붙인 모양으로 파란 풀이란 뜻과 부수변형으로 풀 초(草)의 머리로 줄여 나타냄
立	5획	설 **립**	하늘 위로 머리를 두고 땅에 두 다리를 세워 우뚝 서 있다는 뜻
衣 (衤)	5획	옷 **의**	드릴 향(享)과 긴 長)과 이에 내(乃)의 합으로 사제(司祭)나 왕들이 제사를 올릴 때 입는, 한쪽 팔만 빼내고 길게 덮어 입는 법의란 뜻
辶 (辵)	5획	쉬엄쉬엄 갈 **착**	조금 걸을 척(彳)과 발족(足)의 합으로 발로 조금씩 내디뎌 걸어간다는 뜻
玉	5획	구슬 **옥**	둥글 환(丸)의 부수와 가로획을 한 줄로 꿰어놓은 모양으로 꿰어놓은 둥근 구슬이란 뜻과 값비싸고 귀하다는 뜻
玄	5획	검을 **현** (가물 **현**)	없을 망(亡)과 작을 요(幺)의 합으로 너무 작아서 없는 듯이 가물가물하다는 뜻과 끝이 없는 듯 멀어 가물가물한 하늘이란 뜻

부수 한자		훈 음	풀 이
瓜	5획	오이 **과**	손톱 조(爪)와 써 이(以)의 합으로 덩굴손으로써 붙잡고 매달리는 오이나 참외란 뜻
瓦	5획	기와 **와**	서로 호(互)와 깍지 낄 차(叉)의 합으로 암기와 와 숫기와가 서로 깍지 끼듯이 꼭 붙어있는 모양을 나타낸 기와란 뜻
甘	5획	달 **감**	입 구(口)와 입안에서 맛을 느끼는 혀를 표시하여 입맛을 다시는 달다는 뜻
生	5획	날 **생** 살 **생**	흙 토(土)와 날 출(出)의 합으로 흙에서 싹이 나오거나 이 땅에 태어난다는 뜻
用	5획	쓸 **용**	책(꾀)(冊)과 말 마(馬)의 합으로 8괘를 만들었다는 하도 낙서설(河圖 洛書 說)에서 하수와 낙수에서 등에 금과 글이 있는 신비한 용마(龍馬)가 나와서 그것을 해석하여 괘로 활용하였다는 데서 필요하여 쓰다, 사용한다는 뜻
田	5획	밭 **전**	밭둑의 경계가 있는 밭이란 뜻
疋	5획	필 **필** 발 **아**	평 갈고리(亅)와 발 족(足)의 합으로 옷감을 둘둘 말아 감아놓은 '필'이란 뜻과 감으니 돌린다, 구른다는 뜻과 돌아다니는 발이란 뜻
疒	5획	병질 **녁**	침상 상(牀)과 누울 와(臥)의 합으로 침상에 드러누우니 병이 들었다는 뜻
癶	5획	필 발 머리 걸을 **발**	다닐 행(行)이 필 발(發)의 머리 쪽으로 놓인 모양으로 걸어 다닌다는 뜻
白	5획	흰 **백**	해 일(日)과 삐침(비칠) 별(丿)의 합으로 해가 눈부시게 번뜩이며 비치니 밝다, 환하다, 환하니 드러난다, 드러내니 밝힌다, 고백한다, 희다는 뜻

부수 한자		훈 음	풀 이
皮	5획	가죽 **피**	지탱할 지(支)와 삐침 별(ノ)의 합으로 잡아매어 고정시켜 놓고 잡아당겨 벗긴 가죽이란 뜻과 가죽이니 껍질, 겉이란 뜻
皿	5획	그릇 **명**	고분 등에서 나온 유물 가운데 줄무늬(빗살 모양)의 토기 같은 음식을 담는 그릇이란 뜻
目	5획	눈 **목**	금을 그어 눈동자를 표시한 모양으로 눈동자이니 눈빛, 눈길, 주목의 뜻과 눈금을 그어 나누듯이 구분하여 나눈 조목이란 뜻
矛	5획	창 **모**	긴 창 자루에 수술이 달린 마름모꼴이나 세모진 창이란 뜻
矢	5획	화살 **시**	앞이 뾰족하고 뒤가 갈라진 화살이란 뜻
石	5획	돌 **석**	언덕 엄(厂)과 물건 품(品)의 합으로 언덕 아래로 굴러 떨어지는 물건인 돌이란 뜻
示	5획	보일 **시**	윗 상(上)과 아니 불(不)의 합으로 보이지 않는 신이 위로 조금 드러내 보인다, 나타내 보인다는 뜻과 볼 수는 없지만, 뭔가로 나타내 보이는 귀신이란 뜻
内	5획	짐승 발자국 **유**	안 내(內)와 갈 거(去)의 합으로 떠난 뒤에 남은 안으로 깊이 박힌 짐승의 발자국이란 뜻과 남긴 흔적이란 뜻
禾	5획	벼 **화** 곡식 **화**	열매 과(果)와 삐침 별(ノ)의 합으로 열매가 익으니 무거워 이삭이 아래로 기울어진 벼란 뜻
穴	6획	구멍 **혈** 구덩이 **혈**	가를 팔(八)과 집 면(宀)의 합으로 원시시대에 비바람을 피하여 집으로 삼았던 갈라진 틈인 구멍, 동굴이란 뜻과 동굴처럼 파낸 구덩이이니 무덤이란 뜻
糸	6획	실 **사**	땋거나 꼬아놓은 끈의 끝에 가닥이 있는 모양으로 꼬아 길게 이어지는 실이란 뜻과 길게 잇다, 맨다는 의미로 쓰임

부수 한자		훈 음	풀 이
缶	6획	장군 **부** 질그릇 **부**	凵과 합할 합(合)의 합으로 위에 덮는 뚜껑이 있고 배가 남산만큼 빵빵하게 부른 질그릇인 항아리란 뜻
皿 (网)	6획	그물 **망**	듬성듬성 엮어놓은 그물이란 뜻
羊	6획	양 **양**	뿔이 두 개 있고 털이 많은 양이란 뜻
竹	6획	대 **죽**	대나무의 갈라진 잎 모양을 나타낸 대나무란 뜻
米	6획	쌀 **미**	벼를 찧은 곡식의 낟알을 나타낸 쌀이란 뜻
羽	6획	깃 **우**	새의 깃을 나타냄
而	6획	말 이을 **이**	윗 상(上)과 큰(길) 대(大))의 합으로 위에서 길게 이어진다는 뜻이니 그러나, 그런데, 그러면 등 말을 잇는 접속사로 쓰임
耒	6획	굽정이 **뢰** 쟁기 **뢰**	털 모(毛)와 나무(木)의 합으로 毛는 풀도 된다. 무성한 풀을 갈아엎으려고 나무에 쇠를 박아 소가 끌게 만든 농기구인 쟁기란 뜻
耳	6획	귀 **이**	가운데 구멍이 있고 귓바퀴를 나타낸 귀의 모양
聿	6획	오직(惟) **율** 붓 율	다스릴 윤(尹)과 말 마(馬)의 합으로 용마의 등에 새겨진 그림이나 글을 다스리는(쓰는) 붓이란 뜻과 용마의 등에 새겨진 그림이니 변하지 않는 하늘의 진리인 '오직'이란 뜻
肉 (月)	6획	고기 **육** 육 달 **월**	안 내(內)와 들 입(入)의 합으로 안에 들어있는 껍질이 아닌 살코기란 뜻
臣	6획	신하 **신**	클 거(巨)에서 큰데 소속되어 딸린(아래위로 연결되어 매인) 모양으로 종속되어 속하는 아랫사람인 신하란 뜻
自	6획	스스로 **자** ~부터 **자**	삐침 별(丿)과 눈 목(目)의 합으로 目은 눈금이나 그물의 코의 모양으로 코를 꿰어 끌어내니 저절로 딸려 나온다는 데서 저절로(스스로)란 뜻

부수 한자		훈 음	풀 이
至	6획	이를 **지** 지극할 **지**	기를 육(育)의 머리 부분과 흙 토(土)의 합으로 자식이 너무 공손하여 머리를 땅에 닿는 모습으로 정성이 지극하다는 뜻과 머리가 땅에 닿듯이 어느 장소에 닿아 이르다는 뜻
臼	6획	절구 **구**	입안에 이빨이 나 있는 모양으로 이빨이 음식물을 부수듯이 무엇을 부수는 절구란 뜻
舌	6획	혀 **설**	입 구(口)와 일천 천(千)의 합으로 가볍게 놀리지 말고 천근의 무게를 가지라는 입안의 혀란 뜻
舛	6획	어그러질 **천**	천천히 걸을 쇠(夊) 발이 앞과 뒤로 엇갈려 있는 모양으로 반대로 어긋나게 간다는 뜻
舟	6획	배 **주**	탈 승(乘)과 배 복(腹)과 어른(길이) 장(丈)의 합으로 긴 막대기로 노를 저으며 배 속에 사람이나 물건을 태우고 실어 나르는 배란 뜻
艮	6획	그칠 **간**	볼 간(看)과 북녘 북(北)의 합으로 눈 목(目)의 사이에 북녘 북(北)이 겹쳐진 모양으로 북은 뒤이니 뒤를 돌아본다. 벼슬자리에서 물러나 초야에 묻히니 그친다는 뜻과 괘 이름으로 산을 뜻함
色	6획	빛 **색**	위태할 위(危)와 뱀 파(巴)의 합으로 뱀이 먹이를 감아 잡듯이 위험하게 착 달라붙는 여색이란 뜻과 눈길을 끌려고 예쁘게 드러내는 고운 빛이란 뜻
虍	6획	범 문채 **호**	가죽 피(皮)와 위 상(上)과 일곱 칠(七)의 합으로 가죽위에 드러나는 무늬가 칠보(七寶)처럼 가치 있는 범의 문채란 뜻
虫	6획	벌레 **충**	가운데 중(中))과 사사 사(厶)의 합으로 厶는 생식기 모양이다. 생식기 가운데서 나온 수많은 정자인 정충(精蟲)이란 뜻

부수 한자		훈 음	풀 이
血	6획	피 혈	갈지(之)와 그릇 명(皿)의 합으로 그릇(도관;導管)에 담아 이리 갔다 저리 갔다 돌아다니며 영양을 나르는 피란 뜻
行	6획	다닐 행 줄 항	가는 사람 오는 사람들의 모양으로 오고 가니 다닌다는 뜻과 행인이 이어지니 줄이란 뜻
襾	6획	덮을 아 서녘 서	덮을 멱(冖)과 위에서 꼽아 누르는 술병(酉)의 뚜껑 모양으로 덮는다는 뜻과 덮으니 가리듯이 해가 빠지는 서녘 서(西)와 같음
見	7획	뵈올 현 볼 견	눈 목(目)과 어진 사람 인(儿) 발의 합으로 어른, 곧 원로(元老)를 찾아가 뵙는다는 뜻과 찾아다니며 본다는 뜻
角	7획	뿔 각	쓸 용(用)과 위태로울 위(危)의 합으로 위험할 때 적을 공격하는데 쓰는 짐승의 뿔이란 뜻과 뿔처럼 뾰족 튀어나온 모란 뜻
言	7획	말씀 언	글월 문(文)과 같을 이(二)와 입 구(口)의 합으로 문자 같은, 의사전달수단인 단어 낱말을 입으로 사용하는 말이란 뜻
谷	7획	골짜기 곡	웅덩이 물이 고이는 산이 겹겹(첩첩)인 산골짜기 계곡이란 뜻
豆	7획	콩 두 제기 두	머리 수(首)와 물건 품(品)과 올릴 상(上)의 합으로 머리 위에 물건을 올리는 굽이 높은 제기란 뜻과 고문(古文)에 구슬 두 개가 포개어 있는 모양으로 동글동글한 콩이란 뜻
豕	7획	돼지 시	머리와 등줄기 발과 꼬리 부분을 나타낸 돼지란 뜻

부수 한자		훈 음	풀 이
豸	7획	해태 **치** 발 없는 벌레 **치**	손톱 조(爪)와 큰 개(짐승) 견(犭)의 합으로 파충류(爬蟲類)처럼 기어 다니는 발 없는 벌레란 뜻과 할 위(爲)와 짐승 수(獸)의 합으로 나라를 위하는 짐승으로 궁궐 앞에 조각하여 세우는 신비의 동물인 해태란 뜻
貝	7획	조개 **패**	서로 상(相)과 합할 합(合)의 합으로 합장하듯이 껍질이 두 개 서로 합쳐 닫혀있는 조개, 또는 납작한 조각이란 뜻과 껍질이니 외형을 장식하는 패물이란 뜻과 패물이 돈이 되니 돈이란 뜻
走	7획	달릴 **주**	큰 대(大)와 발 족(足)의 합으로 크게 발을 내딛고 달린다, 달음박질친다는 뜻
赤	7획	붉을 **적** 없을 **적**	없을 무(無)의 불화 (灬)발과 달릴 주(走)의 합으로 신을 벗고 맨발로 달리니 맨발의 아무것도 없다는 뜻과 아무것도 없이 맨주먹으로 싸우는 노동자 계급의 혁명 투사들이 피로써 자유를 쟁취 한다는 데서 피의 붉은색을 뜻함
足	7획	발 **족** 만족할 **족**	물건 품(品)과 아래 하(下)와 사람 인(人)의 합으로 물건을 아래에서 떠받치고 버텨서는 발이란 뜻과 신이 내 발에 맞아야 하듯이 내 분수에 맞으면 만족한다는 뜻
身	7획	몸 **신**	스스로 자(自)와 힘 력(力)의 합으로 스스로의 힘으로 움직일 수 있는 구조의 몸뚱이란 뜻과 자기의 힘으로 움직이니 몸 소란 뜻
車	7획	수레 **차(거)**	해(日)처럼 둥근 바퀴를 굴대에 끼워 굴리는 수레란 뜻과 바퀴가 달린 모든 차를 뜻함
辛	7획	매울 **신**	끝 경(竟)과 일천 천(千)의 부수를 합친 자로 천 번 만 번 죄인을 고문해도 끝까지 참는 데서 혹독하고 고통스럽다는 뜻과 매우 고통스러우니 매섭다, 따끔하다는 뜻

부수 한자		훈 음	풀 이
辰	7획	용 **진** 별 **진** 때 **신**	긴 장(長)과 꼬리 미(尾)의 합으로 길게 꼬리 내리고 하늘로 오르는 용이란 뜻과 높이 오른 임금이란 뜻과 북극성이란 뜻과 북극성은 변하지 않는 위치에서 때를 헤아리는 기준으로 삼으니 때라는 뜻
里	7획	마을 **리**	밭 전(田)과 땅 지(地)의 합으로 밭을 일구는 땅이니 시골 마을이란 뜻과 시골 마을은 십 리씩 떨어져 있다 하여 거리를 나타내는 단위
酉	7획	닭 **유** 지지 **유**	꼭지를 뽑고 마시는 술병의 모양으로 목을 길게 뽑아 목청껏 '꼬끼오' 하고 우는 지지(地支)의 닭이란 뜻과 방위로는 서쪽이고 시간은 해 지는 시간임
釆	7획	분별할 **변** 가릴 **채**	쌀 미(米)와 삐침 별(丿)의 합으로 쌀의 티끌을 가리려고 속을 뒤진다는 뜻과 손톱 조(爪)와 나무 목(木)의 합으로 나물을 가려 뽑는다는 뜻의 두 자가 같이 쓰임
長 (镸)	8획	긴 **장**	늙을 로(老)와 가지가 길게 축 축 늘어진 모양으로 오래된 소나무인 낙락장송에서 긴 세월이니 길다는 뜻과 연세가 오래되니 어른이란 뜻
門	8획	문 **문**	두 짝으로 되어있는 넓고 큰 대문이란 뜻
金	8획	쇠 **금**	합할 합(合)과 흙 토(土)와 빛 광(光)의 합으로 땅속에서 캔 빛나는 물질인 황금을 뜻하며 집합적으로 단단한 모든 금속을 이름
隶	8획	미칠 **이**	또 우(又)와 구할 구(求)의 합으로 구하는 것이 손에 미친다(닿는다)는 뜻
隹	8획	새 **추**	새의 활짝 편 날개 모양으로 날아가거나 떠나가는 새의 모양
雨	8획	비 **우**	하늘에 우산에 빗방울(빗줄기)이 그려진 비란 뜻

부수 한자		훈 음	풀 이
靑	8획	푸를 **청** 대껍질 **청**	나타낼 표(表)와 붉을 단(丹)의 합으로 일편단심(一片丹心) 추운 겨울에도 변치 않음을 나타내는 대나무나 소나무처럼 푸르다는 뜻
非	8획	아닐 **비**	손(手)을 등지게 서로 엇걸어 아니다, 안된다고 손사래를 치는 모양으로 옳지 않다, 비난한다는 뜻
面	9획	낯 **면**	입구 구(口)와 바를 정(正)과 ~부터 자(自)의 합으로 ~부터 똑바로 들어가는 입구 쪽인 정면이란 뜻과 정면으로 드러내 보이는 얼굴이란 뜻
革	9획	가죽 **혁** 고칠 **혁**	양쪽 귀와 몸통 뒷다리 꼬리 부분으로 짐승의 가죽을 벗겨 펼쳐놓은 모양으로 털을 뜯어내고 무두질하여 다듬은 가죽이란 뜻과 털을 뜯어내고 고쳤다 하여 새로 뜯어고친다는 개혁의 뜻
韋	9획	다룬 가죽 **위**	가죽 혁(革)과 어그러질 천(舛)의 합으로 가죽을 다듬으려고 오그라들지 않게 이쪽저쪽으로 어긋나게 반대로 잡아당기는 모양으로 다룬 가죽이란 뜻
韭	9획	부추 **구**	가늘고 촘촘히 자라는 채소(풀)인 부추란 뜻
音	9획	소리 **음**	가로 왈(曰)과 다툴 경(競)의 합으로 왈가왈부 다투는 시끄러운 소리란 뜻
頁	9획	머리 **혈**	낯 면(面)의 생략된 획과 나눌 분(分)의 합으로 장면(面)을 나누어 놓은 책의 페이지란 뜻과 분수령(分水嶺)처럼 나누어 갈라지는 꼭대기인 머리란 뜻
首	9획	머리 **수**	~부터 자(自)와 위 상(上)과 그 위로 난 머리카락이나 뿔의 모양으로 ~부터 나아가는 맨 꼭대기, 머리란 뜻과 우두머리란 뜻
風	9획	바람 **풍** 홀 레 할 **풍**	벌레 충(虫)과 모두 범(凡)의 합으로 정충(精蟲)을 내보내 번식하려고 수컷이 꼬리를 쳐서 냄새를 풍기며 암컷을 유인하려고 일으키는 바람이란 뜻과 바람을 타고 널리 퍼진 풍속이란 뜻

부수 한자		훈 음	풀 이
飛	9획	날 **비**	깃 우(羽)와 오를 승(昇)의 합으로 깃을 펴고 치며 올라가니 난다는 뜻
食	9획	밥 **식**	사람 인(人)과 고소할 흡(皀)의 합으로 하얀(白) 쌀밥과 숟가락(匕)으로 사람이 먹는 밥이란 뜻과 매일 밥을 먹는다는 뜻
香	9획	향기 **향**	벼(곡식) 화(禾)와 맛 지(旨)의 합으로 곡식이 입안의 혀에 느껴지는 고소하거나 구수한 맛의 향기란 뜻
馬	10획	말 **마**	등에 금(글)이 새겨져 있다는 황허강의 용마를 나타낸 자
骨	10획	뼈 **골**	육 달 월(月)과 덮을 멱(冖)과 안 내(內)와 못 정(丁)의 합으로 살(고기)을 덮어 붙이려고 안에다 나사못을 끼워 맞추어놓은 뼈대란 뜻
高	10획	높을 **고**	서울 경(京)과 성곽의 둘레(冂)와 입구(口)를 나타내어 서울의 도성 성곽이 높다는 뜻
髟	10획	긴 털 드리울 **표**	긴 장(镸)과 터럭 삼(彡)의 합으로 머리카락처럼 긴 털이란 뜻
鬥	10획	싸울 **투(두)**	공처럼 둥글게 주먹을 쥔 두 손(手)의 모양으로 치고 박고 싸운다는 뜻
鬯	10획	울창주 **창**	*울창주: 검은 기장과 향초를 넣고 발효하여 변화(化)시킨 맛있는 술로 제사에 쓰임
鬲	10획	솥 **력** 오지병 **격**	약탕기 같은 질그릇으로 세 개의 발이 달려 있는 솥이란 뜻
鬼	10획	귀신 **귀**	흉할 흉(兇)과 어그러질 괴(乖)와 두려울 외(畏)와 공변될 공(公)의 합으로 흉악한 모습과 비뚤어진 짓으로 두려움의 대상으로 알려진 귀신, 망령이란 뜻

부수 한자		훈 음	풀 이
魚	11획	물고기 **어**	뾰족 튀어나온 입과 비늘이 있는 몸과 지느러미가 있는 물고기란 뜻
鳥	11획	새 **조**	부리와 눈이 나타나 있는 머리와 몸통 위에 덮어 얹은 접은 날개와 발톱(爪)이 표시된 새란 뜻
鹿	11획	사슴 **록**	뿔이 이리저리 엉킨 모양과 나란히 있는 다리를 나타낸 사슴이란 뜻
鹵	11획	짠땅 **로**	소금의 결정과 깃발을 꽂아 표시한 소금밭이란 뜻
麥	11획	보리 **맥**	올 래(來와 여름 하(夏)의 합으로 가을에 씨 뿌려 내년(來年) 여름에 수확하는 보리란 뜻
麻	11획	삼 **마**	뭇 서(庶)와 숲 빽빽할 삼(森)의 합으로 삼나무처럼 빽빽이 무리 지어 자라는 키 큰 식물로 서민(庶民)들의 옷을 만드는 삼베의 재료가 된다.
黃	12획	누를 **황**	함께 공(共)과 두(다시) 재(再)의 합으로 삼국사기에 유리왕이 부른 황조가(黃鳥歌)에서 꾀꼬리는 암수 정답게 노니는데 나는 누구와 함께 다시 돌아갈까 한데서 꾀꼬리의 노란색이란 뜻
黍	12획	기장 **서**	벼 화(禾)와 물 수(水)의 합으로 물기가 많은 차진 곡식인 기장이란 뜻
黑	12획	검을 **흑**	불 화(灬) 발)과 집 당(堂)과 입 구(口)와 높을 상(尙)의 합으로 집의 온돌방에 불을 때면 높은 지붕 위 연기 나가는 창구인 굴뚝이 검다는 뜻
黽	13획	힘쓸 **민** 맹꽁이 **맹**	불거진 두 눈과 볼록한 배를 나타낸 개구리같이 생긴 맹꽁이란 뜻과 배에 불룩하게 힘을 주고 있으니 힘쓸 민(면)이라 함
鼎	13획	솥 **정**	발이 셋, 손잡이가 양쪽으로 둘 달린 음식을 끓이는 기구(器具)인 냄비 같은 솥이란 뜻과 임금을 받드는 재상(宰相)인 세 정승을 나타냄

부수	한자	훈 음	풀 이
鼓	13획	북 **고**	북돋울 주(壴)와 가죽 피(皮)의 합으로 가죽으로 만들어 팽팽하게 바람을 불어 넣어(북돋우어) 채로 두드리면 소리가 나는 악기인 북이란 뜻
鼠	13획	쥐 **서**	절구 구(臼)와 내 천(川)과 쌀 미(米)의 합으로 절구 밑에 흘러 떨어진 쌀알을 몰래 주워 먹는 쥐란 뜻
鼻	14획	코 **비**	스스로 자(自)와 가축 축(畜)과 손 맞잡을 공(廾)의 합으로 가축의 코를 꿰어 잡아 이끌면 스스로 따라오게 만든 데서 코를 꿰니 코란 뜻과 고리처럼 걸어 잡을 수 있는 손잡이란 뜻
齊	14획	가지런할 **제** 상복아랫단 홀 **재** 재계할 **재**	소전(小篆)에 자형은 마름모꼴 세 개로 병사들이 뾰족한 창을 들고 가로세로 정렬한 모양으로 가지런하다는 뜻과 안어른이 돌아가시면 상복 아랫단을 가지런하게 바늘로 홈질한다는 뜻
齒	15획	이 **치**	해 세(歲)와 가지런한 윗니, 아랫니의 모양으로 잇몸에 고정되어있는 이, 치아란 뜻과 나이란 뜻
龍	16획	용 **룡**	설 립(立)과 육 달 월(月)과 윗 상(上)과 뱀 사(巳)의 합으로 몸을 세우고(立身) 위로 오르려는 비늘이 있는 뱀 모양을 상상한 동물인 용의 상형 자다. 용이란 뜻과 높은 자리로 오른 임금이란 뜻
龜	16획	거북 **귀** 터질 **균** 나라이름 **구**	물고기 어(魚)의 머리와 갈라진 등딱지와 발과 꼬리로 나타낸 거북의 상형 자다. 거북의 등처럼 터져 갈라졌다는 뜻과 땅이름 구로 쓰임
龠	10획	피리 약	대나무 대롱에 구멍(口)을 여러 개 뚫어서 손가락으로 막으며(合) 소리를 내는 악기인 피리란 뜻

한자 설명

급수	부수	한자	훈 음	해 설
5	口 2획	可	허락할 **가** 옳을 **가**	입 구(口)와 고무래 정(丁)의 합으로 신라 원효대사의 고사처럼 고무래나 도끼에 자루를 박아 넣는 구멍(입) 모양으로 입을 딱 벌리고 들어오라고 받아들이니 허락한다는 뜻과 입구(入口)에서 입장을 허락받으니 할 수 있다, 가능하다, 해도 된다, 옳다는 뜻 *丁女: 다 자란 한창때의 여자란 뜻 *許可, 可能, 可否, 可望, 可當, 可決 허가 가능 가부 가망 가당 가결
2地 지	木 5획	柯	가지 **가** 도끼 자루 **가**	나무 목(木)과 옳을 가(可)의 합으로 고무래나 도끼의 구멍에 박은 나무인 도끼의 자루란 뜻과 들어오라고 입을 벌리듯이 딱 벌어진 나무의 가지란 뜻 *南柯一夢 남가일몽
2人 인	車 5획	軻	수레 **가** 사람이름 **가**	수레 차(車)와 옳을 가(可)의 합으로 전국시대에 수레를 타고 천하를 두루 돌아다니며 왕도정치를 펴는 것이 옳다(그래야 된다)고 왕들을 설득한 맹자의 이름이고 도끼에 자루를 끼우듯이 바퀴에 굴대를 끼워 넣어 굴러가게 만든 수레라는 뜻 *孟軻(맹가: 맹자의 이름)
1	口 5획	呵	꾸짖을 **가** 웃을 **가**	외칠 갈(喝)과 맹자 이름 가(軻)의 합으로 중국 전국시대에 맹가(맹자)가 왕도정치를 외치며 힘으로 제패하려는 왕들을 꾸짖었다는 뜻과 왕들이 가소롭다고 핫 하! 웃었다는 뜻 *呵喝(가갈: 잘못을 큰소리로 꾸짖어 외침) *呵呵大笑, 呵責 가가대소 가책
1	++ 5획	苛	매울 **가**	까끄라기 망(芒)과 꾸짖을 가(呵)의 합으로 꾸짖음이 까끄라기가 찌르듯이 따끔하다, 매섭다는 뜻 *苛責(가책: 매우 심하게 꾸짖음) *苛酷, 苛虐, 苛斂誅求 가혹 가학 가렴주구

급수	부수	한자	훈 음	해 설
1	口 7획	哥	소리 **가**	허락할 가(可)의 겹친 모양으로 입구를 열고 들어오라고 허락하듯이 입을 벌리고 소리를 낸다는 뜻과 붙을 아(阿)에서 성씨에 붙이는 접미사이고 아부하듯(阿附) 붙어 따르며 친근하게 부르는 중국어의 형, 언니란 뜻 *金哥(김가: 김씨의 예사말)
7	欠 10획	歌	노래 **가**	하품 흠(欠)과 소리 가(哥)의 합으로 하품하듯이 크게 입 벌리고 소리를 뽑아내며 노래한다는 뜻 *歌曲(가곡), 歌唱(가창), 歌謠(가요), 歌舞(가무), 歌詞(가사)
7	宀 7획	家	집 **가**	집 면(宀)과 돼지 시(豕)의 합으로 지붕과 우리(울타리)를 쳐서 비바람을 막으며 돼지를 집어넣어 기르는 집이란 뜻과 우리를 치듯 어떤 한 분야에 제자를 키우며 자기들만의 사상 등을 기르는 전문가란 뜻 *家門(가문), 家族(가족), 專門家(전문가), 思想家(사상가), 作家(작가)
1	女 10획	嫁	시집갈 **가** 보낼 **가**	혼인할 혼(婚)과 집 가(家)의 합으로 혼인을 하여 가정(家庭)을 이루니 시집을 간다는 뜻 *出嫁(출가), 嫁期(가기)
1	禾 10획	稼	심을 **가**	씨앗 종(種)과 집 가(家)의 합으로 집집마다 씨앗을 뿌리고 모를 심는다는 뜻 *稼動率(가동률) *稼穡(가색: 심는 일과 거두는 일)
4.2	亻 9획	假	거짓 **가** 빌릴 **가**	다를 타(他)와 빌릴 가(叚)의 합으로 호랑이의 위세를 빌린 여우의 고사에서 남의 권위나 이름을 빌려 행세를 하니 거짓이란 뜻 *叚: 왼쪽 획에 또 덮어씌우는 가면 모양으로 남의 권위를 빌린다는 뜻 *假面(가면), 假裝(가장), 假定(가정), 假登記(가등기), 狐假虎威(호가호위)

급수	부수	한자	훈 음	해 설
4	日 9획	暇	겨를 **가**	때 시(時)와 빌릴 가(叚)의 합으로 시간(말미)을 빌려 얻어낸 휴가란 뜻 *休暇(휴가), 病暇(병가), 餘暇(여가)
5	力 5획	加	더할 **가**	도울 조(助)와 맛 미(味)의 합으로 음식의 맛을 도와 좋게 하려고 요리에 양념 등을 더한다는 뜻 *加味(가미), 加工食品(가공식품), 加勢(가세), 加入(가입), 加算(가산)
3	木 5획	架	시렁 **가**	나무 목(木)과 더할 가(加)의 합으로 나무를 밑에 대고 그 위에 널판을 덧대어 물건을 얹을 수 있게 만든 시렁, 횃대란 뜻 *書架(서가), 十字架(십자가), 架空小說(가공 소설)
1	馬 5획	駕	멍에 **가** 가마 **가**	말 마(馬)와 시렁 가(架)의 합으로 말 등에 시렁처럼 걸친 멍에란 뜻과 마차를 타듯이 사람을 태워 여럿이서 어깨에 걸쳐 메는 탈것인 가마란 뜻 *御駕(어가), 駕馬(가 마)
1	衣 5획	袈	가사 **가**	옷 의(衣)와 더할 가(加)의 합으로 옷 위에 덧걸치는 스님의 옷인 가사란 뜻 *袈裟(가사: 스님들이 장삼 위에 걸쳐 입는 옷)
2姓(성)	人 5획	伽	절 **가**	머물(살) 주(住)와 가사 가(袈)의 합으로 가사를 입은 스님들이 머무는(사는) 곳인 절이란 뜻 *伽藍(가람), 伽倻山(가야 산), 僧伽(승 가)
2人(인)	辶 5획	迦	부처이름 **가**	통할 통(通)과 가사 가(袈)의 합으로 가사를 입고 생로병사의 진리를 통달한 사람인 석가모니 부처란 뜻과 붓다의 이름 *釋迦牟尼(석가모니), 迦葉(가 섭)

급수	부수	한자	훈 음	해 설
1	口 11획	嘉	아름다울 **가** 칭찬할 **가** 즐거워할 **가**	기쁠 희(喜)와 가마 가(駕)의 합으로 기쁜(결혼식) 날 꽃가마를 탄 신부가 아름답다는 뜻과 가마를 타니 좋다는 뜻 *嘉禮(가례: 왕이나 왕손의 성혼이나 즉위, 책봉 때의 예식) *嘉尙(가상: 아름답다고, 또는 착하고 기특 하다고 칭찬하고 찬미함)
3.2	亻 6획	佳	아름다울 **가**	지을(만들) 작(作)과 쌍 토 규(圭)의 합으로 圭는 土가 아래위로 둘이라서 '쌍 토 규'라고도 하며 겹겹이 갈라지는 규석(석영의 구성요소)이다, 석영은 수정이라고도 한다, 작품이나 인물이 수정같이 아름답고 훌륭하다는 뜻 *佳約(가약), 佳作(가작), 佳節(가절), 佳人薄命(가인박명)
4.2	行 6획	街	거리 **가**	다닐 행(行)과 아름다울 가(佳))의 합으로 사람들이 많이 다녀 상업이나 경제의 중심이 되는 큰 거리로 손님을 끌려는 장식이 화려하고 아름다운 큰길이란 뜻 *街路(가로), 街頭(가두), 商街(상가)
2姓(성)	貝 6획	賈	성 **가** 장사 **고**	재물 화(貨)와 필요할 요(要)의 합으로 필요해서 재물을 주고 사거나 필요한 사람에게 재물을 받고 파는 장사란 뜻과 성 씨 자로 쓰일 때는 '가'로 읽힘 *賈島(가도: 당나라 시인) *商賈船(상고 선)
5	亻 13획	價	값 **가**	대신 대(代)와 장사 고(賈)의 합으로 장사를 할 때 거래되는 물건을 대신하는 값이란 뜻 *價値(가치), 高價(고가), 原價(원가), 定價(정가), 特價(특가)

급수	부수	한자	훈 음	해 설
6	口 3획	各	각각 **각**	식구 구(口)와 변할 변(變)의 합으로 변고(變故)가 생겨 식구(食口)들이 제각각 흩어진 모양으로 뿔뿔이 제각각이란 뜻 *各自(각자), 各鐘(각종), 各界各層(각계각층), 各人各色(각인각색)
3.2	門 6획	閣	누각 **각** 선반 **각** 대궐 **각**	사이 간(間)과 각각 각(各)의 합으로 칸 사이를 각각(各各) 막아 선반을 놓고 딛고 올라가게 만든 다락 모양의 누각이란 뜻과 누각처럼 높은 대궐이란 뜻과 문 사이를 가로막는 빗장 이란 뜻 *樓閣(누각), 鐘閣(종각), 內閣(내각), 閣下(각하), 閣筆(각필)
1	心 6획	愘	삼갈 **각**	두려울 구(懼)와 누각 각(閣)의 합으로 높은 누각에 오르려니 위태롭고 두려워 조심스럽다는 뜻과 각하(閣下) 앞에서 송구스럽고 두렵다는 뜻 *愘謹(각근: 조심하고 삼감)
6	角 0획	角	뿔 **각** 모 **각** 겨룰 **각**	고기 육(肉)과 위태할 위(危)의 합으로 고문에는 고기 육(肉)의 모양으로 육체(肉體)에서 위험하게 뾰족 솟은 짐승의 뿔이란 뜻과 튀어나오니 모서리란 뜻과 소가 뿔을 맞대고 겨루니 겨룬다는 뜻 *三角形(삼각형), 角度(각도), 角逐戰(각축전), 角者無齒(각자무치)
3	卩 5획	却	물리칠 **각** 버릴 **각**	몸기 절(卩)과 갈 거(去)의 합으로 몸의 마디를 꺾듯이 접어서 내가라 하니 접어 치워버리라며 물리친다는 뜻 *却說(각설: 말을 안 듣고 물리친다) *賣却(매각), 忘却(망각), 燒却(소각), 退却(퇴각), 棄却(기각)

급수	부수	한자	훈 음	해 설
3.2	肉 7획	脚	다리 **각**	육 달 월(月)과 물리칠 각(却)의 합으로 상다리처럼 꺾어서 접어치우거나 다시 펴서 세울 수 있는 몸체 아래에 붙어 토대가 되는 부분인 다리란 뜻 *脚線美(각선미), 橋脚(교각), 脚光(각광), 脚本(각본), 脚色(각색)
4	刀	刻	새길 **각** 시각 **각**	칼 도(刀)와 돼지 해(亥)의 합으로 잡아서 고사지낸 돼지고기를 먹으려고 칼로 베어 잘게 조각내듯이 살을 깎아 파내니 새기다, 모질다, 심하다는 뜻과 숫자가 새겨진 정각의 시각이란 뜻 *刻印(각인), 刻苦(각고), 彫刻(조각), 刻骨難忘(각골난망), 時刻(시각)
2人(인)	玉 4획	珏	쌍옥 **각**	구슬 옥(玉)이 둘이니 쌍옥이란 뜻 *人名字(인명자)
1	殳 8획	殼	껍질 **각**	부술 훼(毁)와 목숨 수(壽)와 덮을 멱(冖)과 모두 범(凡)의 합으로 훼손되지 않고 수(壽)할 수 있도록 전체를 두껍게(두겹) 덮어쓰고 있는 단단한 껍질이란 뜻 *貝殼(패각), 甲殼類(갑각류), 地殼變動(지각변동)
4	見 13획	覺	깨달을 **각**	볼 견(見)과 배울 학(學)의 합으로 보고 배워서 깨닫거나, 배워서 비로소 이해하고 파악하여 볼 수 있다. '아! 그렇구나'하고 깨닫는다는 뜻 *知覺(지각), 感覺(감각), 覺書(각서), 自覺(자각), 視聽覺(시청각)
4	干 0획	干	천간 **간** 방패 **간** 간섭할 **간**	열 십(十)과 아니 불(不)의 합으로 고대에 학설로 하늘의 10개(갑, 을, 병, 정, 무, 기, 경, 신, 임, 계)의 태양이란 뜻과 태어난 날 지구에서 볼 때 태양이 위치하는 별자리가 바로 자신의 탄생별이다. 자신의 별자리는 태양에 가려 보이지 않으므로 천간은 가리다, 가리는 보호물 방패란 뜻 *天干(천간), 干支(간지), 干戈(간과), 干城(간성), 干涉(간섭)

급수	부수	한자	훈 음	해 설
3.2	刀 3획	刊	책 펴낼 **간** 새길 **간** 깎을 **간**	새길 각(刻)과 평평할 평(平)의 합으로 평평한 목판에 글을 새겨 여러 장 찍어내어 대중에게 알리는 출판을 한다는 뜻 *發刊(발간), 刊行物(간행물), 日刊紙(일간지), 創刊號(창간호)
3.2	干 10획	幹	줄기 **간**	방패 간(干)과 하늘 건(乾)의 합으로 땅의 12개의 지지(地支)는 갈라진 가지가 되고 하늘의 10개의 천간(天干)이 줄기란 뜻 *幹部(간부), 幹事(간사), 根幹(근간), 主幹(주간), 幹線道路(간선도로)
3.2	肉 3획	肝	간 **간**	육 달 월(月)과 방패 간(干)의 합으로 몸(육체)에서 섭취한 음식물의 독을 막아주는 방패가 되는 방패같이 생긴 장기인 간이란 뜻 *肝膽(간담), 肝腸(간장), 肝臟(간장), 肝油(간유), 肝腦塗地(간뇌도지)
1	女 3획	奸	간사할 **간**	좋아할 호(好)와 간 간(肝)의 합으로 간 쓸개 다 내어놓고 좋은 척 알랑거리니 간사하다는 뜻 *奸巧(간교), 奸惡(간악), 奸邪(간사), 奸慝(간특)
2地(지)	木 3획	杆	몽둥이 **간** 지레 **간**	나무 목(木)과 줄기 간(幹)의 합으로 가지가 아닌 나무의 줄기이니 굵은 몸체, 몸통이니 굵은 몽둥이란 뜻과 몸통으로 버티는 역할을 하는 지렛대란 뜻 *槓杆(공간: 지레, 목적달성의 수단, 힘)
1	竹 3획	竿	장대 **간**	대나무 죽(竹)과 줄기 간(幹)의 합으로 대나무의 줄기처럼 길게 올라가는 장대란 뜻 *百尺竿頭(백척간두), 幢竿支柱(당간지주)

급수	부수	한자	훈 음	해 설
4	目 4획	看	볼 **간**	눈 목(目)과 손 수(手)의 합으로 눈 위에 손을 얹어 햇살을 가리며 먼 산을 바라본다는 뜻 *看過(간과), 看做(간주), 看板(간판), 看病(간병), 走馬看山(주마간산)
2地(지)	艮 0획	艮	괘이름 **간** 그칠 **간**	동녘 동(東)과 북녘 북(北)의 합으로 고문에는 주마간산에서 볼 간(看)의 目과 北의 匕가 겹쳐 있는 모양이지만 동북(東北) 쪽을 가리키는 주역(周易) 괘의 이름으로 중첩된 산을 뜻하고, 산처럼 움직이지 않고 그친다는 뜻 *艮卦(간괘), 艮方(간방)
1	艮 11획	艱	어려울 **간**	그칠 간(艮)과 어려울 난(難)의 합으로 艮 괘는 중첩된 산의 모양으로 역술가들은 발산하려는 양이 더는 나아갈 곳이 없다고 하는데 갈수록 태산이니 어렵다? 하면 좋을 듯 *艱辛(간신)이, 艱難辛苦(간난신고)
3.2	心 13획	懇	정성 **간**	마음 심(心)과 발 없는 벌레 치(豸)와 어려울 간(艱)의 합으로 어려운 일을 도와 달라고 발이 없는 듯이 납작 엎드려 애타게 구하는 마음이니 간절하다는 뜻 *懇切(간절), 懇曲(간곡), 懇請(간청), 懇談會(간담회)
1	土 13획	墾	개간할 **간**	굳을 견(堅)과 정성 간(懇)의 합으로 먹을 것을 구하려는 간절(懇切)한 마음에 굳은 돌산을 일구어 개간한다는 뜻 *開墾(개간), 墾田(간전)
3	女 6획	姦	간사할 **간**	계집 녀(女)가 여럿(셋)이다. 한 남자가 여러 여자를 간음한다는 뜻과 한 남자에 여러 여자가 서로 질투하고 이간질하니 간사하다는 뜻 *奸(간)과 같이 쓰임 *姦淫(간음), 姦通(간통), 姦(奸)邪(간 간 사)

급수	부수	한자	훈 음	해 설
1	手 8획	揀	가릴 **간**	가릴 택(擇)과 편지 간(柬)의 합으로 혼사 때 사주단자 편지에 좋은 날을 가려서 뽑는다는 뜻에서 여러 날 중에서 가려낸다는 뜻 *柬(편지 간: 묶을 속(束)과 여덟 팔(八)의 합으로 사주팔자를 적어 청실홍실로 묶은 편지란 뜻) *揀擇, 分揀, 揀選 간택 분간 간 선
1	言 8획	諫	간할 **간**	바로잡을 정(訂)과 가릴 간(揀)의 합으로 왕의 잘못을 가려내 바로잡아주는 말이란 뜻 *諫言, 司諫願, 諫官 간언 사간 원 간관
7	門 4획	間	사이 **간**	문 문(門)과 해 일(日)의 합으로 햇빛이 들어오는 문틈, 사이란 뜻 *空間, 時間, 間接, 間食, 中間 공간 시간 간접 간식 중간
1	水 12획	澗	산골물 간	시내 계(溪)와 사이 간(間)의 합으로 산과 산 사이의 계곡이나 돌의 틈 사이로 흐르는 물이란 뜻 *澗谷, 石澗, 澗泉 간곡 석간 간 천
4	竹 12획	簡	대쪽 **간** 간략할 **간** 편지 **간**	대 죽(竹)과 사이 간(間)의 합으로 대나무를 쪼개 그 사이에 글을 적는 죽간이란 뜻과 죽간에 적으려고 간단하게 줄이니 간략하다는 뜻과 간단하게 적은 쪽지인 편지란 뜻 *竹簡, 簡單, 簡便, 書簡文 죽간 간단 간편 서간문
1	疒 12획	癎	간질 **간**	병 병(病)과 사이 간(間)의 합으로 사이를 두고 간간이 발작을 일으키는 병인 간질이란 뜻 *癎疾, 癎症, 癎病, 癲癎 간질 간증 간병 전간

급수	부수	한자	훈 음	해 설
3	水 9획	渴	목마를 **갈**	물 수(水)와 어찌 갈(曷)의 합으로 입이 마르도록 애원하는데 <u>어찌</u> 안 들어주느냐는 데서 애가 타서 목이 마르다 는 뜻 *曷(어찌 갈: 다시 갱(更)과 빌 개(匃)의 합으로 <u>거듭 빌며</u> 이토록 애원하는데도 안 들어주니 '왜?', '어째서'라는 뜻) *匃(개)는 丐(개)와 同字(동자) *葛筆(갈필), 渴症(갈증), 渴望(갈망), 渴求(갈구), 解渴(해갈)
1	立 9획	竭	다할 **갈**	끝 단(端)과 목마를 갈(渴)의 합으로 <u>목마르게</u> 갈구하니 <u>끝까지</u> 구하려고 있는 힘을 다한다는 뜻 *竭力(갈력), 竭忠報國(갈충보국)
1	口 9획	喝	외칠 **갈**	부를 호(呼)와 다할 갈(竭)의 합으로 힘을 <u>다해</u> 목청껏 부르는 소리로 크게 외친다는 뜻 *恐喝(공갈), 拍手喝采(박수갈채)
2	艹 9획	葛	칡 **갈**	풀 초(草)와 목마를 갈(渴)의 합으로 <u>갈증을</u> 해소하고 몸의 열을 식히는 데 효능이 있는 <u>풀</u>인 칡이란 뜻과 어찌 갈(曷)과 풀 초(草)의 합으로 이런들 어찌하리 저런들 어찌하리 만수산 드렁칡이 얽혀진들 어찌하리 조선 태종 이방원의 '하여가'에 인용된 덩굴이 감기고 얽히는 칡이란 뜻 *葛根(갈근), 葛藤(갈등), 葛粉(갈분), 葛布(갈포)
1	衣 9획	褐	굵은 베 옷 **갈** 천할 **갈**	옷 의(衣)와 칡 갈(葛)의 합으로 칡으로 짠 천으로 만든 <u>옷</u>이니 거칠고 천한 옷이란 뜻 *褐色(갈색) *褐夫(갈부: 갈옷을 입은 천한 사람)

급수	부수	한자	훈 음	해 설
2地(지)	革 9획	鞨	종족이름 **갈**	가죽 혁(革)과 베옷 갈(褐)의 합으로 사냥한 짐승의 가죽이나 거친 베옷을 걸친 오랑캐란 뜻 *靺鞨族(말갈족)(중국 동북부지방 퉁구스 지방의 일족)
4	甘 0획	甘	달 **감**	입 구(口)의 옛날 모양과 입안의 혀로 입맛을 다시는 모양으로 달다는 뜻 *甘草(감초), 甘味(감미), 甘受(감수), 甘呑苦吐(감탄고토), 甘言利說(감언이설)
1	木 5획	柑	감자나무 **감**	열매 과(果)와 달 감(甘)의 합으로 입맛을 다실만큼 달콤한 열매가 열리는 감귤나무란 뜻 *柑橘(감귤), 蜜柑(밀감)
1	疒 5획	疳	감질 **감**	병 병(病)과 달 감(甘)의 합으로 달콤한 것을 먹고 입맛을 쭉쭉 다시며 자꾸 더 먹고 싶어 하는 증세인 감질 병이란 뜻 *疳疾(감질: 먹고 싶거나 갖고 싶어 몹시 애타는 마음)
1	糸 5획	紺	감색 **감**	푸를 록(綠)과 아무 모(某)의 합으로 아무개는 잘 모르듯이 잘 몰라 어두운, 어두운(검은) 빛을 띤 푸른색으로 검푸르다는 뜻의 우리말 반물색(半物色)이라 하고 일본식 발음으로 하여 곤색이다. *紺色(감색: 검은빛을 띤 남(쪽)색으로 곤색) *紺碧(감벽: 검푸른 색)
6	心 9획	感	느낄 **감**	마음 심(心)과 창 과(戈)와 같을 동(同)의 합으로 창으로 찌르듯이 아픈 동정심(同情心)을 갖는다는 데서 남의 아픔을 같이 느낀다는 뜻 *感動(감동), 感覺(감각), 感性(감성), 感傷(감상), 感想(감상), 感賞(감상)

급수	부수	한자	훈 음	해 설
4.2	水 9획	減	덜 **감**	물 수(氵)와 느낄 감(感)의 합으로 찔려 뚫어진 구멍으로 물이 빠져나간다, 줄어든다는 뜻 *減少(감소), 減損(감손), 減員(감원), 減俸(감봉), 減縮(감축)
2	心 13획	憾	슬퍼할 **감** 유감 **감**	원한 한(恨)과 느낄 감(感)의 합으로 섭섭한 감정이 원한(怨恨)으로 남아있다는 뜻 *憾情(감정: 언짢게 여기는 마음) *遺憾(유감: 마음에 남은 섭섭한 마음)
4	攵 8획	敢	용감할 **감** 구태여 **감**	칠 공(攻)과 성인 성(聖)의 합으로 성인을 공격하다니 용감하다는 뜻과 어찌 성인을 '감히'란 뜻 *중국에서 한때 성인 공자의 사상이 너무 예의를 중시하여 형식에 치우치다 경제발전이 늦다고 공격, 비난당하였다. *勇敢(용감), 敢行(감행), 敢不生心(감불생심), 敢鬪精神(감투정신)
1	目 12획	瞰	내려다 볼 **감**	눈 목(目)과 용감 감(敢)의 합으로 높은 데서 무섭지만 용감(勇敢)하게 내려다본다는 뜻 *鳥瞰圖(조감도) *俯瞰(부감: 구부리고 아래를 내려다봄)
1	土 9획	堪	하늘 **감** 견딜 **감**	구덩이 감(坎)과 심할 심(甚)의 합으로 움푹 파이고 울퉁불퉁하여 심히 험난한 길을 참고 견뎌낸다는 뜻과 땅의 단짝(甚: 甘과 匹)이니 하늘이란 뜻 *堪輿(감여: 하늘과 땅) *堪當(감당), 難堪(난감), 堪耐(감내)
1	力 9획	勘	헤아릴 **감**	힘 력(力)과 견딜 감(堪)의 합으로 견딜 수 있을지 능력(能力)을 헤아려 본다는 뜻 *勘案(감안: 헤아려 살핌) *勘放(감방: 죄상을 조사하여 놓아줌)

급수	부수	한자	훈 음	해 설
4.2	皿 9획	監	볼 **감**	훔칠 도(盜)와 임할 임(臨)과 위 상(上)의 합으로 남의 것을 훔치는지 임종을 지키듯이 위에서 내려다보며 감시하여 본다는 뜻 *監督, 監獄, 監視, 監査 감독 감옥 감시 감사
3.2	金 14획	鑑	거울 **감**	거울 경(鏡)과 볼 감(監)의 합으로 감독관이 살피듯이 자세히 살피는데 쓰는 현미경 같은 거울이란 뜻 *鑑定, 鑑賞, 龜鑑, 明心寶鑑 감정 감상 귀감 명심보감
4	田 0획	甲	첫째 **갑** 갑옷 **갑**	밭 전(田)과 뚫을 곤(丨)의 합으로 밭에서 씨앗이 단단한 껍질을 덮어쓴 채 땅을 뚫고 뿌리내리는 모양으로 사물의 시작인 천간(天干)의 첫째란 뜻과 단단한 껍데기란 뜻과 덮어쓰는 단단한 갑옷이란 뜻 *甲殼類, 甲論乙駁, 甲午更張 갑각류 갑론을박 갑오경장 *甲富(갑부: 첫째가는 부자)
2人 인	金 5획	鉀	갑옷 **갑**	쇠 철(鐵)과 두꺼울 갑(甲)의 합으로 쇠로 만든 단단한 옷인 철갑옷이란 뜻 *人名 字 인명 자
2地 지	山 5획	岬	산허리 **갑** 골짜기 **갑**	뫼 산(山)과 갑옷 갑(鉀)의 합으로 몸을 보호하기 위해 갑옷을 두르듯이 산으로 빙 둘러 막힌 골짜기란 뜻과 골짜기처럼 푹 들어간 산허리란 뜻 *岬角(갑각: 푹 들어간 산허리에 육지가 바다로 뾰족 나온 곳) *長山岬(장산갑: 장산곶)
1	匸 5획	匣	상자 **갑**	감출 혜(匸)와 갑옷 갑(鉀)의 합으로 갑옷으로 몸을 감추듯이 소중한 물건을 감추거나 보호하기 위해 단단한 재질로 만들어 집어넣는 상자란 뜻 *文匣, 紙匣, 手匣, 掌匣 문갑 지갑 수갑 장갑

급수	부수	한자	훈 음	해 설
1	門 5획	閘	수문 **갑**	문 문(門)과 상자 갑(匣)의 합으로 저수지의 물이 새나가지 못하게 상자처럼 깊숙이 틀어막아 잠그는 물. 문이란 뜻과 깊이 집어넣는 문빗장이나 수나사인 볼트란 뜻 *閘門(갑문: 운하에 선박을 통과시키기 위하여 수위를 조절하는 장치)
7	水 3획	江	강 **강**	물 수(水)와 클 거(巨)의 합으로 중국의 대륙을 가로지르며 흐르는 큰 강인 장강(長江)의 고유한 이름인데 물이 많이 흐르는 큰 내를 이르는 일반적인 이름으로 쓰임 *江邊, 江村, 長江, 江南, 江山 강변 강촌 장강 강남 강산
1	肉 8획	腔	빈 속 **강**	육 달 월(月)과 빌 공(空)의 합으로 입안이나 콧구멍 속처럼 몸에 텅 비어있는 공간이란 뜻 *鼻腔, 腹腔 비강 복강
4	阜 6획	降	내릴 **강** 항복할 **항**	뭍 륙(陸)과 춤출 무(舞)의 합으로 눈이 춤을 추듯 육지로 내려앉는다는 뜻과 꼬리를 내리니 항복한다는 뜻 *降雪量, 降等, 昇降機, 降伏, 降服 강설량 강등 승강기 항복 항복
2地 지	山 5획	岡	언덕 **강** 산등성이 **강**	메 산(山)과 그물 망(网)의 합으로 상공에서 내려다본 산맥이 그물처럼 이어진 산의 등성이란 뜻과 등산하듯 올라가는 언덕이란 뜻과 흙을 끌어올려 쌓은 이랑이나 작은 언덕이란 뜻 *岡陵 *崗: 岡의 속자 강릉 강 강
3.2	糸 8획	綱	벼리 **강**	줄 선(線)과 산등성이 강(岡)의 합으로 산등성이처럼 굵은 선인 벼리 줄이란 뜻과 굵은 줄기 만이니 대강이란 뜻 *紀綱(기강: 다른 줄을 이끄는 벼리 줄처럼 으뜸이 되는 중요한 규율과 질서) *三綱, 君爲臣綱, 夫爲婦綱, 父爲子綱 삼강 군위신강 부위부강 부위자강

급수	부수	한자	훈 음	해 설
3.2	刀 10획	剛	굳셀 **강**	제도 제(制)와 벼리 강(綱)의 합으로 제도(制度)를 정해 기강(紀綱)을 단단히 한다. 단단하니 굳다는 뜻과 벼리 줄은 강하다는 뜻 *剛健(강건), 剛柔(강유), 剛直(강직), 外柔內剛(외유내강)
3	金 10획	鋼	강철 **강**	쇠 금(金)과 굳셀 강(剛)의 합으로 휘거나 굽히지 않는 아주 강한 쇠인 강철이란 뜻 *鋼鐵(강철), 鋼板(강판), 鐵鋼(철강), 製鋼(제강)
2姓(성)	女 6획	姜	성 **강**	아내 처(妻)와 옳을 의(義)의 합으로 어려울 때 한가하게 낚시나 하는 강태공을 버리고 집을 나갔던 아내를 재상이 되어 돌아와 의절(義絶)하여 용서하지 않았다는 주나라 강태공의 성씨 자 *姜太公(강태공)
4.2	言 10획	講	강론할 **강**	말할 설(說)과 얽을 구(構)의 합으로 기계나 사물의 복잡한 구조(構造)를 설명해 주듯이 어려운 글이나 말을 풀이해 주는 강의란 뜻 *講義(강의), 講論(강론), 特講(특강), 受講(수강), 講演會(강연회)
4.2	广 8획	康	편안할 **강** 건강할 **강**	떳떳할 용(庸)과 구할 구(求)의 합으로 내 손으로 떳떳하게 일해 먹을 것을 구해 잘 살아가니 일할 만큼 신체 건강하다는 뜻과 임금이 무슨 필요 있나? 하였다는 요순시절의 평화로운 거리의 풍경이란 데서 편안하다는 뜻 *康衢煙月(강구연월), 康寧(강녕), 康健(강건), 小康(소강)
1	米 11획	糠	쌀겨 **강**	쌀 찧을 정(精)과 편안할 강(康)의 합으로 강구연월(康衢煙月)의 고사에서 배를 두드리며 임금이 소용없다고 하듯이 배부르면 소용없는 정미소의 쌀겨란 뜻 *糟糠之妻(조강지처: 술지게미나 쌀겨로 끼니를 때우던 가난한 시절의 아내란 뜻)

급수	부수	한자	훈 음	해 설
1	心 11획	慷	강개할 **강**	분할 분(憤)과 겨 강(糠)의 합으로 잘 살아져서 남편이 첩을 두니 가난할 때 함께 고생하던 조강지처(糟糠之妻)가 분해한다는 뜻 *悲憤慷慨 비분강개
1	艹 13획	薑	생강 **강**	채소 채(菜)와 밭 전(田)과 석 삼(三)의 합으로 밭에 여러 해(再三) 묵일수록 맛이 강해진다는 채소인 생강이란 뜻 *薑芥之性(강개지성: 생강과 겨자는 오래 묵힐수록 맛이 강한 성질이 있다는 뜻) *生薑 생강
2姓 성	弓 13획	彊	센 활 **강**	강할 강(强)과 지경 계(界)와 석 삼(三)의 합으로 경계를 넘고 넘을 만큼 센 활이란 뜻 *彊(强)弩之末(강노지말: 아무리 강한 활도 끝에 힘이 빠지면 비단 한 장도 못 뚫는다는 뜻)
2地 지	田 14획	疆	지경 **강**	경계 계(界)와 센 활 강(彊)과 경계 경(境)의 합으로 '강노지말(彊노之末)'처럼 더는 나아갈 수 없는 경계, 특히 나라와 나라 사이의 경계란 뜻 *新疆省(신강성: 중국의 성 이름) *萬壽無疆, 祖國疆土, 疆界 만수무강 조국강토 강계
6	弓 9획	强	강할 **강**	약할 약(弱)과 입 구(口)와 벌레 충(虫)의 합으로 약한 벌레를 잡아먹는 약육강식의 강하다는 뜻과 정충(精蟲)을 내보내려고 약한 여자를 억지로 취하여 강제로 강간한다는 뜻 *強과 同字 강 동자 *强弱, 强度, 强盜, 弱肉强食, 强奸 강약 강도 강도 약육강식 강간

급수	부수	한자	훈 음	해 설
3.2	人 2획	介	끼일 **개**	사람 인(人)과 두 이(二)의 합으로 둘 사이로 끼어든 사람의 모양으로 사이에 끼어든다는 뜻 *介入(개입), 仲介(중개), 紹介(소개), 介在(개재), 媒介體(매개체)
2地(지)	亻 4획	价	클 **개** 착할 **개** 사신 **개**	버금 중(仲)과 끼일 개(介)의 합으로 나라와 나라 사이에 끼어 사신으로 중개(仲介)역할을 하는 사신(使臣)이란 뜻과 싸움이나 분쟁을 중재(仲裁)하니 착한 사람이란 뜻 *介(개)와 같은 뜻
1	++ 4획	芥	겨자 **개**	풀 초(草)와 끼일 개(介)의 합으로 다른 음식에 끼어 향신료로 쓰이는 풀인 겨자란 뜻 *芥子(개자: 겨자씨와 갓 씨의 총칭으로 조미료로 쓰이고 매우 작다는 뜻) *草芥(초개: 풀이나 겨자의 씨처럼 작고 하찮음의 비유, 지푸라기나 흙먼지)
5	攵 3획	改	고칠 **개**	정치 정(政)과 일어날 기(起)의 합으로 백성들이 들고일어나 썩은 정치를 뜯어고쳐 개혁한다는 뜻과 자기(自己)의 허물을 쳐서 고친다는 뜻 *改革(개혁), 改善(개선), 改良(개량), 改造(개조), 改名(개명), 改過(개과)
4.2	亻 8획	個	낱개 **개**	다를 타(他)와 굳을 고(固)의 합으로 담으로 굳게 둘러막아 다른 것과 분리해 놓은 하나하나, 따로 따로인 낱개란 뜻 *個人(개인), 個別(개별), 個人展(개인전), 個性(개성), 個月(개월)
1	竹 8획	箇	개수 **개**	계산 산(算)과 낱개 개(個)의 합으로 낱낱을 계산(헤아리는) 개수란 뜻 *箇數(개수), 箇中(개중)

급수	부수	한자	훈 음	해 설
3	白 4획	皆	다 **개**	일백 백(百)과 나란할 비(比)의 합으로 부부가 나란히 백 년까지 사는 백년해로(百年偕老)한다는 데서 둘 다란 뜻 *偕: 함께 해 *皆旣日蝕(개기일식), 皆旣月蝕(개기월식), 皆勤(개근)
6	門 4획	開	열 **개**	문 문(門)과 윗 상(上)과 손 맞잡을 공(廾)의 합으로 두 손으로 셔터를 위로 밀어 올려 가게의 문을 연다는 뜻 *開業(개업), 開始(개시), 開場(개장), 開閉(개폐), 開通(개통)
1	几 10획	凱	즐길 **개**	안석 궤(几)와 어찌 기(豈)의 합으로 안 석(쿠션)을 괴어 붕붕 뜨는 기분처럼 '어찌 이리 좋은지' 높이 들떠 우쭐하여 즐겁다는 뜻 *凱旋將軍(개선장군), 凱歌(개가) *凱澤(개택: 남을 즐겁게 해주는 은혜)
2人(인)	土 10획	塏	높은 땅 **개**	땅 지(地)와 즐길 개(凱)의 합으로 개선(凱旋)장군의 우쭐하는 기분처럼 지대가 높은 우뚝 솟은 땅이란 뜻 *人名 字(인명 자) *李 塏(이 개: 조선 단종 때의 충신)
3	++ 10획	蓋	덮을 **개**	없을 막(莫)과 제거할 거(去)와 그릇 명(皿)의 합으로 내용물이 보이지 않게 덮었다가 열어 제거(除去)했다가 할 수 있는 그릇의 덮개, 뚜껑이란 뜻 *蓋石(개석), 蓋瓦(개와), 蓋馬高原(개마고원) *蓋然性(개연성: 덮여 있어 확실치는 않으나 아마 그럴 것 같은 이란 뜻)

급수	부수	한자	훈 음	해 설
3.2	木 11획	槪	대개 **개** 기개 **개** 평미레 **개**	나무 목(木)과 이미 기(旣)의 합으로 이미 배가 부르다고 고개를 돌리며 밥을 밀어내듯이 곡식을 되로 뜰 때, 대강 고르게 밀어내는 원기둥 모양의 나무 방망이인 평미레란 뜻과 밀고 나가는 기개란 뜻과 대강이란 뜻 *槪觀(개관), 槪論(개론), 槪略(개략), 槪要(개요), 槪念(개념), 氣槪(기개)
3	心 11획	慨	슬플 **개**	분할 분(憤)과 대개 개(槪)의 합으로 분노나 슬픔이나 기쁨의 감정이 치밀어 밥이 안 넘어가 밀어낼 만큼 슬프다는 뜻 *憤慨(분개), 慨歎(개탄), 感慨無量(감개무량)
1	水 11획	漑	물댈 **개**	강 강(江)과 슬플 개(慨)의 합으로 슬픈 감정이 치밀어 오르듯이 강물을 지대가 높은 농경지로 끌어올려 물을 댄다는 뜻 *灌漑施設(관개 시설)
3	心 10획	愾	성낼 **개**	분할 분(憤)과 기운 기(氣)의 합으로 분하고 억울함을 뿜어내는 기운이니 성을 낸다는 뜻 *愾憤(개분), 敵愾心(적개심)
5	宀 6획	客	손 **객**	잘 숙(宿)과 길 로(路)의 합으로 길을 가다가 저물어 하룻밤 자고(묵어) 가자고 들어온 손님(길손)이란 뜻과 나그네는 군식구이니 쓸데없다는 뜻 *旅客(여객), 客舍(객사), 客地(객지), 客觀的(객관적), 客員敎授(객원교수)

급수	부수	한자	훈 음	해 설
4	曰 3획	更	바꿀 **경** 다시 **갱**	굽을 곡(曲)과 칠 복(攴)의 합으로 처음엔 병(丙)시에 불을 든 야경꾼이 경점(更點)을 치(攴)는 모양이었으나 <u>굽은(잘못된) 것</u>을 두드려 고친다는 뜻과 고치니 다시 새롭게 바꾼다는 뜻 *更新, 變更, 更點 갱신 변경 경점 *更點(경점: 옛날에 하룻밤을 5로 나누어 경(更), 경을 다시 5로 나누어 점(點)이라 하고 경에는 북을 치고 점에는 징을 바꾸어서 쳐서 시간을 알려주던 일)
2	土 4획	坑	구덩이 **갱**	땅 지(地)와 목 항(亢)의 합으로 <u>지하(地下)</u>에서 광물을 파내고 <u>목을 쳐들</u> 만큼 높이 파내 지나다닐 수 있는 땅속 구덩이란 뜻 *坑道, 炭坑, 焚書坑儒 갱도 탄갱 분서갱유
1	羊 13획	羹	국 **갱**	맛있을 미(美)와 새끼 양 고(羔)의 합으로 <u>새끼양을 맛있게</u> 고은 국이란 뜻 *羊羹(양갱: 양고기 스프) *羹粥(갱죽: 죽과 미음)
5	厶 3획	去	갈 **거** 없앨 **거**	사사 사(厶)와 큰 대(大)의 합으로 2500년 전 사기(史記)의 저자 사마천이 억울한 누명으로 궁형을 당해 남자의 생식기인 <u>불알을</u> 묶어 못쓰게 거세당한 데서 제거한다는 뜻과 제거하니 물리친다는 뜻과 물리치니 내몰다, 없앤다는 뜻 *去勢, 去來 거세 거래 *古字는 大와 厶의 합 거 고자 대 사 *去取(거취: 취사(取捨)의 뜻) *去就(거취: 진퇴(進退)의 뜻)
4	工 2획	巨	클 **거**	장인 공(工)의 <u>하늘과 땅</u>이 두 개의 물체로 크게 나누어질 때(빅뱅)의 모양으로 <u>작은 것</u>(지구)을 품는 우주 공간의 크기 규모 따위가 크다는 뜻 *巨大, 巨人, 巨金, 巨富, 巨額 거대 거인 거금 거부 거액

급수	부수	한자	훈 음	해 설
4	手 5획	拒	막을 **거**	손 수(扌)와 클 거(巨)의 합으로 양팔을 크게 벌리고 앞을 가로막는다는 뜻 *拒絶, 巨富, 拒否反應 거절 거부 거부반응
3.2	足 5획	距	떨어질 **거** 상거할 **거**	길 로(路)와 막을 거(拒)의 합으로 길이 막혀 서로 떨어져 있다는 뜻과 길을 막는다는 뜻과 발을 크게 내디디니 뛴다는 뜻 *距離 거리
1	水 9획	渠	개천 **거**	들보 량(梁)과 클 거(巨)의 합으로 동량지재(棟梁之材)처럼 큰 인물(용)이 난다는 작은 시내인 개천(開川)이란 뜻 *溝渠 구거 *渠輩(거배: 그 사람들) *渠(巨)帥(거수: 우두머리)
4	尸 5획	居	살 **거** 머무를 **거**	집 옥(屋)과 옛 고(古)의 합으로 인간은 오래전부터 집을 짓고 살았다는 뜻과 집을 지으니 한곳에 머무르다 는 뜻 *居留, 住居, 居處, 居中調整 거류 주거 거처 거중조정
1	亻 8획	倨	거만할 **거**	살 주(住)와 살 거(居)의 합으로 미리 살고 있는 거주민(居住民)들이 텃세 등으로 거만하다는 뜻 *倨慢, 倨傲 거만 거오
7	車 0획	車	수레 **거**	둥근 바퀴가 축에 꿰어져 있는 수레의 모양으로 둥근 바퀴로 굴러가는 수레나 자동차란 뜻 *人力車, 自動車 인력거 자동차

급수	부수	한자	훈 음	해 설
4	手 12획	據	의거할 **거**	막을 거(拒)와 호걸 호(豪)와 곳 처(處)의 합으로 삼국지의 영웅호걸들이 어떤 곳을 차지하여 근거지로 삼고 서로 막아 버티고 있다는 뜻 *조조는 중원을 근거지로 *根據地, 據點, 依據, 群雄割據 근거지 거점 의거 군웅할거
1	酉 13획	醵	추렴할 **갹(거)**	술 주(酒)와 의거할 거(據)의 합으로 술값을 한쪽으로 떠넘기지 않고 버티듯 똑같이 거두어 낸다는 뜻 *醵出(갹출: 돈이나 물건을 추렴하여 냄)
5	手 14획	擧	들 **거** 일으킬 **거**	칠 격(擊)과 함께 여(與)의 합으로 적을 치려고 함께 들고 일어난다. 데모 등의 사건을 일으킨다는 뜻 *擧國的, 選擧, 擧動, 擧行, 擧論 거국적 선거 거동 거행 거론
1	巾 0획	巾	수건 **건**	덮을 멱(冖)과 꿸 관(串)의 합으로 꿰매어 몸을 덮어 가리는데 쓰는 천, 수건이란 뜻과 조상(弔)할 때 머리에 쓰는 건이니 두건이란 뜻 *手巾, 頭巾, 網巾 수건 두건 망건
5	亻 4획	件	사건 **건** 물건 **건**	다를 타(他)와 특별할 특(特)의 합으로 평상시와 다른 특별한 사건(이벤트)이란 뜻과 특징이 있는 서로 다른 하나하나의 물건이란 뜻 *事事件件, 文件, 條件 사사건건 문건 조건
5	廴 6획	建	세울 **건**	조정 정(廷)과 법칙 률(律)의 합으로 법율(法律)을 정하여 조정(朝廷)에서 나라를 세운다는 뜻 *建國, 建設, 建物, 建立, 建議 건국 건설 건물 건립 건의

급수	부수	한자	훈 음	해 설
5	亻 9획	健	굳셀 **건** 잘할 **건**	지을 작(作)과 세울 건(建)의 합으로 건물(建物)을 지을 때는 튼튼하게 잘 지어야 한다는 데서 튼튼하다는 뜻과 건재(健在)하다, 잘 있다는 데서 '잘'이란 뜻 *健康(건강), 健全(건전), 健實(건실), 健壯(건장), 健忘症(건망증)
1	肉 9획	腱	힘줄 **건**	육 달 월(月)과 세울 건(建)의 합으로 근육(筋肉)의 뿌리로 몸을 일으켜 세우는 역할을 하는 근육의 기초가 되는 힘줄의 밑동이란 뜻 *腱反射(건 반사: 기계적 자극에 따라 근육이 늘어나거나 줄어드는 작용을 하는 반사 *아킬레스 건
2人 인	金 9획	鍵	열쇠 **건** 자물쇠 **건**	자물쇠 쇄(鎖)와 힘줄 건(腱)의 합으로 힘줄이 늘어났다 줄어들었다 하듯이 자물쇠의 태엽을 감거나 나사를 돌리거나 하면서 열리고 닫히게 하는 열쇠란 뜻 *關鍵(관건), 鍵盤(건반), 鍵盤樂器(건반악기)
3.2	乙 10획	乾	하늘 **건** 마를 **건** 부질없을 **건**	빌 걸(乞)과 풀 초(草)의 합으로 초목(草木)이 목마르다고 하늘에 비를 바라듯 민초(民草)들이 복을 구걸(求乞)할 때 찾는 하늘이란 뜻과 8 괘의 이름으로 하나님 아버지라 하니 임금이나 아버지나 남자를 뜻하고 목마르니 마르다는 뜻과 하늘에 비는 것이 터무니없다는 뜻 *乾坤(건곤), 乾杯(건배), 乾達(건달), 乾卦(건괘), 乾魚物(건어물)
1	虍 4획	虔	경건할 **건** 빼앗을 **건** 조심할 **건**	범 호(虎)와 무늬 문(紋)의 합으로 범의 문체를 보고 산중의 왕이니 공경한다는 뜻과 잡아서 가죽을 빼앗으려 한다는 뜻(호피 방석은 2품 이상이 썼으며, 장대 끝에 매달아 병사들에게 경계를 지시하였음) *敬虔(경건), 虔恪(건각), 虔肅(건숙)

급수	부수	한자	훈 음	해 설
3	乙 2획	乞	빌 **걸**	굽힐 을(乙)과 사람 인(人)의 합으로 굽히고 납작 엎드린 사람의 모양으로 무엇을 얻으려고 굽실거리며 구걸한다는 뜻 *求乞(구걸), 乞人憐天(걸인연천), 門前乞食(문전걸식), 哀乞伏乞(애걸복걸)
2人(인)	木 6획	桀	하나라 왕 이름 **걸** 홰 **걸**	시렁 가(架)와 어그러질 천(舛)의 합으로 나무를 어긋나게 이리저리 걸쳐서 닭이 올라가서 잠자는 홰란 뜻과 나뭇가지가 이리저리 갈라지듯이 찢어진다는 뜻과 성질이 어그러진 포악한 하나라의 왕 이름이란 뜻 *桀紂(걸주: 하나라의 걸과 은나라의 걸은 폭군의 대명사로 불림)
4	亻 10획	傑	뛰어날 **걸**	위대할 위(偉)와 홰 걸(桀)의 합으로 위대한 업적으로 인하여 홰에 올라선 것같이 우뚝 솟아 뛰어나다는 뜻 *傑作(걸작), 傑出(걸출), 豪傑(호걸), 人傑(인걸), 英傑(영걸)
2人(인)	木 4획	杰	뛰어날 **걸**	홰 걸(桀) 그럴 연(然)의 합으로 홰에 올라선 것같이 그러하니 남보다 우뚝 솟아 뛰어날 걸(傑)의 속자
3.2	刀 13획	劍	칼 **검** 위험할 **검**	벨 할(割)과 다 첨(僉)의 합으로 베어 먹는 입이 둘 합쳐있는 양날의 칼로 전투할 때 양쪽으로 다 베고 찌를 수 있는 날카로운 무기인 칼이란 뜻 *僉(다 첨: 인구(人口)가 합(合)하여 모두 다란 뜻) *劍客(검객), 劍道(검도), 長劍(장검), 劍術(검술), 劍法(검법)
4.2	木 13획	檢	검사할 **검**	재료 재(材)와 위험 험(險)의 합으로 식품의 재료(材料)에 위험한 것이 들어있는지를 하나하나 모두 다 조사한다는 뜻 *檢屍(검시), 檢査(검사), 檢事(검사), 檢察(검찰), 檢疫(검역), 檢索(검색)

급수	부수	한자	훈 음	해 설
4	亻 13획	儉	검소할 **검**	다칠 상(傷)과 칼 검(劍)의 합으로 칼에 다칠까 봐 무서워 벌벌 떨듯이 아까워서 돈을 못 쓰고 발발 떠는 사람, 아낀다, 절약한다는 뜻 *젊은 사람이 더 무섭다는 말은 더 알뜰하다는 뜻 *儉素(검소), 儉約(검약), 勤儉節約(근검절약)
1	力 5획	劫	위협할 **겁** 긴 세월 **겁**	힘 력(力)과 갈 거(去)의 합으로 힘으로써 뺏어가려고 하니 위협한다는 뜻과 불교에서 일세기를 이름 *劫迫(겁박), 劫奪(겁탈), 劫運(겁운), 永劫(영겁), 劫風(겁풍) *劫水(겁수: 세계가 파멸할 때에 일어난다는 큰 물) *劫年(겁년: 액운이 돌아온 해)
1	心 5획	怯	겁낼 **겁**	두려울 구(懼)와 위협할 겁(劫)의 합으로 겁박을 하니 두려워 겁이 난다는 뜻 *卑怯(비겁), 食怯(식겁)
1	亻 9획	偈	쉴 **게** 불교글귀 **게**	쉴 휴(休)와 다할 갈(竭)의 합으로 기력이 다하여 쉰다는 뜻과 시구를 5자 혹은 7자를 1句로 보통 4句를 1偈로 하여 숨이 다하면 쉬어 읽기 좋게 쓴 범어 가타(伽陀)의 글귀인 불교의 글귀란 뜻 *偈頌(게송), 偈句(게구)
2	手 9획	揭	걸 **게**	들 제(提)와 게송 게(偈)의 합으로 부처의 공덕 등을 알리려고 높이 들어 올려 멀리 보이려고 내건다는 뜻 *揭示板(게시판), 揭載(게재), 揭揚(게양), 揭告(게고)
2	心 12획	憩	쉴 **게**	쉴 식(息)과 집 사(舍)의 합으로 들의 오두막집이나 회사의 사택(舍宅)에서 잠시 휴식(休息)을 취한다, 또는 한숨 돌린다는 뜻 *休憩室(휴게실), 憩息(게식)

급수	부수	한자	훈 음	해 설
5	木 6획	格	격식 **격** 칠 **격**	가로 횡(橫)과 길 로(路)의 합으로 길을 가로막아 맞붙어 싸우니 친다는 뜻과 문서 등에 가로막아 줄 칸을 친 격식이란 뜻과 격식을 갖추니 품격이란 뜻 *格鬪(격투), 資格(자격), 合格(합격), 品格(품격), 格言(격언), 格調(격조)
3	阜 10획	隔	사이 뜰 **격**	막을 방(防)과 오지병(솥) 격(鬲)의 합으로 솥발처럼 벌려놓고 가까이하지 못하게 막아 사이를 띄운다는 뜻 *隔離(격리), 間隔(간격), 隔差(격차), 隔年制(격년제), 隔世之感(격세지감)
1	肉 10획	膈	흉격 **격**	가슴 흉(胸)과 사이 뜰 격(隔)의 합으로 가슴과 배의 사이를 띄어 서로 막아놓은 흉격이란 뜻 *胸膈(흉격), 橫膈膜(횡격막), 膈痰(격담)
4	水 13획	激	부딪힐 **격**	흐를 류(流)와 놓을 방(放)과 흰 백(白)의 합으로 방류(放流)되는 물이 폭포처럼, 부딪혀 튕기며 하얗게 부서지듯이 자연현상이나 행동, 감정 등이 부딪혀 깨어질 듯이 격렬하고 맹렬하다, 심하다는 뜻 *衝激(충격), 激變(격변), 激務(격무), 激動(격동), 激讚(격찬), 激烈(격렬)
1	木 13획	檄	격문 **격**	방 붙일 방(榜)과 부딪힐 격(激)의 합으로 민중을 격분(激憤)하게 하여 선동할 목적으로 붙인 방(榜)인 격문이란 뜻 *檄文(격문), 檄書(격서)
4	手 13획	擊	칠 **격** 맞부딪힐 **격**	들 거(擧)와 군사 군(軍)과 몽둥이 칠 수(殳)의 합으로 군사 군(軍)이 거꾸로 놓인 모양으로 적군(敵軍)을 거꾸러뜨리려고 몽둥이를 들고 일어나 공격한다, 친다는 뜻 *攻擊(공격), 射擊(사격), 擊破(격파), 擊墜(격추), 擊退(격퇴), 目擊(목격)

급수	부수	한자	훈 음	해 설
1	見 0획	覡	박수 **격**	볼 견(見)과 무당 무(巫)의 합으로 정확하진 않으나 여자 무당처럼 보이려고 치마를 입고 굿을 하는 남자 무당이란 뜻 *巫覡 무격
4	犬 0획	犬	개 **견**	주살 익(弋)과 삐침 별(丿)의 합으로 삐침은 붓으로 끌어내리는 획이다. 줄에 묶여 끌려 다니는 동물인 개란 뜻 *愛玩犬, 忠犬, 犬馬之勞, 犬猿之間 애완견 충견 견마지로 견원지간
5	見 0획	見	볼 **견** 뵈올 **현**	눈 목(目)과 으뜸 원(元)의 합으로 어른, 곧 원로(元老)를 찾아뵙는다는 뜻과 찾아다니며 본다는 뜻 *謁見, 見聞, 見學, 意見, 見利思義 알현 견문 견학 의견 견리사의
3	肉 4획	肩	어깨 **견**	육 달 월(月)과 넓적할 편(扁)의 합으로 몸에서 지게를 짊어질 수 있는 넓적한 어깨란 뜻 *比肩, 肩羽, 肩章, 肩臂痛 비견 견우 견장 견비 통
3	牛 7획	牽	끌 **견** 별이름 **견**	우리 뢰(牢)와 거느릴 솔(率)의 합으로 우리의 소를 끌어 앞에서 이끈다. 인솔(引率)한다는 뜻과 견우성인 별 이름이란 뜻 *牽牛, 牽引車, 牽制勢力, 牽强附會 견우 견인차 견제세력 견강부회
4	土 8획	堅	굳을 **견**	집 당(堂)과 신하 신(臣)과 돌이킬 반(反)의 합으로 신하들의 반대에도 불구하고 당당(堂堂)하게 자기의 뜻을 굳게 한다는 뜻 *堅持(견지: 소신 등을 굳게 지님) *中堅, 堅固, 堅實, 堅果類 중견 견고 견실 견과 류

급수	부수	한자	훈 음	해 설
3	糸 7획	絹	비단 **견**	실 사(絲)와 버릴 연(捐)의 합으로 실을 입으로 내어놓는다는 뜻이니 누에의 입으로 나온 고치에서 뽑은 비단실(실크), 깁, 명주란 뜻 *絹絲(견사) 絹織物(견직물)
1	鳥 0획	鵑	두견 **견** 접동새 **견** 뻐꾹새 **견**	새 조(鳥)와 버릴 연(捐)의 합으로 다른 새의 둥지에 알을 버리고 생육을 떠맡기는 새인 두견새(소쩍새)란 뜻 *뻐꾸기와 비슷하나 조금 작음 *杜鵑(두견), 杜鵑花(두견화: 진달래꽃)
3	辶 10획	遣	보낼 **견**	남길 유(遺)와 따를 추(追)의 합으로 유족이 상여를 뒤따르며 떠나보낸다는 뜻 *遣奠祭(견전제: 발인할 때 지내는 제사) *遣情(견정: 기분 풀이) *派遣(파견)
1	言 14획	譴	꾸짖을 **견**	그릇될 오(誤)와 보낼 견(遣)의 합으로 업무상의 과오(過誤)에 대한 문책으로 오지로 유배 가듯이 파견(派遣)근무를 보내는 것으로 꾸짖어 문책한다는 뜻 *譴責(견책), 譴告(견고), 譴怒(견노)
2人(인)	瓦 9획	甄	질그릇 구울 **견** 살필 **견**	기와 와(瓦)와 연기 연(煙)의 합으로 기와를 굽듯이 덮어놓고 불을 지펴 질그릇을 굽는다는 뜻과 좋은 흙을 골라 질그릇을 만들듯이 인재(그릇)를 만들려고 능력이나 우열을 가리고 살펴 심사한다는 뜻 *人名 字(인명 자) *甄萱(견훤: 후백제를 세운 왕) *甄擢(견탁: 잘 살피어 뽑음)

급수	부수	한자	훈 음	해 설
1	糸 13획	繭	고치 **견**	실 사(糸)와 덮을 몽(蒙)과 비단 백(帛)과 벌레 충(虫)의 합으로 비단실을 만드는, 몸을 덮어쓰고 있는 누에의 집인 누에고치란 뜻 *繭絲(견사), 繭蠶(견잠)
5	水 4획	決	결단할 **결**	법 법(法)과 쾌할 쾌(快)의 합으로 법관이 명쾌하게 판결을 낸다, 결단을 내린다는 뜻 *判決(판결), 決斷(결단), 決心(결심), 決算(결산), 決勝(결승)
3.2	言 4획	訣	이별할 **결** 비결 **결**	소송할 송(訟)과 결단할 결(決)의 합으로 송사(訟事)를 하여 시시비비를 확실히 나누어 판결(判決)을 내리니 갈라놓는다는 뜻과 잘잘못을 명쾌하게 가려내어 해결하는 비결이란 뜻 *永訣(영결: 영원히 갈라놓다) *秘訣(비결: 숨은 해결책)
4.2	缶 4획	缺	빠질 **결** 흠 **결**	장군(질그릇) 부(缶)와 터질 쾌(夬)의 합으로 질그릇이 터지거나 이가 빠져 흠이 졌다는 뜻 *夬: 가운데 앙(央)의 한쪽이 터진 모양 *缺陷(결함), 缺點(결점), 缺格(결격), 缺損(결손), 缺食(결식)
5	糸 6획	結	맺을 **결**	실 사(糸)와 길할 길(吉)의 합으로 좋은 날, 길일(吉日)을 받아 부부의 인연을 맺는 결혼에서 생긴 자로 청실홍실로 풀어지지 않게 함께 동여 묶는다는 뜻과 열매를 맺거나 이야기의 끝을 맺는다는 뜻 *結婚(결혼), 結合(결합), 結束(결속), 結果(결과), 結實(결실), 結論(결론)

급수	부수	한자	훈 음	해 설
4.2	水 12획	潔	깨끗할 **결**	맑을 청(淸)과 맺을 계(契)와 계통 계(系)의 합으로 계약신학(契約神學)이라 불리는 청교도(淸敎徒) 사상처럼 엄격한 금욕주의로 종교적, 도덕적으로 순결하고 깨끗하다는 뜻 *潔白(결백), 淸潔(청결), 簡潔(간결), 不潔(불결), 高潔(고결), 純潔(순결)
3.2	八 8획	兼	겸할 **겸**	함께 공(共)과 벼 화(禾)와 또(손) 우(又)를 합친 낫으로 벼를 벨 때 한 손에 두세 포기를 함께 거머잡은 모양으로 두세 가지 일을 겸한다는 뜻 *兼愛說(겸애설), 兼任(겸임), 兼用(겸용), 兼事(겸사), 知德兼備(지덕 겸비)
3.2	言 10획	謙	겸손할 **겸**	말씀 설(說)과 겸할 겸(兼)의 합으로 보수와 진보를 겸하여 적당하게 중간에 잡으려 하니 학설이 극단으로 가지 않고 제자리서 중간으로 서로 조금씩 굽혀주니 양보한다, 양보하니 겸손하다는 뜻 *謙遜(겸손), 謙虛(겸허), 謙讓(겸양), 謙卑(겸비)
5	亠 6획	京	서울 **경** 클 **경**	높일 항(亢)과 이름 명(名)과 뾰족할 첨(尖)의 합으로 명성(名聲)이 높이 드러난 첨단(尖端)을 걷는, 번화하고 행정의 중심이 되는 수도(首都), 서울이란 뜻 *北京(북경), 京城(경성), 京鄕(경향), 京釜線(경부선), 京畿道(경기도)
5	日 8획	景	볕 **경** 경치 **경** 클 **경** 우러를 **경**	번창할 창(昌)과 서울 경(京)의 합으로 번창한 서울을 구경한다는 데서 화려한 서울은 번쩍이니 볕이란 뜻과 크다는 뜻과 성곽이나 빌딩 등을 쳐다보니 우러른다는 뜻 *景福(경복: 큰 복) *景慕(경모: 우러러 사모함) *景致(경치), 景觀(경관), 風景(풍경), 景福宮(경복궁), 景氣(경기), 景品(경품)

급수	부수	한자	훈 음	해 설
1	心 12획	憬	그려질 **경**	추억 억(憶)과 풍경 경(景)의 합으로 추억하여 지난날의 광경(光景)을 떠올리며 머릿속에 그려본다는 뜻 *憧憬(동경)
2人(인)	玉 12획	璟	옥빛 **경**	구슬 옥(玉)과 빛 경(景)의 합으로 서울의 광경(光景)처럼 화려하게 광채가 번쩍이는 옥이란 뜻 *人名 字(인명 자)
2人(인)	日 4획	炅	빛날 **경**	빛 경(景)과 불 화(火)의 합으로 경광(景光: 커다란 행복)처럼 크게 타오르며 빛난다는 뜻 *人名 字(인명 자)
1	魚 8획	鯨	고래 **경**	물고기 어(魚)와 서울 경(京)의 합으로 서울에 있는 대궐처럼 큰, 물고기인 고래란 뜻 *집이 크면 고래등 같다 함 *捕鯨船(포경선), 鯨戰蝦死(경전하사)
3	广 5획	庚	천간 **경** 별 **경** 곡식 익어 기울어질 **경**	차례 서(序)와 노적가리 유(庾)의 합으로 들에 곡식이 익어 기울어지는 가을을 뜻하는 순서 일곱번째 천간의 별로 오행으로는 곡식을 베는데 필요한 쇠를 나타냄 *天干(천간): 甲(갑), 乙(을), 丙(병), 丁(정), 戊(무), 己(기), 庚(경), 辛(신), 壬(임), 癸(계)
4.2	心 11획	慶	경사 **경**	사랑 애(愛)와 고울 려(麗)의 합으로 麗는 짝을 짓는다는 뜻이니 사랑하는 사람과 짝을 지어주는 결혼을 하게 되니 축하할 만큼 좋은 일이란 뜻 *경사에는 기쁨이 넘쳐 터질 듯이 벅차다는 의미로 축포를 터트림 *慶事(경사), 慶祝日(경축일), 國慶日(국경일)

급수	부수	한자	훈 음	해 설
5	車 7획	輕	가벼울 **경** 빠를 **경** 천할 **경**	수레 차(車)와 지날 경(經)의 합으로 수레로 지나가니 쉽고 편리하다, 빠르다는 뜻과 쉬우니 가볍다는 뜻과 가볍게 여기니 업신여긴다는 뜻 *輕工業(경공업), 輕重(경중), 輕率(경솔), 輕擧妄動(경거망동), 輕視(경시)
4.2	糸 7획	經	날실 **경** 지날 **경** 경서 **경** 다스릴 **경**	실 사(糸)와 물줄기 경(巠)의 합으로 베틀에 물줄기처럼 아래로 고정되어있는 날실이란 뜻과 날실을 설치하듯이 계획을 세우니 경영한다는 뜻과 날실처럼 위에서 아래로 공간이 아닌 시간이 지난다는 뜻과 날실은 고정되어 변함이 없으니 살아가는데 도덕의 기준으로 삼는, 불변의 진리인 성인의 말씀이란 뜻 *經過(경과), 經歷(경력), 經緯(경위), 聖經(성경), 佛經(불경), 經濟(경제)
3	彳 7획	徑	지름길 **경** 빠를 **경**	갈 왕(彳)과 날실 경(經)의 합으로 베틀의 북이 씨실을 싣고 날실 사이를 왕복(往復)으로 잽싸게 왔다 갔다 가로지르니 지름길이란 뜻 *直徑(직경), 半徑(반경), 口徑(구경)
1	++ 7획	莖	줄기 **경**	풀 초(草)와 물줄기 경(巠)의 합으로 물줄기같이 아래로 뻗은 초목의 줄기란 뜻 *根莖(근경), 陰莖(음경), 包莖(포경)手術(수술)
1	肉 7획	脛	정강이 **경**	육 달 월(月)과 줄기 경(莖)의 합으로 몸에서 식물의 줄기처럼 아래로 곧게 뻗어 내린 종아리란 뜻 *脛骨(경골)
1	頁 7획	頸	목 **경**	머리 두(頭)와 날실(지날) 경(經)의 합으로 머리에서 몸통이 있는 아래로 신경이 지나가는 목 줄기인 목이란 뜻 *頸椎神經(경추신경), 刎頸之交(문경지교)

급수	부수	한자	훈 음	해 설
1	力 7획	勁	굳을 **경**	힘 력(力)과 목 경(頸)의 합으로 목에 힘을 주니 빳빳하게 굳다는 뜻 *勁直(경직: 굳세고 바름) *强勁(硬)策, 强勁 강 경 책 강경
3.2	頁 2획	頃	잠깐 **경** 이랑 **경**	목 경(頸)과 비수 비(匕)의 합으로 목에 비수를 꽂으니 죽는 것이 잠깐만에 끝난다는 잠깐의 뜻과 비수 같은 쟁기 날을 흙에 꽂아 갈아서 책 페이지(頁)를 넘기듯이 한쪽으로 제쳐 골을 탄 밭의 이랑이란 뜻 *頃刻, 萬頃蒼波 경각 만경창파
4	亻 11획	傾	기울 **경**	치우칠 편(偏)과 잠깐 경(頃)의 합으로 나랏일은 안 돌보고 여자 쪽으로만 치우쳐 빠져 놀다 보니 나라가 기울어지는 것은 한순간이란 뜻에서 나라가 쓰러진다, 기울어진다는 뜻 *傾國之色, 傾斜, 傾向, 傾聽, 左傾 경국지색 경사 경향 경청 좌경
3.2	耒 4획	耕	밭갈 **경**	쟁기 뢰(耒)와 우물 정(井)의 합으로 쟁기로 왔다 갔다 줄을 치듯이 골을 타니 밭을 간다는 뜻 *井井(정정: 가지런하게 줄을 친 모양) *耕作, 農耕地, 耕耘機, 耕地整理 경작 농경지 경운기 경지정리
3	石 7획	硬	굳셀 **경**	굳을 확(確)과 다시 갱(更)의 합으로 당겨도 다시 제자리로 돌아갈 만큼 신념 등이 확고(確固)하니 강하고 굳세다는 뜻 *硬質, 强硬, 硬化, 硬貨 경질 강경 경화 경화 *硬水(경수: 광물(마그네슘 등)이 많이 녹아 있는 물)

급수	부수	한자	훈 음	해 설
1	木 7획	梗	대개 **경** 막힐 **경**	기개 개(槪)와 굳을 경(硬)의 합으로 굳게(강경하게) 밀고 나가며 막는다는 뜻 *梗塞政局(경색정국), 梗槪(경개)
5	立 15획	競	다툴 **경**	나란히 병(竝)과 형 형(兄)의 합으로 난형난제(難兄難弟: 실력이 비슷함)하며 나란히 서로 낫다고 시합을 하여 다툰다는 뜻 *兄: 형이니 더 크다, 더 낫다. *競走(경주), 競馬(경마), 競爭(경쟁), 競賣(경매), 競合(경합)
3	立 6획	竟	끝 **경**	다툴 경(競)과 하나 일(一)의 합으로 경주하던 한 사람이 결승점에서 일직선의 줄을 걸었다 하여 끝이란 뜻 *畢竟(필경)
4.2	土 11획	境	지경 **경**	구역 역(域)과 끝 경(竟)의 합으로 구역의 끝인 경계지점이란 뜻 *國境(국경), 境內(경내), 困境(곤경), 環境(환경), 境遇(경우)
4	金 11획	鏡	거울 **경**	구리 동(銅)과 끝 경(竟)의 합으로 구리를 닦고 닦은 끝에 반짝반짝 비치는 거울이 된다는 뜻 *銅鏡(동경), 望遠鏡(망원경), 顯微鏡(현미경), 眼鏡(안경), 鏡臺(경대) *破鏡(파경: 남녀의 이별을 뜻함)
5	攵 9획	敬	공경 **경**	가르칠 교(敎)와 구차할 구(苟)의 합으로 구차하게 허리를 굽히듯이 허리를 굽히거나 고개를 숙이라고 가르치니 자신은 낮추고 상대를 공경한다는 뜻 *敬禮(경례), 敬老(경로), 敬畏(경외), 敬虔(경건), 敬天愛人(경천애인)
2人(인)	亻 13획	儆	경계할 **경**	대비할 비(備)와 조심할 경(警)의 합으로 조심하여 미리 대비(對備)하니 경계한다는 뜻 *人名 字(인명 자)

급수	부수	한자	훈 음	해 설
4.2	言 13획	警	조심할 **경** 깨우칠 **경**	말씀 언(言)과 공경 경(敬)의 합으로 화살이나 총알이 날아오니 경례하듯이 구부리라고 말해 준다는 데서 위험을 미리 일러 조심시킨다는 뜻과 미처 모르는 사실을 깨우쳐준다는 뜻 *警察, 警報, 警告, 警鐘, 經費 경찰 경보 경고 경종 경비
4	馬 13획	驚	놀랄 **경**	수레 가(駕)와 조심할 경(警)의 합으로 임금의 수레가 지나갈 때 비켜서라고 '빵 빵!' 하며 경적(警笛)이 울리니 깜짝 놀란다는 뜻과 어가(御駕)가 지나갈 때 경호행렬을 보고 대단함에 '와!' 하며 입을 다물지 못할 만큼 놀라워한다는 뜻 *驚異, 驚愕, 驚氣, 驚天動地 경이 경악 경기 경천동지
4	戈 3획	戒	경계 **계**	손 마주 잡을 공(廾)과 창 과(戈)의 합으로 창을 두 손으로 치켜들고 만약 적이 쳐들어올 경우를 대비하여 경계를 선다는 뜻과 경계하듯 조심을 한다는 뜻 *訓戒, 敬啓, 戒嚴令 훈계 경계 계엄령
3.2	木 7획	械	기계 **계**	기계 기(機)와 경계 계(戒)의 합으로 다칠까 위험하니 경계(警戒)해야 하는 기계란 뜻 *氣系, 機械體操, 農機械 기계 기계체조 농기계
4	子 5획	季	철 **계** 끝 **계**	아들(열매) 자(子)와 가을 추(秋)의 합으로 열매가 익어 고개를 숙이는 가을이니 제철이란 뜻과 가을은 초목이 기울어지고 쇠락하니 생을 마친다, 끝낸다는 뜻 *季節, 四季 계절 사계 *季秋(계추: 늦가을) *季世(계세: 말세) *季氏(계씨: 남의 남자 아우의 존칭)

급수	부수	한자	훈 음	해 설
1	心 8획	悸	두근거릴 **계**	두려울 구(懼)와 끝 계(季)의 합으로 계상(季商)이란 사람이 아내를 두려워하였다는 고사에서 두려워 가슴이 울렁거리고 두근거린다는 뜻 *動悸(동계: 심장의 고동이 보통 때 보다 심하여 가슴이 울렁거리는 병) *悸慄(계율: 부들부들 떨며 두려움)
3	癶 4획	癸	천간 **계**	필 발(發)과 하늘 천(天)의 합으로 명리학에서 하늘로 피어오르는 수증기를 뜻하는 열 번째 천간(天干)이란 뜻과 부인의 월경이란 뜻 *본음은 규 *葵: 해바라기 규 *癸水(계수: 부인의 월경)
6	田 4획	界	지경 **계**	밭 전(田)과 끼일 개(介)의 합으로 밭 사이에 밭둑이 끼어 경계를 표시한다는 뜻 *境界, 世界, 法曹界, 教育界, 各界 경계 세계 법조계 교육계 각계
6	言 2획	計	계산 **계**	말씀 언(言)과 열 십(十)의 합으로 십 년 뒤의 일을 말하니 앞일을 계획한다는 뜻과 일 년, 이 년, 삼 년 하며 계산을 한다는 뜻 *計算, 計劃, 計量, 計座 계산 계획 계량 계좌
3.2	大 6획	契	계약할 **계** 신표 **계** 나라이름 **글**	가운데 앙(央)과 벨 할(割)의 합으로 가운데를 칼로 베어서 나누어 하나씩 가지고 있다가 증거로 맞추어보는 계약이란 뜻과 믿는 증표인 신표란 뜻과 나라 이름 '글'. 사람 이름 '설'로도 읽힘 *契員(계원: 같은 계를 조직한 사람) *契約, 契丹(글단: 글안, 거란) 계약

급수	부수	한자	훈 음	해 설
3	木 6획	桂	월계수나무 **계**	나무 목(木)과 아름다울(훌륭함) 가(佳)의 합으로 고대 그리스에서 우승한 훌륭한 사람에게 관을 만들어 씌우던 나무인 월계수 나무란 뜻 *月桂冠(월계관), 桂林(계림), 桂皮(계피), 桂林一枝(계림일지) *桂冠詩人(계관시인: 영국 왕실이 뛰어난 시인에게 내리는 칭호)
3.2	口 8획	啓	여쭐 **계** 일깨울 **계** 열 **계**	고할 고(告)와 문 호(戶)와 가르칠 교(教)의 합으로 가르쳐 달라고 문 앞에서 고하니 여쭙는다는 뜻과 문호(門戶)를 열어놓고 선진문화를 받아들이라고 고하여 가르치니 깨우쳐준다는 뜻과 일깨워 주니 환하게 열린다는 뜻 *啓蒙(계몽)小說(소설), 啓導(계도), 啓示(계시), 啓明(계명), 啓發(계발)
4	阜 9획	階	섬돌 **계**	오를 척(陟)과 다 개(皆)의 합으로 높은데 오르거나 내려가는 나란히 다 층이지는 계단이란 뜻 *階段(계단), 階級(계급), 階層(계층), 音階(음계), 品階(품계)
4	鳥 10획	鷄	닭 **계**	새 조(鳥)와 어찌 해(奚)의 합으로 奚는 손톱 조(爪)와 작을 요(幺)와 큰 대(大)의 합으로 손톱 같은 부리와 작은 머리와 큰 몸통의 새인 닭이란 뜻 *鷄卵(계란), 鷄卵有骨(계란유골), 鷄口牛後(계구우후), 鷄鳴狗盜(계명구도)
3.2	水 10획	溪	시내 **계**	물 수(水)와 닭 계(鷄)의 합으로 닭 같은 오리나 물새가 고기를 잡아먹고 노는 물이 얕은 시내란 뜻 *溪川(계천), 溪谷(계곡), 淸溪川(청계천)
3	糸 13획	繫	맬 **계**	맬 계(系)와 칠 격(擊)의 합으로 적을 쳐서 도망가지 못하도록 매어놓는다는 뜻 *繫留(계류), 繫船(계 선), 繫泊(계박), 繫縛(계박), 連繫(연계)

급수	부수	한자	훈 음	해 설
4	糸 14획	繼	이을 **계**	줄 급(給)과 끊을 단(斷)의 합으로 끊어지면 또 공급(供給)하여 계속 이어나간다는 뜻과 끊어진 것을 매어 잇는다는 뜻 *繼續(계속), 繼承(계승), 繼母(계모), 中繼放送(중계방송)
1	口 2획	叩	두드릴 **고** 물을 **고** 조아릴 **고**	부를 호(呼)와 몸기 절(卩)의 합으로 卩은 몸의 마디를 접는 모양이니 손가락을 접고 호출하려고 문을 두드린다는 뜻과 안에 누가 있느냐 묻는다는 뜻과 머리를 구부리고 노크하듯 콕콕 찧으니 조아린다는 뜻 *叩頭(고두: 머리를 조아림)
5	耂 2획	考	죽은 아비 **고** 생각 **고**	늙을 로(老)와 마칠 료(了)의 합으로 늙어서 생을 마친 죽은 아비란 뜻과 제사 때 지방에 쓰며 생전의 모습을 더듬어 생각하니 깊이 생각한다는 뜻 *老자에 획을 아래로 살짝 굴려 만든 전주 자(轉注 字)라고 함 *先考(선고),考慮(고려), 考案(고안), 考査(고사), 考試(고시), 考古學(고고학)
1	手 6획	拷	칠 **고**	때릴 타(打)와 생각 고(考)의 합으로 조사할 때 모른다고 하면 사건을 더듬어 생각해 내라고 때리며 고문한다는 뜻 *拷問(고문: 피의자에게 신체적 고통을 주어 강제로 자백하게 하는 일)
6	口 2획	古	예 **고**	물건 품(品)과 열 십(十)의 합으로 십 년이나 된 물건이니 오래되었다는 뜻 *古物(고물), 中古(중고), 古家(고가), 古宮(고궁), 古墳(고분), 古代(고대)
3	木 5획	枯	마를 **고**	나무 수(樹)와 오랠 고(古)의 합으로 싱싱하던 수목(樹木)도 오래되니 쇠퇴하여 시들고 마른다는 뜻 *榮枯盛衰(영고성쇠), 枯渴(고갈), 枯葉劑(고엽제), 枯卉(고훼)

급수	부수	한자	훈 음	해 설
4.2	攵 5획	故	연고 **고**	가르칠 교(敎)와 옛 고(古)의 합으로 옛날의 사건을 교훈(敎訓) 삼으려고 생긴 말인 고사 성어에서 생긴 말로 그래서, 때문에, 그런 이유로의 뜻인 사연이 있다는 뜻 *故事成語, 故鄕, 事故, 故人, 故意 고사성어 고향 사고 고인 고의
3.2	女 5획	姑	시어미 **고** 할미 **고** 잠시 **고**	혼인 혼(婚)과 연고 고(故)의 합으로 혼인으로 맺어진 연고(緣故)가 있는 관계인 시어머니란 뜻과 늙은 어미란 뜻과 늙은이의 망발을 우선 잠시 달래어 들어준다는데서 우선, 잠시란 뜻 *姑婦, 姑母, 姑從四寸, 因循姑息 고부 고모 고종사촌 인순 고식 *姑息之計(고식지계: 근본적인 해결 없이 당장의 편안함을 추구하는 임시방편의 뜻)
6	艸 5획	苦	괴로울 **고** 쓸 **고**	가혹할 가(苛)와 시어미 고(姑)의 합으로 시어머니가 가혹하게 꾸짖으니 시집살이가 괴롭다는 뜻과 먹기 괴로우니 쓰다는 뜻 *苦生, 苦痛, 苦學生, 苦盡甘來 고생 고통 고학 생 고진감래
1	辛 5획	辜	허물 **고**	매울 신(辛)과 시어머니 고(姑)의 합으로 매운 시어머니가 잔소리하는 며느리의 허물, 결점, 단점, 흠이란 뜻 *無辜(무고: 아무 잘못이나 허물이 없음)
5	口 5획	固	굳을 **고**	둘레 국(囗)과 옛 고(古)의 합으로 옛것을 지키려고 사방을 둘러막은 모양으로 빈틈이 없고 튼튼하다, 굳다는 뜻과 허물지 않고 지켜오니 본디의 뜻 *固守, 固體, 固定, 確固不動, 固有 고수 고체 고정 확고부동 고유
1	金 5획	錮	땜질할 **고**	납 연(鉛)과 굳을 고(固)의 합으로 단단히 고정(固定)시키기 위해 납땜을 한다는 뜻 *禁錮刑(금고형: 구금(拘禁)하여 꼼짝하지 못하게 잡아 두는 형벌)

급수	부수	한자	훈 음	해 설
1	疒 5획	痼	고질병 **고**	병 병(病)과 땜질 고(錮)의 합으로 땜질을 해 놓은 것처럼 병이 들러붙어서 떨어지지 않는 병이란 뜻 *痼疾病 고질병
5	口 4획	告	알릴 **고**	입 구(口)와 날 생(生)의 합으로 식구(食口)의 출생(出生)을 관청에 말하여 알리다, 신고한다는 뜻 *出生申告, 告白, 告示, 告發, 原告 출생신고 고백 고시 고발 원고
4	子 5획	孤	외로울 **고**	아들 자(子)와 오이 과(瓜)의 합으로 덩굴(참외, 오이, 수박) 같은 탯줄에서 배꼽이 떨어져 나온 자식으로 따로 떨어지니 외롭다는 뜻 *孤獨, 孤兒, 孤哀子 고독 고아 고애자
1	口 5획	呱	울 **고** 어린아이의 울음소리 **고**	부르짖을(울) 규(吅)와 외로울 고(孤)의 합으로 이 세상에 갓 태어난 아기가 외로워 큰 소리로 운다는 뜻 *呱呱之聲(고고지성: 아이가 태어나서 처음으로 우는 소리)
1	肉 4획	股	다리 **고**	육 달 월(月)과 몽둥이 칠 수(殳)의 합으로 몸에서 몽둥이를 맞아도 아프기만 하고 뼈를 다치지 않는, 살이 많아 두꺼운 넓적다리란 뜻 *股肱(고굉: 팔다리) *股關節, 股肱之臣 고관절 고굉지신
4	广 7획	庫	창고 **고**	넓을 광(廣)과 수레 차(車)의 합으로 농기구나 수레 등을 넣어두는 넓은 헛간이나 창고란 뜻 *倉庫, 金庫, 在庫, 冷藏庫, 文庫 창고 금고 재고 냉장고 문고

급수	부수	한자	훈 음	해 설
6	高 0획	高	높을 **고**	서울 경(京)과 멀 경(冂)몸과 출입 구(口)의 모양으로 도성(서울)을 둘러싼 성벽이 높다는 뜻의 부수자 *高低(고저), 高層(고층), 高空(고공), 高級(고급), 高等(고등)
3.2	禾 10획	稿	볏짚 **고** 원고 **고**	쌓을 적(積)과 높을 고(高)의 합으로 탈곡 후 묶어서 높이 쌓아 올린 볏짚이란 뜻과 높이 쌓이는 원고란 뜻 *原稿(원고), 脫稿(탈고), 投稿(투고), 稿料(고료), 原稿料(원고료)
1	肉 10획	膏	기름 **고**	살갗 부(膚)와 높을 고(高)의 합으로 피부(皮膚)가 삼 겹이나 오 겹으로 층이 높아지며 쌓인 기름이란 뜻 *膏藥(고약), 膏血(고혈), 膏肓(고황) *膏粱珍味(고량진미: 기름지고 맛있는 진귀한 음식)
1	攴 10획	敲	두드릴 **고**	두드릴 복(攴)과 원고 고(稿)의 합으로 '가도'라는 시인이 원고를 다듬으며 달빛 아래 문을 민다고 할까? 두드린다고 할까? 고민하였다는 고사에서 두드린다는 뜻 *推敲(퇴고: 원고를 다듬는 일)
3.2	鼓 0획	鼓	북 **고**	북 세울 주(壴)와 가죽 피(皮)의 합으로 머리에 사상을 심어 북돋우듯이 가죽으로 팽팽하게 만들어 흥을 북돋울 때 쿵쿵 치는 북이란 뜻의 부수자 *壴(북 세울 주: 머리 두(頭)와 봉할 봉(封)의 합으로 머리에 봉건(封建)사상을 심어 북돋운다는 뜻 *鼓手(고수), 申聞鼓(신문고), 自鳴鼓(자명고), 鼓舞(고무), 小鼓

급수	부수	한자	훈 음	해 설
2地 지	白 6획	皐	언덕 **고** 혼 부를 **고**	임금 황(皇)과 물 수(氺)와 높을 탁(卓)의 합으로 황고(皇考)는 죽은 아버지의 높임말로 죽은 이가 떠나는 높은 물가 언덕이란 뜻과 떠나는 혼을 부른다는 뜻 *皐復(고복: 사람이 죽은 뒤에 초혼(招魂)하고, 발상(發喪)하는 일)
1	衣 5획	袴	바지 **고**	옷 의(衤)와 자랑할 과(誇)의 합으로 떠벌려 자랑하듯이 다리를 큰 대자로 떠벌릴 수 있도록 깊게 파내어 만든 옷인 바지란 뜻 *袴衣(고의: 바지)
2	隹 4획	雇	품 팔 **고** 뻐꾹새 **호**	새 추(隹)와 방 방(房)의 합으로 남의 방을 빌려 새끼를 낳는 뻐꾹새란 뜻과 집이 없어서 남의 집 더부살이를 한다는 데서 남의 집에 일을 해주고 밥을 얻어먹거나 돈을 받고 사는 품팔이란 뜻 *雇用主(고용주; 시키는 사람) *雇傭員(고용원: 고용되어 쓰이는 사람)
3	頁 12획	顧	돌아볼 **고** 돌볼 **고**	거느릴 령(領)과 품 팔 고(雇)의 합으로 영주(領主)가 고용인(雇傭人)에게 일을 시키고 그 대신 뒤를 보살펴 거두니 뒤를 돌아본다, 돌본다는 뜻 *顧客, 顧問, 回顧錄, 三顧草廬 고객 고문 회고록 삼고초려
5	曰 2획	曲	굽을 **곡** 악 **곡** 곡누에 발 **곡**	가로 왈(曰)과 말 불(弗)의 합으로 곡학아세에서 나온 말로 자기주장을 내세우며 왈가왈부하지 말고 굽히고 세상에 아부한다는 데서 굽실거린다. 구부린다는 뜻과 완곡한 표현처럼 듣기 좋은 소리인 음악의 곡이란 뜻 *曲學阿世, 曲線, 曲直, 作曲, 曲調 곡학아세 곡선 곡직 작곡 곡조

급수	부수	한자	훈 음	해 설
3.2	谷 0획	谷	골짜기 **곡**	산이 겹겹이 있는 깊은 산 웅덩이 물이 고이는 계곡이란 뜻 *溪谷, 峽谷, 深山幽谷, 進退維谷 계곡 협곡 심산유곡 진퇴유곡
3.2	口 7획	哭	울 **곡**	소리 가(哥)와 엎드릴 복(伏)의 합으로 엎드려서 아이고, 아이고! 소리를 내어 슬피 운다는 뜻 *痛哭, 弔哭, 哭聲, 大聲痛哭 통곡 조곡 곡성 대성통곡
1	鳥 7획	鵠	고니 **곡** 과녁 **곡**	새 조(鳥)와 흴 호(皓)의 합으로 털이 흰 새인 고니, 한자로 백조(白鳥)란 뜻과 홍곡(鴻鵠)은 원대한 포부를 뜻하여 선비들의 포부처럼 목표로 삼아 이루려는 표적인 과녁의 중심이란 뜻 *鵠志(곡지: 멀리 나는 원대한 포부) *鵠的(곡적: 과녁의 중심점)
1	木 7획	梏	수갑 **곡**	얽을 구(構)와 심할 혹(酷)의 합으로 죄인의 행동을 구속하려고 손을 가혹(苛酷)하게 얽어매는 수갑이란 뜻 *桎梏(질곡: 발을 채우는 족쇄와 수갑이란 뜻으로 자유를 속박함을 이름)
4	禾 10획	穀	곡식 **곡**	벼 화(禾)와 껍질 각(殼)의 합으로 벼처럼 껍질에 덮여 있는 알곡식이란 뜻 *穀食, 穀類, 糧穀, 穀倉地帶, 五穀 곡식 곡류 양곡 곡창 지대 오곡
4	囗 4획	困	곤란할 **곤**	둘레 국(囗)과 나무 목(木)의 합으로 담으로 둘러막혀 나무가 가지를 마음껏 못 뻗으니 곤란하다는 뜻 *困窮(곤궁: 가난하여 집이 좁아 몸을 웅크리고 허리를 못 편다는 뜻) *貧困, 勞困, 疲困, 困惑, 困境, 困辱 빈곤 노곤 피곤 곤혹 곤경 곤욕

급수	부수	한자	훈 음	해 설
3	土 4획	坤	땅 **곤** 괘이름 **곤**	땅 지(地)와 귀신 신(神)의 합으로 땅의 신을 뜻하고 하늘같은 남편에 짝이 되는 황후나 여자를 뜻함 *乾坤(건곤) *坤殿(곤전: 왕비 전)
1	日 4획	昆	맏 **곤** 많을 **곤**	일찍 조(早)와 견줄 비(比)의 합으로 즐비한 여럿 가운데 일찍 난 맏이란 뜻과 아래로 즐비하게 아우가 많다 하여 많다는 뜻 *昆弟(곤제: 형과 아우) *昆季(곤계: 형제 또는 아우) *昆蟲(곤충: 벌레의 총칭)
1	木 8획	棍	몽둥이 **곤**	묶을 속(束)과 많을 곤(昆)의 합으로 많은 것을 함께 묶은 다발 뭉치란 뜻 *棍杖(곤장: 죄인의 볼기를 치는 형구의 하나) *棍棒(곤봉: 몽둥이)
1	衣 5획	袞	곤룡포 **곤**	옷 의(衣)와 공평할 공(公)의 합으로 임금이 공식적(公式的)으로 입는 옷인 곤룡포란 뜻(厶획이 口로 변함) *袞龍袍(곤룡포), 袞裳(곤상)
1	水 4획	汩	빠질 **골**	바다 해(海)와 해 일(日)의 합으로 해가 바닷속으로 빠지듯이 무엇에 빠져든다는 뜻 *汩沒(골몰)
4	骨 0획	骨	뼈 **골**	육 달 월(月)과 덮을 멱(冖)과 안 내(内)와 못 정(丁)의 합으로 살(고기)을 덮어 붙이려고 안에다 나사못을 끼워 형체를 맞추어놓은 뼈대, 뼈란 뜻의 부수자 *骨格(골격), 骨髓分子(골수분자), 骨肉相爭(골육상쟁), 丹骨(단골)

급수	부수	한자	훈 음	해 설
6	八 2획	公	공평할 **공**	여덟 팔(八)과 참여할 참(參)의 합으로 팔방(모든 방면)으로 열어놓아 모든 사람이 참여하여 누리니 공개한다, 공평하다는 뜻 *public의 어원으로 보면 가를 팔(八)과 사사 사(厶)의 합으로 성인이 되면 모두 다 결혼을 하고 사생활인 성생활을 한다는 사실이 공공연히 널리 알려진다는 데서 대중, 민중, 세상, 사회란 뜻 *公開(공개), 公平(공평), 公園(공원), 公務(공무), 公休日(공휴일)
6	八 4획	共	함께 **공**	공평할 공(公)과 스물(여럿) 입(廿)의 합으로 공공(公共)시설 등을 여럿이서 함께 이용한다는 뜻에서 '함께'란 뜻 *共同(공동), 共生(공생), 共産主義(공산주의), 共感(공감)
3.2	心 6획	恭	공손할 **공**	마음 심(心) 발과 함께 공(共)의 합으로 두 손을 함께 받쳐 들거나 두 손을 함께 모으고 예의를 갖추는 마음이니 공손하다는 뜻 *恭敬(공경), 恭遜(공손), 恭待(공대)
3.2	亻 6획	供	바칠 **공** 이바지할 **공**	부처 불(佛)과 공손할 공(恭)의 합으로 부처님께 성금이나 성미를 공손하게 바친다는 뜻과 빈민 등을 구제하기 위한 공동모금에 기부금을 내는데 이바지한다는 뜻 *供養(공양), 供給(공급), 提供(제공), 供出(공출), 供託金(공탁금)
1	手 6획	拱	팔짱 낄 **공** 아름 **공**	손 수(手)와 함께 공(共)의 합으로 두 손을 함께 포개 잡으니 팔짱을 낀다, 물건을 안아 두 손을 잡으니 아름이란 뜻 *拱手(공수: 두 손을 겹쳐 행하는 절. 길사(吉事)에는 남자는 왼손, 여자는 오른손을 앞으로 하고 흉사에는 그 반대로 함) *拱木(공목: 아름드리나무)

급수	부수	한자	훈 음	해 설
7	工 0획	工	장인 **공** 만들 **공**	위 상(上)과 아래 하(下) 즉, 하늘과 땅 두 지점을 연결한 모양으로 두 지점을 이어 걸쳐서 건물이나 가구의 윤곽 구조 장치를 형성한다, 만든다는 뜻의 부수자 *工場(공장), 工業(공업), 工藝(공예), 工事(공사), 工高(공고), 工夫(공부)
4	攵 3획	攻	칠 **공** 닦을 **공**	가르칠 교(敎)와 장인 공(工)의 합으로 공부(工夫)를 가르치니 지덕을 갈고 학문을 닦는다는 뜻과 공부를 하라고 회초리를 친다는 뜻 *專攻(전공), 攻擊(공격), 攻防(공방), 攻駁(공박)
6	力 3획	功	공 **공** 공덕 **공**	도울 조(助)와 칠(닦을) 공(攻)의 합으로 적을 공격(攻擊)하는 데 도움이 된 공로란 뜻 *功勞(공로), 功德(공덕), 功臣(공신), 功績(공적), 功致辭(공치사)
3.2	貝 3획	貢	바칠 **공**	귀할 귀(貴)와 장인 공(工)의 합으로 장인들이 만든 진귀(珍貴)한 물건을 나라에 바친다는 뜻 *朝貢(조공: 속국이 종주국에 때마다 예물을 바치던 것)
7	穴 3획	空	하늘 **공** 빌 **공**	구멍 혈(穴)과 장인 공(工)의 합으로 하늘과 땅으로 둘로 갈라진 틈, 터진 구멍으로 텅 빈, 아무것도 없다는 뜻과 그곳을 우리는 하늘이라 함 *空虛(공허), 空中(공중), 空軍(공군), 空氣(공기), 航空(항공)
3.2	心 6획	恐	두려울 **공**	생각 려(慮)와 빌 공(空)과 뜰 범(汎)의 합으로 공중(空中)에 붕 떠 있으니 떨어질까 걱정되어 두렵다는 뜻 *恐怖(공포), 恐慌(공황), 恐喝(공갈)

급수	부수	한자	훈 음	해 설
1	革 6획	鞏	묶을 **공** 굳을 **공**	가죽 혁(革)과 두려울 공(恐)의 합으로 구조물이 무너질까 봐 두려워서 질긴 가죽끈으로 묶어서 단단하게 한다는 뜻 *鞏固(공고: 굳고 단단함)
4	子 1획	孔	공자 **공** 구멍 **공** 매우 **공**	선생 자(子)와 예도 례(礼)의 합으로 몸을 구부리는(乙) 예를 가르친 선생인 공자란 뜻과 공자의 도가 세상의 이치를 통하였다 하여 뚫어져 통하는 구멍이란 뜻과 온갖 사상가 중에 공자의 사상이 매우 크게 울렸으므로 매우란 뜻 *孔子(공자), 氣孔(기공), 穿孔(천공), 孔版畵(공판화)
2地(지)	丨 6획	串	꿸 **관(천)** 땅이름 **곶**	뚫을 곤(丨)과 입(구멍) 구(口)의 합으로 구멍을 뚫고 실로 꿰매거나 꼬챙이에 꿴 꼬치란 뜻 *長山串(장산곶)
2	瓜 0획	瓜	오이 **과**	손톱 조(爪)와 써 이(以)의 합으로 손톱으로써 붙잡고 타고 오르는 덩굴손이 있는 오이나 참외, 수박 등의 덩굴식물이란 뜻 *瓜葛(과갈), 瓜菜(과채), 黃瓜(황과) *瓜年(과년: 破瓜之年(파과지년)이란 말로 瓜를 나누면 八이 둘이라서 여자 16세로 혼기가 차다는 뜻)
2	戈 0획	戈	창 **과**	주살(줄 달린 화살) 익(弋)과 삐침 별(丿)의 합으로 주살을 던져 잡은 사냥물을 끌어내려고 작살처럼 미늘이 있는 창이란 뜻 *戈盾(과순), 戈劍(과검), 戈矛(과모), 戈鋒(과봉)
6	木 8획	果	과일 **과** 결과 **과**	나무 목(木)과 밭 전(田)의 합으로 밭에 심는 나무이니 과일이란 뜻과 씨앗을 뿌려 얻는 열매이니 뿌린 대로 거두는 대가나 자업자득의 결과란 뜻 *果樹園(과수원), 果汁(과즙), 果實(과실), 果然(과연), 結果(결과), 因果(인과)

급수	부수	한자	훈 음	해 설
2	艸 8획	菓	과자 **과**	약 약(藥)과 열매 과(果)의 합으로 인삼이나 새앙 같은 쓴 약을 과일처럼 달콤하게 꿀이나 조청에 절여 먹기 좋게 만든 약과란 뜻과 입에 달게 즐기는 과자란 뜻 *氷菓(빙과), 茶菓會(다과회), 菓子(과자)
5	言 8획	課	매길 **과** 공부할 **과**	적을 기(記)와 결과 과(果)의 합으로 수확한 결과(結果)를 보고 세금을 적어 매긴다는 뜻과 매겨진, 반드시 내야 하는 세금처럼 반드시 해야 하는 과제란 뜻 *課稅(과세), 課題(과제), 課業(과업), 課外授業(과외수업)
1	頁 8획	顆	낱알 **과**	머리 두(頭)와 과일 과(果)의 합으로 과일처럼 동글동글하게 작은 낱알이란 뜻 *顆粒(과립: 둥글고 자잘한 알갱이)
3.2	言 6획	誇	자랑할 **과**	말씀 언(言)과 클 태(太)와 공교할 교(巧))의 합으로 너무너무 잘 만들었다고 떠벌려서 말하니 자랑한다는 뜻 *誇張(과장), 誇示(과시), 誇大廣告(과대광고), 誇大妄想(과대망상)
3.2	宀 11획	寡	적을 **과** 과부 **과**	지킬 수(守)와 머리 혈(頁)과 나눌 분(分)의 합으로 머리와 나누어져 곧 혼자되어 수절(守節)하는 과부가 적다 몇 안 된다는 뜻과 임금이나 제후가 지켜주는 책임을 다하지 못한다는 뜻으로 자기를 낮추어 칭하는 말 *寡人(과인: 임금이 덕이나 그릇이 작다는 뜻으로 자신을 낮추어 이르는 말) *寡頭政治(과두정치), 寡婦(과부), 寡默(과묵), 衆寡不適(중과불적)

급수	부수	한자	훈 음	해 설
5	辶 9획	過	지날 **과** 과격할 **과** 허물 **과**	통할 통(通)과 뼈 골(骨)과 입 구(口)의 합으로 뼈까지 뚫고 들어간 골수분자 과격파이니 지나치다는 뜻과 지나가니 통한다는 뜻과 적당하지 못하고 지나침은 허물이란 뜻 *過渡期(과도기), 過程(과정), 過失(과실), 過誤(과오), 過去(과거),通過(통과)
6	禾 4획	科	과목 **과**	씨앗 종(種)과 헤아릴 료(料)의 합으로 종류(種類)별로 헤아려 체계적으로 나눈 분과의 과목이란 뜻과 학술적으로 자세하게 파 헤쳐보는 과학이란 뜻 *科目(과목), 科學(과학), 理科(이과), 文科(문과), 內科(내과), 敎科(교과)
3	邑 8획	郭	외성 **곽** 성씨 **곽**	도읍 도(都)와 정자 정(亭)과 아들 자(子)의 합으로 정자(亭子)처럼 망루가 높이 솟은 도성 바깥의 성이란 뜻 *城郭(성곽), 郭再祐(곽재우: 조선의 의병)
1	木 11획	槨	덧널 **곽**	널 관(棺)과 외성 곽(郭)의 합으로 외성(外城)처럼 죽은 사람을 넣는 관을 덧씌우는 겉 널이란 뜻 *棺槨(관곽: 시체를 넣는 속 널과 겉 널)
1	广 11획	廓	둘레 **곽**	넓을 광(廣)과 외성 곽(郭)의 합으로 외성처럼 주위를 넓게 둘러친 둘레란 뜻 *輪廓(윤곽: 차바퀴같이 둘레의 선, 테두리, 겉 모양, 사물의 대강)
1	艸 16획	藿	콩잎파리 **곽** 해바라기 **곽** 미역 **곽**	잎 엽(葉)과 빠를 곽(霍)의 합으로 비가 오면 새들이 날개가 젖을까 봐 재빨리 피하기 좋은 넓은 잎 모양의 해바라기 잎, 또는 넓적한 미역이란 뜻 *霍: 비 우(雨)와 새 추(隹)의 합으로 비가 오면 새들이 날개 젖을까 봐 재빨리 피한다는 뜻 *藿羹(곽갱; 콩잎을 넣고 끓인 죽)

급수	부수	한자	훈 음	해 설
4.2	宀 5획	官	벼슬 **관** 관청 **관**	끝낼 완(完)과 위와 아래로 따로 나누어 연결되어 있는 기관(器官)의 모양으로 상하 기관으로 연결되어 업무를 완수(完遂)하는 관청의 여러 기관이란 뜻과 이목구비 등 서로 연계되어 작용하는 신체의 기관이란 뜻 *官廳, 官界, 官職, 官吏, 器官 관청 관계 관직 관리 기관
1	木 8획	棺	널 **관**	막을 두(杜)와 기관 관(官)의 합으로 관아에 끌려가듯 꼼짝하지 못하게 죽은 사람의 사지를 묶고 이목구비를 틀어막고 집어넣는 나무 널이란 뜻 *石棺, 木棺 석관 목관
4	竹 8획	管	대롱 **관** 관리할 **관**	대 죽(竹)과 관청 관(官)의 합으로 관청에서 죽간에 적힌 서류를 관리한다는 뜻과 정부 기관처럼 마디마디 방이 아래위로 따로 분리되어있는 대나무의 대롱이란 뜻 *管樂器, 管絃樂團, 管見, 管理, 管轄 관악기 관현악단 관견 관리 관할
2人 인	玉 8획	琯	옥피리 **관**	구슬 옥(玉)과 대롱 관(管)의 합으로 옥으로 만든 관악기인 옥 피리란 뜻 *人名 字 인명 자
3.2	食 8획	館	집 **관**	마실 음(飮)과 관청 관(官)의 합으로 관청에 딸린 음료(飮料)나 음식으로 손님을 접대하고 묵어갈 수 있는 집이란 뜻 *公館, 成均館, 迎賓館, 旅館, 會館 공관 성균관 영빈 관 여관 회관
3.2	心 11획	慣	습관 **관**	성품 성(性)과 꿸 관(貫)의 합으로 초지일관(初志一貫) 되게 처음부터 끝까지 계속하려는 몸에 밴 습성(習性)이란 뜻 *習慣, 慣例, 慣行, 慣習, 慣性 습관 관례 관행 관습 관성

급수	부수	한자	훈 음	해 설
3.2	冖 7획	冠	갓 **관** 새 볏 **관**	덮을 멱(冖)과 으뜸 원(元)과 높을 존(尊)의 합으로 국가의 원수(元首)를 더욱 높이는 뜻으로 머리 위에 덮어쓰는 왕관, 즉, 갓이다 *갓(冠): 새의 벼슬처럼 벼슬아치란 뜻과 왕관을 쓴 우두머리란 뜻과 관례(冠禮)를 치른 어른이란 뜻 *冠帶, 王冠, 冠禮, 冠婚喪祭 관대 왕관 관례 관혼상제
3.2	貝 4획	貫	꿸 **관**	가운데 중(中)과 하나 일 (一)과 조개 패(貝)의 합으로 가운데 뚫린 엽전을 한 줄로 꿰거나 진주 등의 패물(貝物)을 실에 꿴다는 뜻과 중도 포기 않고 끝까지 뚫고 나가 해낸다는 뜻 *貫通, 貫徹, 初志一貫, 本貫, 貫革, 貫鄕 관통 관철 초지일관 본관 관혁 관향
5	見 18획	觀	볼 **관**	볼 시(視)와 황새 관(雚)의 합으로 황새처럼 길게 목을 빼고 경기 등을 본다는 뜻 *觀戰, 觀察, 觀光, 觀覽, 觀衆, 觀點 관전 관찰 관광 관람 관중 관점
2	欠 8획	款	낙관 **관** 정성 **관** 항목 **관** 새길 **관**	속일 기(欺)와 보일 시(示)와 팔 매(賣)의 합으로 부동산 등을 파는 사람이 속일까 봐 서류에 하나하나 조항을 명시(明示)하는 항목이란 뜻과 미리 조항을 명시하고 도장을 찍어 믿음을 주니 정성이란 뜻과 도장을 찍는 낙관, 약속하는 약관, 정관의 뜻 *定款, 約款, 借款, 款曲, 落款 정관 약관 차관 관 곡 낙관 *款待: 정성스럽게 대접함
3.2	宀 12획	寬	너그러울 **관** 넉넉할 **관**	받아들일 용(容)과 볼 관(觀)과 표점 주(丶)의 합으로 받아들이고 용서(容恕)될 만큼 관점(觀點: 생각이나 견해)의 폭이 넓으니 마음이 넓다, 너그럽다는 뜻 *寬容, 寬恕, 寬裕 관용 관서 관유 *寬待(관대; 너그럽게 대접함)

급수	부수	한자	훈 음	해 설
5	門 11획	關	빗장 **관**	문 문(門)과 이을 계(繼)와 쌍 상투 관(丱)의 합으로 쌍 상투는 닭의 볏같이 양 갈래로 머리를 묶는 리본이다, 대문에 빗장을 걸어 이어 묶는다는 뜻으로 연결한다는 뜻 *關係(관계), 關心(관심), 聯關(연관)
1	水 18획	灌	물 댈 **관**	물 댈 개(漑)와 황새 관(雚)의 합으로 황새의 긴 목 같은 호스로 강바닥의 물을 밭으로 끌어올려 댄다는 뜻 *雚(황새 관: 쌍 상투(벼슬) 관(卝)과 품계(品階) 품(品)과 새 추(隹)의 합으로 벼슬이 일품(一品)에 속하는 새 중에 가장 높은 품계인 황새란 뜻 *灌漑(관개), 灌木(관목), 灌腸(관장)
1	刀 6획	刮	비빌 **괄** 깎을 **괄**	벗길 박(剝)과 혀 설(舌)의 합으로 감자나 무(삭제)의 껍질을 벗길 때처럼 혀로 싹싹 핥듯이 칼로 싹싹 깎는 모양. 또는 깎듯이 싹싹 비빈다는 뜻 *刮目(괄목), 刮目相對(괄목상대)
1	手 6획	括	쌀 **괄** 묶을 **괄**	쓸 소(掃)와 비빌 괄(刮)의 합으로 싹싹 비비듯이 싹 싹 쓸어 모으며 감싼다는 뜻과 감싸듯이 괄호를 치니 묶는다는 뜻 *槪括(개괄), 包括(포괄), 括約筋(괄약근)
1	匚 4획	匡	바로잡을 **광** 두려울 **광** 구원할 **광**	감출 혜(匸)와 미칠 광(狂)의 합으로 미치광이 같은 사람을 뒤주나 상자에 넣어 버릇 고치려 하니 바로잡는다는 뜻과 갇히니 두렵다는 뜻 *匡救(광구), 匡正(광정), 匡輔(광보)

급수	부수	한자	훈 음	해 설
6	儿 4획	光	빛 **광** 광경 **광**	으뜸(하늘) 원(元)과 불 화(火)의 합으로 으뜸인 하늘의 불이니 태양의 불빛이다. 태양 빛이 세상을 밝히니 어둠에 반대 의미로 밝게 빛나다, 영화롭다는 뜻 *日光(일광), 光榮(광영), 榮光(영광), 光彩(광채), 光線(광선), 光復(광복)
1	肉 6획	胱	방광 **광**	육 달 월(月)과 빛 광(光)이다. 몸에 있으니 육 달 월을 붙였지만 달빛(月光)처럼 둥글고 희게 빛나는 모양이니 더욱 재미있는 자로 오줌통이란 뜻 *膀胱(방광: 몸에서 오줌이 고이는 주머니)
3	犭 4획	狂	미칠 **광**	사나울 맹(猛)과 왕성할 왕(旺)의 합으로 왕성한 기세로 사납게 날뛰는 모양으로 심하다, 날뛰다, 심하니 미쳤다는 뜻 *狂亂(광란), 狂氣(광기), 狂風(광풍), 狂犬病(광견병), 狂信徒(광신도)
5	广 12획	廣	넓을 **광**	큰집 엄(广)과 누를 황(黃)의 합으로 집이 황하(黃河)처럼 넓다는 뜻 *廣告(광고), 廣野(광야), 廣域(광역), 廣範圍(광범위)
4	金 15획	鑛	쇳돌 **광**	쇠 금(金)과 넓을 광(廣)의 합으로 금속이 널리 퍼져있는 광석이란 뜻 *鑛石(광석), 鑛山(광산), 炭鑛(탄광), 金鑛(금광), 鑛業(광업), 鑛物(광물)
1	日 15획	曠	휑할 **광** 밝을 **광** 헛될 **광**	밝을 명(明)과 넓을 광(廣)의 합으로 넓어서 훤히 밝은 모양, 아무것도 들어있지 않고 텅 비었다는 뜻, 말짱 '꽝!'이라고 하는 광이다 *曠日(광일: 헛되이 보낸 날) *曠古(광고: 전에 없던)

급수	부수	한자	훈 음	해 설
1	土 15획	壙	구덩이 **광**	땅 지(地)와 광석 광(鑛)의 합으로 광산(鑛山)에서 금속을 캐려고 땅을 파내니 생긴 구덩이란 뜻 *壙中(광중: 시체를 묻으려고 판 구덩이)
1	卜 6획	卦	점괘 **괘**	점 복(卜)과 규석 규(硅)의 합으로 규석처럼 아래위로 겹쳐지는 팔(八)괘의 모양에 따라 점을 치는 점괘란 뜻 *占卦, 師卦, 八卦 점괘 사괘 팔괘
3	手 8획	掛	걸 **괘** 달아둘 **괘**	가질 지(持)와 점괘 괘(卦)의 합으로 점괘를 잊어버리지 못하고 가지고 있으니 마음에 걸린다는 뜻 *掛意(괘의: 점괘가 마음에 걸림) *掛冠(괘관: 관을 쓰지 않고 걸어두니 辭職(사직)의 뜻)
1	网 8획	罫	정간 **괘** 바둑판 **괘** 줄 **괘**	그물 망(罒)과 점괘 괘(卦)의 합으로 팔괘의 모양처럼 아래위 반복으로 그물같이 가지런히 줄이 그어진 편지지나 바둑판이란 뜻 *罫線, 罫線紙, 兩面罫紙 괘선 괘선지 양면 괘지
1	丿 7획	乖	어그러질 **괴**	갈 지(之)와 등 배(背)와 법도 준(準)의 합으로 기준(基準)에서 비뚤게 빗나간다. 정상에서 등지고 부정하거나 명실상무(名實相符)하지 않다. 사리에 어긋난다는 뜻 *乖離, 乖愎, 乖戾 괴리 괴퍅 괴려
1	手 5획	拐	속일 **괴** 유괴 **괴**	끌 납(拉)과 다를 별(別)의 합으로 꼬여 다른 곳으로 납치(拉致)한다는 뜻 *誘拐 유괴

급수	부수	한자	훈 음	해 설
3.2	心 5획	怪	괴이할 **괴**	겁낼 겁(怯)과 있을 유(有)와 땅 지(地)의 합으로 이 땅에 저런 흉측(凶測)한 것도 다 있는가? 겁이 나는 이상한 모양으로 괴상하다는 뜻 *俗字(속자)는 忄(심)과 在(재)의 합 *怪談(괴담: 귀신 이야기, 믿을 수 없는 이야기) *怪奇(괴기), 怪異(괴이), 怪狀(괴상), 怪物(괴물)
2	亻 10획	傀	허수아비 **괴**	동상 상(像)과 귀신 귀(鬼)의 합으로 귀신같이 어설프게 만들어 동상(銅像)처럼 밭에 세우는 허수아비란 뜻과 인형처럼 시키는 대로만 움직이는 꼭두각시란 뜻 *傀儡(괴뢰), 傀儡軍(괴뢰군), 傀(怪)奇(괴 기)
3	土 10획	塊	덩이 **괴** 외로울 **괴**	흙 토(土)와 허수아비(꼭두각시) 괴(傀)의 합으로 흙으로 빚은 꼭두각시(인형)이니 영혼이 없는 다만, 흙덩어리란 뜻과 허수아비처럼 들판에 홀로 서 있으니 외롭다는 뜻 *塊根(괴근: 땅에 묻힌 덩이뿌리) *塊獨(괴독: 외로움)
2地(지)	木 10획	槐	홰나무 **괴**	나무 목(木)과 허수아비 괴(傀)의 합으로 허수아비가 밭을 지키듯이 마을을 지키고 서 있는 나무인 홰나무란 뜻 *地名(지명) 字(자) *槐木(괴목), 槐實(괴실)
3	心 10획	愧	부끄러울 **괴**	두려울 황(惶)과 허수아비 괴(傀)의 합으로 허수아비처럼 초야에 묻혀 땅이나 지키며 사는 시골뜨기, 무지렁이라고 스스로 황송(惶悚)해서 부끄러워한다는 뜻 *自愧之心(자괴지심), 慙愧(참괴), 羞愧(수괴), 愧色(괴색)

급수	부수	한자	훈 음	해 설
1	鬼 4획	魁	우두머리 **괴**	꼭두각시 괴(傀)와 북두 두(斗)의 합으로 태산북두(泰山北斗)처럼 높이 우러러보는 괴뢰군(傀儡軍)의 우두머리란 뜻 *魁首(괴수) *魁奇(괴기: 남보다 빼어나고 아주 희귀함)
3.2	土 16획	壞	무너질 **괴**	둑 제(堤)와 품을 회(懷)의 합으로 회포(懷抱)를 푸느라 가슴속에서 참았던 울음을 터뜨리듯이 막았던 둑이 터진다, 무너진다는 뜻 *壞滅(괴멸), 壞損(괴손), 壞血病(괴혈병), 破壞(파괴), 崩壞(붕괴)
1	車 14획	轟	수레소리 **굉**	수레 차(車)가 셋이다. 많은 수레가 시끄럽게 지나가는 모양으로 시끄러운 수레 소리란 뜻 *轟音(굉음: 시끄러운 소리)
1	宀 4획	宏	클 **굉**	집 궁(宮)과 수컷 웅(雄)의 합으로 궁궐의 규모가 웅장(雄壯)하니 크다는 뜻 *宏傑(굉걸: 굉장하고 큼) *宏壯(굉장: 넓거나 규모가 커서 으리으리함)
1	肉 4획	肱	팔 **굉**	육 달 월(月)과 클 굉(宏)의 합으로 '팔뚝만 하다' 하며 잡은 물고기나 어떤 물건의 크기가 굉장함을 비유할 때 내미는 팔뚝이란 뜻과 팔, 다리가 되어주니 의지한다는 뜻 *股肱之臣(고굉지신) *曲肱而枕之(곡굉이침지: 팔을 굽혀 베개삼다)
3.2	工 2획	巧	공교할 **교**	장인 공(工)과 工 자를 오른쪽으로 살짝 돌려 꺾은 모양으로 살짝 돌려 회피하니 머리 회전이 빠르다는 뜻과 오른손잡이란 뜻과 재빠르게 돌려대어 난관을 피하는 모양에서 잔꾀로 기민하고 교묘하다는 뜻 *巧妙(교묘), 奸巧(간교), 巧言令色(교언영색), 精巧(정교), 巧拙(교졸)

급수	부수	한자	훈 음	해 설
6	亠 4획	交	사귈 **교** 바꿀 **교** 홀레할 **교**	높을항(亢)과 글월 문(文)과 여덟 팔(八)의 합으로 높은 문화를 팔방으로 교류하다, 오고 가니 사귄다는 뜻과 주고받으니 교환한다, 서로 맞바꾼다, 교미한다는 뜻 *社交(사교), 外交(외교), 交感(교감), 交流(교류), 交通(교통), 交換(교환)
3	邑 6획	郊	들 **교**	도시 도(都)와 사귈 교(交)의 합으로 도시 사람들이 바람 쐬러 자주 나가는 하루 만에 왔다 갔다 할 수 있는 가까운 들이란 뜻 *近郊(근교), 郊外(교외)
1	口 6획	咬	새소리 **교**	울 명(鳴)과 들 교(郊)의 합으로 교외(郊外)에 나가면 들을 수 있는 새 우는소리란 뜻과 입을 서로 교차시키니 깨물다 의 뜻 *咬傷(교상: 깨물린 상처)
8	木 6획	校	학교 **교** 바로잡을 **교**	마을 촌(村)과 들 교(郊)의 합으로 옛날에 교외(郊外)의 촌에 설치했던 교육기관인 향교(鄕校)라는 뜻과 학교에서 가르쳐 바로잡듯이 틀린 글자를 바로잡는다는 뜻 *學校(학교), 校門(교문), 校舍(교사), 校庭(교정), 校訂(교정)
1	犭 6획	狡	교활 할 **교**	여우 호(狐)와 사귈 교(交)의 합으로 여우처럼 친구를 사귐에 있어서 진실하지 못하고 잔꾀를 부리고 약다는 뜻 *狡猾(교활), 狡智(교지)
1	白 6획	皎	흴 **교** 번뜩일 **교**	흰 백(白)과 서로 교(交)의 합으로 白은 해(日)의 비침(ノ)이니 햇살이 물체에 서로 부딪쳐 환하게 밝다, 하얗게 번뜩인다는 뜻 *皎皎(교교: 눈부시게 빛남) *皎月(교월), 皎潔(교결)

급수	부수	한자	훈 음	해 설
1	虫 6획	蛟	이무기 **교**	뱀 사(蛇)와 교체될 교(交)의 합으로 뱀이 용으로 교체(交替)되기 위해 기다리는 이무기란 뜻 *蛟龍(교룡: 이무기)
2	糸 6획	絞	목맬 **교**	줄 선(線)과 교차할 교(交)의 합으로 줄을 교차(交叉) 시켜(엇걸어) 잡아당겨 졸라 목을 맨다는 뜻 *絞殺(교살), 絞死(교사), 絞首刑(교수형)
3.2	車 6획	較	견줄 **교** 비교 **교**	가벼울 경(輕)과 서로 교(交)의 합으로 서로 교대(交代)로 들어보고 무게의 경중(輕重)을 비교한다는 뜻 *比較(비교), 日較差(일교차)
8	攵 7획	教	가르칠 **교**	칠 복(攵)과 배울 학(學)의 합으로 배우고 익히라고 회초리를 치며 엄하게 가르친다는 뜻 *敎(가르칠 교: 教의 속자로 효도(孝)를 가르친다는 뜻) *教會(교회), 宗教(종교), 教育(교육), 教室(교실), 教師(교사), 教養(교양)
1	口 9획	喬	높을 **교** 교만할 **교**	삼킬 탄(呑)과 높을 고(高)의 합으로 呑은 제비처럼 높은 사람들에게 요염(妖艶)하게 붙어 연인행세를 하며 귀중품을 삼킨다는 뜻이니 높은 데 붙으니 높다는 뜻과 높이 오르니 교만하다는 뜻 *喬木(교목: 큰키나무) *喬松(교송)
5	木 12획	橋	다리 **교**	가로 횡(橫)과 높을 교(喬)의 합으로 강이나 도로의 양쪽으로 높이 가로질러 목재를 걸쳐 놓고 밟고 지나가게 만든 다리란 뜻과 높은데 올라가려고 비스듬히 걸치는 사다리란 뜻 *陸橋(육교), 橋梁(교량), 鐵橋(철교), 橋頭堡(교두보)

급수	부수	한자	훈 음	해 설
2	亻 12획	僑	더부살이 **교**	의지할 의(依)와 다리 교(橋)의 합으로 다리를 걸치듯이 남에게 의지하여 얹혀산다는 뜻과 바다를 건너가서 해외, 곧 남의 나라에 얹혀사는 교포란 뜻 *僑胞(교포), 僑民(교민), 在日僑胞(재일교포), 在美僑胞(재미교포)
3	矢 12획	矯	바로잡을 **교**	짧을 단(短)과 다리 교(橋)의 합으로 굽었거나 삐뚤어져 보기 싫은 단점(短點)을 다리를 놓듯이 다른 보철물을 연결하여 바로잡는다는 뜻 *矯正(교정), 齒牙矯正(치아 교정), 矯角殺牛(교각살우), 矯飾(교식)
1	女 12획	嬌	예쁠 **교**	좋을 호(好)와 바로잡을 교(矯)의 합으로 호감을 사려고 자세나 옷매무새를 바로잡으니 예쁘게 한다는 뜻 *嬌態(교태), 愛嬌(애교), 嬌聲(교성)
1	車 12획	轎	가마 **교**	수레 거(車)와 다리 교(橋)의 합으로 여러 사람이 어깨 위에 다리(교량)처럼 높이 걸쳐 메고 그 위에 사람이 타고 가는 수레인 가마란 뜻 *轎軍(교군), 轎子(교 자)
1	馬 12획	驕	교만할 **교**	말 탈 기(騎)와 가마 교(轎)의 합으로 말을 타듯이 가마를 타고 높이 앉은 모양으로 교만하다는 뜻 *驕慢(교만), 驕色(교색), 驕傲(교오)
2	肉 11획	膠	아교 **교** 닭 울 **교**	육 달 월(月)과 붓 한(翰)과 끼어들(참여) 참(參)의 합으로 짐승 몸의 가죽, 힘줄, 뼈 따위를 진하게 꼬아서 굳혀서 붓털이 빠지지 않게 대롱에 끼워 넣어 단단히 붙이는 풀로 아교란 뜻과 붙인다는 뜻과 닭이 깃을 붙이고 홰를 친다는 뜻 *膠着狀態(교착 상태), 膠狀(교상), 阿膠(아교)

급수	부수	한자	훈 음	해 설
1	手 20획	攪	어지러울 **교**	흔들 요(搖)와 깨달을 각(覺)의 합으로 잠이 덜 깬 상태에서 깨워주려고 또는 정신을 팔고 있을 때 깨닫게 해주려고 흔들다, 흔드니 섞인다, 섞이니 어지럽다는 뜻 *攪拌機(교반기: 흔들거나 버무려 섞는데 사용하는 기계) *攪亂作戰 교란작전
8	乙 1획	九	아홉 **구** 여러 번 **구**	새 을(乙)과 갈지(之)의 합으로 乙은 구부러진다는 뜻, 굽이굽이, 이리저리 돌아 멀리 흐르는 나일강처럼 이리 돌고 저리 도니 여러 번 또는 많은 숫자인 아홉이란 뜻 *九牛一毛, 九天, 九泉, 九曲肝腸 구우일모 구천 구천 구곡간장
1	亻 2획	仇	원수 **구**	만날 치(値)와 아홉 구(九)의 합으로 돌고 돌아 외나무다리에서 만나는 원수란 뜻 *仇怨, 仇恨, 仇讐 구원 구한 구 수
4.2	穴 2획	究	연구할 **구**	궁할 궁(窮)과 아홉 구(九)의 합으로 궁지에 몰려 문제를 해결하기 위해 이리저리 머리를 굴리며 연구한다는 뜻 *硏究, 窮究, 硏究所 연구 궁구 연구소
1	鳥 2획	鳩	비둘기 **구**	새 조(鳥)와 연구할 구(究)의 합으로 여러 마리가 머리를 맞대고 연구(硏究)하는 것 같이 모여 모이를 먹거나 모여드는 새인 비둘기란 뜻 *鳩首會議(구수회의: 비둘기처럼 여럿이 머리를 맞대고 연구하듯이 하는 회의)
7	口 0획	口	입 **구**	사람의 입이란 뜻과 입에 음식이 들어가듯 들어가는 구멍, 출입구란 뜻 *口腔, 口號, 口頭, 口蓋, 口尙乳臭 구강 구호 구두 구개 구상유취

급수	부수	한자	훈 음	해 설
4.2	口 2획	句	글귀 **구** 굽을 **구**	입 구(口)와 쌀 포(勹)의 합으로 몇 마디의 말을 덩어리로 싸서 하나로 묶은 구절이란 뜻과 숨을 쉬거나 구분을 하려고 꺾자(쉼표)를 치는 곳까지의 글이란 뜻과 꺾자를 치니 굽다, 가두다, 거리낀다는 뜻 *副詞句(부사구), 形容詞句(형용사 구), 句讀點(구두점), 美辭麗句(미사여구)
3	艹 5획	苟	구차스러울 **구** 진실로 **구** 한때 **구**	괴로울 고(苦)와 구부릴 구(句)의 합으로 괴롭지만 굽히니 구차스럽다는 뜻과 목숨을 위해 절개를 굽히며 한때(一時)의 편안을 구하니 한때란 뜻과 그것이 현실이니 진실이란 뜻 *苟且(구차), 苟免(구면), 苟容(구용)
3.2	手 5획	拘	잡을 **구** 거리낄 **구**	막을 거(拒)와 굽힐 구(句)의 합으로 마음대로 나다니지 못하게 막으려고 꺾자를 치고 잡아 가둔다는 뜻과 마음대로 못하니 거리낀다는 뜻 *拘束(구속), 拘碍(구애), 拘禁(구금)
3	犭 5획	狗	개 **구**	개 견(犬)과 구차할 구(苟)의 합으로 구차(苟且)스럽게 사람에게 빌붙어 충성하며 사는 짐승인 개란 뜻 *走狗(주구: 사냥개, 남의 앞잡이) *海狗(해구), 羊頭狗肉(양두구육)
1	馬 5획	駒	망아지 **구**	말 마(馬)와 잡을 구(拘)의 합으로 함부로 돌아다니지 못하게 잡아 묶어놓는 아기 말인 망아지란 뜻 *白駒過隙(백구과극) *'고삐 풀린 망아지'란 함부로 돌아다닌 다는 뜻으로 쓰임

급수	부수	한자	훈 음	해 설
1	金 5획	鉤	갈고리 **구** 올가 당기다 **구**	바늘 침(針)과 굽힐 구(句)의 합으로 낚시처럼 걸어 올려 낚으려고 바늘을 구부려 만든 갈고리란 뜻 *雙鉤法, 單鉤法, 鉤勒法 쌍구법 단구법 구륵 법 *鉤曲(구곡: 마음이 비뚤어짐)
3.2	ノ 2획	久	오랠 **구**	이에 내(乃)와 써 이(以)의 합으로 언제 이후(以後) 죽~ 시간을 끌어온다는 뜻이니 어떤 일 이후 계속 이어진, 오랜 기간이나 오랜 시간이란 뜻 (以後와 乃至의 합) 이후 내지 *永久, 持久力, 耐久性, 長久 영구 지구력 내구성 장구
1	火 3획	灸	뜸뜰 **구**	불 화(火)와 오랠 구(久)의 합으로 쑥이나 약초에 불을 붙여 오래 얹어두고 천천히 약 기운을 쐬며 타들어 가게 하는 뜸이란 뜻 *鍼灸術 침구 술
2人 인	玉 3획	玖	옥돌 **구**	구슬 옥(玉)과 오랠 구(久)의 합으로 오래도록 변치 않는 옥돌이란 뜻 *人名 字 인명 자
1	木 5획	柩	널 **구**	널 관(棺)과 감출 혜(匸)와 오랠 구(久)의 합으로 시체를 넣어 못을 박아 영구(永久)적으로 넣어두는 널이란 뜻 *靈柩車, 柩衣, 運柩 영구 차 구의 운구
3	一 4획	丘	언덕 **구**	오를 상(上)과 물리칠 척(斥)의 합으로 척후병이 올라가서 멀리 적군을 망보는 높은 언덕이란 뜻 *靑丘(청구: 중국이 한국을 일컬은 말) *丘陵, 靑丘永言, 首丘初心 구릉 청구영언 수구초심

급수	부수	한자	훈 음	해 설
1	邑 5획	邱	땅이름 **구**	고을 읍(邑)과 언덕 구(丘)의 합으로 도읍처럼 언덕으로 둘러싸인 분지 모양의 땅이름인 大邱(대구) 구 *地名(지명) 字(자) *大邱(대구)廣域(광역)市(시)
1	臼 0획	臼	절구 **구**	벌린 입안에 보이는 이빨 모양으로 음식물을 잘게 부수는 어금니처럼 곡식을 넣어 부수고 찧는 도구인 절구란 뜻 *臼齒(구치: 어금니) *臼杵(구저: 절구와 공이)
5	臼 7획	舊	예 **구** 오랠 **구**	절구(부수는 도구) 구(臼)와 모을 수(蒐)와 모을 집(集)의 합으로 수집(蒐集)한 골동품처럼 옛날에 쓰던, 닳거나 부서진 새것의 반대 의미인 헌것이란 뜻과 오래되었다는 뜻 *舊式(구식), 舊派(구파), 舊石器(구석기), 舊正(구정), 舊習(구습)
4.2	水 2획	求	구할 **구**	물 수(水)와 마디 촌(寸)의 합으로 물에 빠진 사람이 손을 잡고 끌어내 달라는 모양으로 필요하여 손을 내밀고 요구한다는 뜻 *寸(촌: 맥 짚으려고 손목을 잡은 모양으로 손을 잡는다는 뜻과 맥박이 뛰는 짧은 시간이란 뜻과 맥박을 헤아린다는 뜻) *要求(요구), 求職(구직), 求人(구인), 求愛(구애), 求乞(구걸)
6	玉 7획	球	공 **구** 지구 **구**	구슬 옥(玉)과 구할 구(求)의 합으로 옥황상제(玉皇上帝)인 하느님께 기운을 구걸(求乞)하여 비는 땅덩어리 지구란 뜻과 지구처럼 둥근 공, 구슬이란 뜻 *地球(지구), 野球(야구), 排球(배구)

급수	부수	한자	훈 음	해 설
6	攵 7획	救	구원할 구	가르칠 교(敎)와 구할 구(求)의 합으로 물에 빠진 사람을 구하듯이 어려움에 빠진 사람에게 헤어날 방법을 가르쳐 도와준다는 뜻 *救援, 救護, 救急車, 救濟, 救國, 구원 구호 구급차 구제 구국
5	八 6획	具	갖출 구	함께 공(共)과 눈 목(目)의 합으로 목록(目錄)에 있는 물품을 함께 다 갖춘다는 뜻 *文具, 工具, 寢具, 具色, 具備 문구 공구 침구 구색 구비
3	亻 8획	俱	함께 구	짝 반(伴)과 갖출 구(具)의 합으로 부부가 짝을 갖추어 누가 먼저 죽지 않고 같이 평생을 늙어 간다는 뜻에서 혼자가 아닌 둘이 함께한다는 뜻 *俱存, 不俱戴天, 玉石俱焚 구존 불구대천 옥석구분
1	土 6획	垢	때 구	땅 지(地)와 뒤(왕후) 후(后)의 합으로 땅에 앉았다 일어나면 뒤에 흙(먼지)이 묻었다 하여 때 묻었다, 더럽다는 뜻 *后: 왕후는 왕의 뒤에 있으니 '뒤 후'로 쓰임 *純眞無垢 순진 무구
1	矢 5획	矩	곱척 구 법 구 거동 구	바로잡을 교(矯)와 막을 거(拒)의 합으로 잘못된 행실을 막아 바로잡듯이 삐뚤어지지 않게 바로잡는 직각의 곱자란 뜻과 맞추어 재어보는 기준 되는 법이란 뜻 *矩尺(구척: 90도 각도인 직각자) *矩步(구보: 바른 걸음걸이) *規矩準繩(구규준승: 일상에 쓰이는 컴퍼스, 곱자, 수준기, 먹줄이란 뜻으로 일상생활에서 지켜야 할 법도란 뜻)

급수	부수	한자	훈 음	해 설
1	宀 8획	寇	도둑 구 해칠 구	해칠 해(害)와 으뜸 원(元)과 칠 복(攴)의 합으로 남의 나라에 들어와 해치는 포악한 무리의 우두머리인 원흉(元兇)이란 뜻과 남의 나라의 재물을 훔쳐 가는 큰 도둑이란 뜻 *倭寇(왜구), 寇掠(구략)
1	广 11획	廐	마구 구	헛간 창(廠)과 이미 기(旣)의 합으로 말이나 소를 매어두고 먹이를 밀어 넣어 주는 헛간을 마구라 함 *旣(이미 기: 이미 배부르다고 고개를 돌리며 밥을 밀어내는 모양 *馬廐(마구), 廐舍(구사)
6	匸 9획	區	나눌 구 감출 구	감출 혜(匸)와 물건 품(品)의 합으로 물건을 보관할 때 작은 방들을 나누어 섞이지 않게 따로 구분한다는 뜻 *區分(구분), 區別(구별), 區域(구역), 區間(구간)
1	身 11획	軀	몸 구	몸 신(身)과 나눌 구(區)의 합으로 신체의 여러 가지 장기로 구분하여 역할을 분담하는 몸통이란 뜻 *體軀(체구) *病軀(병구: 병든 몸)
2	欠 11획	歐	땅이름 구 노래 구	하고자할 욕(欲)과 나눌 구(區)의 합으로 여럿이 욕심(欲心)을 나누어 가진 땅인 유럽이란 뜻과 노래 가(歌)와 노래 구(謳)의 합으로 노래라는 뜻 *西歐, 歐羅巴(구라파: 유럽)
2	鳥 11획	鷗	갈매기 구	새 조(鳥)와 나눌 구(區)의 합으로 여러 종류로 구분(區分)되는 새인 갈매기란 뜻 *우리나라에만 해도 9종류가 있다 함 *海鷗(해구), 白鷗(백구), 鷗鷺(구로)

급수	부수	한자	훈 음	해 설
1	言 11획	謳	노래 **구**	가사 사(詞)와 구분할 구(區)의 합으로 어떤 특정 구역(區域)에 유행하던 민요인 노래란 뜻 *謳歌(구가: 은덕을 기리는 노래) *謳吟 구음
1	口 11획	嘔	노래할 **구** 쏟아낼 **구** 토할 **구**	토할 토(吐)와 노래 구(謳)의 합으로 노래로 감정을 쏟아낸다, 토한다는 뜻 *嘔吐, 嘔逆疾 구토 구역 질
3	馬 11획	驅	몰 **구** 앞잡이 **구** 쫓을 **구**	말 마(馬)와 노래 구(謳)의 합으로 앞에서 노래를 선창으로 부르면 뒤에서 따라 부르듯이 다른 사람 보다 앞장서서 말을 몰아간다는 뜻과 뒤따라 가니 쫓아간다는 뜻 *先驅者 선구자 *驅步(구보: 달음박질)
1	殳 11획	毆	때릴 **구** 쥐어박을 **구**	몰 구(驅)와 몽둥이 칠 수(殳)의 합으로 말을 몰아 달릴 때 빨리 달리라고 마구 채찍을 친다 때린다는 뜻과 빨리하라고 쥐어박는다는 뜻 *毆打 구타 *毆殺(구살: 때려죽임)
1	山 11획	嶇	산 험할 **구**	뫼 산(山)과 몰 구(驅)의 합으로 산길로 말을 몰기가 험난하다는 뜻 *崎嶇(기구: 기암괴석 등으로 산길이 험하다는 뜻)
4	木 10획	構	얽을 **구**	재목 재(材)와 우물 정(井)과 두 재(再)의 합으로 성냥개비 쌓는 놀이처럼 井자로 목재(木材)에 목재를 재차(再次) 덧걸쳐 얹어 쌓은 모양에서 걸쳐 얽는다는 뜻 *構成, 構造, 構想, 構築 구성 구조 구상 구축

급수	부수	한자	훈 음	해 설
1	水 10획	溝	도랑 **구**	깊을 심(深)과 얽을 구(構)의 합으로 진지(陣地) 등을 구축(構築)하고 둘레에 적의 침입을 막기 위해 깊이 파 놓은 해자란 뜻 *溝池(구지: 적의 침입을 막기 위하여 성의 둘레에 파 놓은 도랑)
2	貝 10획	購	살 **구**	부세 부(賦)와 얽을 구(構)의 합으로 걸쳐 놓고 월부(月賦)로 매달 얼마씩 돈을 분할하여 산다는 뜻과 우물에 도르레처럼 줄을 대어 연줄로 부탁하여 산다는 뜻 *購讀(구독), 購買(구매)
3	心 18획	懼	두려울 **구**	조심할 신(愼)과 눈 두리번거릴 구(瞿)의 합으로 작은 새가 땅에 내려앉아 모이를 주워 먹을 때 잡힐까 봐 조심하여 주위를 두리번거리며 살피는 모양으로 두려워한다는 뜻 *瞿: 좌우 두 개의 눈 목(目)과 새 추(隹)의 합으로 약한 새가 좌우를 살피며 두리번거린다는 뜻 *疑懼心(의구심)
1	行 18획	衢	네거리 **구**	큰길 가(街)와 두려울 구(懼)의 합으로 사방으로 차가 올까 봐 두려워 두리번거리며 살펴 지나가야 하는 큰길이니 네거리란 뜻 *康衢煙月(강구연월)
5	尸 4획	局	판 **국** 사태나 형편 **국** 부분 **국**	펼 전(展)과 글귀 구(句)의 합으로 줄 칸을 그어 펼쳐놓고 껍자를 치듯이 흑백의 돌로 둘러싸 승부를 겨루는 장기판으로 판이란 뜻과 놓여있는 상태, 형편이란 뜻과 밖으로는 나갈 수 없는 한정된 부분이란 뜻 *局子(국자: 바둑판과 바둑돌) *局面(국면), 局所痲醉(국소마취), 時局(시국), 局限(국한), 電話局(전화국)

급수	부수	한자	훈 음	해 설
8	囗 8획	國	나라 **국**	둘레 국(囗)과 혹시 혹(或)의 합으로 혹시 있을 적의 침입을 막기 위해 국경을 사방으로 둘러친 나라란 뜻 *國民, 國家 국민 국가
3.2	++ 8획	菊	국화 **국**	꽃 화(花)와 쌀(품을) 포(勹)와 정기 정(精)의 합으로 오상고절(傲霜孤節)의 오만하게 서리에도 홀로 절개를 지키는 강한 정신(精神)력을 품고 있어 사군자에 들어가는 꽃인 국화란 뜻 *大菊, 小菊 대국 소국
2姓 성	革 8획	鞠	기를 **국** 굽힐 **국**	채찍 편(鞭)과 국화 국(菊)의 합으로 국화처럼 강한 정신력을 키우기 위해 채찍질해 가며 자식이나 제자를 기른다는 뜻 *鞠躬(국궁: 존경의 뜻으로 몸을 굽힘) *母鞠吾身: 어머니는 내 몸을 기르셨다 (소학) 모 국 오 신
4	口 4획	君	임금 **군** 그대 **군**	명령 명(命)과 다스릴 윤(尹)의 합으로 다스리려면 지시하고 명령하는 사람인 임금이란 뜻과 남을 가르칠 만한 덕을 갖춘 훌륭한 사람인 군자(君子)란 뜻에서 타인에 대한 존칭이나 아내가 남편을 아들이 아버지를 가리키는 말 *君主, 大院君, 李君, 諸君, 君子, 君王 군주 대원군 이군 제군 군자 군왕 *君臣有義, 君子三樂, 君子不器 군신유의 군자삼락 군자불기
6	邑 7획	郡	고을 **군**	마을 부(部)와 임금 군(君)의 합으로 임금이 다스리기 좋게 나누어 놓은 한 부분(部分)인 행정단위의 하나인 군이란 뜻 *郡縣制度, 君民, 郡廳, 郡守 군현제도 군민 군청 군수

급수	부수	한자	훈 음	해 설
1	穴 7획	窘	군색할 **군**	궁할 궁(窮)과 임금 군(君)의 합으로 궁지에 몰려 대들보 위에 올라간 양상군자(梁上君子)의 모양으로 궁지에 몰려 어찌할 방법이 없다, 자유롭지 못하고 거북하다는 뜻 *窘塞, 窘乏 군색 군핍
4	羊 7획	群	무리 **군**	양 양(羊)과 임금(다스릴) 군(君)의 합으로 다스려야 하는 양 떼처럼 무리란 뜻 *群衆, 群舞, 群落, 群集, 群鷄一鶴 군중 군무 군락 군집 군계일학
8	車 2획	軍	군사 **군**	수레 차(車)와 덮을 멱(冖)의 합으로 장갑차(裝甲車)처럼 적의 공격으로부터 보호하기 위해 덮어 싸거나 적의 눈에 띄지 않으려고 나뭇잎 등으로 덮어 가린 전차(戰車)의 모습에서 전투태세를 갖춘 군대란 뜻 *軍隊, 軍事, 國軍, 軍服, 軍犬 군대 군사 국군 군복 군견
4	尸 5획	屈	굽힐 **굴**	붙을 속, 부탁할 촉(屬)과 나올 출(出)의 합으로 출세(出世)를 하려고 힘 있는 데 붙어서 굽실거리며 허리 등을 굽힌다는 뜻 *屈服, 屈折, 屈伸, 屈指, 屈辱 굴복 굴절 굴신 굴지 굴욕
2	穴 8획	窟	굴 **굴**	구멍 혈(穴)과 굽힐 굴(屈)의 합으로 굽히고 들어가는 구멍인 동굴이란 뜻 *洞窟, 土窟, 巢窟 동굴 토굴 소굴
2	手 8획	掘	팔 **굴**	찾을 탐(探)과 굴 굴(窟)의 합으로 광물등을 찾아내기 위해 굴을 판다는 뜻 *掘鑿(굴착: 땅을 파거나 구멍을 뚫음) *採掘, 掘鑿機, 掘穴 채굴 굴착기 굴혈

급수	부수	한자	훈 음	해 설
3.2	弓 0획	弓	활 **궁** 구부릴 **궁**	구부러진 활 모양의 상형 자로 활이란 뜻과 구부린다는 뜻 *弓術(궁술), 弓道(궁도), 弓手(궁수), 國弓(국궁), 洋弓(양궁)
1	身 3획	躬	몸 **궁** 몸소 **궁**	몸 신(身)과 활 궁(弓)의 합으로 활처럼 몸을 굽히는 모양이니 자신이 굽히고 나선다는데서 몸소의 뜻 *躬化(궁화: 임금이 몸소 모범을 행하여 백성을 교화시키는 것)
1	穴 3획	穹	하늘 **궁** 활 꼴 **궁**	하늘 공(空)과 활 궁(弓)의 합으로 옛날에 하늘은 둥글고 땅은 모나다 고 했다, 활처럼 굽은 아주 높고 푸른 하늘, 기후, 혹은 굽은 활꼴이란 뜻 *穹蒼(궁창: 푸른 하늘) *穹谷(궁곡: 활처럼 굽은 계곡)
4	穴 10획	窮	궁할 **궁**	빌 공(空)과 몸 궁(躬)의 합으로 몸을 구부릴 만큼 좁은 공간으로 집이 좁아 사는 것이 궁색하다 곽 막혔다, 막히니 궁리한다는 뜻 *窮極(궁극), 窮理(궁리), 窮地(궁지), 困窮(곤궁), 窮乏(궁핍)
4.2	宀 7획	宮	집 **궁**	집 면(宀)과 짝 려(侶)의 합으로 입을 맞추듯이 남녀가 짝하는 집인 자궁이란 뜻과 왕비 같은 여자들이 거주하는 함부로 들어갈 수 없는 깊은 곳인 궁궐이란 뜻 *子宮(자궁), 宮闕(궁궐), 宮合(궁합), 宮殿(궁전), 景福宮(경복궁)
4	刀 6획	券	문서 **권**	나눌 분(分)과 법 규(規)의 합으로 규제(規制)를 위하여 서로 나누어 가진 문서(계약서, 영수증, 어음 등)이다. *證券(증권), 福券(복권), 食券(식권), 入場券(입장권), 旅券(여권)

급수	부수	한자	훈 음	해 설
4	㔾 6획	卷	책 **권**	병부 절(㔾)과 문서 권(券)의 합으로 문서를 보관하여 가지기 좋게 접거나 돌돌 만다는 뜻으로 둘둘 말거나 접은 책이란 뜻 *卩, 㔾(몸기 절: 접다, 말다) *壓卷, 手不釋卷, 卷末附錄 압권 수불석권 권말 부록
1	手	捲	말 **권**	잡을 파(把)와 책 권(卷)의 합으로 잡아 쥐기 편하게 책을 둘둘 말다 뜻 *席捲(석권: 깔았던 자리를 말아 치우듯이 판에 있는 모든 것을 차지하여 거두어 간다는 뜻) *捲土重來, 捲簾 권토중래 권렴
1	亻 8획	倦	게으를 **권**	편할 편(便)과 책 권(卷)의 합으로 선비가 일은 하지 않고 편안하게 책 만 들고 있으니 게으르다, 일을 싫어한다는 뜻 *倦厭(권염: 게을러지고 싫증이 남) *倦怠, 倦怠期 권태 권태 기
3.2	手 6획	拳	주먹 **권**	손 수(手)와 책 권(卷)의 합으로 두루마리 책자처럼 손을 둘둘 말아 뭉쳐 쥔 주먹이란 뜻 *拳鬪, 拳銃 권투 권총
2	囗 8획	圈	우리 **권**	둥글 단(團)과 말 권(捲)의 합으로 둥글게 말듯이 담을 둘러쳐서 가두는 우리. 울타리란 뜻 *商圈, 與圈, 首都圈 상권 여 권 수도권 *圈點(권점: 글의 중요한 부분에 동그라미로 표시한 점이란 뜻과 합격자 이름 밑에 치는 표시, 한자의 사성 표시)
1	目 6획	眷	돌볼 **권**	볼 간(看)과 우리 권(圈)의 합으로 튼튼한 울타리를 쳐서 안전하게 돌보아 보호한다는 뜻 *眷屬, 眷率, 眷愛 권속 권솔 권애

급수	부수	한자	훈 음	해 설
4	力 18획	勸	권할 **권** 힘쓸 **권** 가르칠 **권**	힘 력(力)과 볼 관(觀)의 합으로 경기를 보며 응원을 할 때 힘을 실어주며 이기라고 권한다는 데서 힘쓴다는 뜻과 이래라저래라 가르친다, 권한다는 뜻 *勸勉(권면), 勸善懲惡(권선징악), 勸誘(권유), 勸奬(권장), 勸學(권학)
4.2	木 18획	權	권세 **권** 강제로 **권** 저울추 **권**	가로 횡(橫)과 권할(힘쓸) 권(勸)의 합으로 힘을 써서(힘으로써) 가로채는 권력이란 뜻과 근량을 잴 때 가로로 눕혀 잡고 저울추로 눈금에 맞추어 힘을 쓰는 저울이란 뜻 *權力(권력), 權威(권위), 權謀(권모), 權益(권익), 權勢(권세), 權座(권좌)
1	頁 18획	顴	광대뼈 **권(관)**	얼굴 안(顔)과 힘쓸 권(勸)의 합으로 얼굴에 힘을 쓰듯 불룩 튀어나온 광대뼈란 뜻 *顴骨(권골(관골): 광대뼈)
3	厂 10획	厥	나라이름돌궐 **궐** 그 **궐** 짧을 **궐** 구부릴 **걸**	초원 원(原)과 거스를 역(逆)과 하고자 할 욕(欲)의 합으로 자꾸 침입하고자 하여 거슬리는 넓은 초원인 몽골의 북방 아시아 오랑케인 돌궐이란 뜻과 먼 데 있는 것을 가리키는 호칭 '저' 혹은 '그'란 뜻과 지시대명사처럼 짧다는 뜻과 거스르듯 거꾸로 하니 머리를 땅에 대고 구부린다는 뜻 *厥角(궐각: 이마를 땅에 대고 절을 함) *厥女(궐녀: 그녀) *厥尾(궐미: 짧은 꼬리)
2	門 10획	闕	대궐 **궐** 빠질 **궐**	집 각(閣)과 그(구부릴) 궐(厥)의 합으로 모두 구부리는 궁궐의 출입문 좌우에 설치하던 누각(樓閣)으로 망루는 멀리 감시하려고 문이 빠져있어 빠진다는 뜻과 대궐이니 임금이 사는 궁궐 주변이란 뜻 *闕字(궐자: 왕이나 귀인의 이름 위에 경의를 표하는 뜻으로 한두 칸 남겨두는 일 또는 시나 문장 가운데 빠진 글자)

급수	부수	한자	훈 음	해 설
1	足 12획	蹶	넘어질 **궐**	발 족(足)과 그 궐(厥)의 합으로 발에 무엇이 거슬려서(걸려) 넘어진다는 뜻과 어떤 이를 언급하여 발로 걸고넘어진다는 뜻 *蹶起(궐기: 걸려 넘어지다가 벌떡 일어남)
1	几 0획	几	안석 **궤** 제기 **궤**	바람을 넣어 붕 띄워 팔이나 허리를 편안히 기댈 수 있도록 만든 쿠션이란 뜻과 붕 띄워 다리를 달고 높이 받혀놓은 책상이란 뜻 *几杖 *几案(궤안: 책상, 탁자) 궤장
1	木 18획	机	책상 **궤**	나무 목(木)과 안석 궤(几의 합으로 나무로 만든 안석(案席)이니 선비 책상 같은 모양을 뜻함 *机下(궤하; 편지 겉봉에서 상대편의 이름 밑에 붙여 쓰는 경칭) *机上空論 궤상공론
3	車 2획	軌	바퀴자국 **궤**	수레 차(車)와 아홉 구(九)의 합으로 수레의 바퀴가 굴러가며 생긴 자국이란 뜻과 일정한 간격으로 지나가는 길이 정하여져 있는 궤도란 뜻 *軌道, 軌範, 軌迹, *軌鐵(궤철: 레일) 궤도 궤범 궤적
1	言 6획	詭	속일 **궤**	말씀 설(說)과 위태할 위(危)의 합으로 危는 뿔처럼 높이 솟은 언덕에서 발을 잘못 짚으면 굴러 떨어지는 위험이란 뜻이니 잘못 짚어 진리에 어긋나는 그릇된 학설이란 뜻 *詭辯(궤변: 하나의 전제에 대하여 그릇된 결론을 이끌어내는 논법, 이치에 맞지 않는 말로 그럴듯하게 꾸며대는 구변)
1	木 14획	櫃	함 **궤**	널조각 판(板)과 감출 혜(匸)와 귀할 귀(貴)의 합으로 귀한 것을 감추어 보관하려고 널판으로 단단히 만든 함이란 뜻 *匱와 동자 *櫃짝 櫃封 궤 궤봉

급수	부수	한자	훈 음	해 설
1	水 12획	潰	무너질 **궤**	울 읍(泣)과 남길 유(遺)의 합으로 가족을 잃은 유족이 울며 허탈감에 털썩 주저앉으니 속이 허물어진다. 억장이 무너진다는 뜻 *潰瘍(궤양: 위나 장의 내부(삭제)조직이 무너지고 헐어지는 병)
5	貝 5획	貴	귀할 **귀**	보배 보(寶)와 가운데 중(中)과 오를 상(上)의 합으로 손바닥 가운데 올려놓은 보배; 장중보옥(掌中寶玉)처럼 자식 등을 귀하게 여긴다는 뜻에서 귀하다는 뜻 *貴金屬(귀금속), 貴族(귀족), 貴賤(귀천)
3.2	鬼 0획	鬼	귀신 **귀**	흉악할 흉(兇)과 말미암을 유(由)와 사사 사(厶)의 합으로 사사로운 원한을 이유(理由)로 흉악한 모습으로 나타나는 죽은 사람의 혼령 유령, 망령, 도깨비란 뜻의 부수자 *魔鬼(마귀), 鬼哭(귀곡), 鬼神(귀신)
3	龜 0획	龜	거북 **귀** 터질 **균** 지역이름 **구**	머리와 금이 간 등과 발과 꼬리가 있는 거북의 상형 자로 거북의 단단한 등이나 배를 지져 갈라진 금을 보고로 점을 친다. 점괘를 보고 본보기 삼는다는 뜻 *龜鑑(귀감), 龜甲(귀갑), 龜裂(균열), 龜尾(구미)
4	止 14획	歸	돌아갈 **귀**	그칠 지(止)와 아내 부(婦)와 따를 추(追)의 합으로 혼인을 한 신랑이 신부를 따라가서 신붓집에서 며칠 보내는 신행을 그치고 다시 돌아오는 풍습에서 생긴 자이다. 다시 돌아온다는 뜻 *歸家(귀가), 歸隊(귀대), 歸鄕(귀향), 歸還(귀환)

급수	부수	한자	훈 음	해 설
3	糸 3획	糾	얽을 규 살필 규 꼬일 규	어지러울 분(紛)과 이을 련(聯)의 합으로 어지럽게 관련(關聯)되어 얽혀있다는 뜻과 이리저리 관련된 사람들을 끌어 모은다는 뜻과 이리저리 얽혀 꼬인다는 뜻 *紛糾(분규), 糾彈(규탄), 糾合(규합)
3	口 2획	叫	부르짖을 규	부를 환(喚)과 얽을 규(糾)의 합으로 어려운 상황에서 질서 없이 어지럽게 뒤엉겨 서로 자기를 구해달라고 부르는 소리라는 데서 부르짖는다, 부르다는 뜻 *阿鼻叫喚(아비규환: 지옥에서 구원을 받으려고 서로 손을 내밀며 잡으려고 소리 지르는 모양)
2人(인)	土 3획	圭	쌍 토 규	흙 토(土)가 둘이 아래위로 포개져 있어 켜켜로 쌓인 모양 *圭角(규각: 규석(수정의 원소) 결정체의 각진 모서리처럼 성격이 모난 사람을 비유)
1	石 6획	硅	규소 규	돌 석(石)과 쌍 토 규(圭)의 합으로 석영이나 수정 따위에 화합되어있는 원소의 하나인 규소성분이 있는 광석(鑛石)으로 켜켜로 얇은 막으로 되어있는 비금속 원소이다 *硅素樹脂(규소수지: 실리콘), 硅酸(규산)
2人(인)	玉 6획	珪	서옥 규 홀 규	임금 왕(王)과 쌍 토 규(圭)의 합으로 천자가 제후를 봉할 때 내리던 신인(信印)으로 왕들에게 토지를 나누어주고 증표로 내려주던 홀이란 뜻과 규소로 만든 장식용 서옥이란 뜻 *珪璋(규장: 예식 때 장식으로 쓰던 구슬, 인품이 높음의 비유) *圭(규)와 통함

급수	부수	한자	훈 음	해 설
2人 인	大 6획	奎	별 **규**	사치할 사(奢)와 서옥 규(珪)의 합으로 사치(奢侈)할 때 서옥으로 반짝이게 치장하듯이 반짝이는 별이란 뜻과 28수의 하나인 문장을 주관하는 별 이름이란 뜻 *奎章(규장: 임금의 글이나 글씨) *奎章閣(규장각; 역대 임금의 글, 글씨, 고명(顧命), 유교(遺敎)등을 보관하던 관아(官衙))
2	門 6획	閨	안방 **규**	문 문(門)과 쌍 토 규(圭)의 합으로 아래는 모가 나고 위는 둥근 모양의 협문(궁중의 작은 문)이라고 하고, 주로 귀부인이나 숙녀들이 거처하는 안방 입구에 사이를 두고 문이 하나 더 겹쳐 있는 작은 샛문이 있는 깊은 곳인 안방이란 뜻으로 쓰임 *閨秀(규수: 어진 부인) *閨房, 閨房歌詞 규방 규방가사
1	辵 8획	逵	팔거리 **규**	통할 통(通)과 뭍 륙(陸)의 합으로 땅이 넓은 대륙(大陸)의 사통팔달(四通八達), 팔방으로 통하는 큰길이라는 뜻 *逵路, 八逵 규로 팔 규
5	見 4획	規	자 **규** 컴퍼스 **규**	볼 견(見)과 지아비 부(夫)의 합으로 두 다리로 동그라미를 그리는 '컴퍼스'란 자이다. 넘지 말아야 할 범위를 본보기로 동그랗게 그어 정하여 놓고 규제하는 법이란 뜻 *本字는 夫 대신 자 구(矩)의 矢였음 본 자 부 시 *規則, 規範, 規制, 規格 규칙 규범 규제 규격
1	穴 11획	窺	엿볼 **규**	빌 공(空)과 동그라미 규(規)의 합으로 동그란 문구멍을 통하여 몰래 엿 보다는 뜻, 전체를 보지 못하고 부분만 보니 추측하다 *窺視, 窺知 규시 규지

급수	부수	한자	훈 음	해 설
1	++	葵	해바라기 **규**	꽃 화(花)와 천간 계(癸)의 합으로 癸는 하늘 천(天)과 오를 등(登)의 합으로 하늘로 해를 바라보며 높이 오르는 키 큰 꽃인 해바라기란 뜻 *葵藿(규곽: 해바라기)
2人 인	手 9획	揆	헤아릴 **규**	손가락 지(指)와 천간 계(癸)의 합으로 癸는 천간(天干)의 열째이니 열 손가락을 꼽으며 헤아린다는 뜻 *揆度(규탁: 헤아려 생각함)
4	土 4획	均	고를 **균**	흙 토(土)와 두 이(二)와 구기 작(勺)의 합으로 용적의 단위와 二는 등호이니 같다는 뜻이니 지난날 나라에서 토지를 백성에게 똑같이 고르게 나누어 주었던 데서 평등하다, 고르다는 뜻 *均田法, 均一, 平均, 均衡 균전법 균일 평균 균형
3	艸 8획	菌	세균 **균** 버섯 **균**	없을 막(莫)과 원인 인(因)과 씨앗 종(種)의 합으로 너무 작아 없는 것 같지만 병의 원인(原因)이 되는 씨인 세균(박테리아)이란 뜻과 균체로 증식하는 버섯, 곰팡이란 뜻 *細菌, 滅菌, 無菌, 乳酸菌 세균 멸균 무균 유산균
1	木 12획	橘	귤나무 **귤**	탱자 지(枳)와 창 모(矛)와 후예 예(裔)의 합으로 창처럼 찌르는 가시가 있는 탱자의 후예(後裔)인 귤이란 뜻(귤의 조상은 탱자) *柑橘 감귤
3.2	儿 5획	克	이길 **극**	채울 충(充)과 고통 고(苦)의 합으로 채우고 싶은 달콤한 욕망의 유혹을 힘들게(고통) 이겨낸다는 뜻 *克己(극기: 자기의 욕망이나 충동 감정 따위를 의지로 눌러 이겨냄)

급수	부수	한자	훈 음	해 설
1	刀 7획	剋	이길 극 깎일 극	깎을 삭(削)과 이길 극(克)의 합으로 상대를 깎아 내리며 이기려 한다는 뜻 *相剋(상극) *下剋上(아랫사람이 윗사람을 이기려고 해함)
1	戈 8획	戟	창 극 찌를 극	창 과(戈)와 하늘 건(乾)의 합으로 창이 하늘을 찌른다는 뜻과 길게 솟아 끝이 갈라진 미늘창이란 뜻 *戟指(극지: 손가락을 찌르듯이 삿대질 하다)
1	木 8획	棘	가시나무 극 멧대추나무 극	가시 자(朿)와 가시 자(朿)의 합으로 가시가 많은 나무란 뜻 *朿: 나무 목(木)과 수건 건(巾)의 합으로 옷 속에 박힌 나무 가시랭이란 뜻 *荊棘(형극: 나무의 가시, 고난과 장애란 뜻)
1	阜 10획	隙	틈 극	사이 뜰 격(隔)과 작을 소(小)와 해 일(日)의 합으로 벽의 사이가 떠서 햇빛이 새어드는 조그만 틈이란 뜻 *隙孔(극공), 間隙(간극), 白駒過隙(백구과극)
4	刀 13획	劇	심할 극 연극 극	벨 할(割)과 웅거할 거(據)의 합으로 영웅들이 각축(角逐)전을 벌이며 군웅(群雄)이 할거(割據)하는 삼국지 이야기가 깊이가 있다, 심하다, 연극같이 드라마틱하다는 뜻 *演劇(연극), 劇的(극적), 史劇(사극), 極甚(극심)
4.2	木 9획	極	끝 극	끝 말(末)과 빠를 극(亟)의 합으로 음양의 두 끝이나 지구의 가장 위와 가장 아래의 양 끝이란 뜻 *亟(빠를 극, 자주 기: 두 이(二)와 굽을 구(句)와 반복 반(反)의 합으로 음양의 두 기운이 감싸고 반복하여 빠르게 돌아 바뀌는 모양) *太極(태극), 北極(북극), 磁極(자극), 極端(극단)

급수	부수	한자	훈 음	해 설
3	斤 0획	斤	도끼 **근**	날카로운 날이 있고 손잡이가 있는 도끼의 상형자
6	辶 4획	近	가까울 **근** 친할 **근**	돌아올 반(返)과 새 신(新)의 합으로 시집간 신부(新婦)가 일 년 후 돌아와 찾아뵙는 가까운 친척이란 뜻에서 촌수나 거리가 멀지 않고 가깝다는 뜻 *親近, 近代, 最近, 卑近 친근 근대 최근 비근
6	木 6획	根	뿌리 **근**	나무 목(木)과 물러날 퇴(退)의 합으로 그만두고 물러나 초야에 묻히듯이 땅속 깊이 묻혀 있는 나무의 단단한 뿌리란 뜻 *根本, 根性, 根據, 根絶 근본 근성 근거 근절
4	竹 6획	筋	힘줄 **근**	쌓을 축(築)과 육 달 월(月)과 도울 조(助)의 합으로 몸에 살을 튼튼히 쌓고 힘을 쓸 때 돕는 희고 질긴 힘줄이란 뜻 *筋力, 筋肉, 鐵筋, 心筋梗塞 근력 근육 철근 심근 경색
4	力 11획	勤	부지런할 **근**	공 공(功)과 어려울 난(難)의 합으로 어려운 가운데서 성공(成功)을 하려고 부지런히 힘쓴다는 뜻 *勤儉(근검: 부지런하고 알뜰함) *勤勉(근면: 부지런히 힘씀) *勤務, 出勤, 缺勤, 勤勞, 勤續, 勤政殿 근무 출근 결근 근로 근속 근정전
1	亻 11획	僅	겨우 **근**	살 주(住)와 부지런할 근(勤)의 합으로 부지런히 벌어 알뜰히 저축하여 작은 주택(住宅)을 하나 마련하니 이제 겨우 조금 살만하다는 뜻에서 겨우겨우, 쪼금이란 뜻 *僅僅(근근: 겨우 간신히) *僅少(근소: 겨우 조금)

급수	부수	한자	훈 음	해 설
1	食 11획	饉	흉년들 **근**	밥 식(食)과 겨우 근(僅)의 합으로 먹을 것이 겨우, 조금이니 흉년들었다는 뜻 *饑饉(기근: 굶주린)
1	見 11획	覲	뵈올 **근**	어버이 친(親)과 겨우 근(僅)의 합으로 겨우 시간을 내어 친정 부모님을 찾아뵙는다는 뜻 *覲親(근친: 시집간 딸이 친정에 와서 어버이를 찾아뵙는다는 뜻)
4	言 11획	謹	삼갈 **근**	청할 청(請)과 뵈 올 근(覲)의 합으로 높은 분을 뵙기를 청할 때 어려워 아주 조심스러우니 삼가진다는 뜻 *謹愼(근신), 謹身(근신), 謹嚴(근엄), 謹賀新年(근하신년) *謹弔(근조: 삼가 조의를 표합니다)
2地(지)	木 11획	槿	무궁화 **근**	표할 표(標)과 삼갈 근(謹)의 합으로 우리나라를 표하는 꽃으로 삼가 마음이 정중해지는 나무인 무궁화란 뜻 *우리나라에서 만든 國字(국자)임 *槿域(근역: 우리나라를 달리 이르는 말)
2人(인)	玉 15획	瑾	아름다운 옥 **근**	구슬 옥(玉)과 붉은 흙 근(堇)의 합으로 붉은 구슬이란 뜻 *人名(인명) 字(자)
6	人 2획	今	이제 **금** 이에 **금**	명령 령(令)과 이에 내(乃)의 합으로 한 무제가 유학을 부활하여 정치의 도덕적 안정을 꾀하려고 진시황 때 갱유(坑儒)를 면한 학자들을 모아 재정비한 한나라 시대의 글을 금문(今文)이라고 한데서 이에 나온 말로 공자 사당 벽에서 나온 고문(古文)에 반대되는 용어로 그 당시에 황제가 명령을 내리며 '자, 지금부터', '이제는'이란 뜻 *至今(지금), 只今(지금), 今時(금시), 今日(금일)

급수	부수	한자	훈 음	해 설
1	衣 4획	衾	이불 **금**	겉 표(表)와 머금다(품다) 함(含)의 합으로 겉에 푹 덮어 몸을 품어주는 이불이란 뜻 *衾枕(금침: 이불과 베개)
1	衣 4획	衿	옷깃 **금**	입을 피(被)와 이불 금(衾)의 합으로 깃이란 이불 거죽의 목 부위에 가로로 대어 입히는 색이 다른 천이다. 이불의 깃처럼 옷깃이란 저고리의 목에서부터 둘러 덧대어 접거나 겹친 부분을 말함 *衿契(금계: 마음을 서로 허락한 벗, 心友[심우])
3.2	禸 9획	禽	새 **금**	짐승 리(离)와 이불 금(衾)의 합으로 이불처럼 두 날개로 덮고 웅크리고 앉아 있는 날짐승이란 뜻 *离(리: 짐승 발자국 유(禸)와 정수리 신(囟)의 합으로 창 힐이 새의 발자국으로 글을 베꼈다는 그 짐승이란 뜻과 발자국을 남기고 떠난다는 뜻의 괘이름) *禽獸[금수], 猛禽[맹금], 家禽[가금]
1	手 13획	擒	사로잡을 **금**	잡을 포(捕)와 날짐승 금(禽)의 합으로 웅크리고 앉아 있는 날짐승을 사로잡다 의 뜻 *七縱七擒(칠종칠금: 일곱 번 놓아 주고 일곱 번 사로잡는다는 뜻)
8	金 0획	金	쇠 **금** 돈 **금** 성씨 **김**	이제 금(今)과 흙 토(土)와 빛 광(光)의 합으로 금방(今方) 돈이 되는 땅속에서 캔 반짝이는 황금이란 뜻과 땅속에서 캔 단단한 모든 쇠붙이를 이름 *성 김(金): 쇠 금(金)이 이 씨 조선 왕의 성인 李[이]자의 나무를 극한다 하여 '김'으로 부르라 하였다 함 *黃金[황금], 金錢[금전], 金屬[금속], 金額[금액], 一金[일금], 金氏[김씨]

급수	부수	한자	훈 음	해 설
3.2	金 8획	錦	비단 **금**	쇠 금(金)과 비단 백(帛)의 합으로 황금빛 눈부시게 빛(白)나는 천(巾)이니 비단이란 뜻 *錦上添花(금상첨화), 錦衣夜行(금의야행), 錦衣還鄕(금의환향)
4.2	示 8획	禁	금할 **금**	표(쪽지) 표(票)와 수풀 림(林)의 합으로 동식물이나 숲을 보호하기 위해 매달아 놓은 쪽지에 함부로 들어가지 말라는 억제한다는 뜻 *入山(입산) 禁止(금지), 禁煙(금연), 禁酒(금주), 禁慾(금욕), 禁忌(금기)
1	衣 13획	襟	옷깃 **금** 마음 **금** 생각 **금**	옷깃 금(衿)과 금할 금(禁)의 합으로 함부로 열어 보이지 말라는 옷깃이란 뜻과 내보이지 않는 가슴 속에 숨어있는 마음, 생각이란 뜻 *胸襟(흉금; 가슴 속에 품은 생각)
3.2	玉 7획	琴	거문고 **금**	쌍옥 각(珏)과 옷깃 금(衿)의 합으로 珏은 거문고에 매인 줄의 모양으로 중국식 하프인데 소리가 아름다워 심금[心襟(衿)]을 울리는 악기인 거문고란 뜻 *琴瑟(금슬: 비파와 거문고란 뜻과 부부간의 정의를 뜻함)
3.2	又 2획	及	미칠 **급**	또(손) 우(又)와 사람 인(人)의 합으로 뒤따라 온 사람의 손이 미친다(닿다)는 뜻 *普及(보급), 言及(언급), 及第(급제), 可及的(가급적),
1	水 4획	汲	길을 **급**	길을 심(深)과 미칠 급(及)의 합으로 깊어 손이 닿지 않는 우물물에 줄을 매어 두레박을 미치게 하여 물을 퍼 올린다는 뜻 *汲水(급수: 물을 길음) *汲汲(급급)하다: 물을 길을 때 탄력을 받으려고 무거운 두레박줄을 바쁘게 끌어 올리는 것처럼 매우 바쁘다는 뜻

급수	부수	한자	훈 음	해 설
1	手 4획	扱	다룰 **급**	손 수(手)와 미칠 급(及)의 합으로 손에 닿아 만지니 다룬다는 뜻 *取扱注意(취급주의: 만질 때 조심함)
6	糸 4획	級	등급 **급**	맺을 약(約)과 미칠 급(及)의 합으로 약정한 기준에 미치는 데 따라 등급을 매긴다는 뜻 *等級(등급), 高級(고급), 特級(특급), 學級(학급)
6	糸 6획	給	줄 **급** 넉넉할 **급** 민첩할 **급**	등급 급(級)과 화할 합(合)의 합으로 등급을 매겨 성과에 따라 합당(合當)한 보수를 지급한다는 뜻 *月給(월급), 供給(공급), 支給(지급), 時給(시급), 給料(급료)
6	心 6획	急	급할 **급**	마음 심(心)과 위험할 위(危)와 미칠 급(及)의 합으로 적군이 뒤따라와 붙잡힐까(미칠까) 위태로워 마음이 조급하다는 뜻 *急迫(급박), 急速(급속), 危急(위급), 急所(급소)
1	二 4획	亘	뻗칠 **긍** 펼 **선**	서로 호(互)와 날(해) 일(日)의 합으로 해(날)가 뜨고 지고 서로 걸쳐 있으니 이어진다는 뜻과 시간적으로나 공간적으로 이어져 길게 뻗친다, 또는 태양이 펼친다는 뜻 *본 자: 亙(걸칠 긍) *亘古(긍고): 옛날까지 뻗히다.
3	肉 4획	肯	수긍할 **긍** 즐길 **긍**	육 달 월(月)과 바를 정(正)의 합으로 바르다, 맞다, 허락한다고 몸으로 표하여 고개를 끄덕인다, 수긍한다는 뜻과 머리를 끄덕이며 '그래, 이 맛이야!' 하며 맛을 즐긴다는 뜻 *肯定(긍정), 首肯(수긍)

급수	부수	한자	훈 음	해 설
1	矛 4획	矜	자랑할 **긍** 불쌍히 여길 **긍**	창 모(矛)와 이제 금(今)의 합으로 내 창은 못 찌르는 것이 없고 내 방패는 못 막는 것이 없다는 모순(矛盾)의 고사처럼 자기의 창이나 방패를 뽐내며 자랑한다는 뜻과 지금, 이 창으로 이 방패를 찔러보라 하여 쩔쩔매니 불쌍히 여긴다는 뜻 *矜持, 自矜心, 矜恤 긍지 자긍심 긍휼
2人 인	儿 12획	兢	떨릴 **긍** 조심할 **긍**	이길 극(克)이 둘 합친 자이다. 둘이 서로 이기려고 몹시 긴장하여 떨린다는 뜻과 실수하지 않으려고 매우 조심한다는 뜻 *戰戰兢兢(전전긍긍: 매우 두려워 조심함)
5	己 0획	己	몸 **기**	상체와 하체를 꺾고 굽혀 낮춘 몸으로 겸손하게 낮추는 자기란 뜻과 굽힌 몸이란 뜻 몸소 거동한다는 몸 소(self)란 뜻 *自己, 知彼知己 자기 지피지기
7	言 3획	記	적을 **기** 기록할 **기**	말씀 언(言)과 몸 기(己)의 합으로 중요한 말씀을 잊지 않으려고 몸을 구부리고 엎드려 받아 적는다는 뜻 *記錄, 記憶, 記事, 記念, 記述, 日記 기록 기억 기사 기념 기술 일기
3	心 3획	忌	기일 **기** 꺼릴 **기**	잊을 망(忘)과 기억할 기(記)의 합으로 잊지 않고 기억(記憶)하는 기일(제삿날)이란 뜻과 기일은 몸을 삼가니 꺼린다. 꺼리니 피한다는 뜻 *忌日, 忌避, 忌憚 기일 기피 기탄
4.2	走 3획	起	일어날 **기**	달릴 주(走)와 기억 기(記)의 합으로 잠재되어있던 생각 기억(記憶) 등이 주마등(走馬燈) 떠올라 일어난다는 뜻 *起立, 起工, 起床, 起伏, 起動, 起案, 起訴 기립 기공 기상 기복 기동 기안 기소

급수	부수	한자	훈 음	해 설
4	糸 3획	紀	벼리 **기**	맬 계(系)와 일으킬 기(起)의 합으로 그물을 걸어 매어 끌어당기며 들어 일으키는 벼리 줄이란 뜻과 사건을 일으킨 실마리란 뜻 *紀綱(기강), 紀元(기원), 紀行文(기행문)
1	木 3획	杞	구기자 **기** 나라이름 **기**	나무 목(木)과 벼리 기(紀)의 합으로 그물이 벼리줄에 걸리듯이 고리가 걸린 나무인 고리버들이란 뜻과 무엇의 기원이 된 나라 이름이란 뜻 *枸杞子(구기자)
5	手 4획	技	재주 **기**	재주 재(才)와 지탱할 지(支)의 합으로 기계나 도구를 잘 다루어 넘어지지 않고 지탱하는 숙련된 재주인 기술이란 뜻 *技術(기술), 長技(장기), 妙技(묘기), 競技(경기)
1	亻 4획	伎	기량 **기** 재주 **기**	맡길 임(任)과 재주 기(技)의 합으로 어떤 일을 맡아서 해낼 만한 재주, 또는 재주 있는 사람이란 뜻 *技倆(기량: 수완, 기교, 지혜를 헤아림)
1	女 4획	妓	기생 **기**	계집 녀(女)와 재주 기(技)의 합으로 춤이나 가야금이나 노래 등을 잘하는 재주 있는 여자란 뜻 *妓生(기생), 官妓(관기)
3.2	人 4획	企	바랄 **기** 꾀할 **기** 발돋움할 **기**	사람 인(人)과 걸음 보(步)의 합으로 사람이 진일보(進一步)하여 돋음 발한다는 데서 나아지길 바란다는 뜻과 더 높아지려고 계획한다는 뜻 *企圖(기도), 企劃(기획), 企業(기업)
2地(지)	山 4획	岐	산 갈래 **기**	산 산(山)과 가를 지(支) 이리저리 갈라진 산의 갈래 길 *岐路(기로)

급수	부수	한자	훈 음	해 설
1	肉 2획	肌	살 **기**	육 달 월(月)과 모두 범(凡)의 합으로 몸을 모두 덮어 싸고 있는 피부인 살가죽이란 뜻 *肌膚(기부: 몸을 싸고 있는 살가죽) *肌色(기색)
3	食 2획	飢	주릴 **기**	밥 식(食)과 살갗 기(肌)의 합으로 밥을 못 먹어서 살가죽만 남은 굶주린 모양 *飢餓(기아) *饑와 같이 쓰임
5	水 4획	汽	김 **기**	물 수(水)와 기운 기(气)의 합으로 물을 끓여 오르는 김이란 뜻 *气(乞): 위로 일어나려고 기운을 빈다는 뜻으로 빌 걸(乞)의 뜻 *汽罐室(기관실), 汽車(기차)
7	气 6획	氣	기운 **기**	기운 기(气)엄과 쌀 미(米)의 합으로 쌀밥 같은 영양을 섭취한 후에 일어나는 에너지(힘), 생기, 활기란 뜻과 정신(精神)에 흐르는 기운이란 뜻 *精氣(정기) 氣運(기운), 氣溫(기온), 氣象(기상), 氣體(기체), 氣候(기후)
4	大 5획	奇	기이할 **기**	큰 대(大)와 옳을(허락할) 가(可)의 합으로 들어와도 된다고 허락하여 입구를 열어 벌리듯이 크게 입을 벌리며 놀랄 만큼 이상하다는 뜻 *奇異(기이), 奇怪(기괴), 奇奇妙妙(기기묘묘)
2人(인)	玉 8획	琦	구슬 **기**	구슬 옥(玉) 기이할 기(奇)의 합으로 기이한 구슬이란 뜻 *人名(인명) 字(자)
1	山 8획	崎	산 험할 **기**	뫼 산(山)과 기이할 기(奇)의 합으로 기암절벽(奇巖絶壁)이 있는 산이니 험한 산이란 뜻 *崎險(기험), 崎嶇(기구)

급수	부수	한자	훈 음	해 설
4	田 8획	畸	뙈기밭 기	밭 전(田)과 기이할 기(奇)의 합으로 산비탈에 붙어있는 밭으로 반듯하지 않고 꼬불꼬불 기이(奇異)하게 생긴 뙈기밭이란 뜻 *畸形(기형: 기이하게 생긴 모양) 畸形兒
4	宀 8획	寄	붙어살 기	잘(머물) 숙(宿)과 기이할 기(奇)의 합으로 신기(神奇)하게도 남의 몸속에 머물면서 영양을 빨아먹고 붙어살다, 붙인다는 뜻 *寄生(기생), 寄附(기부), 寄居(기거)
1	糸 8획	綺	비단 기	섬유 유(維)와 기이할 기(奇)의 합으로 신기하게 아름다운 섬유인 비단이란 뜻 *綺羅星(기라성: 비단을 펼쳐놓은 듯 반짝이는 수많은 별이란 뜻으로 훌륭한 사람이 많이 모임을 비유함)
3	馬 8획	騎	말 탈 기	말 마(馬)와 기이할 기(奇)의 합으로 기이해서 입을 벌리듯 다리를 쩍 벌리고 말을 타다 또는 자전거를 타다 의 뜻 *騎馬兵(기마병), 騎士道(기사도), 騎虎之勢(기호지세)
2地(지)	水 4획	沂	물이름 기	물 수(水)와 빌 기(祈)의 합으로 제사를 지내는 중국 산동성을 흐르는 강 이름 *地名(지명) 字(자)
3.2	示 4획	祈	빌 기	빌 축(祝)과 새 신(新)의 합으로 새해에도 만복이 깃들기를 빌며 새로운 일을 하면서 일이 잘되기를 바란다는 뜻 *祈願(기원), 祈求(기구)

급수	부수	한자	훈 음	해 설
3.2	八 6획	其	그 **기**	갖출 구(具)와 아무 모(某)의 합으로 이미 갖추어 놓은 것을 다시 언급할 때 그것이란 뜻으로 아무개를 구체적으로 이름 대지 않고 지칭하는 지시 대명사로 '그것'이란 뜻 *其他(기타: 그 밖에 다른) *不知其數(부지기수), 及其也(급기야)
7	方 10획	旗	깃발 **기**	모 방(方)과 하늘 건(乾)과 그 기(其)의 합으로 그 어떤 방향이나 장소를 나타내기 위해 하늘 높이 꽂혀 바람에 펄럭이는 깃발이란 뜻 *國旗(국기), 校旗(교기), 太極旗(태극기)
5	土 8획	基	터 **기**	집 당(堂)과 기 기(旗)의 합으로 집을 지으려고 깃대를 꽂아놓은 터전, 또는 깃대를 꽂아 그곳으로 모이는 활동의 근거지가 되는 바탕이란 뜻 *基礎(기초), 基本(기본), 基金(기금)
5	月 8획	期	기약할 **기**	달 월(月)과 터 기(基)의 합으로 달이 지구를 돌듯이 처음의 터를 기점으로 돌아 처음으로 돌아오는 기간이란 뜻과 정해진 기한이란 뜻 *期間(기간), 期限(기한), 時期(시기), 滿期(만기), 學期(학기)
1	月 8획	朞	돌 **기**	기한 기(期)와 기초 기(基)와 합으로 정해진 기간을 한 바퀴를 돌아 처음의 날로 돌아온 돌이란 뜻 *朞年祭(기년제: 소상(小祥), 일주기)
3	欠 8획	欺	속일 **기**	하고자 할 욕(欲)과 바둑 기(棋)의 합으로 바둑을 둘 때 자기가 하고자 하는 바를 상대에게 드러내지 않고 모르게 하니 속인다. 속는다는 뜻 *欺滿(기만), 詐欺(사기)

급수	부수	한자	훈 음	해 설
2	木 8획	棋	바둑 **기**	널 판(板)과 터(바탕) 기(基)의 합으로 널판 위에 선을 그은 바탕을 깔고 그 위에서 흑백의 돌을 가지고 서양의 체스처럼 두는 게임인 바둑이란 뜻 *碁(기)와 동자 *碁局(기국), 棋院(기원), 將棋(장기)
2人(인)	竹 8획	箕	키 **기** 삼태기 **기** 쓰레받기 **기**	대 죽(竹)과 깃발 기(旗)의 합으로 대쪽으로 엮어 깃발처럼 바람에 펄럭여 곡식의 쭉정이를 날리고 알곡을 받는 농기구인 키란 뜻 *箕帚(기추: 쓰레받기와 비) *箕子(기자: 중국 고대 전설의 사람, 은나라 주(紂)왕의 숙부, 성인(箕子朝鮮(기자조선)))
2人(인)	水 8획	淇	물이름 **기**	강 강(江)과 터 기(基)의 합으로 지역 발전의 터가 된 물인가? 물 이름이란 뜻 *淇水(기수: 중국의 하남성을 흐르는 강이름)
2人(인)	玉	琪	아름다운 옥 **기**	구슬 옥(玉)과 그 기(其)의 합으로 그것이라면 누구나 다 아는 아름답고 좋은 옥이란 뜻 *人名(인명) 字(자)
2人(인)	鹿 8획	麒	기린 **기**	사슴 록(鹿)과 깃발 기(旗)의 합으로 깃발처럼 높이 치켜든 목이 긴 사슴처럼 생긴 동물인 기린이란 뜻과 기린은 전설 속의 신령스런 동물로 성인이 태어날 때 나타난다고 하여 비범한 재능과 뛰어난 자질을 갖춘다는 뜻 *人名(인명) 字(자) *麒麟兒(기린아: 재주와 슬기가 남 달리 뛰어난 젊은이)

급수	부수	한자	훈 음	해 설
2人(인)	馬 8획	騏	천리마 **기**	말 마(馬)와 기린 기(麒)의 합으로 다리가 긴 기린처럼 잘 달리는 말인 천리마란 뜻 *騏驥(기기: 북쪽 지방에서 나는 뛰어난 천리마, 아주 좋은 말)
3	木 8획	棄	버릴 **기** 그만 둘 **기**	바둑 기(碁)와 채울 충(充)과 심할 폭(暴)의 합으로 바둑을 두다가 자충수(自充手)를 놓고 심하게(거칠게) 집어던지며 그만두어버리니 자포자기(自暴自棄)한다는 뜻 *暴棄(포기), 棄權(기권), 棄却(기각), 遺棄(유기)
3	幺 9획	幾	몇 **기**	작을 요(幺)와 지킬 수(戍)의 합으로 수루에서 지키는 사람이 작은(바스락하는) 낌새를 느낀다는 뜻인 작은 기미, 낌새, 작으니 몇 안 되는 수(10 이하의 수)라는 뜻 *幾微(기미: 낌새, 눈치, 어떤 일이 일어날 기운) *幾何(기하; 얼마란 뜻과 물건의 크기나 위치에 관한 성질을 연구하는 수학의 한 분야)
3.2	田 10획	畿	경기 **기**	지경 계(界)와 몇 기(幾)의 합으로 왕성(王城)에서 얼마 안 떨어진 땅(4방 5백리 안의 땅으로 임금이 직할하는 땅). 지금은 서울에서 얼마 안 떨어진 가까운 서울 주위의 경계(境界)인 경기도란 뜻 *京畿(경기), 畿湖(기호)(경기와 호남), 畿內(기내), 畿甸(기전)
4	木 12획	機	기계 **기** 위기 **기** 기회 **기**	얽을 구(構)와 기미 기(幾)의 합으로 이리저리 얽어 하나의 조직을 이루고 있고 '아차!' 하는 작은 실수하나 잘못하면 위험한 기계란 뜻과 위험한 기계니 위기란 뜻과 '아차'하는 순간포착으로 잡아야 하는 좋은 때인 기회란 뜻 *機械(기계), 危機(위기), 機會(기회), 機智(기지)

급수	부수	한자	훈 음	해 설
2人(인)	玉 12획	璣	구슬 **기**	공 구(球)와 기계 기(機)의 합으로 지구나 천체를 관측하던 기계란 뜻 *人名 字(인명 자) *璇璣玉衡(선기옥형: 渾天儀(혼천의) 천체를 모방하여 만든 기계)
1	言 12획	譏	나무랄 **기** 헐뜯을 **기** 살펴 조사할 **기**	헐뜯을 방(謗)과 기미(위태할) 기(幾)의 합으로 아차!, 하며 놓친 얼마 안 되는 작은 실수를 꾸짖어 나무란다는 뜻과 남의 잘못한 실수를 찾아 헐뜯는다는 뜻 *譏弄(기롱: 희롱함, 실없는 말로 농락 함) *譏察(기찰; 살펴 조사함)
3	豆 3획	豈	어찌 **기**	제기 두(豆)와 메 산(山)의 합으로 제기(祭器) 위에는 푸짐하게 차린다, 어찌 산더미같이 쌓아 올렸을까 '어떻게', '어찌'란 뜻 *豈敢(기감: 어찌 감히) *豈不(기불: 어찌 않으랴)
2人(인)	耂 6획	耆	늙은이 **기**	늙을 로(老)와 맛 지(旨)의 합으로 오래(여러 날) 지나 맛이 든 것처럼 인생의 맛이 푹 밴 늙은이란 뜻 *耆老(기로: 60살은 耆(기)라 하고 70살은 老(노)라 한다)
3	无 7획	旣	이미 **기**	목 멜 기(旡)와 곧 즉(卽)의 합으로 고개를 돌리고 안 먹겠다고 곧바로 밀어내니 슬픔 등으로 북받쳐 목이 막혀 밥이 안 넘어간다는 데서 이미 일은 벌어졌으니 밥은 먹어야지 할 때의 '이미'란 뜻 *旣往之事(기왕지사: 이미 지나간 일) *旣婚(기혼), 旣得權(기득권), 旣決(기결) *慨: 슬플 개

급수	부수	한자	훈 음	해 설
1	口 10획	嗜	즐길 **기**	맛 미(味)와 늙은이 기(耆)의 합으로 오래 입에 맛 들여져 즐긴다는 뜻 *嗜好食品(기호식품: 즐기고, 좋아하는 식품)
4.2	口 13획	器	그릇 **기**	입 구(口)와 홀로 독(獨)의 합으로 식구(食口)가 여럿일 때 음식을 각자 홀로 덜어 먹는 식기(食器)이니 무엇을 담는 데 쓰이는 그릇이란 뜻 *입구 넷은 '뭇 입 즙'이다 *器具(기구), 樂器(악기), 武器(무기), 器量(기량), 大器晩成(대기만성)
2亻(인)	八 14획	冀	바랄 **기**	함께 공(共)과 사내 남(男)과 북녘 북(北)의 합으로 북쪽 지방의 말이 특별하고 다르다 하여 남자들은 모두 한 필 갖기를 바라다 의 뜻 *冀圖(기도: 바라는 것을 얻으려고 꾀함)
2明(명)	馬 16획	驥	천리마 **기**	말 마(馬)와 바랄 기(冀)의 합으로 사람들이 갖기를 바라는 말인 천리마란 뜻 *付驥尾(부기미: 천리마의 꼬리, 즉 뛰어난 사람의 뒤를 따라 덕을 봄)
1	网 19획	羈	굴레 **기**	죄인 죄(罪)와 가죽 혁(革))과 말 마(馬)의 합으로 죄인처럼 말을 가죽끈으로 굴레를 씌워 날뛰지 못하게 구속을 한다는 뜻 *羈束處分(기속처분: 裁量處分(재량처분)의 반대 의미로 구속당하고 제재를 받는다는 뜻)
3.2	糸 8획	緊	긴할 **긴**	맬 계(繫)와 굳을 견(堅)의 합으로 악기 줄이나 허리띠를 단단히 졸라매니 팽팽하다, 팽팽하니 긴장된다는 뜻 *緊密(긴밀), 緊張(긴장), 緊縮(긴축), 緊迫(긴박)

급수	부수	한자	훈 음	해 설
5	口 3획	吉	좋을 **길** 길할 **길**	이름 명(名)과 선비(벼슬) 사(士)의 합으로 벼슬을 하며 이름을 크게 드러낸다, 출세한다는 데서 운이 좋다는 뜻 *士大夫(사대부: 관직에 있는 사람, 벼슬아치) *吉兆(길조), 吉凶(길흉), 吉日(길일), 吉鳥(길조)
1	手 6획	拮	바쁘게 일할 **길**	손 수(扌)와 맺을 결(結)의 합으로 손을 꼭 묶어 놓은 듯 일에서 빠져나올 틈이 없어 꼼짝하지 못한다는 뜻으로 열심히 일한다는 뜻과 꼼짝하지 못하게 서로 버티어 대드는 길항(拮抗)의 뜻 *拮抗作用(길항작용: 상반되는 두 가지 요인이 서로 작용하여 그 효과를 서로 상쇄시키는 일)
1	口 9획	喫	마실 **끽**	입 구(口)와 계약 계(契)의 합으로 계약서 두 쪽을 맞추어 붙이듯이 두 쪽의 입술을 붙이고 쪽쪽 빨며 마시는 모양, 차를 마시거나 입술을 쪽쪽 다시며 담배를 피울 때 쓰임 *喫茶(끽다), 喫煙(끽연), 滿喫(만끽)
3	邑 4획	那	어찌 **나**	마을 부(部)와 축 늘어질 염(冉)의 합으로 멀리 떨어져 있는 마을까지 가느라고 힘이 빠져서 축 늘어져 터덜터덜 걸어간다는 뜻이다. 어떻게 가지? 하는 어찌, 또는 무기력해 도저히 헤어날 수 없는 깊은 수렁의 나락(那落)이란 뜻 *支那(지나: 秦(진)이 와전된 것으로 중국을 달리 이르는 말)
1	手 5획	拏	붙잡을 **나**	주먹 권(拳)과 노예 노(奴)의 합으로 주먹을 불끈 쥐듯이 힘으로 도망가는 노예를 붙잡는다는 뜻 *漢拏山(한라산)

급수	부수	한자	훈 음	해 설
1	手 6획	拿	붙잡을 **나**	붙잡을 라(拏)와 만날 합(合)의 합으로 맞닥뜨려 붙잡았다는 뜻 *拿捕(나포: 죄인을 붙잡음) *붙잡을 나(拏)의 속자
1	心 14획	懦	나약할 **나**	겁낼 겁(怯)과 선비 유(儒)의 합으로 선비들은 용맹하지 못하고 겁이 많고 나약하다는 뜻 *懦弱, 懦夫 나약 나부
1	亻 19획	儺	역귀 쫓을 **나**	거동 의(儀)와 어려울 난(難)의 합으로 어려운 일이 일어나지 않도록 귀신을 쫓는 푸닥거리 같은 의식(儀式)이란 뜻 *儺禮(나례: 섣달 그믐날 밤에 잡귀 쫓는 의식) *儺儺之聲(나나지성: 푸닥거리하는 소리)
3.2	言 9획	諾	허락 **낙**	허락할 허(許)와 만약 약(若)의 합으로 만약이란 조건을 걸고 허락해 준다는 뜻과 조건을 걸어 타협을 보려 하니 더디 대답한다는 뜻 *許諾, 承諾 허락 승낙
1	火 9획	煖	따뜻할 **난**	불 화(火)와 도울 원(援)의 합으로 도와주는 훈훈한 마음처럼 불을 피워 추운 방을 훈훈하게 하니 따뜻하다는 뜻 *煖房, 煖爐 난방 난로
4.2	日 9획	暖	따뜻할 **난**	해 일(日)과 따뜻할 난(煖)의 합으로 태양의 열기로 날씨(일기: 日記)가 따뜻하다는 뜻 *溫暖化, 異常暖冬 온난 화 이상난동 *煖과 同字 난 동자

급수	부수	한자	훈 음	해 설
4.2	隹 11획	難	어려울 **난**	섞일 잡(雜)과 한자 한(漢)의 합으로 한자(漢字)는 획이 복잡(複雜)해서 풀이하거나 배우고 익히기 어렵다는 뜻 *難易(난이), 難處(난처), 難關(난관), 難色(난색)
1	水 7획	涅	앙금흙 **날(열)** 죽을 **열** 검은 물 **열**	빠질 골(汩)과 흙 토(土)의 합으로 발이 푹 빠지는 갯벌의 시커먼 진흙이란 뜻 *涅槃(열반: 범어의 음역. 죽는 것, 입적(入寂) *涅齒(열치: 이를 검게 물들임)
1	手 7획	捏	반죽할 **날**	손 수(手)와 개흙 열(涅)의 합으로 앙금이 된 갯벌의 진흙으로 무엇을 만들려고 손으로 이기고 치대어 반죽한다는 뜻 *捏造(날조: 사실이 아닌 것을 사실인 것처럼 거짓으로 꾸밈)
1	手 7획	捺	누를 **날**	누를 억(抑)과 어찌 내(奈)의 합으로 어찌하지 못하도록 억지로 도장을 찍어 누른다는 뜻 *捺印(날인: 함부로 어찌하지 못하도록 도장을 눌러 찍음)
7	田 5획	男	사내 **남**	밭 전(田)과 힘 력(力)의 합으로 밭에서 힘쓰는 사내자식이란 뜻 *男子(남자), 男便(남편), 男優(남우)
8	十 7획	南	남녘 **남**	반 반(半)과 붉을 적(赤)과 덮을 멱(冖)의 합으로 적도(赤道)를 기준으로 지구를 반으로 나누어 아래를 덮은 모양으로 남반구(南半球)인 남쪽이란 뜻 *南半部(남반부), 南極(남극), 南半球(남반구), 南男北女(남남북녀)

급수	부수	한자	훈 음	해 설
4	糸 4획	納	들일 **납** 받아들일 **납**	줄 급(給)과 안 내(內)의 합으로 월급(月給)을 받아 주머니 안으로 집어넣다, 받아서 안으로 들인다는 뜻과 세금 등을 들여놓는다는 뜻 *受納[수납], 納稅[납세], 納付[납부], 納凉特輯[납량특집], 納得[납득]
1	衣 4획	衲	납의 **납** 가울 **납**	기울 보(補)와 들일 납(納)의 합으로 떨어진 옷에 헝겊 조각을 안에 넣어 받히고 기운 누더기란 뜻과 누더기처럼 누빈 출가 스님들의 법의인 장삼이란 뜻 *衲子(납자: 납의 곧 장삼을 입은 데서 나온 말로 중이란 뜻)
1	口 19획	囊	주머니 **낭**	묶을 속(束)과 덮을 멱(冖)과 아가씨 양(孃)의 합으로 묶어서 입구를 졸라매니 아가씨의 가슴처럼 봉긋한 주머니란 뜻 *背囊[배낭] *囊中之錐(낭중지추): 주머니 속에 든 송곳 삐져 나오듯이 실력이 빼어난 사람은 숨어 있어도 어떻게든 드러난다는 뜻
3.2	女 7획	娘	아가씨 **낭**	계집 녀(女)와 사내 랑(郞)의 합으로 사내놈들이 사귀자고 따르는 아가씨란 뜻 *娘子[낭자], 娘子軍[낭자군]
3	丿 1획	乃	이에 **내** 곧 **내** 너 **내**	삐침 별(丿)은 끌어내린 획이고, 오른쪽은 불룩한 배나 유방의 옆 모양이다. 불룩한 데서 무엇을 끌어내니 이에, '곧',이란 뜻과 말머리에 별 뜻 없이 쓰이는 말이나 접때란 뜻과 너의 란 뜻으로 쓰임 *乃祖(내조: 너의 할아버지) *乃至(내지: 샘이나 정도를 나타낼 때 그 사이를 줄일 때 쓰는 말)

급수	부수	한자	훈 음	해 설
7	入 2획	內	안 **내**	들 입(入)과 멀 경(冂) 몸의 합으로 멀리 깊숙이 들어간 안이란 뜻 *內部(내부), 內外(내외), 內容(내용), 內患(내환)
3	大 5획	奈	어찌 **내**	기이할 기(奇)와 금할 금(禁)의 합으로 나쁜 짓을 금하려고 기이(奇異)한 모습으로 위엄을 보이니 '어찌'란 뜻 * 불교 용어 *奈落(나락; 지옥) *莫無可奈(막무가내: 굳게 고집하여 융통성이 없음, 어떻게 하여도 도무지란 뜻)
3.2	而 3획	耐	견딜 **내**	말 이을 이(而)와 대할 대(對)의 합으로 대화(對話)에서 '그러나' 하고 말이 이어지면 길어지는 말을 끝까지 다 들어 봐야 하니 참고 견딘다는 뜻 *忍耐(인내),耐熱(내열), 耐震(내진), 耐久(내구), 耐乏(내핍)
8	女 0획	女	계집 **녀**	큰 대(大)에서 두 다리를 모으고 얌전히 앉은 계집아이를 뜻함 *女子(여자), 女人(여인)
8	干 3획	年	해 **년**	간지 간(干)과 매양(모두) 매(每)와 어그러질 천(舛)의 합으로 성인의 탄생을 기원으로 거꾸로 지나온 세월을 모두 합하여 간지로 계산한 연도란 뜻과 태어나서 거꾸로 돌아가 지나온 세월을 모두 헤아린 나이란 뜻 *秊(해 년의 본 자로 곡식이 한번 익으면 한 해란 뜻) *年歲(연세), 年老(연로), 年長者(연장자), 年中(연중)
5	心 4획	念	생각 **념**	잊을 망(忘)과 지금 금(今)의 합으로 지금까지도 잊지 않고 마음에 생각하고 있다는 뜻 *念頭(염두), 念願(염원), 念慮(염려), 念佛(염불), 念力(염력)

급수	부수	한자	훈 음	해 설
3.2	宀 11획	寧	편안할 **녕** 차라리 **녕**	편안 안(安)과 근심 우(憂)와 살필 감(監)과 정자 정(亭)의 합으로 정자(亭子)처럼 사방이 트인 높은 망루에서 백성들의 안위(安危)를 걱정하여 살핀다는 뜻으로 위험한 일이 일어나지 않고 아무 탈 없이 편안하다는 뜻과 몸이 고달파도 마음 편한 것이 차라리 더 낫다 하여 '차라리'란 뜻 *安寧(안녕)
3.2	女 2획	奴	종 **노**	계집 녀(女)와 취할 취(取)의 합으로 전쟁 중 적국에서 탈취한 여자는 첩이나 종으로 삼았다, 예속된 종이란 뜻 *奴僕(노복), 奴婢(노비), 奴隷(노예)
4.2	力 5획	努	애쓸 **노**	일할 로(勞)와 노예 노(奴)의 합으로 노예처럼 일하니 고되게 애쓴다는 뜻 *努力(노력: 힘들게 애씀)
4.2	心 5획	怒	성낼 **노**	슬플 비(悲)와 종 노(奴)의 합으로 인간이 인간을 종으로 부리는 비참한 노예제도에 항의하여 격분한다, 성을 낸다, 하늘이 노한다는 뜻 *怒氣衝天(노기충천), 怒發大發(노발대발), 喜怒哀樂(희로애락)
1	弓 5획	弩	쇠뇌 **노**	쏠 탄(彈)과 성낼 노(怒)의 합으로 성난 사람 모양으로 활을 연달아 쏘아대는 쇠뇌란 뜻 *쇠뇌: 여러 개의 화살이 잇따라 나가게 만든 화살의 한 가지 *弩砲(노포), 弩臺(노대)
1	馬 5획	駑	둔한 말 **노**	말 마(馬)와 애쓸 노(努)의 합으로 종처럼 애써 힘든 일이나 하는 둔한 말이란 뜻 *駑馬(노마)

급수	부수	한자	훈 음	해 설
7	辰 6획	農	농사 **농**	때 신(辰)과 굽을 곡(曲)의 합으로 허리 굽혀 땅을 일구고 때맞추어 씨 뿌리고 길러 가을에 익으면 거두는 일, 농사라는 뜻 *辰(용 진); 춘분에서 추분까지 물을 관장하는 수신(水神)인 용이 있다고 하여 농사철이라고 한다고도 함 *農業, 農村, 農民, 農場 농업 농촌 농민 농장
2	水 13획	濃	짙을 **농** 무르녹을 **농**	흐릴 탁(濁)과 농사 농(農)의 합으로 농촌(農村)에서 담아 마시는 술인 탁주(濁酒: 막걸리)가 맑지 않고 탁하고 걸쭉하게 진하다는 뜻 *醲(진한 술 농과 同字) 동자 *濃淡, 濃縮, 濃度, 濃厚 농담 농축 농도 농후
1	肉 13획	膿	고름 **농**	종기 종(腫)과 짙을 농(濃)의 합으로 몸의 종기에서 나온 짙은 액체인 고름이란 뜻 *化膿, 膿瘍 화농 농양
3.2	肉 9획	腦	골 **뇌**	육 달 월(月)과 정수리 신(囟)과 내 천(巛)의 합으로 몸의 정수리에 꼬불꼬불한 모양으로 엉겨있는 골이란 뜻 *頭腦, 腦炎, 腦卒中, 腦溢血 두뇌 뇌염 뇌졸중 뇌일혈
3	心 9획	惱	번뇌 **뇌**	뜻 정(情)과 골 뇌(腦)의 합으로 애정(愛情) 문제 등으로 몹시 괴로워 골치 아파한다는 뜻 *煩惱, 苦惱 번뇌 고뇌 *惱殺(뇌쇄: 애가 타도록 몹시 괴롭힘, 특히 여자가 남자를 애태움)
2	尸 4획	尿	오줌 **뇨**	꼬리 미(尾)와 물 수(水)의 합으로 꽁무니에서 나오는 물인 오줌이란 뜻 *尿道, 放尿, 糖尿病, 利尿劑 요도 방뇨 당뇨병 이뇨제

급수	부수	한자	훈 음	해 설
1	言 4획	訥	말 더듬을 **눌**	말씀 언(言)과 안 내(內)의 합으로 말이 안에서 빨리 나오지 않고 더듬거린다는 뜻 *語訥(어눌), 訥辯(눌변)
1	糸 4획	紐	맬 **뉴**	맺을 결(結)과 소 축(丑)의 합으로 소의 고삐를 잡아당기듯이 잡아매는 끈이란 뜻 *紐帶(유대; 기구, 단체, 나라 따위가 서로 인연을 맺은 관계)
5	肉 6획	能	능할 **능**	육 달 월(月)과 머리 모양(厶)과 옆으로 놓인 두 발(比)을 나타낸 곰의 상형 자다. 곰이 몸으로 재주를 잘 부린다. 이렇게도 할 수 있고, 저렇게도 할 수 있으니 잘할 수 있다는 능력이란 뜻 *可能(가능), 能力(능력), 能熟(능숙), 能率(능률)
2	尸 2획	尼	여승 **니**	죽음 시(尸)와 될 화(化)의 합으로 죽은 화신(化身)으로 중생을 구도하려고 이 세상에 나타난 부처란 뜻 *범어의 음역(音譯)으로 여승, 수도자(修道者)란 뜻
3	水 4획	泥	진흙 **니** 수렁 **니**	물 수(水)와 주검 시(尸)와 될 화(化)의 합으로 그릇을 빚어 화신(化身) 하려고 물을 적신 진흙이란 뜻 *泥土(이토: 물기가 있어 그릇 같은 모양을 빚기 알맞은 흙) *泥田鬪狗(이전투구), 雲泥之差(운니지차)
1	匸 9획	匿	숨길 **닉**	감출 혜(匸)와 만약 약(若)의 합으로 만약(萬若)에 누가 훔쳐 갈까 봐 감추어 숨겨놓는다는 뜻 *隱匿(은닉), 隱匿罪(은닉죄)

급수	부수	한자	훈 음	해 설
1	水 9획	溺	빠질 **닉**	물 수(水)와 약할 약(弱)의 합으로 물을 이기지 못하고 물에 약하니 가라앉아 빠진다는 뜻 *溺死, 耽溺 익사 탐닉
6	夕 3획	多	많을 **다**	바깥 외(外)와 저녁 석(夕)의 합으로 저녁은 해가 기울어 서산으로 넘어가듯이 그릇이 가득 차서 바깥으로 넘어가거나 혹은 한쪽으로 기울어지는 쪽의 양이 많다는 뜻 *過多, 多數, 多少, 多幸, 多岐亡羊 과다 다수 다소 다행 다기망양
3.2	++ 4획	茶	차 **다(차)**	잎 엽(葉)과 먹을 식(食)과 부드러울 유(柔))의 합으로 사람이 먹을 수 있는 부드러운 어린잎을 따뜻한 물에 우려내어 과일이나 과자 등과 같이 마시는 녹차나 홍차 등의 차란 뜻 *茶道, 茶果, 茶飯事, 茶禮 다도 다과 다반사 차례
3.2	日 1획	旦	아침 **단**	해 일(日)과 위 상(上)의 합으로 해가 땅 위에 떠오른 모양으로 동이 틀 무렵 아침이란 뜻과 사물의 시작, 발단이란 뜻 *一旦(일단: 우선, 먼저) *元旦(원단: 설날 아침, 사물의 시작)
3.2	亻 5획	但	다만 **단** 오직 **단** 한갖 **단**	예들 예(例)와 아침 단(旦)의 합으로 처음(시작)에 예시(例示)하는 단서란 뜻과 단서의 조건에 국한하니 오직, '그뿐'이란 뜻 *但書(단서: 본문 밖에 어떤 조건이나 예 외의 뜻을 나타내는 말) *但只(단지; 다만)
1	糸 9획	緞	비단 **단**	짤 직(織)과 층계 단(段)의 합으로 여러 층으로 두껍게 짠 비단이란 뜻 *絨緞, 紬緞 융단 주단

급수	부수	한자	훈 음	해 설
3.2	丶 3획	丹	충성 **단** 신약 **단** 붉을 **단**	표 점 주(丶)와 아래 하(下)와 고기(몸) 육(肉)의 합으로 몸에서 깊숙이 들어가 중심점인 배꼽 아래를 뜻하며 속 깊은 데서 나오는 정성스러운 마음이니 충성이란 뜻과 일편단심 변치 않듯이 색상이 변하지 않는 신약인 유황과 수은등을 섞어 만든 단약(丹藥)인 주사가 붉다는 데서 붉다는 뜻 *丹田呼吸(단전호흡), 一片丹心(일편단심), 丹楓(단풍), 丹靑(단청)
4	殳 5획	段	층계 **단**	몽둥이 칠 수(殳)와 언덕 엄(厂)과 석 삼(三)의 합으로 언덕 위로 올라갈 때 밟을 수 있도록 여러(三) 개의 말뚝을 내려쳐서 층을 낸 계단이란 뜻과 일을 해 나아가는 단계란 뜻 *段階(단계), 階段(계단), 段落(단락)
2	金 9획	鍛	쇠 불릴 **단**	쇠 금(金)과 층계 단(段)의 합으로 쇠붙이를 단계적으로 강도를 높이기 위하여 불에 달구고 식히어 단련시킨다는 뜻 *體力鍛鍊(체력 단련)
4.2	口 9획	單	홑 **단** 광대할 **선**	그릇 기(器)와 밭 전(田)과 병졸 졸(卒)의 합으로 야전(野戰)에서 병졸들에게 각자 따로 도시락을 마련한다는데서 혼자란 뜻과 사냥터가 넓다는 뜻 *單于(선우: 흉노의 군주 칭호) *單獨(단독), 單身(단신), 單價(단가), 單語(단어), 單科(단과), 單元(단원)
1	竹 12획	簞	대광주리 **단** 도시락 **단**	죽간 간(簡)과 홑 단(單)의 합으로 간단(簡單)하게 한 사람씩 따로 먹을 수 있게 만든 도시락이란 뜻과 대나무나 잔가지를 알맞게 휘어서 도시락처럼 음식을 담을 수 있게 만든 광주리란 뜻 *簞食瓢飮(단사표음: 도시락밥과 표주박의 물이란 뜻으로 변변찮은 음식 청빈한 생활이란 뜻)

급수	부수	한자	훈 음	해 설
1	虫 5획	蛋	새알 **단**	오랑캐 만(蠻)과 필 필(疋)의 합으로 필(疋)은 옷감을 감아놓은 피륙의 필로 비단이나 무명을 감아 말려고 굴리듯이 대굴대굴 구르는, 미개한 오랑캐처럼 아직 껍질 속에서 깨치지 못한 새의 알이란 뜻 *蛋白質 단백질
6	矢 7획	短	짧을 **단** 모자랄 **단**	알 지(知)와 머리 두(頭)의 합으로 머리에 든 지식(知識)이 모자란다는 데서 따온 말로 생각이 모자란다는 뜻과 모자라니 짧다는 뜻과 모자라서 부족한 단점이란 뜻 *短見, 短髮, 短點, 短命, 短期 단견 단발 단점 단명 단기
4.2	立 9획	端	끝 **단** 단정할 **단** 단오 **단**	아우를 병(竝)과 재(고개) 령(嶺)과 견딜 내(耐)의 합으로 바지나 치마의 끝이 닳지 않고 튼튼히 오래 견디라고 고개를 넘듯이 뒤로 넘겨 꺾어 겹으로 아울러 박아 마무리한 끝이란 뜻과 단을 하니 가지런하다, 단정하다는 뜻 *極端, 端正, 端午, 尖端, 端緖 극단 단정 단오 첨단 단서
2地 지	水 9획	湍	여울 **단**	시내 계(溪)와 끝 단(端)의 합으로 강폭이 너무 좁거나 한쪽으로 치우쳐 깊은 소를 이루듯 시냇물이 극단(極端)으로 치달아 물살이 센 여물이란 뜻 *湍怒(단노: 흐름이 빨라서 물결이 일어남, 성난 파도 모양)
5	口 11획	團	둥글 **단** 모일 **단**	둥글 원(圓)과 오로지 전(專)의 합으로 專은 장수가 군대를 마음대로 휘두른다는 뜻이니 둥글게 휘두르니 감는다, 또는 털실 등을 잡고 감으니 둥글게 뭉친다, 뭉치니 모인다는 뜻 *集團, 團地, 團體, 團合 집단 단지 단체 단합

급수	부수	한자	훈 음	해 설
5	土 13획	壇	제 터 **단**	더할 증(增)과 믿을 단(亶)의 합으로 종교적 믿음을 가지고 제사를 지내려고 흙을 더하여 높이 쌓은 단이란 뜻 *亶(믿을 단: 다만 단(但)과 곳집 품(㐭)의 합으로 다만 정성을 들이기만 한다면 하늘이 녹을 내려줄 것을 믿는다, 신봉한다는 뜻) *壇上(단상), 講壇(강단), 演壇(연단), 文壇(문단)
4.2	木 13획	檀	박달나무 **단** 단군 **단**	나무 목(木)과 제 터 단(壇)의 합으로 박달나무 아래 단군이 제 터를 차렸다 하여 박달나무란 뜻과 단군이란 뜻으로 쓰임 *檀紀(단기: 단군이 처음 나라를 세운 기원전 2333년을 원년으로 하는 기원)
4.2	斤 14획	斷	끊을 **단**	새로울 신(新)과 이을 계(繼)의 합으로 계속(繼續)해 오던 관습을 버리고 새로운 것을 받아들이기 위해 품었던 생각을 끊는다는 뜻 *斷念(단념), 切斷(절단), 斷髮(단발), 斷食(단식)
1	疒 5획	疸	황달 **달**	병 병(病)과 아침 단(旦)의 합으로 아침 해가 떠오를 때 노랗거나 붉은 것처럼 병이 들어 피부가 황색으로 되는 황달이란 뜻 *黃疸(황달: 간장(肝臟)의 이상으로 살갗과 오줌이 누렇게 되는 병)
4.2	辶 9획	達	이를 **달** 통달할 **달**	통할 통(通)과 새끼 양 달(羍)의 합으로 어린 양을 잃고 찾으려니 길이 너무 여러 갈래라서 탄식한다는 망양지탄(亡羊之歎)은 학문의 길이 너무 여러 갈래여서 헤맨다는 뜻이니 학문이나 기예 등의 방법, 방도(方道)를 뚫어 도를 통하니 이르다, 통달한다는 뜻 *羍: 달릴 분(奔)과 양 양(羊)의 합으로 달아나거나 잃은 양 달 *到達(도달), 達成(달성), 達人(달인), 達辯(달변), 達筆(달필)

급수	부수	한자	훈 음	해 설
1	手 13획	撻	매 질 할 **달**	손가락 지(指)와 이를 달(達)의 합으로 목표를 달성(達成)시키기 위해 지도(指導)하느라 매질을 한다는 뜻 *撻楚(달초: 종아리를 침) *指導鞭撻(지도편달)
3.2	水 7획	淡	맑을 **담** 물 질펀할 **담**	물 수(氵)와 더울 염(炎)의 합으로 더위를 식히려고 물을 뿌린다는 뜻으로 후덥지근하다가 기분이 시원하고 맑아진다는 뜻이니 기분이 맑아지듯이 음식 맛이 담백하고 깔끔하다, 물이 맑다는 뜻 *淡白(담백), 淡水魚(담수어), 濃淡(농담)
5	言 8획	談	말씀 **담**	말할 화(話)와 맑을 담(淡)의 합으로 답답한 속을 털어놓고 이야기(상담)하여 기분을 상큼하고 맑아지게 나누는 대화, 또는 기분이 좋아지는 말이란 뜻 *情談(정담), 德談(덕담), 談笑(담소), 相談(상담)
1	疒 8획	痰	가래 **담**	병 증(症)과 더울 염(炎)의 합으로 목에 염증(炎症)이 있으면 생기는 증상인 가래란 뜻 *痰涎(담연: 가래와 침)
2	水 12획	潭	못 **담** 소 **담**	못 지(池)와 덮을 아(襾)와 높을 탁(卓)의 합으로 높은 산꼭대기를 덮은 못이란 뜻과 높이 목까지 덮이는 소(늪)란 뜻 *白鹿潭(백록담)
1	言 12획	譚	이야기 **담**	말씀 설(說)과 못 담(潭)의 합으로 소(늪)처럼 깊이 빠져드는 이야기란 뜻 *民譚(민담)

급수	부수	한자	훈 음	해 설
4.2	手 13획	擔	멜 **담** 맡을 **담**	잡을 조(操)와 위태할 위(危)와 먼저 선(先)과 경계할 경(警)의 합으로 돈을 빌려줄 때 위험(잘못될 경우)을 경계(警戒)하여 먼저 붙잡아두는 담보란 뜻에서 책임진다, 짊어지니 둘러멘다는 뜻 *擔當(담당), 擔保(담보), 加擔(가담), 分擔(분담), 全擔(전담)
1	水 13획	澹	담박할 **담** 고요할 **담**	맑을 담(淡)과 멜 담(擔)의 합으로 맑은 물을 길러서 물동이를 등에 짊어지고 오는 모양으로 식수(食水)이니 물이 맑다는 뜻과 출렁거려 쏟아지지 않으려고 조심하니 고요하다는 뜻이 있음 *澹澹(담담: 욕심 같은 것에 마음이 흔들리지 않고 고요하다는 뜻)
1	心 13획	憺	편안 할 **담** 깨끗할 **담**	성품 성(性)과 맑을 담(澹)의 합으로 성품이 맑고 깨끗해 욕심이 없다는 뜻과 재물이나 욕심에 흔들리지 않고 고요하다는 뜻 *慘憺(참담: 마음이 참혹하고 짐을 진 듯 무거운 모양) *憺然(담연: 욕심 없고 깨끗하다)
2	肉 13획	膽	쓸개 **담**	장기 장(臟)과 멜 담(擔)의 합으로 등에 멘 배낭처럼 생긴 장기인 쓸개주머니(膽囊)이란 뜻 *膽囊(담낭), 膽汁(담즙), 膽石(담석), 膽大(담대)
1	日 12획	曇	흐릴 **담**	해 일(日)과 구름 운(雲)의 합으로 구름 위에 해가 있는 모양이니 흐리다는 뜻 *曇天(담천: 날씨가 흐림) *晴曇(청담: 갬과 흐림)
1	田 4획	畓	논 **답**	밭 전(田)과 물 수(水)의 합으로 물이 있는 전지(田地)이니 논이란 뜻의 國字(국자) *天水畓(천수답), 門前沃畓(문전옥답)

급수	부수	한자	훈 음	해 설
3.2	足 8획	踏	밟을 **답**	자취 적(蹟)과 겹칠 답(沓)의 합으로 유적지(遺蹟地)를 찾아 모여드는 발길이 끊이지 않고 계속 이어져 밟고 또 밟는다는 뜻과 자꾸 밟으니 뭉갠다는 뜻과 제자리걸음으로 밟는다는 뜻 *沓(겹칠 답: 물 수(水)와 말할 왈(曰)의 합으로 말이 청산류수(靑山流水)처럼 거침없이 이어진다는데서 수다스럽다, 분답하다, 겹친다는 뜻) *踏査[답사], 踏橋[답교], 踏襲[답습] *踏步(답보: 제자리 걸음)
1	辵 10획	遝	몰릴 **답**	따를 추(追)와 걸릴 리(罹)와 겹칠 답(沓)의 합으로 이재민(罹災民)을 돕자는 성금이 너도나도 뒤따르며 계속 이어진다, 겹친다, 몰려든다는 뜻 *誠金[성금]遝至[답지]
7	竹 6획	答	대답 **답**	계산 산(算)과 합할 합(合)의 합으로 계산을 하여 모두 합계가 얼마인가? 물음에 대한 답으로 대답이란 뜻 *正答[정답], 答狀[답장], 答辯[답변], 答禮[답례], 問答[문답]
3.2	口 7획	唐	당나라 **당** 황당할 **당**	임금 군(君)과 편안할 강(康)의 합으로 요 임금이 세운 전설상의 나라란 뜻과 태평성대로 편안했다는 말이 근거가 없다, 터무니없다. 황당하다는 뜻 *후대에 수나라의 뒤를 이어 이연이 세운 나라의 이름으로도 쓰임 *唐詩[당시], 唐麵[당면], 荒唐[황당], 唐突[당돌]
2地[지]	土 10획	塘	못 **당**	둑 제(堤)와 당돌할 당(唐)의 합으로 둑을 당돌(唐突)할 만큼 높이 쌓아 물을 가둔 못이란 뜻 *池(못 지: 땅을 깊이 파내어 물을 가둔 못) *池塘(지당: 연못)

급수	부수	한자	훈 음	해 설
3	米 10획	糖	사탕 **당** 분 **당** 엿 **당**	가루 분(粉)과 황당할 당(唐)의 합으로 터무니없이 속임수로 겉에 달콤하게 바르는 가루인 설탕이란 뜻과 설탕을 바른 사탕이란 뜻 *糖分, 單糖類, 砂糖, 雪糖, 糖衣錠 당분 단당류 사탕 설 탕 당의 정
6	土 8획	堂	집 **당**	터 기(基)와 높일 상(尙)의 합으로 터를 높여 지은 대궐이나 집의 높은 대청마루란 뜻과 기상이 높으니 떳떳하고 당당하다는 뜻이 있음 *堂上, 聖堂, 書堂, 堂叔 당상 성당 서당 당숙 *正正堂堂(정정당당: 태도, 처지, 수단 따위가 꿀림이 없고 떳떳함)
1	虫 11획	螳	사마귀 **당**	벌레 충(虫)과 집 당(堂)의 합으로 작은 것이 분수도 모르고 큰 수레에 두 앞발을 들고 당당히 맞서는 곤충인 사마귀란 뜻 *螳螂拒轍(당랑거철: 제 분수도 모르고 강한 상대에게 덤빌 때의 비유) *螳螂在後(당랑재후: 눈앞의 이익에만 어두워 장차 닥칠 재앙을 미리 모른다는 비유)
5	田 8획	當	마땅할 **당** 맡을 **당**	차례 번(番)과 집 당(堂)의 합으로 번호를 뽑아 당당(堂堂)하게 지도자를 선출하는 것이 마땅하다는 뜻과 당선되니 일을 맡다 뜻 *當然, 當事者, 當局, 當選, 當番,當身 당연 당사자 당국 당선 당번 당신
5	黑 8획	黨	무리 **당**	검을 흑(黑)과 맡을 당(當)의 합으로 당선(當選)되려는 흑심을 품고 서로 뭉쳐 힘을 기르려고 무리(떼거리)를 지운다는 뜻 *政黨, 徒黨, 野黨, 與黨, 朋黨 정당 도당 야당 여당 붕당

급수	부수	한자	훈 음	해 설
1	手 12획	撞	칠 **당**	두드릴 타(打)와 쇠북 종(鐘)의 합으로 예배당(교회), 학교 등에서 시간을 알리려고 종을 두드려 친다는 뜻 *撞球(당구), 自家撞着(자가당착)
8	大 0획	大	큰 **대**	사람이 두 팔 두 다리를 크게 벌리고 서 있는 모양의 상형 자 *大小(대소), 大將(대장), 大望(대망), 大學(대학), 大同小異(대동소이)
6	亻 3획	代	대신 **대** 세대 **대** 시대 **대**	사람 인(亻)과 주살 익(弋)의 합으로 弋은 오늬에 줄을 묶어 새를 잡을 때 사용하는 주살이다. 사람의 손이 닿지 않는 곳에 줄을 묶어서 신체를 대신한다는 뜻과 끊어지지 않게 대를 잇는 세대란 뜻과 시기를 대표하는 시대란 뜻 *代身(대신), 世代(세대), 代表(대표), 代理(대리), 代金(대금)
6	土 5획	垈	집터 **대**	집 당(堂)과 대신 대(代)의 합으로 집으로 대체할 땅인 집터란 뜻으로 國字(국자)임 *垈地(대지), 裸垈地(나대지)
1	衣 5획	袋	자루 **대**	이불 금(衾)과 대신 대(代)의 합으로 이불을 대신하여 덮어씌우는 침낭이나 헐렁한 도포나 포대, 자루란 뜻 *包袋(포대), 麻袋(마대)
3	貝 5획	貸	빌릴 **대**	귀할 귀(貴)와 대신 대(代)의 합으로 귀한 것을 담보로 맡겨놓고 대신 돈을 빌린다는 뜻 *貸付(대부), 貸出(대출), 貸借(대차), 賃貸借(임대차)

급수	부수	한자	훈 음	해 설
6	彳 6획	待	기다릴 **대** 대접할 **대**	갈 왕(往)과 때 시(時)의 합으로 가거나, 간 사람이 올 때가 되기를 기다린다는 뜻과 기다리는 동안 차라도 한 잔 내드려 대접한다는 뜻 *企待, 期待, 待期, 招待, 待避, 待接 기대 기대 대기 초대 대피 대접 *鶴首苦待(학수고대: 학의 목이 되도록 목이 빠지게 몹시 기다린다는 뜻
4.2	巾 8획	帶	띠 **대**	수건 건(巾)과 덮을 멱(冖)과 가죽 혁(革)과 혁대를 꿰는 두 개의 고리 모양으로 옷 위에 덮어서 매는 가죽으로 만든 벨트, 혁대란 뜻 *革帶, 繃帶, 携帶, 熱帶地方 혁대 붕대 휴대 열대지방
4.2	阜 9획	隊	무리 **대**	막을 방(防)과 완수할 수(遂)의 합으로 국방(國防)의 의무를 완수(完遂)하기 위하여 모인 군대, 군대처럼 공동의 목적을 완수하기 위하여 모인 무리란 뜻 *軍隊, 探險隊, 縱隊, 橫隊, 小隊, 部隊 군대 탐험대 종대 횡대 소대 부대
6	寸 11획	對	대답 **대** 상대할 **대**	봉할 봉(封)과 나란히 병(竝)(並)의 합으로 중세유럽의 봉건시대에 기사들이 나란히 마주 서서 결투를 벌이는 데서 상대하여 마주한다, 마주 대하니 짝한다, 부름에 짝하니 대답한다는 뜻 *對答, 對決, 對面, 對抗, 對備, 對處 대답 대결 대면 대항 대비 대처
3.2	至 8획	臺	돈대 **대** 누각 **대** 토대 **대**	이를 치(致)와 높을 고(高)와 팔 매(賣)의 합으로 높이 돋우어 멀리 경치(景致)를 보려는 발판으로 삼거나 판매대나 무대 등 잘 드러내려는 토대란 뜻 *臺帳(대장: 토대가 되는 장부) *高臺廣室, 燈臺, 演劇臺本, 臺詞 고대광실 등대 연극 대본 대사

급수	부수	한자	훈 음	해 설
1	手 14획	擡	들 **대** 드러날 **대**	들 제(提)와 돈대 대(臺)의 합으로 무대에 올라서서 높이 드러내거나 쳐든다는 뜻 *思想擡頭, 地域憾情擡頭 사상 대두 지역 감정 대두
2	戈 14획	戴	일 **대** 얹을 **대**	끊을 절(截)과 다를 이(異)의 합으로 못난 왕을 자르고 다른 왕을 추대한다, 떠받들다, 떠받치니 머리에 인다는 뜻 *推戴, 男負女戴, 戴冠式, 不俱戴天 추대 남부여대 대관식 불구대천
5	彳 12획	德	큰 **덕** 공덕 **덕** 덕행 **덕**	얻을 득(得))과 값 치(値)와 은혜 은(恩)의 합으로 도를 닦아 크게 얻은, 득도(得道)한 성인(聖人)의 가르침으로 중생들이 받은 은혜의 값이 크다는 뜻과 가르침을 행동으로 실천하라는 덕행의 뜻 *道德, 德望, 德治, 德澤, 功德 도덕 덕망 덕치 덕택 공덕
2人 인	心 8획	悳	덕행 **덕**	德의 古字 덕 고자
3.2	刀 0획	刀	칼 **도**	힘(力)과 삐침 별(丿)의 합으로 베려고 쌩하고 힘껏 아래로 후려 삐치는 모양으로 베거나 자르거나 깎거나 새기거나 끊는 등의 도구를 통틀어 이르는 칼이란 뜻 *短刀, 面刀, 果刀, 單刀直入 단도 면도 과도 단도직입
5	刀 6획	到	이를 **도**	새길 각(刻)과 이를지(至)의 합으로 칼로 새겨 표시한 곳이나 시각에 이르니 도착하였다는 뜻 *到着, 到達, 到來, 到處, 周到綿密 도착 도달 도래 도처 주도면밀
3	亻 8획	倒	거꾸러질 **도**	사람 인(亻)과 이를 도(到)의 합이지만 이를지(至)가 본래 머리가 땅에 닿는 모양이라서 사람이 물구나무서듯이 거꾸로 머리가 아래로 가니 넘어진다는 뜻과 아래위나 앞뒤가 뒤바뀐다는 뜻 *倒着, 卒倒, 主客顚倒, 倒置, 壓倒 도착 졸도 주객전도 도치 압도

급수	부수	한자	훈 음	해 설
6	广 6획	度	잴 **도** 법도 **도** 헤아릴 **탁**	넓을 광(廣)과 또 우(又)의 합으로 한 뼘 또 한 뼘 손을 펴서 넓이를 잰다는 뜻과 재어서 정하여 놓은 법도나 범위란 뜻과 뼘을 재며 헤아린다는 뜻 *度支部(탁지부: 이 조(李朝)말 나라의 재정 사무를 맡아보던 관청 호부(戶部)를 개칭한 지금의 재무부(財務部) *度量(도량), 角度(각도), 態度(태도), 程度(정도), 溫度(온도), 度量衡(도량형)
3	水 9획	渡	건널 **도**	물 하(河)와 잴 도(度)의 합으로 넓이를 뼘 잴 때 손을 짚고 가로질러가듯이 물 위를 가로질러 건너간다는 뜻 *讓渡(양도; 권리, 재산, 법률상의 지위 등을 남에게 넘김) *渡江(도강), 渡河(도하), 不渡(부도), 讓渡(양도), 過渡期(과도기)
1	金 9획	鍍	도금할 **도**	쇠 금(金)과 건널 도(渡)의 합으로 渡는 위를 가로질러 건너간다는 뜻이 있다. 금속으로 위를 지나가게 하여 둘렀다 하니 도금한다는 뜻 *鍍金(도금: 금속 표면에 금이나 은 니켈 등을 입혀 녹을 방지하는 일)
4	辶 6획	逃	달아날 **도**	빠를 속(速)과 조짐 조(兆)의 합으로 조짐을 미리 알고 재빨리 달아난다는 뜻 *逃亡(도망), 逃走(도주), 逃避(도피)
3	足 6획	跳	뛸 **도**	발 족(足)과 달아날 도(逃)의 합으로 빨리 달아나려고 발을 높이 멀리 뛴다는 뜻 *跳躍(도약)
3	手 6획	挑	돋을 **도** 집적거릴 **도**	들 제(提)와 뛸 도(跳)의 합으로 좋지 못한 얘기 등을 들쑤셔 펄쩍 뛰도록 성질을 돋운다는 뜻 *挑發(도발), 挑戰(도전) *挑燈(도등: 등불의 심지를 돋우어 불을 더 밝힘)

급수	부수	한자	훈 음	해 설
3	木 6획	桃	복숭아 **도**	과일 과(果)와 조짐 조(兆)의 합으로 복숭아씨의 갈라진 모양이 兆와 흡사하여 따온 자이나 귀신을 도망(逃亡)가게 한다고 제사에 쓰지 않는 과일이고 점을 친 후에 복숭아 가지로 귀신을 쫓는다고 함 *桃花, 胡桃, 白桃, 黃桃, 扁桃腺, 武陵桃源 도화 호도 백도 황도 편도선 무릉도원
4	彳 7획	徒	무리 **도** 다만 **도** 없을 **도**	따를 종(從)과 일어날 기(起)의 합으로 남을 따라들고 일어나는 무리라는 뜻과 폭도들이 하는 일 없이 무리 지어 돌아다니며 남의 것을 빼앗아 달아나니 하는 일 없이 '다만'이란 뜻 *暴徒, 信徒, 徒勞, 徒手, 徒黨 폭도 신도 도로 도수 도당 *無爲徒食(무위도식: 하는 일 없이 다만 먹기만 한다)
5	山 7획	島	섬 **도**	메 산(山)과 새 조(鳥)의 합으로 철새가 멀리 바다를 건너갈 때 힘들면 쉬어가는 산처럼 솟아있는 바다 가운데의 섬이란 뜻 *半島, 孤島, 島嶼, 韓半島, 列島 반도 고도 도서 한반도 열도
1	手 10획	擣	찧을 **도**	칠(때릴) 타(打)와 섬 도(島)의 합으로 바위섬에 거센 파도가 때려 부서지듯 방앗간에서 곡식을 때려 부수려고 절구 방망이를 쿵, 쿵 내려치며 곡식을 찧는다는 뜻 *擣(찧을 도; 칠 타(打)와 파도 도(濤)의 합으로 同字 동자 *擣精 도정
3.2	辶 7획	途	길 **도**	길 도(道)와 남을 여(餘)의 합으로 아직 갈 길이 남아있는 가는 중의 길이란 뜻 *日暮途遠(일모도원: 해는 지고 갈 길이 멈) *途中下車, 前途有望, 開發途上國 도중하차 전도유망 개발도상국

급수	부수	한자	훈 음	해 설
3	土 10획	塗	칠할 **도** 진흙 **도**	더러울 오(汚)와 제거할 제(除)와 벽 벽(壁)의 합으로 낙서나 더러움을 제거하려고 벽을 덧칠하여 바르니 덮어 가리어 코트처럼 입힌다, 칠한다는 뜻과 칠하는 진흙이란 뜻 *塗料(도료), 塗褙(도배), 塗炭(도탄), 糊塗(호도)
2	心 8획	悼	슬퍼할 **도**	뜻 정(情)과 높을 탁(卓)의 합으로 슬픈 감정(感情)이 가장 높게 고조(高調)되어 있는 상태란 뜻 *哀悼(애도), 追悼式(추도 식)
1	艹 8획	萄	포도 **도**	풀 초(草)와 도자기 도(陶)의 합으로 열매를 따서 질그릇에 담가 와인을 만드는 초목인 포도란 뜻 *葡萄(포도), 葡萄酒(포도주), 葡萄糖(포도당)
3.2	阜 8획	陶	질그릇 **도** 취할 **도** 만들 **도**	빠질 함(陷)과 쌀 포(勹)와 흠 결(缺)의 합으로 이가 잘 빠지거나 잘 깨지는 질그릇이란 뜻과 질그릇을 빚어내듯이 인재를 양성하여 길러낸다는 뜻과 잘 굽힌 도자기의 색이나 모양을 즐긴다, 즐기며 빠져드니 취한다는 뜻 *陶藝(도예), 陶瓷器(도자기), 陶醉(도취), 陶冶(도야)
1	水 8획	淘	일 **도** 가실 **도**	씻을 세(洗)와 질그릇 도(陶)의 합으로 질그릇에 쌀을 씻을 때 흔들어서 불순물이나 뉘물을 가시어 낸다. 필요 없는 것과 필요한 것을 가리기 위해 흔들어 일이다는 뜻 *淘金(도금: 사금을 일어 금을 가려냄) *淘汰(도태: 불필요한 것을 씻어 없앰)
1	目 9획	睹	볼 **도**	눈 목(目)과 담 도(堵)의 합으로 담을 넘는 도둑을 목격했다, 보았다는 뜻 *目睹(목도)

급수	부수	한자	훈 음	해 설
4	皿 7획	盜	훔칠 **도**	성할 성(盛)과 하고자 할 욕(欲)과 흐를 류(流)의 합으로 성대(盛大)한 잔치의 음식을 먹고 싶어 군침을 흘리다가 몰래 슬쩍 하나 집어먹는다, 눈을 속이고 훔친다는 뜻 *盜掘(도굴), 盜賊(도적), 盜聽(도청), 竊盜(절도), 盜用(도용), 强盜(강도)
5	邑 9획	都	도읍 **도** 모두 **도** 성할 **도**	모두 제(諸)와 고을 읍(邑)의 합으로 주례(周禮)에 4개의 고을인 현(縣)을 모두 합하여 都라 한다고 한다. 그래서 '모두'란 뜻과 천자가 거처하는 도읍이니 으뜸 되다, 번성한다는 뜻 *都邑(도읍), 都市(도시), 都買(도매), 都大體(도대체)
1	貝 9획	賭	내기할 **도** 도박 **도**	부세 부(賦)와 도시(모두) 도(都)의 합으로 일 년 치를 세를 모두 한꺼번에 내고 밭이나 집을 빌려 쓴다는 뜻과 잘못되면 모두 잃을 수도 있는 모험으로 크게 내기하는 도박이란 뜻 *賭博(도박), 賭地(도지)
1	土 9획	堵	담 **도**	재 성(城)과 도시 도(都)의 합으로 옛날 천자가 거처하는 도읍(都邑)에 성벽(城壁)으로 둘러치는 담이란 뜻 *安堵(안도)
1	尸 9획	屠	죽일 **도**	주검 시(尸)와 도박 도(賭)의 합으로 도박을 하다 싸움이 붙으면 죽일 놈이라 하니 죽인다는 뜻 *屠殺(도살)
3	禾 10획	稻	벼 **도**	벼 화(禾)와 절구 구(臼)와 할 위(爲)의 합으로 절구질하여 껍질을 벗기고 먹는 곡식인 벼란 뜻 *早稻(조도), 稻熱病(도열병), 稻花(도화)

급수	부수	한자	훈 음	해 설
7	辶 9획	道	길 **도** 이치 **도** 말할 **도** 행정단위 **도**	통할 통(通)과 머리 수(首)의 합으로 수긍(首肯)을 하며 이치를 깨달아 통달(通達)하는 모양으로 '아! 그렇구나!' 하고 고개를 끄덕이니 알아듣고 통하는 이치란 뜻과 통하니 지나가는 길이란 뜻과 나아갈 길이니 방향이나 방법이란 뜻과 행정단위인 '도'란 뜻 *道路(도로), 道通(도통), 道理(도리), 修道(수도), 道德(도덕), 方道(방도), 慶尙道(경상도), 全羅道(전라도), 江原道(강원도), 忠淸道(충청도), 京畿道(경기도)
4.2	寸 13획	導	인도할 **도**	마디 촌(寸)과 길 도(道)의 합으로 마디 촌은 손목을 잡은 모양이니 길을 가르쳐주기 위해 손목을 잡고 이끌어 준다는 뜻 *引導(인도), 導出(도출), 誘導(유도), 半導體(반도체), 指導者(지도자)
1	水 10획	滔	넘칠 **도** 넓을 **도**	물 수(氵)와 벼 도(稻)의 합으로 벼를 심기위해(모내기) 논 가득히 물을 잡아놓은 모양으로 물 넘치다, 넓다 의 뜻 *滔滔(도도: 큰물이 흐르는 모양, 넓고 광대한 모양)
1	足 10획	蹈	밟을 **도**	발 족(足)과 넘칠 도(滔)의 합으로 모내기하려고 벼 논에 물을 대고 굵은 흙덩이를 발로 밟아 으깨려고 짓밟는다는 뜻 *蹈襲(도습), 舞蹈會(무도회)
6	口 11획	圖	그림 **도** 계획할 **도** 지도 **도**	둥글 원(圓)과 곳집 품(稟)의 합으로 원탁(圓卓)에 둘러앉아 곡식(군량)을 운반할 계획을 의논한다. 지세가 그려진 지도를 놓고 작전 회의를 한다, 계획한다는 뜻과 설계도인 지도란 뜻 *圖面(도면), 意圖(의도), 地圖(지도), 略圖(약도), 圖畵紙(도화지), 圖書(도서)

급수	부수	한자	훈 음	해 설
1	水 14획	濤	큰 물결 **도**	물결 파(波)와 목숨(길) 수(壽)의 합으로 가로놓여 길게 밀려오는 물결인 파도란 뜻 *波濤(파도), 疾風怒濤(질풍노도)
2人(인)	火 14획	燾	비칠 **도**	불화 발(灬)발과 파도 도(濤)의 합으로 큰 파도가 덮치듯이 덮어 따뜻이 한다는 뜻 *燾育(도육: 덮어 보호하여 기름)
1	示 14획	禱	빌 **도**	귀신 신(神)과 목숨 수(壽)의 합으로 장수(長壽)하기를 신에게 기도하여 빈다는 뜻 *祈禱(기도), 祝禱(축도)
1	禾 2획	禿	대머리 **독**	가을 추(秋)와 사람 인(儿)발의 합으로 가을이면 낙엽이 지듯이 머리털이 닳거나 빠진 사람인 대머리란 뜻과 잎이나 나무가 없는 민둥산이란 뜻 *禿筆(독필: 닳거나 모지라진 붓) *禿頭(독두: 대머리)
4.2	毋 4획	毒	독할 **독** 독 **독**	말 무(毋)와 해칠 해(害)의 합으로 몸을 상하니 해로워서 먹지 말라 하는 독이란 뜻과 독처럼 몹시 독하다는 뜻 *말 무(毋)가 어미 모(母)로 통하는 것은 독은 젖을 빨듯이 빨아내야 하기 때문 *毒草(독초), 食中毒(식중독), 毒素(독소)
3	目 8획	督	살필 **독**	살필 성(省)과 아재비(작을) 숙(叔)의 합으로 작아서 위로 드러나지 않는 부분을 살펴 감독한다는 뜻 *監督(감독), 總督(총독), 督促(독촉)

급수	부수	한자	훈 음	해 설
3	竹 10획	篤	돈독할 **돈**	법(틀) 범(範)과 놀랄 경(驚)의 합으로 놀랄 정도로 아량의 틀이 크고 넓은 독지가란 데서 헌금도 많이 내고 기부도 많이 하니 독실하다, 돈독하다는 뜻 *敦篤, 篤實, 危篤, 篤志家 돈독 독실 위독 독지가
5	犭 13획	獨	홀로 **독**	개 견(犬)과 촉나라 촉(蜀)의 합으로 촉나라는 지형적으로 날씨가 흐려 해를 잘 볼 수가 없다가 어쩌다 뜬 해를 보고 개가 혼자 짖는다는 고사에서 저 홀로란 뜻 *蜀犬吠日(촉견폐일: 남은 이미 다 아는 사실을 혼자 뒤늦게 알고 떠드는 경우를 비유함 *獨身, 獨立, 獨創, 獨寡占, 獨唱 독신 독립 독창 독과점 독창
6	言	讀	읽을 **독** 구절 **두**	적을 기(記)와 팔 매(賣)의 합으로 책자 등의 파는 기록(記錄)물을 읽는다는 뜻과 구절이란 뜻 *讀解, 讀書, 讀後感, 句讀點 독해 독서 독후감 구두점
1	水	瀆	도랑 **독** 더럽힐 **독**	더러울 오(汚)와 팔 매(賣)의 합으로 탐관오리(貪官汚吏)들이 직책이나 신의 이름 등을 팔아 이득을 챙기니 명예를 더럽힌다는 뜻과 더러운 도랑물이란 뜻 *瀆職, 冒瀆 독직 모독
1	水 3획	沌	어두울 **돈**	섞일 혼(渾)과 모일 둔(屯)의 합으로 떡잎이 갈라지지 않고 한 덩어리로 모여 섞여 있는 상태를 이름 *渾(混)沌(혼돈: 천지의 구별이 확연하지 않는 상태)
3	攵 8획	敦	돈독할 **돈**	종교 교(敎)와 높을 고(高)의 합으로 설교(說敎)를 하는 사람이 감정이 고조(高調)되어 흥분하듯이 신앙심이 두텁고 독실하다의 뜻 *敦篤, 敦睦, 敦化門 돈독 돈목 돈화문

급수	부수	한자	훈 음	해 설
2人 인	心 8획	惇	도타울 **돈**	뜻 정(情)과 돈독할 돈(敦)의 합으로 정이 돈독하고 두텁다는 뜻 *人名 字 인명 자
2人 인	火 12획	燉	불빛 **돈**	탈 연(燃)과 돈독할 돈(敦)의 합으로 신앙심이 돈독하여 열렬한 모양처럼 이글이글 타는 불빛이란 뜻 *地名 字 지명 자 *燉煌(돈황: 동서 교통의 요충지)
3	豕 7획	豚	돼지 **돈**	돼지 시(豕)와 육 달 월(肉=月)의 합으로 고기를 먹기 위해 기른 돼지란 뜻 *豚肉, 豚皮, 種豚, 豚脂 돈육 돈피 종돈 돈지
2姓 성	頁 4획	頓	조아릴 **돈**	머리 두(頭)와 모일 둔(屯)의 합으로 屯은 떡잎이 땅 위로 나올 때 모양으로 머리를 아래로 조아린다는 뜻 *頓首再拜, 頓悟, 異次頓 돈수재배 돈오 이 차 돈
2人 인	乙 5획	乭	이름 **돌**	새(굽을) 을(乙)과 돌 석(石)의 합으로 갑돌이나 돌쇠처럼 이름자에 쓰는 國字 국자 *乙이 ㄹ로 쓰인 듯 *甲乭 갑 돌
3.2	穴 4획	突	갑자기 **돌** 부딪힐 **돌** 굴뚝 **돌**	궁할 궁(窮)과 개 견(犬)의 합으로 목걸이(굴레)에 끈으로 묶인 개처럼 억압당하다가 막다른 궁지에 몰리면 갑자기 공격하는 자세로 돌변한다, 갑자기 튀어나오니 충돌한다는 뜻과 허공으로 튀어나와 충돌할 것 같은 굴뚝이란 뜻 *突發, 突然, 衝突 돌발 돌연 충돌

급수	부수	한자	훈 음	해 설
7	力 9획	動	움직일 **동**	도울 조(助)와 쇠북 종(鍾)의 합으로 효자, 손 순이 노모의 밥을 빼앗아 먹는 아이를 파묻으려고 땅을 파자 땅속에서 종(鍾)이 나와 그 소리가 천리를 가서 임금이 효성에 감동하여 도운 고사에서 감동하여 마음이 움직였다는 뜻 *感動(감동), 運動(운동), 動産(동산), 不動産(부동산), 受動(수동), 手動(수동)
2姓(성)	艸 9획	董	골동품 **동** 감출 **동** 바를 **동**	감출 장(藏)과 쇠북 종(鍾)의 합으로 손 순의 고사에서 쇠 북처럼 땅속에 감추어져 있다 발굴된 고물이란 뜻과 동호(董狐)란 사람이 권세를 두려워하지 않고 역사를 바로 적어 후세에 남겼다 하여 바르다는 뜻 *骨董品(골동품), 董狐之筆(동호지필), 董督(동독)
7	口 3획	同	같을 **동** 한가지 **동**	입 구(口)와 하나 일(一)과 멀 경(冂)의 합으로 동굴처럼 속이 비어 넓고 멀리(깊숙하게) 구멍이 하나로 통하니 한통속으로 같이 함께한다는 뜻 *同意(동의), 共同(공동), 合同(합동), 同甲(동갑), 同期(동기), 同窓(동창)
7	水 6획	洞	마을 **동** 동굴 **동** 통할 **통**	살 활(活)과 같을 동(同)의 합으로 같이 모여 살아가는 동리란 뜻과 속이 파인 골, 동굴이니 공허하다는 뜻과 속이 뚫려 통한다는 뜻 *洞里(동리), 洞長(동장), 洞察力(통찰력), 洞燭(통촉), 洞窟(동굴)
2	木 6획	桐	오동 **동**	나무 목(木)과 동굴 동(洞)의 합으로 나무줄기 속이 동굴처럼 뚫려 비어 있는 오동나무란 뜻 *대나무와 함께 속이 비었다 하여 상주들의 지팡이로 쓰임 *梧桐(오동), 碧梧桐(벽오동)

급수	부수	한자	훈 음	해 설
4.2	金 6획	銅	구리 **동**	쇠 금(金)과 동굴 동(洞)의 합으로 동굴(洞窟)처럼 파이프속에 들어가는 수도관이나 전선 등을 만드는 금속인 구리란 뜻 *銅線, 銅錢, 銅賞, 銅像, 銅鏡, 靑銅 동선 동전 동상 동상 동경 청동
1	肉 6획	胴	몸통 **동**	고기 육(肉)과 통할 통(洞)의 합으로 몸 안이 뚫려 비어 있어 음식을 집어넣을 수 있고 배설할 수 있는 몸통이란 뜻 *胴體(동체: 사람이나 동물의 팔다리를 제외한 몸통)
8	木 4획	東	동녘 **동**	나무 목(木)과 해 일(日)의 합으로 중국의 고서 '산해경'이나 '회남자'에 동쪽 나라에는 부상(扶桑)이라는 큰 나무가 있고...., 부상(扶桑)에 있는 해들이 하루에 하나씩 하늘로 올라가 지상의 만물을 비추고 서쪽 나라의 약목에 내려앉은 후....' 라는 전설이 있다. 해가 큰 나무에 걸린 모양으로 해가 떠오르는 동쪽이란 뜻 *東向, 東風, 東歐 동향 동풍 동구
3	冫 8획	凍	얼 **동**	얼음 빙(冫)과 동녘 동(東)의 합으로 동유럽이 공산제국으로 자유롭지 못하고 얼음처럼 얼어붙다, 꽁꽁 얼다는 뜻 *凍結, 凍傷, 冷凍 동결 동상 냉동
2	木 8획	棟	마룻대 **동**	목재 재(材)와 동녘 동(東)의 합으로 집을 지을 때 대들보를 걸치는 목재로 땅에서 대들보까지 양쪽에 세우는 큰 목재로 마룻대란 뜻 *棟梁之材, A棟 동량지재 동
1	目 12획	瞳	눈동자 **동**	눈 목(目)과 아이 동(童)의 합으로 어린아이의 눈동자가 특히 크고 맑은 데서 나타낸 눈동자란 뜻 *瞳子(동자: 눈동자)

급수	부수	한자	훈 음	해 설
7	冫 3획	冬	겨울 **동**	얼 동(凍)과 거둘 수(收)의 합으로 추수동장(秋收冬藏)이라고 날씨가 추워 땅이 얼어붙으니 거두어들인 식량을 땅속 깊이 꽁꽁 묻어 저장하는 겨울이란 뜻 *冬至, 冬眠, 冬服, 嚴冬雪寒 동지 동면 동복 엄동설한
1	疒 5획	疼	아플 **동**	병들 병(病)과 겨울 동(冬)의 합으로 이빨 등이 속에 병이 들어 겨울처럼 시리고 쓰리듯 몹시 아프다는 뜻 *疼痛(동통: 시리고 콕콕 쑤시듯이 몹시 아픔)
1	心 12획	憧	그리워 할 **동**	추억 억(憶)과 아이 동(童)의 합으로 천진하게 뛰놀던 아이 때 추억이 그립다는 뜻 *憧憬(동경: 어릴 적 광경을 애틋하게 그리워 함)
6	立 7획	童	아이 **동**	세울 립(立)과 들 야(野)의 합으로 공자가 15세에 뜻을 세운다고 했다. 어떤 분야로 나갈지 야망(野望)을 갖고 뜻을 세울 나이인 소년이란 뜻과 아이는 상투가 없으니 뿔 없는 양 또는 송아지란 뜻 *童話, 童子, 童心 동화 동자 동심
4.2	斗 0획	斗	말 **두** 북두 **두**	쌀 미 (米)와 열 십(十)의 합으로 쌀 등 곡식을 헤아리는 되같이 생긴 북두성(北斗星)이란 뜻과 태산북두처럼 우러러본다는 뜻과 10되는 한 말이니 말이란 뜻 *北斗七星, 斗量, 大斗, 斗酒不辭 북두칠성 두량 대두 두주불사
2姓 성	木 3획	杜	막을 **두** 성씨 **두**	가로 횡(橫)과 둑 제(堤)의 합으로 둑을 쌓아 물을 가로막는다는 뜻과 성씨 자 *杜甫(두보; 당나라의 유명한 시인) *杜詩諺解(두시언해: 두보의 시를 언문으로 풀이한 글) *連絡杜絶, 杜門不出 연락 두절 두문불출

급수	부수	한자	훈 음	해 설
4.2	豆 0획	豆	콩 **두**	머리 수(首)와 물건 품(品)과 올릴 상(上)의 합으로 머리에 물건을 이듯이 제사에 제물을 올리는 나무 제기란 뜻과 고문(古文)에는 염주 같은 구슬 두 개가 포개져 있는 모양으로 구슬같이 동글동글한 콩이란 뜻 *綠豆(녹두), 豆腐(두부), 豆乳(두유), 種豆得豆(종두득두)
1	疒 7획	痘	마마 **두**	흉터 흔(痕)과 콩 두(豆)의 합으로 물집이 생겨 터지면 흉터가 콩마당에 구른 것처럼 곰보가 되는 병인 천연두, 마마란 뜻 *天然痘(천연두)
6	頁 7획	頭	머리 **두**	콩(제기) 두(豆)와 목 항(項)의 합으로 목 위로, 제기(祭器) 모양의 두상이란 뜻과 머리이니 우두머리, 두목, 두뇌, 첫머리로 쓰임 *頭緖(두서), 頭腦(두뇌), 頭目(두목), 頭部(두부)
1	儿 9획	兜	투구 **두(도)**	면할 면(免)과 칠 박(拍)과 감출 혜(匸)가 양쪽으로 있는 구조로 부딪치면 깨질 위험을 모면(謀免)하려고 사람의 머리를 튼튼한 것으로 감추어 덮는 투구란 뜻과 깊숙이 감추는 호주머니, 자루, 망태기의 뜻 *兜鍪(두무: 전쟁 때 갑옷과 함께 쓰던 철모) *兜率天(두솔천(도솔천):욕계육천(欲界六天)가운데 여섯째 하늘
3	屮 1획	屯	모일 **둔** 머뭇거릴 **둔**	싹 날 철(屮)과 이에 내(乃)와 굽을 을(乙)의 합으로 꼬부리고 갓 머리를 내미는 어린 떡잎처럼 기운이 뭉쳐있다, 모여 있다, 군대가 모여 주둔하고 있다는 뜻 *屯營(둔영), 駐屯(주둔), 屯田(둔전)

급수	부수	한자	훈 음	해 설
3	金 4획	鈍	둔할 **둔**	쇠 금(金)과 모일 둔(屯)의 합으로 금속의 날이 예리하지 못하고 떡잎처럼 두툼하니 무디고 둔하다, 둔하다는 뜻 *鈍角(둔각), 鈍感(둔감), 鈍器(둔기), 鈍化(둔화), 鈍才(둔재)
1	辵 9획	遁	달아날 **둔** 숨을 **둔**	피할 피(避)와 방패 순(盾)의 합으로 방패로 가려 피하니 숨는다는 뜻과 피하여 숨으려고 달아난다는 뜻 *遁甲(둔갑), 隱遁(은둔), 遁世(둔세)
1	肉 13획	臀	볼기 **둔**	육 달 월(月)과 대궐 전(殿)의 합으로 대궐에 넙죽 엎드리듯이 엎드리고 몽둥이 두들기는 몸의 살이 많은 부분인 엉덩이란 뜻 *臀部(둔부: 볼기 엉덩이)
4.2	彳 8획	得	얻을 **득** 정도 **득**	일할 역(役)과 오로지 전(專)과 가장 최(最)의 합으로 전문가(專門家)가 자기 역할(役割)에서 최고(最高)의 경지에 도달하여 만족할 만한 성과를 얻었다는 뜻과 만족할 정도 즉 최대한의 성과를 얻는다는 뜻 *고문에는 日 대신 貝가 있는 것으로 보아 주로 재물 얻는 소득에 쓰임 *得道(득도), 得音(득음), 所得(소득), 取得(취득), 得失(득실), 得意(득의)
6	竹 6획	等	등급 **등** 같을 **등** 무리 **등**	차례 제(第)와 때 시(時)의 합으로 초등, 중등, 고등의 시기(時期)별로 차례차례 매긴 등급이란 뜻과 같은 것끼리 매긴 등급이니 똑같다는 뜻과 똑같은 여럿이니 무리란 뜻 *初等(초등), 中等(중등), 等等(등등), 等號(등호), 等級(등급)
7	癶 7획	登	오를 **등**	걸을 발(癶)과 머리 두(頭)의 합으로 머리는 위쪽이다. 위로 걸어가니 올라간다는 뜻 *癶(필발 머리: 다닐 행(行)의 변형) *登山(등산), 登記(등기), 登校(등교), 登用(등용)

급수	부수	한자	훈 음	해 설
2姓(성)	邑 12획	鄧	나라이름 **등**	오를 등(登)과 고을 읍(邑)의 합으로 춘추전국시대에 존재했던 나라 이름으로 성씨나 지명에 쓰이며 특히 중국의 개혁 개방의 지도자로 최고의 지위에 오른 <u>등소평(鄧小平)</u>이 대표적이다 *鄧小平(등소평: 모택동(1904~1997)의 뒤를 이은 중국의 정치 지도자)
4.2	火 12획	燈	등불 **등**	불 화(火)와 오를 등(登)의 합으로 멀리 비추기 위해 등대처럼 높이 <u>올려놓는 불</u>인 등불이란 뜻 *電燈(전등), 燈臺(등대), 點燈(점등), 消燈(소등), 燈下不明(등하불명)
1	木 12획	橙	등자(귤)나무 **등**	나무 목(木)과 증거 증(證)의 합으로 고대 중국의 제나라의 재상 안평중이 제나라 사람이 나쁜 것이 아니라 귤화위지(橘化爲枳)의 고사에서 강남의 귤을 강북에 심으면 탱자가 된다고 풍토의 탓임을 <u>증명해</u> 보인 <u>나무인</u> 귤나무란 뜻 *橙色(등색: 오렌지색)
3	馬 10획	騰	오를 **등**	말 마(馬)와 이길 승(勝)의 합으로 <u>말을 타듯</u>이 <u>이긴</u> 기세를 타고 승승장구(乘勝長驅)로 기운이 점점 일어나거나 위로 솟아오른다는 뜻 *騰貴(등귀: 값이 점점 오르니 물건이 귀함) *沸騰(비등), 暴騰(폭등), 急騰(급등), 騰貴(등귀), 騰落(등락)
2	艸 15획	藤	등나무 **등**	풀 초(草)와 오를 등(騰)과 구할 구(求)의 합으로 다른 나무를 <u>붙잡아</u> <u>타고 기어오르려</u>는 풀인 등나무란 뜻 *藤家具(등가구) *葛藤(갈등; 칡과 등나무는 서로 다른 방향으로 꼬이므로 이해나 주장이 서로 달라 뒤얽힌 복잡한 관계란 뜻과 불교에서 번뇌를 이르는 말)

급수	부수	한자	훈 음	해 설
2	言 10획	謄	베낄 **등**	기록할 기(記)와 오를 등(騰)의 합으로 위에 올려 놓고 밑을 비추어 적으니 베낀다는 뜻 *謄寫(등사), 謄本(등본), 戶籍謄本(호적등본)
2	衣 8획	裸	벗을 **라**	옷 의(衣)와 과일 과(果)의 합으로 과일을 자르듯이(과단성 있게) 과감하게 옷을 벗으니 다 벗는다는 뜻 *裸體(나체), 裸木(나목), 赤裸裸(적나라)
1	虫 11획	螺	소라 **라**	달팽이 와(蝸)와 여러 루(累)의 합으로 달팽이 모양으로 뱅글뱅글 여러 번 돌려 감긴 바다의 소라란 뜻 *螺旋形(나선형), 螺絲(나사)
4.2	网 14획	羅	벌릴 **라** 새그물 **라**	그물 망(罒)과 맬 유(維)의 합으로 그물을 매어 벌려놓는다는 뜻과 새 잡는 그물이란 뜻 *羅列(나열), 森羅萬象(삼라만상), 羅針盤(나침반), 新羅(신라)
1	辵 19획	邏	잡을 **라** 돌 **라**	돌 순(巡)과 그물 라(羅)의 합으로 그물에 걸리면 잡으려고 순찰(巡察)을 한다는 뜻과 잡는다는 뜻 *邏卒(나졸), 巡邏(순라)
1	心 16획	懶	게으를 **라**	게으를 만(慢)과 의뢰할 뢰(賴)의 합으로 자신이 하지 않고 남에게 의뢰하니 게으르다는 뜻 *懶怠(나태), 懶性(나성)
1	疒 16획	癩	문둥병 **라**	병 병(病)과 묶을(맬) 속(束)과 질부(負)의 합으로 부상(負傷)자처럼 햇볕을 가리려고 칭칭 동여매고 있는 병인 문둥병이란 뜻 *癩患者(나환자)

급수	부수	한자	훈 음	해 설
2	水 6획	洛	물 이름 **락**	강 강(江)과 각각 각(各)의 합으로 각각의 강물이 한군데로 모이는 물이름이란 뜻과 낙동강은 상주에서 물이 합쳐진다고 함 *洛陽(낙양), 洛東江(낙동강)
5	艸 9획	落	떨어질 **락**	잎 엽(葉)과 물 이름 락(洛)의 합으로 낙양(洛陽)성이 몰락하다. 화려하고 성했던 시절은 가고 쇠하여 낙엽처럼 아래로 떨어진다는 뜻 *落下(낙하), 落葉(낙엽), 落選(낙선), 當落(당락), 落書(낙서)
1	火 6획	烙	지질 **락**	불 화(火)와 떨어질 락(落의 합으로 불을 떨어뜨려 지진다는 뜻 *烙印(낙인), 烙刑(낙형)
1	酉 6획	酪	유즙 **락**	술 주(酒)와 떨어질 락(落)의 합으로 술(막걸리)처럼 뿌옇게 떨어지는 낙타의 젖이란 뜻 *酪農業(낙농업)
1	馬 6획	駱	낙타 **낙**	말 마(馬)와 유즙 락(酪)의 합으로 유즙을 받는 말인 낙타란 뜻 *駱駝(낙타)
3.2	糸 6획	絡	이을 **락** 두를 **락**	줄 선(線)과 길 로(路)의 합으로 버스 노선(路線)의 이곳저곳 각 지방으로 이어진다는 뜻과 어느 마을을 둘러서 가니 두른다는 뜻 *經絡(경락), 脈絡(맥락), 連絡(연락), 籠絡(농락)
6	木 11획	樂	음악 **악** 즐거울 **락** 좋아할 **요**	나무 목(木)과 그윽할 유(幽)와 칠 박(拍)의 합으로 나무로 만든 거문고나 목관악기처럼 악기를 치거나 만져서 부드럽고 그윽한 소리를 내는 음악이란 뜻과 풍악을 울리니 즐겁다는 뜻과 즐기니 좋아한다는 뜻 *樂園(낙원), 音樂(음악), 樂山樂水(요산요수)

급수	부수	한자	훈 음	해 설
4	卩 5획	卵	알 **란**	토끼 묘(卯)와 표 점 주(丶)의 합으로 卯는 산토끼의 길어서 꺾어진 두 귀 모양으로 여자의 몸속에 자궁이 양쪽으로 꺾어져 말린 나팔관에 있는 난자를 점으로 표시한 알이란 뜻 *卵子(난자), 鷄卵(계란), 産卵期(산란 기), 受精卵(수정란)
4	乙 12획	亂	어지러울 **란**	젖 유(乳)와 안 내(內)와 또 우(又)의 합으로 새가슴(乙)으로 자식(알)을 품은 새가 부화하려고 안에서 알을 자꾸 이리저리 굴려 뒤집으니 어지럽다는 뜻 *亂離(난리), 混亂(혼란), 變亂(변란), 避亂(피란)
3.2	木 17획	欄	난간 **난** 가로대 **란**	가로 횡(橫)과 함부로 란(闌)의 합으로 함부로 들어오거나 나가지 못하게 막아 가로 막아 쳐 놓은 난간이란 뜻 *闌: 닫을 폐(閉)와 가릴 간(柬)의 합으로 닫아 놓고 함부로 못 들어오게 들어올 사람을 가린다는 뜻 *欄干(난간), 空欄(공란), 消息欄(소식란), 時事欄(시사 란)
3.2	水 17획	瀾	물결 **란**	물결 파(波)와 난간 난(欄)의 합으로 난간을 덮칠 듯이 크게 이는 파도인 물결이란 뜻 *波瀾萬丈(파란만장: 물결이 만길 높이로 뛴다는 뜻과 인생을 살아가는데 기복과 변화가 심하다는 뜻) *瀾波(란 파)(난파: 큰 물결), *狂瀾(광란)
2	火 17획	爛	문드러질 **란** 빛날 **란**	터질 폭(爆)과 물결 란(瀾)의 합으로 물결이 난간을 덮쳐서 폭발하듯 부서지는 물보라처럼 흐트러지며 불이 빛난다는 뜻과 정도를 넘어 지나치게 자유분방함을 이름 *絢爛(현란), 能爛(능란), 天眞爛漫(천진난만), 爛商討論(난상 토론)

급수	부수	한자	훈 음	해 설
3.2	艸 17획	蘭	난초 **란**	꽃 화(花)와 난간 란(欄)의 합으로 난간을 치듯이 휘어지는 잎이 멋있고 향기가 그윽해 사군자에 드는 화초인 난초란 뜻 *사군자인 난초는 그린다고 말하지 않고 친다고 한다 *蘭香, 風蘭, 春蘭, 金蘭之交 난향 풍란 춘란 금란지교
1	鳥 19획	鸞	난새 **란** 수레에단 방울 **란**	새 조(鳥)와 그릴 연(戀)의 합으로 서양에서는 불사조(피닉스)라 함. 영원불멸의 상징으로 부부간에 변치 않는 연정(戀情)을 뜻하기도 하고 동양에서는 요임금의 수레에 단 방울 소리를 나타낸다고 하여 난새를 보면 천하가 태평하다고 함 *피닉스; 이집트 신화에서는 오륙백 년마다 스스로 불에 타 죽었다 살아난다고 함
1	刀 7획	剌	어그러질 **랄**	벨 할(割)과 묶을 속(束)의 합으로 묶인 줄을 끊어 속박(束縛)에서 벗어난다는 뜻과 단속(團束)에서 벗어나니 정도(正道)에서 빗나가 어그러지다, 규율이나 도리를 위배한다는 뜻과 구애받지 않고 발랄하다는 뜻 *生氣潑剌 생기 발랄
1	辛 7획	辣	매울 **랄**	가릴 변(辨)과 어그러질 랄(剌)의 합으로 정설에서 벗어난(어그러진) 학설 등에 잘잘못을 가리는 비난이나 변증이 톡 쏘듯이 매섭다, 날카롭다는 뜻 *辛辣한 비판 신랄
4	見 14획	覽	볼 **람**	깨우칠(드러날) 각(覺)과 감독할 감(監)의 합으로 감사(監査)하여 허점 등이 발각(發覺)되게 서류를 살피며 두루 훑어본다는 뜻 *覽讀(남독: 훑어보며 읽음) *閱覽, 回覽, 便覽, 觀覽 열람 회람 편람 관람

급수	부수	한자	훈 음	해 설
3	水 14획	濫	넘칠 **람** 함부로 **람**	넘칠 범(氾)과 볼 람(覽)의 합으로 열람(閱覽)을 하되 정도를 넘어 보지 말아야 할 것을 함부로 뒤져본다는 데서 함부로란 뜻 *濫用(남용), 濫發(남발), 濫獲(남획), 猥濫(외람)
2	++ 14획	藍	옷 헤질 **람** 쪽 **람** 남색 **남**	덮을 개(蓋)와 볼 람(覽)의 합으로 남에게 볼까봐 덮으니 옷이 해졌다는 뜻과 덮어서 깁은 헌 옷이란 뜻과 높은 데서 감시하듯 하늘이 비춰 보이니 하늘색(남색)의 물이 드는 풀이름 쪽이란 뜻 *青出於藍(청출어람)
1	竹 14획	籃	대바구니 **람**	대 죽(竹)과 볼 람(覽)의 함으로 속이 보이는 성근 대나무 바구니란 뜻 *搖籃(요람), 籃輿(남여)
2	手 5획	拉	끌 **랍**	누를 억(抑)과 아이 동(童)의 합으로 아이를 억지로 끌고 간다, 납치한다는 뜻 *拉致(납치), 被拉(피랍), 拉北(납북)
1	肉 15획	臘	섣달 **랍** 납향 **랍**	육달 월(月)과 사냥 렵(獵)의 합으로 사냥한 고기로 모든 신께 합동으로 제사 지내는 달인 음력 12월인 섣달이란 뜻 *臘享(납향), 舊臘(구랍)
1	虫 15획	蠟	밀랍 **랍**	벌 봉(蜂)과 사냥할 렵(獵)의 합으로 꿀벌의 집을 수렵(狩獵)하여 흘러내리게 녹여 만든 양초, 밀랍이란 뜻 *蜜蠟人形(밀납인형), 蠟燭(납촉)

급수	부수	한자	훈 음	해 설
3.2	水 7획	浪	물결 **랑** 넘칠 **랑** 함부로 (허투로)**랑**	파도 파(波)와 좋을 량(良)의 합으로 좋다고 춤을 추듯이 출렁출렁하는 물결, 또는 출렁거리니 넘친다, 넘치게 촐랑대니 '함부로'란 뜻 *浪費(낭비: 돈 등을 헛되이 함부로 씀) *浪漫(낭만: 현실성이 적고 감정이 넘치니 매우 정서적이며 이상적인 상태) *激浪(격랑), 波浪(파랑), 風浪(풍랑), 浪說(낭설), 放浪(방랑), 孟浪(맹랑)
3.2	邑 7획	郞	사내 **랑**	고을 읍(邑)과 물결 랑(浪)의 합으로 읍내로 촐랑거리고 돌아다니는 사내아이들이란 뜻 *花郞(화랑), 新郞(신랑), 郞君(낭군)
1	犬 7획	狼	늑대(이리) **랑**	개 견(犬)과 사내 랑(郞)의 합으로 사내들이 모두 늑대 같다고 한다. 개처럼 여자 궁둥이를 좇는 엉큼한 속셈이 있는 늑대란 뜻 *狼顧(낭고: 이리는 뒤를 잘 돌아봄) *狼藉(낭자; 이리가 풀을 깔고 잠을 잔디의 어수선하게 흩어진 자리 모양
3.2	广 10획	廊	사랑채 **랑**	행랑 상(廂)과 사내 랑(郞)의 합으로 사내들이 거처하는 행랑채의 문간방이란 뜻 *舍廊(사랑), 行廊(행랑), 畫廊(화랑)
5	月 7획	朗	밝을 **랑**	달 월(月)과 넘칠 랑(浪)의 합으로 달빛이 넘치게 충만하다, 환하게 밝다는 뜻 *朗誦(낭송), 明朗(명랑), 朗報(낭보)
7	人 6획	來	올 **래**	나무 목(木)과 앉을 좌(坐)의 합으로 보리 모(牟)와도 같다 하니 牟는 석가모니의 '모'이다. 보리수 아래 앉아 도를 닦은 석가모니의 윤회설에서 내세(來世)란 말로 앞으로 다가올 것이란 뜻 *來世(내세), 來日(내일), 來韓(내한), 來賓(내빈)

급수	부수	한자	훈 음	해 설
2地(지)	艸 8획	萊	명아주 **래** 밭묵힐 **래**	풀 초(草)와 보리 맥(麥)의 합으로 보리밭에 잘 자라는 잡초인 명아주란 뜻과 우거진 잡초처럼 풀이 덧 거칠게 나 있다는 뜻 *人名(인명), 地名(지명) 字(자) *萊妻(내처: 老萊子(노래자)(周代(주대)의 효자)의 아내)
5	冫 5획	冷	찰 **랭**	얼 동(凍)과 떨어질 령(零)의 합으로 기온이 떨어지면 물이 얼어붙으니 날씨가 차다는 뜻 *冷水(냉수), 冷房(냉방), 冷戰(냉전), 冷笑(냉소), 冷藏(냉장)
3	手 8획	掠	빼앗을 **략**	빼앗을 초(抄)와 서울 경(京)의 합으로 서울은 각 지방의 사람들이 몰리는 곳이라 낯선 사람들이니 남의 물건을 빼앗아 달아나는 소매치기가 많았다. 빼앗는다는 뜻 *掠奪(약탈), 侵掠(침략)
4	田 6획	略	간략할 **약** 꾀할 **약**	그림 화(畵)와 길 로(路)의 합으로 길을 따라 간단하게 그린 그림인 약도에서 생긴 자로 복잡한 것은 빼고 간단하게 줄인다는 뜻과 약도를 놓고 미리 계획을 짠다하여 꾀한다는 뜻 *簡略(간략), 略圖(약도), 略字(약자), 省略(생략), 計略(계략)
4.2	入 6획	兩	두 **량** 양쪽 **량**	들 입(入)과 두를 잡(帀)의 합으로 입궐(入闕)한 신하들이 임금의 양쪽으로 둘러서 문반 무반으로 갈라서 있다는 데서 두 쪽, 둘이란 뜻 *兩班(양반), 兩論(양론), 兩邊(양변), 兩親(양친)
1人(인)	8획	倆	재주 **량**	맡길 임(任)과 두 량(兩)의 합으로 맡을 수 있을지 능력이나 그릇의 크기를 놓고 양쪽을 저울질한다는 뜻과 저울질하여 가늠한 재주란 뜻 *技倆(기량, 기술적인 능력이나 재능)

급수	부수	한자	훈 음	해 설
2	車 8획	輛	수레 **량**	수레 차(車)와 두 량(兩)의 합으로 양쪽으로 바퀴가 달린 짐 마차나 손수레란 뜻과 바퀴가 달려 쉽게 물건을 운반하는 차 종류를 통틀어 일컫는 말 *車輛(차량)
5	艮 1획	良	어질 **량** 좋을 **량** 본래 **량**	괘이름 간(艮)과 주인 주(主)의 합으로 맹자의 주(主)된 사상인 성선설에서 인간은 날 때부터 본래 어질다는 표현을 인자요산(仁者樂山)으로 산을 뜻하는 간 괘로 나타낸 어질다, 선하다는 'good'의 뜻 *良知(양지: 우물에 빠지려는 아이를 보면 인간은 누구나 구해 줘야 한다는 것을 아는 것처럼 본래부터 아는 것. 성선설의 예) *良心(양심), 良民(양민), 不良(불량), 良好(양호), 良識(양식), 善良(선량)
2人(인)	亠 7획	亮	밝을 **량**	높을 고(高)와 우뚝할 올(兀)의 합으로 우뚝하니 높이 오르니 멀리 보이고 사물의 이치에 밝다는 뜻 *諸葛亮(제갈량: 중국 촉한의 충신)
3.2	冫 8획	凉	서늘할 **량**	찰 랭(冷)과 서울 경(京)의 합으로 서울의 인심이 차갑고 쌀쌀하다 하여 서늘하다는 뜻 *納凉(납량), 凄凉(처량), 淸凉飮料(청량음료)
3	言 8획	諒	헤아려 알 **량**	자세할 상(詳)과 처량할 량(凉)의 합으로 처량한 내 사정을 자세히 살펴 헤아려 알아달라는 뜻 *諒解(양해), 諒察(양찰), 海諒(해량)
3	木 10획	梁	다리 **량** 들보 **량**	시렁 가(架)와 강 강(江)과 참을 인(刃)의 합으로 무거운 것이 지나가도 부러지지 않고 참고 견딜 튼튼한 나무로 강의 양쪽으로 시렁처럼 건너지른 다리란 뜻과 다리처럼 들어 얹은 들보란 뜻 *橋梁(교량), 棟梁之材(동량지재), 梁上君子(양상군자)

급수	부수	한자	훈 음	해 설
2姓	木 11획	樑	들보 **량** 성씨 **량**	마룻대 동(棟)과 들보 량(梁)의 합으로 마룻대 위에 다리처럼 가로로 걸쳐 얹는 큰 목재(木材)인 대들보란 뜻 *棟樑之材 동량지재
1	米 12획	粱	기장 **량**	조 속(粟)과 들보 량(梁)의 합으로 들보처럼 키 큰 곡식인 좁쌀, 기장이란 뜻 *膏粱珍味(고량진미: 기름진 고기와 좋은 곡식으로 만든 맛있는 음식)
5	里 5획	量	헤아릴 **량**	들 야(野)와 얻을 득(得)의 합으로 들에서 수확하여 얻은 곡식을 헤아린다는 뜻과 용량이란 뜻 *收穫量, 容量, 測量, 度量, 雅量, 氣量 수확 량 용량 측량 도량 아량 기량
4	米 12획	糧	양식 **량**	쌀 미(米)와 헤아릴 량(量)의 합으로 농가에서 다음 해 수확이 있을 때까지 먹을 쌀을 헤아려 놓고 나머지를 내다 판다고 하여 집에서 식구들이 먹을 만큼의 쌀인 식량이란 뜻 *糧食, 食糧, 軍糧米, 糧穀 양식 식량 군량미 양곡
2姓 성	口 4획	呂	법칙 **려** 성씨 **여**	입 구(口)가 둘 붙어있어 입 맞춘다는 뜻이 있고 남녀나 음양의 조화인 법칙이란 뜻과 12律 가운데 음(陰)에 속하는 6가지 소리란 뜻 *律呂 율 여 *呂運亨(여운형: 해방 후의 정치 지도자)
1	亻 7획	侶	짝 **려**	짝 반(伴)과 법칙 려(呂)의 합으로 음양(남녀)으로 맞추는 짝이란 뜻 *伴侶者 반려자

급수	부수	한자	훈 음	해 설
1	門 7획	閭	마을 **려**	문 문(門)과 짝 려(侶)의 합으로 옛날에 하나의 이문(里門) 안에 여러 집이 짝하여 같이 붙어있는 작은 촌락이란 뜻 *閭閻(여염: 촌민, 마을, 민간인) *閭門(여문: 마을 입구의 문)
1	戶 4획	戾	어그러질 **려** 이를 **려** 사나울 **려**	문 호(戶)와 개 견(犬)의 합으로 문 앞에 이르니 사나운 개가 붙임성 없이 괴팍하다는 데서 괴팍하니 일이 어그러진다는 뜻과 문 앞에 이르다는 뜻과 사납다는 뜻 *返戾(반려: 도로 돌려줌) *乖戾(괴려: 사리에 맞지 않고 어그러짐)
5	方 6획	旅	나그네 **려** 벌려놓을 **려**	겨레 족(族)과 갈래 파(派)의 합으로 부족(部族)이 이리저리 갈라져 벌어진다는 뜻과 정착할 곳을 찾아다니느라 이리저리 돌아다니는 나그네란 뜻 *旅客(여객), 旅行(여행), 旅人宿(여인숙), 旅館(여관)
1	黍 3획	黎	많을 **려** 검을 **려** 동틀 **려**	기장 서(黍)와 홉 작(勺)의 합으로 기장은 낱알은 잘아서 한 홉의 수효가 많다고 하여 많다는 뜻과 많은 서(庶)가 서민이 되므로 서민(庶民)을 여민(黎民)이라 할 수 있고 서민은 관을 안 쓰니 머리가 검다 하여 검다는 뜻 *黎民(여민: 서민), 黎明(여명: 새벽어둠)
4	心 11획	慮	생각 **려**	생각 사(思)와 범 호(虍)의 합으로 옛날 밤길을 가다가 문득 호랑이(범)가 생각나며 나타날까 봐 무서워진다는 뜻이니 여러 가지 생각 중에서 걱정 염려의 생각이란 뜻 *念慮(염려), 配慮(배려), 深慮(심려), 考慮(고려)

급수	부수	한자	훈 음	해 설
1	水 15획	濾	거를 **려**	깨끗할 정(淨)과 생각 려(慮)의 합으로 식수가 깨끗한지 걱정이 되어 중금속 등을 정수기로 거른다는 뜻 *濾過(여과)
2地(지)	广 16획	廬	오두막 **려** 농막 **려**	큰집 엄(广)과 갈대 로(蘆)의 합으로 갈대를 엮어 이은 사냥터나 농촌의 움막 같은 오두막이란 뜻 *廬幕(여막) *三顧草廬(삼고초려: 중국 촉한의 임금 유비가 제갈량의 초막에 세 번이나 찾아가 군사(軍師)로 맞이했다는 이야기로 인재를 맞기 위해 수고와 예를 다함)
2地(지)	石 15획	礪	숫돌 **려**	돌 석(石)과 갈 려(厲)의 합으로 칼 따위를 문질러 갈아서 날을 세우려고 벼르는 돌인 숫돌이란 뜻 *地名(지명): 전라남도의 礪山(여산) *厲(갈 려: 돌 궐(厥)과 일만 만(萬)의 합으로 말썽을 부리는 돌궐을 없애려고 천만번 벼르며 이를 간다는 뜻)
3.2	力 15획	勵	힘쓸 **려**	권할 권(勸)과 숫돌 려(礪)의 합으로 칼을 숫돌에 갈아 날을 세우듯이(세우니 북돋움) 무엇을 열심히 하도록 북돋우어 권하니 격려한다는 뜻 *勵行(여행), 激勵(격려), 督勵(독려)
4.2	鹿 8획	麗	고울 **려** 쌍 **려**	사슴 록(鹿)과 두 량(兩)의 합으로 두 마리이니 한 쌍의 사슴으로 옛날에 옷감이 없던 시절 약혼 선물로 사슴 가죽 한 쌍을 주었다 하여 쌍이란 뜻과 알록달록 곱다는 뜻 *華麗(화려), 美麗(미려), 美辭麗句(미사여구), 高麗(고려)

급수	부수	한자	훈 음	해 설
2地(지)	馬 19획	驪	검은 말 **려**	말 마(馬)와 쌍 려(麗)의 합으로 말 한 쌍 그러니까 말 두 필이 나란히 서서 수레를 끈다는 뜻 *地名(지명) 字(자) *驪山(여산: 진시황의 무덤이 있는 산)
7	力 0획	力	힘 **력**	꺾은 갈고리(亅)와 삐침별(丿)의 합으로 팔을 꺾듯이 꺾어서 끌어내리는 모양이니 완력(팔뚝심)으로 상대를 꺾어서 억지로 끌어내는 것처럼 강제하는 힘이란 뜻 *學力(학력), 視力(시력), 能力(능력), 武力(무력), 迫力(박력)
5	止 12획	歷	지낼 **력** 역력할 **력**	해 세(歲)와 되돌릴 반(反)과 옮길 이(移)의 합으로 지난 세월을 되돌아보아 이직(移職)하며 지내온 경력이란 뜻과 경력을 차례로 적은 이력서를 보니 지나온 발자취가 분명하다는 뜻 *履歷書(이력서), 經歷(경력), 歷史(역사), 歷代(역대), 歷歷(역력)
3.2	日 12획	曆	달력 **력**	날 일(日)과 지낼 력(歷)의 합으로 지나가는 날짜를 차례로 적어 엮어놓은 책력이란 뜻 *陰曆(음력), 陽曆(양력), 萬歲曆(만세력), 曆法(역법)
1	水 16획	瀝	거를 **력**	거를 려(濾)와 지낼 력(歷)의 합으로 여과기를 지나면서 불순물을 거른다는 뜻 *瀝靑(역청: 콜타르 피치)
1	石 15획	礫	자갈 **력**	돌 석(石)과 삐걱거릴 력(轢)의 합으로 수레를 삐거덕거리게 만드는 자잘한 돌멩이란 뜻 *礫巖(력암)
4.2	辶 7획	連	이을 **련**	길 도(道)와 수레 차(車)의 합으로 수레의 바퀴가 한 바퀴 구르고 연달아 계속 데굴데굴 도로 위를 굴러간다는데서 끊이지 않고 계속 이어진다는 뜻 *連結(연결), 連續(연속), 連鎖(연쇄), 連敗(연패)

급수	부수	한자	훈 음	해 설
2地(지)	水 11획	漣	잔물결 **련**	물결 파(波)와 이을 연(連)의 합으로 물결이 끊이지 않고 연달아 이는 잔물결이란 뜻 *크게 이는 물결은 도(濤) *地名(지명) 字(자)
3	++ 11획	蓮	연꽃 **련**	꽃 화(花)와 이을 련(連)의 합으로 연못에 피는 연꽃은 뿌리가 마디로 이어지기도 했지만 끊으면 끈끈한 연액이 실처럼 이어진다는데서 남녀의 끈끈한 정을 나타낸다는 진액이 이어지는 성질이 있는 연꽃이란 뜻 *蓮根(연근), 睡蓮(수련), 木蓮(목련), 蓮花紋(연화문)
1	車 8획	輦	가마 **련** 손수레 **련**	수레 차(車)와 사내 부(夫)의 합으로 사내들이 앞뒤에서 메거나 들고 가운데 임금이 타는 가마나 앞뒤에서 두 사람이 끌고 미는 손수레란 뜻 *輦輿(련여), 輦下(연하)
5	糸 9획	練	실 마전할 **련** 연습할 **련** 익힐 **련**	짤 직(織)과 가릴(편지) 간(柬)의 합으로 날씨가 맑고 좋은 날을 가려 직물을 마전한다는 뜻과 삶거나 빨아서 햇볕에 바래기를 반복하여 하얗게 되도록 되풀이하니 익힌다는 뜻과 땟물을 벗고 깨끗해지니 세련된다, 품위 있게 다듬어진다는 뜻 *柬(가릴 간: 묶을 속(束)과 여덟 팔(八)의 합으로 사주팔자를 적어 청실홍실로 묶은 편지로 사주단자는 좋은 날을 받아 가린다는 뜻) *練日(연일), 練習(연습), 訓練(훈련), 熟練工(숙련공), 洗練(세련)
3.2	金 9획	鍊	단련할 **련**	쇠 금(金)과 익힐 련(練)의 합으로 쇠를 더욱 단단하게 만들기 위해서는 달구고 식히기를 여러 번 되풀이하여 강도를 높인다는 뜻으로 심신을 더욱 강인하게 만들기 위한 단련을 뜻함 *鍛鍊(단련), 鍊武(연무), 試鍊(시련), 修鍊(수련)

급수	부수	한자	훈 음	해 설
2	火 9획	煉	달굴 **련**	불 화(火)와 쇠 불릴 련(鍊)의 합으로 쇠를 단련할 때처럼 불에 오래 두어 벌겋게 달구어진다는 뜻 *煉炭, 煉獄, 煉乳, 煉瓦 연탄 연옥 연유 연와
2	心 12획	憐	불쌍히 여길 **련**	뜻 정(情)과 이웃 린(隣)의 합으로 이웃의 딱한 사정을 보고 동정심을 느껴 불쌍히 여긴다는 뜻 *憐憫, 可憐, 同病相憐, 淸純可憐 연민 가련 동병상련 청순 가련
3.2	耳 11획	聯	연이을 **련** 짝 **련**	귀 이(耳)와 빗장 관(關)의 합으로 바늘귀에 실을 꿰듯이 대문의 빗장을 걸어 매어 잇는다는 뜻과 대문짝처럼 둘을 서로 걸어 이어 맬 짝이란 뜻 *聯句(연구: 한시(漢詩)에서 짝을 맞춘 글귀) *聯合(연합: 두 개 이상의 사물이 서로 합침) *聯盟, 關聯, 聯想, 聯立 연맹 관련 연상 연립
3.2	心 19획	戀	그리워할 **련**	생각 사(思)와 맺을 결(結)과 말씀 언(言)과 맺을 약(約)의 합으로 결혼을 하려고 언약을 한 사람을 생각하며 그리워한다는 뜻 *戀人, 戀愛, 愛戀, 悲戀, 戀歌 연인 연애 애련 비련 연가
4.2	刀 4획	列	벌릴 **렬** 줄 **열**	새길 간(刊) 따라 죽을 순(殉)의 합으로 순교자(殉敎者)나 순국선열 등의 인물들을 잊지 않고 새기기 위하여 하나하나 차례로 나열하여 연대순으로 줄을 세운다는 뜻 *列擧, 羅列, 陳列, 行列 열거 나열 진열 행렬
4	火 6획	烈	세찰 **렬** 매울 **렬**	더울 열(熱)과 벌릴 열(列)의 합으로 열거(列擧)한 순국선열들의 뜨거운 애국심이 세차다는 뜻 *熱烈, 激烈, 烈女, 烈士, 先烈 열렬 격렬 열녀 열사 선열

급수	부수	한자	훈 음	해 설
3	衣 6획	裂	찢어질 **렬** 터질 **렬**	옷 의(衣)와 세찰 렬(烈)의 합으로 격렬(激烈)한 움직임에 옷이 터지다, 찢어진다는 뜻 *龜裂(균열), 分裂(분열), 裂傷(열상), 破裂(파열), 決裂(결렬)
3	力 4획	劣	못할 **렬**	힘 력(力)과 적을 소(少)의 합으로 실력(力)이 적어(少)서 잘하지 못한다는 뜻 *劣等感(열등감), 優劣(우열), 劣勢(열세), 劣惡(열악), 拙劣(졸렬)
3	广 10획	廉	청렴할 **렴** 살필 **렴**	떳떳할 용(庸)과 겸할 겸(兼)의 합으로 중용(中庸)은 넘치지도 모자라지도 않게 보수와 혁신을 겸하여 적당히 알맞은 중간을 잡으니 과격하지 않고 온건한 현대식의 정치가들이 점잖고 청렴하다는 뜻과 청빈 사상에 누가 될까 살핀다는 뜻과 청빈하니 검소하다는 뜻 *淸廉(청렴), 低廉(저렴), 廉價(염가), 廉探(염탐) *廉恥(염치)(부끄러움을 아는 마음)
2名(명)	水 13획	濂	물이름 **렴**	시내 계(溪)와 청렴할 렴(廉)의 합으로 청렴한 관리처럼 시내가 맑고 깨끗한 물이란 뜻 *人名(인명) 字(자) *濂溪(염계: 중국 북송의 학자 주돈이(周敦頤)의 호)
1	竹 13획	簾	발 **렴**	대 죽(竹)과 살필 렴(廉)의 합으로 대나무를 총총 엮어서 만든 것으로서 살짝 가려 놓고 뒤에서 살펴보는 발이란 뜻 *垂簾聽政(수렴청정), 珠簾(주렴)
1	歹 13획	殮	염할 **렴**	죽을 사(死)와 다 첨(僉)의 합으로 손과 발을 모조리 다 감추어 싸고 가리며 시체에 옷을 입힌다는 뜻 *殮襲(렴 습)

급수	부수	한자	훈 음	해 설
1	攵 13획	斂	거둘 **렴** 모을 **렴** 감출 **렴**	거둘 수(收)와 다 첨(僉)의 합으로 여럿이서 조금씩 내어 거둔다는 추렴(出斂-출렴)한다는 뜻과 모두의 의견을 다 거두어 받아들인다는 뜻과 거두어들이니 감추어 저장한다는 뜻 *苛斂誅求(가렴주구), 出斂(출렴), 意見收斂(의견수렴)
3	犭 15획	獵	사냥 **렵**	사로잡을 획(獲)과 목갈기 렵(巤)의 합으로 사자의 목갈기 털이 흐트러지듯 여기저기 흩어져 있는 사냥감을 쫓아가서 잡아 오는 사냥이란 뜻 *狩(수: 집을 지키고 있는 짐승을 사냥하는 겨울 사냥이란 뜻) *狩獵(수렵), 獵期(엽기), 獵奇的(엽기적), 獵銃(엽총)
5	人 3획	令	명령 **령** 시킬 **령** 경칭 **령**	사람 인(人)과 아래 하(下)와 몸기(병부) 절(卩)의 합으로 윗사람이 아래로 내려보낸 부절(符節)이니 명령을 내린다, 하여금 하게 시킨다는 뜻과 경칭(敬稱)으로 쓰임 *卩(병부 절: 돌이나 대나무로 만든 부신(符信)으로 붙여서 딱 맞으면 믿는 신표(信標)란 뜻 *命令(명령), 口令(구령), 待令(대령), 法令(법령), 令愛(영애), 令夫人(영부인)
1	囗 5획	囹	감옥 **령**	가둘 수(囚)와 명령 령(令)의 합으로 법령(法令)에 따라 죄수를 가두는 우리인 옥이란 뜻 *囹圄(영어: 옥 또는 옥에 갇힌 상태)
3	雨 5획	零	떨어질 **령** 제로 **영**	비 우(雨)와 명령 령(令)의 합으로 높은 사람의 명령이 떨어지듯이 비나 눈이 아래로 떨어진다, 떨어져 내린다는 뜻과 바닥으로 떨어져 바닥을 치니 숫자 영(0)이 된다. *零度(영도), 零點(영점), 零時(영시), 零細民(영세민)

급수	부수	한자	훈 음	해 설
2人 인	玉 5획	玲	옥 소리 **령** 쨍그렁 거릴 **영**	구슬 옥(玉)과 떨어질 영(零)의 합으로 구슬이 바닥에 떨어져(또르르) 구르는 소리처럼 맑은소리란 뜻 *玲瓏(영롱: 구슬이 울리는 소리)
1	金 5획	鈴	방울 **령**	쇠북 종(鍾)과 옥 소리 령(玲)의 합으로 종을 땡땡 치지 않고 또르르 옥 구르는 소리처럼 '따르릉' 하고 울리도록 만든 방울이란 뜻 *電鈴(전령), 鈴鐸(영탁)
1	齒 5획	齡	나이 **령**	이 치(齒)와 하여금 령(令)의 합으로 한의학 고전에 치아는 뼈 나이와 관계있다고 봄. 황제내경에 7세에 어금니가 나고, 14세에 생리가 있으며 21세에 사랑니가 나서 신체 성장의 최대치가 된다 하여 치아로 하여금 가늠하는 나이란 뜻 *年齡(연령), 高齡(고령), 學齡(학령)
5	頁 5획	領	거느릴 **령** 고개(목) **령** 옷깃 **령**	머리 두(頭)와 명령 령(令)의 합으로 명령을 내리는 우두머리이니 거느린다는 뜻과 머리를 아래로 접는 고개란 뜻과 고개를 넘듯이 꺾어 접는 칼라인 옷깃이란 뜻 *大統領(대통령), 領土(영토), 領空(영공), 領收證(영수증), 領域(영역), 領袖(영수)
3.2	山 14획	嶺	산 고개 **령**	산 산(山)과 옷깃 령(領)의 합으로 옷깃(카라)을 꺾어 뒤로 젖히듯이 산등성을 꺾어 뒤로 넘어가는 산의 고갯마루란 뜻 *大關嶺(대관령), 嶺南(영남), 嶺西(영서), 嶺東(영동) 地方(지방)
3.2	雨 16획	靈	혼령 **령** 신령 **령**	비 우(雨)와 고할 고(告)와 무당 무(巫)의 합으로 무당이 비가 내리듯이 신내림을 하려고 말을 쏟아내며 부르는 혼령이란 뜻 *魂靈(혼령), 靈魂(영혼), 靈前(영전), 慰靈祭(위령제)

급수	부수	한자	훈 음	해 설
1	辶 7획	逞	통할 **령** 제멋대로 **령** 뽐낼 **령**	통할 투(透)와 드러낼 정(呈)의 합으로 마음속의 불만을 투명(透明)하게 내비치어 드러내니 통한다는 뜻과 불만을 내비치며 제 생각대로 제멋대로 한다는 뜻과 재주나 기량 등을 내비치며 드러내니 뽐낸다는 뜻 *不逞鮮人(불령선인: 일제 강점기에 일본이 조선인을 비하하여 이르던 말 체제에 대하여 불만을 드러내며 제멋대로 행동하는 일)
6	亻 6획	例	예들 **례** 본보기 **예** 법식 **례**	지을(만들) 작(作)과 벌릴 렬(列)의 합으로 어떻게 만드는지 견본을 나열(羅列)하여 예로 든다는 뜻과 예를 드니 본보기가 되고 본을 보고 따라 하라 하니 법식이란 뜻 *例文(예문), 例題(예제), 例外(예외), 例事(예사), 例年(예년), 前例(전례)
6	示 13획	禮	예도 **례**	귀신 신(神)과 풍성할 풍(豊)의 합으로 신에게 푸짐하게 차려놓고 차례(茶禮)를 지낸다는 데서 절하거나 음식을 갖추거나 하는 등의 예의와 법도란 뜻 *茶禮(차례), 禮式(예식), 敬禮(경례), 禮儀(예의)
2地(지)	酉 13획	醴	단술 **례**	술 주(酒)와 예도 례(禮)의 합으로 혼례 때 쓰는 단술이란 뜻 *地名(지명) 字(자) *醴泉(예천)
7	耂 2획	老	늙을 **로**	늙을 로(耂)와 될 화(化)의 합으로 이 땅(土)에 태어나 오래(久)되어 등이 꼬부라지게(匕) 된 늙은이란 뜻과 오래 살았으니 익숙하다는 뜻 *老人(노인), 老年(노년), 年老(연로), 老少(노소)

급수	부수	한자	훈 음	해 설
5	力 10획	勞	일할 **로** 수고로울 **로**	힘 력(力)과 경영할 영(營)의 합으로 병영(兵營)에서 힘들게 일하니 애쓰다, 수고한다는 뜻과 장병의 수고에 위로한다는 뜻 *勞動(노동), 勞賃(노임), 勞苦(노고), 勞使(노사), 慰勞(위로)
1	扌 12획	撈	건져낼 **로**	잡을 포(捕)와 애쓸 로(勞)의 합으로 물에서 고기 등을 잡아 애써 힘들게 건져낸다. 수고하여 얻어 낸다는 뜻 *漁撈(어로), 撈救(로구), 漁撈水域(어로수역)
1	虍 6획	虜	사로잡을 **로**	범 호(虎)와 사내 남(男)의 합으로 힘센 사내가 범을 사로잡는다는 뜻 *虜獲(로획), 捕虜(포로)
1	手 13획	擄	노략질할 **로**	빼앗을 략(掠)과 사로잡을 로(虜)의 합으로 사로잡아 빼앗아오다 는 뜻 *擄掠(노략)
2姓(성)	皿 11획	盧	검을 **로** 성 **로**	그릇 명(皿)과 사로잡을 로(虜)의 합으로 사로잡아온 노예에게 인두로 낙인(烙印)을 찍기 위해 숯불을 담은 그릇인 화로란 뜻이나 화로 로(爐)는 따로 있고 불을 담아 검다 하여(혹은 노예가 검다 하여?) 검다는 뜻 *盧生之夢(로생지몽)(노생지몽: 인생의 덧없음)
3.2	火 16획	爐	화로 **로**	불 화(火)와 사로잡을 로(虜)와 그릇 명(皿)의 합으로 사로잡은 노예에 낙인(烙印)을 찍을 때 불에 달군 인두로 지져 노예 예(隷) 자를 찍었다. 불 담는 그릇인 화로란 뜻 *火爐(화로), 煖爐(난로), 爐邊談話(노변담화)

급수	부수	한자	훈 음	해 설
2地 지	++ 16획	蘆	갈대 **로**	꽃 화(花)와 난로 로(爐)의 합으로 옛날에 가난한 사람들이 갈대의 꽃을 비싼 솜 대신 옷에 넣어 난로처럼 따뜻하게 했던 갈대란 뜻 *蘆雁圖(노안도: 갈대와 기러기가 있는 그림으로 갈대 로(蘆)는 길 로(路)와 소리가 같고 기러기 안(雁)은 편안 안(安)과 소리가 같아 앞길이 평안하다는 뜻의 그림)
6	足 6획	路	길 **로**	발 족(足)과 각각 각(各)의 합으로 각자(各自)의 집으로 가는 샛길이나 오솔길이란 데서 남북으로 난 큰길에 비해 동서로 가지처럼 이리저리 각각 뻗은 사잇길이란 뜻 *道路, 進路, 滑走路 도로 진로 활주로
3.2	雨 13획	露	이슬 **로**	비 우(雨)와 길 로(路)의 합으로 길가의 풀 잎 끝에 맺혀 있다가 비처럼 옷을 적시는 이슬이란 뜻과 이슬을 맞으니 지붕이 없는 한데 드러난다는 뜻 *白露, 草露, 露出, 露天 백로 초로 노출 노천
2地 지	鳥 13획	鷺	해오라기 **로**	새 조(鳥)와 길 로(路)의 합으로 한 줄로 길게 늘어서서 여행하듯이 멀리 날아가는 여름 철새인 백로란 뜻과 멀리 길 떠난 오빠 생각하는 새인 따오기란 뜻 *白鷺, 鷺梁津洞 백로 노량진동
2姓 성	魚 4획	魯	노둔할 **노**	물고기 어(魚)와 가로 왈(曰)의 합으로 물고기가 입을 열고 말을 하는 것 같은 모양이 뻐끔뻐끔 참으로 느리다 하여 노둔하다는 뜻 *魯鈍, 魚魯不辨 로둔 어로불변

급수	부수	한자	훈 음	해 설
3	鹿 0획	鹿	사슴 **록**	사슴의 다리와 뿔 모양이 강조된 상형 자 *녹 록(祿)과 음이 같아 백록(百祿; 온갖 복)이란 뜻을 가진 흰 사슴, 백록(白鹿)을 상서롭게 여김 *鹿茸(녹용), 鹿角(녹각), 指鹿爲馬(지록위마)
1	鹿 8획	麓	산기슭 **록**	수풀 림(林)과 사슴 록(鹿)의 합으로 사슴이 뛰노는 숲인 산기슭이란 뜻 *山麓(산록)
6	糸 8획	綠	푸를 **록**	벼리 기(紀)와 새길 록(錄)의 합으로 기원(紀元)이 된 생생한 기록(記錄)이라는 데서 생생하니 새파란 초록이란 뜻 *草綠(초록), 綠色(녹색), 綠陰(녹음), 綠衣紅裳(녹의홍상)
1	石 8획	碌	돌 모양 **록** 변변치 않을 **록** 보잘 것 없을 **록**	돌 석(石)과 푸를 록(綠)의 뜻으로 돌에 낀 푸른 이끼처럼 금속에 낀 녹이나 돌에 낀 때란 뜻 *碌碌(녹녹: 발가락의 때만도 못하게 본다고 할 때 보잘 것 없다, 만만하다는 뜻)
3	示 8획	祿	녹 **록**	복 복(福)과 녹녹할 녹(碌)의 합으로 하찮아 녹록하게 여겨지는 복인 관리의 작은 봉급이란 뜻 *國祿(국록), 俸祿(봉록)
4.2	金 8획	錄	기록 **록**	바늘 침(針)과 깎을 록(彔)의 합으로 바늘로 찌르거나 깎아내어 새긴다는 뜻 *彔(나무 깎을 록; 돼지머리(고리 걸쇠) 계(彐)와 구할 구(求)의 합으로 물에 빠진 사람 구하려고 고리를 걸어 끌어당기듯이 걸어서 잡아당겨 깎거나 벗겨 낸다는 뜻 *錄音(녹음), 錄畫(녹화), 登錄(등록), 記錄(기록)

급수	부수	한자	훈 음	해 설
4.2	言 8획	論	논할 **론** 평가할 **론**	말씀 설(說)과 뭉치 륜(侖)의 합으로 공자님의 말씀을 책으로 엮어놓은 논어란 뜻과 말씀이 무슨 뜻인지를 설명하여 이야기한다는 뜻 *侖(둥글 륜: 합(合)과 책(冊)의 합으로 글을 적은 죽간을 둘둘 말아 모아 놓은 죽간 뭉치) *論評(논평), 論理(논리), 論議(논의), 論述(논술)
3.2	廾 4획	弄	희롱할 **롱**	구슬 옥(玉)과 손 맞잡을 공(廾)의 합으로 두 손으로 구슬을 높이 던졌다가 손을 바꿔 받았다 하며 노는 모양인데 구슬을 마음대로 주무르듯 남의 입장을 살피지 않고 함부로 대하여 놀린다는 뜻 *戱弄(희롱), 弄談(농담), 弄假成眞(농가성진)
1	土 16획	壟	밭두둑 **롱** 언덕 **롱**	땅 지(地)와 용 룡(龍)의 합으로 용이 하늘로 높이 오르듯(승천) 위로 높이 치솟은 땅인 밭두둑이란 뜻 *壟斷(농단: 둔덕이 깎아 세운 듯이 높음, 이익이나 권력을 독차지함) (옛날 장사꾼이 높은데 올라서서 시장을 관망하고 파악하여 이익을 독차지한 행위)
2	竹 16획	籠	대바구니 **롱**	바구니 람(籃)과 밭두둑 롱(壟)의 합으로 밭두둑처럼 높이 걸어두고 공이나 물건을 넣는 바구니란 뜻 *籠球(농구), 欌籠(장롱), 籠城(농성), 籠絡(농락)
1	耳 16획	聾	귀머거리 **롱**	들을 청(聽)과 장롱 롱(籠)의 합으로 장롱 속에서 듣는 것처럼 아무 소리도 안 들리니 귀머거리란 뜻 *聾啞(농아), 聾兒(농아)

급수	부수	한자	훈 음	해 설
1	玉 16획	瓏	옥소리 **롱**	구슬 옥(玉)과 바구니 롱(籠)의 합으로 바구니 속의 구슬이 딸랑거리는 옥소리란 뜻 *玲瓏(영롱)
1	牛 3획	牢	우리 **뢰**	소 우(牛)와 집 가(家)의 합으로 소의 집인 소 우리란 뜻 *亡羊補牢(망양보뢰), 牢獄(뇌옥)
3	雨 5획	雷	우레 **뢰**	번개 전(電)과 돌무더기 구를 뢰(畾)의 합으로 번개가 번득이고 난 뒤 돌무더기가 무너지듯 우르르하는 천둥이란 뜻과 우렁찬 천둥소리에 산천이 다 같이 떤다고 주견 없이 남의 말에 덩달다는 뜻 *雷聲(뇌성), 地雷(지뢰), 附和雷同(부화뇌동)
1	貝 6획	賂	뇌물 **뢰**	재물 재(財)와 길 로(路)의 합으로 길을 틔워 달라고 또는 끈을 이어(絡: 이을 락) 달라고 재물을 갖다 바치는 뇌물이란 뜻 *賄賂(회뢰: 사사로이 이익을 꾀하기 위하여 권력자에게 주는 정당하지 못한 금품)
1	石 10획	磊	돌무더기 **뢰**	돌 석(石)이 셋이다. 돌이 많이 쌓인 무더기란 뜻 *磊落(뇌락: 마음이 활달하여 조그마한 일에도 구애되지 않는 모양, 공명정대한 모양, 수가 많은 모양)
1	亻 15획	儡	허수아비 **뢰** 꼭두각시 **뢰**	모양 상(像)과 진 루(壘)의 합으로 사람의 형상(形像)을 만들어 보루(堡壘)처럼 이 밭에 저 밭에 세워 두고 새들로부터 곡식을 지키기 위한 허수아비란 뜻과 인형이니 꼭두각시란 뜻 *傀儡(괴뢰)

급수	부수	한자	훈 음	해 설
3.2	貝 9획	賴	의뢰할 **뢰**	질 부(負)와 묶을 속(朿)의 합으로 나뭇단을 묶어 놓고 짐꾼에게 좀 져다 달라고 의뢰한다, 남에게 부탁한다는 뜻 *依賴, 信賴 의뢰 신뢰
3	亅 1획	了	마칠 **료**	갈고리 궐(亅)과 평 갈고리( )의 합이다. 털실로 옷을 다 짠 뒤 옆으로 돌려 풀리지 않게 걸어 매어 끝맺음하니 마무리하여 마친다는 뜻 *終了, 完了, 了解 종료 완료 요해
5	斗 6획	料	헤아릴 **료**	말 두(斗)와 쌀 미(米)의 합으로 쌀을 말로 헤아리다, 식구 수에 알맞게 헤아려 요리한다는 뜻 *料理, 料金, 材料, 料量 요리 요금 재료 료 량
1	火 12획	燎	화톳불 **료** 불 놓을 **료** 밝을 **료**	태울 연(燃)과 불 화(火)와 언덕 원(原)의 합으로 고대에 불은 태양의 모조품이라고 태양 대신 밤에 야외에서 불을 밝혀 축제를 즐기는 데서 횃불을 붙이거나 초원(草原)에 화톳불을 놓는다 태운다는 뜻 *燎原(요원; 불이 난 벌판) *燎火(요화: 횃불)
3	亻 12획	僚	동료 **료**	함께 구(俱)와 횃불 료(燎)의 합으로 횃불을 들고 행사를 함께하는 패거리란 뜻에서 같은 일에 종사하거나 같은 뜻을 가진 동료란 뜻 *同僚, 僚友, 閣僚 동료 요우 각료
1	宀 12획	寮	동관 **료**	집 관(官)과 동료 료(僚)의 합으로 같은 관청에 근무하는 동료 관원이란 뜻 *同寮(僚), 寮(僚)友 동 료 료 우

급수	부수	한자	훈 음	해 설
1	目 12획	瞭	눈 밝을 **료**	눈 안(目)과 불 밝을 료(燎)의 합으로 횃불을 밝힌 듯이 사물을 보는 눈이 환하게 밝다는 뜻 *明瞭(명료), 一目瞭然(일목료연)
2姓(성)	辶 12획	遼	멀 **료**	멀 원(遠)과 밝을 료(燎)의 합으로 올림픽 축제 때 성화(횃불)를 들고 경기장까지 멀리 달려오니 멀다는 뜻 *遼遠(요원)
2	疒 12획	療	병 나을 **료**	병 병(病)과 밝힐 료(燎)의 합으로 병의 원인을 밝혀내어 맥박 혈압 등을 체크하며 차츰 나아지게 치료를 한다는 뜻 *治療(치료), 療養(요양), 療飢(요기)
1	宀 11획	寥	쓸쓸할 **료** 썰렁할 **료**	고요 적(寂)과 홰홰 날 료(翏)의 합으로 적막하고 쓸쓸하여 찬 바람이 홱 부는 듯 쓸쓸하다는 뜻 *翏(홰홰 날 료; 깃(羽)을 치는(彡) 모양) *寂寥(적요)
1	耳 5획	聊	애오라지 **료** 귀 울 **료** 즐거워 할 **료** 힘입을 **료**	즐길 탐(耽)과 토끼 묘(卯)의 합으로 토끼처럼 귀가 쫑긋(솔깃)하여 빠져 즐기니 탐닉한다는 뜻으로 어떤 일에 빠져 즐거워한다는 뜻과 무슨 소리에 귀를 기울이듯이 귀에 소리가 울린다는 뜻과 한담하다, 잡담하다, 남의 말에 솔깃하니 남에게 힘입는다, 자기의 안위로 삼는다는 뜻 *애오라지: 어느 지방의 방언으로 부족하나 마 겨우, 잠시, 잠깐의 뜻 *無聊(무료: 흥미가 없어 지루하고 심심함)

급수	부수	한자	훈 음	해 설
4	龍 0획	龍	용 **룡** 임금 **용**	설 립(立)과 육 달 월(月)과 몸을 높이 세우고 용트림(구불텅)하며 하늘로 오르는 비늘이 있는 용의 상형 자이니 높은 자리에 오른 임금이란 뜻으로도 쓰임 *龍顔(용안), 龍眼(용안), 靑龍(청룡), 龍頭蛇尾(용두사미)
1	阜 6획	陋	더러울 **루**	막을 방(防)과 상자 혜(匚)와 안 내(內)의 합으로 상자 안처럼 꽉 막혀 좁다는 뜻으로 작고 보잘것없는 자기 집을 낮추어 누추하다는 뜻 *陋醜(누추), 陋見(누견), 陋名(누명)
3	水 11획	漏	샐 **루**	흐를 류(流)와 집 옥(屋)과 비 우(雨)의 합으로 집이 누추하여 비가 흘러들어오니 지붕이 샌다는 뜻 *漏水(누수), 漏電(누전), 漏泄(누설)
3	水 8획	淚	눈물 **루**	흐를 류(流)와 사나울 려(戾)의 합으로 사납고 포악하게 대하니 억울하고 원통해서 흘리는 눈물이란 뜻 *血淚(혈루), 寃淚(원루), 催淚彈(최루탄)
3.2	木 11획	樓	다락 **루**	얽을 구(構)와 끌어올릴 루(婁)의 합으로 나무를 얽어 높이 쌓은 다락방 같은 누각이란 뜻 *婁(루: 아내 처(妻)와 합할 합(合)과 열십(十)의 합으로 아내가 머리를 모아 비녀로 틀어 올리듯이 십진법으로 십이 되면 묶어서 위로 올린다는 뜻 *樓閣(누각), 望樓(망루), 戍樓(수루), 樓臺(누대), 慶會樓(경회루)
3	尸 11획	屢	여러 **루**	밟을 리(履)와 자주 삭(數)의 합으로 꼬리가 밟힐 만큼 수차례, 자꾸, 자주, 여러 번이란 뜻 *屢次(누차), 屢年(누년), 屢代(누대)

급수	부수	한자	훈 음	해 설
3	糸 5획	累	여러 **루** 연루될 **루** 폐끼칠 **루**	이을 계(系)와 밭 전(田)의 합으로 밭일이 여러 날 이어지니 피로가 누적된다는 데서 여러 날의 여럿이란 뜻과 여러 가지가 한데 엉기니 연루된다는 뜻과 연루(連累)되니 폐 끼친다는 뜻 *累年(누년: 여러 해) *累積(누적), 累計(누계), 累進稅(누진세), 累卵之危(누란지위), 連累(연루)
1	土 15획	壘	진 **루** 보루 **루**	굳을 견(堅)과 여러 루(累)의 합으로 돌 등을 여러 개 높이 쌓아 적의 공격을 피하거나 접근을 굳건히 막기 위해 만든 진이란 뜻 *堡壘(보루: 적의 공격이나 접근을 막기 위해 돌, 콘크리트 등으로 튼튼히 쌓은 진지)
5	水 6획	流	흐를 **류**	물 수(氵)와 기를 육(育)과 내 천(川)의 합으로 길러야 할 아이가 흘러내리니 유산(流産)되는 모양이다, 흐른다는 뜻 *流産(유산), 流行(유행), 流速, 流通
1	玉 6획	琉	유리 **류**	구슬 옥(玉)과 흐를 류(流)의 합으로 흘러내릴 듯 매끄러운 구슬을 만드는 유리란 뜻 *琉璃(유리)
2	石 6획	硫	유황 **류**	깰 파(破)와 흐를 류(流)의 합으로 파괴하는 화약이나 성냥을 만드는 원료로 쓰이는 비금속 약품으로 녹여 흘러내리게 만드는 성분인 황산이란 뜻 *硫黃(유황) *黃酸(황산: 백금 외에 다 녹일 수 있다)
4	木 5획	柳	버들 **류**	나무 목(木)과 토끼 묘(卯)의 합으로 산토끼의 긴 귀처럼 길어서 축 축 늘어진 수양버들이란 뜻 *花柳(화류), 楊柳(양류)

급수	부수	한자	훈 음	해 설
4.2	田 5획	留	머무를 **류**	밭 전(田)과 토끼 묘(卯)의 합으로 밭일하던 농부가 그루터기에 걸려 넘어지는 토끼를 보고 그루터기를 지키면서 꼼짝 않고 오래 그 자리에 머물러 또 토끼가 오기를 기다렸다는 수주대토(守株待兎)의 고사에서 어떤 곳에 오래 머무른다는 뜻 *留級(유급), 保留(보류), 留學(유학)
1	水 10획	溜	물방울 **류**	김 기(汽)와 머물 류(留)의 합으로 김이 날아가지 않고 머물러 고인 물방울이란 뜻 *蒸溜水(증류수), 溜槽(유조)
1	疒 10획	瘤	혹 **류**	병 병(病)과 물방울 류(溜)의 합으로 병이 한곳에 머물러 뭉친 혹이란 뜻 *瘤腫(유종: 혹)
2姓(성)	刀 13획	劉	죽일 **류** 묘금도 **류**	칼 도(刀)와 토끼 묘(卯)와 쇠 금(金)의 합으로 도끼의 한 종류인 자귀이다 죽인다는 뜻이나 주로 성씨에 쓰임 *묘금도 류(劉)와 인월도 유(兪)로 성씨를 구분하여 부름 *姓名(성명) 字(자)
2	言 11획	謬	그릇될 **류**	그릇될 오(誤)와 아교 교(膠)의 합으로 아교로 붙인 것처럼 단단하게 굳은 고지식한 고착된 사고는 여러 경우를 생각해 보는 것에 비해 잘못된 생각일 수 있다는 데서 잘못되다, 틀린다는 뜻 *誤謬(오류)
5	頁 10획	類	종류 **류** 같을 **류** 짐승이름 **류**	항목 항(項)과 정신 정(精)과 짐승 수(獸)의 합으로 정신(精神)을 가진 영장류(靈長類) 짐승인 침팬지, 고릴라, 성성이 등을 인간과 같은 항목(項目)에 넣으니 같다, 비슷하다는 뜻 *類人猿(유인원), 分類(분류), 種類(종류), 類似品(유사품), 類推(유추), 類型(유형)

급수	부수	한자	훈 음	해 설
8	八 2획	六	여섯 **륙**	나눌 팔(八)과 높을 항(亢)의 합으로 지구에 바다 위로 높이 솟은 대륙이 크게 6개로 나누어 앉아 있는 6대 주에서 여섯이란 뜻 *六大洲(육대주), 六月(유월), 五六月(오뉴월) *6大洲(육대주: 아시아, 아프리카, 북아메리카, 남아메리카, 유럽, 오세아니아)
5	阜 8획	陸	뭍 **륙** 대륙 **륙**	언덕 부(阜)와 쌍토 규(圭)와 우뚝할 올(兀)의 합으로 바다에 상대되는 의미로 토양이 쌓여 땅이 물 위로 우뚝 치솟은 큰 땅덩어리인 대륙이란 뜻 *大陸(대륙), 陸地(육지), 陸軍(육군), 離陸(이륙)
1	戈 11획	戮	죽일 **륙**	창 과(戈)와 휙휙 날 료(翏)의 합으로 창을 휙휙 휘두르니 번득이며 죽이다 의 뜻 *殺戮(살륙)
3.2	亻 8획	倫	인륜 **륜** 떳떳할 **륜** 무리 **륜**	사람 인(亻)과 뭉치 륜(侖)의 합으로 인간이 지켜야 할 근본 도리(道理)를 조목조목 적어 책으로 엮은 삼강오륜의 도리란 뜻과 도리를 지키니 부끄럽지 않고 떳떳하다는 뜻과 삼강오륜 등 여러 조목이니 무리란 뜻 *三綱五倫(삼강오륜), 倫理(윤리), 人倫(인륜), 天倫(천륜)
1	水 8획	淪	빠질 **륜**	빠질(없을) 몰(沒)과 인륜 륜(倫)의 합으로 윤리(倫理)가 바로 서지 않고 질서가 없으니 사회가 어려움에 혹은 혼란에 빠진다는 뜻 *淪落(윤락: 타락하여 몸을 버림)
1	糸 8획	綸	벼리 **륜** 다스릴 **륜** 임금 **륜** 휩쌀 **륜** 낚싯줄 **륜**	벼리 강(綱)과 인륜 륜(倫)의 합으로 삼강(三綱), 오륜(五倫)의 강령(綱領)을 가지고 다스린다는 뜻과 강령이니 대강을 휩싼다는 뜻과 전체(대강)를 다스리니 임금이란 뜻과 벼리 줄처럼 당겨 올리는 낚싯줄이란 뜻도 된다. *綸音(윤음: 임금 말씀) *經綸(경륜: 나라를 다스리는 일이나 방책)

급수	부수	한자	훈 음	해 설
4	車 8획	輪	바퀴 **륜** 돌 **륜** 둘레 **륜**	수레 차(車)와 뭉치 륜(侖)의 합으로 죽간 뭉치를 둘둘 말듯이 둥글게 돌아가게 만든 수레의 바퀴란 뜻 *二輪(이륜), 四輪(사륜), 輪回(윤회), 五輪旗(오륜기), 輪轉機(윤전기)
2姓(성)	山 8획	崙	곤륜산 **륜**	뫼 산(山)과 뭉치 륜(侖)의 합으로 태초에 뭉친 덩어리였던 산이란 뜻 *崑崙山(곤륜산: 곤륜(崑崙)이란 혼돈(混沌: 사물이 하나로 뭉쳐있는 원초의 카오스)를 의미한다, 산해경의 기록에 천상계에 사는 천제(天帝)의 지상 궁전이 있는 곳으로 알려진 곳이며 신선 사상의 영향으로 중국인의 이상세계로 바뀜)
4.2	彳 6획	律	법칙 **률**	갈 왕(往)과 오직(오로지) 율(聿)의 합으로 천지자연이 왕복(往復)하여 돌아가는 이치로 봄여름이 지나면 가을, 겨울이 오듯이 인간이 거스를 수 없는 오로지 하늘만이 주관하는 변하지 않는 규칙인 율법이란 뜻 *律法(율법), 法律(법률), 律動(율동), 規律(규율)
3.2	木 6획	栗	밤 **률**	과일 과(果)와 중요할 요(要)의 합으로 중요한 요새(要塞)처럼 가시로 덮고 그 안에 또 단단한 겉껍질과 속껍질로 덮어 쌓인 과일인 밤이란 뜻 *棗栗梨柿(조율리시), 栗谷(율곡)
1	心 10획	慄	두려울 **률**	두려울 구(懼)와 밤 률(栗)의 합으로 밤은 가시가 많아 찔릴까 봐 두려워한다는 뜻 *戰慄(전율)

급수	부수	한자	훈 음	해 설
3.2	玄 6획	率	비율 **률** 거느릴 **솔** 새그물 **솔** 솔직할 **솔**	검을(가물) 현(玄)과 졸병 졸(卒)의 합으로 가물가물하게 많이 모여든 병졸들을 대강 어림잡아 헤아리는 확률. 비율이란 뜻과 병졸을 이끌다, 거느린다는 뜻과 대강이니 트여 소탈하다는 뜻과 대강 얽어 성긴 새그물이란 뜻 *比率(비율), 能率(능률), 統率(통솔), 率先(솔선), 輕率(경솔)
3.2	阜 9획	隆	솟을 **륭** 성할 **륭** 두둑할 **륭**	내릴 강(降)과 땅 지(地)의 합으로 땅으로 내린 눈이 소복보복 쌓이는 데서 위로 불룩 솟아 두둑하다, 그릇 위로 수북하니 푸짐하고 성(盛)하다는 뜻 *隆盛(륭 성), 隆昌(융창), 隆崇(륭 숭), 隆起(융기)
1	力 9획	勒	굴레 **륵** 강제할 **륵**	일할 근(勤)과 가죽 혁(革)의 합으로 우마(牛馬)가 수레를 끌거나 일을 시키기 위해 단단한 가죽끈으로 잡아매 굴레(재갈 고삐 등)를 씌운다는 뜻과 잡아매니 구속한다, 강제한다는 뜻 *勒買(늑매: 물건을 강제로 삼)
1	肉 4획	肋	갈비 **륵**	육 달 월(月)과 굴레 륵(勒)의 합으로 몸에 굴레를 씌운 마소가 수레를 끌며 힘을 쓰는 앞가슴에 가로놓인 갈빗대란 뜻 *鷄肋(계륵: 닭갈비는 버리긴 아깝고 먹자니 하찮다는 뜻)
1	冫 13획	凜	찰 **름** 늠름할 **름**	찰 랭(冷)과 곳집 품(稟)의 합으로 곳집(곳간 창고 등 담장이 높아 경계가 삼엄한 곳)의 위엄이 무서워 벌벌 떨리고 으스스하니 춥다는 뜻과 위엄 있어 늠름하다는 뜻 *凜兢(늠긍: 추워서 벌벌 떨림) *凜凜(늠름: 용기 있거나 두려워 삼가 함)

급수	부수	한자	훈 음	해 설
3.2	阜 8획	陵	언덕 **릉** 오르다 **릉** 능가할 **능** 왕릉 **릉**	뭍 륙(陸)과 천천히 걸을 쇠(夊)의 합으로 힘들게, 천천히 걸어 올라갈 정도로 높은 언덕이란 뜻과 기어오르니 업신여긴다는 뜻과 언덕처럼 봉분이 큰 임금의 무덤이란 뜻 *王陵(왕릉), 丘陵(구릉), 陵蔑(능멸), 陵辱(능욕)
1	冫 8획	凌	능가할 **릉** 능멸할 **능**	찰 냉(冷)과 언덕 릉(陵)의 합으로 냉정하게 올라서 깔아뭉개니 능가한다. 능멸한다는 뜻과 심하다는 뜻 *凌駕(능가: 남을 누르고 그 위에 오름)
1	禾 8획	稜	모서리 **릉** 서슬 **릉**	가을 추(秋)와 능가할 릉(凌)의 합으로 어디 상전을 능멸하느냐고 진노하는 위엄이 매섭기가 추상(秋霜)같다는 데서 베일 듯이 날카로운 모서리, 서슬이란 뜻. *서슬: 불안 긴장으로 아슬아슬한 스릴을 일으키는 날카로운 기세 *稜威(능위: 날이 선 듯 서슬이 시퍼런 왕의 권위)
1	艸 8획	菱	마름 **릉**	풀 초(草)와 서슬 릉(稜)의 합으로 연못이나 늪에 나는 양쪽으로 서슬이 무서운 가시로 된 열매가 땅에 묻힌 물풀인 마름이란 뜻 *菱形(능형: 마름모꼴)
1	糸 8획	綾	비단 **릉**	짤 직(織)과 언덕 릉(陵)의 합으로 두둑한 언덕처럼 두텁게 짠 비단이란 뜻 *얇은 비단을 羅라고 함 *綾羅(능라: 비단을 통 털어 이르는 말)
2名(명)	木 9획	楞	네모질 **릉**	모양 모(模)와 넉 사(四)와 모 방(方)의 합으로 네 개로 모가 진 모양으로 네모지다는 뜻 *楞嚴經(릉엄경)

급수	부수	한자	훈 음	해 설
3.2	口 3획	吏	관리 **리**	명령 명(命)과 아래 하(下)와 받을 수(受)의 합으로 아래에서 명령을 받는 낮은 관리란 뜻 *官吏(관리), 貪官汚吏(탐관오리), 吏讀(이두)
6	木 3획	李	오얏 **리** 이 씨 **이** 행장 **리**	나무 목(木)과 배울 학(學)의 합으로 자두나무 아래 지나다가 갓끈을 고치지 말라고, 의심받을 일은 하지 말라고 배운 나무란 뜻과 갓을 쓰고 지나가는 나그네의 행장이란 뜻 *李下不整冠(이하부정관), 李氏(리 씨)
6	刀 5획	利	이로울 **리** 날카로울 **리**	칼 도(刀)와 벼 화(禾)의 합으로 칼날이 벼를 베는 데 편리하다. 이롭다는 뜻과 베어 거두는 수익이란 뜻과 베는 칼날이 날카롭다는 뜻 *便利(편리), 利益(이익), 利子(이자), 金利(금리), 銳利(예리)
1	心 7획	悧	영리할 **리**	성품 성(性)과 예리할 리(利)의 합으로 예리하게 관찰하고 살피는 성격이니 영리하다는 뜻 *怜悧(령 리)
1	疒 7획	痢	설사 **리**	병 병(病)과 예리할 리(利)의 합으로 대장이나 위장 등이 예리하게 과민 반응하여 생기는 병증세인 설사란 뜻 *痢疾(이질: 설사가 심한 급성 전염병)
3	木 7획	梨	배 **리**	과일 과(果)와 이로울 리(利)의 합으로 몸에 이로운 과일인 배란 뜻 *烏飛梨落(오비이락)

급수	부수	한자	훈 음	해 설
7	里 0획	里	마을 **리** 거리 **리**	밭 전(田)과 흙 토(土)의 합으로 밭을 일구는 토지(土地)가 있는 시골 마을이란 뜻과 시골 마을이 십 리씩 떨어져 있다 하여 거리를 재는 단위인 '리'로 쓰임 *洞里(동리), 里長(이장), 里程標(이정표), 千里(천리), 十里(십리)
1	亻 7획	俚	속될 **리**	살 주(住)와 마을 리(里)의 합으로 시골 마을에 살다 보니 도시 사람보다 세련되지 못하고 속되다는 뜻 *俚淺(이천: 속되고 천박함)
1	里 11획	釐	리 **리**	거리 리(里)와 언덕(낭떠러지) 엄(厂)과 아닐 미(未)와 셈할 수(數)의 합으로 길이를 재어 셈할 때 1이 안된 단위의 끝인 할 푼 리 중의 '리', 즉 1의 100분의 1이란 뜻 *厘: 釐의 속자 낭떠러지, 끝, 한계란 뜻과 화폐, 길이, 소수, 무게 따위의 단위로 쓰임 *割(할), 分(푼), 釐(리)
6	玉 7획	理	다스릴 **리** 이치 **리** 결 **리**	구슬 옥(玉)과 들 야(野)의 합으로 야생(野生)의 옥돌을 다듬거나 다룰 때 결을 따라 다스린다는 뜻과 결은 자연스럽게 생긴 무늬란 뜻과 자연의 이치란 뜻 *理科(이과: 자연과학의 여러 가지 사물 및 현상을 연구하는 학문) *理致(이치), 物理(물리), 數理(수리), 理論(이론), 理解(이해), 大理石(대리석)
3.2	衣 7획	裏	속 **리** 안(내부) **리**	옷 의(衣)와 중요할 중(重)의 합으로 중요한 것은 옷 속에 감추어 깊이 숨기는 데서 보이지 않는 내부 사물의 안이란 뜻 *表裏不同(표리부동), 裏面(이면), 裏書(이서)

급수	부수	한자	훈 음	해 설
1	衣 7획	裡	속 **리**	소매 수(袖)와 속 리(裏)의 합으로 소매 속에 몰래 숨긴 모양이니 남모르게 한다는 뜻 *裏의 속자로 같은 뜻 *暗暗裡(암암리: 남모르게)
3.2	尸 12획	履	밟을 **리** 신 **리** 신을 **리**	꼬리 미(尾)와 반복 복(復)의 합으로 도둑질을 반복(反復)하여 꼬리가 길면 밟힌다는데서 밟는다는 뜻과 밟히는 신이란 뜻 *履歷(이력), 履修(이수), 履行(이행)
1	网 11획	罹	걸릴 **리**	벌릴 라(羅)와 참혹할 참(慘)의 합으로 벌려놓은 그물에 걸리듯이 재난에 처참(悽慘)하게 걸려들거나 질병에 걸렸다는 뜻 *罹災民(이재민)
4	隹 11획	離	떠날 **리**	어려울 난(難)과 새 금(禽)의 합으로 철새가 추워서 살기가 어려워 따뜻한 지방으로 떠난다는 뜻 *離乳食(이유식), 離別(이별), 離脫(이탈), 離婚(이혼), 隔離(격리), 分離(분리), 離陸(이륙)
1	竹 19획	籬	울타리 **리**	죽간 간(簡)과 떠날 리(離)의 합으로 나무를 죽간처럼 엮어서 쳐놓고 막아 이웃과 따로 분리(分離)하는 담장인·울타리란 뜻 *籬柵(이책: 목책 울타리)
1	口 4획	吝	아낄 **린**	장사 상(商)과 글월 문(文)의 합으로 상(商)거래에서 문자(文字)를 새기려고 깎거나 文身하려고 찌르듯이 물건값을 깎으려는 (sting)모양이다, 깎으니 깍쟁이, 쩨쩨하게 아낀다는 뜻 *吝嗇(인색)

급수	부수	한자	훈 음	해 설
1	火 12획	燐	도깨비불 **린**	불 화(火)와 어그러질 천(舛)과 미혹할 미(迷)의 합으로 이리 갔다 저리 갔다(어긋지게) 여기 번뜩 저기 번뜩하며 사람을 미혹(迷惑)시키는 불인 도깨비불이란 뜻과 원소 기호 p(인) *燐光 인광
3	阜 12획	隣	이웃 **린**	만날 제(際)와 어그러질 천(舛)과 쌀 미(米)의 합으로 가까이 살고 있어서 자주 만나는 쌀이 떨어지면 빌리러 왔다 갔다 할 수 있는 가까운 이웃이란 뜻 *마을 부(部)를 합한 이웃 린(鄰)도 같이 쓰임 *隣接, 隣近 인접 인근
1	魚 12획	鱗	비늘 **린**	물고기 어(魚)와 도깨비불 린(燐)의 합으로 도깨비불이 번쩍이듯이 번쩍번쩍하는 물고기의 비늘이란 뜻 *片鱗(편린: 사물의 아주 작은 조각이란 뜻)
2人 인	鹿 12획	麟	기린 **린**	사슴 록(鹿)과 이웃 린(隣)의 합으로 사슴과 이웃처럼 가까운 흡사한 모양의 기린이란 뜻 *麒麟 기린
1	足 20획	躪	밟을 **린**	발족(足)과 골 풀 린(藺)의 합으로 골 풀은 돗자리를 만드는 왕골 풀이다. 왕골로 짠 돗자리인 발판을 밟듯이 밟는다는 뜻 *蹂躪(유린: 함부로 짓밟음)
7	木 4획	林	수풀 **림**	나무 목(木)이 겹쳐 있다. 나무가 많이 모인 숲이란 뜻 *林業, 山林 임업 산림

급수	부수	한자	훈 음	해 설
1	水 8획	淋	임질 **림**	물방울 적(滴)과 수풀 림(林)의 합으로 숲에 물이 방울져 뚝뚝 떨어지듯 물기가 많아 번질번질하고 뚝뚝 떨어지는 모양 *淋巴液(임파선: 체내의 조직 사이를 흐르는 무색투명의 액체 체내 영양 공급과 노폐물 운반함) *淋疾(임질: 성병)
3.2	臣 11획	臨	임할 **림** 임박할 **림**	누울 와(臥)와 뭇(여럿) 품(品)의 합으로 죽음이 가까워 누워 있는 사람을 식구(食口)들이 모여서 지켜보며 임종한다는 데서 죽음이 가까웠다는 뜻과 마지막을 지켜본다는 뜻 *臨迫(임박), 再臨(재림), 臨時(림시), 臨渴掘井(임갈굴정)
7	立 0획	立	설 **립**	사람이 두 다리를 땅에 딛고 서 있는 모양의 상형 자이다. 서다, 세운다는 뜻 *立式(입식), 立場(입장), 設立(설립)
1	米 5획	粒	낟알 **립**	헤아릴 료(料)와 설 립(立)의 합으로 독립(獨立)하여 낱개로 헤아리는 하나하나의 낟알이란 뜻 *粒子(입자), 顆粒(과립)
1	竹 5획	笠	삿갓 **립**	대 죽(竹)과 설 립(立)의 합으로 대로 엮은 삿갓을 깊숙이 눌러 써 두 다리만 보이므로 이렇게 나타낸 모양 *簑笠(사립: 도롱이와 삿갓)
5	馬 0획	馬	말 **마**	하수와 낙수에서 나타난 용마가 등에 금과 글이 있다 하여 등에 금을 그어 나타낸 말 모양의 상형 자 *馬夫(마부), 馬車(마차)

급수	부수	한자	훈 음	해 설
3	麻 0획	麻	삼 **마**	뭇 서(庶)와 숲 빽빽할 삼(森)의 합으로 삼나무처럼 빽빽이 자라는 키 큰 식물로 서민(庶民)들의 옷을 만드는 재료가 된다. *麻布(마포), 麻衣太子(마의 태자)
2	手 11획	摩	문지를 **마**	손 수(手)와 삼 마(麻)의 합으로 손으로 삼실을 만들 때 무릎에 놓고 또는 손바닥으로 비비는 모양이니 문지르다, 비빈다는 뜻 *摩擦(마찰), 按摩(안마)
3	石 11획	磨	갈 **마**	돌 석(石)과 문지를 마(摩)의 합으로 돌에 대고 문지르며 갈다의 뜻 *磨滅(마멸), 硏磨(연마), 磨斧作針(마 부 작 침)
2	疒 8획	痲	저릴 **마**	병 증(症)과 삼 마(麻)의 합으로 대마초(大麻草)가 일으키는 마비 증상이란 뜻과 마비시키는 마취나 마약이란 뜻 *痲藥(마약), 痲醉劑(마취제), 痲痺(마비)
2	鬼 11획	魔	마귀 **마**	매혹될 매(魅)와 저릴 마(痲)의 합으로 대마초는 환각 성분이 있다, 사람을 홀리는 마약처럼 정신을 매혹(魅惑) 시키는 마귀, 혹은 마술이란 뜻 *魔鬼(마귀), 魔術(마술)
3.2	艸 7획	莫	없을 **막** 저물 **모**	풀 초(艸)와 해 일(日)의 합으로 풀 속으로 해가 가려 위에서도 안 보이고 아래에서도 안 보이니 없다는 뜻 *고문에 해(日)의 아래위로 모두 풀 초(艸)임 *莫上莫下(막상막하), 莫大(막대), 莫逆(막역)

급수	부수	한자	훈 음	해 설
3.2	水 11획	漠	사막 **막** 아득할 **막**	물 수(水)와 없을 막(莫)의 합으로 물이 없으니 사막이다. *茫漠(망막: 물로 덮여 아득함과 물이 없는 사막으로 그지없이 넓다는 뜻과 희미하여 뚜렷하지 않다는 뜻) *沙漠(사막)
1	宀 11획	寞	고요할 **막** 쓸쓸할 **막**	집 가(家)와 없을 막(莫)의 합으로 집에 사람이 없어 고요하고 쓸쓸하다는 뜻 *寂寞(적막)
3.2	巾 11획	幕	장막 **막** 포장 **막**	베 포(布)와 없을 막(莫)의 합으로 포장(布帳)을 둘러쳐 보이지 않게 가리는 장막이란 뜻 *天幕(천막), 帳幕(장막) *銀幕(은막): 영화계를 달리 이르는 말
2	肉 11획	膜	막 **막**	육 달 월(月)과 장막 막(幕)의 합으로 몸에서 장막을 치듯이 어떤 부분을 가리고 있는 막이란 뜻 *橫膈膜(횡격막), 鼓膜(고막)
1	十 4획	卍	절 **만** 일만 **만**	열 십(十)이 부수인 것이 재미있다. 십자의 끝을 살짝 꺾어 바람개비처럼 돌아가게 윤회설을 나타내 놓은 것 같지만 근거는 없고, 부처의 가슴이나 손발에 나타나는 만덕(萬德)의 상징으로 불교나 절이란 뜻과 일만이란 뜻 *卍字(만자)
1	手 7획	挽	당길 **만**	잡을 파(把)와 힘쓸 면(勉)의 합으로 붙잡고 힘을 써서 끌어당긴다는 뜻 *挽留(만류: 붙잡고 못가라 더 있다가 가라고 말림)

급수	부수	한자	훈 음	해 설
1	車 7획	輓	수레 끌 **만** 애도할 **만**	수레 차(車)와 당길 만(挽)의 합으로 유족들이 보내기 아쉬워 울며 수레를 끌어당기니 애도한다는 뜻 *輓歌(만가: 상엿소리, 죽은 이를 애도하여 부르는 노래) *輓章(만장; 상여에 써 붙이는 글)
3	日 7획	晩	늦을 **만**	때 시(時)와 당길 만(挽)의 합으로 붙잡고 잡아당기며 좀 더 있다가 가라고 만류(挽留)를 해서 시간이 늦었다는 뜻 *晩學(만학), 晩秋(만추), 晩鐘(만종), 大器晩成(대기만성)
2	女 7획	娩	해산할 **만**	아내 부(婦)와 당길 만(挽)의 합으로 부녀자가 끈을 잡아당기며 힘을 써서 아이를 낳는 데서 몸을 푼다고 해산(解産)한다는 뜻 *分娩(분만), 娩痛(만통)
8	艹 9획	萬	일만 **만** 벌이름 **만** 춤이름 **만**	꽃 화(花)와 짝 우(偶)의 합으로 꽃을 찾아다니며 꽃의 짝이 되는 벌 이름이란 뜻과 벌떼처럼 와글와글 많다 하여 일만이란 뜻과 벌이 춤으로 신호를 보내듯 춤추는 춤 이름이란 뜻으로 쓰임 *萬古(만고), 千萬(천만), 萬若(만약)
3	水 11획	滿	가득할 **만**	펼 연(演)과 자리 석(席)과 들 입(入)의 합으로 공연장에 연기(演技)를 보려고 사람들이 좌석(座席)을 가득 메워 꽉 들어찼다는 데서 가득하다는 뜻 *滿點(만점), 滿期(만기), 滿發(만발)
1	目 11획	瞞	속일 **만**	눈 목(目)과 찰 만(滿)의 합으로 저울이나 되의 근량을 다 채우지 않고 눈을 속인다는 뜻 *欺瞞(기만)

급수	부수	한자	훈 음	해 설
1	++ 11획	蔓	덩굴 **만**	풀 초(草)와 길 만(曼)의 합으로 길게 뻗어 나가는 풀인 칡이나 담쟁이 등의 덩굴이란 뜻 *曼(길 만: 오를 승(昇)과 벌릴 라(羅)와 또 우(又)의 합으로 덩굴손으로 거머잡고 벌어지며 뻗어 나가고 기어오르는 덩굴이 길다는 뜻) *蔓延(만연: 널리 퍼짐, 번짐)
1	食 11획	饅	만두 **만**	밥 식(食)과 덩굴 만(蔓)의 합으로 밀가루에 물 반죽을 하여 늘리고 펴지게 하여 속을 싸서 만드는 음식인 만두란 뜻 *饅頭(만두)
3	水 11획	漫	퍼질 **만** 흐드러질 **만**	물결 랑(浪)과 길 만(曼)의 합으로 물결이 출렁거려 넘치니 질펀하게 퍼진다는 뜻과 말을 거침없이 길게 늘어놓는다는 뜻 *漫評(만평: 일정한 체계 없이 생각나는 대로 하는 비평) *漫談(만담: 두서없이 늘어놓는 이야기) *浪漫(낭만: 감정이 넘쳐 흐드러짐) *漫畵(만화), 散漫(산만), 漫然(만연)
3	心 11획	慢	게으를 **만** 오만할 **만**	성품 성(性)과 퍼질 만(漫)의 합으로 성질이 푹 퍼지고 느려터지니 게으르다는 뜻과 덩굴이 다른 나무를 타고 올라가듯이 남에게 기어오르려 하니 오만하다는 뜻 *怠慢(태만), 傲慢(오만)
1	魚 11획	鰻	뱀장어 **만**	물고기 어(魚)와 덩굴 만(蔓)의 합으로 덩굴이 뻗듯이 쭉 쭉 뻗어 긴 물고기란 뜻 *鰻鯉(만리: 뱀장어)
1	弓 19획	彎	굽을 **만**	변할 변(變)과 활 궁(弓)의 합으로 해안선 등이 파도에 침식되어 활처럼 변해 굽었다는 뜻 *彎曲(만곡: 활처럼 굽은)

급수	부수	한자	훈 음	해 설
2	水 22획	灣	물굽이 **만**	바다 해(海)와 굽을 만(彎)의 합으로 해변이 활처럼 굽은 곳이란 뜻과 굽어 물살이 고요해 배를 대기 좋은 항만이란 뜻 *港灣(항만)
2	虫 19획	蠻	오랑캐 **만**	바퀴벌레(메뚜기) 비(蜚)와 항만 만(灣)의 합으로 항만, 곧 해안을 통해 침입하여 날뛰는 거칠고 야만적인 남쪽 오랑캐란 뜻 *南蠻(남만) *고대 중국에서 사방을 오랑캐라 하고 (東夷(동이), 北狄(북적), 西戎(서융), 南蠻(남만))가운데는 中華(중화)라 했음
5	木 1획	末	끝 **말**	나무 목(木)과 윗 상(上)의 합으로 나무의 꼭대기 위 끝부분이란 뜻 *本의 반대 의미 *末端(말단), 終末(종말), 本末(본말), 年末(연말)
1	手 5획	抹	지울 **말** 바를 **말**	문지를 찰(擦)과 끝 말(末)의 합으로 손가락 끝으로 싹싹 문질러 지우다, 또는 문질러 칠을 바르다는 뜻 *抹殺(말살), 塗抹(도말)
1	水 5획	沫	물거품 **말**	물거품 포(泡)와 지울 말(抹)의 합으로 물거품처럼 터져(꺼져) 없어지는 물거품이란 뜻 *泡沫(포말: 물거품)
2族(족)	革 5획	靺	가죽덧신 **말** 종족이름 **말**	가죽신 화(靴)와 지울(칠할) 말(抹)의 합으로 가죽신이나 가죽옷을 입고 얼굴에 칠을 한 종족으로 오랑캐 이름 *靺鞨(말갈)

급수	부수	한자	훈 음	해 설
1	衣 14획	襪	버선 **말**	옷 의(衣)와 멸시할 멸(蔑)의 합으로 짓밟히며 멸시당하는 옷이니 버선이란 뜻 *洋襪(양말: 서양식 버선)
5	亠 1획	亡	망할 **망** 죽을 **망** 없을 **망**	서울 경(京)과 감출 혜(匸)의 합으로 번성한 서울이 감춘 듯 없어지다, 망했다는 뜻 *滅亡(멸망), 死亡(사망), 逃亡(도망), 亡命(망명), 亡身(망신)
5	月 7획	望	바랄 **망** 우러를 **망** 원망 **망**	밝을 랑(朗)과 없을 망(亡)과 북방 임(壬)의 합으로 밝은 달을 보며 북방 오랑캐를 치러 가고 없는 남편을 기다리며 밝은 소식을 바란다는 뜻과 달이 가장 밝은 음력 15일인 보름이란 뜻 *所望(소망), 希望(희망), 望夫石(망부석), 望鄕(망향), 怨望(원망)
3.2	女 3획	妄	망령들 **망** 허망할 **망** 속일 **망**	할미 파(婆)와 망할 망(亡)의 합으로 노파가 늙어 기억이 망가지니 망령되다, 헛소리하니 허망하다, 없는 소리이니 거짓말한다, 속인다는 뜻 *老妄(노망), 妄靈(망령), 虛妄(허망) *妄動(망동: 잘 모르고 분별없이 행동함)
3	心 3획	忘	잊을 **망**	생각 념(念)과 망령될 망(妄)의 합으로 늙어 망령되니 생각이 안 나고 까맣게 잊어버린다는 뜻 *忘却(망각), 發憤忘食(발분망식)
1	忄 3획	忙	바쁠 **망**	분발할 분(憤)과 잊을 망(忘)의 합으로 발분망식(發憤忘食) 하듯 먹는 것도 잊을 만큼 바쁘다는 뜻 *忙中閑(망중한), 公私多忙(공사다망)

급수	부수	한자	훈 음	해 설
3	++ 6획	茫	아득할 **망**	없을 막(莫)과 망할 망(亡)과 바다 해(海)의 합으로 바다가 끝없이 넓고 멀어 아득하다는 뜻 *茫漠(망막), 茫茫大海(망망대해)
1	++ 3획	芒	까끄라기 **망**	풀 초(草)와 없을 망(亡)의 합으로 없는 듯 보이지 않으나 옷 속에서 찌르는 알곡의 수염 같은 작은 풀 가시랭이 까끄라기란 뜻 *芒種(망종: 밀이나 보리처럼 까끄라기가 있는 곡식, 24절기의 하나 小滿과 夏至 사이)
3	网 3획	罔	없을 **망** 속일 **망**	허물 죄(罪)와 없을 망(亡)의 합으로 죄(罪)를 가리어 숨기고 없다는 뜻과 죄를 감추고 없다고 하니 속인다는 뜻 *罔極(망극), 罔測(망측)
2	糸 8획	網	그물 **망**	맬 유(維)와 없을 망(罔)의 합으로 그물을 감추어서 매어놓고 범인이나 물고기가 걸려들면 잡는 그물이란 뜻 *一網打盡(일망타진), 聯絡網(연락망), 漁網(어망) *網羅(망라: 고기 잡는 그물과 새그물이란 뜻에서 널리 빠짐없이 모은다는 뜻)
1	心 8획	惘	멍할 **망**	생각 억(憶)과 없을 망(罔)의 합으로 아무런 생각이 없는 듯이 멍한 모양 *惘然(망연: 실신(失神)이 되어 멍청한 모양)
1	口 4획	呆	어리석을 **매**	이름 명(名)과 아무 모(某)의 고자(古字)이다. 이름을 잘 몰라서 아무개라고 하듯이 잘 모른다고 하니 어리석다, 둔하다, 멍청하다는 뜻 *癡呆(치매)

급수	부수	한자	훈 음	해 설
7	毋 2획	每	매양 **매** 모두 **매**	어미 모(毋)와 해 년(年))의 합으로 해마다 모체(母體)로부터 태어난 날(생일)을 축하하거나 기념한다는 매년에서 온 말로 해마다 또는 사람마다 제각기 모두란 뜻 *eve는 every의 어원 *每年(매년), 每時(매시), 每日(매일), 每事(매사)
3.2	木 7획	梅	매화 **매**	나무 목(木)과 매양 매(每)의 합으로 추위에 굴하지 않고 눈 속에서도 해마다 일찍 봄을 알리려고 먼저 꽃피우는 나무인 매화란 뜻 *古字(고자)는 某(모), 楳(매) *梅花(매화), 梅毒(매독), 梅香(매향), 黃梅(황매), 梅實(매실)
2	木 4획	枚	낱 **매**	나무 목(木)과 칠 복(攵)의 합으로 회초리 치거나 톡톡 치는 나무막대란 뜻이다. 젓가락 헤아리는 매수 또는 매매(매질)한다는 매 *枚擧(매거: 낱낱이 들어서 논함) *枚枚(매매: 가느다란 모양)
4	女 5획	妹	아래누이 **매**	계집 녀(女)와 아직 아닐 미(未)의 합으로 아직 덜 자란 여자아이란 뜻 *姉妹(자매), 妹弟(매제)
1	日 5획	昧	어두울 **매**	해 일(日)과 아직 아닐 미(未)의 합으로 아직 해가 안 떠서 어둡다는 뜻 *曖昧(애매: 사랑에 눈멀어 어두운 상태처럼 분명치 못하고 어둡다는 뜻)
1	宀 9획	寐	잘 **매**	잘 침(寢)과 어두울 매(昧)의 합으로 해가 아니 떠오르듯이 침대에서 아직 자고 있다는 뜻 *寤寐不忘(오매불망)

급수	부수	한자	훈 음	해 설
2	鬼 5획	魅	홀릴 **매**	넋 혼(魂)과 어두울 매(昧)의 합으로 혼이 빠진 듯 사리판단이 어두우니 귀신에게 홀린다는 뜻 *魅惑(매혹), 魅力(매력)
3	女 9획	媒	중매 **매**	혼인 혼(婚)과 아무 모(某)의 합으로 혼인을 시키기 위해 모르는(아무개) 사람들을 중간에서 연결해준다는 뜻 *媒婆(매파), 媒體(매체), 媒介體(매개체)
1	火 9획	煤	그을음 **매**	연기 연(煙)과 아무 모(某)의 합으로 누구인지 모르게 할 때 얼굴에 발랐던 연기가 빠져나가는 굴뚝에 낀 시커먼 그을음이란 뜻 *煤煙(매연)
3	土 7획	埋	묻을 **매**	구덩이 갱(坑)과 들 야(野)의 합으로 산야(山野)에 땅을 파고 묻는다는 뜻 *埋葬(매장)
5	貝 5획	買	살 **매**	재물 화(貨)와 허물 죄(罪)의 합으로 재물을 주고 면죄부(免罪符)를 산다, 재물을 주고 권리를 산다. 매수한다는 뜻 *買入(매입), 賣買(매매)
5	貝 8획	賣	팔 **매**	살 매(買)와 선비 사(士)의 합으로 士는 出의 변형으로 사는 사람에게 물건을 내어주니 팔려나간다, 빠져나간다, 팔아넘긴다는 뜻 *賣出(매출), 賣票(매표)
1	网 5획	罵	꾸짖을 **매**	허물 죄(罪)와 둔한 말 노(駑)의 합으로 걸음이 둔한 말처럼 재능이 없고 미련한 허물을 나무라거나 호통쳐 꾸짖는다는 뜻이다. “야! 임마!” 하며 상스럽게 욕하는 욕이다, 속자로 ‘罒’대신 ‘口’ 둘을 쓰기도 함 *罵倒(타매: 몹시 욕하며 나무람)

급수	부수	한자	훈 음	해 설
1	辵 13획	邁	갈 **매**	힘쓸 려(厲)와 지날 과(過)의 합으로 어려운 고비 등을 천신만고(千辛萬苦)로 힘들게 지나간다는 뜻 *邁進: 힘써 나아감
4.2	肉 6획	脈	줄기 **맥**	육 달 월(月)과 갈래 파(派)의 합으로 몸에 영양 공급이나 신경전달을 위해 여러 곳으로 갈라져 이어 내려지는 핏줄이나 신경 줄기란 뜻 *動脈, 靜脈, 脈搏, 山脈, 人脈 동맥 정맥 맥박 산맥 인맥
3	麥 0획	麥	보리 **맥**	올 래(來)와 여름 하(夏)의 합으로 가을에 씨 뿌려 내년(來年) 여름에 수확하는 곡식인 보리라는 뜻 *小麥(소맥: 밀) *麥芽(맥아: 엿기름)
2族 족	豸 7획	貊	오랑캐 **맥** 종족이름 **맥**	모양 모(貌)와 온 백(百)의 합으로 백제(百濟)로 변모(變貌)한 남만주 한반도에 살던 민족 이름으로 북쪽 오랑캐란 뜻 *濊貊(예맥: 韓族의 前身임) 한족 전신
3.2	目 3획	盲	눈멀 **맹** 어두울 **맹**	눈 목(目)과 망할 망(亡)의 합으로 눈을 잃어 볼 수 없게 된 소경이란 뜻 *盲人, 文盲, 色盲, 盲信, 盲目的 맹인 문맹 색맹 맹신 맹목적
1	++ 8획	萌	싹 **맹**	싹 묘(苗)와 밝을 명(明)의 합으로 어두운 데서 밝은 데로 움터 나오는 풀의 싹이란 뜻과 사물이 일어나기 시작한다는 뜻 *萌芽(맹아: 식물의 싹, 사물의 시초)

급수	부수	한자	훈 음	해 설
3.2	皿 8획	盟	맹서 **맹**	다할 진(盡)과 밝을 명(明)의 합으로 충성을 다할 것을 여러 사람 앞에서 밝히며 약속한다, 선서하여 맹세한다는 뜻 *盟約, 盟誓, 同盟, 盟邦 맹약 맹서 동맹 맹방
3.2	子 3획	孟	맹자 **맹** 맏(첫) **맹** 맹랑할 **맹**	선생 자(子)와 맹세할 맹(盟)의 합으로 무력이 아닌 덕(德)으로 정치를 하면 틀림없이 백성이 많은 큰 나라가 된다고 맹세하며 왕도정치를 설파하던 선생인 맹자란 뜻과 왕들이 보기에 신빙성 없고 터무니없는 헛소리라고 허무맹랑하다는 뜻과 맹자가 맹 씨의 시작이란 뜻에서 시작, 처음이란 뜻 *孟子, 孟春, 孟夏 맹자 맹춘 맹하
3.2	犭 7획	猛	사나울 **맹**	홀로 독(獨)과 맹자 맹(孟)의 합으로 홀로 왕들을 찾아다니며 왕도정치를 설득한 맹자가 용감하였다는 뜻과 열띤 연설 맹렬한 불꽃 튀는 격렬한 논쟁을 설파했다는 데서 생긴 말로 용맹하다, 맹렬하다는 뜻 *猛烈, 勇猛, 猛獸 맹렬 용맹 맹수
2姓 성	見 4획	覓	찾을 **멱**	볼 견(見)과 가릴 채(采)의 합으로 좋은 문구를 발견(發見)하려고 가려 찾는다는 뜻 *俗字(속자)는 보이지 않는 것을 찾는다고 爪(조)대신에 不(불)을 썼음 *覓句(멱구: 좋은 문구를 찾음)
3	儿 5획	免	면할 **면**	토끼 토(兎)에서 점 하나가 빠져있다. 점은 토끼의 짧은 꼬리를 뜻하니 꽁지 빠지게 도망갔다 하여 위기(危機)에서 벗어나다, 죽음을 면하다 의 뜻 *免除, 免許, 赦免 면제 면허 사면

급수	부수	한자	훈 음	해 설
4	力 7획	勉	힘쓸 **면**	부지런할 근(勤)과 면할 면(免)의 합으로 가난을 면하려고 부지런히 힘쓴다는 뜻 *勉學, 勤勉 면학 근면
2	冂 7획	冕	면류관 **면**	무릅쓸(덮어쓸) 모(冒)와 힘쓸 면(勉)의 합으로 부지런히 힘을 쓴 승리자나 최고의 자리에 앉는 왕이 영광의 상징으로 머리에 덮어쓰는 춤이 높은 모자인 면류관이란 뜻 *冕服(면복: 제왕의 정복, 면류관과 곤룡포)
2	亻 7획	俛	구부릴 **면** 고개숙일 **면**	엎드릴 복(伏)과 면류관 면(冕)의 합으로 면류관을 쓴 최고의 권력자에게 엎드린다, 고개를 숙인다는 뜻 *俛首(면수: 고개를 숙임) *俛仰(면앙: 굽어봄과 우러러 쳐다봄)
3.2	糸 8획	綿	솜 **면** 세밀할 **면**	짤 조(組)와 흰 백(白)과 수건 건(巾)의 합으로 거칠고 누런 삼베에 비해 촘촘하고 흰 조직의 천인 면이란 뜻과 면의 소재인 목화솜이란 뜻과 삼베보다 촘촘하니 세밀하다, 자세하다는 뜻 *純綿, 周到綿密 순면 주도면밀 *綿密(면밀: 자세하고 빈틈없음)
1	木 8획	棉	목화 **면**	심을 식(植)과 솜 면(綿)의 합으로 하얀 솜을 얻으려고 심는 식물인 목화란 뜻 *棉花 면화
2姓 성	水 4획	沔	물 이름 **면**	물 수(水)와 가릴 면(丏)의 합으로 물이 그득히 흐르는 섬서성(陝西省)의 한수(漢水) 상류에 있는 물 이름 *丏(: 正(바를 정)자가 아래로 흘러내린 모양

급수	부수	한자	훈 음	해 설
1	目 4획	眄	눈 흘길 **면**	눈 목(目)과 흘릴 면(丏)의 합으로 바로 보지 않고 눈길을 힐긋힐긋 흘겨본다는 뜻 *丏(가릴 면: 바를 정(正)자가 아래로 흘러 내린 모양으로 가린다, 흘린다는 뜻) *左右顧眄(좌고우면: 이쪽저쪽 힐끗힐끗 돌아보다)
3.2	目 5획	眠	잠잘 **면**	눈 안(眼)과 백성 민(民)의 합으로 백성은 글을 몰라 눈이 어둡다고 까막눈이라 한다는데서 까막눈이 되는 것은 또한 눈을 감고 잠을 잔다는 뜻과 눈이 감기니 졸린다는 뜻 *冬眠, 睡眠 동면 수면
7	面 0획	面	낯 **면** 편평할 **면**	입구 구(口)와 부터 자(自)의 합으로 -로부터 들어가는 입구(入口)이니 바로 정면이란 뜻과 정체를 나타내는 표면이니 낯, 얼굴이란 뜻 *面刀, 體面, 面目, 初面, 正面, 平面 면도 체면 면목 초면 정면 평면
1	麥 11획	麵	밀 **면**	보리 맥(麥)과 얼굴 면(面)의 합으로 보리와 같은 종류로 점성이 강해 면을 늘일 수 있어 국수나 빵을 만드는 밀, 소맥(小麥)이란 뜻 *麪의 俗子, *冷麪 면 속자 냉면
1	糸 9획	緬	멀 **면** 가는 실 **면** 옮겨 장사지낼 **면**	줄 선(線)과 밀 면(麵)의 합으로 밀가루 반죽하여 국수 가락이 늘어지듯 가늘고 길다, 목숨을 늘린다는 뜻과 안 좋은 터를 멀리 옮겨 '멀리한다' 하여 산소를 이장한다는 뜻과 솜 면(綿)과 통하여 실, 바느질 무명실이란 뜻 *緬禮(면례: 산소를 옮겨서 장사지냄)

급수	부수	한자	훈 음	해 설
2	艸 11획	蔑	업신여길 **멸** 없다 **멸**	없을 막(莫)과 눈목(目)과 지킬 수(戍)의 합으로 지키는 사람이 눈이 가려 보지 못하듯이 보지 않은 듯, 없는 듯, 업신여긴다는 뜻 *蔑視(멸시: 업신여김) *輕蔑(경시: 얕잡아 봄)
3.2	水 10획	滅	멸할 **멸**	덜 감(減)과 불 화(火)의 합으로 減은 물이 빠져나간다는 뜻이니 소방관이 호스로 물을 빠져나오게 하여 불을 끈다, 불씨를 없앤다는 뜻 *滅亡, 全滅, 消滅, 幻滅 멸망 전멸 소멸 환멸
7	口 3획	名	이름 **명**	입 구(口)와 많을 다(多)의 합으로 식구(食口)가 많아서 각각 다르게 지어 부르는 이름이란 뜻 *姓名, 呼名, 實名, 揚名, 名作, 名勝地 성명 호명 실명 양명 명작 명승지
3.2	金 6획	銘	새길 **명**	새길 록(錄)과 이름 명(名)의 합으로 문패나 교복의 가슴 등에 걸어놓을 이름표를 새긴다는 뜻 *銘心(명심: 마음에 꼭 새김) *感銘(감명: 느낌이 깊이 새겨짐)
1	酉 6획	酩	취할 **명**	술 주(酒)와 새길 명(銘)의 합으로 술이 뼈에 깊이 새겨지니 취한다는 뜻 *酩酊(명정: 술에 깊이 취함)
7	口 5획	命	목숨 **명** 명령 **명**	이름 명(名)과 명령 령(令)의 합으로 이름을 지어 역할을 하도록 내리는 명이란 뜻과 하늘이 내려 부여한 목숨. 운명이란 뜻과 하늘이 명령한 것처럼 높은 사람이 아랫사람에게 내리는 명령이란 뜻 *天命, 運命, 使命, 命令, 生命 천명 운명 사명 명령 생명

급수	부수	한자	훈 음	해 설
6	日 4획	明	밝을 **명**	해 일(日)과 달 월(月)의 합으로 해와 달이 어두움을 밝힌다. 밝다는 뜻 *속자는 창가에 달빛이 밝다는 뜻이었음 *光明(광명), 明暗(명암), 明白(명백), 明朗(명랑), 明示(명시)
3	冖 8획	冥	어두울 **명** 저승 **명**	덮을 멱(冖)과 밝을 명(明)과 여섯 육(六)의 합으로 덮여 있던 죄상을 밝히고 심판하여 육도윤회(六道輪迴)를 관장하는 저승이란 뜻과 저승의 이미지는 알 수 없지만 어둡고 음산하다는 뜻 *冥想(명상), 冥福(명복) *冥冥(명명: 드러나지 않고 으슥함) *六道(육도: 지옥, 아귀, 축생, 수라, 인간, 천상)
1	日 10획	暝	어두울 **명**	어두울 암(暗)과 저승 명(冥)의 합으로 저승처럼 어둡다는 뜻과 남모르게 덮어 가린 비밀이란 뜻 *暝(冥)途(명도: 사람이 죽어 간다는 영혼의 세계)
1	水 10획	溟	바다 **명** 어두울 **명**	바다 해(海)와 어두울 명(冥)의 합으로 해가 덮이는(빠지는) 바다란 뜻과 어두울 명(冥)과 젖을 습(濕)으로 합하여 부슬부슬 젖는 음산한 어둠이란 뜻 *溟沐(명목: 보슬비) *溟洲(명주: 큰 바다 가운데 있는 섬)
1	虫 10획	螟	마디충 **명**	벌레 충(蟲)과 어두울 명(冥)의 합으로 벼 마디에 숨어 몰래 벼를 먹는 해충으로 메뚜기와 같이 간악한 사람에 비유 *螟蛉(명령: 푸른 나방과 나비의 유충, 養子란 뜻, 나나니벌이 이 벌레의 새끼를 길러 자기의 새끼로 만든다는 데서 온 말)

급수	부수	한자	훈 음	해 설
4	鳥 3획	鳴	울 **명**	닭 계(鷄)와 부르짖을 규(叫)의 합으로 새벽에 닭이 '꼬끼오'하며 큰 소리로 울어 새벽을 알린다는 뜻과 큰소리로 비명처럼 부르짖는다는 뜻 *自鳴鐘(자명종), 悲鳴(비명), 耳鳴(이명), 共鳴(공명), 百家爭鳴(백가쟁명)
1	皿 0획	皿	그릇 **명**	유물에서 나온 즐문토기 모양으로 빗살무늬란 데서 세로로 줄이 그어 그릇이란 뜻 *器皿(기명), 器皿折枝(기명절지)
1	衣 4획	袂	소매 **메**	깁을 보(補)와 결단할 결(決)의 합으로 몸통에서 끊어 더 보충하여 이은 옷의 소매란 뜻과 재단할 때 소매는 반드시 따로 떼어내니 따로 떨어지는 이별을 메별(袂別)이라 함 *分袂(분메: 섭섭하게 작별함)
4.2	毛 0획	毛	털 **모**	손가락처럼 가닥이 진 사람이나 동물의 가죽에 난 털. 혹은 땅 위로 난 풀 *毛髮(모발), 羊毛(양모), 毛皮(모피), 不毛地(불모지), 二毛作(이모작)
1	耒 6획	耗	덜 **모** 감할 **모**	밭갈 경(耕)과 털(풀) 모(毛)의 합으로 농경지에 난 풀(잡초)을 제거하여 없애버린다는 뜻 *消耗(소모: 사라져 없어지는 것)
8	毋 1획	母	어미 **모**	계집 녀(女)에서 두 개의 젖꼭지를 표시하여 아기를 기르는 여자인 어미란 뜻 *母子(모자), 母性(모성)
3	亻 7획	侮	업신여길 **모**	낮을 저(低)와 그믐(어두울) 회(晦)의 합으로 매사에 어둡다고 수준을 낮게 보다, 얕보다, 깔보다, 무시하다, 업신여긴다는 뜻 *侮蔑(모멸), 侮辱(모욕)

급수	부수	한자	훈 음	해 설
2	矛 0획	矛	창 **모**	수술이 달린 끝이 마름모꼴로 뾰족하고 자루가 긴 창의 모양 *矛盾(모순: 창과 방패를 파는 사람이 내 창은 못 뚫는 것이 없고, 내 방패는 못 막는 것이 없다고 자랑하니 그러면 그 창에 그 방패를 쓴다면 의 모순이란 고사에서 말이나 행동의 앞뒤가 서로 맞지 않는다는 뜻)
2地 지	艸 5획	茅	띠 **모**	풀 초(草)와 창 모(矛)의 합으로 창처럼 뾰족하여 찔리는 풀인 띠 풀이란 뜻 *茅屋(모옥: 띠로 지붕을 한 보잘 것 없는 집)
2姓 성	牛 2획	牟	소울 **모** 취할 **모** 보리 **모**	소우(牛)와 사사 사(厶)의 합으로 소의 코뚜레 모양으로 코를 꿰어 소를 끌어오듯이 포획하다, 탐하다, 내 것으로 취한다는 뜻과 끌려오는 소가 '음- 메-'하고 운다는 뜻과 음역 석가모니란 데서 보리란 뜻 *釋迦牟尼 석가모니 *牟利(모리: 도덕과 의리는 생각 않고 이익만 꾀함)
1	牛 3획	牡	수컷 **모** 수나사 **모**	소 우(牛)와 음(一)과 양(十)의 합으로 소의 우리를 잠그는 빗장의 수키란 뜻과 수나사처럼 생식기가 밖으로 드러난 수컷이란 뜻 *牝牡(모빈: 암소와 수소)
3	木 5획	某	아무 **모**	아직 아닐 미(未)와 심할(깊을) 심(甚)의 합으로 아직 밝히지 않는 깊은 사이의 이야기(특히 스캔들)에서 이름을 밝히기 거북할 때 호칭으로 부르는 '아무개'란 뜻과 '그렇고 그런'이란 뜻 *某年, 某月, 某時 모년 모월 모시 *某氏(모씨: 아무개) *某種(모종: 어떤 종류의)

급수	부수	한자	훈 음	해 설
3.2	言 9획	謀	꾀할 **모**	계획 계(計)와 아무 모(某)의 합으로 모년 모월 모시에 라고 밝히지 않고 몰래 계획을 짜니 모의한다는 뜻 *謀議(모의), 謀略(모략), 逆謀(역모)
3	冂 7획	冒	무릅쓸 **모**	멀 경(冂)과 두(거듭) 이(二)와 눈 목(目)의 합으로 두 겹으로 두껍게 눈을 깊숙이 덮어 가리는 모양으로 보면 무서워서 차라리 눈을 질끈 감고 위험을 무릅쓴다는 뜻 *冒險(모험: 위험을 무릅씀)
2	巾 9획	帽	모자 **모**	장막 장(帳)과 무릅쓸 모(冒)의 합으로 덮어쓰고 장막(帳幕)처럼 햇빛 등을 가리는 모자란 뜻 *帽子(모자)
3	力 11획	募	모집할 **모**	일할 로(勞)와 없을 막(莫)의 합으로 직장에 일꾼이 없어서 광고를 내어 사원을 모집한다는 뜻 *社員募集(사원모집), 會員募集(회원 모집), 募金(모금)
3.2	心 11획	慕	그릴 **모**	마음 심(⺗)발과 없을 막(莫)의 합으로 곁에 없는 사람을 마음으로 그리워한다는 뜻 *思慕(사모), 戀慕(연모)
3	日 11획	暮	저물 **모**	해 일(日)과 없을 막(莫)의 합으로 해가 지고 없는 때이니 저물다 는 뜻 *歲暮(세모), 暮春(모춘)
4	木 11획	模	본뜰 **모**	얽을 구(構)와 없을 막(莫)의 합으로 벽돌을 뽑을 때 나무를 얽어 위도 없고 아래도 없는 틀을 짜서 진흙을 퍼 넣어 틀을 빼내면 여러 개를 똑같이 찍어내는 본이란 뜻 *模型(모형), 規模(규모), 模樣(모양), 模倣(모방), 模造(모조), 模寫(모사)

급수	부수	한자	훈 음	해 설
1	米 11획	糢	본뜰 **모**	죽 호(糊)와 모양 모(模)의 합으로 본을 뜬 모양이 굳지 않고 흐물흐물 뭉개져 쌀이 퍼진 죽처럼 분명하지 않고 흐릿하다는 뜻이나 본뜰 모(模)의 속자로 模와 같이 쓰임 *曖昧模糊(애매모호)
1	手 11획	摸	찾을 **모**	찾을 탐(探)과 모호할 모(糢)의 합으로 분명하지 않고 애매모호(曖昧模糊)한 것은 사전을 찾아본다는 뜻 *暗中摸索(암중모색)
2人(인)	言 11획	謨	꾀할 **모**	계획할 계(計)와 찾을 모(摸)의 합으로 어떻게 하면 해결책을 찾을지를 계책을 꾀한다는 뜻 *謨訓(모훈: 국가의 대계가 되는 가르침)
3.2	豸 7획	貌	모양 **모**	표범 표(豹)와 흰 백(白)과 바꿀 태(兌)의 합으로 털갈이를 하여 명백(明白)하게 바뀐 표범의 무늬처럼 꾸미고 다듬어 자신을 돋보이게 드러낸 겉모양이란 뜻 *容貌(용모), 外貌(외모)
8	木 0획	木	나무 **목**	하늘 향해 두 팔 벌리고 아래로 뿌리내린 나무 모양의 상형 자 *木手(목수), 木材(목재)
2	水 4획	沐	머리감을 **목** 입을 **목**	목욕 욕(浴)과 구유 조(槽)의 합으로 통나무를 파낸 홈에 뜨거운 물을 받아 몸을 담그고 때를 씻는 목욕이란 뜻과 따뜻한 욕조(浴槽)의 물에 몸을 담그니 입는다는 뜻 *沐恩(목은: 은혜를 입음) *沐浴(목욕)

급수	부수	한자	훈 음	해 설
6	目 0획	目	눈 **목** 볼 **목** 조목 **목**	금을 그어 눈동자를 나타낸 모양으로 눈동자이니 눈빛, 눈길, 주목한다는 뜻과 눈금을 그어 나누듯이 나눈 조목이란 뜻 *眼目(안목), 目擊(목격), 目次(목차), 條目(조목), 題目(제목), 目的(목적), 目標(목표)
6	目 8획	睦	화목할 **목**	서로 상(相)과 땅 륙(陸)의 합으로 같은 땅덩어리에서 함께 살아가는 동족끼리이니 서로 한편이고 우호적이고 친하다는 뜻 *睦族(목족: 동족끼리 서로 화목함) *和睦(화목), 親睦(친목)
2人(인)	禾 11획	穆	화목할 **목** 공경할 **목**	화할 화(和)와 흰 백(白)과 작을 소(小)와 빛 채(彩)의 합으로 화목한 빛이 환하게 드러나고 언어나 동작이 거칠지 않고 소심(小心)한 듯 조심스럽고 공경하는 모양이란 뜻 *睦(목)과 동자 *穆然(목연: 온화하고 공경하는 모양, 조용히 생각하는 모양, 소리가 미세한 모양)
4.2	牛 4획	牧	칠 **목** 기를 **목**	소 우(牛)와 놓을 방(放)의 합으로 넓은 초원에 소나 양을 풀어놓고 풀을 뜯게 하며 돌보아 기른다는 뜻 *牧場(목장), 牧童(목동), 放牧(방목), 牧草(목초), 牧民心書(목민심서)
3.2	水 4획	沒	빠질 **몰** 없을 **몰**	젖을 침(浸)과 위험할 위(危)와 또(더) 우(又)의 합으로 위험한 일에 젖어 들다가 점점 더 헤어날 수 없는 지경으로 빠진다는 뜻과 빠져 보이지 않으니 없다는 뜻으로 쓰임 *沒頭(몰두), 沒入(몰입), 日沒(일몰), 陷沒(함몰), 沒常識(몰상식)
1	歹 4획	歿	죽을 **몰**	죽을 사(死)와 빠질 몰(沒)의 합으로 사지(死地)에 빠졌으니 죽었다는 뜻 *戰歿(전몰: 전쟁에 끌려가 죽음)

급수	부수	한자	훈 음	해 설
3.2	艸 10획	蒙	소나무 겨우살이 **몽** 어두울 **몽** 어릴 **몽**	덮을 개(蓋)와 집 가(家)와 덮을 멱(冖)의 합으로 소나무의 겨우살이, 유충이나 알이 두껍게(두 겹으로) 덮어쓰고 겨울을 나는 집이란 뜻, 어리다, 어둡다, 입는다는 뜻 *童蒙先習(동몽선습), 無知蒙昧(무지몽매), 啓蒙(계몽), 蒙喪(몽상),
3.2	夕 11획	夢	꿈 **몽**	밤 야(夜)와 어두울 몽(蒙)과 눈 목(目)의 합으로 밤에 눈을 어둡게 감고 자면서 꾸는 꿈이란 뜻과 현실성 없는 상상이란 뜻 *夢寐(몽매), 吉夢(길몽), 瑞夢(서몽), 夢想家(몽상가)
3	卩 3획	卯	토끼 **묘** 지지 **묘**	귀가 커서 아래로 꺾여 늘어진 모양의 토끼를 뜻하며 12 지의 네 번째임 *卯時(묘 시), 己卯士禍(기묘사화)
2人(인)	日 5획	昴	별이름 **묘**	별 성(星)과 토끼 묘(卯)의 합으로 별 이름 *昴宿(묘 숙)
4	女 4획	妙	묘할 **묘**	계집 녀(女)와 젊을 소(少)의 합으로 막 피려는 꽃봉오리처럼 소녀(少女)의 아름다움이 기묘하고 절묘하다는 뜻 *奇妙(기묘), 絶妙(절묘), 妙案(묘안), 妙齡(묘령)
1	木 4획	杳	어두울 **묘**	아직 아닐 미(未)와 해 일(日)의 합으로 해가 아직 떠오르기 전이니 나무 아래 묻혀 있는 모양으로 어둡다 어두우니 까마득하다, 아득하다는 뜻 *杳然(묘연: 아득한 모양) *杳冥(묘명: 깊고 아득하여 어두움)
3	++ 5획	苗	싹 **묘** 움틀 **묘**	풀 초(草)와 밭 전(田)의 합으로 밭에서 이른 봄의 풀처럼 갓 머리를 내민 어린 새싹이란 뜻 *苗木(묘목), 種苗(종묘), 苗床(묘상)

급수	부수	한자	훈 음	해 설
1	手 9획	描	그릴 **묘**	본뜰 모(摸)와 풀(처음) 초(草)와 그림 화(畵)의 합으로 그림을 그릴 때 바탕에 처음 사물을 본떠 연필로 그리는 것 *描寫(묘사: 사물을 있는 그대로 그리거나 예술 작품에 있어서 대상을 객관적, 구체적으로 표현하여 나타냄) *素描, 精密描寫 소묘 정밀 묘사
1	犭 9획	猫	고양이 **묘**	사나울 맹(猛)과 묘사할 묘(描)의 합으로 사납게 묘사(描寫)되는 동물인 고양이란 뜻 *猫頭縣鈴(묘두현령: 불가능한 것을 의논)
1	水 9획	渺	아득할 **묘**	바다 양(洋)과 살필 성(省)의 합으로 바다 멀리 살피느라 눈을 가늘게 좁힐 만큼 아득하다는 뜻 *渺然(묘연: 아득히 먼)
4	土 11획	墓	무덤 **묘**	흙 토(土)와 없을 막(莫)의 합으로 땅을 파고 시체를 넣고 흙으로 묻어 안 보이게 덮은 무덤이란 뜻 *墳墓, 墓地, 墓碑, 省墓 분묘 묘지 묘비 성묘
3	广 12획	廟	사당 **묘**	죽은 조상 부(府)와 조정 조(朝)의 합으로 조정(朝廷)의 죽은 조상을 모셔두는 곳인 사당이란 뜻과 성인의 유골을 모셔두는 곳 *紙榜쓸 때 學生府君 神位라고 함 지방 학생 부군 신위 *宗廟, 廟堂 종묘 묘당
1	毋 0획	毋	말 **무** 금지사 **무**	계집 녀(女)와 이에(곧) 내(乃)의 합으로 여자는 끌어내는 모양으로 들어오지 말라 들어오면 부정타니 안 된다는 금지의 뜻 *毋望之禍(무망지화: 생각지 못한 화) *毋論(무론: 물론(勿論)과 같은 뜻)

급수	부수	한자	훈 음	해 설
1	手 5획	拇	엄지손가락 **무**	손가락 지(指)와 어미 모(母)의 합으로 아기가 젖이 없을 때 엄마 젖 대신 빨던 손가락인 엄지손가락이란 뜻 *母의 본음은 무임 모 *拇印(무인: 도장 대신 엄지손가락의 지문으로 찍는 도장
3.2	戈 1획	戊	천간 **무** 무성할 **무**	창 과(戈)와 삐침 별(丿)의 합으로 무사처럼 치려고 창을 빼 드는 형상으로 충실한 열매를 위하여 더 자라는 가지나 잎들을 쳐주어야 할 만큼 무성하다는 뜻과 다섯째 천간의 별이란 뜻 *茂와 同字 무 동자 *戊午士禍 무오사화
4.2	止 4획	武	호반 **무** 무기 **무** 이어질 **무**	걸음 보(步)와 주실 익(弋)과 버금 차(次)의 합으로 차례(次例)로 줄이어서 씩씩하게 걸어가는 무사란 뜻과 무과에 급제한 호반(호랑이 반)이란 뜻과 무사가 다루는 무기란 뜻 *步武堂堂, 武士, 武器, 武臣 보무 당당 무사 무기 무신
1	工 4획	巫	무당 **무**	장인 공(工)과 올 래(來)의 합으로 공(工)은 두 지점을 연결하는 모양으로 위와 아래 즉 하늘과 땅을, 신과 인간을 연결하여 미래(未來)를 점쳐 주는 일을 하는 무당이란 뜻 *巫覡 무격
1	言 7획	誣	무고할 **무**	속일 사(詐)와 무당 무(巫)의 합으로 무당이 신령의 말이라 빙자하여 속여 거짓말을 많이 한다는 데서 속인다는 뜻 *誣告(무고: 없는 사실을 거짓으로 고함)

급수	부수	한자	훈 음	해 설
1	田 5획	畝	이랑 **무(묘)**	오랠 구(久)와 높을 고(高)와 지경 계(界)의 합으로 고대에 6尺 사방을 보(步)라 하고 100보를 무(畝)라 하여 곡식을 심기 위해 내는 이랑과 달리 백 보마다 둑을 높이 쌓아 오래도록 땅의 경계로 삼는 밭이랑이란 뜻
4.2	力 9획	務	힘 쓸 **무** 일 **무**	창 모(矛)와 칠 공(攻)과 힘 력(力)의 합으로 창은 뾰족해 뚫는 것으로 상대의 철벽을 공격하여 뚫고 나가려고 힘을 쓴다는 뜻과 힘써서 하는 일, 업무란 뜻 *業務(업무), 事務(사무), 義務(의무)
3	雨 11획	霧	안개 **무**	비 우(雨)와 힘쓸 무(務)의 합으로 힘껏 뿜어내어 이슬비처럼 젖는 작은 물방울인 안개란 뜻 *噴霧器(분무기), 五里霧中(오리무중)
3.2	貝 5획	貿	바꿀 **무** 몰아살 **무**	살 매(買)와 토끼 묘(卯)의 합으로 토끼몰이하듯이 어떤 지역의 특산물이 날 때 많이 몰아 사서 귀할 때 혹은 귀한 곳에서 되팔아 이익을 남기는 장사로 몰아 산다는 뜻과 이로 인해 각 지방의 특산물을 서로 바꾸어 쓰게 되니 바꾼다는 뜻 *貿易(무역)
5	火 8획	無	없을 **무** 말 **무** 풀이름 **무**	불사를 분(焚)과 책 책(冊)과 하나 일(一)과 끌어내(ノ)의 합으로 진시황이 유가(儒家)의 책을 모조리. 일절(一切) 끌어내 불사른 데서 필요 없다, 소용없다, 없애라, 사용하지 말라는 뜻 *無用之物(무용지물), 無常(무상), 無念(무념), 無理(무리), 無效(무효)

급수	부수	한자	훈 음	해 설
4	舛 8획	舞	춤출 **무**	없앨 무(無)와 어그러질 천(舛)의 합으로 불살라 없앨 때 훨훨 타듯이 발을 이리저리 엇갈아 놓으며 훨훨 춤을 춘다는 뜻 *舞踊, 亂舞, 僧舞 무용 난무 승무
1	手 12획	撫	어루만질 **무**	누를 안(按)과 없앨 무(無)의 합으로 손으로 눌러 멍울을 없애듯 근심을 없애려고 어루만진다는 뜻 *愛撫 애무
1	心 12획	憮	멍할 **무** 사랑할 **무**	슬플 개(慨)와 어루만질 무(撫)의 합으로 슬픔을 어루만져주니 사랑한다는 뜻과 어루만져주어야 할 만큼 슬퍼 실의에 차 있다는 뜻, 허무함에 슬퍼하는 모양 *憮然(무연: 실심(失心), 곧 실의에 찬 모양)
1	艸 12획	蕪	거칠 **무** 순무 **무**	황폐할 황(荒)과 없을 무(無)의 합으로 쓸모없는 황폐한 황무지란 뜻과 독을 없애주는 (해독작용을 하는) 뿌리채소인 무란 뜻이 있음 *荒蕪地, 蕪菁 황무지 무청
3	土 12획	墨	먹 **묵**	굳을 견(堅)과 검을 흑(黑)의 합으로 굴뚝의 숯검정을 아교로 굳혀서 만든 붓글씨 쓸 때 벼루에 갈아서 쓰는 먹이란 뜻 *墨香, 水墨畵 묵향 수묵화
3.2	黑 12획	默	잠잠할 **묵**	검을 흑(黑)과 개 견(犬)의 합으로 칠흑(漆黑)같이 깜깜한 밤에 집 지키는 개가 도둑이 오는 소리를 놓치지 않으려고 가만히 귀 기울이고 잠잠히 있다는 뜻 *沈默, 默言 침묵 묵언

급수	부수	한자	훈 음	해 설
7	文 0획	文	문자 **문** 무늬 **문** 꾸밀 **문**	망할 망(亡)과 다스릴 예(乂)의 합으로 오래되어 망가진 갑골문이란 데서 망가진 조각을 서로 갖다 대어 맞추어보듯이 획을 맞추어 문자나 문장을 만들어 내는 영어의 알파벳이나 한글의 자모음이나 한자의 부수 같은 문자란 뜻과 인간이 짜맞추어 만들어 낸 여러 가지 무늬란 뜻 *甲骨文(갑골문), 文字(문자), 文化(문화), 文樣(문양), 人文(인문), 文學(문학)
2地(지)	水 4획	汶	물이름 **문**	경기도의 地名(지명)
3.2	糸 4획	紋	무늬 **문** 문채 **문**	짤 직(織)과 무늬 문(文)의 합으로 직물(織物)의 짜면서 맞추어나간 무늬, 문채란 뜻 *紋織(문직: 무늬를 넣어 짬) *紋樣(문양), 指紋(지문)
2	糸 4획	紊	어지러울 **문**	여러 루(累)와 무늬 문(紋)의 합으로 여러 가지 무늬가 복잡하게 섞여 어지럽다는 뜻 *紊亂(문란)
1	虫 4획	蚊	모기 **문**	벌레 충(蟲)과 무늬 문(紋)의 합으로 여러 종류가 있으나 대부분이 반점이나 얼룩무늬가 있는 곤충인 모기란 뜻 *蚊陣(문진), 驅蚊草(구문초), 見蚊拔劍(견문발검)
8	門 0획	門	문 **문**	대문 모양의 상형 자로 문 혹은 가문이란 뜻으로 쓰임 *大門(대문), 窓門(창문), 家門(가문), 門前成市(문전성시)
7	口 8획	問	물을 **문**	식구 구(口)와 가문 문(門)의 합으로 가문(家門)의 식구(食口)들이 잘 있는지의 안부를 묻는다는 뜻 *問安(문안), 質問(질문), 問題(문제), 問項(문항), 問病(문병)

급수	부수	한자	훈 음	해 설
6	耳 8획	聞	들을 **문**	귀 이(耳)와 물을 문(問)의 합으로 안부를 물으니 잘 있다 하더라. 보진 않았지만, 귀로 들었다 들리다, 들리니 소문이란 뜻 *所聞(소문), 新聞(신문), 見聞(견문), 聞一知十(문일지십)
3.2	勹 2획	勿	말 **물** 없을 **물** 깃발 **물**	쌀 포(勹)몸과 삐침 별(丿)의 합으로 삐침은 붓을 끌어내리는 동작이다. 싸인 감정을 끌어내니 마음에 두지 말라는 뜻과 털어버리고 신경 쓰지 않으니 없앤다는 뜻과 훌훌 털듯 펄럭이는 깃발이란 뜻 *勿論(물론), 勿忘草(물망초), 勿驚(물경)
7	牛 4획	物	만물 **물**	특별할 특(特)과 말 물(勿)의 합으로 저마다의 특징(特徵)을 가지고 있는 세상의 온갖 물상을 통틀어 이르는 말로 만물이란 뜻 *人物(인물), 植物(식물), 動物(동물), 無生物(무생물), 事物(사물), 物質(물질), 物品(물품)
4.2	木 1획	未	아직 아닐 **미** 지지 양 **미**	끝 말(末)과 아니 불(不)의 합으로 끝이 아니다, 아직 미완성이란 뜻 *아직 순진해서 순한 지지의 양이란 뜻 *未來(미래), 未完成(미완성), 未知數(미지수), 未來(미래), 未定(미정)
4.2	口 5획	味	맛 **미** 뜻 **미**	입 구(口)와 아직 아닐 미(未)의 합으로 아직 안 된 음식을 간을 보려고 입에 넣어 맛을 본다는 뜻 *加味(가미), 助味(조미), 意味(의미), 吟味(음미), 調味(조미), 妙味(묘미)
6	米 0획	米	쌀 **미**	쌀의 낱알이 떨어진 모양의 상형 자 *米穀(미곡), 白米(백미), 玄米(현미), 精米(정미), 誠米(성미)

급수	부수	한자	훈 음	해 설
3	辵 6획	迷	미혹될 **미**	길 도(道)와 쌀 미(米)의 합으로 米는 사방팔방으로 갈라져 있는 여러 갈래 모양으로 어디로 가야 할지를 잘 모르겠다는 뜻 *迷惑, 迷路, 迷宮, 迷信 미혹 미로 미궁 미신
3	尸 4획	尾	꼬리 **미**	주검 시(尸)와 가는 털 호(毫)의 합으로 뱀(巳)처럼 길게 뻗어 붓털처럼 아래로 늘어뜨린 털인 꼬리란 뜻과 꼬리이니 뒤란 뜻 *尾行(미행: 뒤를 밟아 따라감) *魚頭肉尾, 交尾, 尾生之信 어두육미 교미 미생지신
6	羊 3획	美	맛날 **미** 기릴 **미** 아름다울 **미** 미국 **미**	양 양(羊)과 큰 대(大)의 합으로 양두구육(羊頭狗肉)은 양 머리 내걸어 놓고 개고기를 판다는 성어처럼 양고기가 대단히 맛있어서 기린다(감탄하며 칭찬)는 뜻과 빛깔이나 모양 등이 보기가 좋고 멋있을 때 기리는 아름답다는 뜻 *美酒(미주: 맛있는 술) *美人, 美術, 美容, 美軍 미인 미술 미용 미군
3	目 4획	眉	눈썹 **미**	눈 목(目)과 뱀 파(巴)의 합으로 巴는 뱀이 돌돌 감고 있는 모양으로 착 달라붙어 돌돌 말듯이 눈 위에 착 달라붙어 꼬리 내리고 있는 눈썹이란 뜻 *眉間, 白眉, 兩眉間, 蛾眉 미간 백미 양미간 아미 *眉壽(미수: 축수할 때 눈썹이 세도록 오래 살라는 뜻)
1	女 9획	媚	아첨할 **미**	간사할 간(奸)과 눈썹 미(眉)의 합으로 간사하게 눈썹처럼 높은데 붙어서 아첨한다, 아양 부린다는 뜻과 위로 붙어있으니 우쭐하게 한다는 뜻 *媚態, 媚附 미태 미부

급수	부수	한자	훈 음	해 설
3.2	彳 10획	微	숨을 **미** 작을 **미**	따를 종(從)과 메 산(山)과 아니 불(不)과 정치 정(政)과 빠질(사라질) 몰(沒)의 합으로 은나라와 주나라의 교체기에 따르며 모시던 임금이 바뀌자 정치를 하지 않으려고 벼슬을 버리고 눈에 띄지 않는 산속으로 숨어 들어간다는 뜻과 숨어 보이지 않으니 작다, 희미하다는 뜻 *稀微(희미), 微笑(미소), 微動(미동), 微弱(미약), 微視的(미시적)
1	艸 13획	薇	고비 **미**	나물 채(菜)와 숨을 미(微)의 합으로 중국 고사에서 백이 숙제가 숨어 살 때 캐 먹고 살았다는 나물인 고사리란 뜻 *薇藿(미곽), 薇蕨(미궐), 薔薇(장미)
2地(지)	弓 14획	彌	두루 **미** 오랠 **미** 미륵 **미**	강할 강(彊)과 너 이(爾)의 합으로 큰 소리로 너를 부를 때 모양이니 소리가 오래 멀리 두루 사방으로 이른다는 뜻과 오래 뒤에 온다는 미륵이란 뜻 *彌縫策(미봉책: 우선 두루두루 대강 걸어 꿰어 매듯이 일시적 방편으로 쓰는 계책) *彌年(미년: 일 년이 걸린다.)
1	非 12획	靡	쓰러질 **미**	아닐 비(非)와 마귀 마(魔)의 합으로 병마(病魔)로 비명횡사(非命橫死)하여 쓰러진다는 뜻 *風靡(풍미: 어떤 사조나 현상이 휩쓺) *靡寧(미녕: 병으로 몸이 편찮음)
2人(인)	日 4획	旼	화할 **민**	따뜻할 난(暖)과 글월 문(文)의 합으로 권력이나 형벌보다 문덕(文德)으로 따뜻이 백성을 이끄니 온화하다는 뜻 *旼旼(민민: 온화한 모양)
2人(인)	玉 4획	玟	아름다운 돌 **민**	구슬 옥(玉)과 화할 민(旼)의 합으로 무늬나 결이 거칠지 않고 곱고 아름다운 옥이란 뜻 *人名(인명) 字(자)

급수	부수	한자	훈 음	해 설
2人(인)	日 4획	旻	하늘 **민**	화할 민(旼)과 볕 경(景)의 합으로 화목한 듯 따뜻한 햇볕을 내려주어 과실이 익도록 어루만져주는 가을하늘이란 뜻 *旻天(민천: 가을 하늘, 창생을 사랑으로 돌보아 주는 어진 하늘)
8	氏 1획	民	백성 **민**	성씨 씨(氏)와 어두울 명(冥)의 합으로 성씨(姓氏)는 조상의 뿌리이니 땅속에 묻힌 뿌리처럼 나라의 근본(根本)이 되는 백성이란 뜻과 예전에 백성은 밑바닥에 낮은 계층으로 글을 안 배워 눈이 어두운 어리석은 백성이라 하였고 지도층이 아닌 서민이란 뜻 *民間(민간), 民心(민심), 國民(국민), 民族(민족), 民草(민초)
2人(인)	玉 5획	珉	옥돌 **민**	구슬 옥(玉)과 백성 민(民)의 합으로 백성을 사랑으로 어루만지듯 사랑스러워 어루만지는 귀한 구슬이란 뜻 *玟(옥돌 민)과 같이 쓰임 *人名(인명) 字(자)
2姓(성)	門 8획	閔	근심할 **민** 성 **민**	열 개(開)와 글월 문(文)의 합으로 문맹(文盲)인 백성을 개화(開化)시킬 걱정을 한다는 뜻으로 한국 사람 최초로 세계 일주를 하고 개화(開化) 정책을 쏟아낸 인물인 민영환(1861~1905)의 성씨이고 백성을 위하고 근심한다는 뜻 *閔泳換(민영환: 조선 말기의 우국지사)
3	心 12획	憫	민망할 **민** 불쌍히 여길 **민**	불쌍할 련(憐)과 근심할 민(閔)의 합으로 근심하고(걱정되고) 불쌍히 여긴다는 뜻 *憐憫(연민), *憫惘(민망)(답답하고 딱하여 안쓰러움)
1	心 8획	悶	고민할 **민**	마음 심(心)과 근심할 민(閔)의 합으로 마음에 근심이 있으니 괴로워하거나 답답하다는 뜻 *煩悶(번민), 苦悶(고민)

급수	부수	한자	훈 음	해 설
3	攵 7획	敏	민첩할 **민**	가르칠 교(敎)와 매양 매(每)의 합으로 매일(每日) 가르치니 이해가 빠르다, 영민하다는 뜻 *敏感, 敏捷, 銳敏, 穎敏 민감 민첩 예민 영민
4.2	宀 8획	密	비밀 **밀** 빽빽할 **밀**	안전할 안(安)과 반드시(꼭) 필(必)과 메 산(山)의 합으로 산속 깊이 안전하게 꼭꼭 숨기니 비밀이란 뜻과 꼭~ 끼이니 답답할 만큼 빽빽하다는 뜻 *密告, 秘密, 密計, 密林, 緻密 밀고 비밀 밀계 밀림 치밀
3	虫 8획	蜜	꿀 **밀** 달콤할 **밀**	벌 봉(蜂)과 비밀 밀(密)의 합으로 벌이 몰래 숨겨놓은 꿀이란 뜻과 꿀처럼 달콤하다는 뜻 *蜜月(밀월; 결혼초의 달콤한 동안) *蜜柑, 蜜蠟, 蜜蜂, 蜜語 밀감 밀랍 밀봉 밀어
1	言 10획	謐	고요할 **밀**	말씀 어(語)와 숨길 비(秘)와 감시할 감(監)의 합으로 숨어서 감시할 때처럼 숨소리를 죽이고 쉿! 하며 조용하다, 고요하다는 뜻 *謐然(밀연: 고요한 모양) *靜謐(정밀: 고요하고 편안함)
6	木 2획	朴	순박할 **박** 성 **박**	소나무 송(松)과 점 복(卜)의 합으로 卜은 거북의 등이 갈라진 모양으로 소나무의 겉껍질이 갈라져 터진 것을 뜻하며 대패로 다듬지 않는 상태의 있는 그대로 꾸밈없으니 소박하고 순박하다는 뜻과 성씨 박 *樸과 통함 박 *素朴, 淳朴, 朴氏 소박 순박 박 씨
3.2	辵 5획	迫	임박할 **박**	가까울 근(近)과 목적 적(的)의 합으로 목적(目的)지에 가까우니 임박하다, 급박하다는 뜻 *臨迫, 急迫, 切迫, 迫頭 임박 급박 절박 박두

급수	부수	한자	훈 음	해 설
4	手 5획	拍	칠 **박**	때릴 타(打)와 급박할 박(迫)의 합으로 급박하여 말에 채찍을 때리다, 치다, 박차를 가한다는 뜻 *急迫(급박: 임박하여 급함) *拍車, 拍子, 拍掌大笑, 拍手喝采 박차 박자 박장대소 박수갈채
3	水 5획	泊	배댈 **박** 머무를 **박** 떠돌아다닐 **박**	항구 항(港)과 임박할 박(迫)의 합으로 육지에 오르기 위해 배를 항구에 가까이 바싹댄다는 뜻과 배를 대고 자고 가니 머무른다는 뜻과 국물이 깨끗하다(白) 하여 맛이 깔끔하다는 담백하다의 뜻 *碇泊, 民泊, 外泊, 淡泊 정박 민박 외박 담박
2	舟 5획	舶	큰 배 **박**	배 선(船)과 정박할 박(泊)의 합으로 닻을 내리고 정박하는 큰 배란 뜻과 동네의 고기잡이배가 아닌 먼 데서 와 숙박하는 큰 배란 뜻 *船舶, 舶物 선박 박물
1	竹 8획	箔	발 **박** 금박 **박**	대 죽(竹)과 배 댈 박(泊)의 합으로 가느다란 대나무로 엮어서 갖다 대고 물고기 등을 잡으려는 발이나 보이지 않게 가리려고 치는 발(브라인드)이란 뜻 *蠶箔, 金箔 잠박 금박
1	米 5획	粕	지게미 **박** 깻묵 **박**	쭉정이 비(粃)와 발 박(箔)의 합으로 발을 대고 거르고 남는 술(막걸리)의 쭉정이와 찌끼란 뜻 *糟粕(조박: 술을 걸러내고 남은 찌끼)
4.2	十 10획	博	넓을 **박**	열 십(十)과 펼 부(尃)의 합으로 사상이나 가르침을 사방(四方)으로 펴니 넓다는 뜻 *尃(펼 부: 클(훌륭한) 보(甫)와 이끌 도(導)의 합으로 훌륭한 지도자가 널리 뜻을 펼친다, 가르침을 펼친다는 뜻 *博愛, 博識, 博覽會, 博而不精, 博士 박애 박식 박람회 박이부정 박사

급수	부수	한자	훈 음	해 설
3.2	++ 13획	薄	얇을 **박** 적을 **박** 천할 **박**	채소 소(蔬)와 얕을 천(淺)과 넓을 박(博)의 합으로 널리 복음을 펼치려는 스승의 뜻을 얕게 보고(얕보고) 소홀(疏忽)히 여겨 채소(菜蔬) 반찬으로 천대한다는 뜻 *薄待(박대), 薄俸(박봉), 薄利多賣(박리다매), 薄氷(박빙), 薄德(박덕)
1	肉 10획	膊	어깨 **박**	가슴 흉(胸)과 펼 부(尃)의 합으로 가슴속에 안고 있는 포부를 펼치듯이 양팔을 날개처럼 쭉 펼치는 어깨란 뜻 *마디 촌(寸)이 위아래 양쪽으로 있어 양팔을 뻗은 모양이 됨 *上膊(상박: 팔꿈치 위쪽)
1	糸 10획	縛	묶을 **박**	맺을 결(結)과 어깨 박(膊)의 합으로 새의 두 날개를 거머잡듯이 사람의 양쪽 어깨를 뒤로 거머잡아 매어 꼼작 못하게 묶는다는 뜻 *捕縛(포박), 結縛(결박), 束縛(속박)
1	手 10획	搏	칠 **박** 잡을 **박**	찧을 도(搗)와 어깨 박(膊)의 합으로 방아를 찧듯이 부서져 박살이 나도록 '쿵' 하고 어깨로 둘러메 바닥에 내리친다는 뜻과 쿵광거리며 심장의 박동이 친다는 뜻 *搏動(박동), 搏殺(박살), 龍虎相搏(용호상박), 搏擊(박격)
1	刀 8획	剝	벗길 **박**	깎을 삭(削)과 나무 깎을 록(彔)의 합으로 과일의 껍질을 깎듯이 겉껍질을 벗긴다, 빼앗는다는 뜻 *彔: 돼지머리 계(彐)와 구할 구(求)의 합으로 걸쇠로 걸어서 잡아당기며 벗기거나 깎는다는 뜻 *剝奪(박탈), 剝脫(박탈), 剝製(박제), 剝離(박리), 薄利(박리)

급수	부수	한자	훈 음	해 설
1	木 12획	樸	통나무 **박**	나무 목(木)과 종 복(僕)의 합으로 텁수룩한 사내종처럼 다듬지 않는 그대로의 통나무란 뜻 *樸直(박직: 꾸밈이 없고 순박하고 정직 함)
1	手 12획	撲	때릴 **박**	칠 박(搏)과 통나무 박(樸)의 합으로 통나무 같은 묵직한 둔기로 압력을 가하여 내리쳐서 쭉 뻗게 때린다는 뜻 *撲殺, 撲滅, 打撲傷 박살 박멸 타박상
1	馬 4획	駁	얼룩말 **박** 논박할 **박** 뒤섞일 **박**	말 마(馬)와 점괘 효(爻)의 합으로 효는 엇갈린 무늬다. 음과 양의 괘처럼 흰색과 검은색이 섞인 얼룩말이란 뜻과 흑백논리로 희다, 검다 하며 상반된 주장으로 격렬하게 토론한다는 뜻 *駁馬, 論駁, 反駁, 甲論乙駁 박 마 논박 반박 갑론을박
6	又 2획	反	뒤집을 **반**	또 우(又)와 원래 원(原)의 합으로 또다시 하려고 처음인 원점(原點)으로 되돌아간다, 되돌리니 뒤집는다, 뒤집어 다시 하자 하니 반복한다는 뜻 *反復, 反對, 反共, 反射, 反則, 反省 반복 반대 반공 반사 반칙 반성
3	辵 4획	返	돌아올 **반**	보낼 송(送)과 뒤집을 반(反)의 합으로 보낸 물건이 반대로 되돌아온다는 뜻 *返品, 返納, 返送, 返還 반품 반납 반송 반환
3	又 7획	叛	배반할 **반**	뒤집을 반(反)과 동반 반(伴)의 합으로 동반자(同伴者)로 같이 출전하다가 군사를 거꾸로 되돌리니 반역한다, 배반한다는 뜻 *背叛, 叛逆, 叛亂, 謀叛, 叛軍 배반 반역 반란 모반 반군

급수	부수	한자	훈 음	해 설
3.2	食 4획	飯	밥 **반**	먹을 식(食)과 돌이킬 반(反)의 합으로 매일 반복(反復)해서 먹는 밥이란 뜻 *飯床器(반상기), 白飯(백반), 飯饌(반찬), 飯酒(반주), 十匙一飯(십시일반)
6	十 3획	半	반 **반**	낮 오(午)와 나눌 분(分)과 하나 일(一)의 합으로 정오(正午)는 12시이니 하루 24시를 둘로 똑같이 나눈 반이란 뜻 *半切(반절), 半島(반도), 半徑(반경), 半球(반구), 半導體(반도체), 半拍(반박)
3	亻 5획	伴	짝 **반**	함께 구(俱)와 반 반(半)의 합으로 함께 사는 부부의 반쪽이니 짝이란 뜻 *伴侶者(반려자), 同伴者(동반자), 伴奏(반주), 隨伴(수반)
1	糸 5획	絆	줄(끈) **반** 얽을 **반**	두를(이을) 락(絡)과 짝 반(伴)의 합으로 짝을 지어 칭칭 두르니 떨어지지 않고 붙어 다닌다. 떨어지지 않게 하려면 이리저리 얽어매어야 하니 얽다 의 뜻 *絆瘡膏(반창고) *絆緣(반연: 뒤얽힌 인연)
1	手 5획	拌	버릴 **반**	휘두를 휘(揮)와 얽을 반(絆)의 합으로 양념이나 재료 등을 휘저어 뒤얽히게 하여 버무린다, 섞는다는 뜻 *攪拌機(교반기: 흔들어 섞는 기계)
1	田 5획	畔	밭두둑 **반**	밭 전(田)과 얽을 반(絆)의 합으로 밭의 소유자들이 뒤얽혀 분쟁을 일으키지 않도록 경계로 쌓은 밭두둑이란 뜻 *湖畔(호반)

급수	부수	한자	훈 음	해 설
6	玉 5획	班	나눌 **반**	나타날 현(現)과 다를 별(別)의 합으로 조정에서 문신(文臣)은 붉은 옷을, 무신(武臣)은 푸른 옷으로 나타내 보여 다름을 알아볼 수 있게 나눈다는 뜻 *文班(鶴班), 武班(虎班), 兩班, 分班 문반 학반 무반 호반 양반 분반 *班常(반상: 양반과 상민)
1	文 8획	斑	얼룩 **반**	무늬 문(文)과 나눌 반(班)의 합으로 문반(文班) 무반(武班)처럼 붉게, 푸르게, 아롱다롱 여러 가지 색의 무늬가 있으니 알록달록하게 얼룩진다는 뜻 *斑點, 斑布 반점 반포
3	舟 4획	般	가지(종류) **반** 돌릴 **반** 옮길 **반** 일반 **반** 반야 **반**	배 주(舟)와 일할 역(役)의 합으로 배는 사람이나 물건을 실어 나르는 여러 가지 일을 한다는데서 가지(종류)란 뜻과 옮긴다, 나른다는 뜻과 배를 타고 세계 일주를 하니 항해하며 돈다, 돌린다는 뜻과 하나같이, 보통의, 대다수인 일반이란 뜻 *불교용어로 반야 반 *一般的, 諸般, 全般的, 般若心經 일반적 제반 전반적 반야심경
2	手 10획	搬	운반할 **반**	얹을 탑(搭)과 옮길 반(般)의 합으로 여행객이나 화물을 배나 비행기에 얹어 옮기니 운반한다는 뜻 *運搬, 搬送, 搬入, 搬出 운반 반송 반입 반출
3	皿 10획	盤	쟁반 **반** 바탕 **반**	그릇 명(皿)과 운반 반(搬)의 합으로 여러 가지 음식을 얹어서 운반(運搬)하는데 받침으로 쓰는 그릇인 바닥처럼 편편한 쟁반이란 뜻과 받치니 바탕이란 뜻 *盤石, 骨盤, 音盤, 錚盤 반석 골반 음반 쟁반

급수	부수	한자	훈 음	해 설
1	木 10획	槃	소반 **반**	책상(밥상) 안(案)과 쟁반 반(盤)의 합으로 쟁반처럼 음식을 편하게 옮기는데 쓰는 나무로 만든 작은 소반이란 뜻 *槃盂(반우: 소반과 바리때) *涅槃(열반: 모든 괴로움과 번뇌에서 해탈한 상태)
1	頁 4획	頒	나눌 **반**	거느릴 령(領)과 나눌 분(分)의 합으로 거느리는 우두머리(통치자)가 법령 등을 알리기 위해 적어서 모두에게 나누어 준다는 뜻 *頒布, 頒賜, 頒給, 訓民正音頒布 반포 반사 반급 훈민정음 반포
2姓(성)	水 12획	潘	뜨물 **반** 성 **반**	씻을 세(洗)와 차례 번(番)의 합으로 한 번 두 번 여러 차례(여러 번) 물을 갈아 쌀을 씻고 나오는 쌀뜨물이란 뜻 *潘沐(반목: 쌀뜨물로 머리 감음)
1	虫 12획	蟠	서릴 **반**	뱀 사(蛇)와 차례 번(番)의 합으로 이무기(뱀)가 용이 되려고 차례를 기다리며 코일을 감듯이 똬리를 틀고 있다. 칭칭 감다는 뜻 *蟠龍(반룡: 아직 하늘에 오르지 못하고 땅에 서리고 있는 용)
2人(인)	石 12획	磻	반계(물이름) **반** 돌 추 **파**	돌 석(石)과 서릴 반(蟠)의 합으로 강태공이 반룡처럼 때를 기다리며 낚시하던 시내. 또는 도사리고 있는 뱀처럼 잔뜩 벼룬 돌화살촉이란 뜻 *磻溪(반계: 유형원의 호)
1	手 15획	攀	잡을 **반**	주먹 권(拳)과 울창할 울(鬱)의 약자를 합한 자로 울창한 숲에서 다른 나무를 움켜잡고 타고 올라간다는데서 칭칭 거머잡는다는 뜻 *登攀, 攀緣植物 등반 반연식물

급수	부수	한자	훈 음	해 설
1	石 15획	礬	명반 **반**	비금속 약품인 돌 석(石)과 잡을 반(攀)의 합으로 다른 것을 붙잡는 성질이 있어 매염제(媒染劑)에 쓰이는 비금속 성분인 명반이란 뜻 *白礬(백반: 물에 잘 녹고 수렴성(收斂性)이 있으며 매염제나 의약품에 쓰임)
3	手 5획	拔	뺄 **발**	잡을 파(把)와 개 잡아 끌 발(犮)의 합으로 꼭 거머잡고 개 끌듯이 잡아당겨 끌어낸다는 뜻 *犮: 개 견(犬)과 삐침 별(ノ)의 합으로 목줄 매인 개를 잡아당겨 끌어낸다는 뜻 *選拔, 海拔, 拔群, 拔本塞源, 拔擢 선발 해발 발군 발본색원 발탁
1	足 5획	跋	발호할 **발** 뛸 **발** 넘을 **발**	뛸 도(跳)와 뽑을 발(拔)의 합으로 통발에 걸린 물고기 등이 빠져나가려고 날뛴다는 뜻과 발을 빼려고 몸부림친다는 뜻 *跋扈(발호: 권세나 세력을 함부로 휘두르며 날 뜀) *跋文(발문: 서문의 반대. 머리가 아닌 발쪽에 빼내어 쓴 글)
1	鬼 5획	魃	가뭄귀신 **발** 가물 **발**	귀신 귀(鬼)와 발호할 발(跋)의 합으로 함부로 날뛰는 귀신, 일명 한귀(旱鬼)란 뜻으로 가뭄이 악귀처럼 어찌할 수 없이 극심하다는 뜻 *旱魃 한발
4	髟 5획	髮	터럭 **발**	긴 털 드리울 표(髟)와 뽑을 발(拔)의 합으로 잡아당겨 뽑아내거나 잡아 당긴듯이 길게 자란 머리카락이란 뜻 *毛髮, 長髮, 短髮, 理髮 모발 장발 단발 이발
1	力 7획	勃	우쩍 일어날 **발**	힘 력(力)과 혜성 패(孛)의 합으로 혜성은 갑자기 빛을 발한다. 마치 평소에 가만히 숨죽여 있다가 힘을 쓰니 갑자기 성을 내듯이 불끈 일어난다는 뜻 *勃起, 勃發, 勃起不全 발기 발발 발기부전

급수	부수	한자	훈 음	해 설
2國 국	水 9획	渤	바다 이름 **발** 발해 **발**	바다 해(海)와 우쩍 일어날 발(勃)의 합으로 698년 동해(東海)에 인접한 연해주 일대에 혜성처럼 우쩍 일어났다 228년 만에 사라진, 대조영이 고구려 유민과 말갈족을 규합해 건국한 다민족 국가 이름인 발해란 뜻 *渤海(발해)
6	癶 7획	發	쏠 **발** 일어날 **발** 필 **발**	오를 등(登)과 활 궁(弓)과 던질 투(投)의 합으로 활을 쏘아 올리니 전쟁이 일어난다는 뜻과 일어나니 발전하고 궁하다가 발전하니 살림이 피어난다는 뜻 *예전에 전쟁을 시작할 때 쑥 화살을 쏘아 올렸음 *發射(발사), 勃發(발발), 開發(개발), 發電(발전), 發展(발전), 滿發(만발)
1	水 12획	潑	뿌릴 **발**	물 수(水)와 필 발(發)의 합으로 시들어 오그라들던 잎에 피어나도록 물을 뿌린다는 뜻 *活潑(활발), 潑剌(발랄)
1	手 12획	撥	퉁길 **발**	손가락 지(指)와 뿌릴 발(潑)의 합으로 물을 고루고루 뿌리기 위해 물을 묻힌 손가락을 튕긴다는 뜻 *反撥(반발), 撥亂(발란)
1	酉 12획	醱	술 익을 **발**	술 밑 효(酵)와 필(일어날) 발(發)의 합으로 효모(酵母)균으로 효소작용이 일어나 술이 괸다, 술이 익는다는 뜻 *醱酵食品(발효식품)
2地 지	金 5획	鉢	바리 **발**	범어(梵語)의 음역(音譯)으로 비구승의 밥그릇이란 뜻 *한어(漢語)로는 바리 우(盂)

급수	부수	한자	훈 음	해 설
7	方 0획	方	네모 **방** 방향 **방** 방법 **방**	도시 시(市)와 쌀 포(勹)의 합으로 도시를 구획할 때 길로 둘러싸서 네모지게 설계했다는데서 네모지다, 반듯하다는 뜻과 방법·방향이란 뜻 *方法(방법), 方向(방향), 正方形(정방형), 平方(평방), 立方(입방)
2	土 4획	坊	동네 **방**	땅 지(地)와 모 방(方)의 합으로 모퉁이(구석) 진 지역에 있는 동네란 뜻 *坊坊曲曲(방방곡곡: 구석구석의 땅이란 뜻)
4.2	言 4획	訪	찾을 **방**	의논할 의(議)와 방법 방(方)의 합으로 핵 문제 등을 어떻게 해결할지 방법(方法)을 의논(議論)하려고 사람이나 장소를 찾아간다는 뜻 *訪問(방문), 訪韓(방한), 探訪(탐방), 尋訪(심방)
4	彳 4획	彷	거닐 **방** 비슷할 **방**	갈 왕(往)과 방향 방(方)의 합으로 가야 할 방향을 몰라 이리저리 거닌다는 뜻과 인듯하고 아닌듯하여 왔다 갔다 하니 비슷하다는 뜻 *彷徨(방황)
2姓(성)	方 6획	旁	옆 **방** 넓을 **방** 오락가락할 **방** 두 갈래 **방** 성씨 **방**	네모 방(方)과 임금 제(帝)의 합으로 제국(帝國)이 다른 나라를 아울러 통치하듯 나란히 아우른 네모의 반쪽인 오른쪽 옆이란 뜻과 아우르니 넓다는 뜻과 넓은 지역을 왔다 갔다 하며 다스리니 오락가락한다는 뜻과 편방(偏旁)을 아우른 한자의 오른쪽 부분이란 뜻 *偏旁(편방: 한자의 왼쪽과 오른쪽을 아울러 이르는 말) *旁求(방구: 널리 구함)
5	糸 4획	紡	자을 **방** 실 뽑을 **방**	실 사(絲)와 놓을 방(放)의 합으로 실을 풀어 놓아 방출하니 실을 뽑아낸다는 뜻 *紡車(방차: 실 뽑는 물레) *紡織(방직)

급수	부수	한자	훈 음	해 설
3	亻 10획	傍	곁 **방**	짝 반(伴)과 옆 방(旁)의 합으로 짝하여 옆에 붙어 있으니 가까운 곁이란 뜻 *旁(방)과 같이 쓰임 *傍若無人(방약무인), 傍聽客(방청객), 傍觀(방관), 傍系(방계)
1	木 10획	榜	방 붙일 **방**	표할 표(標)와 넓을 방(旁)의 합으로 널리 알리려고 표지판에 붙이는 방이란 뜻 *榜文(방문), 紙榜(지방), 落榜(낙방), 標榜(표방)
1	言 10획	謗	헐뜯을 **방**	비방할 비(誹)와 방 붙일 방(榜)의 합으로 방문(榜文)을 보고 수군거리듯이 남을 비방하며 욕하거나 헐뜯는다는 뜻 *誹謗(비방), 毁謗(훼방)
1	肉 10획	膀	오줌통 **방**	고기(몸) 육(肉)과 헐뜯을 방(謗)의 합으로 남을 헐뜯는 소문이 부풀려 퍼지듯이 몸에서 바람이 잔뜩 든 부레처럼 부풀려 빵빵한 주머니인 오줌통이란 뜻 *膀胱(방광), 膀胱炎(방광염)
6	攵 4획	放	쫓을 **방** 놓을 **방** 채찍질할 **방**	칠 복(攵)과 모 방(方)의 합으로 회초리 쳐서 지방(地方)으로 쫓아 내보낸다는 뜻과 구속했다가 내보내니 해방된다, 풀어놓는다는 뜻 *追放(추방), 解放(해방), 釋放(석방), 放心(방심), 放學(방학), 放火(방화)
3	亻 8획	倣	모방할 **방** 본뜰 **방**	다를 타(他)와 놓을 방(放)의 합으로 연구물이나 개발한 기술을 개방(開放)하니 다른 사람이 얼른 따라 본떠서 모방한다는 뜻 *模倣(모방), 倣似(방사)

급수	부수	한자	훈 음	해 설
4.2	阜 4획	防	막을 **방** 덮을 **방**	군대 대(隊)와 모 방(方)의 합으로 군대(軍隊)가 적이 쳐들어오는 방향(方向)을 막는다는 뜻 *防止, 防水, 防寒, 防蟲, 防犯, 防衛 방지 방수 방한 방충 방범 방위
4	女 4획	妨	방해 **방**	간사할 간(奸)과 막을 방(防)의 합으로 간사하게 이간질하거나 일이 잘못되도록 가로막으며 방해한다는 뜻 *妨害, 無妨 방해 무방
4	戶 4획	房	방 **방**	문 호(戶)와 막을 방(防)의 합으로 사방을 둘러막아 놓고 문을 달아 출입할 때 열고, 닫도록 만든 방이란 뜻 *房門, 暖房, 冊房, 空房, 文房四友 방문 난방 책방 공방 문방사우
1	木 4획	枋	다목 **방**	가로 횡(橫)과 방 방(房)의 합으로 방의 벽 가운데를 가로지르는 나무인 '다목'이란 뜻과 가로막으니 柄(자루 병)과 같이 손잡이 자루가 되고 권력을 잡는다는 뜻으로 쓰임 *中引枋, 枋底(방자: 방 밑) 중 인방 *枋國(방국: 나라의 權柄을 잡음, 곧 재상자리에 오름)
1	日 4획	昉	마침내 **방** 밝을 **방** 날샐 **방**	밝을 명(明)과 바야흐로 방(方)의 합으로 바야흐로 마침내 밝아지다. '비로소', '이제야', '밝다'의 뜻
3	艸 4획	芳	꽃다울 **방** 향기 **방** 명성 **방**	꽃 화(花)와 찾을 방(訪)의 합으로 아름다운 손님이 방문(訪問)하니 그에게서 나는 꽃향기란 뜻과 향기를 풍기니 좋은 이름이 멀리 퍼지는 명성이란 뜻 *芳名錄, 芳年, 芳香 방명록 방년 방향

급수	부수	한자	훈 음	해 설
1	肉 4획	肪	살찔 **방** 지방 **방**	고기 육(肉)과 꽃다울 방(芳)의 합으로 꽃다운 나이가 되니 육체에 물이 올라 반질반질하다, 기름기로 윤기가 흐르고 빛이 난다는 뜻 *脂肪(지방)
3	邑 4획	邦	나라 **방**	고을 읍(邑)과 무성할 봉(丰)의 합으로 지도에 빽빽이 나누어진 수많은 나라, 국가란 뜻 *萬邦(만방), 友邦(우방), 合邦(합방), 異邦人(이방인), 聯邦(연방)
1	尢 4획	尨	삽살개 **방** 클 **방**	더욱(특히) 우(尤)와 터럭 삼(彡)의 합으로 털이 특히 많은 삽살개란 뜻과 외형(外形)을 부풀린 모양으로 크기나 부피가 매우 크다는 뜻 *尨犬(방견), 尨大(방대)
1	巾 9획	幇	도울 **방**	장막 막(幕)과 봉할 봉(封)의 합으로 장막을 쳐서 꼭 막아서 봉해준다는 뜻으로 나쁜 짓 하는 것을 남이 못 보도록 막아주었으니 도와준다는 뜻 *幇助罪(방조죄), 四人幇(사인방)
2姓(성)	龍 16획	龐	높은 집 **방** 어리둥절 섞일 **방** 성씨 **방**	용 룡(龍)과 넓을 광(廣)의 합으로 龍은 임금이니 임금이 사는 넓고 큰집이 되고 대궐 같은 큰집에 들어서니 으리으리하여 어리둥절 어디가 어디인지 모르니 뒤섞인다는 뜻 *龐錯(방착: 뒤섞임)
3	木 4획	杯	잔 **배**	재목 재(材)와 클 비(丕)의 합으로 세상에 보기 드문 인재(不世之材)에게 주는 우승컵이란 뜻 *丕(클 비: 아니 불(不)과 세상 세(世)의 합으로 불세출(不世出)의 인물이니 크다는 뜻) *乾杯(건배), 苦杯(고배), 祝杯(축배), 金杯(금배)

급수	부수	한자	훈 음	해 설
1	肉 5획	胚	아이밸 **배**	아이밸 태(胎)와 클 비(丕)의 합으로 배 속에 아직 세상에 드러나지 않는 태아란 뜻 *胚芽(배아), 胚囊(배낭), 胚胎(배태)
4.2	肉 5획	背	등 **배**	육 달 월(月)과 북녘 북(北)의 합으로 北은 나란히(比) 있다가 뒤로 돌아선 모양이니 몸에서 돌아설 때 보이는 등이란 뜻 *背信(배신), 背泳(배영), 背景(배경), 背水陣(배수진), 背山臨水(배산임수)
4.2	手 5획	拜	절 **배**	손 수(手)가 둘이고 아래 하(下)의 합으로 두 손을 바닥에 찰싹 짚으며(남자는 오른손을 아래로 둠), 머리 숙이는 절이란 뜻 *拜謁(배알), 拜上(배상), 拜禮(배례), 百拜(백배), 三拜(삼배)
1	水 9획	湃	물결칠 **배**	파도 파(波)와 절 배(拜)의 합으로 절할 때 두 손바닥이 찰싹 땅에 부딪히듯이 파도가 철썩 바위에 부딪혀 솟구친다는 뜻 *澎湃(팽배: 물결이 서로 부딪혀 솟구침, 사조나 기운이 맹렬한 기세로 일어남)
5	亻 8획	倍	갑절 **배** 곱 **배**	자리 위(位)와 부분 부(部)의 합으로 부서를 나누어 벼슬자리를 배로 늘린다, 배는 곱이다는 뜻 *2 곱하기 2는 4이고 4는 2의 갑절임 *倍數(배수), 倍加(배가), 倍達民族(배달민족)
3.2	土 8획	培	북돋울 **배** 재배할 **배**	곱 배(倍)와 더할 증(增)의 합으로 곡식을 심어놓고 흙을 배(곱)로 두둑하게 더 얹어주니 북돋운다는 뜻과 가꾸어 기른다는 뜻 *培養(배양), 栽培(재배), 水耕栽培(수경재배)
1	阜 8획	陪	도울 **배** 따를 **배**	따를 수(隨)와 북돋을 배(培)의 합으로 잘 자라도록 흙을 북돋우듯이 도움을 주고 기운을 북돋우려고 따라간다는 뜻 *陪審員(배심원), 陪行(배행), 陪席(배석)

급수	부수	한자	훈 음	해 설
2	貝 8획	賠	물어줄 **배**	도둑 적(賊)과 곱 배(倍)의 합으로 도둑질을 하면 곱으로 물어준다는 뜻 *賠償(배상), 損害賠償(손해배상)
1	彳 8획	徘	배회할 **배** 노닐 **배**	갈 왕(往)과 아닐 비(非)의 합으로 이리 갔다가 아닌 것 같아 저리 갔다가 자꾸 왔다 갔다 하니 배회한다는 뜻 *徘徊(배회). 徘徊顧眄(배회고면)
2	亻 8획	俳	배우 **배** 농담할 **배** 배회할 **배**	대신 대(代)와 아닐 비(非)의 합으로 진짜가 아닌 극중 인물을 대신하는 배우란 뜻과 진짜가 아닌 웃자고 하는 소리로 농담이란 뜻과 배회한다는 뜻 *俳諧(배해: 우스갯소리, 농담) *俳優(배우), 映畫排優(영화배우)
3.2	手 8획	排	물리칠 **배** 밀칠 **배**	밀 추(推)와 아닐 비(非)의 합으로 아니라고 밀어낸다는 뜻과 비리는 밀어내고 물리친다는 뜻 *排斥(배척), 排出(배출), 排便(배변), 排卵(배란), 排置(배치) *排布(배포: 어떤 일을 밀고 나가거나 펼침)
3.2	車 8획	輩	무리 **배**	실을 재(載)와 밀어낼 배(排)의 합으로 수레로 실어 낼 만큼 많이 배출(排出)되는 무리란 뜻 *車載斗量(거재두량: 수레로 싣거나 말로 헤아릴 만큼 양이 많다는 뜻) *先輩(선배), 後輩(후배), 年輩(연배), 暴力輩(폭력배), 謀利輩(모리배)
2姓(성)	衣 8획	裵	옷 치렁 거릴 **배** 성 **배**	치마 상(裳)와 밀 칠 배(排)의 합으로 옷자락이 길어서 걸을 때 밟힐까 봐 밀쳐야 하는 모양으로 옷이 치렁치렁하다는 뜻과 성 배로 쓰임 *姓氏(성씨) 字(자) *배극렴(裵克廉: 조선의 개국공신)

급수	부수	한자	훈 음	해 설
4.2	酉 3획	配	짝지을 **배** 나눌 **배**	닭 유(酉)와 일어날 기(起)의 합으로 새벽에 수탉이 목청을 뽑듯이 수컷이 성기를 일으켜 곧추세우고 발기(勃起)하여 짝짓기한다는 뜻에서 짝을 맞추듯이 끼워 맞춘다는 뜻과 짝을 지어 나눈다는 뜻 *配匹(배필), 配偶者(배우자), 配達(배달), 配當(배당), 配置(배치)
8	白 0획	白	흰 **백** 아뢸 **백**	해 일(日)과 삐침 별(丿)의 합으로 해가 비쳐 희게 번득이는 모양의 부수자, 해가 없는 밤은 검은데 햇살이 비쳐 환하게 밝다, 밝으니 희다, 밝히니 아뢰다, 고백한다는 뜻 *白色(백색), 明白(명백), 靑天白日(청천백일), 告白(고백), 白雪(백설)
3.2	亻 5획	伯	맏 **백**	사람 인(亻)과 흰 백(白)의 합으로 나이가 많아 머리가 흰 사람이란 뜻으로 맏이나 손윗사람, 또는 어떤 분야에 밝은 사람이란 뜻 *伯父(백부), 伯母(백모), 畵伯(화백)
7	白 1획	百	온 **백** 일백 **백**	흰(비칠) 백(白)과 세상 세(世)의 합으로 태양이 세상의 모든 것을 비추니 모두 온갖 것이란 뜻 *百穀(백곡: 여러 가지 온갖 곡식) *諸子百家(제자 백가), 百貨店(백화점), 百姓(백성), 百姓(백성)
1	巾 5획	帛	비단 **백**	흰 백(白)과 수건 건(巾)의 합으로 눈부시게 번득이며 빛나는 천인 비단이란 뜻 *帛書(백서: 비단에 쓴 글) *幣帛(폐백)
1	鬼 5획	魄	넋 **백**	흰 백(白)과 귀신 귀(鬼)의 합으로 鬼는 사람이 죽은 귀신이다. 그중에서 백골(白骨)에 남아있는 넋이란 뜻 *魂(혼: 구름(雲)처럼 떠다니는 넋이란 뜻) *魂帛(혼백), 魂飛魄散(혼비백산)

급수	부수	한자	훈 음	해 설
3.2	木 5획	柏	잣나무 **백**	나무 목(木)과 흰 백(白)의 합으로 송자 송(松子松) 또는 백자 목(白子木)이라고도 하며 북향의 산허리나 골짜기의 습기가 알맞은데 잘 자란다. 북향(임금 쪽)하며 소나무처럼 상록수라 청렴결백(潔白)과 충절이나 정덕(貞德)을 가리킬 때 비유하는 나무인 잣나무란 뜻 *松柏(송백), 冬柏(동백), 側柏(측백)
6	田 7획	番	차례 **번**	뽑을(가릴) 채(釆)와 밭 전(田)의 합으로 전지(田地)의 소유자를 가릴 수 있게 경계를 쳐서 차례로 번호를 매긴다는 뜻 *番號(번호), 當番(당번), 非番(비번), 週番(주번), 番地(번지)
1	++ 12획	蕃	우거질 **번**	풀 초(草)와 가릴 변(釆)과 밭 전(田)의 합으로 밭에 가려내야 할 잡초가 우거져 있다는 뜻과 거친 땅인 오랑캐란 뜻 *蕃盛(번성), 蕃茂(번무) *蕃國(번국: 오랑캐의 나라)
1	++ 15획	藩	울타리 **번**	우거질 번(蕃)과 샐 설(泄)의 합으로 새나가지 못하게 나무 등을 빽빽이(우거지게) 심어놓은 울타리란 뜻과 울타리처럼 사방으로 둘러 천자를 지켜주는 제후국을 뜻함 *藩籬(번리: 울타리) *藩國(번국: 제후의 나라)
3	飛 12획	飜	번역할 **번** 뒤칠 **번** 날릴 **번**	날 비(飛)와 차례 번(番)의 합으로 책장을 자꾸 반복하여 차례로 넘기느라 날리듯이 나풀거린다는 뜻과 사전을 뒤적이며 번역한다는 뜻 *飜譯(번역), 飜覆(번복), 飜案(번안)
3	火 9획	煩	번거로울 **번** 고민할 **번**	불 화(火)와 머리 두(頭)의 합으로 머리가 복잡하여 골치 아프다는 뜻이니 골치 아프니 머리에 열불이 난다, 고민한다는 뜻 *煩惱(번뇌), 煩悶(번민)

급수	부수	한자	훈 음	해 설
3.2	糸 11획	繁	번성할 **번**	여러 루(累)와 민첩할 민(敏)의 합으로 여러 가지 일로 민첩하게 움직이니 바쁘다는 뜻과 사람들이 빠르게 오고 가는 번화가처럼 번성한다는 뜻 *農繁期, 繁盛, 繁殖, 繁昌, 繁榮 농번기 번성 번식 번창 번영
4.2	亻 4획	伐	칠 **벌**	침노할 침(侵)와 창 과(戈)의 합으로 창을 들고 침입하여 해친다는 뜻 *伐木, 伐草, 殺伐, 征伐 벌목 벌초 살벌 정 벌
2地 지	竹 6획	筏	뗏목 **벌**	발 렴(簾)과 칠 벌(伐)의 합으로 벌목을 하여 발처럼 엮은 뗏목이란 뜻 *筏夫(벌부: 뗏목을 타는 뱃사공)
2	門 6획	閥	문벌 **벌**	문 문(門)과 칠 벌(伐)의 합으로 오랑캐나 적을 쳐서 공을 세워 이름이 있는 훌륭한 혈통이 있는 가문(家門)이란 뜻 *閥閱(벌렬: 대문의 왼쪽을 閥(닫아놓고 지키고 서 있는 쪽), 오른쪽은 閱(열어놓고 출입하는 쪽), 또는 옛날 공적을 적어 문에 걸어놓은 찰(札)이란 유서 깊은 혈통, 또는 신분이 높은 가문을 뜻함 *門閥, 族閥, 學閥, 財閥, 派閥 문벌 족벌 학벌 재벌 파벌
4.2	网 9획	罰	벌줄 **벌**	허물 죄(罪)와 보호할 호(護)와 형벌 형(刑)의 합으로 죄인을 보호시설에 가두어 형을 살게 벌을 준다는 뜻 *罰金, 罰則, 處罰, 信賞必罰 벌금 벌칙 처벌 신상필벌
3.2	几 1획	凡	모두 **범** 평범할 **범**	안석 궤(几)와 하나 일(一)의 합으로 几는 안에 바람이 들어 불룩 올라와 편안히 기대는 쿠션이란 뜻이다. 쿠션에 바람을 넣듯이 널리 세간(世間)에 바람을 일으켜 유행되니 하나같이, 모두란 뜻과 너도나도 모두에 해당하니 평범하다는 뜻 *平凡, 凡常, 非凡, 禮儀凡節, 凡夫 평범 범상 비범 예의범절 범부

급수	부수	한자	훈 음	해 설
1	巾 3획	帆	돛 **범**	포장 장(帳)과 모두 범(凡)의 합으로 포장(布帳)을 붕 띄워서 바람을 모아 바람의 방향을 이용하는 배의 돛이란 뜻 *帆船(범선), 出帆(출범)
2	水 3획	汎	뜰 **범** 넓을 **범** 넘칠 **범**	바다 해(海)와 돛 범(帆)의 합으로 바다에 돛단배를 띄운다, 떠다닌다는 뜻과 배를 띄울 만큼 바다가 넓다는 뜻과 위로 떠오르니 넘친다는 뜻 *汎濫(범람), 汎游(범유), 汎稱(범칭)(널리 일컬음)
1	木 7획	梵	절 **범** 웅얼거릴 **범** 중의 글 **범**	수풀 림(林)과 모두 범(凡)의 합으로 모두 숲속에 자리한 절이라 할까? 산스크리트어의 음역(音譯)으로 절이란 뜻과 무슨 말인지 모르게 웅얼거린다는 뜻이 있음 *梵語(범어: 고대 인도의 언어) *梵刹(범찰: 절) *梵學(범학: 불교의 학문)
1	水 5획	泛	뜰 **범** 널리 **범** 데면데면할 **범**	뜰 범(汎)과 모자랄 핍(乏)의 합으로 영양이 모자라 피곤한 기색이 얼굴에 나타난다는 데서 피부 표면으로 뜬다, 띄운다는 뜻과 위로 뜨니 깊지 않고 대강, 두루, 널리란 뜻과 자세하지 않고 데면데면하다는 뜻 *汎(범)과 同字(동자) *泛過(범과: 데면데면하게 지나침) *泛論(범론), 泛稱(범칭), 泛舟(범주), 泛論(범론)
1	水 2획	氾	넘칠 **범**	클 홍(洪)과 위태할 위(危)의 합으로 큰물이 져서 위험할 정도로 넘쳐흐른다는 뜻 *氾濫原(범람원: 홍수 때 잠기는 하천 밑의 낮은 땅) *氾濫: 물이 넘침(제 분수에 넘침)

급수	부수	한자	훈 음	해 설
4	犭 2획	犯	범할 **범** 어긋날 **범**	함부로 외(猥)와 넘칠 범(氾)의 합으로 법규를 무시하고 함부로 행동하여 정도에 넘치니 법에 저촉된다는 뜻 *犯法(범법), 犯行(범행), 誘拐犯(유괴범), 詐欺犯(사기 범)
4	竹 9획	範	모범 **범** 법 **범**	같을 등(等)과 바퀴자국 궤(軌)와 넘칠 범(氾)의 합으로 정도를 벗어나지(넘치지) 않도록 앞에 굴러간 차의 바퀴 자국(궤도)을 똑같이 따라 본받는다는 뜻과 본뜨는 모형, 도안 양식 패턴, 정해놓은 범위인 법이란 뜻 *模範(모범), 規範(규범), 範圍(범위), 示範(시범), 率先垂範(솔선수범)
5	水 5	法	법 **법**	다스릴 치(治)와 갈 거(去)의 합으로 사마천이 군율을 어겨 궁형(宮刑)으로 거세(去勢)를 당하는 것처럼 나라를 다스리기 위해 본보기로 정한 엄한 처벌 규정인 나라 법이란 뜻 *國法(국법), 商法(상법),方法(방법), 解法(해법), 法規(법규), 準法(준법)
3.2	石 9획	碧	푸를 **벽**	돌 석(石)과 구슬 옥(玉)과 흰(깨끗할) 백(白)의 합으로 옥석(玉石)같이 깨끗하니 파르스름하다, 푸르다는 뜻 *碧眼(벽안: 푸른 눈동자, 서양사람) *碧空(벽공), 碧溪水(벽계수), 桑田碧海(상전벽해), 碧梧桐(벽오동)
3.4	雨 13획	霹	벼락 **벽**	번개 전(電)과 임금 벽(辟)의 합으로 비 오는 날 번개와 동반하는'우르르 광'하고 천지를 뒤흔들며 임금이 불호령 내리듯 무서운 소리로 떨어지는 불인 벼락이란 뜻 *雷聲霹靂(뇌성벽력) *辟: 임금 군(君)과 매울 신(辛)의 합으로 임금이 매섭게 다스리는 모양 *尹(尸부: 다스릴 윤)

급수	부수	한자	훈 음	해 설
2	亻 13획	僻	궁벽할 **벽**	치우칠 편(偏)과 피할 피(避)의 합으로 한쪽 구석에 치우쳐 눈에 띄지 않아 피신하기 좋은 구석진 곳이란 뜻 *山間僻地(산간벽지), 僻字(벽자), 僻村(벽촌), 窮僻(궁벽)
4.2	土 13획	壁	벽 **벽**	굳을 견(堅)과 피할 피(避)의 합으로 적의 공격을 피해 튼튼히 쌓은 성벽이란 뜻 *城壁(성벽), 巖壁(암벽), 壁畫(벽화), 絶壁(절벽), 壁紙(벽지)
1	手 13획	擘	엄지손가락 **벽**	손 수(手)와 임금 벽(辟)의 합으로 임금이 최고 높으니 최고를 가리킬 때 세우는 엄지손가락이란 뜻 *巨擘(거벽: 학문 기술 등이 뛰어난 사람) *擘指(벽지: 엄지손가락)
1	玉 13획	璧	둥근 옥 **벽**	구슬 옥(玉)과 엄지손가락 벽(擘)의 합으로 엄지손가락으로 최고를 가리키듯 최고로 크고 둥근 옥이란 뜻 *雙璧(쌍벽: 두 개의 구슬이란 뜻으로 여럿 중에 특히 뛰어난 둘을 뜻함) *完璧(완벽: 모자라거나 흠잡을 데가 없는)
1	刀 13획	劈	쪼갤 **벽**	나눌 분(分)과 벼락 벽(霹)의 합으로 벼락을 맞은 나무가 둘로 나누어 쪼개진다는 뜻 *新年劈頭(신년벽두) *劈開(벽개: 쪼개어 열다는 뜻)
1	門 13획	闢	열 **벽**	열 개(開)와 쪼갤 벽(劈)의 합으로 태초에 혼돈의 상태로 한 덩어리였던 하늘과 땅이 둘로 쪼개지며 세상이 열린다는 뜻 *天地開闢(천지개벽), 闢戶(벽 호)

급수	부수	한자	훈 음	해 설
1	疒 13획	癖	버릇 **벽**	병 병(病)과 피할 피(避)의 합으로 피하지 못하고 고질병이 된 버릇이란 뜻 *盜癖(도벽), 潔癖症(결벽증)
2姓(성)	卜 2획	卞	조급할 **변** 성씨 **변**	점 복(卜)과 형통할 형(亨)의 합으로 일이 잘될 것인지(형통)를 점을 친다는데서 미리 알려고 하니 조급하다는 뜻과 성씨 자로 쓰임 *卞急(변급), 卞(변)사또
2名(명)	廾 2획	弁	고깔 **변**	손 맞잡을 공(廾)과 마늘 모(厶)의 합으로 옛날 중국에서 가관(加冠) 때 쓰던 고깔 모양의 검은 천으로 만든 치포건(緇布巾)인 고깔이란 뜻(고깔이나 관을 쓸 때 두 손으로 받들 듯이 머리에 얹음) *加冠(가관: 옛날 중국에서 20세 성인식 때 갓을 쓰던 일) *弁言(변언: 책머리에 쓰는 말)
4	辛 14획	辯	말 잘할 **변**	매울 신(辛)과 보호할 호(護)의 합으로 소송사건에서 원고나 피고 양쪽에서 산 변호사가 법 조항을 잘 알고 따지며 신랄(辛辣)하게 상대를 공격하며 보호(保護)하여 변호한다는 뜻 *辯護(변호), 辯論(변론), 雄辯(웅변), 熱辯(열변), 强辯(강변), 代辯(대변), 答辯(답변)
3	辛 9획	辨	가릴 **변**	변호할 변(辯)과 판단할 판(判)의 합으로 변호사(辯護士)가 재판(裁判)에서 사건의 경위와 잘잘못을 가려낸다는 뜻 *辨明(변명), 辨別(변별), 辨理士(변리사), 辨償(변상)
4.2	辶 15획	邊	가 **변**	피할 피(避)와 냄새 취(臭)와 궁할 궁(窮)과 모퉁이 방(方)의 합으로 더럽고 냄새나서 피하듯이 궁벽하고 구석진 가, 변두리란 뜻 *邊方(변방), 江邊(강변), 海邊(해변), 身邊(신변), 兩邊(양변)

급수	부수	한자	훈 음	해 설
5	言 16획	變	변할 **변**	말씀 언(言)과 맺을 약(約)과 맺을 결(結)과 사랑 애(愛)의 합으로 사랑하는 사이로 결혼하자고 언약(言約)을 했다가 마음이 변하였다는 뜻과 말로 한 약속이라 쉽게 변한다는 뜻 *變德, 變更, 變化, 變聲期, 變故 변덕 변경 변화 변성기 변고
6	刀 5획	別	다를 **별**	이로울 리(利)와 각각 각(各)과 나눌 분(分)의 합으로 이익을 각각 따로 나누어 가진다는 데서 따로, 우리 것, 네 것을 구별한다는 뜻 *分대신 方을 쓰기도 함 분 방 *分別, 區別, 特別, 識別, 別名, 別世 분별 구별 특별 식별 별명 별세
1	目 12획	瞥	언뜻볼 **별** 슬쩍 볼 **별**	눈 목(目)과 해질 폐(敝)의 합으로 옷이 해져 벌어진 곳으로 눈길이 언뜻 가서 속을 슬쩍 본다는 뜻 *一瞥, 瞥眼間, 瞥見 일별 별 안 간 별견
1	黽 11획	鼈	자라 **별**	힘쓸(맹꽁이) 민(黽)과 언뜻 볼 별(瞥)의 합으로 언뜻 보면 배에 잔뜩 바람이 든 것 같이 배가 빵빵한 큰 맹꽁이같이 보이는 자라란 뜻 *黽(민; 맹꽁이란 뜻과 근육이 불거지듯 몸에 잔뜩 힘을 넣고 있는 것처럼 빵빵 하니 힘쓸 민) *鱉甲(별갑: 자라 등껍질)
2人 인	木 5획	柄	자루 **병** 잡을 **병** 권세 **병**	저울대(권세) 권(權)과 밝을 병(丙)의 합으로 저울대처럼 옆으로 누인 등불의 나무 손잡이인 자루란 뜻이나 자루를 잡듯이 권력 등을 잡는다는 뜻으로 쓰임 *柄臣(병신: 권력을 잡은 신하) *柄授(병수: 권력을 내려줌)

급수	부수	한자	훈 음	해 설
3.2	一 4획	丙	천간 **병** 셋째 **병** 남녘 **병** 밝을 **병**	셋째 삼(三)과 안 내(內)의 합으로 천간의 셋째로 등급 3을 뜻하고 남쪽을 뜻하며 오행으로는 집안 깊이 빛이 들어오니 밝다는 뜻과 밝히는 불이란 뜻 *丙科, 丙時, 丙子, 丙方 병과 병시 병자 병방
2人 인	火 5획	炳	빛날 **병** 밝을 **병**	불 화(火)와 밝을 병(丙)의 합으로 불을 밝게 비추니 빛나다, 밝다는 뜻 *人名 字 인명 자
2人 인	日 5획	昞	밝을 **병**	해 일(日)과 밝을 병(炳)의 합으로 불을 밝혀 비추듯이 해가 비쳐 밝다는 뜻 *人名 字로 쓰임과 炳과 同字 인명 자 병 동자
2人 인	日 5획	昺	밝을 **병**	오를 승(昇)과 밝을 병(昞)의 합으로 해가 높이 떠올라 밝다는 뜻으로 역시 인명에 씀 *人名 字 인명 자
6	疒 5획	病	병들 **병**	병들어 기댈 녁(疒)과 밝을 병(丙)의 합으로 환히 밝은 낮에 기대어 누워 있으니 몸에 힘이 없고 병이 들었다는 뜻 *疒(녁: 침상(寢牀: 爿)에 누운(臥) 사람으로 병들어 누워 기댄다는 뜻) *病者, 病院, 病暇, 病床 병자 병원 병가 병상
2人 인	禾 3획	秉	잡을 **병** 움큼 **병** 벼 묶음 **병**	벼 화(禾)와 손(크)의 합으로 벼를 베기 위해 벼포기를 거머잡은 손의 모양으로 권력 등을 잡는다는 뜻 *秉權(병권: 권력을 잡음) *秉軸(병축: 정권을 잡음)

급수	부수	한자	훈 음	해 설
5	八 5획	兵	병사 **병**	함께 공(共)과 도끼 근(斤)의 합으로 도끼는 무기다 무기를 들고 적을 물리치기 위해 함께 모인 군대의 병사나 병력을 뜻함 *兵卒(병졸), 兵士(병사), 將兵(장병), 兵權(병권), 孫子兵法(손자병법)
3	立 5획	竝	나란히 **병**	설 립(立)과 설 립(立)의 합으로 둘 나란히 있으니 나란히 한다, 아우른다, 함께한다는 뜻 *竝列(병렬), 竝設(병설), 竝用(병용), 竝行(병행)
3	尸 8획	屛	병풍 **병** 가릴 **병**	펼 전(展)과 평평할 평(平)과 겸할 겸(兼)의 합으로 평평한 판을 여러 쪽 겸하여 넓게 붙여서 접었다 폈다 할 수 있게 만들어 무엇을 가리거나 바람을 막는데 쓰는 병풍이란 뜻 *屛風(병풍) *屛居(병거: 뒤로 숨어 없는 듯이 삶)
2	亻 8획	倂	아우를 **병**	짝 반(伴)과 병풍 병(屛)의 합으로 병풍처럼 여러 쪽을 짝지어 나란히 하나로 붙여 합친다는 뜻 *倂合(병합), 合倂症(합병증)
1	食 8획	餠	떡 **병**	먹을 식(食)과 병풍 병(屛)의 합으로 밀가루를 지져 속에 소를 넣고 병풍처럼 접어 덮은 음식이란 뜻 *煎餠(전병)
1	瓦 8획	甁	병 **병**	자기 자(瓷)와 전병 병(餠)의 합으로 전병(煎餠)모양으로 속에 무엇을 넣게 만들어 구운 자기인 도자기로 만든 병이란 뜻 *花甁(화병), 酒甁(주병), 寶甁(보병)

급수	부수	한자	훈 음	해 설
2人 인	用 2획	甫	클 **보** 넓을 **보** 아무개 **보** 겨우 **보**	쓸 용(用)과 구할 구(求)의 합으로 필요해서 쓰려고 상품을 구하는 또는 쓰이려고 일자리를 구하는 사람이 많다 하여 시장이 크다, 넓다. 대단하다는 뜻과 남자의 미칭(美稱)인 아무개란 뜻과 수요가 많다 보니 겨우 얻는다하여 겨우란 뜻 *甫甫(보보: 많은 모양, 큰 모양) *甫田(보전: 큰 밭)
3.2	衣 7획	補	기울 **보** 도울 **보** 임관할 **보**	입을(덮을) 피(被)와 클(넓을) 보(甫)의 합으로 해를 입은 곳에 쓸 구호품을 보급한다는 뜻과 해진 곳에 큰 천을 갖다 덧대어 깁는다, 구멍을 메운다, 돕는다는 뜻 *補給(보급), 候補(후보), 補修(보수), 補充(보충), 補完(보완), 補藥(보약)
2人 인	車 7획	輔	도울 **보** 덧방나무 **보**	수레 차(車)와 도울 보(補)의 합으로 수레에 나무를 덧대어 더 튼튼하게 돕는다는 뜻 *輔導(보도: 도와서 바르게 인도하다) *輔弼(보필), 輔佐官(보좌관)
4.2	止 3획	步	걸음 **보**	그칠(발) 지(止)와 작을 소(小)의 합으로 발을 조금씩 내디뎌 한 걸음 한 걸음씩 나아가는 걸음이란 뜻 *步行(보행), 步幅(보폭), 步道(보도), 徒步(도보), 散步(산보), 初步(초보)
1	土 9획	堡	작은 성 **보**	터 기(基)와 보호할 보(保)의 합으로 보호하거나 기반이 되기 위해 설치한 작은 성이란 뜻 *橋頭堡(교두보: 다리를 엄호하기 위하여 쌓은 보루, 또는 적군이 점령하고 있는 해안 등지의 한 지역에 아군의 상륙을 돕거나 기반이 되기 위한 거점) *堡壘(보루: 적의 공격을 막기 위한 튼튼하게 쌓은 진지)

급수	부수	한자	훈 음	해 설
4.2	亻 7획	保	보호할 **보**	다를 타(他)와 어리석을 매(呆)의 합으로 어린이나 어리석은 사람은 다른 사람의 보호를 받는다는 뜻 *保護(보호), 保證(보증), 保存(보존), 保守(보수), 保安(보안)
4.2	土 9획	報	갚을 **보** 알릴 **보**	땅 토(土)와 거스를 역(逆)과 옷 복(服)의 합으로 정복(征服)했던 땅을 거꾸로 되돌려 주다, 알리다, 보상한다는 뜻 *1801년 영국이 아일랜드 합병을 철회한다고 알리다, 철회하니 되돌린다는 뜻 *報復(보복), 報答(보답), 報恩(보은), 報告(보고)
4	日 8획	普	넓을 **보**	진나라 진(晉)과 아우를 병(竝)의 합으로 춘추시대 5패의 대표국가인 진(晉)나라의 소진이 펼친 합종책에서 너도나도 아울러 손잡고 강국인 진(秦)나라에 맞선다는 데서 병합하니 두루두루 널리라는 뜻 *普遍(보편), 普通(보통), 普及(보급)
2人(인)	水 12획	潽	물이름 **보**	바다 해(海)와 넓을 보(普)의 합으로 바다처럼 넓은 물이란 뜻 *人名 字(인명 자)
3	言 12획	譜	족보 **보**	적을 기(記)와 넓을 보(普)의 합으로 널리 일가친척을 종합하여 두루두루 적어놓은 족보란 뜻 *族譜(족보), 系譜(계보), 樂譜(악보), 年譜(연보), 殉愛譜(순애 보)
1	艹 8획	菩	보리수 **보**	범어(梵語)의 음역(音譯) *菩提樹(보리수: 불교에서 석가가 그 아래에 앉아서 도를 깨쳤다는 나무) *菩薩(보살: 부처에 버금가는 성인, 보리살타, 나이 많은 여신도를 대접하여 이름)

급수	부수	한자	훈 음	해 설
4.2	宀 17획	寶	보배 **보**	지킬 수(守)와 보배 진(珍)과 질그릇 도(陶)와 재물 화(貨)의 합으로 도자기(백자, 청자)처럼 지켜야 할 진귀한 문화재인 보물이란 뜻 *寶物(보물), 寶石(보석), 家寶(가보), 國寶(국보)
4	水 6획	洑	보 **보** 스며흐를 **복**	물 하(河)와 엎드릴 복(伏)의 합으로 복병처럼 비상시(가뭄)에 투입하려고 하천에 둑을 쌓아 물을 가두어 둔 곳이란 뜻과 보의 물이 빙빙 돌아 아래로 흐른다는 뜻 *洑稅(보세: 봇물을 사용하는 사람이 내는 세금) *洑流(복류: 물이 스며 흐름, 빙빙 돌아 흐름)
4	亻 4획	伏	엎드릴 **복** 숨길 **복**	사람 인(亻)과 개 견(犬)의 합으로 사람이 개나 짐승처럼 네발로 기듯이 엎드린다는 뜻과 엎드리니 몸을 숨긴다는 뜻 *伏兵(복병), 三伏(삼복), 伏線(복선),起伏(기복), 埋伏(매복), *屈伏(굴복: 굽히고 엎드림) *屈服(굴복: 굽히고 들어감(복종함))
3	卜 0획	卜	점 **복**	거북의 등을 지져 금이 간 모양으로 둘로 갈라진다. 나누어진다, 점친다는 뜻과 등짐을 진 거북이니 짐, 또는 짐바리란 뜻 *卜債(복채), 卜居(복거), 卜馬(복마)
4.2	彳 9획	復	돌아갈 **복** 다시 **부**	뒤 후(後)와 매양 매(每)와 날 일(日)의 합으로 배운 뒤에 잊어버리지 않게 매일 복습한다는 뜻과 복습하여 잊어버린 것을 다시 되살리니 '다시'란 뜻 *復習(복습), 復活(부활), 復興(부흥), 重言復言(중언부언), 復古(복고)

급수	부수	한자	훈 음	해 설
3	襾 9획	覆	덮을 **복** 엎을 **복**	덮을 아(襾)와 다시 부(復)의 합으로 열었던 뚜껑 등을 다시 덮는다는 뜻과 덮으려고 뚜껑을 엎는다는 뜻과 담았던 그릇을 다시 쏟으려고 엎는다는 뜻 *覆蓋(복개), 覆面(복면), 飜覆(번복), 顚覆(전복)
4	衣 9획	複	겹칠 **복** 겹옷 **복** 솜옷 **복**	이불 피(被)와 다시(뒤집을) 부(復)의 합으로 이불에 솜을 넣기 위해 똑같이 두 겹으로 만들어 뒤집는다는 뜻과 두 겹이니 겹친다는 뜻 *重複(중복), 複寫(복사), 複利(복리), 複道(복도), 複製(복제), 複利(복리)
3.2	肉 9획	腹	배 **복** 숨길 **복**	육 달 월(月)과 겹칠(겹옷) 복(複)의 합으로 겹옷에 솜을 넣듯이 몸에 밥을 집어넣는 불룩한 배란 뜻과 집어넣으니 숨긴다는 뜻 *腹案(복안), 心腹(심복), 腹部(복부), 腹痛(복통), 抱腹絶倒(포복절도)
1	魚 9획	鰒	전복 **복**	물고기 어(魚)와 배 복(腹)의 합으로 모양이 배를 다 드러내고 있는 어류란 뜻 *全鰒(전복), 全鰒粥(전복 죽)
2人(인)	香 9획	馥	향기 **복**	향기 향(香)과 전복 복(鰒)의 합으로 입안에 고소함이 가득히 고이며 아주 맛있는 전복의 향이란 뜻 *馥郁(복욱: 풍기는 향기가 그윽하다)
6	月 4획	服	옷 **복** 따를 **복**	조정 조(朝)와 나아갈 즉(卽)과 받을 수(受)의 합으로 조정(朝廷)의 명을 받고 벼슬자리로 나아가니 명을 따른다는 뜻과 조복(朝服)을 입는다는 뜻 *軍服(군복), 制服(제복), 服務(복무), 校服(교복), 服從(복종), 服藥(복약)

급수	부수	한자	훈 음	해 설
1	勹 9획	匐	길 **복**	길 포(匍)와 붙일 부(副)의 합으로 덩굴손으로 붙잡고 기어 뻗어 나가는 식물처럼 손으로 잡아당기면서 배를 땅에 붙이고 기어간다는 뜻 *匍匐(포복: 땅에 배를 대고 엉금엉금 김)
5	示 9획	福	복 **복**	귀신 신(神)과 밭 전(田)과 같을 동(同)의 합으로 밭에 뿌린 만큼 꼭 같이 신이 되돌려 주어 받는다는 복이란 뜻 *福田函(복전함: 복을 심고 씨 뿌리는 함) *幸福(행복)
1	車 9획	輻	바퀴 살 **복** 바퀴살통 **폭**	모을 집(輯)과 넓이 폭(幅)의 합으로 넓게 퍼진 수레바퀴의 살이란 뜻과 한군데로 모이거나 중심에서 둘레로 내쏘는 모양 *輻射(복사: 중앙의 한 점으로부터 둘레로 내쏨) *輻輳(폭주: 여러 가지 물건이 한데로 모임)
1	亻 12획	僕	종 **복**	모실 시(侍)와 일 업(業)과 사내 부(夫)의 합으로 주인을 모시고 시중드는 일을 하는 사내종이란 뜻 *從僕(종복), 奴僕(노복)
6	木 1획	本	근본 **본** 밑둥치 **본**	나무 목(木)의 한가운데 뿌리(밑둥치)를 표시하여 중요한 뿌리인 근본이란 뜻 *根本(근본), 基本(기본), 本人(본인), 本部(본부), 本來(본래), 本名(본명), 見本(견본)
5	大 5획	奉	받들 **봉**	지아비 부(夫)와 위 상(上)과 손 맞잡을 공(廾)의 합으로 지아비를 상전(上殿)처럼 두 손으로 공손하게 떠받치듯이 받든다는 뜻 *奉養(봉양), 奉仕(봉사), 奉祝(봉축), 信奉(신봉)

급수	부수	한자	훈 음	해 설
2	亻 8획	俸	녹 **봉**	벼슬할 사(仕)와 받들 봉(奉)의 합으로 벼슬아치가 나라를 위하여 봉사(奉仕)한 대가로 받는 녹이란 뜻 *俸給, 俸祿, 薄俸, 號俸, 初俸, 本俸 봉급 봉록 박봉 호봉 초봉 본봉
1	手 8획	捧	받들 **봉**	도울 부(扶)와 받들 봉(奉)의 합으로 봉양(奉養)을 하며 부양(扶養)을 한다. 떠받들며 돕는다는 뜻 *奉과 同字 봉 동자 *捧納(봉납: 갖다 바쳐 올림(捧上)
1	木 8획	棒	몽둥이 **봉**	나무 목(木)과 받들 봉(捧)의 합으로 떠 받들 듯이 내려치려고 양손을 높이 들어 올려 둘러메는 나무막대인 몽둥이란 뜻 *棍棒, 指揮棒, 針小棒大, 議事棒 곤봉 지휘봉 침소봉대 의사봉
3.2	寸 6획	封	봉할 **봉**	줄 부(付)와 쌍 토 규(圭)의 합으로 천자가 사방 천 리의 직할지 이외의 직할지를 둘러싸고 있는 근처의 토지를 공신들에게 나누어 주고 제후를 세우던 옛날의 봉건제도에서 생긴 말로 천자를 보호하기 위해 둘러싸서 막는다. 빈틈없이 막으니 봉한다는 뜻 *封建, 密封, 封套, 改封, 封窓, 封墳 봉건 밀봉 봉투 개봉 봉창 봉분
3.2	山 11획	峯	봉우리 **봉**	뫼 산(山)과 만날 봉(逢)의 합으로 거사를 치르기 위해 민중들이 만날 약속으로 불을 피우던 산의 꼭대기란 뜻 *峰과 同字 봉 동자 *上峯, 最高峰, 主峯, 第一峯 상봉 최고봉 주봉 제일 봉

급수	부수	한자	훈 음	해 설
3.2	辶 7획	逢	만날 **봉**	만날 우(遇)와 변할 변(變)과 풀 무성할 봉(丰)의 합으로 변란에 뿔뿔이 흩어졌던 가족이 빽빽한 사람들 속에서 우연히 만난다는 뜻 *逢變, 相逢, 逢辱 봉변 상봉 봉욕
1	火 7획	烽	봉화 **봉**	불 화(火)와 봉우리 봉(峯)의 합으로 서로 연락하여 만나거나 신호를 보내려고 높은 봉우리에서 피우는 불인 봉화란 뜻 *烽火, 烽軍, 烽燧臺 봉화 봉군 봉수대
3	虫 7획	蜂	벌 **봉**	벌레 충(虫)가 봉화 봉(烽)의 합으로 봉화(烽火)로 신호를 하면 떼 지어 일어나는 군중들처럼 와글와글 모여 사는 곤충인 벌이란 뜻 *蜂起, 農民蜂起, 蜂蜜, 縫針 봉기 농민 봉기 봉밀 봉침
1	金 7획	鋒	칼끝 **봉** 선봉 **봉**	날카로울 예(銳)와 벌 봉(蜂)의 합으로 벌떼처럼 모인 군중 속에서 앞장서는 정예(精銳)부대인 선봉이란 뜻과 무찌르는 칼의 맨 끝이란 뜻 *先鋒, 筆鋒 선봉 필봉
2	++ 7획	蓬	쑥 **봉**	풀 초(++)와 만날 봉(逢)의 합으로 어디서나 만나는 발끝에 걸리적거리는 흔한 풀인 쑥이란 뜻 *蓬頭亂髮(봉두난발: 쑥대처럼 어지럽게 흩어지고 엉킨 머리카락)
2	糸 11획	縫	꿰맬 **봉**	실 사(絲)와 쑥 봉(蓬)의 합으로 발에 걸리는 쑥부쟁이처럼 실로 이리저리 걸어 매어 꿰맨다는 뜻 *裁縫, 縫製, 縫合手術, 天衣無縫, 彌縫策 재봉 봉제 봉합 수술 천의무봉 미봉책

급수	부수	한자	훈 음	해 설
3	鳥 3획	鳳	봉새 **봉**	새 조(鳥)와 바람 풍(風)의 합으로 옛날에 바람의 신이라고 제사를 지내던 신비로운 상상의 새란 뜻 *鳳凰(봉황: 성왕(聖王)이 나오면 나타난다는 상상의 새로 수컷은 봉이고 암컷을 황이라 하며, 5음으로 울고 몸에 공작처럼 5색의 문채가 있는 조류 중의 수장(首長)임 기린, 거북, 용과 4령의 하나, 은(殷)나라 때부터 있었던 자라 함 *鳳蝶, 鳳輦, 鳳姿, 龍尾鳳湯 봉접 봉련 봉자 용미 봉탕
7	大 1획	夫	지아비 **부** 클 **부**	큰 대(大)와 어른 장(丈)의 합으로 다 커서 결혼을 하여 어른이 된 사내로 상투를 틀어 머리를 묶은 지아비(남편), 어른 남자란 뜻 *農夫, 丈夫, 夫婦, 令夫人, 夫唱婦隨 농부 장부 부부 영부인 부창부수
3.2	手 4획	扶	도울 **부**	도울 원(援)과 남편 부(夫)의 합으로 남편이 돈을 벌어 지원해주니 온 가족이 먹고산다, 가족을 부양한다는 뜻 *扶養家族, 扶助, 相扶相助 부양가족 부조 상부상조
1	艸 4획	芙	부용꽃 **부**	꽃 화(花)와 지아비 부(夫)의 합으로 아욱과의 관상용 낙엽관목(향신료로 쓰이기도 하는 꽃으로 특히 부용향은 지아비를 맞이하는 혼인 때 피우는 '말똥 향' 이라 하기도 하는데 잡귀를 쫓고 주위를 정화한다고 함) 또는 연꽃이란 뜻 *芙蓉姿(부용자: 아름다운 자태)
4.2	女 8획	婦	아내 **부** 며느리 **부** 여인네 **부**	계집 녀(女)와 쓸 소(掃)의 합으로 집안을 쓸고 닦고 빨래 설거지 등을 하는 여자인 아내란 뜻과 그런 일을 주로 하는 부인네란 뜻 *婦女子, 婦德, 姑婦 부녀자 부덕 고부

급수	부수	한자	훈 음	해 설
8	父 0획	父	아비 **부**	공정할 공(公)과 다스릴 예(乂)의 합으로 공정하게 다스리는 하느님 아버지란 데서 하늘이 세상을 만들 듯이 나를 낳아 만들어주신 아버지란 뜻과 공정하게 다스리는 아버지는 엄하다는 뜻 *乂: 베다, 다스리다는 뜻 *父母, 父子有親, 父傳子傳, 生父 부모 부자유친 부전자전 생부
1	斤 4획	斧	도끼 **부**	도끼 근(斤)과 아비 부(父)의 합으로 공정하게 처단하는 엄한 아버지처럼 생살권의 상징으로 천자가 제후에게 또는 출정하는 장군에게 통솔권의 징표로 주는 작은 도끼란 뜻 *斧鉞(부월: 천자가 제후에게 생살권의 상징으로 주던 작은 도끼와 큰 도끼)
2地 지	金 2획	釜	가마솥 **부**	쇠 금(金)과 도끼 부(斧)의 합으로 도끼는 생살권으로 죄인을 뜨겁게 물로 삶아 죽이는 쇠로 만든 가마, 큰 솥이란 뜻 *地名 字 지명 자 *釜中生魚, 釜山, 京釜線 부중생어 부산 경부선
3.2	亻 3획	付	줄 **부** 부탁할 **부**	대신 대(代)와 지도할 도(導)의 합으로 부모가 선생에게 아이를 맡기며 대신(代身) 잘 지도(指導)해 달라고 부탁한다는 뜻과 맡기니 넘겨준다는 뜻 *付託, 納付, 當付, 分付, 交付, 配付 부탁 납부 당부 분부 교부 배부
1	口 5획	咐	분부할 **부**	명령 명(命)과 줄 부(付)의 합으로 높은 사람이 아랫사람에게 명령하여 부탁하니 분부한다는 뜻 *吩咐, 咐囑 분 부 부촉

급수	부수	한자	훈 음	해 설
3.2	阜 5획	附	붙을 **부** 붙일 **부**	이웃 린(隣)과 줄(부탁) 부(付)의 합으로 이웃에 부탁하여 나도 좀 해 달라고 붙인다는 뜻과 이웃처럼 가까이 붙어 있다는 뜻 *附加(부가), 附與(부여), 寄附(기부), 附和雷同(부화뇌동), 附錄(부록)
3.2	竹 5획	符	맞을 **부** 부호 **부** 부적 **부**	같을 등(等)과 붙일 부(附)의 합으로 붙여보니 똑같다, 꼭 맞는 신표(信標)인 부신이란 뜻과 벽에 붙이는 문서인 부적이란 뜻 *符信(부신), 兵符(병부), 符號(부호), 符籍(부적)
4.2	广 5획	府	관청 **부**	관청 청(廳)과 줄 부(付)의 합으로 세금을 납부(納付)하는 곳인 관청이란 뜻과 거두어들인 조세를 쌓아두는 곳집이란 뜻 *政府(정부), 三府(삼부)要人(요인), 司憲府(사헌부) *三府(삼부)(立法(입법), 司法(사법), 行政(행정))
1	肉 8획	腑	육부 **부**	육 달 월(月)과 관청 부(府)의 합으로 정치의 6府처럼 몸에서 중요한 일을 하는 곳 *六府(육부: 吏, 戶, 禮, 兵, 工, 刑) *六腑(육부: 대장, 소장, 위, 담, 방광, 삼초)
1	亻 8획	俯	구부릴 **부**	부탁할 부(付)와 관청 부(府)의 합으로 평민이 관청에 부탁(付託)할 일이 있으니 '나으리' 하며 넙죽 엎드리거나 굽실거리며 허리를 굽히거나 고개를 들지 못하고 숙인다는 뜻 *仰俯(앙부), 俯瞰(부감)
3.2	肉 8획	腐	썩을 **부**	관청 부(府)와 고기 육(肉)의 합으로 백성들은 굶주리는데 관청의 고기는 쌓아두고 남아서 썩는다는 부패한 사회상을 풍자한 데서 썩는다는 뜻 *豆腐(두부), 腐敗(부패), 流水不腐(유수불부), 陳腐(진부), 腐葉土(부엽토)

급수	부수	한자	훈 음	해 설
1	馬 8획	駙	부마 **부**	말 마(馬)와 관청 부(府)의 합으로 중국 한 나라 때 정부(政府)의 말을 관리하던 일을 맡은 사람을 부마도위라 했는데 위, 진이 후에는 왕의 사위들이 전담하였으므로 후대에는 왕의 사위를 이르는 말이 되었음 *駙馬都尉(부마도위), 駙馬(부마)
4	口 4획	否	아닐 **부** 막힐 **비**	허락할 가(可)와 아니 불(不)의 합으로 허가(許可)를 하지 않고 입구를 막으며 아니 된다고 한다는 뜻과 못 들어오게 막으니 막힌다는 뜻 *否認(부인), 否定(부정), 拒否(거부), 與否(여부), 贊否(찬부), 否決(부결)
2地(지)	阜 0획	阜	언덕 **부**	높을 탁(卓)과 둔덕 부(𠂤)의 합으로 높이 덧쌓아 올린 두툼한 언덕이란 뜻의 부수자 *曲阜(곡부: 중국 공자의 묘가 있는 곳) *左阜傍(좌부 방: '阝'을 왼쪽에 두어 고을 읍인 우부 방과 구별하여 이르는 말)
1	土 3획	埠	선창 **부**	북돋을 배(培)와 언덕 부(阜)의 합으로 얕은 해안에 흙을 북돋우어 언덕처럼 높이 평평하게 만들어 배를 대고 물건을 싣고 내리기 편리하게 만든 선창이란 뜻 *埠頭(부두)
4	貝 2획	負	짐질 **부** 빚질 **부** 패할 **부**	조개 패(貝)와 위태할 위(危)의 합으로 옛날 화폐로 유통하던 조개를 지니고 있어 잃을까 봐 위험부담을 안고 있다는 데서 마음이 무거우니 짐스럽다. 짐을 진다는 뜻과 내기에서 빚을지니 승부에 진다는 뜻 *勝負(승부), 負擔(부담), 男負女戴(남부여대), 負債(부채), 負傷(부상)

급수	부수	한자	훈 음	해 설
1	言 2획	訃	부고 **부**	적을 기(記)와 엎어질 부(仆)의 합으로 사람이 엎어져 죽었다는 소식을 적은 편지인 부고란 뜻 *仆(엎어질 부: 점 복(卜)은 거북의 등껍질모양이다. 사람이 엎어놓은 등딱지 모양을 하니 엎드리다, 엎어지다, 죽는다는 뜻) *訃告(부고), 訃音(부음)
3	走 2획	赴	달릴 **부** 다다를 **부** 부고 **부**	달릴 주(走)와 부고 부(訃)의 합으로 부고를 받고 위로하고 도우려고 얼른 달려간다는 뜻과 부고란 뜻도 있음 *赴任(부임), 赴援(부원), 赴召(부소), 赴召(부소)
1	子 11획	孵	알 깔 **부**	기를 부(孚)와 알 란(卵)의 합으로 새가 발톱으로 알을 굴리며 새끼를 깐다는 뜻 *孵化(부화)
3.2	水 7획	浮	뜰 **부**	물 수(水)와 알 깔 부(孵)의 합으로 오리가 알을 품는 것처럼 물 위에 앉아 있는 모양으로 물에 둥둥 뜬다는 뜻 *浮力(부력), 浮沈(부침)
6	邑 8획	部	마을 **부** 부서 **부** 거느릴 **부**	고을 읍(邑)과 나눌 구(區)와 독립 립(立)의 합으로 통치하기 편리하게 나누어 독립시켜놓은 마을이나 부서란 뜻 *部分(부분), 部署(부서), 部落(부락)
1	刀 9획	剖	가를 **부**	이로울 리(利)와 마을 부(部)의 합으로 부분(部分), 부분별로 이익을 나누려고 가른다는 뜻과 예리(銳利)한 칼로 갈라 보아 부검한다는 뜻 *剖檢(부검), 剖棺斬屍(부관참시)

급수	부수	한자	훈 음	해 설
4.2	宀 9획	富	부자 **부** 가멸 **부**	충실할 실(實)과 복 복(福)의 합으로 복을 받아 곳간이 가득 찬, 알찬 부자란 뜻 *富者(부자), 富貴(부귀), 富農(부농), 貧富(빈부)
4.2	刀 9획	副	버금 **부** 첩지 **부**	찌를 자(刺)와 부자 부(富)의 합으로 풍부(豐富)하게 머리를 땋아 장식으로 더 갖다 붙여 비녀를 찌른 머리꾸미개인 첩지란 뜻과 덧대어 붙인다는 뜻 *副食(부식), 副木(부목), 副業(부업), 副會長(부회장)
2人(인)	亻 10획	傅	스승 **부** 붙을 **부** 도울 **부**	부탁할 부(付)와 넓을 박(博)의 합으로 박식한 사람으로 남의 자식을 부탁받아 가르쳐 이끌어주는 스승이란 뜻과 손을 내밀어 도와준다는 뜻과 자식에게 스승을 붙인다는 뜻 *師傅(사부), 傅育(부육)
3	貝 10획	賻	부의 **부**	재물 재(財)와 스승(도울) 부(傅)의 합으로 스승이 제자를 이끌어주며 돕듯이 어려운 일을 당한 이웃에게 돈이나 재물을 보태어 돕는 의례인 부의란 뜻 *賻儀金(부의금)
3	貝 8획	賦	부세 **부** 줄 **부**	재물 재(財)와 군사 무(武)의 합으로 국가 안보를 위하여 무사(武士)를 양성하기 위해 재산(財産)을 징수하는 세금이란 뜻과 할당액을 정하여 매겨서 쪽지를 나누어 준다는 뜻 *賦課(부과), 賦稅(부세), 賦與(부여), 賦役(부역), 賦存資源(부존자원)

급수	부수	한자	훈 음	해 설
3.2	竹 13획	簿	장부 **부**	호적 적(籍)과 얇을 박(薄)의 합으로 비추어 보고 딱 맞는지 사실을 확인해 볼 수 있게 얇은 종이에 적은 호적(戶籍)등본 같이 사실 확인을 위해 꼼꼼히 적어 보관하는 모든 장부를 뜻함 *稅務帳簿(세무 장부), 家計簿(가계부), 出席簿(출석부), 學籍簿(학적부)
2	攵 11획	敷	펼 **부** 늘어놓을 **부**	놓을 방(放)과 쓸 용(用)과 구할 구(求)의 합으로 쓰임이 있어 구하는 사람이 있을 때까지 방치(放置)되어 펼쳐져 있는 상태란 데서 넓게 펼쳐져 있다, 펼친다는 뜻 *敷地(부지: 건물이나 도로에 쓰이는 땅) *鐵道敷設(철도 부설), 高水敷地(고수부지), 敷衍說明(부연 설명)
2	肉 11획	膚	살갗 **부** 얕을 **부**	고기 육(肉)과 갑옷 갑(甲)과 빌 허(虛)의 합으로 과일 채소의 과육(果肉)을 보호하려고 싸고 있는 단단한 빈 껍데기란 뜻과 겉껍질이니 얕다는 뜻 *皮膚(피부), 皮膚病(피부병) *膚理(부리: 살결) *膚淺(부천: 생각이 얕음)
8	匕 3획	北	북녘 **북** 달아날 **배**	견줄 비(比)에서 한사람이 등을 돌린 모양으로 돌아선 뒤쪽이니 북이란 뜻과 등 돌리니 배신한다, 달아난다는 뜻 *왕도 남향하고 집들도 남향이니 뒤 쪽이 북이 됨 *南北(남북), 北極(북극), 敗北(패배)
6	刀 2획	分	나눌 **분**	칼 도(刀)와 가를 팔(八)이니 칼로 갈라서 나눈다는 뜻 *分數(분수), 分家(분가), 分列(분열), 分析(분석), 分野(분야)

급수	부수	한자	훈 음	해 설
1	口 4획	吩	분부할 **분**	명령 명(命)과 나눌 분(分)의 합으로 어떻게 하라고 분명(分明)하게 지시하여 명한다는 뜻 *吩咐(분부: 윗사람의 당부나 명령을 높이 이르는 말
4	糸 4획	紛	어지러울 **분**	짤 조(組)와 나눌 분(分)의 합으로 조직(組織)이 분열(分列)되어 의견 등이 어지럽게 뒤섞인다는 뜻 *紛亂(분란), 紛爭(분쟁), 內紛(내분)
4	米 4획	粉	가루 **분**	쌀 미(米)와 나눌 분(分)의 합으로 쌀을 잘게 나누어 만든 가루란 뜻 *粉食(분식), 粉乳(분유), 粉末(분말), 粉紅(분홍)
1	雨 4획	雰	안개 **분** 펄펄날릴 **분**	눈 설(雪)과 가루분(粉)의 합으로 떡가루가 날리듯이 눈이나 안개의 작은 가루가 펄펄 흩날리며 떠다니니 날린다는 뜻 *雰雰(분분: 눈이나 비가 펄펄 흩날리는 모양) *雰圍氣(분위기), 雰虹(분홍)
2明 명	++ 4획	芬	향기 **분**	꽃 화(花)와 안개 분(雰)의 합으로 공기 중에 안개처럼 떠다니는 꽃냄새란 뜻 *芬芳(분방), 芬芬(분분)하다
1	皿 4획	盆	동이 **분**	그릇 명(皿)과 향기 분(芬)의 합으로 꽃을 꽂아 가까이 두고 향기를 맡으려는 그릇인 화분이란 뜻 *花盆(화분), 盆栽(분재), 盆地(분지)
1	手 4획	扮	꾸밀 **분**	바를 말(抹)과 가루 분(粉)의 합으로 가루를 발라 문질러 하얗게 꾸미다. 혹은 배우가 맡은 분야대로 연기하기 위해 분장(扮裝)한다는 뜻 *扮裝(분장), 扮飾(분식)

급수	부수	한자	훈 음	해 설
1	心 4획	忿	성낼 **분**	성낼 노(怒)와 기분 분(氣分)의 합으로 기분(氣分)이 상해 성이 난다는 뜻 *忿怒(분노), 激忿(격분)
1	火 8획	焚	불사를 **분**	불 화(火)와 금할 금(禁)의 합으로 진시황이 강력한 법치주의를 실시하면서 유교를 금지(禁止)하여 유교 사상이 머리에 들어있는 유생들은 구덩이에 파묻고 유가의 금지된 책은 불태웠다는 뜻 *焚書坑儒(분서갱유), 焚身自殺(분신자살)
3.2	大 6획	奔	달아날 **분** 달릴 **분**	잃을 실(失)과 풀 훼(卉)의 합으로 실수(패)하여 고삐 풀려 놓친 망아지가 풀밭을 함부로 내달린다, 날뛴다, 달아났다는 뜻 *自由奔放(자유분방), 奔走(분주), 東奔西走(동분서주)
3	心 13획	憤	분할 **분**	원통할 한(恨)과 성낼 분(賁)의 합으로 성이 나서 원통하여 어쩔 줄 모를 정도로 분해한다는 뜻, 화가 치밀어 오른다는 뜻 *賁(성낼 분: 질 부(負)와 달릴 분(奔)의 합으로 지고 억울해서 날뛰는 모양) *憤慨(분개), 憤敗(분패), 激憤(격분), 憤怒(분노), 發憤忘食(발분망식)
1	口 13획	噴	뿜을 **분**	입 구(口)와 분할 분(憤)의 합으로 울분이 끓어올라 퉁퉁 부어오른 모양으로 속에 화가 잔뜩 쌓여 출구(出口)로 뿜어져 나온다는 뜻과 물 등을 뿜어낸다는 뜻 *噴出(분출), 噴火口(분화구), 噴水(분수), 噴射(분사)
3.2	土	墳	무덤 **분**	땅 지(地)와 뿜을 분(噴)의 합으로 분이 끓어 부풀어 오르듯이 죽은 사람을 묻고 표시하기 위해 흙을 끌어 올려 땅이 불룩 솟아오른 모양의 무덤이란 뜻 *墳墓(분묘), 古墳(고분), 封墳(봉분)

급수	부수	한자	훈 음	해 설
3.2	大 13획	奮	떨칠 **분**	빼앗을 탈(奪)과 당할 당(當)의 합으로 약탈(掠奪)을 당하니 분하여 가만있지 못하고 하던 일을 떨치고 싸우려고 일어난다는 뜻 *激奮(격분), 奮發(분발), 孤軍奮鬪(고군분투), 興奮(흥분)
1	米 11획	糞	똥 **분**	쌀 미(米)와 다를 이(異)의 합으로 쌀밥이 체내에 흡수되고 필요 없는 이물질(異物質)은 분리되어 밖으로 배출되는 똥이란 뜻 *人糞(인분), 糞尿(분뇨)
7	一 3획	不	아니 **불**	윗 상(上)과 작을 소(小)의 합으로 작아서 위로 나타나지 않는 모양이다. 보일 시(示)에서 위에 획이 나타나 보이지 않으니 믿을 수 없다, 있지 않다, 신을 부정하듯이 뒤에 오는 말을 부정하여 아니라는 뜻 *'ㄷ'이나 'ㅈ'앞에서는 '부'로 읽힘 *不定(부정), 不正(부정), 不淨(부정)
2	弓 2획	弗	말 **불** 달러 **불** 원소기호 **불**	악기 줄 현(弦)과 끌어당길 인(引)합으로 바이올린의 현을 끌어당겨 튕긴다는 데서 튕기니 싫다, 떨치며 말라 하니 화나다, 어기다, 떨쳐내며 하지 말라는 뜻 *弗(불: 중국식 달러($)를 나타냄) *弗素(불소: 충치 예방을 위해 치약이나 수돗물에 사용되는 성분인 불소의 한자음)
3	手 5획	拂	떨 **불**	잡을 조(操)와 말 불(弗)의 합으로 잡지 말라고 뿌리치며 떨친다. 떨어낸다는 뜻. *拂拭(불식: 먼지 등을 떨고 닦아내다, 없애다) *完拂(완불), 後拂(후불), 支拂(지불), 滯拂(체불)

급수	부수	한자	훈 음	해 설
4.2	亻 5획	佛	부처 **불**	닦을 수(修)와 떨 불(拂)의 합으로 속세를 떨치고 출가하여 도를 닦아 깨달은 석가모니 부처란 뜻 *佛像, 佛敎, 佛心, 佛經, 佛陀 불상 불교 불심 불경 불타 *佛蘭西(불란서: 프랑스의 한자음 표기)
1	彳 5획	彿	비슷할 **불**	비슷할 방(彷)과 부처 불(佛)의 합으로 불상을 부처님과 비슷하게 만들어놓은 모양에서 비슷하다, 마치 똑같다는 뜻 *彷彿 방 불
3	月 4획	朋	벗 **붕**	조정 조(朝)와 옷 복(服)의 합으로 조복을 입고 나란히 입궐하는 무리란 뜻에서 친분이 있어 같이 다니거나 같은 일에 종사하여 늘 가까이 무리지어 다니는 벗이란 뜻 *朋黨, 朋友, 朋友有信 붕당 붕우 붕우유신
1	木 8획	棚	선반 **붕** 사다리 **붕**	가로 횡(橫)과 무리 붕(朋)의 합으로 여러 개의 나무를 나란히 가로지른 사다리란 뜻과 널판을 가로질러 물건을 얹을 수 있게 만든 선반이나 시렁이란 뜻 *棚棧(붕잔: 선반과 비계) *大陸棚(대륙붕: 수심 200m까지의 육지에 붙은 땅)
3	山 8획	崩	무너질 **붕**	높을 숭(崇)과 선반 붕(棚)의 합으로 높은 데 있던 선반이 무너진다는 뜻과 선반처럼 떠받들던 임금이 돌아가심을 나타냄 *崩壞, 崩御 붕괴 붕어
1	糸 11획	繃	묶을 **붕**	맺을 결(結)과 무너질 붕(崩)의 합으로 무너진 곳을 잡아 묶거나 무너져 다친 곳을 매는 붕대란 뜻 *繃帶, 壓迫繃帶 붕대 압박 붕대

급수	부수	한자	훈 음	해 설
1	石 8획	硼	붕산 **붕**	돌 석(石)과 무너질 붕(繃)의 합으로 石은 비금속 원소이다. 붕대를 매는 상처에 소독하는 약품인 붕산이란 뜻 *硼砂(붕사: 붕산나트륨의 흰 결정(結晶) *硼酸(붕산: 약품, 공업 농업에 쓰임)
2人 인	鳥 8획	鵬	붕새 **붕**	새 조(鳥)와 무너질 붕(崩)의 합으로 임금이 붕어(崩御)하셔 멀리 가듯이 한번 날면 구만리나 간다는 전설의 새인 붕새란 뜻 (장자의 소요 유에 나오는 상상의 새) *鵬圖(붕도), 鵬程萬里(붕정만리), 鵬翼(붕익) *鵬程萬里(붕정만리: 전도가 양양하다, 장래가 유망)
2姓 성	一 4획	丕	클 **비**	세상 세(世)와 아니 불(不)의 합으로 인재나 업적 등이 세상에 보기 드문, 불세출(不世出)의 인재로 위대하고 대단하다는 뜻과 아직 세습(世襲)을 받지 않은 천자의 자식인 원자란 뜻 *丕業(비업: 큰 사업(洪業, 大業)) *丕子(비자: 천자의 적자(元子, 太子))
3.2	女 3획	妃	왕비 **비**	계집 녀(女)와 짝 배(配)의 합으로 짝인 여자이니 배우자란 뜻이나 주로 왕비로 쓰임 *大王大妃(대왕대비), 王妃(왕비), 楊貴妃(양귀비)
1	匕 0획	匕	비수 **비**	사람 인(亻)의 세로획이 굽은 모양으로 구부러진다는 뜻과 찔러 꼬꾸라지게 하는 비수란 뜻과 끝을 구부려 밥을 떠서 먹는 숟가락이란 뜻 *匕首(비수), 匕箸(비저: 숟가락과 젓가락)

급수	부수	한자	훈 음	해 설
5	比 2획	比	견줄 **비** 나란할 **비**	늙을 로(老)에서 꼬부라진 둘을 나란히 놓고 누가 더 늙었는지 비교한다는 뜻 *比較(비교), 比率(비율), 比例(비례), 等比(등비)
4	手 4획	批	비평할 **비**	손가락 지(指)와 견줄 비(比)의 합으로 손가락으로 잘잘못을 꼬집어 지적(指摘)하며 작품들을 비교(比較) 평가한다는 뜻 *批評(비평), 批判(비판), 批頰(비협)(비협: 뺨을 때림)
2人(인)	比 5획	毘	도울 **비**	견줄(나란히) 비(比)와 지경 계(界)의 합으로 경계가 이웃하여 나란히 붙어 있으니 돕는다는 뜻 *毘(裨)益(비익) *毘盧峯(비로봉)
1	广 4획	庇	덮을 **비** 도울 **비**	큰집 엄(广)과 도울 비(毘)의 합으로 과거에 왕들이 사는 큰 집이 자연적인 지형을 이용해 적으로부터 안전하게 막아주고 감싸 도와주니 덮어준다는 뜻 *庇護勢力(비호세력), 補庇(보비), 隱庇(은비)
1	禾 4획	秕	쭉정이 **비**	벼 화(禾)와 덮을 비(庇)의 합으로 벼에서 쌀을 덮어 보호하는 쭉정이란 뜻 *秕(粃)糠(비강), 秕政(비정)
1	女 4획	妣	죽은 어미 **비**	계집 녀(女)와 나란히 비(比)의 합으로 나란히 묻히는 여자이니 죽은 어미란 뜻 *제사 지낼 때 부인의 지방(紙榜)은 현비(顯妣)라고 시작함 *顯妣(현비), 先妣(선비), 皇妣(황비)

급수	부수	한자	훈 음	해 설
1	石 4획	砒	비상 **비**	돌 석(石)과 삼갈 비(毖)의 합으로 연광(鉛鑛)에 섞여 있는 독성이 강해 사약의 원료가 되는 광석(鑛石)으로 함부로 쓰지 말고 삼가라는 비금속 원소인 비상이란 뜻 *砒霜, 砒素, 砒石 비상 비소 비석
1	玉 8획	琵	비파 **비**	거문고 금(琴)과 견줄 비(比)의 합으로 거문고는 7현이나 4현 5현으로 거문고와 비슷하게 만든 기타같이 생긴 17세기의 현악기인 비파란 뜻 *琵琶 비파
2冊 책	比 5획	毖	삼갈 **비**	나란히 비(比)와 비밀 밀(密)의 합으로 이 순신이 나의 죽음을 알리지 말라고 나란히 옆에 앉아 자신이 없는 것을 덮어 가리고 적이 모르게 조심하여 삼가라는 뜻 *懲毖錄(징비록: 유성룡이 지은 임진왜란의 야사(野史))
4	禾 5획	秘	숨길 **비** 비밀 **비**	벼 화(禾)와 반드시(꼭) 필(必)의 합으로 혹독한 세금 때문에 벼를 꼭꼭 숨겨 감추었다는 데서 숨긴다는 뜻과 숨기는 비밀이란 뜻 *禾대신 神의 부수인 示를 써도 同字로 통함, 神은 보이지 않으니까 (禾 화, 神 신, 示 시, 同字 동자, 神 신) *秘密, 秘話, 秘書, 神秘, 秘訣 비밀 비화 비서 신비 비결
3.2	肉 4획	肥	살찔 **비** 거름 **비**	몸 육(肉)과 큰 뱀 파(巴)의 합으로 뱀이 길어 돌돌 겹으로 말고 있는 모양으로 몸이 삼겹살로 살찌다, 뚱뚱하다는 뜻 *肥大, 肥滿, 肥料, 肥肉 비대 비만 비료 비육

급수	부수	한자	훈 음	해 설
4.2	非 0획	非	아닐 **비**	손 수(手)가 좌우로 등지고 있다. 등지니 어긋나다는 뜻과 손을 좌우 양쪽으로 저으며 아니라고 손사래를 치니 아니 된다, 옳지 않다, 나쁘다는 뜻의 부수자 *非行(비행), 非難(비난), 非理(비리), 非情(비정)
4.2	心 8획	悲	슬플 **비** 자비 **비**	그리워할 연(戀)과 아닐 비(非)의 합으로 연인(사랑하는 사람)과 결혼할 수 없다. 안된다며 부모님이 반대하니 딱하다, 가엾다, 마음이 아프다, 슬프다는 뜻 *慈悲(자비), 悲劇(비극), 喜悲(희비), 悲鳴(비명), 悲壯(비장), 悲觀(비관)
2	匚 8획	匪	도적 **비**	감출 혜(匸)와 아닐 비(非)의 합으로 몰래 숨어서 비행(非行)을 저지르는 도적이란 뜻 *匪賊(비적), 武將(무장)共匪(공비)
1	戶 8획	扉	삽짝 **비**	문 호(戶)와 아닐 비(非)의 합으로 좌우 양손으로 밀어제치게 열고 들어가는 문인 사립문이란 뜻 *柴扉(시비: 사립문) *扉環(시환: 문고리)
1	言 8획	誹	비방할 **비**	말씀 언(言)과 아닐 비(非)의 합으로 비난(非難)하는 말 즉, 헐뜯는 말이란 뜻 *誹謗(비방), 誹譽(비예)
1	虫 8획	蜚	바퀴벌레 **비** 날 **비**	벌레 충(虫)과 아닐 비(非)의 합으로 비난(非難)하며 싫어하는 바퀴벌레란 뜻과 또는 바퀴벌레처럼 난다는 뜻과 풀쩍 날듯이 뛰는 방아깨비나 메뚜기란 뜻 *飛(蜚)騰(비등: 날아오름) *流言蜚語(유언비어: 터무니없이 떠도는 소문)

급수	부수	한자	훈 음	해 설
1	糸 8획	緋	비단 **비**	명주 주(紬)와 날 비(蜚)의 합으로 날아갈 듯 얇은 명주로 짠 비단인 붉은 깁이란 뜻과 5품 이상 당상관(堂上官)의 관복 *緋緞(비단: 얇은 비단과 두꺼운 비단의 총칭)
1	羽 8획	翡	물총새 **비** 비취 **비**	깃 우(羽)와 비단 비(緋)의 합으로 깃이 비단같이 고운 물총새란 뜻 *翡翠色(비취색: 광택을 띠는 맑고 짙은 녹색)
3.2	十 6획	卑	낮을 **비**	높을 탁(卓)과 삐침 별(丿)의 합으로 높을 탁의 위 한 획을 삐침 획처럼 아래로 끌어내린다는 뜻으로 끌어내리니 낮춘다, 낮다, 천하다, 흔하다는 뜻 *卑下(비하: 아래로 끌어내림) *卑稱(비칭), 卑屈(비굴), 卑俗(비속), 卑近(비근), 卑賤(비천)
3.2	女 8획	婢	여종 **비**	계집 녀(女)와 낮을 비(卑)의 합으로 지위가 낮은 여자 종이란 뜻 *奴婢(노비), 侍婢(시비), 婢妾(비첩)
1	衣 8획	裨	도울 **비**	옷 의(衣)와 여종 비(婢)의 합으로 옷을 입을 때 여종이 도와준다는 뜻 *裨益(비익), 裨將(비장), 補裨(보비)
1	肉 8획	脾	지라 **비**	장기 장(臟)과 도울 비(裨)의 합으로 위장의 왼쪽 뒤에 붙어 있는 내장의 하나로 림프구를 만들고 노폐(老廢)한 적혈구를 파괴하는 구실을 하며 소화를 도와주는 장기인 지라란 뜻 *脾臟(비장), 脾胃(비위)

급수	부수	한자	훈 음	해 설
4	石 8획	碑	비석 **비**	돌 석(石)고 낮을 비(卑)의 합으로 돌에 글을 새겨서 무덤 앞에 아랫부분을 땅으로 끌어내려 낮게 묻어서 세워놓은 돌인 비석이란 뜻 *碑碣(비갈: 무덤 앞에 납작한 돌은 비, 둥근 모양의 돌을 갈이라 함) *碑石(비석), 墓碑(묘비), 詩碑(시비), 頌德碑(송덕비)
1	疒 8획	痹	저릴 **비**	병 증세 증(症)과 줄 비(畀)의 합으로 바람 습기 추위로 지체가 통증이 오거나 뻣뻣하게 마비되는 병의 증세로 저리다는 뜻 *畀는 석쇠를 겅그리 위에 걸쳐놓은 모양으로 두 발이 기우뚱하지 않고 빳빳하게 버티어 준다는 뜻 *痺와 통함 *痲痹(마비)
1	水 5획	沸	끓을 **비** 용솟음할 **불**	끓을 탕(湯)과 어길 불(弗)의 합으로 뜻을 어기니 화가 나서 속이 부글부글 끓는다, 용솟음친다는 뜻 *沸騰(비등: 끓어오름)
5	貝 5획	費	쓸 **비**	살 매(買)와 떨칠 불(拂)의 합으로 물건을 사고 화폐를 지불(支拂)하였으니 썼다는 뜻 *消費(소비), 學費(학비), 費用(비용), 食費(식비), 會費(회비), 經費(경비)
4.2	飛 0획	飛	날 **비**	깃 우(羽)와 오를 승(昇)의 합으로 새가 깃을 치며 오르니 난다는 뜻, 부수 자임 *飛上(비상), 飛行機(비행기), 飛虎(비호) *飛報(비보: 급한 소식)

급수	부수	한자	훈 음	해 설
4.2	亻 10획	備	갖출 **비** 예비 **비**	칠 벌(伐)과 만약 약(若)과 쓸 용(用)의 합으로 만약에 적이 쳐들어오면 쓰려고 미리 갖추어둔다는 뜻 *豫備(예비), 準備(준비), 具備(구비), 備蓄(비축), 備品(비품)
1	心 10획	憊	노곤할 **비**	게으를 태(怠)와 갖출 비(備)의 합으로 미리 방비(防備)하기 위해 종일토록 서 있는 보초병이 권태(倦怠)를 느끼고 따분하고 고달프다는 뜻 *困憊(곤비)
5	鼻 14획	鼻	코 **비** 처음 **비**	스스로(저절로)자(自)와 가축 축(畜)과 손 맞잡을 공(廾)의 합으로 저절로 따라오게 가축의 코를 꿴 코뚜레를 잡고 당기는 모양에서 코란 뜻과 코바늘처럼 걸어서 잡아당기는 고리나 손잡이란 뜻과 태아가 코부터 생긴다 하여 처음이란 뜻의 부수자 *鼻炎(비염), 鼻音(비음), 鼻祖(비조)(始祖(시조)), 阿鼻叫喚(아비규환)
1	邑 11획	鄙	더러울 **비** 야비할 **비**	고을 읍(邑)과 다라울 비(啚)의 합으로 고대의 지역 단위로 500가구를 1鄙라고 함. 궁벽한 시골의 작은 읍이니 속되고 인색하고 비천한 모양에서 더럽다(다랍다), 품위가 낮다는 뜻으로 자기를 낮추는 접두사로 쓰임 *啚: 그림 도(圖)에서 외곽의 둘레가 벗겨진 모양이니 도성 밖의 작은 마을로 궁벽하다, 천하다는 뜻 *鄙劣(비열), 野鄙(야비), 鄙語(비어), 都鄙(도비)(京鄕(경향))
1	肉 13획	臂	팔 **비**	육 달 월(月)과 벼락 벽(霹)의 합으로 몸에서 벼락 치듯이 내리치는 권력이나 무기가 되는 팔뚝이란 뜻 *臂環(비환: 팔찌) *臂不外曲(비불외곡: 팔은 안으로 굽듯이 가까운 쪽으로 마음이 간다는 뜻)

급수	부수	한자	훈 음	해 설
1	言 13획	譬	비유할 **비**	깨우칠 경(警)과 팔 비(臂)의 합으로 알아듣기 쉽게 깨우쳐주기 위하여 팔이 안으로 굽는다고 끌어다 대어 비유한다. 휘어대어 말한다는 뜻 *譬(比)喩(비유: 비슷한 것을 끌어대어 설명함)
3	頁 7획	頻	자주 **빈** 찡그릴 **빈**	얼굴 안(顔)과 걸음 보(步)의 합으로 오나라 왕의 첩인 서시(西施)가 가슴앓이가 있어서 걸음을 걸을 때마다 얼굴을 찡그렸다는 고사에서 자주란 뜻과 찡그린다는 뜻 *頻度, 頻發, 頻繁, *頻數(빈삭: 자주) 빈도 빈발 빈번 *西施顰目(서시빈목: 외형에 사로잡혀 본질을 꿰뚫지 못함의 풍자, 장자가 유교를 풍자함)
1	口 16획	嚬	찡그릴 **빈**	입 구(口)와 자주(찡그릴) 빈(頻)의 합으로 서시가 가슴앓이로 얼굴을 찡그리자 미인은 표정을 그렇게 하는 양, 생각 없는 사람들이 따라 한다고 입을 삐죽거리거나 눈살을 찌푸린다는 뜻 *嚬蹙 빈축
1	水 16획	瀕	물가 **빈** 임박할 **빈**	물가 애(涯)와 자주 빈(頻)의 합으로 물이 자주 들락거리는 물가란 뜻과 생애의 가(끝)에 왔으니 죽음이 거의 임박했다는 뜻 *瀕死(빈사: 거의 죽을 지경에 이름)
3	貝 14획	賓	손님 **빈**	귀할 귀(貴)와 자주 빈(頻)과 손 객(客)의 합으로 자주 찾아주시는 귀한(vip) 손님이란 뜻 *貴賓, 賓客, 迎賓館 귀빈 빈객 영빈 관
1	女 17획	嬪	궁녀 **빈**	며느리 부(婦)와 손님 빈(賓)의 합으로 귀족(귀빈)의 자제로 간택되어 들어온 궁중 왕실의 며느리란 뜻 *嬪宮, 世子嬪 빈궁 세자 빈

급수	부수	한자	훈 음	해 설
1	歹 18획	殯	빈소 **빈**	죽을 사(死)와 손님 빈(賓)의 합으로 죽은 사람에게 조문을 오는 손님을 맞이하는 곳인 빈소란 뜻 *殯所(빈소), 殯殿(빈전)
1	水 17획	濱	물가 **빈**	물가 애(涯)와 빈소 빈(殯)의 합으로 생애(生涯)를 마치고 빈소에서 저세상으로 떠나려는 생애의 가란 뜻 *濱涯(빈애), 濱塞(빈새)
2人(인)	彡 11획	彬	빛날 **빈**	수풀 림(林)과 모양 형(形)의 합으로 빽빽한 숲처럼 문장의 겉모양과 속(文(문)과 質(질) 또는 文(문)과 武(무))을 알차게 고루 갖춘 모양 *斌(빈): 彬(빈)의 本字(본자) *彬蔚(빈울)
4.2	貝 11획	貧	가난할 **빈**	재물 자(資)와 나눌 분(分)의 합으로 자원이 부족하여 나누어 써야 하니 모자란다, 가난하다는 뜻 *貧窮(빈궁), 貧困(빈곤), 貧富(빈부), 貧血(빈혈), 淸貧(청빈), 貧民(빈민)
5	水 1획	氷	얼음 **빙**	물 수(水)와 얼 동(凍)의 합으로 冰으로 쓰이다가 속자인 氷으로 더 많이 쓰임 *氷水(빙수), 氷壁(빙벽), 氷板(빙판), 氷河(빙하)
3	耳 7획	聘	부를 **빙**	연이을 연(聯)과 부를 호(号)와 말미암을 유(由)의 합으로 혼인이 연관되므로 말미암아 호칭으로 부른다는 뜻 *聘母(빙모), 招聘(초빙)

급수	부수	한자	훈 음	해 설
1	心 12획	憑	탈 **빙** 기댈 **빙** 의지할 **빙**	위로할 위(慰)와 탈 빙(馮)의 합으로 위자료(慰藉料)를 요구하려고 혼인을 구실 삼다, 의거한다, 핑계 삼는다는 뜻 *馮(성 풍; 말을 타듯이 얼음을 타고 건넌다, 얼음에 의지한다는 뜻과 성 풍으로 쓰이며 憑(빙)의 本字(본자)이다. *憑藉(빙자), 信憑(신빙), 證憑書類(증빙서류)
5	士 0획	士	선비 **사** 기사 **사**	열 십(十)과 위 상(上)의 합으로 흙 토(土) 보다 위가 크게 두드러진(특출한) 모양으로 고전에 특출한 학자라는 데서 학문하는 선비라 했지만 어떤 분야에 특히 뛰어난(두드러진) 전문인 즉, 출세(出世)하여 세상에 드러남을 뜻함 *博士(박사), 兵士(병사), 技士(기사), 辯護士(변호사), 士官生徒(사관생도)
5	亻 3획	仕	벼슬 할 **사** 섬길 **사**	다를 타(他)와 선비 사(士)의 합으로 어떤 분야에 뛰어난 전문인이 그 능력으로 남을 위해 일을 해주니 봉사한다, 직업을 갖는다는 뜻과 남을 위해 일을 하니 섬긴다는 뜻 *出仕(출사), 仕途(사도)(벼슬길), 給仕(급사), 奉仕(봉사)
3	己 0획	巳	뱀 **사**	몸 기(己)의 부수로 몸이 길어서 말고 있는 뱀의 상형 자, 여섯째 지지(地支)로 四월을 나타내는 뱀이란 뜻 *巳時(사시: 오전 9시에서 10시 사이) *乙巳條約(을사조약)
3.2	示 3획	祀	제사 **사**	귀신 신(神)과 뱀 사(巳)의 합으로 신 앞에서 무릎을 꿇고 머리를 땅에 대고 뱀처럼 몸을 동그랗게 굴리며 절하는 제사란 뜻 *祭祀(제사), 時祀(시사), 告祀(고사), 忌祭祀(기제사)

급수	부수	한자	훈 음	해 설
8	口 2획	四	넉 **사**	둘레 국(口)과 가를 팔(八)의 합으로 둘레를 동서남북 네 방향으로 나눈 넷이란 뜻 *四方, 四君子, 四通八達, 四書三經 사방 사군자 사통팔달 사서삼경
2地 지	水 5획	泗	물 이름 **사**	동서남북 사방으로 통한다는 뜻인가? 유래 모름 *地名 字 지명 자 *泗洙(사수: 물 이름)
6	歹 2획	死	죽을 **사**	죽음 시 알(歹)과 늙을 로(老)의 합으로 歹 의 본자인 𣦵은 바깥 외(外)의 다른 구조였으나 아래 하(下)와 저녁 석(夕)으로 변형됨. 저녁 해가 서산으로 넘어가듯이 늙어서 땅 아래로 넘어가니 죽는다는 뜻 *死亡, 死活, 死生決斷, 死因, 死地 사망 사활 사생결단 사인 사지
7	亅 7획	事	사건 **사** 일 **사** 섬길 **사**	갈고리 궐(亅)과 관리 리(吏)와 손 우(又)의 합으로 관리(官吏)의 손에 걸려든 사건이란 뜻과 손으로 다루어야 하는 모든 일이란 뜻 *일이 손에 안 걸린다고도 함 *事件, 事變, 事故, 工事, 公事 사건 사변 사고 공사 공사
3.2	口 2획	司	맡을 **사**	합할 합(合)과 힘 력(力)의 합으로 권력(權力)을 주어, 혹은 힘이 있어 합동(合同)으로 전체를 다룰 수 있는 총사령관(司令官)이란 데서 전체를 맡아 관리한다는 뜻 *司馬(사마: 주대(周代)에 군사를 맡아보던 벼슬) *司諫院, 司法, 司祭, 司會, 司書 사간원 사법 사제 사회 사서
1	示 5획	祠	사당 **사**	귀신 신(神)과 맡을 사(司)의 합으로 조상신을 모두 모셔두고 맡아 관리하는 곳인 사당이란 뜻 *祠堂, 顯忠祠, 忠烈祀 사당 현충사 충렬사

급수	부수	한자	훈 음	해 설
3.2	口 10획	嗣	대 이을 **사**	인원 원(員)과 책 책(冊)과 사당 사(祠)의 합으로 책을 이어 엮듯이 사당을 맡을 사람이니 상속자, 후임, 대를 잇는다는 뜻 *嗣子(사자), 後嗣(후사)
1	言 5획	詞	말씀 **사**	글 시(詩)와 맡을 사(司)의 합으로 노래에서 곡이 아닌 시가 맡는 부분인 가사란 뜻과 노랫말처럼 사람들에게 생각을 전달하는 말이란 뜻 *歌詞(가사), 冠詞(관사), 品詞(품사), 形容詞(형용사)
2	食 5획	飼	먹일 **사**	밥 식(食)과 맡을 사(司)의 합으로 먹이를 맡아서 관리하는 사육사란 뜻으로 기르다, 먹인다는 뜻 *飼育(사육), 飼料(사료), 飼養(사양)
5	口 2획	史	역사 **사**	맡을 사(司)와 취할 취(取)의 합으로 사마천(司馬遷)이 취재(取材)한 사회에 영향을 끼친 충격적인 사건을 모아 적은 역사기록이란 뜻 *歷史(역사), 國史(국사), 世界史(세계사), 史學(사학)
6	示 3획	社	모일 **사** 토지신 **사**	귀신 신(神)과 땅 지(地)의 합으로 지역(地域)에 따라 각자 조상신(祖上神)을 모시고 공동체를 이루며 모여 산다는 뜻과 그 땅의 토지 신 또는 수호신이란 뜻, 규모에 따라 太社(태사), 王社(왕사), 國社(국사), 侯社(후사), 里社(리사)가 있음 *社會(사회), 會社(회사), 社員(사원), 社長(사장)
4.2	寸 3획	寺	절 **사** 관청 **사**	높을 존(尊)과 모일 사(社)의 합으로 부처를 모셔놓고 높이 받들며 승려들이 모여 수도를 하는 절이란 뜻과 중국 최초의 사원이 관청에서 시작되었으므로 관서(官署)의 이름으로 사법을 맡거나 종묘를 맡는 관서란 뜻 *寺院(사원), 寺刹(사찰), 內寺(내시)

급수	부수	한자	훈 음	해 설
3	亻 5획	似	같을 **사** 비슷할 **사** 본 딸 **사**	부처 불(佛)과 써 이(以)의 합으로 불법이나 불경을 가지고 써(以) 비슷하게 생기는 여러 사이비(似而非) 종교들이란 데서 비슷하다는 뜻과 거래에서 비슷하지만 다른 유사품이란 뜻 *似而非, 類似品, 近似値, 非夢似夢 사이비 유사품 근사치 비몽사몽
3.2	水 4획	沙	모래 **사** 바닷가 **사**	물 수(水)와 적을 소(少)의 합으로 少는 작아서(小) 빠져(丿) 나가는 모양이니 물이 빠져나가고 남는 모래 또는 물과 같이 빠져나가는 작은 돌인 모래란 뜻 *沙(砂)漠, 白沙場, 沙鉢通文 사 사 막 백사장 사발 통문
1	女 7획	娑	춤추는 모양 **사**	모양 자(姿)와 모래 사(沙)의 합으로 모래가 날리는 모양처럼 하늘하늘한 옷자락을 날리는 자태로 춤추는 모양이란 뜻과 불교 용어로 사바의 음역 *娑婆(사바: 불교에서 갖가지 고통을 참고 견뎌야 하는 이 세상. 인간세계란 뜻)
4	糸 4획	紗	깁 **사**	짤 직(織)과 소녀 소(少)의 합으로 소녀들이 나풀거리는 댕기로 쓰이는 직물인 깁이란 뜻 *甲紗, 紗帽冠帶 갑사 사모관대 *紗羅(사라: 얇은 비단)
4	糸 6획	絲	실 **사**	짤 직(織)과 실 사(糸)의 합으로 옷을 짜거나 헤진 곳을 꿰매는 데 쓰이는 실이란 뜻 *糸(실 사: 가는 섬유를 여러 번 꼬아 이은 실타래의 상형 자) *生絲, 絹絲, 螺絲, 鐵絲, 一絲不亂 생사 견사 나사 철사 일사불란
6	亻 6획	使	시킬 **사** 부릴 **사**	대신 대(代)와 관리 리(吏)의 합으로 높은 사람이 일을 직접 하지 않고 낮은 관리에게 대신 일을 하게 한다는 뜻 *使用, 使臣, 使命, 天使, 使役 사용 사신 사명 천사 사역

급수	부수	한자	훈 음	해 설
3.2	邑 4획	邪	간사할 **사**	고을 읍(邑)과 상아(거간꾼) 아(牙)의 합으로 상아(象牙)는 길어서 입 밖으로 튀어 나온다는 데서 거간꾼이란 뜻이 있다. 예전에 농산물을 팔러 읍내 장에 가다 보면 중간에 튀어나와 자기에게 팔라고 꼬드기는 거간꾼이 잘 속인다. 간사하고 나쁘다는 뜻 *奸邪(간사), 邪惡(사악), 邪慾(사욕), 妖邪(요사), 邪道(사도)
4	禾 2획	私	개인 **사**	숨길 비(秘)와 사사로울 사(厶)의 합으로 사(厶)는 남자의 생식기로 비밀스러운 사생활이란 뜻과 숨기니 간통한다는 뜻 *私有地(사유지), 私的(사적), 私塾(사숙), 私慾(사욕), 私立(사립)
1	二 6획	些	적을 **사**	두 이(二)와 섶(땔나무) 시(柴)의 합으로 땔나무처럼 자질구레한, 크기도 가늘고, 두어 개이니 양이 적어 하찮거나 대수롭지 않다는 뜻 *些少(사소), 些細(사세)
4.2	舌 2획	舍	집 **사** 쉴 **사**	혀(말) 설(舌)과 모일 합(合))의 합으로 말이 집이지 겨우 비바람을 피하거나 잠시 쉴 수 있게 덮개를 한 움막이나 오두막, 초막, 막사 같은 작고 초라한 집이란 뜻 *捨와 같이 쓰임 *舍宅(사택), 舍廊(사랑), 官舍(관사), 寄宿舍(기숙사), 驛舍(역 사)
3	手 8획	捨	버릴 **사** 풀어놓을 **사**	던질 투(投)와 집 사(舍)의 합으로 던져(내팽개쳐) 두고 돌보지 않는 움막집처럼 하찮게 여겨 버린다는 뜻과 잠그지 않고 풀어놓고, 나그네가 비를 피하거나 하룻밤 묵어 쉬어가라 하니 베푼다는 뜻 *取捨(취사), 喜捨(희사), 取捨選擇(취사선택), 捨生取義(사생취의)

급수	부수	한자	훈 음	해 설
5	木 5획	査	조사할 **사** *사돈 **사**(國字)	뿌리 본(本)과 조상 조(祖)의 합으로 조상(祖上)의 뿌리를 찾아본다는 데서 알아본다는 조사란 뜻과 나무를 짜듯이(組) 엮은 뗏목이란 뜻과 혼인 때 조상의 뿌리를 조사하는 사돈이란 뜻 *檢査(검사), 調査(조사), 査察(사찰), 査閱(사열), 査頓(사돈)
5	心 5획	思	생각 **사**	생각 상(想)과 말미암을 유(由)의 합으로 '왜 그랬을까' 이유(理由)를 생각하느라고 골똘히 깊이 생각한다는 뜻 *古文에는 정수리 신(囟)의 합으로 정수리로 가는 마음인 머릿속의 생각이란 뜻 *思想(사상), 思考(사고), 思春期(사춘기), 思索(사색), 思潮(사조)
2	口 7획	唆	부추길 **사**	불 취(吹)와 준걸 준(俊)의 합으로 훌륭하다 멋있다, 착하다고 하면서 바람을 불어넣어 고취(鼓吹)시켜 부추기다, 꾀다, 넌지시 알려준다는 뜻 *敎唆(교사) *示唆(시사: 미리 암시하여 알려 줌)
4	寸 7획	射	쏠 **사**	마디 촌(寸)과 몸 신(身)의 합으로 신체에 촌철살인(寸鐵殺人)으로 짧은 바늘인 주사를 찌른다거나 쏜다는 뜻 *注射(주사), 射擊(사격), 發射(발사), 射手(사수), 噴射(분사), 反射(반사)
4.2	言 10획	謝	감사할 **사** 사죄할 **사**	말할 화(話)와 쏠 사(射)의 합으로 은혜를 입었을 때 반사(反射)적으로 되돌려 갚아주는 답례의 인사말로 감사하다는 뜻 *感謝(감사), 謝罪(사죄), 謝過(사과), 新陳代謝(신진대사)
1	鹿 17획	麝	사향노루 **사**	사슴 록(鹿)과 쏠 사(射)의 합으로 코를 찌르듯이 톡 쏘는 향주머니를 가진 사슴인 사향노루란 뜻 *麝香(사향)

급수	부수	한자	훈 음	해 설
4.2	巾 7획	師	스승 **사** 숙달될 **사**	두를 잡(帀)과 따를 추(追)의 합으로 제자들이 뒤따르고 한 수 배우려고 빙 둘러선다는 뜻이 있는 스승이란 뜻 *帀(두를 잡: 감출 혜(匸)와 수건 건(巾)의 합으로 몸을 감추려고 천을 두른 모양 '匝(잡)'의 줄임) *師弟(사제), 師恩(사은), 醫師(의사), 敎師(교사)
1	犭 10획	獅	사자 **사**	사나울 맹(猛)과 스승 사(師)의 합으로 맹렬하게 학설을 부르짖는 큰 스승처럼 크고 용맹한 동물인 사자란 뜻 *獅子吼(사자후: 뭇 짐승이 사자의 울부짖는 소리에 엎드려 떨며 승복한다는 뜻으로 불교에서 일체를 엎드려 승복하게 하는 '부처님의 설법'을 이르는 말)
3	虫 5획	蛇	뱀 **사**	벌레 충(虫)과 얼굴(모양) 용(容)과 늙을 노(老)의 합으로 땅속에 사는 등 굽은 늙은이 모양 구불구불 기어가는 뱀의 본래 자 *巳: 12지의 뱀 사 *陀: 꼬불꼬불 산비탈 타 *駝: 꼬불꼬불 등 굽은 낙타 타 *龍頭蛇尾(용두사미), 毒蛇(독사), 蛇足(사족)
3	斗 7획	斜	기울일 **사** 비낄 **사** 흩을 **사**	말 두(斗)와 제거할 제(除)의 합으로 말 통의 곡식을 쏟아부어 없애려고(除去) 기울인다는 뜻 *斜陽(사양), 斜線(사선)
2	赤 4획	赦	벗길 **사** 용서할 **사**	붉을 적(赤)과 놓을 (放)의 합으로 발가벗기(赤裸裸)듯이 뒤집어 쓴 누명을 벗고 놓여난다는 뜻, 혹은 허물(罪)을 벗고 놓여남 *赦免(사면)

급수	부수	한자	훈 음	해 설
1	彳 8획	徙	이사할 **사** 옮길 **사**	따를 종(從)과 이 차(此)의 합으로 전국시대의 상앙(商鞅)이 법령을 내리기에 앞서 백성이 따르지 않을까 걱정하여 세 길이나 되는 나무를 남문에 세우고 현상금을 걸어 북문에 옮기면 상금을 준다고 하고 이를 믿고 따르는 이에게 상을 주어 따르는 본보기로 삼았다는 고사에서 이곳에서 저곳으로 옮긴다는 뜻 *移徙(이사), 徙木之信(사목지신)
1	大 9획	奢	사치할 **사**	자랑할 과(夸)와 드러낼 저(著)의 합으로 과시(誇示)하려고 지나치게 꾸미고 자신을 드러내려니 화려하게 치장을 하고 낭비를 한다는 뜻 *奢侈(사치), 奢華(사화)
3	言 5획	詐	속일 **사**	말씀 언(言)과 지을 작(作)의 합으로 없는 사실을 지어내고 거짓으로 꾸며서 하는 거짓말이니 속인다는 뜻 *詐欺(사기), 詐稱(사칭), 詐取(사취)
3	斤 8획	斯	이 **사** 어조사 **사**	벨 참(斬)과 터 기(基)의 합으로 진시황제를 도와 죄인을 참수(斬首)하며 강한 법치의 터를 다진 중국 전국시대 진나라의 철학자로 사서(四書) 이외 불필요한 학문은 나라를 혼란스럽게 만든다며 불태운 책사(策士)의 이름인 이사(李斯)의 사이고 분서갱유를 당한 공자의 학문인 유교를 이름 *斯文亂賊(사문난적: 유교에서 그 교리에 어긋나는 행동을 하는 사람을 일컫는 말)
1	艸 8획	蓑 (簑)	도롱이 **사**	풀 초(草)와 상복 최(衰)의 합으로 댓잎이나 갈대 등의 풀을 엮어서 거칠게 만든, 상복처럼 끈으로 대충 묶어서 비올 때 입는 옷인 도롱이란 뜻 *簑笠(사립: 도롱이와 삿갓, 우의(雨衣))

급수	부수	한자	훈 음	해 설
5	宀 12획	寫	베낄 **사**	사실 실(實)과 옛(헐) 구(舊)와 새 조(鳥)의 합으로 옛날 창 힐이 새의 발자국 모양을 사실 그대로 베꼈듯이 따라 그린다는 뜻과 본을 떠서 헐어진 구멍으로 잉크가 새어 나오게 하여 똑같이 복사한다는 뜻 *寫生(사생), 複寫(복사), 寫眞(사진)
1	水 15획	瀉	쏟을 **사** 설사할 **사**	샐 설(泄)과 베낄 사(寫)의 합으로 잉크를 새어나가게 하여 복사(複寫)하듯이 줄줄 새어나간다, 혹은 따라 그리듯 따르다, 물을 따르니 붓다, 쏟아 붓는다는 뜻 *泄瀉(설사)
3	貝 8획	賜	내려줄 **사** 은혜 **사**	줄 부(賦)와 쉬울 이(易)의 합으로 죄인이 고통을 줄이고 쉽게 죽으라고 임금이 은혜를 베풀어 약을 부여(賦與)하여 내려준다는 뜻 *下賜(하사), 賜藥(사약)
4	辛 12획	辭	말씀 **사** 사양할 **사**	가릴 변(辨)과 어지러울 란(亂)의 합으로 혼란(混亂)한 낱말들을 가려 알아볼 수 있게 설명을 붙여 엮어놓은 사전이란 데서 말이나 글이란 뜻과 '가려고 하니 가지 말라.'하며 옥신각신 사양하거나 사표를 쓸 때 코끝이 찡하게 하는 말이란 뜻 *送辭(송사), 答辭(답사), 辭讓(사양), 辭職(사직), 辭說(사설) *辭典(사전: 어지러운 여러 가지 말의 뜻을 가려(辨) 분별해 주는 책)
3	刀 7획	削	깎을 **삭**	예리할 리(利)와 사그라질 소(消)의 합으로 날카로운 면도칼로 머리카락을 싹 밀어 완전히 사라지게 깎는다는 데서 깎아버린다는 뜻 *削髮(삭발), 削減(삭감), 添削(첨삭), 削除(삭제)

급수	부수	한자	훈 음	해 설
3	月 6획	朔	초하루 **삭**	보름 망(望)과 거스를 역(逆)의 합으로 보름에서 거슬러 가면 초하루란 뜻과 거슬리(逆)는 오랑캐(胡)가 있는 북방이란 뜻 *朔望(삭망), 晦朔(회삭), 朔月貰(삭월세), 朔風(삭풍) *朔地(삭지: 북쪽 오랑캐의 땅)
8	山 0획	山	메 **산**	높고 낮은 산봉우리 모양의 산의 상형 자 *登山(등산), 山行(산행), 山岳(산악), 南山(남산)
1	疒 3획	疝	산증 **산**	증세 증(症)과 메 산(山)의 합으로 배가 남산만큼 부어오르는 증세(症勢)의 병이란 뜻 *疝症(산증: 아랫배와 고환이 붓고 아픈 병)
1	玉 5획	珊	산호 **산**	구슬 옥(玉)과 목책 책(柵)의 합으로 목책처럼 나뭇가지 모양의 군체(群體)를 이루고 사는 산호과의 강장동물, 죽으면 살이나 기관은 썩어 없어지고 뼈만 남아 장식품으로 쓰이는 산호란 뜻 *珊瑚(산호), 珊瑚礁(산호초)
1	刀 5획	刪	깎을 **산**	산호 산(珊)과 깎을 삭(削)의 합으로 산호를 장식품으로 조각하여 깎는다는 뜻 *刪削(산삭), 刪略(산략), 刪定(산정), 刪蔓(산만)
5	生 6획	産	낳을 **산**	날 생(生)과 원래 원(原)과 설 립(立)의 합으로 본원(本原)인 어머니 몸에서 생겨 독립(獨立)하여 나오니 낳는다는 뜻 *産母(산모), 生産(생산), 産地(산지), 國産(국산), 農産物(농산물), 産婦人科(산부인과)
2	人 10획	傘	우산 **산** 거느릴 **산**	곳집 창(倉)과 우산의 자루와 살대 모양으로 창고가 곡식을 비 안 맞게 지붕을 덮듯이 사람들이 비 안 맞게 쓰는 우산이란 뜻 *雨傘(우산), 陽傘(양산), 日傘(일산), 傘下(산하) 團體(단체)

급수	부수	한자	훈 음	해 설
4	攵 8획	散	흩을 **산**	질 패(敗)와 스물 입(廿)과 무리 붕(朋)의 합으로 전쟁에 져서 무리가 뿔뿔이 흩어진다는 뜻 *分散, 解散, 散在, 散步, 散髮, 散炙 분산 해산 산재 산보 산발 산적
7	竹 8획	算	계산 **산**	대 죽(竹)과 기구 구(具)와 희롱할 롱(弄)의합으로 산가지(숫자 세는 대 개비)를 가지고 놀듯이 모았다 펼쳤다 하며 개수를 헤아리는 도구(道具)인 계산기란 뜻 *筭(주산 산: 구슬을 이용한 주산이란 뜻) *計算器, 算數, 算定, 算出, 豫算, 決算 계산기 산수 산정 산출 예산 결산
2	酉 7획	酸	실 **산**	술 주(酒)와 뛰어날 준(俊)의 합으로 과일이나 곡류가 발효되어 술의 과정을 뛰어넘어 더 나아가면 시큼한 맛이 나며 시어진다는 뜻 *酸性, 酸化, 酸素, 炭酸飮料, 乳酸菌 산성 산화 산소 탄산 음료 유산균
4.2	殳 7획	殺	죽일 **살** 감할 **쇄** 빠를 **쇄**	몽둥이 칠 수(殳)와 풀 벨 예(乂)와 물리칠 척(斥)과 나무 목(木)의 합으로 나무를 도끼로 찍거나 베듯이 몽둥이를 휘둘러 때려죽인다는 뜻과 죽이니 없애다, 없애니 감한다는 뜻과 몽둥이를 빠르게 내리치니 빠르다는 뜻 *殺生, 殺伐, 殺傷, 殺害, 殺到, 相殺 살생 살벌 살상 살해 쇄도 상쇄
1	火 9획	煞	죽일 **살** 악귀(액) **살**	세찰 렬(烈)과 급할 급(急)과 칠 공(攻)의 합으로 적의 급소(急所)를 공격하여 맹렬(猛烈)히 싸우는 모양에서 적의 기세를 꺾어 강타하는 맹렬한 기세란 뜻 *急煞, 驛馬煞, 凶殺 급살 역 마 살 흉살
1	手 12획	撒	뿌릴 **살**	휘두를 휘(揮)와 흩을 산(散)의 합으로 팔을 휘둘러 소독약 같은 분말이나 입자(粒子)를 고루 멀리 흩어지게 뿌린다는 뜻 *撒布, 傳單紙 살포 전단 지

급수	부수	한자	훈 음	해 설
1	++ 14획	薩	보살 **살**	범어의 음역(音譯)으로 보살이란 뜻 *菩薩(보살: 부처에 버금가는 성인, 보리살타, 고승을 높이어 이르는 말, 나이 많은 여신도를 대접하여 이르는 말, 점쟁이를 달리 이르는 말로 두루 쓰임
1	水 11획	滲	스밀 **삼**	물 수(水)와 끼어들 참(參)의 합으로 물이 끼어드니 스며들다, 조금씩 흘러나온다는 뜻 *滲透壓(삼투압), 滲入(삼입), 滲出(삼출)
2	++ 11획	蔘	삼 **삼**	풀 초(草)와 참여할 참(參)의 합으로 힘을 솟아나게 하는 강장제의 효능이 있어 너도나도 가지려고(참여; 끼어듦) 하는 약초인 삼이란 뜻 *參(참: 사사 사(厶)와 끼일 개(介)와 모양 形의 합으로 개개의 사람들이 너도나도 마구 끼어든 모양으로 참여한다는 뜻과 가지런하지 않다는 뜻과 같은 자 "석삼"으로 쓰임) *山蔘(산삼), 人蔘(인삼), 紅蔘(홍삼), 水蔘(수삼), 乾蔘(건삼)
3.2	木 8획	森	수풀 **삼**	나무 목(木)과 수풀 림(林)의 합으로 숲에 나무를 하나 더 보태어 숲이 빽빽하다는 뜻 *森林(삼림), 森嚴(삼엄), 森羅萬象(삼라만상)
2	手 9획	插	꽂을 **삽**	누를 압(押)과 삽 삽(臿)의 합으로 구덩이를 파려고 땅에 삽을 눌러 꽂다 의 뜻 *臿: 절구 구(臼)와 일천 천(千)의 합으로 천의 자리에 쉼표를 꽂듯이 꽂아서 흙을 일구거나 구덩이를 파는 농기구인 삽(가래)란 뜻 *插畫(삽화), 插入(삽입), 插木(삽목)

급수	부수	한자	훈 음	해 설
1	水 12획	澁	떫을 **삽**	막힐 체(滯)와 그칠 지(止)의 합으로 땡감을 먹었을 때처럼 입안에 온통 붙어서 멈추고 막히니 떫다는 뜻 *澁味(삽미), 澀語(삽어), 澀滯(삽체)
7	一 2획	上	오를 **상** 위 **상**	한 일(一)과 뚫을(세울) 곤(丨)과 표 점 주(丶)의 합으로 일정(一定)한 위치에서 위로 올라가 점으로 표시한 지사 자로 올라간다는 뜻과 점으로 표시한 곳이 위란 뜻 *上下(상하), 上部(상부), 上納(상납), 上訴(상소)
4.2	广 4획	床	상 **상**	자리 좌(座)와 나무 목(木)의 합으로 편편한 나무 조각으로 만든 자리인 평상(平床)이란 뜻과 음식을 놓을 자리인 밥상 책상 등의 놓을 상이란 뜻 *平床(평상), 寢牀(寢床)(침상), 冊床(책상), 飯床(반상)
4.2	犬 4획	狀	상태 **상** 문서 **장**	짐승 수(獸)와 장할 장(壯)의 합으로 임금이 장원(壯元)한 사람에게 암행어사란 명을 내려 몰래 살핀 백성들의 금수(禽獸)만도 못한 압박 받는 생활상태란 뜻과 그 상황을 글로 써서 장계로 올린 보고서인 문서란 뜻 *狀況(상황), 狀態(상태), 症狀(증상), 賞狀(상장), 年賀狀(연하장)
3	木 6획	桑	뽕나무 **상** 동쪽 **상**	나무 목(木)과 또 우(又)의 합으로 나무 위에 손들이 바쁘게 잎을 따는 모양으로 누에의 밥으로 잎을 따 먹이는 뽕나무란 뜻 *桑根白皮(상근백피: 뽕나무 뿌리 속 껍질 약재) *扶桑(부상: 동쪽 바다의 해 뜨는 곳에 있다고 하는 신령스런 나무, 또는 그곳) *桑田碧海(상전벽해)

급수	부수	한자	훈 음	해 설
5	口 8획	商	장사 **상** 헤아릴 **상**	물건 품(品)과 제국 제(帝)와 여덟 팔(八)의 합으로 대영제국이나 네덜란드 스페인처럼 세계를 팔방(八方)으로 돌아다니며 영토를 확장하던 식민제국 때 특산물을 나르던 그 경로를 따라 물건을 교역하는 장사란 뜻과 장사를 하면 이문을 헤아린다는 뜻 *商街, 商店, 協商, 商業, 商品 상가 상점 협상 상업 상품
3.2	小 5획	尙	높을 **상** 아직 **상** 일찍 **상**	뾰족할 첨(尖)과 높을 고(高)의 합으로 성당이나 건물의 지붕을 첨탑(尖塔)을 세워 높인다는 뜻과 저만치 멀고 높으니 "아직도"란 뜻 *高尙, 崇尙, 時機尙早, 尙武, 尙宮 고상 숭상 시기상조 상무 상궁
4.2	巾 8획	常	항상 **상** 떳떳할 **싱**	수건 건(巾)과 높을 상(尙)의 합으로 인간이 천을 둘러 옷을 입게 되면서 품위가 높아지고 부끄럽지 않고 떳떳하다는 뜻과 옷을 항상 걸치니 항상이란 뜻 *日常, 常用, 常傭, 常識, 班常, 恒常 일상 상용 상용 상식 반상 항상
3.2	衣 8획	裳	치마 **상**	옷 의(衣)와 일상 상(常)의 합으로 일상(日常)생활에 입는 법의(法衣)처럼 긴 옷인 치마란 뜻 *衣裳, 同價紅裳, 綠衣紅裳 의상 동가홍상 녹의홍상
3	口 11획	嘗	맛볼 **상**	입 구(口)와 늘(항상) 상(常)과 맛 지(旨)의 합으로 원수를 갚기 위하여 쓰라린 그 맛을 잊지 않기 위해 늘(항상) 쓸개를 핥았다는 와신상담(臥薪嘗膽)의 고사에서 핥으며 맛을 보다는 뜻 *嘗味(상미: 맛을 봄) *臥薪嘗膽, 嘗糞 와신상담 상분
5	貝 8획	賞	칭찬할 **상** 상줄 **상** 즐길 **상**	자질 자(資)와 높일 상(尙)의 합으로 자질(資質)을 높이 평가하여 감상한다는 데서 감상하다, 즐기다, 칭찬하다, 상을 준다는 뜻 *賞品, 賞罰, 賞金, 鑑賞, 賞春客 상품 상벌 상금 감상 상춘객

급수	부수	한자	훈 음	해 설
5	目 4획	相	서로 **상** 모양 **상** 도울 **상** 재상 **상**	눈 목(目)과 모양 양(樣)의 합으로 서로 다른 물질적 경계에 의하여 커 보이거나 작아 보이거나 길어 보인다는 등, 우리의 눈에 비치어 나타나 보이는 모양이란 데서 모양이란 뜻과 이쪽과 저쪽인 서로란 뜻과 서로 경계 되어 돋보이게 하니 돕는다는 뜻과 임금을 돕는 재상이란 뜻 *相對的(상대적), 相關(상관), 相扶相助(상부상조), 相生(상생)相剋(상극), 觀相(관상), 實相(실상), 宰相(재상), 相續(상속), 相殺(상쇄), 相從(상종)
3	亻 15획	償	갚을 **상**	대신 대(代)와 상줄 상(賞)의 합으로 잘한 대가(代價)로 상을 주어 보상한다, 갚는다는 뜻 *報償(보상), 償還(상환), 賠償(배상), 減價償却(감가상각)
4.2	心 9획	想	생각 **상**	마음 심(心)과 서로 상(相)의 합으로 서로 마음에 두고 생각한다는 뜻 *思想(사상), 想念(상념), 想像(상상), 感想(감상), 發想(발상), 回想(회상)
2	竹 9획	箱	상자 **상**	대 죽(竹)과 서로 상(相)의 합으로 대나무를 서로 얽어 엮어서 만든 상자란 뜻 *箱子(상자)
3,2	雨 9획	霜	서리 **상**	이슬 로(露)와 서로 상(相)의 합으로 이슬이 서로 얼어붙어서 된, 서리란 뜻 *霜降(상강: 양력 10월 24일경의 절기인 상강) *秋霜(추상), 雪上加霜(설상가상)
1	女 17획	孀	과부 **상**	아내 부(婦)와 서리 상(霜)의 합으로 서리에도 절개를 굽히지 않는 국화처럼 오상고절(傲霜孤節)을 생각하게 하는 과부(寡婦)란 뜻 *靑孀(청상), 孀閨(상규)

급수	부수	한자	훈 음	해 설
3	示 6획	祥	상서로울 **상** 조짐 **상** 제사 **상**	빌 축(祝)과 양 양(羊)의 합으로 희생양을 놓고 제사를 지내며 축원을 하니 좋을 것 같은 조짐이란 뜻 *小祥(소상: 한돌 만에 지내는 제사) *大祥(대상: 두 돌 만에 지내는 제사) *不祥事(불상사), 發祥地(발상지)
3.2	言 6획	詳	자세할 **상** 좋을 **상** 속일 **상**	속일 사(詐)와 상서로울(좋을) 상(祥)의 합으로 제물을 바쳐 제사를 지내야 좋은 일이 일어난다고 속일지 모르니 자세히 알아보라는 데서 '자세히'란 뜻 *祥(상)과 동자 *詳細(상세), 昭詳(소상), 詳述(상술), 未詳(미상)
2名(명)	广 6획	庠	학교 **상**	관청 부(府)와 기를 양(養)의 합으로 옛날 중국의 관청에 설치하였던 인재양성(養成)기관인 초등학교란 뜻 *庠序(상서: 고대 중국의 교육기관으로 주나라 때는 庠(상)이라 하고 은나라 때는 序(서)라 했음)
1	羽 6획	翔	높이 날 **상** 빙빙돌아날 **상**	익힐 습(習)과 자세할 상(詳)의 합으로 솔개처럼 목표를 더 자세히 보려고 반복해 연습(練習)하듯이 빙빙 돌며 난다는 뜻 *飛翔(비상), 翔集(상집)
3.2	爻 7획	爽	시원할 **상**	사귈 효(爻)와 큰 대(大)의 합으로 두 팔다리를 큰 대(大)자로 벌리고 서 있으니 겨드랑 사이로 바람이 교차하여 통하니 시원하다는 뜻 *爽快(상쾌), 豪爽(호상) *昧爽(매상: 먼동이 틀 무렵)

급수	부수	한자	훈 음	해 설
3.2	口 9획	喪	잃을 **상**	울 곡(哭)과 망할 망(亡)의 합으로 가족의 사망(死亡)으로 통곡(痛哭)을 하니 죽다, 잃는다는 뜻 *喪妻(상처), 喪家(상가), 弔喪(조상), 問喪(문상), 喪失(상실), 好喪(호상)
4	亻 11획	傷	다칠 **상** 아플 **상**	업신여길 모(侮)와 끓을 탕(湯)의 합으로 모욕(侮辱)을 당하여 속을 끓인다, 부아가 끓어 속이 상한다, 마음이 아프다, 남에게 자존심이 상하다, 마음을 다친다는 뜻 *끓는데 데인 상처, 데이다, 다치다, 데이니 물린다, 음식이 물린다는 뜻 *傷心(상심), 傷處(상처), 死傷(사상), 食傷(식상)
1	角 11획	觴	술잔 **상**	뿔 각(角)과 상할 상(傷)의 합으로 옛날에 소를 살상(殺傷)해서 뿔은 술잔으로 사용하였던 데서 술잔이란 뜻 *濫觴(남상: 큰 강물도 처음엔 잔에 넘칠 정도로 작은 데서 비롯되었다는 데서 사물의 시초를 이르는 말)
4	豕 5획	象	코끼리 **상** 모양 **상** 상징할 **상**	돼지 시(豕)와 뿔 각(角)의 합으로 돼지처럼 뚱뚱하고 터진 입술 사이로 어금니가 뿔처럼 튀어나온 모양을 상형 한 코끼리란 뜻과 코끼리가 불교를 상징하니 추상적인 정신세계를 구체적인 사물로 나타낸 모양이란 뜻 *象敎(상교: 불교의 딴 이름) *象牙(상아), 象徵(상징), 對象(대상), 印象(인상), 森羅萬象(삼라만상)
3.2	亻 12획	像	형상 **상** 같을 **상**	부처 불(佛)과 모양 상(象)의 합으로 부처님의 모양을 구리나 석고 등을 이용해 만들어놓은 형상이란 뜻과 불상처럼 실제 사람을 기념하여 동상으로 만드니 실물과 똑같다는 뜻 *佛像(불상), 銅像(동상), 偶像(우상), 想像(상상), 自畵像(자화상)

급수	부수	한자	훈 음	해 설
3	土 10획	塞	변방 **새** 막힐 **색**	벽(울타리) 벽(壁)과 찰 한(寒)의 합으로 찬바람을 막듯이 적의 침입을 막으려고 벽을 높이 둘러치고 방비하는 변방이란 뜻과 꼭 둘러쳐 막는다는 뜻 *塞翁之馬, 窮塞, 要塞, 窒塞 새옹지마 궁색 요새 질색
1	玉 14획	璽	옥새 **새** 도장 **새**	임금 왕(王)과 너 이(爾)의 합으로 爾는 일컬을 칭(稱)의 본자(本字)로 옥으로 만든 왕을 일컫는 도장이란 뜻 *玉璽(國璽) 옥새 국새
3.2	糸 4획	索	찾을 **색** 동아줄 **삭** 쓸쓸할 **삭**	여러 루(累)와 더할(합) 십(十)과 덮을 멱(冖))의 합으로 여러 겹으로 더하여 꼬인 동아줄이란 뜻과 꼬인 가닥에서 관계되는 선을 찾는다는 뜻과 홀로 사색(思索)에 잠기니 쓸쓸하다는 뜻 *檢索, 探索, 索引, 索道, 鐵索, 索寞 검색 탐색 색인 삭도 철삭 삭막
7	色 0획	色	빛 **색** 여색 **색**	위태할 위(危)와 뱀 파(巴)의 합으로 칭칭 감아 말고 있는 뱀처럼 위험하게 착 달라붙으며 유혹하여 끌어당기는 여색(꽃뱀)이란 뜻과 나비나 벌의 눈에 띄어 끌려는 꽃처럼 곱고 예쁜 색깔이란 뜻 *色彩, 色鉛筆, 色盲, 本色, 色相, 顏色 색채 색연필 색맹 본색 색상 안색
1	口 10획	嗇	아낄 **색**	둘레 국(囗)과 올 래(來)의 합으로 들어온 재물은 담을 겹겹이 둘러쳐서 가두어 놓으니 인색하다는 뜻 *吝嗇(인색: 재물을 아끼는 정도가 지나 침)
8	生 0획	生	날 **생** 살 **생**	부수 자이나 흙 토(土)와 싹 날 철(屮)의 합으로 보면 흙에 뿌리내리고 싹이 터서 나온다는 뜻과 살아간다 뜻 *生日, 生産, 生命, 一生, 生活, 生計 생일 생산 생명 일생 생활 생계

급수	부수	한자	훈 음	해 설
1	牛 5획	牲	희생 **생**	소 우(牛)와 살 생(生)의 합으로 살아있는 소를 신에게 바치니 희생된다는 뜻과 일을 해주고, 고기와 뼈, 가죽까지 다 바치는 소의 일생(一生)처럼 인간을 위해 자신의 몸을 바치는 희생이란 뜻 *犧牲, 牲犢 희생 생독
1	生 7획	甥	생질 **생** 사위 **생** 외손자 **생**	날 생(生)과 사내 남(男)의 합으로 날것(生)은 익지 않은 것이니 익숙지 않아 친하지 않는 것처럼 남자 쪽에서 보아 친족이 아닌 누이의 아들, 또는 사위가 장인에 대해 자신을 이르는 말 *甥姪(생질: 누이의 아들) *外甥(외생: 사위가 장인에 대해 자신을 가리킴)
8	襾 0획	西	서녘 **서**	우뚝할 올(兀)과 입(구멍) 구(口)의 합으로 구멍에 빠져 푹 덮인 두 다리처럼 해가 빠져 잠기는 서쪽이란 뜻과 덮인다는 뜻 *덮을 아(襾)와 같음 *西洋, 西域, 西歐, 西紀 서양 서역 서구 서기
3	广 8획	庶	뭇(여려) **서** 서자 **서**	법도 도(度)와 없을 무(無)의 합으로 도외시(度外視)되는 제도(범위)에 없는 괄호 밖의 서자들이라는 뜻과 아무 벼슬이 없는 서민들이라는 뜻 *庶子, 庶民, 庶務, 庶出 서자 서민 서무 서출
5	广 4획	序	차례 **서** 학교 **서** 머리말 **서**	자리 좌(座)와 미리 예(豫)의 합으로 왕자들이 왕의 자리를 차지하는 순서를 미리 정해놓은 차례라는 뜻과 미리 볼 수 있게 책의 앞에 순서를 적은 차례나 미리 보도록 책머리에 적는 머리말이란 뜻 *順序, 秩序, 序列, 序詩, 序文, 序論 순서 질서 서열 서시 서문 서론

급수	부수	한자	훈 음	해 설
1	手 4획	抒	끌어낼 **서** 토로할 **서**	열(헤칠) 피(披)와 차례 서(序)의 합으로 서문(序文)에 작가의 심정을 피력(披瀝)하여 열어 보인다, 끌어낸다는 뜻 *抒情(서정: 자기의 감정을 말이나 글 따위로 끌어내는 일)
2地 지	舌 6획	舒	펼 **서** 풀릴 **서** 느슨할 **서**	집 사(舍)와 자아낼 서(抒)의 합으로 도심을 떠나 전원의 휴양지 작은 오두막집에 오니 긴장이 풀린다, 정서를 자아내 서정을 펼친다는 뜻 *舒眉(서미: 찡그렸던 인상을 펴다) *舒遲(서지: 한가하니 느슨하고 더딤)
3.2	彳 7획	徐	천천히 **서** 성씨 **서**	뒤 후(後)와 남을 여(餘)의 합으로 뒤에 남아서 천천히 간다는 뜻과 성씨로 쓰임 *徐行, 徐步, 徐氏 서행 서보 서 씨
3	攴 7획	敍	베풀 **서** 지을 **서** 차례 **서** 지위를 줄 **서**	칠 복(攴)과 천천히 서(徐)의 합으로 천천히 똑똑 두드리듯이 또박또박 말한다, 늘어놓는다, 속에서 이야기를 끌어내 쌓인 속을 내보이니 펼친다는 뜻과 차례로 늘어놓고 품등을 정하여 지위를 준다는 뜻 *敍任(서임: 벼슬을 내림) *自敍傳, 敍述, 敍事詩, 敍品式 자서전 서술 서사시 서품식
1	肉 5획	胥	서리 **서** 서로 **서** 모두 **서**	긍정할 긍(肯)과 돌 선(旋)의 합으로 지방의 낮은 벼슬아치인 아전(衙前)이 지역의 실정을 잘 모르는 수령과 백성들 사이에서 이쪽저쪽의 사정을 긍정(肯定)적으로 주선(周旋)하여 행정실무를 잘 처리한다는 데서 낮은 관리인 서리란 뜻과 이쪽저쪽 모두이니 다란 뜻과 서로란 뜻이 됨 *胥吏(서리: 지방 관아에 딸린 하급관리) *胥失(서실: 서로 잘못함)

급수	부수	한자	훈 음	해 설
1	士 9획	壻	사위 **서** 사나이 **서**	씩씩할 장(壯)과 서리 서(胥)의 합으로 친가와 처가 이쪽저쪽 모두 돌보는 장정(壯丁)인 사위란 뜻과 장정(壯丁)인 사나이란 뜻 *婿(서)와 동자 *同壻(동서), 同壻間(동서간)
3.2	心 6획	恕	용서할 **서**	생각 사(思)와 같을 여(如)의 합으로 역지사지(易地思之)하여 바꿔 놓고 생각하여 같은 입장이 되어 보면 이해되고 용서가 된다는 뜻 *容恕(용서), 寬恕(관서), 恕宥(서유)
6	曰 6획	書	글 **서**	가로 왈(曰)과 붓 필(筆)의 합으로 붓으로 말을 적은 글이란 뜻 *書冊(서책), 書信(서신), 書記(서기), 書藝(서예), 書店(서점), 書架(서가), 書堂(서당)
3	辶 7획	逝	갈 **서** 죽을 **서**	보낼 송(送)과 꺾일 절(折)의 합으로 요절(夭折)하듯이 갑자기 죽게 되어 멀리 떠나보낸다는 뜻 *逝去(서거: 죽음을 정중히 이르는 말) *逝止(서지: 떠남과 머무름)
3	言 7획	誓	맹세할 **서**	경계할 경(警)과 꺾을 절(折)의 합으로 의지가 꺾여 굽힐까 봐 경계하여 신명 또는 여러 사람 앞에서 다짐하여 약속한다, 맹세(맹서)한다는 뜻 *盟誓(맹서), 誓文(서문), 宣誓(선서), 誓約(서약)
1	黍 0획	黍	기장 **서**	곡식 곡(穀))과 물 수(水)의 합으로 곡식 중에서 물기가 많아 차진 특징이 있는 기장이란 뜻 *黍尺(서척: 고대의 길이 단위(100개의 기장 알갱이를 늘어놓은 길이) *黍粟(서속: 기장과 조) *黍麪(서면: 기장으로 만든 국수)

급수	부수	한자	훈 음	해 설
1	木 8획	棲	깃들 **서**	깃들 서(栖)과 아내 처(妻)의 합으로 암컷(아내)이 알을 까려고 둥지를 튼다는 뜻 *栖(깃들 서: 해가 빠지면 새들이 돌아가는 둥지 모양으로 棲와 同字) 서 동자 *棲息, 兩棲類, 同棲(同居) 서식 양서류 동서 동거
3	日 9획	暑	더울 **서**	볕 쬘 폭(暴)과 삶을 자(煮)의 합으로 삶거나 푹푹 찌는듯한 폭염(暴炎)으로 날씨가 덥다는 뜻 *避暑, 大暑, 小暑 피서 대서 소서
3.2	罒 9획	署	관청 **서** 부서 **서** 대행할 **서**	둘 치(置)와 놈 자(者)의 합으로 나쁜 놈들을 잡아 다스리려고 설치(設置)해 둔 관청인 지서(支署)란 뜻과 곳곳에 나누어 설치하여 민원을 대행해 주는 관청이란 뜻 *支署, 官署, 稅務署, 署理, 署名 지서 관서 세무서 서리 서명
1	++ 14획	薯	참마 **서**	풀 초(草)와 관청 서(署)의 합으로 여러 군데 설치하는 관서처럼 이리저리 덩굴이 뻗어가는 풀로 고구마 종류인 마란 뜻 *薯童 서동 *薯童謠(서동요: 백제의 서동이 신라의 선화 공주를 꾀어내기 위해 부른 노래)
3.2	糸 9획	緖	실마리 **서**	실 사(絲)와 관청 서(署)의 합으로 관청에서 사건을 해결하는 실마리란 뜻과 실을 푸는 맨 처음이란 뜻 *端緖, 緖論, 緖言 단서 서론 서언
1	日 14획	曙	새벽 **서**	밝을 소(昭)와 관서 서(署)의 합으로 관청에서 사건의 실마리를 찾아 밝히듯이 점점 밝아지는 새벽이란 뜻 *曙光, 曙天, 書聖 서광 서천 서성

급수	부수	한자	훈 음	해 설
1	牛 8획	犀	무소 **서**	소 우(牛)와 물 수(氺)와 살 거(居)의 합으로 물이 있는 늪이나 강에 사는 물소란 뜻 *犀角(서각: 무소의 뿔, 한방에서 해열제로 씀)
2	玉 9획	瑞	상서 **서**	구슬 옥(玉)과 뫼 산(山)과 말 이을 이(而)의 합으로 천자가 제후를 봉할 때 신표로 내리던 홀인 서옥(瑞玉))이란 뜻과 높은(위) 데서 내려주는 눈 서설(瑞雪)이 좋은 조짐, 상서(祥瑞)롭다는 뜻 *瑞玉(서옥), 瑞光(서광), 瑞氣(서기), 瑞夢(서몽), 瑞兆(서조), 瑞雪(서설)
1	鼠 0획	鼠	쥐 **서**	절구 구(臼)와 흩어질 렵(巤)의 합으로 절구의 주위에 흩어진 곡식을 주워 먹는 생쥐란 뜻 *鼠疫(서역: 흑사병) *鼠竊狗偸(서절구투: 좀도둑처럼 개구멍으로 기어 들어 가 훔침) *首鼠兩端(수서양단), 鼠賊(서적), 鼠狼(서랑), 鼠生員(서생원)
1	山 14획	嶼	섬 **서**	섬 도(島)와 더불어(같을) 여(與)의 합으로 작은 섬들이 같이 모여 있는 섬이란 뜻 *島嶼(도서: 크고 작은 섬을 통틀어 이르는 말)
7	夕 0획	夕	저녁 **석**	해(日)가 서산으로 기울어져 이미 아랫부분이 덮인 모양의 상형 자로 저녁이란 뜻과 기울다, 서쪽이다는 뜻 *朝夕(조석), 夕陽(석양), 秋夕(추석), 夕刊(석간), 夕食(석식)
6	石 0획	石	돌 **석**	바위 언덕 엄(厂)과 물건 품(品)의 합으로 바위 언덕 아래로 떨어지는 돌이란 뜻 *石器時代(석기시대), 石炭(석탄), 石彫(석조), 巖石(암석), 床石(상석)

급수	부수	한자	훈 음	해 설
2	石 9획	碩	클 **석**	갈 연(硏)과 머리 두(頭)의 합으로 학문의 연구(硏究)가 두각(頭角)을 드러낼 만하니 성과가 크다 하여 크다, 훌륭하다는 뜻 *碩士(석사), 碩學(석학), 碩座教授(석좌교수)
3	木 4획	析	쪼갤 **석**	나무 목(木)과 도끼 근(斤)의 합으로 나무를 도끼로 쪼갠다는 뜻 *分析(분석), 解析(해석)
2人(인)	日 4획	晳	밝을 **석**	밝을 명(明)과 쪼갤 석(析)의 합으로 분석(分析)하여 명백(明白)하게 한다는데서 분명하다, 밝다는 뜻 *明晳(명석)
3	日 4획	昔	예 **석**	날 일(日)과 스물 입(廿)의 합으로 여러 날이 지난 옛날이란 뜻 *스물 입(廿): 열(十)이 둘이니 스물 *昔日(석일), 今昔之感(금석지감), 昔人(석인)
3.2	心 8획	惜	아낄 **석** 아쉬울 **석**	우정 정(情)과 옛 석(昔)의 합으로 여러 해 정든 친구와 헤어지려니 아쉽다는 데서 떠나보내기가 아깝다는 뜻과 너무 소중해서 아낀다는 뜻 *惜別(석별), 哀惜(애석), 買占賣惜(매점매석)
6	巾 7획	席	자리 **석**	펼 포(布)와 넓을 광(廣)의 합으로 넓게 여럿이 앉을 수 있게 펼쳐 깔아놓은 멍석 같은 자리란 뜻 *座席(좌석), 坐席(좌석), 席捲(卷)(석권 권), 出席(출석), 坐不安席(좌불안석)

급수	부수	한자	훈 음	해 설
2人 인	大 12획	奭	클 **석** 쌍 백 **석**	큰 대(大)와 일 백(온) 백(百)의 합으로 '百' 이 둘이라 하여 '쌍 백석'이라 하고 온갖 것이 있는 많고 풍부한 백화점처럼 크다는 뜻 *人名 字(인명 자) *李範奭(이범석: 독립 운동가)
1	水 12획	潟	갯벌 **석**	진흙 니(泥)와 베낄 사(寫)의 합으로 복사(複寫)할 때 잉크가 새어 나오듯이 바닷물이 새어나간(빠져나가고) 진흙이 푹푹 빠지는 갯벌이란 뜻 *干潟地(간석지: 바닷물이 드나드는 갯벌이란 뜻)
2人 인	金 8획	錫	주석 **석**	쇠 금(金)과 쉬울 이(易)의 합으로 인체에 무해한 금속으로 냄비 통조림 등에 쓰이는 양철로 가장 쉽게 끓는 금속이란 뜻 *朱錫(주석) *錫杖(석장: 스님의 지팡이)
3.2	釆 13획	釋	풀 **석**	뽑을 채(釆)와 번역 역(譯)의 합으로 번역을 할 때 같은 뜻을 품은 자국(自國)의 낱말을 가려 뽑아서 풀이한다는 뜻과 역(驛)에서 마구간에 빗장을 잡아당겨 뽑으니 갇혔던 것이 풀려난다는 뜻 *釋放(석방), 註釋(주석), 解釋(해석), 釋然(석연), 釋迦牟尼(석가모니)
5	亻 3획	仙	신선 **선**	사람 인(亻)과 메 산(山)의 합으로 입산수도(入山修道)에서 나온 말로 산에 들어가 도를 닦은 사람이 신의 경지에 오르니 신선이란 뜻 *神仙(신선), 仙境(선경), 仙女(선녀), 仙人掌(선인장), 仙風道骨(선풍도골)

급수	부수	한자	훈 음	해 설
8	儿 4획	先	먼저 **선**	맏 형(兄)과 날 생(生)의 합으로 형이 먼저 났다 하여 먼저란 뜻 *先輩(선배), 先例(선례), 先覺(선각) *先親(선친: 돌아가신 아버지란 뜻)
1	金 6획	銑	무쇠 **선** 끌 **선**	쇠 철(鐵)과 먼저 선(先)의 합으로 철광석(鐵鑛石)에서 가장 먼저 되는 탄소함량이 2% 이상의 철인 무쇠란 뜻 *철광석을 용광로에 녹일 때 사용하는 코크스속의 탄소가 철에 녹아 들어가서 된 선철 *銑鐵(선철)
4	宀 6획	宣	베풀 **선** 널리 펼 **선**	마루 종(宗)과 뻗칠 긍(亘)의 합으로 종교가 넓은 지역으로 전파되어 뻗어 나간다는 뜻에서 종교나 사상이나 상품 등을 알린다 선전한다는 뜻 *宣敎(선교), 宣言(선언), 宣傳(선전), 宣布(선포), 宣誓(선서)
2人(인)	玉 9획	瑄	도리옥 **선**	구슬 구(球)와 펼 선(宣)의 합으로 선전하듯 자신을 드러내려고 다는 장식용의 구슬이란 뜻, 종일품과 정일품의 벼슬아치가 붙이던 둥근 옥이라 함 *人名 字(인명 자)
1	戶 6획	扇	부채 **선**	조각 편(扁)과 깃 우(羽)의 합으로 새가 깃을 치듯이 편편한 조각을 펄럭여 바람을 일으키는 부채라는 뜻 *太極扇(태극선), 扇風機(선풍기), 扇狀地(선상지), 夏爐冬扇(하로동선)
1	火 10획	煽	부추길 **선**	불 땔 취(炊)와 부채 선(扇)의 합으로 불을 땔 때 부채질을 하여 더 잘 타도록 바람을 일으킨다는 뜻 *煽動(선동), 煽情的(선정적), 煽惑(선혹)

급수	부수	한자	훈 음	해 설
5	舟 5획	船	배 **선**	배 주(舟)와 아연 연(鉛)의 합으로 물에 뜨는 나무에서 발전하여 아연으로 만든 함석판을 대어 만든 배란 뜻 *함석: 젖으면 막이 생겨 내부를 보호하는 성질이 있는 아연을 섞은 철판 *造船所[조선소], 船長[선장], 船員[선원], 船泊[선박], 遊覽船[유람선]
3.2	方 7획	旋	돌 **선**	깃발 기(旗)와 필 필(疋)의 합으로 레코드판처럼 한 군데 깃발처럼 꽂아놓고 피륙을 감듯이 빙글빙글 돌린다는 뜻 *旋律[선율], 旋回[선회], 斡旋[알선], 螺旋[나선], 旋盤[선반], 旋風[선풍]
2人[인]	玉 11획	琁	옥 **선**	지구 구(球)와 돌 선(旋)의 합으로 지구가 돌아가는 모양의 구조로 옛날 천체를 관측하던 기구인 혼천의(渾天儀)란 뜻 *璿[선]과 동자 *琁[선](璿)璣[기]玉[옥]衡[형](천체를 관측하던 기계, 渾天儀[혼천의])
5	口 9획	善	좋을 **선** 착할 **선**	옳을 가(可)와 아름다울 미(美)와 머리 수(首)의 합으로 미술(美術)을 잘 그렸다고 선생님이 수긍(首肯;고개를 끄덕이며)하여 '옳지!' 잘했다고 말하는 데서 좋아! 참 잘했다는 'good'의 뜻과 착실하게 잘했으니 착하다. 착하니 좋다는 뜻 *善惡[선악], 善良[선량], 善行[선행], 最善[최선], 善處[선처], 善隣[선린]
1	肉 12획	膳	선물 **선**	육 달 월(月)과 좋을 선(善)의 합으로 사람들이 맛있고 몸에 좋다는 것을 선물한다는 뜻 *膳物[선물], 膳賜品[선사품]
2	糸 12획	繕	기울 **선**	실 사(絲)와 좋을 선(善)의 합으로 해진 옷을 실로 꿰매어 보기 좋게 수선한다는 뜻 *修繕[수선]

급수	부수	한자	훈 음	해 설
1	羊 7획	羨	부러워할 **선**	아름다울 미(美)와 목마를 갈(渴)과 하고자 할 욕(欲)의 합으로 아름다운 것을 보고 턱없이 탐내어 가지고자 갈망(渴望)하니 부러워한다는 뜻 *羨望(선망), 羨慕(선모)
1	肉 9획	腺	샘 **선** 땀줄기 **선**	육 달 월(月)과 샘 천(泉)의 합으로 몸에서 샘처럼 조금씩 솟아 나오는 맑은 물이란 뜻 *淋巴腺(임파 선), 甲狀腺(갑상선)
6	糸 9획	線	줄 **선**	이을 계(繼)와 샘 천(泉)의 합으로 샘이 깊어서 두레박에 이어 묶은 긴 줄이란 뜻과 졸 졸 흐르는 물줄기처럼 이어지는 줄이란 뜻 *光線(광선), 直線(직선), 斜線(사선), 線路(선로)
3	示 12획	禪	선 **선** 선위할 **선**	귀신 신(神)과 홑 단(單)의 합으로 혼자 신선처럼 앉아 도를 닦는 좌선의 뜻과 좌선하듯이 뒷방에 고요히 물러나 앉으니 임금 자리를 물려준다는 뜻 *禪房(선방), 禪宗(선종), 禪讓(선양), 參禪(참선), 禪院(선원)
5	辵 12획	選	가릴 **선**	알맞을 적(適)과 공손할 손(巽)의 합으로 뱀(巳)처럼 몸을 말고 공손하게 낮추어 코가 땅에 닿도록 절하는 후보 중에서 알맞은 사람을 가려 뽑는다는 뜻 *選擧(선거), 選手(선수), 選擇(선택), 選別(선별), 選定(선정)
5	魚 11획	鮮	고울 **선** 싱싱할 **선**	물고기 어(魚)와 바다 양(洋)의 합으로 먼바다에서 잡아 온 물고기가 싱싱하다는 뜻과 싱싱하니 색이 선명하게 곱다는 뜻 *生鮮(생선), 鮮明(선명), 新鮮(신선), 朝鮮時代(조선시대)

급수	부수	한자	훈 음	해 설
2人(인)	玉 14획	璿	도리옥 **선**	공 구(球)와 밝을 예(睿)의 합으로 지구를 밝게 관측하는 혼천의를 선기옥형(璇(璿)璣玉衡)이라 함 *人名 字(인명 자)
4	舌 0획	舌	혀 **설** 말할 **설**	입(말) 구(口)와 일천 천(千)의 합으로 말을 잘못 내뱉으면 주워 담을 수가 없으니 수천 번 생각하고 움직이라는 뜻이 담긴 혀란 뜻과 삔 침을 꽂아 넣는 브로치의 핀, 자물쇠의 날름쇠 또는 혀를 놀려 하는 말, 언어란 뜻 *舌戰(설전), 口舌數(구설수), 捲舌音(권설음)
1	水 5획	泄	샐 **설**	샐 루(漏)와 세상 세(世)의 합으로 비밀이 세상(世上)에 알려지니 새어나간다는 뜻과 분비물이 밖으로 새어 나온다는 뜻 *漏泄(누설), 泄瀉(설사), 排泄(배설)
1	水 9획	渫	치울 **설**	샐 설(泄)과 도랑 거(渠)의 합으로 물이 새어 나갈 수 있게 도랑에 막힌 낙엽이나 찌끼 등을 헤쳐내거나 치운다는 뜻 *浚渫(준설: 바닥에 쌓인 흙을 쳐내어 강을 더 깊게 함) *渫雨(설우: 비를 뿌림)
1	水 6획	洩	샐 **설**	샐 설(泄)과 끌 예(曳)의 합으로 끌어내어 새나가게 함 *泄(설): 渫(설)과 동자 *漏洩(泄)(누설: 물이나 비밀이 밖으로 새어 나감)
1	尸 7획	屑	가루 **설**	꼬리 미(尾)와 사라질 소(消)의 합으로 소화(消化)되고 꽁무니로 나오는 찌꺼기나 부스러기, 하찮은 것이란 뜻 *屑塵(설진), 屑鐵(설철)

급수	부수	한자	훈 음	해 설
6	雨 3획	雪	눈 **설**	비 우(雨)와 비 혜(彗)의 합으로 날씨가 차가워 빗물이 얼어 결정을 이루니 비로 쓸어내는 눈이란 뜻과 눈은 희다, 희게 하니 죄를 씻는다는 뜻으로 쓰임 *白雪(백설), 雪花(설화), 雪糖(설탕), 雪辱(설욕)
2	卜 9획	卨	사람이름 **설**	차지할 점(占)과 허물 과(過)의 합으로 하나라를 차지하고 허물을 바로잡아 은나라를 세운 시조인 사람 이름 설 *人名(인명) 字(자)
5	言 7	說	말씀 **설** 달랠 **세** 밝힐 **설**	말씀 언(言)과 벗을 탈(脫)의 합으로 해탈(解脫)한 선각자들이 세상의 이치를 밝혀주는 말씀이란 뜻과 그런 그럴듯한 학설로 세상의 번뇌를 달랜다는 뜻 *說法(설법), 說教(설교), 說明(설명), 學說(학설), 解說(해설), 遊說(유세)
4.2	言 4획	設	베풀 **설** 건설 **설** 가령 **설**	말씀 설(說)과 층계 단(段)의 합으로 학설을 단계를 세워 체계적으로 내세운다는 뜻과 세우니 건설한다는 뜻과 연구한 학설을 내어놓아 무지를 깨워주니 베푼다는 뜻 *創設(창설), 設立(설립), 設置(설치), 設問(설문), 設或(설혹), 假設(가설)
2姓(성)	++ 13획	薛	대 쑥 **설** 사람이름 **설**	풀 초(草)와 언덕 부(阜)와 매울 신(辛)의 합으로 높이 자라는 따끔하게 찔리는 풀인 대 있는 쑥이란 뜻 *薛聰(설총: 이 두(吏讀) 문자를 집대성한 원효와 요석 공주의 아들)
2地(지)	阜 7획	陜	땅이름 **섬**	언덕 부(阝)와 큰 대(大)와 들 입(入)의 합으로 양쪽 겨드랑 속에 무엇을 넣어 끼고 있는 모양으로 지형이 양쪽으로 언덕을 낀 땅의 이름이란 뜻 *陜(좁을 협)과 다름 *陜西省(서 성)

급수	부수	한자	훈 음	해 설
1	門 2획	閃	번쩍거릴 **섬**	사이 간(間)과 들 입(入)의 합으로 잠시 순간 정신이 들어왔다가 잊어버리거나 사이를 두고 깜박깜박거린다는 뜻 *閃光(섬광), 閃忽(섬홀)
2地(지)	日 12획	暹	햇살치밀 **섬**	해 일(日)과 나아갈 진(進)의 합으로 해가 돋아나올 때 햇살이 치밀어 오른다는 뜻 *暹羅(섬라: 땅이름 태국, 타이의 예전이름 인 시암(Siam)의 한자음 표기)
2地(지)	虫 13획	蟾	두꺼비 **섬**	벌레 충(虫)과 맬 담(擔)의 합으로 등이 불룩하게 등짐을 멘 것 같은 파충류(爬蟲類)인 두꺼비란 뜻 *地名字(지명자), 蟾津江(섬진강)
1	歹 17획	殲	다 죽일 **섬**	죽을 사(死)와 따를 종(從)과 가늘 섬(韱)의 합으로 부추(韭: 부추 구)처럼 가늘고 촘촘하게 물샐틈없이 뒤따라가서 다 죽인다는 뜻 *殲滅(섬멸), 殲敵(섬적)
2	糸 17획	纖	가늘 **섬**	실 사(絲)와 다 죽일 섬(殲)의 합으로 빠진 데 없이 촘촘하게 짜이는 가는 실이란 뜻 *纖維質(섬유질), 纖維工場(섬유 공장), 合纖(합섬), 纖纖玉手(섬섬옥수), 纖細(섬세)
3	水 7획	涉	물 건널 **섭** 돌아다닐 **섭**	물 하(河)와 걸음 보(步)의 합으로 강이나 하천을 걸어가니 건넌다는 뜻과 강 건너 저쪽이란 뜻에서 간섭한다는 뜻 *涉世(섭세: 세상을 살아나감) *涉外(섭외: 외국 또는 외부와 연락 또는 교섭하는 것)

급수	부수	한자	훈 음	해 설
2人 인	火 13획	燮	화할 **섭**	말씀 담(談)과 벗 우(友)의 합으로 따뜻한 말로 벗처럼 서로 손을 잡으니 화목하다는 뜻 *燮和(섭화: 조화시켜 서로 화목하게 함) *人名 字 인명 자
3	手 18획	攝	잡아당길 **섭** 다스릴 **섭**	붙일 접(接)과 소곤거릴 섭(聶)의 합으로 가까이 귀를 당겨 귓속말로 소곤거리며 몰래 시키니 섭정을 한다, 다스린다는 뜻과 끌어당긴다는 뜻 *攝取(섭취: 영양을 빨아들임) *攝理(섭리: 대신하여 다스리고 처리함) *攝政, 攝生, 攝氏 섭정 섭생 섭씨
6	戈 3획	成	이룰 **성**	창 과(戈)와 삐침 별(ノ)과 장정 정(丁)의 합으로 창을 빼어 들고 전쟁에 나갈 만큼 혈기왕성한 장정(壯丁)으로 다 자란 성인(成人)이란 데서 완성되다, 이루었다는 뜻 *成年, 長城, 成功, 成果, 成立, 成文法 성년 장성 성공 성과 성립 성문법
4,2	土 7획	城	성(재) **성**	더할 증(增)과 이룰 성(成)의 합으로 벽돌을 더하여 높이 쌓아 올려 이룬 성이란 뜻 *城壁, 城門, 城郭, 南漢山城 성벽 성문 성곽 남한산성
4.2	皿 7획	盛	성할 **성**	그릇 명(皿)과 이룰 성(成)의 합으로 한 그릇 가득 차서 완성되었으니 많다는 뜻 *盛大, 盛需期, 盛業中 성대 성수기 성업 중
2人 인	日 7획	晟	밝을 **성**	별 경(景)과 성할 성(盛)의 합으로 빛이 성하니 장래가 아주 밝다는 뜻 *人名 字 인명 자

급수	부수	한자	훈 음	해 설
4.2	言 7획	誠	정성 **성** 미쁠 **성** 진실 **성**	청할 청(請)과 이룰 성(成)의 합으로 간청(懇請)한 일이 이루어지도록 진실한 마음을 다한다, 지극 정성을 드린다는 뜻 *誠實(성실), 誠心(성심), 至誠感天(지성감천), 精誠(정성), 誠金(성금)
5	心 5획	性	성품 **성**	마음 심(忄)과 날 생(生)의 합으로 날 때부터 타고난 마음이란 뜻과 타고나는 남성, 여성의 성 *性品(성품), 性別(성별), 男性(남성), 陽性(양성), 急性(급성), 性質(성질)
7	女 5획	姓	성씨 **성**	처음 시(始)와 날 생(生)의 합으로 날 때부터 얻게 되는, 씨족의 시조(始祖)로부터 이어 내려오는 성씨란 뜻 *姓氏(성씨), 姓名(성명), 百姓(백성)
4.2	日 5획	星	별 **성**	날(해) 일(日)과 날 생(生)의 합으로 태양처럼 스스로 막강한 에너지와 빛을 생성(生成)하여 반짝이는 지구와 달, 태양을 제외한 하늘의 별이란 뜻 *星座(성좌), 土星(토성), 木星(목성), 北斗七星(북두칠성), 星宿(성수)
1	酉 9획	醒	술 깰 **성**	취할 취(醉)와 별 성(星)의 합으로 몽롱하게 취하였다가 별처럼 반짝하고 정신이 드니 술이 깬다는 뜻 *覺醒(각성), 覺醒劑(각성제)
6	目 4획	省	살필 **성** 덜 **생**	볼 간(看)과 적을 소(少)의 합으로 간과(看過)하기 쉬운 사소(些少)한 허물을 자세히 살핀다는 뜻과 하찮고 사소한 것은 간과해 버리니 생략한다는 뜻 *反省(반성), 省察(성찰), 省略(생략), 略字(약자)

급수	부수	한자	훈 음	해 설
4.2	耳 7획	聖	성인 **성**	의문 어조사 야(耶)와 드러낼 정(呈)의 합으로 소문이 나서 드러난 성인이란 뜻과 의문스러운 하늘의 섭리(攝理)를 만인에게 드러내어 설법한 훌륭한 선각자인 석가나 예수 공자 같은 성인이란 뜻과 그들을 신성시하니 성스럽다는 뜻 *聖君, 四代聖人, 聖靈, 聖子, 聖堂 (성군, 사 대 성인, 성령, 성자, 성당)
4.2	耳 11획	聲	소리 **성**	들을 문(聞)과 경쇠 경(磬)의 합으로 경쇠를 치듯이 악기를 치거나 무엇이 부딪혀 들리는 소리란 뜻 *磬(경쇠 경: 중국의 돌 악기) *音聲, 聲樂, 聲量, 聲帶, 聲優 (음성, 성악, 성량, 성대, 성우)
5	水 6획	洗	씻을 **세**	물 수(氵)와 먼저 선(先)의 합으로 신자가 되려면 성당에서 물로 먼저 죄를 씻는 세례의식을 행한다는 데서 더러운 것을 씻는다는 뜻 *洗禮, 洗面, 洗濯, 洗手, 洗劑, 洗腦 (세례, 세면, 세탁, 세수, 세제, 세뇌)
7	一 4획	世	세상 **세**	하나 일(一)과 세로줄 셋을 그어 삼십을 만든 모양으로 삼십이면 인간은 아들이 또 아들을 낳아 아버지가 되어 이어가는 한 세대란 뜻과 세대를 이어가며 살아가는 인간 세상이란 뜻 *世上, 世界, 世代, 世子, 世襲 (세상, 세계, 세대, 세자, 세습)
2	貝 5획	貰	세놓을 **세**	빌릴 대(貸)와 세대 세(世)의 합으로 임대(賃貸)를 하여 자주 세대가 바뀌는 모양으로 건물 등을 빌려주고 돈을 받는다는 뜻 *傳貰, 專貰(貸切), 月貰 (전세, 전세, 대절, 월세)

급수	부수	한자	훈음	해설
4.2	糸 5획	細	가늘 **세**	종이 지(紙)와 줄일 약(略)의 합으로 종이 위에 약도(略圖)를 자세하게 그리는 데서 글씨가 자잘하다, 가늘다, 가느니 호리호리하다, 날씬하다는 뜻 *細分, 細心, 細工, 細密, 細胞, 細菌 세분 세심 세공 세밀 세포 세균
4.2	禾 7획	稅	세금 **세**	세금 조(租)와 벗을 탈(脫)의 합으로 예전에 조세를 너무 가혹하게 거두는 바람에 다 내놓지 않고 대충 좀 안 내고 빠져나가려 한다는 뜻과 벗겨간다는 뜻의 세금 *脫稅, 租稅, 稅金, 稅務署, 稅收, 源泉徵收 탈세 조세 세금 세무서 세수 원천징수
4.2	力 11획	勢	힘쓸 **세** 세력 **세**	힘 력(力)과 뭍 륙(陸)과 잡을 집(執)의 합으로 대륙(大陸)의 큰 나라들이 권력을 잡고 힘을 쓴다, 힘이 세다 하여 기세, 세력이란 뜻 *氣勢, 勢力, 勢道, 權勢, 强勢, 大勢 기세 세력 세도 권세 강세 대세
5	止 9획	歲	해 **세**	걸음 보(步)와 이룰 성(成)의 합으로 한 걸음씩 밟고 지나가며 이루어진 세월이란 뜻과 12달을 채워 이룬 해란 뜻과 한 해를 한 살로 헤아리는 나이란 뜻 *年歲, 歲月, 歲拜, 歲入, 歲暮 연세 세월 세배 세입 세모
8	小 0획	小	작을 **소**	모래알 같은 작은 점 셋으로 나타낸 작다는 뜻과 작게 말하니 겸손하게 낮출 때 붙이는 말 *小心, 小便, 小子, 小臣, 小妾, 小說 소심 소변 소자 소신 소첩 소설
8	小 1획	少	적을 **소** 젊을 **소**	작을 소(小)와 삐침 별(丿)의 합으로 작아서 빠져나가니 적어진다, 양이 줄어들어 적다는 뜻과 나이가 적으니 젊다는 뜻 *多少, 少量, 少年, 少額 다소 소량 소년 소액

급수	부수	한자	훈 음	해 설
3	口 2획	召	부를 **소**	임금 군(君)과 명령 령(令)의 합으로 임금이 명령을 내려 불러들인다는 뜻으로 강제성을 띠고 불러들인다는 뜻 *召命(소명: 신하를 부르는 왕의 명령) *召喚狀(소환장), 召集(소집), 召集令狀(소집영장)
2地(지)	水 5획	沼	못 **소** 늪 **소**	샐 설(泄)과 부를 소(召)의 합으로 자연적이든 인공적으로든 지면이 깊어 주변에서 새어드는 물을 불러모아 만든 웅덩이, 늪이란 뜻 *沼湖(소호), 沼澤(소택)
3	日 5획	昭	밝을 **소**	밝을 명(明)과 부를 소(召)의 합으로 불러(소환)서 사실인지를 물어 밝힌다는 뜻과 잘 다스려지는 밝은 세상이란 뜻 *昭詳(소상), 昭代(소대), 昭和(소화)(구 일본의 연호)
2姓(성)	邑 5획	邵	땅이름 **소**	고을 읍(邑)과 밝을 소(昭)의 합으로 환하게 잘 다스려지는 고을이란 뜻 *邵氏(소씨)
2	糸 5획	紹	이을 **소**	맺을 결(結)과 밝을 소(昭)의 합으로 모르는 사이를 중간에서 다른 사람이 누구라고 밝혀주며 관계를 맺게 이어준다는 뜻 *紹介(소개), 紹介狀(소개장)
7	戶 4획	所	곳 **소** 바 **소** 것 **소**	문 호(戶)와 물리칠 척(斥)의 합으로 척후병(斥候兵)이 문틈으로 몰래 훔쳐 들은 소문이란 데서 들은바, 본 바란 뜻과 들은 장소란 뜻에서 곳이란 뜻 *所聞(소문), 所見(소견), 所望(소망), 場所(장소), 所得(소득), 所有(소유)

급수	부수	한자	훈 음	해 설
3.2	言 5획	訴	호소할 **소**	청할 청(請)과 물리칠 척(斥)의 합으로 斥은 무력으로 배척하여 쫓는다는 뜻이니 법정에서 물리쳐 주기를 청하여 호소한다는 뜻 *訴訟(소송), 上訴(상소), 訴狀(소장)
4.2	竹 4획	笑	웃을 **소**	마디 절(節)과 일찍 죽을 요(夭)의 합으로 일찍 절개(節槪)를 꺾이니 웃음거리 웃는다는 뜻 *冷笑(냉소), 微笑(미소), 一笑一少(일소 일 소), 爆笑(폭소), 談笑(담소)
6	水 7획	消	사라질 **소**	물 수(氵)와 작을 소(小)와 육 달 월(月)의 합으로 물을 부어 몸이 점점 작아진다, 사그라진다, 꺼진다는 뜻 *消火(소화), 消化(소화), 消費(소비), 消滅(소멸), 消耗品(소모품)
1	辵 7획	逍	거닐 **소**	움직일 운(運)과 사라질 소(消)의 합으로 답답하여 스트레스가 사라지게 하려고 또는 식후에 소화(消化)시키려고 운동(運動) 삼아 걷는다. 바람을 쐬러 거닌다는 뜻 *逍風(소풍), 逍遙(소요)
1	宀 7획	宵	밤 **소** 작을 **소**	집 우(宇)와 사라질 소(消)의 합으로 우주의 모든 것이 어둠 속에 사라지는 밤이란 뜻과 닮을 초(肖)와 모양(容)이니 부모를 닮은 작은 몸, 작다는 뜻이 됨 *元宵(원소: 정월 대보름 밤) *春宵(춘소: 봄 밤) *宵燭(소촉: 개똥벌레의 다른 이름)
4.2	手 8획	掃	쓸 **소**	잡을 조(操)와 빗자루 추(帚)의 합으로 빗자루를 잡고 먼지를 없애기 위해 쓴다는 뜻 *淸掃(청소), 掃除(소제), 掃滅(소멸)

급수	부수	한자	훈 음	해 설
2地(지)	巛 8획	巢	새집 **소** 소굴 **소** 높은 수레 **소**	돌 순(巡)과 열매 과(果)의 합으로 열매처럼 나무 위에서 순찰(巡察)하듯 망을 보며 경계를 하는 도둑의 소굴이란 뜻과 짐승을 피하여 나무 위에 보금자리를 지은 새집이란 뜻 *巢居(소거: 새의 보금자리) *巢車(소차: 적진 망보는 높은 수레)
4.2	糸 4획	素	흴 **소** 바탕 **소** 소박할 **소**	이을 계(系)와 나타날 표(表)의 합으로 계통(系統)을 나타내는 원소인 바탕이란 뜻과 바탕색이니 희다는 뜻과 꾸미지 않는 본래의 기본 바탕으로 나타나니 소박하다는 뜻 *素朴(소박), 元素(원소), 酸素(산소), 素服(소복), 素材(소재), 素質(소질) *素養(소양; 평소에 닦아놓은 교양)
1	疋 7획	疏	성길 **소** 트일 **소**	필 필(疋=匹)과 흐를 류(流)의 합으로 비단 필의 감김이 흘러내리니 단단하지 않고 엉성하다, 성글다, 친밀하지 않다는 뜻 *疏忽(소홀), 生疏(생소), 稀疏(희소)
3.2	疋 7획	疎	소통할 **소** 트일 **소**	성글 소(疏)와 묶을 속(束)의 합으로 성글게 묶여 흘러내리거나 빠져나오다, 서로 통한다는 뜻 *疏(소)와 같이 쓰임 *疎脫(소탈), 疎外感(소외감), 疎薄(소박), 上疎(상소), 疎遠(소원)
1	木 7획	梳	빗 **소**	널판 판(板)과 트일 소(疏)의 합으로 작은 널빤지에 골을 파서 머리카락 사이로 빠져나오게 하여 머릿결을 정리하는 빗이란 뜻 *梳洗(소세), 梳髮(소발)
3	艹 11획	蔬	나물 **소**	채소 채(菜)와 트일 소(疏)의 합으로 하찮고, 소박(疏薄)하게 여기는 야채(野菜)인 푸성귀, 나물이란 뜻 *蔬菜(소채), 菜蔬(채소)

급수	부수	한자	훈 음	해 설
3	馬 10획	騷	떠들 **소**	말 마(馬)와 깍지 낄 차(叉)와 벌레 충(虫)의 합으로 마구간에 말을 벼룩이나 모기 같은 벌레가 자꾸 여기저기서 꼬집듯이 물어뜯어 가렵고 따갑고 소란스럽다는 뜻 *叉(깍지낄 차: 손가락(又) 사이에 끼어 있음을 표시하는 점(丶)) *騷亂(소란), 騷音(소음), 騷動(소동), 騷擾事態(소요사태)
1	手 10획	搔	긁을 **소**	손 수(扌)와 떠들 소(騷)의 합으로 마구간에서 모기 같은 벌레가 물어 가려우니 손으로 긁는다는 뜻 *搔爬(소파)手術(수술), 隔靴搔癢(격화소양)
1	疒 10획	瘙	종기 **소** 옴 **소**	병 병(病)과 긁을 소(搔)의 합으로 긁어서 생기거나 병(病)인 부스럼이나 종기, 또는 몹시 가려워 긁게 되는 병인 옴이란 뜻
1	辶 10획	遡	거스를 **소**	거스를 역(逆)과 기간 기(期)의 합으로 이미 지나간 기간(期間)을 거슬러 간다는 뜻 *遡及(소급), 遡及適用(소급적용)
1	土 10획	塑	토우 **소**	흙 토(土)와 거스를 소(遡)의 합으로 육체가 흙으로 돌아가듯이 거꾸로 흙으로 육체를 빚어 만든 사람이나 동물의 상(象)인 토우(토우)란 뜻 *塑造(소조: 찰흙을 붙여 만드는 것) *彫塑(조상: 조각과 소조를 아울러 이르는 말)
3	火 12획	燒	불사를 **소**	탈 연(燃)과 높을 요(堯)의 합으로 불길이 높이 솟아오르며 활활 태워 불사른다는 뜻 *燃燒(연소), 燒却(소각), 消失(소실), 燒酒(소주), 全燒(전소)

급수	부수	한자	훈 음	해 설
1	竹 12획	簫	퉁소 **소**	대롱 관(管)과 또 우(又)와 못 연(淵)의 합으로 흐르는 물을 막아 연못이 되듯이 대롱으로 흐르는 소리를 손가락으로 막으며 음을 조절하여 부는 악기인 퉁소란 뜻 *簫笛(소적), 簫鼓(소고)
1	++ 12획	蕭	쓸쓸할 **소**	쑥 호(蒿)와 퉁소 소(簫)의 합으로 키 큰 다북쑥이 우거진 쑥대밭에 이는 바람 소리가 퉁소를 부는 듯이 쓸쓸하다는 뜻과 바람 소리와 "휘-힝"하는 말 우는 소리로 쓰임 *蕭森(소삼), 蕭寂(소적), 蕭墻之辯(소장지변)
1	生 12획	甦	깨어날 **소**	날 생(生)과 다시 갱(更)의 합으로 겨우내 얼어 죽었던 초목이 새봄에 다시 살아나니 되살아난다는 뜻 *蘇(소)의 속자 *甦(蘇)生(소생: 다시 살아남)
3.2	++ 7획	蘇	차조기 **소** 깨어날 **소**	약초 약(藥)과 생선 어(魚)와 씨앗 종(種)의 합으로 약초의 씨앗에 들어있는 성분이 생선과 게의 중독을 해독하며 진통, 방부제로 작용하는 차조기란 뜻과 해독하니 되살아나다, 깨어난다는 뜻 *蘇生(소생), 蘇聯(소련), 蘇鐵(소철) *耶蘇(야소: 예수의 부활을 믿는 기독교를 야소교라 함(의문 조사 그런가? 야(耶)는 부활이 사실인가? 라는 뜻이 있음)
5	木 3획	束	묶을 **속**	나무 목(木)과 둥글 원(圓)의 합으로 노끈을 둥글게 돌려 나뭇단을 묶는다는 뜻 *結束(결속), 束縛(속박), 團束(단속), 約束(약속), 拘束(구속)
4.2	亻 7획	俗	풍속 **속** 속될 **속**	다를 타(他)와 골 곡(谷)의 합으로 골짜기마다 사는 사람의 서로 다른 풍속이란 뜻 *風俗(풍속), 俗談(속담), 俗語(속어), 俗世(속세), 低俗(저속)

급수	부수	한자	훈 음	해 설
6	辵 7획	速	빠를 **속** 급할 **속**	달아날 도(逃)와 묶을 속(束)의 합으로 범인을 구속(拘束)하려면 달아날까 봐 재빨리 움직인다는 뜻 *迅速(신속), 速報(속보), 速步(속보), 速成(속성), 高速(고속), 速度(속도)
3	米 6획	粟	조 **속** 겉껍질 **속**	쌀 미(米)와 밤(두려울) 률(栗)의 합으로 밤의 가시에 찔릴까 두려워 오싹 소름이 끼치듯이 낱알이 오돌오돌한 좁쌀이란 뜻과 오돌오돌한 좁쌀처럼 소름이 돋는 살의 겉껍질이란 뜻 *粟文(조문: 좁쌀 무늬) *粟米(속미), 滄海一粟(창해일속)
4	尸 19획	屬	붙을 **속** 이을 **속** 무리 **속** 부탁할 **촉**	꼬리 미(尾)와 더할 익(益)과 닿을 촉(觸)의 합으로 꼬리에 길게 더 이어 붙인다는 뜻과 뒤따르며 붙어사는 족속인 무리이란 뜻과 붙이니 부탁한다는 뜻 *金屬(금속), 所屬(소속), 屬國(속국), 族屬(족속), 附屬(부속) *屬望(촉망: 잘 되기를 바라고 기대함)
4.2	糸 15획	續	이을 **속**	이을 계(繼)와 팔 매(賣)의 합으로 예전에 장이 서는 날이면 읍내로 향하는 신작로에 농작물을 이고, 지고 팔러 가는 사람들이 계속 나와 끊이지 않고 발길이 이어진다는 뜻 *續出(속출), 連續(연속), 繼續(계속), 續絃(속현)(재혼이란 뜻)
1	貝 15획	贖	바칠 **속** 재물 **속**	재물 재(財)와 팔 매(賣)의 합으로 죄를 팔려고 재물을 내준다, 바친다는 뜻 *贖罪(속죄), 贖良(속 량), 代贖(대속)

급수	부수	한자	훈 음	해 설
6	子 7획	孫	손자 **손** 후손 **손**	아들 자(子)와 이을 계(系)의 합으로 아들이 또 이어 낳은 아들인 손자란 뜻 *孫子(손자), 子孫(자손), 曾孫(증손), 後孫(후손) *遜(손)과 통함
1	辵 10획	遜	겸손할 **손** 피할 **손** 도망할 **손**	피할 피(避)와 손자 손(孫)의 합으로 손자(孫子)병법의 제36계가 불리할 땐 일단 피하고 본다는 데서 피하다 뒤로 물러난다는 뜻과 물러나니 겸손하다. 양보한다는 뜻 *遜色(손색: 뒤로 빠질 만큼 못한 점) *謙遜(겸손), 恭遜(공손)
4	手 10획	損	덜 **손** 다칠 **손**	휘두를 휘(揮)와 수효 원(員)의 합으로 전쟁이나 강도가 휘두른 흉기에 몇 명의 사상자(死傷者)를 내는 손해란 데서 사람이 다치거나 재물이 파손되는 손실이란 뜻과 다치다, 잃었다는 뜻 *損失(손실), 損害(손해), 損益計算(손익계산), 損財數(손재수) *損友(이롭지 못한 친구)
4.2	辶 6획	送	보낼 **송** 성씨 **송**	멀 원(遠)과 하늘 천(天)과 공개할 공(公)의 합으로 전파를 하늘 멀리 내보내는 공개(公開) 방송이란 데서 내보낸다는 뜻 *放送(방송), 送信(송신), 送金(송금), 送別(송별), 送舊迎新(송구영신)
3	言 4획	訟	소송할 **송** 시비할 **송**	논할 론(論)과 공개할 공(公)의 합으로 법정에서 공정(公正)하게 논의(論議)하여 시시비비를 가리는 소송이란 뜻 *訟事(송사), 訴訟(소송)

급수	부수	한자	훈 음	해 설
4	頁 4획	頌	기릴 **송**	거느릴 령(領)과 공명할 공(公)의 합으로 백성을 거느리는 지도자의 공명정대(公明正大)한 치적(治績)을 칭찬한다는 뜻 *讚頌(찬송), 稱頌(칭송), 頌德碑(송덕비), 頌辭(송사)
4	木 4획	松	소나무 **송**	나무 목(木)과 칭송할 송(頌)의 합으로 사철 푸른 절개와 곧음을 칭송(稱訟)하며 선비들이 본받는 나무인 소나무란 뜻 *松竹(송죽), 松柏(송백), 松花(송화), 松津(송진), 松蟲(송충), 落落長松(락락장송)
2姓(성)	宀 6획	宋	송나라 **송** 성씨 **송**	지킬 수(守)와 소나무 송(松)의 합으로 소나무처럼 천년을 변치 않고 굳게 지켜나간다는 뜻으로 지은 나라 이름일까?, 주희(朱熹)의 주자학이 집대성되어 국가의 기둥이 되었던 문치로 유명한 송나라란 뜻이 아닐까? *宋朝(송조: 태조 趙匡胤(조광윤) 960~1277)
3	言 7획	誦	욀 **송**	글 시(詩)와 통할 통(通)의 합으로 이미 통달하여 눈을 감고도 글을 외운다는 뜻 *愛誦詩(애송시), 暗誦(암송), 朗誦(낭송)
3.2	刀 6획	刷	인쇄할 **쇄** 쓸 **쇄**	새길 간(刊)과 수건 건(巾)과 펼 전(展)의 합으로 천을 펼쳐서 새기는 모양으로 쓱쓱 쓸어 문지른다, 찍어낸다는 뜻 *印刷(인쇄), 縮刷版(축쇄판), 刷新(쇄신), 庶政刷新(서정쇄신)
1	石 8획	碎	부술 **쇄**	깰 파(破)와 졸병 졸(卒)의 합으로 조무래기(졸개)처럼 자잘하게 깨어 부순다는 뜻 *粉碎(분쇄), 粉碎機(분쇄기) *粉骨碎身(분골쇄신: 몸이 부서져 가루가 되도록 노력한다는 뜻)

급수	부수	한자	훈 음	해 설
3	金 10획	鎖	쇠사슬 **쇄** 자물쇠 **쇄**	쇠 철(鐵)과 뀉 관(貫)과 뾰족할 첨(尖)의 합으로 뾰족한 구멍으로 꿰어 고리를 채워 철통같이 지키려고 단단히 묶는 쇠사슬이나 자물쇠란 뜻 *封鎖(봉쇄), 閉鎖(폐쇄), 鎖國(쇄국), 連鎖(연쇄)
1	水 19획	灑	물 뿌릴 **쇄**	퉁길 발(潑)과 고울 려(麗)의 합으로 알록달록 곱게 물들이려고 물을 튕기듯이 뿌린다는 뜻 *灑掃(쇄소: 물을 뿌리고 빗자루로 쓸다) *灑泣(쇄읍)
3.2	衣 4획	衰	쇠약할 **쇠** 상복 **최**	슬플 애(哀)와 끈 뉴(紐)의 합으로 옷 위에 끈을 매는 상복이란 뜻과 가족을 잃고 상심하여 심신이 슬픔으로 먹지도 않으니 기력이 없이 약하다는 뜻 *衰弱(쇠약), 衰殘(쇠잔), 衰退(쇠퇴), 衰頹(쇠퇴), 老衰(노쇠), 興亡盛衰(흥망성쇠)
8	水 0획	水	물 **수**	물이 흐르는 모양의 상형 자 *食水(식수), 水道(수도), 水泳(수영), 水質(수질), 水素(수소), 水準(수준), 水族館(수족관)
7	手 0획	手	손 **수**	다섯 개의 손가락이 있는 손의 상형 자 *手巾(수건), 手足(수족), 手動(수동), 手術(수술), 手帖(수첩)
1	戈 2획	戍	수자리 **수** 지킬 **수**	창 과(戈)와 사람 인(人)의 합으로 창을 든 사람이 지키고 있다는 뜻 *戍樓(수루), 戍兵(수병) *戌: 개 술(11째 地支 술) *戊: 天干(천간) 무

급수	부수	한자	훈 음	해 설
3	囗 2획	囚	가둘 **수** 죄수 **수**	둘레 국(囗)과 사람 인(人)의 합으로 담장 안에 갇힌 사람인 죄수란 뜻 *罪囚, 脫獄囚, 囚衣, 旣決囚 죄수 탈옥수 수의 기결수
4.2	攵 2획	收	거둘 **수**	칠 공(攻)과 얽힐 규(糾)의 합으로 넝쿨이나 줄기에 붙어 있는 알곡식을 쳐서 떨어뜨려 거두어들인다, 수확한다는 뜻 *秋收, 收金, 收容, 收集, 收入 추수 수금 수용 수집 수입
4.2	宀 3획	守	지킬 **수**	편안 안(安)과 인도할 도(導)의 합으로 지도자가 집이나 고을을 안전하게 이끌어나가며 지킨다는 뜻과 제도나 풍습 등을 존중하여 뜯어고치지 않고 보호하여 지킨다는 뜻 *郡守, 保守, 守備, 守衛, 守節, 守護神 군수 보수 수비 수위 수절 수호신
1	犭 6획	狩	사냥 **수**	사냥 렵(獵)과 지킬 수(守)의 합으로 집을 지키고 있는, 집에 들어앉아 있는 들짐승을 사냥한다는 뜻으로 겨울 사냥을 뜻함 *狩獵, 巡狩碑 수렵 순수비
3.2	犬 15획	獸	짐승 **수**	개 견(犬)과 쏠 탄(彈)과 목숨 명(命)의 합으로 소나 말이나 개처럼 고삐에 묶여 천하게 부림을 당하며 탄압(채찍)받는 운명을 타고난 짐승이란 뜻 *禽獸, 野獸, 猛獸, 人面獸心 금수 야수 맹수 인면수심
4.2	又 5획	受	받을 **수**	가질 취(取)와 사랑 애(愛)의 합으로 사랑을 하여 수컷의 정자를 취하여 받는다는 뜻 *受精, 授受, 受納, 受驗生, 受難, 受益 수정 수수 수납 수험생 수난 수익

급수	부수	한자	훈 음	해 설
4.2	手 8획	授	줄 **수**	손 수(扌)와 받을 수(受)의 합으로 사람의 손으로 인공 수정(受精)을 시켜 주듯이 남에게 무엇을 해준다, 기술 등을 가르쳐 주거나 물건을 건네준다는 뜻 *授精(수정), 授乳(수유), 授賞(수상), 授與(수여), 授業(수업), 敎授(교수)
3	土 5획	垂	드리울 **수**	흙(땅) 토(土)와 빛날(꽃) 화(華)와 무거울 중(重)의 합으로 만발한 꽃이 무거워서 축 쳐져 땅으로 떨어질 듯 드리워진다는 뜻 *垂訓(수훈: 높은 사람이 내리는 교훈) *垂直(수직), 懸垂幕(현수막), 率先垂範(솔선수범), 腦下垂體(뇌하수체)
3	目 8획	睡	졸음 **수**	눈 목(目)과 드리울 수(垂)의 합으로 눈꺼풀이 아래로 쳐져 눈이 감기며 졸린다는 뜻 *睡眠(수면), 午睡(오수), 昏睡狀態(혼수상태) *睡蓮(수련: 못이나 늪에 피고 저녁때에 졸 듯이 오그라드는 꽃)
3.2	巾 6획	帥	장수 **수** 거느릴 **솔**	기치 치(幟)와 따를 추(追)의 합으로 졸병들이 소속을 알아볼 수 있게 기치(旗幟)가 따르는 우두머리인 장수란 뜻과 장수가 졸병을 거느린다는 뜻 *將帥(장수), 統帥(통수), 元帥(원수), 財閥總帥(재벌총수)
5	首 0획	首	머리 **수** 비롯할 **수** 우두머리 **수**	스스로(부터) 자(自)와 윗 상(上)과 그 위로 난 머리카락이나 뿔의 모양으로,~ 부터 시작하는 사물의 맨 처음, 꼭대기인 머리란 뜻과 우두머리란 뜻 *首相(수상), 首肯(수긍), 首都(수도), 首將(수장), 首腦部(수뇌부), 首丘初心(수구초심)

급수	부수	한자	훈 음	해 설
3.2	歹 6획	殊	다를 **수**	위태할 태(殆)와 벨 주(誅)의 합으로 적을 베는 위태로운 과업을 수행하려고 특별훈련을 받은 특수요원이란 데서 보통과는 다르다는 뜻 *特殊(특수), 殊勳(수훈), 特殊訓練(특수 훈련), 殊常(수상)
2人 인	水 6획	洙	물가 **수**	물 수(水)와 다를 수(殊)의 합으로 공자가 제자들에게 학문을 가르쳤던 특수한 곳이란 뜻 *泗洙學(사수학: 공자의 가르침, 유학儒學을 이르는 말)
2人 인	金 6획	銖	저울 눈 **수**	쇠 금(金)과 다를 수(殊)의 합으로 값비싼 황금을 다는 특수(特殊) 제작한 세밀한 저울 눈금이란 뜻 *銖兩(수량: 아주 작은 분량, 한량의 24분의 1)
1	羊 5획	羞	부끄러울 **수** 반찬 **수**	아름다울 미(美)와 소 축(丑)의 합으로 소의 고삐를 끌듯이 아름다운 미인(美人)의 손을 끌어당기니 부끄럽다는 뜻과 맛있어 자기 앞으로 끌어오는 반찬이란 뜻 *羞恥(수치), 羞惡之心(수오 지 심), 珍羞盛饌(진수성찬)
1	衣 5획	袖	소매 **수**	옷 의(衣)와 뽑을 추(抽)의 합으로 몸통에서 더 길게 뽑아내는 윗옷의 소매란 뜻 *領袖(영수), 袖手傍觀(수수방관), 領袖會談(영수회담)
4.2	亻 8획	修	닦을 **수** 수선할 **수**	신선 선(仙)과 꿸 관(串)과 닦을 공(攻)과 털 자랄 삼(彡)의 합으로 신선처럼 산에 들어가 꿰맨 누더기를 걸치고 도를 닦느라 수염이 자란 도사의 모양으로 학문이나 정신을 닦는다는 뜻과 누더기를 꿰매 수선하다. 수리한다는 뜻 *修道(수도), 修養(수양), 修學能力(수학능력), 修理(수리), 修繕(수선)

급수	부수	한자	훈 음	해 설
3	頁 3획	須	반드시 **수** 수염 **수** 잠깐 **수**	얼굴 안(顔)과 닦을 수(修)의 합으로 얼굴은 반드시 깨끗이 닦아야 한다는 데서 '반드시'란 뜻과 얼굴에 난 터럭(彡)이니 수염이란 뜻 *불교 용어로 잠깐 경(頃)과 형상 형(形)의 합으로 형체가 있는 현세는 잠시, 아주 짧은 시간인 잠깐이란 뜻 *須鬚(수수; 턱수염) *必須(필수: 반드시) *須臾(수유: 잠시 잠깐)
3	辵 9획	遂	완수할 **수**	쫓을 축(逐)과 보낼 송(送)의 합으로 호걸들이 각축전(角逐戰)을 벌이다가 드디어 쫓아 보냈으니 어떤 일을 성공적으로 해냈다는 뜻 *完遂, 未遂, 公務遂行, 遂行評價 완수 미수 공무 수행 수행 평가
2國 국	阜 9획	隋	수나라 **수**	붙을 부(附)와 도울 좌(佐)와 기를 육(育)의 합으로 고대 중국 후 주(後周)의 사돈이던 양 견이 왕위에 오른 어린 외손자에게 붙어 보좌(補佐)하며 기르다가 세운 나라인 수나라란 뜻 *隋나라: 중국의 통일 왕조 (581~618)
3.2	阜 13획	隨	따를 **수**	수나라 수(隋)와 따를 추(追)의 합으로 수나라 양 견이 외손자를 보좌하려고 붙어서 뒤를 따라간다는 뜻 *隨行, 隨時, 隨筆, 隨伴, 隨意 수행 수시 수필 수반 수의
1	骨 13획	髓	골수 **수**	뼈 골(骨)과 따를 수(隨)의 합으로 골수분자(骨髓分子)란 데서 따르는 사상 등이 뼈에 박힌다는 뜻과 사물의 가장 깊은 부분이란 뜻 *骨髓(골수: 뼈의 내강에 차 있는 누르스름한, 혹은 붉은 빛의 연한 조직, 마음속 깊은 곳)

급수	부수	한자	훈 음	해 설
3	手 10획	搜	찾을 **수**	찾을 탐(探)과 늙은이 수(叟)의 합으로 지팡이 짚는 늙은이처럼 탐색하기 위해 막대기로 땅을 두드려보고 파보며 깊이 숨긴 것을 찾아낸다는 뜻 *叟(늙은이 수: 더불어 여(與)와 지탱할 지(支)의 합으로 지팡이에 의지(依支)하는 늙은이란 뜻) *搜査(수사), 搜索(수색), 搜索隊(수색대), 搜所聞(수소문)
1	女 10획	嫂	형수 **수**	계집 녀(女)와 찾을 수(搜)의 합으로 형의 아내란 뜻(사기(史記)에 형수를 감추거나 도둑질한 데서 생긴 자) *嫂盜(수도: 형수를 훔침)
1	疒 10획	瘦	파리할 **수**	병 병(病)과 늙은이 수(叟)의 합으로 지팡이 짚는 늙은이처럼 병들어 힘없고 약하다는 뜻 *瘦瘠(수척), 瘦損(수손)
1	立 8획	竪	더벅머리 **수** 세울 **수**	설 립(立)과 굳을 견(堅)의 합으로 의견 등을 굳게 내세우듯이 빳빳하게 곧추선다는 뜻과 털이 곧추선 더벅머리란 뜻 *豎(수)의 속자 *豎子(수자), 竪童(수동), 竪立(수립), 橫說竪說(횡설수설)
3.2	心 9획	愁	근심 **수**	생각 사(思)와 가을 추(秋)의 합으로 벼 이삭이 익어 고개를 숙이는 가을처럼 고개를 늘어뜨리고 생각을 하고 있으니 근심이 있다는 뜻과 가을에는 겨울을 걱정한다는 뜻 *愁心(수심), 憂愁(우수), 鄕愁(향수), 哀愁(애수)
1	酉 6획	酬	갚을 **수**	술 따를 작(酌)과 고을 주(州)의 합으로 야외 연회장에 물길을 만들어놓고 둘러앉아 시를 지으며 술을 마시고 다시 흐르는 물에 술잔을 띄워 돌아가며 돌려 마신다는 데서 되돌려 준다는 뜻과 갚는다는 뜻과 술을 따른다는 뜻 *酬酌(수작), 應酬(응수), 報酬(보수)

급수	부수	한자	훈 음	해 설
1	米 8획	粹	순수할 **수** 부술 **수**	알맹이 정(精)과 부술 쇄(碎)의 합으로 잘게 부수어 정밀(精密)하게 성분을 분해하여 불순물을 없애니 순수하다는 뜻 *純粹(순수), 粹然(수연)
1	++ 10획	蒐	모을 **수**	모을 축(蓄)과 귀신 귀(鬼)의 합으로 수집상 등이 여러 가지 귀신 잡동사니들을 모은다는 뜻 *蒐集(수집), 郵票蒐集(우표수집)
3.2	士 11획	壽	목숨 **수** 길 **수** 축복할 **수**	선비 사(士)와 마칠 료(了)와 차이 차(差)와 세상 세(世)와 목숨 명(命)과 헤아릴 촌(寸)의 합으로 이 세상(世)에 나왔다가 마칠 때까지의 차이인 한 목숨, 한 생명의 길이를 헤아려 길다는 뜻과 목숨이란 뜻 *士(사)는 크게 드러나는 出世(출세)의 뜻 *壽命(수명), 壽宴(수연), 長壽(장수), 壽福康寧(수복강녕)
3.2	雨 8획	需	구할 **수** 쓰일 **수**	비 우(雨)와 말 이을 이(而)의 합으로 비를 아래로 이어지게 주룩주룩 내려달라 기우제(祈雨祭) 지내는 모양으로 비를 구한다. 비가 필요하다는 뜻 *需要(수요), 婚需(혼수), 軍需品(군수품), 祭需用品(제수용품)
3	言 8획	誰	누구 **수**	알 식(識)과 암컷 자(雌)의 합으로 까마귀가 암컷인지 수컷인지를 누가 아느냐는 것처럼 누구란 뜻 *誰何(수하), 誰知烏之雌雄(수지오지자웅), 誰怨誰咎(수원수구)
3	隹 9획	雖	비록 **수**	더부살이 고(雇)와 강할 강(强)의 합으로 집이 없어서 남의집살이, 더부살이지만 없어도 자존심은 강하다는 데서 '비록'이란 뜻 *雖然(수연: 그러하나)

급수	부수	한자	훈 음	해 설
7	攵 11획	數	셈 **수** 자주 **삭**	가르칠 교(敎)와 쌓을 루(婁)의 합으로 10진법으로 묶어서 더 큰 수로 자꾸 쌓아 올리며 계산하는 법을 가르치는 셈이란 뜻과 여러 번 반복하니 자주란 뜻 *婁: 아내 처(妻)가 머리를 틀어 올리듯이 십진법으로 십이 되면 묶어서 위로 쌓아 올린다, 묶으니 맨다는 뜻 *數學(수학), 數年(수년), 個數(개수), 數字(수자), 點數(점수), 頻數(빈삭)
6	木 12획	樹	나무 **수** 세울 **수**	심을 식(植)과 머리 두(頭)와 봉할 봉(封)의 합으로 머리(頭)에 봉건(封建)사상을 심어(불어넣어) 북돋운다는 뜻으로 목적을 가지고 키우려고 심은 나무란 뜻과 심으니 세운다는 뜻 *尌: 북 세울 주, 북돋울 주 *樹木(수목), 樹液(수액), 樹脂(수지), 樹立(수립)
3.2	車 9획	輸	실어 나를 **수**	실을 재(載)와 그럴 유(兪)의 합으로 흡입하여 종기를 빨아내듯이 피를 뽑아 좁은 관으로 실어 보내 수혈한다는 뜻과 배로 실어 나른다는 뜻으로 물길을 이용하여 실어 나른다는 뜻 *輸血(수혈), 輸出(수출), 運輸業(운수업), 輸送(수송)
1	禾 12획	穗	이삭 **수**	벼 화(禾)와 은혜 혜(惠)의 합으로 하늘의 은혜로, 혹은 은혜를 베풀듯 베풀기 위하여 많은 열매를 달고 익어 고개 숙인 벼나 곡식의 이삭이란 뜻 *落穗(낙수), 穗狀(수상), 拔穗(발수)
4	禾 2획	秀	빼어날 **수** 이삭 **수**	이삭 수(穗)와 이에 내(乃)의 합으로 乃 는 배가 부른 모양에 삐침이 있다. 벼 이삭이 알을 배어 배가 불룩하다가 잎보다 위로 빼어 나온다는 데서 실력 등이 빼어나다는 뜻 *秀才(수재), 優秀(우수), 俊秀(준수), 秀麗(수려), 麥秀之嘆(맥수지탄)

급수	부수	한자	훈 음	해 설
1	言 16획	讐	원수 **수**	두 쌍(雙)과 말씀 언(言)의 합으로 쌍 말(욕)을 하는 사이인 원수란 뜻 *怨讐(원수), 復讐(복수)(復讎)
1	糸 12획	繡	수놓을 **수**	꿰맬 봉(縫)과 엄숙할 숙(肅)의 합으로 고개를 숙이고 깊이 생각하듯이 바늘에 찔릴까? 모양이 잘못될까? 두려워 조심하면서 바늘을 찔러 꿰매듯이 색실로 천에 꽂이나 십자수를 놓는다는 뜻 *刺繡(자수), 繡屛(수병), 錦繡江山(금수강산)
4	聿 7획	肅	엄숙할 **숙** 공경할 **숙**	붓(오직) 율(聿)과 못(깊을) 연(淵)의 합으로 하늘의 법칙, 그 오직 한 생각에 깊이 잠기어 빠져있는 모양으로 고개를 숙이니 절하다, 공경한다는 뜻과 하늘의 법칙이니 엄숙하다는 뜻과 잡생각을 깨끗이 쓸어버리니 숙청한다는 뜻 *肅淸(숙청), 靜肅(정숙), 自肅(자숙), 肅然(숙연)
4	又 6획	叔	아재비 **숙** 어릴 **숙** 끝 **숙**	미칠 급(及)과 위 상(上)과 작을 소(小)의 합으로 위로 조금(작게) 드러나 손에 겨우 잡히는 꼬투리, 끝이란 뜻과 조금 걸리는 관계로 애매할 때 통상적으로 부르는 호칭인 아저씨란 뜻과 끄트머리이니 작다. 어리다는 뜻 *叔父(숙부), 堂叔(당숙), 外叔父(외숙부), 叔姪(숙질)
1	艹 8획	菽	콩 **숙**	풀 초(草)와 아재비(끝) 숙(叔)의 합으로 위로 조금 드러나 손에 겨우 잡히는 끄트머리 아재비처럼 하찮게 취급하는 꼬투리가 있는 풀인 콩이란 뜻 *菽麥(숙맥: 콩과 보리도 구분하지 못한다는 뜻으로 바보란 뜻)

급수	부수	한자	훈 음	해 설
3.2	水 8획	淑	맑을 **숙** 얌전할 **숙** 사모할 **숙**	맑을 정(淨)과 어릴 숙(叔)의 합으로 작아서 위로 드러나지 않는 것처럼 나돌아다니지 않고 없는 듯이 얌전하게 있는, 더럽혀지지 않고 깨끗한 요조숙녀란 뜻과 요조숙녀는 규방 깊이 있어 가까이할 수는 없으나 멀리서 사모한다는 뜻 *貞淑(정숙), 賢淑(현숙), 窈窕淑女(요조숙녀) *私淑(사숙: 배우지는 않았으나 개인적으로 그 사람의 인격이나 학문을 존경하고 따름)
1	夕 3획	夙	일찍 **숙**	많을 다(多)와 무릇(대개) 범(凡)의 합으로 뜻으로 대체로 보아 일을 많이 하는 사람은 남보다 일찍 일어난다는데서 남들보다 이른, '일찍'이란 뜻 *夙興夜寐(숙흥야매: 일찍 일어나고 늦게 잠)
5	宀 8획	宿	잘 **숙** 묵을 **숙** 별이름 **수**	집 택(宅)과 머물 주(住)와 온 백(百)의 합으로 온갖 나그네들이 날이 저물면 머물러 자고 갈 수 있는 집이란 뜻과 해나 달이 돌다가 묵어가는 궤도 위의 28개의 별이란 뜻 *宿所(숙소), 宿食(숙식), 宿泊(숙박), 旅人宿(여인숙), 宿題(숙제)
3	子 8획	孰	누구 **숙** 어느 **숙**	손자 손(孫)과 높을 고(高)와 잡을 집(執)의 합으로 자손이 높이 되어 권력을 잡으니 어느, 누구도 함부로 대하지 못한다는 데서 누가, 누구라는 뜻 *孰能禦之(숙능어지: 누가 이를 막으랴)
1	土 11획	塾	글방 **숙**	집 당(堂)과 누구 숙(孰)의 합으로 누구나 입신출세하여 권력을 잡고 영화를 누리려고 글을 배우는 집인 서당, 글방이란 뜻 *塾堂(숙당), 塾舍(숙사), 塾師(숙사)

급수	부수	한자	훈 음	해 설
3.2	火 11획	熟	익힐 **숙** 익을 **숙**	더울 열(熱)과 글방 숙(塾)의 합으로 글방에서 열심(熱心)히 글을 익힌다는 뜻과 뜨거운 불에 음식물을 익히는 뜻으로도 통함 *熟練(숙련), 熟達(숙달), 熟語(숙어), 熟眠(숙면), 深思熟考(심사숙고)
3.2	日 2획	旬	열흘 **순**	쌀 포(勹)와 날 일(日)의 합으로 천간(갑, 을, 병, 정, 무, 기, 경, 신, 임, 계)의 10일을 한 덩어리로 싸서 묶은 열흘이란 뜻 *上旬(상순), 中旬(중순), 下旬(하순), 漢城旬報(한성순보), 七旬(칠순), 三旬九食(삼순구식) *旬年(순년: 10년)
3	歹 6획	殉	따라죽을 **순**	죽을 사(死)와 열흘 순(旬)의 합으로 아내는 남편이 죽으면 열흘 안에 따라 죽어야 한다는 순장제도에서 생긴 자로 나라를 위해, 혹은 종교를 위해 죽는다는 뜻 *殉葬(순장), 殉國(순국), 殉敎(순교), 殉職(순직), 殉愛譜(순애 보)
2人(인)	水 6획	洵	참으로 **순** 소리없이 눈물흘릴 **순**	눈물 체(涕)와 따라 죽을 순(殉)의 합으로 순국(殉國)이나 순교(殉敎) 등이 진정 참으로 눈물겨운 감동을 자아낸다는 뜻에서 참으로란 뜻 *人名 字(인명 자)
2人(인)	玉 6획	珣	옥이름 **순**	구슬 옥(玉)과 참으로 순(洵)의 합으로 참으로 고운 옥 *人名 字(인명 자)
1	竹 6획	筍	죽순 **순**	대 죽(竹)과 참으로 순(洵)의 합으로 어머니를 위해 눈 속에서 대나무의 어린 순을 구하였던 효자, 맹종의 참으로 눈물겨운 이야기가 전해지는 대나무의 어린싹이란 뜻 *竹筍(죽순)

급수	부수	한자	훈 음	해 설
2人 인	艹 6획	荀	풀이름 **순** 성씨 **순**	풀 초(草)와 참으로 순(洵)의 합으로 참으로 향이 좋은 풀 이름 허브란 뜻 *人名 字 인명 자 *荀子(순자: 중국 전국시대의 성악설(性惡說)로 유명한 선생으로 이름은 況) 황
3.2	巛 4획	巡	돌 **순**	고을 주(州)와 놀 유(遊)의 합으로 이 고을 저 고을을 감찰하려고 유람(遊覽)하듯이 돌아다닌다는 뜻 *巡警, 巡禮, 巡訪, 巡廻, 巡察 순경 순례 순방 순회 순찰
2	目 5획	盾	방패 **순**	곧을 직(直)과 재앙 액(厄)의 합으로 전투할 때 방어용으로 왼손에 들고 화살이나 창, 칼등의 위험에 직면(直面)했을 때 재액(災厄)을 막는 액막이, 방패란 뜻 *矛盾(모순: 앞뒤가 안 맞는 말) *盾鼻(순비: 방패의 손잡이)
3	彳 9획	循	돌 **순**	돌아갈 복(復)과 방패(막을) 순(盾)의 합으로 심장의 피가 온몸을 순환하는 것처럼 막힌 곳에서 반복(反復)적으로 돈다는 뜻 *血液循環, 惡循環 혈액 순환 악순환
4.2	糸 4획	純	순수할 **순** 단순할 **순**	계통 통(統)과 모일 둔(屯)의 합으로 혈통(血統)이 섞이지 않고 하나로 뭉친(모인) 단일민족처럼 다른 것이 섞이지 않으니 순수하다는 뜻 *純種, 單純, 純眞, 純種, 純金, 純潔, 純綿 순종 단순 순진 순종 순금 순결 순면

급수	부수	한자	훈 음	해 설
2人 인	水 8획	淳	순박할 **순**	맑을 청(淸)과 드릴(누릴) 향(享)의 합으로 담근 술이 익으면 단지 위에 고인 맑은 술을 떠서 제사에 드린다는 데서 물을 섞지 않고 순수하다 순박하다는 뜻 *醇(순)과 동자 *淳朴(순박), *淳厚(순후: 인정이 두터움)
1	酉 8획	醇	진한 술 **순**	술 주(酒)와 순수할 순(淳)의 합으로 누룩으로 담근 술의 단지 위에 고인 맑은 술은 물을 섞지 않아 진하다는 뜻 *醇化(순화: 잡스러운 것을 없애 버리고 계통 있고 순수한 것으로 만듦, 정성어린 가르침의 감화란 뜻)
3	肉 7획	脣	입술 **순**	육 달 월(月)과 욕될 욕(辱)의 합으로 몸에서 부끄러운 부분인 음부(陰部)의 가장자리 둘레란 뜻과 열거나 다물어지는 입구의 가장자리인 입술이란 뜻 *陰脣(음순), 脣音(순음), 脣亡齒寒(순망치한), 丹脣皓齒(단순호치)
5	頁 9획	順	따를 **순** 순할 **순**	머리 혈(頁)과 내 천(川)의 합으로 냇물이 머리 위에서부터 아래로 흐르듯이 윗사람의 명령이나 자연의 순리를 따른다는 뜻과 물이 거꾸로 흐르는 법이 없듯이 거스르지 않으니 순하다는 뜻 *順理(순리), 順序(순서), 順從(순종), 順調(순조), 順應(순응), 順坦(순탄)
1	馬 3획	馴	길들일 **순**	말 마(馬)와 따를 순(順)의 합으로 잘 따르도록 순하게 길들인다는 뜻 *馴鹿(순록) *馴化(순화: 생물이 새로운 환경에 적응하여 유전적으로 변화해 감)

급수	부수	한자	훈 음	해 설
2人 인	舛 6획	舜	순임금 **순** 무궁화 **순**	어그러질 천(舛)과 사랑 애(愛)의 합으로 어긋나게 놓여있는 갈래꽃을 꽃받침이 감싸고 있는 무궁화란 뜻과 어그러진 부모의 행패를 사랑으로 감싸 효를 실천한 순임금의 이름 자 *堯舜時節, 李舜臣 요순 시절 이 순 신
3.2	目 12획	瞬	눈 깜짝할 **순** (윙크)	눈 목(目)과 무궁화 순(舜)의 합으로 술래가 눈을 감고 돌아서서 "무궁화 꽃이 피었습니다."라고 외고 눈을 떠서 돌아보아 움직이는 사람을 잡는 놀이처럼 눈 깜짝할 사이란 뜻 *瞬間, 瞬息間, 一瞬間 순간 순식간 일순간
3	戈 2획	戌	개 **술**	경계 계(戒)와 사람 인(人)의 합으로 어두운 밤에 사람을 지켜주려고 경계를 서는 12지의 개란 뜻 *11째 地支戌 지지 술
6	行 5획	術	재주 **술** 기술 **술**	다닐 행(行)과 삽주 뿌리 출(朮)의 합으로 민간에 행(行)해지고 있는 창출(蒼朮), 백출(白朮)의 약초를 가지고 냉담(冷痰)을 치료하고 소화 작용을 돕게 하여 병을 고치는 비법 같은 방법이나 수단이란 뜻 *醫術(仁術), 技術, 美術, 馬術, 藝術 의술 인술 기술 미술 마술 예술
3.2	辵 5획	述	펼 **술** 지을 **술**	길 도(道)와 의술 술(術)의 합으로 먼 훗날을 위해 의술(醫術)을 행하는 방도(方道)를 책으로 적어놓거나 말로 이야기한다는 뜻에서 의술을 널리 공개하여 펼친다는 뜻과 받아 적어 기록한다는 뜻 *記述, 口述, 論述, 略述, 述語 기술 구술 논술 약술 술어

급수	부수	한자	훈 음	해 설
4	山 8획	崇	높을 **숭**	뫼 산(山)과 마루 종(宗)의 합으로 종교(宗敎)를 산처럼 높이 받든다, 숭배한다는 뜻 *崇拜(숭배), 崇尙(숭상), 崇高(숭고), 崇禮門(숭례문)(남대문)
2地(지)	玉 9획	瑟	비파 **슬**	거문고 금(琴)과 반드시 필(必)의 합으로 거문고와 반드시 따라다니며 같이 연주하는 악기인 비파, 큰 거문고라고도 함 *琴瑟(금슬: 거문고와 비파로 부부지간(夫婦之間)의 사이, 부부애인 금실)
1	肉 11획	膝	무릎 **슬**	다리 각(脚)과 옻 칠(漆)의 합으로 다리에 칠을 하듯이 액체나 기름칠이 필요한 접히는 관절 부위인 무릎이란 뜻과 무릎 덮개처럼 추위를 막으려고 덮어 입히거나 두르는 무릎이란 뜻 *膝下(슬하: 자식을 무릎에 앉히는 자애로운 부모의 존칭)
3.2	手 6획	拾	주울 **습** 열 **십**	손가락 지(指)와 합할 합(合)의 합으로 손가락을 합하여 집으니 줍는다는 뜻과 두 손의 손가락을 합하면 열 손가락이 되니 갖은 자 10으로 씀 *拾得物(습득물), 收拾(수습), 拾萬(십만)
6	羽 5획	習	익힐 **습** 습관 **습**	붓 한(翰)과 흰 백(白)의 합으로 흰 종이를 놓고 붓으로 글씨를 연습한다는 뜻 *摺: 습자할 종이를 접을 접 *習字紙(습자지), 學習(학습), 自習(자습), 見習(견습), 練習(연습), 習慣(습관), 習得(습득)
3	水 14획	濕	젖을 **습**	물 수(氵)와 나타날 현(顯)의 합으로 물기가 드러나니 축축하게 젖어있다는 뜻 *濕氣(습기), 濕度(습도), 濕地(습지), 濕疹(습진), 高溫多濕(고온다습)

급수	부수	한자	훈 음	해 설
3.2	衣 16획	襲	껴입을 **습** 엄습할 **습** 세습 **습**	겉 표(表)와 용 룡(龍)의 합으로 임금은 옷을 입은 위에 겉옷으로 곤룡포(衮龍袍)를 껴입는다는 뜻과 옷 위에 덮어 입듯이 덮치니 엄습한다는 뜻과 위에 덧입듯이 그대로 답습한다는 뜻 *踏襲(답습: 전부터 해오던 방식을 그대로 본받아서 따라 함) *世襲(세습), 襲擊(습격), 空襲(공습), 奇襲(기습), 掩襲(엄습)
2	十 2획	升	되 **승** 오를 **승**	구기 작(勺)과 계산 계(計)의 합으로 10작은 1홉, 10홉은 1되로 헤아려 계산하며 십진법으로 위로 올라간다는 뜻과 되란 뜻 *10勺(작)=1合, 10合(홉)=1升, 10升(승)=1斗(두) *升斗之利(승두지리: 작은 이익)
3.2	日 4획	昇	오를 **승**	열흘 순(旬)과 되 승(升)의 합으로 열흘씩 묶듯이 10홉이 한 되로, 10되가 한 말로, 10씩 묶어서 한 단위씩 위로 한 급수씩 올라간다는 뜻 *昇進(승진), 昇降機(승강기), 昇天(승천), 昇級(승급)
4.2	手 4획	承	이을 **승** 받들 **승**	들 거(擧)와 아들 자(子)의 합으로 왕자를 천거하여 왕위를 이어가게 한다는 뜻과 들어 받든다는 뜻 *繼承(계승), 承諾(승낙), 承認(승인), 承旨(승지), 起承轉結(기승전결)
1	一 5획	丞	도울 **승**	아래 하(下)와 받들 승(承)의 합으로 받들어 아래에서 돕는다는 뜻과 임금 바로 밑에서 돕는 최고의 벼슬인 정승이란 뜻 *政丞(정승; 조선 시대 영의정, 좌의정, 우의정) *丞相(승상: 임금을 돕는 최고의 벼슬, 재상)

급수	부수	한자	훈 음	해 설
3.2	丿 9획	乘	탈 **승**	갈 지(之)와 등질 배(背)와 시렁 가(架)의 합으로 두 발을 이쪽저쪽으로 걸터앉아 소나 말의 등에 탄다는 뜻과 차나 비행기에 올라탄다는 뜻 *乘馬(승마), 乘用車(승용차), 乘勝長驅(승승장구), 加減乘除(가감승제)
6	力 10획	勝	이길 **승** 뛰어날 **승** 견딜 **승**	힘 력(力)과 책 권(卷)과 무리 붕(朋)의 합으로 압권(壓卷)으로 경기나 내기에서 무리 중에서 실력(實力)이 뛰어나다, 제일 낫다, 이겼다는 뜻과 이겨내니 견딘다는 뜻 *勝利(승리), 優勝(우승), 決勝(결승), 勝負(승부), 名勝地(명승지)
3.2	亻 12획	僧	중 **승**	닦을 수(修)와 거듭 증(曾)의 합으로 도를 닦아 깨달으니 거듭나는 스님이란 뜻 *범어 Sangha의 음역이라고 함 *僧侶(승려), 僧服(승복)
2地(지)	糸 13획	繩	노끈 **승**	줄 선(線)과 맹꽁이 맹, 힘쓸 민(黽)의 합으로 단단하게 꼬아서 맹꽁이 배처럼 볼록볼록한 새끼줄이란 뜻 *黽(힘쓸 민: 개구리의 일종인 맹꽁이의 형상을 본뜬 맹꽁이란 뜻과 힘을 잔뜩 쓰는 것처럼 배가 빵빵하니 힘쓴다는 뜻) *自繩自縛(자승자박), 捕繩(포승), 紙繩工藝(지승공예)
3	矢 0획	矢	화살 **시**	위가 뾰족하고 아래가 갈라진 화살 모양 *嚆矢(효시: 소리 나는 화살, 옛날 개전(開戰) 신호로 쏘았다는 데서 유래되어 사물의 맨 처음이란 뜻을 이르는 말)

급수	부수	한자	훈 음	해 설
5	示 0획	示	땅귀신 **기** 보일 **시**	아니 불(不)과 위 상(上)의 합으로 작아서 위로 드러나 보이지 않는, 아니 불(不)자의 위를 표하여 나타낸 모양으로 보이지 않는 신이 뭔가로 나타내 보인다는 뜻과 '땅 귀신 기'라고도 하며 신을 나타내는 부수로 쓰임 *示範(시범), 展示(전시), 示威(시위), 訓示(훈시), 揭示板(게시판)
4.2	見 5획	視	볼 **시**	볼 견(見)과 보일 시(示)의 합으로 전시(展示)된 것을 견학(見學)하여 본다는 뜻 *視覺(시각), 視力(시력), 視察(시찰), 視線(시선)
7	巾 2획	市	도시 **시** 시장 **시**	펼 포(布)와 서울 경(京)의 합으로 예전에 서울 도성 주위에 펼쳐지던 시장이란 뜻과 시장처럼 사람이 많은 도시란 뜻 *都市(도시), 市場(시장), 市價(시가), 市長(시장), 市內(시내), 市廳(시청)
1	木 5획	柿	감 **시**	나무 수(樹)와 누이 자(姊)의 합으로 다홍치마를 입은 누이처럼 새빨간 열매가 열리는 나무인 감이란 뜻 *軟柹(연시), 紅柿(홍시), 棗栗梨柹(조율이시)
6	女 5획	始	비로소 **시** 처음 **시**	계집 녀(女)와 아이 밸 태(胎)의 합으로 인간은 여자의 배속에서부터 태아로 비로소 시작된다는 뜻 *台(합할 합(合)과 써 이(以)의 합으로 남녀가 결합함으로써 아이가 생김) *始作(시작), 始初(시초), 始動(시동), 始祖(시조)
3.2	亻 6획	侍	모실 **시**	부처 불(佛)과 관청 시(절 사)(寺)의 합으로 절에 불상을 모시다, 모시니 높이고 받들어 섬기다, 시중든다는 뜻 *侍從(시종), 侍女(시녀), 嚴妻侍下(엄처시하), 層層侍下(층층시하)

급수	부수	한자	훈 음	해 설
7	日 6획	時	때 **시**	밝을 명(明)과 절 사(寺)의 합으로 날이 밝으면 절이나 교회 등 사원에서 새벽을 알리는 종소리가 울리는 데서 일어날 때인 시간이란 뜻 *時間(시간), 時節(시절), 時計(시계), 時代(시대), 時機(시기), 時期(시기)
4.2	言 6획	詩	글 **시**	적을 기(記)와 시조 시(時)의 합으로 시조(時調)처럼 음률을 맞추어 적은 글인 운문이란 뜻 *時調(시조): 時節歌(시절가)(시절을 읊은 노래) *詩人(시인), 童詩(동시), 詩集(시집), 詩想(시상), 詩經(시경), 詩碑(시비)
4.2	日 5획	是	옳을 **시** 이다 **시** 이것 **시**	해 일(日)과 정할 정(定)의 합으로 과거 논란이 되었던, 해가 서쪽으로 움직여 가는 것이 아니라 하늘은 고정(固定)되어 있고 지구가 움직인다는 지동설, 이것이 옳다, 그렇다는 뜻 *是是非非(시시비비), 是認(시인), 是正(시정), 或是(혹시), 亦是(역시)
1	匕 9획	匙	숟가락 **시**	비수 비(匕)와 들 제(提)의 합으로 匕는 굽은 모양으로 오목한 가구로 음식을 떠서 입으로 들어 올리는 숟가락이란 뜻 *匙箸(시저), 十匙一飯(십시일반)
2姓(성)	木 6획	柴	섶 **시** 땔나무 **시**	나무 목(木)과 이 차(此)의 합으로 싸릿대처럼 나란히 바로 옆에 촘촘히 잔가지가 많은 나무로 땔감으로 쓰는 섶나무란 뜻 *薪柴(신시: 장작과 섶나무, 땔감용 나무) *柴扉(시비: 사립문)
2	尸 6획	屍	시체 **시**	죽음 시(尸)와 죽을 사(死)의 합으로 죽어서 몸을 쭉 뻗고 누워있는 시체란 뜻 *屍體(시체), 屍身(시신), 檢屍(검시)

급수	부수	한자	훈 음	해 설
4.2	方 5획	施	베풀 **시**	나그네 려(旅)와 땅 지(地)의 합으로 나그네처럼 각지(各地)로 돌아다니며 시주한다는 뜻, 베풀다, 좋아하다, 직접 돌아다니니 실행한다는 뜻 *施主, 施惠, 布施, 實施, 施設, 施工 시주 시혜 보시 실시 시설 시공
1	豸 3획	豺	승냥이 **시**	발 없는 벌레 치(豸)와 재간 재(才)의 합으로 豸는 발이 없어 기어 다니듯이 엎드리고 비열하게 재간(才幹)을 부려 남의 앞잡이 노릇을 하는 사람에 비유함, 여우와 늑대의 중간형인 승냥이(재칼)란 뜻 *豺狼(시랑: 승냥이와 이리)
1	犭 9획	猜	시기할 **시**	여우 호(狐)와 뜻 정(情)의 합으로 여우는 의심이 많다. 여우처럼 의심하고 애정이 식을까 봐 시기한다는 뜻 *猜忌, 猜疑 시기 시의
1	女 9획	媤	시집 시	며느리 부(婦)와 생각 사(思)의 합으로 시집을 가서 남의 며느리가 되면 조심하느라고 늘 노심초사(勞心焦思) 마음 졸이는 시댁이란 뜻 *國字 국자 *媤宅, 媤父母 시댁 시 부모
1	弋 9획	弑	죽일 **시**	법식 식(式)과 죽일 살(殺)의 합으로 공식적인 행사로 의식(儀式)이 있는 날을 이용하여 임금의 행차 시 사건을 일으킨다는 데서 신하가 임금을 죽인다, 아랫사람이 윗사람을 죽인다는 뜻 *弑逆, 弑害 시역 시해
4.2	言 6획	試	시험 **시** 해 볼 **시**	글 시(詩)와 법식 식(式)의 합으로 옛날 3년마다 식년(式年; 子, 午, 卯, 酉)에 치르던 문과 무과의 과거시험으로써 시(詩)를 지어 실력 등을 테스트한다는 뜻과 시험 삼아 이니 잠시란 뜻 *試驗, 試食, 試運轉, 試圖 시험 시식 시운전 시도

급수	부수	한자	훈 음	해 설
1	言 9획	諡	시호 **시**	기억할 기(記)와 살필 감(監)과 탄식 어조사 혜(兮)의 합으로 죽은 뒤에 생전의 행적(行蹟)을 기억하여 살펴 안타깝다! 하며 임금이 내리는 호란 뜻 *諡號(시호)
6	弋 3획	式	법식 **식**	주살 익(弋)과 만들 공(工)의 합으로 제도나 체제, 장치 등을 순차적으로 이어 만들어놓은 방식이나 법식이란 뜻 *數式(수식), 式辭(식사), 式順(식순), 格式(격식), 方式(방식), 形式(형식)
2人(인)	車 6획	軾	수레 앞 턱 가로나무 **식**	수레 차(車)와 법식 식(式)의 합으로 수레의 앞턱에 이어서 가로로 덧대어 놓은 나무란 뜻으로 수레 위에서 의식(儀式)을 행할 때 공경의 예로 잡고 허리를 굽히는 나무란 뜻 *人名(인명) 字(자) *蘇軾(소식: 당송 팔대가의 한사람)
1	手 6획	拭	닦을 **식** 문댈 **식**	떨 불(拂)과 수레 앞 가로나무 식(軾)의 합으로 차의 앞에 가로로 덧대어 놓은 솔 막대(와이퍼)로 먼지나 물기를 떨고 닦으려고 문지른다는 뜻 *拂拭(불식: 먼지를 떨고 닦음) *拭目(식목: 눈을 닦고 봄. 주의해서 봄)
7	食 0획	食	밥 **식** 먹을 **식**	사람 인(人)과 흰 백(白)과 맛 지(旨)의 합으로 사람들이 즐겨 먹는 맛있는 하얀 쌀밥이란 뜻과 쌀이 아니어도 좋은 것을 먹는다는 뜻 *良(좋을 량)은 皀(고소할 흡)의 변형 *食事(식사), 飮食(음식), 食堂(식당), 食口(식구), 食用(식용), 食品(식품)
3.2	食 5획	飾	꾸밀 **식**	밥 식(食)과 펼 포(布)의 합으로 식탁을 덮개를 펴서 덮으니 예쁘게 꾸민다는 뜻 *修飾(수식), 裝飾(장식), 扮飾(분식), 虛禮虛飾(허례허식)

급수	부수	한자	훈 음	해 설
1	虫 6획	蝕	좀 먹을 **식**	벌레 충(虫)과 먹을 식(食)의 합으로 벌레가 파먹었다, 조금씩 먹으니 좀먹는다는 뜻 *좀은 조금의 준말 *日蝕, 浸蝕, 腐蝕, 皆旣月蝕 일식 침식 부식 개기월식
4.2	心 6획	息	숨 쉴 **식** 쉴 **식** 자식 **식**	마음 심(心)과 스스로(저절로) 자(自)의 합으로 '후휴!' 하고 저절로 한숨이 나온다는 데서 숨을 쉰다는 뜻과 한숨 돌리며 휴식한다는 뜻과 내쉬는 숨처럼 불어낸다는 뜻과 불어나는 자식이란 뜻 *休息, 安息, 窒息, 歎息, 子息 휴식 안식 질식 탄식 자식 *令息(영식: 높은 사람의 자식을 높여 부르는 말(令愛, 令夫人)) 영애 영부인
1	火 10획	熄	꺼질 **식**	등불 등(燈)과 숨 쉴 식(息)의 합으로 산소를 차단하여 질식(窒息)하면 불이 꺼진다는 뜻과 숨을 크게 쉬어 등불이 꺼진다는 뜻 *熄滅, 內亂終熄 식멸 내란 종식
7	木 8획	植	심을 **식**	나무 목(木)과 곧을 직(直)의 합으로 나무를 똑바로 세우니 심는다는 뜻 *植木, 植樹, 植物, 植民地 식목 식수 식물 식민지
2	歹 8획	殖	불릴 **식**	남을 잔(殘)과 심을 식(植)의 합으로 식물이나 동물이 종족을 남기기 위해 또는 이익을 남기기 위해 더 심어서 개체 수를 늘린다, 번식한다는 뜻 *增殖, 生殖, 養殖, 繁殖 증식 생식 양식 번식
2人 인	水 9획	湜	맑을 **식**	맑을 청(淸)과 옳을 시(是)의 합으로 청렴하고 옳아 깨끗하고 맑다는 뜻 *人名 字 인명 자

급수	부수	한자	훈 음	해 설
5	言 12획	識	알 **식** 기록할 **지**	가르칠 훈(訓)과 소리 음(音)과 이룰 성(成)의 합으로 훈음(訓音)으로 이루어진 한자를 보고 그 뜻을 안다는 뜻과 그 글자로 정보를 기록한다는 뜻 *識字, 知識, 識別, 認識, 常識, 標識板 식자 지식 식별 인식 상식 표지 판
5	臣 0획	臣	신하 **신**	두 팔을 벌리고 작을 것을 안으려는 모양의 클 거(巨)에서 큰 것 속에서 아래위로 매달려 따르는 종속된 신하란 뜻의 부수자 *臣下, 大臣, 忠臣, 奸臣, 家臣, 功臣 신하 대신 충신 간신 가신 공신
2	肉 8획	腎	콩팥 **신**	육 달 월(月)과 신하 신(臣)과 받을 수(受)의 합으로 옛날 궁중의 내시 중 환관(宦官)은 몸에서 생식기를 제거하니 수난(受難)을 받는 불알이란 뜻 *外腎, 內腎, 腎臟, 腎不全症 외신 내신 신장 신부전증
4.2	田 0획	申	펼 **신** 알릴 **신** 납(원숭이) **신** 거듭 **신**	밭 전(田)에서 일하다가 허리를 펴면서 팔다리를 쭉 뻗어 늘인다(스트레칭)는 뜻과 팔을 뻗어 내미니 신청하다. 신고한다는 뜻과 12 지의 원숭이란 뜻과 신청하려고 간곡히 부탁하는 거듭한다는 뜻 *申告, 申請, 內申成績, 甲申政變, 申申當付 신고 신청 내신성적 갑신정변 신신당부
6	示 5획	神	정신 **신** 귀신 **신**	보일 시(示)와 원숭이 신(申의 합으로 영장류(靈長類)인 원숭이처럼 영묘한 지각능력을 보여주는 정신이란 뜻과 육신은 죽고 정신만 있는 귀신이란 뜻 *精神, 神出鬼沒, 神靈, 神經質, 神聖 정신 신출귀몰 신령 신경질 신성
1	亻 5획	伸	펼 **신** 기지개 켤 **신**	사람 인(亻)과 펼 신(申)의 합으로 사람이 밭에서 일하다가 허리를 펴며 기지개를 켜다 스트레칭을 한다는 뜻 *伸縮性, 伸張, 國力伸張 신축 성 신장 국력신장

급수	부수	한자	훈 음	해 설
1	口 5획	呻	신음할 **신**	읊을 음(吟)과 펼 신(伸)의 합으로 몸을 길게 아래위로 쭉쭉 펴며 힘을 주느라고 입안에서 앓듯이 끙끙 신음한다는 뜻 *呻吟(신음: 고통에서 나오는 앓는 소리)
2	糸 5획	紳	큰 띠 **신**	줄 선(線)과 늘일 신(伸)의 합으로 늘어나는 신축성(伸縮性)이 있는 줄로 허리를 졸라매는 띠란 뜻과 허리를 졸라매듯이 몸에 딱 맞는 타이트한 양복을 입은 신사란 뜻 *紳士(신사: 점잖고 예의 바르며 교양 있는 남자, 일반 남자를 대접하여 이르는 말)
6	身 0획	身	몸 **신** 몸소 **신**	스스로 자(自)와 힘 력(力)의 합으로 스스로의 힘으로 움직일 수 있는 장치를 갖춘 몸뚱이란 뜻과 자기의 힘으로 움직이니 몸소란 뜻 *身體(신체), 身長(신장), 裝身具(장신구), 身分(신분), 身上(신상), 身邊(신변)
1	辵 3획	迅	빠를 **신**	빠를 속(速)과 벨 예(乂)와 바람 풍(風)의 합으로 무엇을 베어 쓰러뜨릴 때 빠르게 '획!'하고 바람을 일으키는 모양처럼 행동이나 동작이 매우 재빠르다는 뜻 *迅速(신속), 迅雷(신뢰)
1	言 3획	訊	물을 **신** 신문할 **신**	말할 화(話)와 빠를 신(迅)의 합으로 빨리 말해라 하고 신문한다는 뜻 *訊問(신문: 죄를 캐어물어 조사함)
3	辛 0획	辛	매울 **신** 죄인 **신**	끝 경(竟)과 일천 천(千)의 합으로 죄인을 신문할 때 천 번 만 번 물으며 고문을 해도 이를 꼭 깨물고 끝까지 참는 데서 죽을 만큼 모질고 가혹하다, 견디기 어려운 괴롭고 쓰라린 고통이란 뜻과 죄인이란 뜻 *千辛萬苦(천신만고), 辛苦(신고), 辛勝(신승), 香辛料(향신료)

급수	부수	한자	훈 음	해 설
6	斤 9획	新	새 **신**	끊을 단(斷)과 매울 신(辛)과 가를 팔(八)의 합으로 모진(매서운) 고통을 참으며 가르고 속에서 나와 탯줄을 끊은 새 생명이니 새것, 새롭다는 뜻 *斬新(참신), 新聞(신문), 新曲(신곡), 新春(신춘), 新築(신축), 新綠(신록)
1	++ 13획	薪	섶나무 **신**	풀 초(草)와 새 신(新)의 합으로 묵지 않고 새로 난 초목이란 뜻으로 굵지 않은 불쏘시개로 쓰는 섶나무 *新柴(신시), 薪炭(신탄), 臥薪嘗膽(와신상담)
6	亻 7획	信	믿을 **신** 편지 **신**	편지 편(便)과 적을 기(記)의 합으로 편지의 기록인 서신이란 뜻과 글의 내용을 읽고 그대로 믿는다는 뜻 *書信(서신), 信用(신용), 信任(신임), 信徒(신도), 信號(신호), 信念(신념)
1	宀 7획	宸	대궐 **신**	집 궁(宮)과 별(용) 진(辰)의 합으로 용이 임금이니 임금이 거주하는 궁궐이고, 임금이란 뜻으로 쓰임 *宸襟(신금: 임금의 마음) *宸斷(신단: 임금이 내리는 처단)
3	日 7획	晨	별이름 (샛별) **신** 새벽 **신**	별 성(星)과 때(북극성) 신(辰)의 합으로 해가 떠오르기 시작하는 때인 이른 새벽에 동쪽 하늘에 보이는 별인 금성으로 순우리말로 '샛별'이란 뜻과 새벽이란 뜻 *晨星(신성: 샛별) *晨鐘(신종: 절에서 치는 새벽종으로 사람을 각성시키는 언론이란 뜻)
1	女 7획	娠	아이밸 **신**	계집 녀(女)와 농사 농(農)의 합으로 여자가 맡은 일인 자식 농사를 뜻하며 아이 배다, 품다, 함축한다는 뜻 *妊娠(임신)

급수	부수	한자	훈 음	해 설
1	虫 7획	蜃	무명조개 **신** 이무기 **신**	대합 합(蛤)과 용 진(辰))의 합으로 승천하는 용처럼 기(氣)를 토하면 누대(樓臺)가 나타난다는 큰 조개인 대합이란 뜻과 용(辰)이 되어 승천하는 뱀(蛇)인 이무기란 뜻이 됨 *蜃氣樓(신기루: 바다나 사막에서 기온의 이상한 분포 때문에 광선이 굴곡하여 먼데 있는 물체가 거꾸로 보이는 현상)
3.2	心 10획	愼	삼갈 **신**	감정 정(情)과 누를 진(鎭)의 합으로 감정(感情)을 누르고 깊이 생각하고 조심한다는 뜻 *謹愼(근신), 愼重(신중), 愼辭(신사), 愼獨(신독)
1	火 14획	燼	깜부기불 **신**	화로 로(爐))와 다할 진(盡)의 합으로 활활 타는 불이 아니라 다 타고 화로에 담긴 재에 남은 보였다, 안보였다 깜박깜박하는 불이란 뜻 *燼滅(신멸), 灰燼(회신)
6	大 획	失	잃을 **실**	큰 대(大)와 손 수(手)의 합으로 손을 너무 크게 벌려 손가락 사이로 빠져나가 잃다 의 뜻 *失手(실수), 失敗(실패), 失明(실명), 失業(실업), 失格(실격)
8	宀 6획	室	집 **실** 아내 **실**	집 가(家)와 이를 지(至)의 합으로 집에서 지극(至極)히 깊은 곳, 아내들이 거처하는 내실이란 뜻과 내실처럼 비밀이 보장되는 호텔이나 여관 같은 데 방인 룸이란 뜻 *客室(객실), 室內(실내), 居室(거실), 內室(내실), 寢室(침실), 敎室(교실)
1	心 7획	悉	다 **실**	마음 심(心)과 속 오(奧)의 합으로 샅샅이 파고들어 속마음까지 다란 뜻 *知悉(지실: 자세히 다 앎)

급수	부수	한자	훈 음	해 설
5	宀 11획	實	열매 **실** 사실 **실**	완성할 완(完)과 꿸 관(貫)의 합으로 초지일관(初志一貫)으로 완성(完成)해 나가니 알차게 결실을 맺는다는 뜻과 알차니 헛되지 않고 충실하다는 뜻 *眞實, 事實, 現實, 實技, 實際, 果實, 充實 진실 사실 현실 실기 실제 과실 충실
7	心 4획	心	마음 **심**	心은 몸속의 염통(심장) 모양의 상형 자로 핏줄로 온몸에 영양을 공급하는 본부, 중심부이니 깊은 속이고 속에 있어서 보이지 않는 마음이 있는 곳, 마음이란 뜻 *心臟, 心理, 心性, 心中, 心亂 심장 심리 심성 심중 심란
3.2	甘 4획	甚	심할 **심** 매우 **심**	달 감(甘)과 짝 필(匹)의 합으로 달콤한 사이의 배필(配匹)이니 정이 두텁기가 매우, 몹시 심하다는 뜻 *甚深, 極甚, 激甚, 甚至於 심심 극심 격심 심지어
4.2	水 8획	深	깊을 **심**	잠길 침(沈)과 들보(다리) 량(梁)의 합으로 빠질까봐 다리를 놓을 만큼 강이 깊다란 뜻 *水深, 深醉, 深刻, 深夜, 深層, 深山幽谷 수심 심취 심각 심야 심층 심산유곡
3	寸 9획	尋	찾을 **심** 보통 **심** 8자 **심**	마디(헤아릴) 촌(寸)과 또 우(又)와 좌우(左右)의 합으로 좌우(左右) 두 팔을 벌린 길이(6피트)로 수심을 헤아리는(재는) 단위 '길'이다. 천 길 물속은 알아도 한 길 사람 속은 모른다고 속내를 알아보려고 찾아간다, 추측하다, 깊이를 헤아린다는 뜻과 두 팔을 벌린 길이가 보통 8자로 보통이란 뜻 *尋訪, 推尋, 尋常, 尋章摘句 심방 추심 심상 심 장 적 구

급수	부수	한자	훈 음	해 설
3.2	宀 12획	審	살필 **심** 문초 **심** 자세할 **심**	사실 실(實)과 차례 번(番)의 합으로 진실(眞實)을 알아내려고 여러 차례 반복하여 물으며 자세히 살핀다는 뜻 *審問, 審判, 審議, 審査, 審美眼 심문 심판 심의 심사 심미안
2姓 성	水 5획	瀋	물 이름 **심** 즙낼 **심**	즙 액(液)과 심문할 심(審)의 합으로 심문할 때 진실의 말이 나올 때까지 주리를 틀어 고문하듯이 비틀어 짜낸 액인 즙이란 뜻 *地名 字 지명 자
8	十 0획	十	열 **십**	음(-)과 양(丨)의 합으로 음양을 포개어 합친다. 맞물린다. 나사 등을 끼운다. 더한다는 뜻과 손가락을 다 더하니 열이고 모두 다이니 완전하다는 뜻 *十字架, 十干, 十長生 십자가 십간 십장생
3.2	隹 10획	雙	두 **쌍**	새 추(隹)와 받을 수(受)의 합으로 일석이조(一石二鳥)로 새를 한꺼번에 두 마리 얻으니 쌍이란 뜻 *雙手, 雙璧, 雙龍, 雙和湯, 雙曲線 쌍수 쌍벽 쌍룡 쌍화탕 쌍곡선
4	氏 0획	氏	각시 **씨** 성씨 **씨** 서역의 나라이름 **지**	물갈래 파(派)획의 갈라진 모양으로 같은 성에서 혼인으로 갈라져 벌어진 씨족이란 뜻과 시집오는 여자에게 친정아버지의 성(姓)뒤에 존칭으로 붙이던 접미사로 요즘은 남자나 여자의 성이나 이름 뒤에 붙여 상대를 높이는 접미사로 쓰이고 결혼하려는 신부인 '각시'란 뜻 *金氏, 李氏, 氏族, 宗氏, 創氏改名 김 씨 이 씨 씨족 종씨 창씨개명
3	牙 0획	牙	어금니 **아** 대장기 **아** 거간꾼 **아**	창 모(矛)와 어그러질 천(舛)의 합으로 창처럼 뾰족하게 어긋나게 밖으로 삐져나온 뻐드렁니인 코끼리의 어금니란 뜻과 읍내시장에 가다 보면 상아처럼 튀어나오는 중간 상인인 거간꾼이란 뜻과 깃대 위에 상아를 장식한 '대장기'란 뜻 *牙城(아성; 대장기가 있는 본거지란 뜻) *象牙, 齒牙 상아 치아

급수	부수	한자	훈 음	해 설
3	艹 4획	芽	싹 **아**	풀 초(草)와 어금니 아(牙)의 합으로 상아(象牙)처럼 삐쭉이 내미는 초목의 싹이란 뜻 *發芽(발아), 麥芽(맥아), 胚芽(배아)
1	言 4획	訝	맞을 **아** 의심할 **아**	말할 화(話)과 거간꾼 아(牙)의 합으로 농사를 지은 것을 팔러 읍내에 가다 보면 중간에서 튀어나와 맞으며 자기에게 팔라고 값을 많이 쳐 준다고 하는 거간꾼의 말을 의심한다는 뜻 *疑訝(의아: 의심스럽고 괴이쩍음)
3.2	隹 4획	雅	우아할 **아** 바를 **아** 본디 **아**	떠날 리(離)와 어금니 아(牙)의 합으로 세속(현실)을 떠나 순수 예술이나 학술을 즐기는 경지를 상아탑(象牙塔)이라고 한다는데서 속되지 않고 고상하다, 인품이나 예술 작품 등이 세련되다, 바르다, 순수하다, 깨끗하니 떳떳하다는 뜻 *雅樂(아악: 중국의 궁중음악) *雅淡(아담), 優雅(우아), 雅號(아호), 淸雅(청아)
3.2	戈 3획	我	나 **아**	이룰 성(成)과 손 수(手)의 합으로 자수성가(自手成家)하듯이 자라면서 자기 자신에 대한 의식이나 관념이 형성된 자아인 '나'란 뜻 *自我(자아), 我執(아집), 無我境(무아경), 我田引水(아전인수)
3	食 7획	餓	배고플 **아** 주릴 **아**	밥(먹을) 식(食)과 나 아(我)의 합으로 손에 창을 들고 먹이를 구하려 하니 배가 고프다는 뜻과 창을 들 만큼 인정사정없이 사나워 눈에 보이는 게 없으니 굶주렸다는 뜻 *飢餓(기아), 餓死(아사), 餓鬼(아귀)
1	亻 7획	俄	갑자기 **아** 러시아 **아** 잠깐 **아**	다를 타(他)와 나 아(我)의 합으로 갑작스런 일본의 공격에 고종황제가 자신을 지키려고 다급해서 남의 나라(러시아) 공사관에 잠시 피한 아관파천(俄館播遷)의 '러시아'란 뜻과 '갑자기'란 뜻과 '잠시'란 뜻 *俄然(아연), 俄國(아국)(러시아의 한자음 표기)

급수	부수	한자	훈 음	해 설
3.2	二 6획	亞	버금 **아** 아시아 **아**	두 이(二)의 부수로 아래위에서 누르는 압력으로 울퉁불퉁 찌그러져 모가 난 모양으로 압권 당하듯이 위에서 눌리니 첫째가 못 되는 둘째란 뜻과 아시아의 가차(假借) 자로 쓰임 *亞聖(아성), 亞流(아류), 亞熱帶(아열대), 亞細亞(아세아), 東南亞(동남아)
1	口 8획	啞	벙어리 **아**	입 구(口)와 버금 아(亞)의 합으로 입을 틀어막아 눌리듯이 말이 안 나오는 벙어리란 뜻 *聾啞(농아), 盲啞(맹아), 啞然失色(아연실색)
3.2	阜 5획	阿	붙을 **아** 아부할 **아** 언덕 **아**	붙을 부(附)와 옳을 가(可)의 합으로 높은데 붙어서 옳다고 알랑거리며 아부한다는 뜻과 아부하며 붙어서 비빌(빌붙을) 언덕이란 뜻 *阿附(아부), 阿諂(아첨), 阿膠(아교), 阿鼻叫喚(아비규환)
5	儿 6획	兒	아이 **아**	먼저 선(先)과 더불어 여(與)의 합으로 먼저 난 형이나 어른들이 더불어, 함께하며 돌봐야 하는 아직 도움이 필요한 어린아이란 뜻 *乳兒(유아), 育兒(육아), 兒女子(아녀자), 兒童(아동)
1	行 7획	衙	마을 **아** 관청 **아**	지킬 위(衛)와 나(우리) 오(吾)의 합으로 우리 마을을 지켜주는 관청이란 뜻 *官衙(관아), 衙前(아전)
3	山 5획	岳	큰 산 **악**	바위 암(巖)과 언덕 구(丘)의 합으로 언덕처럼 올라설 바위가 많은 큰 산이란 뜻 *嶽(큰산 악: 우리 옥(獄)과 바위 암(巖)의 합으로 넘어가지 못하게 쳐 놓은 우리처럼 높이 솟은 바위가 많은 큰 산이란 뜻 *山岳會(산악회), 冠岳山(관악산)

급수	부수	한자	훈 음	해 설
1	土 8획	堊	백토칠 **악**	집 당(堂)과 벙어리 아(啞)의 합으로 벙어리처럼 말이 안 나오는 대단한 집인 미국 대통령이 사는 백악관이란 뜻과 하얀 백토 칠이란 뜻 *白堊(백악), 白堊館(백악관)
5	心 8획	惡	나쁠 **악** 미울 **오**	마음 심(心)과 버금 아(亞)의 합으로 눌려 찌그러진 것처럼 마음이 원만하지 못하고 구겨지고 모가 나니 나쁘다는 뜻과 못생기고 나쁘니 밉다, 싫다는 뜻 *惡鬼(악귀), 善惡(선악), 惡談(악담), 憎惡(증오), 惡寒(오한)
1	心 9획	愕	놀랄 **악**	괴이할 괴(怪)와 울 곡(哭)과 부르짖을 호(号)의 합으로 괴이하게 귀신 우는 소리를 듣고 '아아~악!'하고 큰소리로 부르짖으며 기절초풍하고 까무러치도록 놀란다는 뜻 *驚愕(경악)
1	頁 9획	顎	턱 **악**	턱 이(頤)와 놀랄 악(愕)의 합으로 놀랄 때 입의 위아래가 딱 벌어지는 턱이란 뜻 *上顎骨(상악골), 下顎骨(하악골)
2	手 9획	握	쥘 **악**	잡을 파(把)와 군막 악(幄)의 합으로 적의 군막을 습격하여 우리 손에 넣다, 차지하다, 움켜쥔다, 꼭 붙잡는다는 뜻 *幄(군막 악: 帳(장막)을 친 군대의 막사) *掌握(장악), 内容把握(내용 파악), 握手(악수)
7	宀 3획	安	안전할 **안** 편안 **안** 어찌 **안**	집 면(宀)과 계집 녀(女)의 합으로 여자들은 집에 있으니 안전하다는 뜻과 안전한 곳에 있으니 마음이 편안하다는 뜻과 어찌 편안하기만 하겠는가의 '어찌'로도 쓰임 *安心(안심), 安息(안식), 安全(안전), 安逸(안일)

급수	부수	한자	훈 음	해 설
1	手 6획	按	누를 **안** 살필 **안**	어루만질 무(撫)와 안전할 안(安)의 합으로 안심(安心)하도록 어루만져 불안한 감정을 누른다는 뜻과 뭉친 근육을 편안(便安)하게 풀어주려고 누른다, 더듬어 살피다, 주의 깊게 숙고하고 검토한다는 뜻 *按摩, 按脈, 按劍, 按撫 안마 안맥 안검 안무 *按舞(안무: 가곡, 가요에 수반하는 동작을 깊이 살펴서 연구하여 창작함)
5	木 6획	案	책상 **안** 생각 **안**	시렁 가(架)와 편안 안(安)의 합으로 나무를 덧걸쳐 편안하게 앉아 일이나 공부를 할 수 있도록 만든 책상이란 뜻과 책상 앞에 앉아 생각한다, 고안하다, 생각, 아이디어란 뜻으로 쓰임 *考案, 案件, 創案, 案內 고안 안건 창안 안내
1	日 6획	晏	늦을 **안** 편안할 **안**	오를 승(昇)과 편안 안(安)의 합으로 해가 높이 떠오르도록 편안히 잤으니 늦다는 뜻과 편안하다는 뜻 *晏起(안기: 아침 늦게 일어)
1	革 6획	鞍	안장 **안**	가죽 혁(革)과 편안 안(安)의 합으로 편히 앉도록 가죽으로 말 등에 깔아 장치한 물건이란 뜻 *鞍裝, 鞍馬體操 안장 안마 체조
4.2	目 5획	眼	눈 **안** 볼 **안** 요점 **안**	눈 목(目)과 뿌리 근(根)의 합으로 감자처럼 촉이 터서 뿌리 내리는 씨앗 등의 눈이란 뜻과 씨눈이 싹을 틔우듯이 사물을 보고 이치를 깨닫고 뜨여 밝아지는 육근(六根) 중의 하나인 눈이란 뜻 *六根(육근; 귀, 눈, 코, 혀, 몸, 뜻의 여섯 가지 식(識)의 근원이란 뜻의 불교 용어) *眼科, 眼目, 眼球, 眼下無人 안과 안목 안구 안하무인

급수	부수	한자	훈 음	해 설
3.2	山 5획	岸	언덕 **안**	높을 숭(崇)과 언덕 엄(厂)과 방패 간(干)의 합으로 방패처럼 가로막는 높은 언덕이란 뜻 *海岸, 沿岸, 彼岸 해안 연안 피안
3	隹 4획	雁	기러기 **안**	새 추(隹)와 두터울 후(厚)와 짝 반(伴)의 합으로 짝(배우자)과 정이 두터운 새인 기러기란 뜻 *雁陣 안진 *기러기는 한번 짝을 맺으면 다시는 다른 짝을 맞지 않으며 음양의 운행이 아주 순조로운 새라 함 *雁行(안행: 형제) *雁書(안서: 먼 곳의 편지)
3.2	頁 9획	顔	얼굴 **안**	머리 두(頭)와 선비 언(彦)의 합으로 彦은 모양을 내어 돋보이는 선비란 뜻이니 머리에서 모양을 낸 얼굴이란 뜻과 드러내려고 색칠하는 안료(顔料)란 뜻 *顔色, 厚顔無恥, 顔料(塗料) 안색 후안무치 안료 도료
1	車 1획	軋	삐걱거릴 **알**	수레 거(車)와 새 을(乙)의 합으로 찍, 찍, 하는 새소리처럼 수레가 찌걱찌걱하며 소리를 낸다는 뜻 *軋轢(알력: 수레가 삐걱거리듯이 집안이나 모임에서 의견이 맞지 않아서 충돌하는 일
1	斗 10획	斡	돌 **알**	북두 두(斗)와 하늘 건(乾)의 합으로 하늘의 북두칠성이 돌아간다는 뜻 *斡旋(알선: 남의 일이 잘되도록 두루 돌아 다니며 알아보고 도와준다는 뜻)

급수	부수	한자	훈 음	해 설
3	言 9획	謁	아뢸 **알**	말씀 언(言)과 어찌 갈(曷)의 합으로 간청하거나 어찌해야 좋을지 또는 어찌 된 일인지 윗사람에게 묻거나 보고하려고 말씀드린다, 아뢴다는 뜻 *謁見(알현), 拜謁(배알), 朝謁(조알)
2人(인)	門 8획	閼	막을 **알**	문 문(門)과 어조사 어(於)의 합으로 於는 처소를 나타내는 조사이니 문에 떡 버티고 막아서니 들어오지 못하게 막는다는 뜻 *人名(인명) 字(자) *金閼智(김알지: 경주 안동 김씨 시조)
1	广 8획	庵	암자 **암**	큰집 엄(广)과 가릴 엄(奄)의 합으로 큰 절에 가린 작은 절이란 뜻 *庵子(암자: 큰절에 딸린 작은 암자로 스님이 임시로 거처하면서 도를 닦는 작은 집)
4.2	日 9획	暗	어둘 **암**	밝을 명(明)과 소리 음(音)의 합으로 서로 얼굴을 모르는 사람이 소리로 밝히는 암호란 뜻이다, 모르게 하다, 모르니 어둡다, 암호를 외운다는 뜻 *暗號(암호), 暗示(암시), 暗記(암기), 暗算(암산), 暗票(암표)
1	門 9획	闇	닫힌 문 **암**	문 문(門)과 어둘 암(暗)의 합으로 어둡게 닫힌 문을 뜻함, 暗과 같이 쓰임 *闇(암)(暗)市場(시장), 闇鈍(암둔: 어리석고 둔함)
3.2	山 20획	巖	바위 **암**	높을 숭(崇)과 엄할 엄(嚴)의 합으로 높이 위엄(威嚴)있게 솟은 바위란 뜻 *巖石(암석), 巖壁(암벽), 花崗巖(화강암), 堆積巖(퇴적암), 片麻巖(편마암)

급수	부수	한자	훈 음	해 설
2	疒 12획	癌	암 **암**	병들 병(病)과 바위 암(嵒)의 합으로 몸 안에 돌처럼 딱딱한 덩어리가 쌓이는 병인 암이란 뜻 *子宮癌(자궁암), 胃癌(위암), 大腸癌(대장암), 肺癌(폐암)
3	手 5획	押	누를 **압** 도장찍을 **압**	누를 억(抑)과 첫째 갑(甲)의 합으로 갑(甲)질하여 억지(抑止)로 하게 하느라 누른다는 뜻과 손가락을 누르니 손도장이나 사인을 한다, 수결(手決) 둔다는 뜻 *押送(압송), 押留(압류), 押收(압수), 差押(차압), 押釘(압정), 押印(압인)
2江(강)	鳥 5획	鴨	오리 **압**	새 조(鳥)와 누를 압(押)의 합으로 누른 듯이 입이 납작한 새인 오리란 뜻 *鴨綠江(압록강), 鴨形硯滴(압형연적)
4.2	土 14획	壓	누를 **압** 눌릴 **압**	굳을 견(堅)과 싫을 염(厭)의 합으로 싫다고 하는데도 불구하고 굳게 밀어붙인다, 강요하다, 틈새를 두지 않고 밀고 나가다, 밀어붙인다는 뜻 *壓力(압력), 壓卷(압권), 壓縮(압축), 壓迫(압박), 抑壓(억압), 制壓(제압)
3.2	大 2획	央	가운데 **앙** 간청할 **앙**	클 태(太)와 가운데 중(中)의 합으로 태양(太陽)을 중심(中心)으로 천체가 돌아가듯이 어떤 범위 중에서도 한복판 중심점인 한가운데란 뜻과 중심이 되니 주(主)가 되고 주도권이 있으니 간청한다는 뜻 *中央(중앙), 中央統制(중앙통제), 中央集中(중앙집중)
3	歹 4획	殃	재앙 **앙**	죽을 사(死)와 가운데 앙(央)의 합으로 가뭄이 들어 물이 없으니 연못의 물을 퍼 쓰게 되므로 연못 한가운데 있는 물고기가 죽을 지경에 이르는데서 재해가 미치어 당하는 재앙이란 뜻 *殃及池魚(앙급지어), 災殃(재앙), 殃禍(앙화)

급수	부수	한자	훈 음	해 설
1	心 5획	怏	원망할 **앙**	한할 한(恨)과 재앙 앙(殃)의 합으로 재앙을 당하니 하늘에 한탄하며 원망한다는 뜻 *怏心(앙심)
1	禾 5획	秧	모 **앙**	옮길 이(移)와 가운데 앙(央)의 합으로 논한 귀퉁이에 볍씨를 뿌려 싹을 틔워서 조금 자라면 가운데 넓은 곳으로 옮겨 심는 어린 벼란 뜻 *秧苗(앙묘), 移秧期(이앙기) *移秧(이앙: 모내기)
1	鳥 5획	鴦	원앙 **앙**	새 조(鳥)와 가운데 앙(央)의 합으로 오리 과의 물새로 수컷은 이마와 머리 꼭대기 가운데에 광택이 있는 녹색이고 그 외 부분은 남자색임, 암수의 금실이 좋은 원앙새란 뜻 *鴛鴦(원앙)
3.2	亻 4획	仰	우러를 **앙**	믿을 신(信)과 높을 앙(卬)의 합으로 기도하는 신자(信者)가 무릎을 꿇고 하늘을 향해 높이 위를 쳐다보니 우러른다는 뜻 *卬: 사람 인(亻)과 마디 절(卩)의 합으로 무릎을 꿇은 사람이 치켜보고 우러르다, 바라다, 높다는 뜻(亻에 위로 치킨 점획이 붙음) *信仰(신앙), 仰望(앙망), 仰祝(앙축), 仰俯日影(앙부일영)
1	日 4획	昻	오를 **앙**	오를 승(昇)과 우러를 앙(仰)의 합으로 사람들이 우러르는 높은 자리로 오른다는 뜻 *昻貴(앙귀), 昻騰(앙등), 激昻(격앙)
2姓(성)	艹 2획	艾	쑥 **애** 늙은이 **애**	풀 초(草)와 벨 예(乂)의 합으로 풀을 벤다. 다스린다는 뜻과 흔하게 발부리에 걸리는 풀인 쑥이란 뜻과 약쑥같이 머리털이 흰 늙은이란 뜻 *艾年(애년: 머리털이 쑥처럼 희어진다 하여 50살을 이름) *艾艾(애애: 말이 걸려 안 나와 더듬거리는 모양)

급수	부수	한자	훈 음	해 설
3.2	口 6획	哀	슬플 **애**	부를(탄식할) 호(呼)와 쇠할(상복 최) 쇠(衰)의 합으로 사랑하는 가족을 잃어 상복을 입고 '아이고! 아이고!' 탄식하며 슬퍼한다는 뜻 *哀悼(애도), 哀歡(애환), 哀願(애원), 愛惜(애석), 哀痛(애통)
2地(지)	土 7획	埃	티끌 **애** 먼지 **애**	흙 토(土)와 끝날 의(矣)의 합으로 일생을 끝내고 한 줌의 흙(土)으로 돌아가 사라지는 먼지, 티끌이란 뜻과 한때의 화려했던 영화가 티끌로 돌아간 이집트란 뜻 *塵埃(진애: 티끌과 먼지, 세상의 속된 것)
1	山 8획	崖	벼랑 **애**	언덕 안(岸)과 쌍 토 규(圭)의 합으로 지층이 쌓인 단층이 드러나 보이는 물가 언덕이란 뜻과 더 나아가면 떨어져 죽는 마지막 끝인 벼랑이란 뜻 *斷崖(단애), 磨崖佛(마애불: 암벽에 새긴 불상)
3	水 8획	涯	물가 **애** 끝 **애**	바다 해(海)와 벼랑 애(崖)의 합으로 바닷가의 높은 둔치, 앞에 물이 가로막혀 더는 갈 수 없는 끝이란 뜻과 주로 고해를 건너는 인생살이의 끝에 비유 *天涯(천애: 하늘 끝, 아득히 먼 곳)
6	心 9획	愛	사랑 **애**	마음 심(心)과 덮을 멱(冖)과 할 위(爲)와 천천히 걸을 쇠(夊)의 합으로 덮어 감싸고 위하는 마음으로 천천히 어슬렁거리며 주위를 맴도는 모양으로 남녀 간의 정신적인 사랑이나 연모, 친구나 육친을 위하는 애정이나 국가나 신을 위한 사랑이나 물건이나 동식물 등에의 호의를 뜻함 *母性愛(모성애), 友愛(우애), 戀愛(연애), 愛情(애정), 愛人(애인),愛誦(애송)

급수	부수	한자	훈 음	해 설
1	日 13획	曖	가릴 **애** 어두울 **애**	어둘 암(暗)과 사랑 애(愛)의 합으로 사랑을 하면 눈이 어두워진다, 눈에 콩깍지가 덮여 가린다, 분별을 잃어 어둡다는 뜻 *曖昧, 曖昧模糊 애매 애매모호
2	石 8획	礙	거리낄 **애**	사기 사(砂)와 의심 의(疑)의 합으로 전선에서 전류가 샐까 봐 의심되어 비금속 절연체인 사기(砂器)로 전기의 흐름을 막는다는 뜻과 의심이 가로 막으니 거리낀다는 뜻 *礙子(애자: 사기로 만든 비금속 절연체) *礙人耳目(애인이목: 장애인이 남의 이목을 의식함) *碍는 俗字 애 속자
1	阜 10획	隘	좁을 **애**	낄 협(陜)과 더할 익(益)의 합으로 협곡으로 점점 더 들어가니 길이 좁아짐 *隘路, 隘路事項 애로 애로 사항
1	雨 16획	靄	아지랑이 **애**	안개 분(雰)과 아뢸 알(謁)의 합으로 화목한 분위기(雰圍氣)로 서로 얘기하는 모양이다, 정이 모락모락 피어오르는 '이내' 아지랑이란 뜻 *和氣靄靄 화기애애
3	厂 2획	厄	재앙 **액**	굴 바위 엄(厂)과 몸기(말다) 절(㔾)의 합으로 무거운 굴 바위 아래로 구르는 모양이니 재난을 당한다는 뜻 *災厄, 厄運, 橫厄 재액 액운 횡액
1	手 4획	扼	움켜쥘 **액** 누를 **액**	누를 억(抑)과 액 액(厄)의 합으로 굴러떨어지는 액을 당하지 않으려고 바위나 나무를 억지(抑止)로 붙잡고 매달릴 때처럼 움켜쥔다는 뜻 *扼喉(액후: 움켜쥐고 목을 누름)

급수	부수	한자	훈 음	해 설
1	肉 8획	腋	겨드랑이 **액**	육 달 월(月)과 밤 야(夜)의 합으로 몸에서 밤에 깃들 때 새끼를 품는 날개 죽지 같은 양쪽 팔의 품속 겨드랑이란 뜻 *腋臭(액취), 腋汗(액한)
4.2	水 8획	液	즙 **액** 액체 **액**	땀 한(汗)과 겨드랑이 액(腋)의 합으로 겨드랑이에서 나는 땀처럼 끈끈한 진액이란 뜻 *津液(진액), 液體(액체), 血液(혈액), 液化(액화)
1	糸 10획	縊	목맬 **액**	맺을 결(結)과 좁을 애(隘)의 합으로 줄을 걸어 점점 더 좁혀 꼭 졸라매어 숨을 못 쉬게 한다는 뜻 *縊死(액사), 縊刑(액형: 교수형(絞首刑))
4	頁 9획	額	이마 **액** 금액 **액**	머리 두(頭)와 손님 객(客)의 합으로 손님의 머릿수로 계산한 금액이란 뜻과 손님이 잘 보이는 머리맡인 '이마'란 뜻 *額子(액자: 잘 보이는 곳에 거는 그림이나 글씨) *金額(금액), 額面價(액면가)
1	木 17획	櫻	앵두 **앵**	나무 목(木)과 어린아이 영(嬰)의 합으로 여자가 패물을 두르듯이 구슬 같은 빨간 열매가 주렁주렁 열리는 앵두(버찌)나무란 뜻 *櫻桃(앵도-앵두), *櫻脣(앵순)
1	鳥 10획	鶯	꾀꼬리 **앵**	새 조(鳥)와 영광 영(榮)의 합으로 밤에 아름다운 목소리로 우는 새(나이팅게일), 기쁨과 영광을 노래하는 새인 꾀꼬리란 뜻 *鶯遷(앵천: 승진) *鶯谷(앵곡: 세상의 높은 지위를 얻지 못함)

급수	부수	한자	훈 음	해 설
3	乙 2획	也	어조사 **야** 이다 **야** 잇기 **야**	아홉 구(九)와 도울 조(助)의 합으로 길게 문장을 이을 때 쉼표처럼 붙이는 어조사(語助辭)로 '~하고 또'란 뜻과 감탄이나 의문을 나타내는 어조사로 쓰이며 끊을 때나 끝에 붙여서 단정하는 조사로 쓰임 *及其也(급기야), 言則是也(언즉시야), 獨也靑靑(독야청청) *也有(야: 또한 있다)
6	夕 5획	夜	밤 **야**	저녁 석(夕)과 옷 의(衣)의 합으로 저고리 속을 품이라 한다. 사람이나 짐승이나 엄마 품에 잠들 듯이 저녁이면 둥지로 돌아가 깃드는 어두운 밤이란 뜻 *夜陰(야음), 晝夜(주야), 錦衣夜行(금의야행), 夜光(야광)
1	冫 5획	冶	야할 **야** 쇠 불릴 **야**	엉길 응(凝)과 다스릴 치(治)의 합으로 단단한 쇠를 다스리는 용광로나 풀무란 뜻과 펄펄 끓는 뜨거운 용광로에 응고(凝固)된 고체를 녹인다는 뜻과 마음을 녹이니 야하다는 뜻과 용해하여 분리하거나 녹여서 금속을 합하는 합금을 한다는 뜻 *冶金(야금: 광석에서 쇠붙이를 녹여 공업적으로 골라내거나 합금을 만드는 일) *冶容(야용: 사내를 녹이려고 아리땁게 꾸며 되바라지고 천하게 드러낸 모양)
3	耳 6획	耶	어조사 **야**	들을 문(聞)과 마을 부(部)의 합으로 마을에 퍼진 소문(所聞)이 진짜인가? 라는 데서 생긴 글자로 의문의 조사에 쓰임 *有耶無耶(유야무야) *耶蘇(야소: '예수'의 한자음 표기로 되살아났다는, 부활했다는 소문이란 의미가 함축됨)

급수	부수	한자	훈 음	해 설
1	手 9획	揶	희롱할 **야**	들 제(提)와 의문 조사 야(耶)의 합으로 마을의 소문을 들추어 놀린다는 뜻 *揶揄(야유: 남을 빈정거리며 놀림)
2地 지	亻 9획	倻	가야 **야**	범어의 음역 *伽倻山(가야산: 경남 합천군 해인사가 있는 산)
1	父 9획	爺	노인의 존칭 **야**	아비 부(父)와 어조사 야(耶)의 합으로 소문난 어르신인 누구네 아버지란 뜻 *老爺(노야), 好好爺(호호야: 인품이 좋은 늙은이)
6	里 4획	野	들 **야** 거칠 **야**	마을 리(里)와 줄 여(予)의 합으로 予는 베틀의 북모양으로 일정한 범위를 왔다 갔다 한다, 마을에서 왔다 갔다 하는 교외인 가까운 들, 곡식을 심어놓고 일하러 나가는 들판이란 뜻과 들에서 살아 길들지 않으니 거칠다는 뜻 *野生(야생), 野性(야성), 野菜(야채), 野黨(야당), 野遊會(야유회), 朝野(조야)
2	心 9획	惹	이끌 **야**	생각할 려(慮)와 만약 약(若)의 합으로 만약에 무슨 일이 일어날 경우를 염려(念慮)하여 걱정을 끌어낸다는 뜻 *惹起(야기), 惹鬧(야료)
6	艸 15획	藥	약 **약**	풀 초(草)와 즐거울 락(樂)의 합으로 먹으면 몸이 좋아져 즐거움을 주는 풀인 약초란 뜻과 기분 좋게 환각을 일으키는 마약이란 뜻 *藥草(약초), 藥效(약효), 藥物(약물), 藥局(약국), 痲藥(마약)
3.2	++	若	만약 **약** 같을 **약** 약간 **야** 반야 **야**	일만 만(萬)과 오를 우(右)의 합으로 만일(만에 하나) 그 말이 오를(옳다고 손을 들어 올리니) 것 같으면 이란 뜻으로 만약이란 뜻과 만일이 만의 하나이니 조금 약간이란 뜻과 범어(梵語) 반야야 *萬若(만약), 明若觀火(명약관화), 般若心經(반야심경)

급수	부수	한자	훈 음	해 설
3	足 14획	躍	뛸 **약**	뛸 도(跳)와 뽑을 탁(擢)의 합으로 발탁(拔擢)되니 좋아서 팔짝팔짝 뛴다는 뜻 *雀躍(작약: 참새처럼 폴짝폴짝 뛰다) *飛躍, 跳躍, 活躍, 躍動 비약 도약 활약 약동
6	弓 7획	弱	약할 **약** 젊을 **약**	아우 제(弟)와 깃 우(羽)의 합으로 아우들은 아직 어리고 깃털처럼 보드랍고 약하다는 뜻 *軟弱, 弱小, 弱點 연약 약소 약점 *弱冠(약관: 관례식을 할 때인 약 20세란)
5	糸 3획	約	맺을 **약** 묶을 **략** 약속 **약**	맺을 결(結)과 구기(홉) 작(勺)의 합으로 勺은 홉의 1/10로 정하여 놓듯, 결혼(結婚)하자고 정하여 놓는다는 뜻과 결정해 놓으니 고정되어 벗어나지 못하게 구속한다는 뜻 *約婚, 言約, 約束, 條約, 約分, 期約 약혼 언약 약속 조약 약분 기약
1	++ 9획	葯	꽃 밥 **약**	꽃 화(花)와 맺을 약(約)과의 합으로 장래에 열매를 맺으려고 미리 꽃을 피워 수정을 준비하는 수술인 꽃밥이란 뜻 *葯胞(약포: 꽃 실 끝에 붙어서 꽃가루를 만드는 주머니 모양의 부분)
4.2	羊 0획	羊	양 **양**	뿔이 양쪽으로 솟아있고 털이 많은 양의 상형 자 *羊毛, 羊皮, 羊頭狗肉, 九折羊腸 양모 양피 양두구육 구절양장
6	水 6획	洋	바다 **양**	바다 해(海)와 양 양(羊)의 합으로 양 떼가 노는 넓고 푸른 초원처럼 푸른 물결이 넘실거리는 넓고 푸른 큰 바다란 뜻과 서쪽 큰 바다(태평양) 건너인 서양이란 뜻으로 쓰임 *五大洋, 西洋, 洋式, 洋服, 洋襪 오대양 서양 양식 양복 양말

급수	부수	한자	훈 음	해 설
4	木 11획	樣	모양 **양**	본뜰 모(模)와 서양 양(洋)과 길 영(永)의 합으로 서양(西洋)을 본떠 머리를 길게 늘어뜨리는 방식인 스타일이란 뜻 *羕(길 양: 길 영(永)과 바다 양(洋)) *樣式(양식), 模樣(모양), 多樣(다양), 各樣各色(각양각색)
5	食 6획	養	기를 **양** 다스릴 **양**	먹을 식(食)과 옳을 의(義)의 합으로 의무적(義務的)으로 부모는 자식이 자랄 때까지 먹여 기른다는 뜻에서 기른다는 뜻과 돌본다는 뜻 *養父母(양부모), 養子(양자), 養育(양육), 入養(입양), 養魚(양어)
1	疒 15획	癢	가려울 **양** 옴 **양**	증세 증(症)과 기를 양(養)의 합으로 피부의 각질을 먹고 사는 병인 옴이란 뜻과 옴의 증상처럼 몹시 간질간질 근질근질 미칠 듯이 가렵다는 뜻과 가려운 곳을 긁어 준다는 데서 바라는 바란 뜻 *隔靴搔癢(격화소양)
1	心 6획	恙	근심 **양** 질병 **양**	근심 환(患)과 양 양(羊)의 합으로 여러 종류의 진드기가 있지만 소나 양 등의 가축에 기생하는 진드기가 병을 일으킨다. 전염병. 탈이 난다, 걱정된다는 뜻 *恙蟲(양충: 진드기의 유충) *恙憂(양우: 염려되는 일, 근심 걱정거리) *無恙(무양: 몸에 탈이 없음)
6	阜 9획	陽	볕 **양**	언덕 부(阜)와 볕 양(昜)의 합으로 昜은 아침 단(旦)과 만물 물(物)의 합이다 높이 떠서 만물을 비추는 태양이란 뜻과 밝다. 환하다, 양기란 뜻 *太陽(태양), 陽地(양지), 陽氣(양기), 陽傘(양산), 陽刻(양각), 陽曆(양력)

급수	부수	한자	훈 음	해 설
3.2	手 9획	揚	드날릴 **양**	걸 게(揭)와 볕 양(陽)의 합으로 볕에 내다 걸다, 또는 환하게 드러낸다는 뜻 *揭揚(계양), 立身揚名(입신양명), 讚揚(찬양), 意氣揚揚(의기양양)
3	木 9획	楊	버들 **양**	버들 류(柳)와 드날릴 양(揚)의 합으로 잎이 바람에 팔랑팔랑 나부끼는 버드(포풀라)나무란 뜻 *楊柳(양류: 버드나무) *姓氏(성씨) 字(자)
1	疒 9획	瘍	종기 **양**	병 병(病)과 드러낼 양(揚)의 합으로 병이 눈에 띄게 드러낸 불룩한 모양의 종기란 뜻 *腫瘍(종양), 潰瘍(궤양), 胃潰瘍(위궤양)
2姓(성)	衣 11획	襄	기를 **양** 도울 **양**	속 리(裏)와 우물 정(井)과 입구(口)의 합으로 저고리 속에서 우물처럼 샘솟는 두 개의 유방으로 아기를 먹여 기른다는 뜻 *地名(지명) 字(자)
2	女 17획	孃	아가씨 **양**	계집 녀(女)와 기를 양(襄)의 합으로 아이를 기를 수 있는 아가씨란 뜻과 상냥하고 부드럽게 친절한 태도로 일을 돕는 비서나 안내양이나 교환수 같은 결혼하지 않는 미스, 아가씨란 뜻 *金孃(김 양), 令孃(영양)
2	土 17획	壤	토양 **양**	흙 토(土)와 아가씨 양(孃)의 합으로 아가씨처럼 부드럽고(보드랍고) 영양이 많은 곡식을 기르기 알맞은 그야말로 젖과 꿀이 흐르는 땅이란 뜻 *土壤(토양), 平壤(평양), 擊壤歌(격양가), 天壤之差(천양지차)

급수	부수	한자	훈 음	해 설
1	手 17획	攘	물리칠 **양** 훔칠 **양**	떨 불(拂)과 아가씨 양(孃)의 합으로 아가씨의 손을 잡으니 떨치며 물리친다는 뜻 *攘夷(양이: 오랑캐를 물리치다) *攘奪(양탈: 힘으로 빼앗아 가짐, 掠奪)
3.2	言 17획	讓	사양할 **양** 양보할 **양**	겸손할 겸(謙)과 물리칠 양(攘)의 합으로 겸손하게 호의를 받지 않고 밀어내어 물리치거나 뒤로 물러나니 양보한다는 뜻 *謙讓(겸양), 讓步(양보), 辭讓(사양), 讓渡(양도)
1	酉 17획	釀	술 빚을 **양**	술 주(酒)와 아가씨 양(孃)의 합으로 쌀과 누룩을 섞어 아기가 먹는 젖처럼 뿌연 술을 만들어 낸다는 뜻 *釀造(양조), 釀造場(양조장)
3	方 4획	於	어조사 **어** ~에 ~에게 ~에서 ~를	돌 선(旋)과 얼 동(凍)의 합으로 돌리던 어음을 일정한 기일에 일정한 곳에서 일정한 금액을 지불할 것을 약속하는 유가증권에서 유동적인 것을 한 곳을 정하여 동결(凍結)시킨 그 어떤 곳을 가리키는 처소격 조사란 뜻 *於中間(어중간), 於此彼(어차피) *於音(어음: 일정한 금액을 일정한 기일에 일정한 곳에서 지불할 것을 약속한 유가증권)
1	疒 8획	瘀	멍들 **어**	병 병(病)과 어조사 어(於)의 합으로 다치며 생긴 죽은 피가 한 곳에 엉긴 시퍼런 멍이란 뜻과 멍으로 순환에 장애를 일으키는 병이란 뜻 *瘀血(어혈: 무엇에 부딪혀 죽은 피)
1	口 7획	圄	옥 **어**	나(우리) 오(吾)와 둘레 국(口)의 합으로 우리를 둘러친 감옥이란 뜻 *囹圄(영어)

급수	부수	한자	훈 음	해 설
7	言 7획	語	말씀 **어**	말씀 언(言)과 나(우리) 오(吾)의 합으로 내 나라, 우리가 쓰는 말이란 뜻 *國語, 英語, 言語, 語感 국어 영어 언어 어감
5	魚 0획	魚	물고기 **어**	뿔처럼 튀어나온 입과 비늘이 있는 몸통과 꼬리 지느러미 모양의 물고기 상형 자 *魚類, 長魚, 淡水魚 어류 장어 담수어
5	水 11획	漁	고기 잡을 **어**	강 강(江)과 물고기 어(魚)의 합으로 강이나 바다에서 물고기를 잡는다는 뜻 *漁業, 漁夫, 漁父四時詞, 漁港 어업 어부 어부사시사 어항
3.2	彳 9획	御	임금 **어** 모실 **어**	갈 왕(往)과 말 오(午)와 그칠지(止)와 물리칠 각(却)의 합으로 임금의 말이 지나갈 때 행인들을 물리치고 통행을 금지(禁止)시키며 '물렀거라' 하며 임금을 모신다는 뜻과 임금이란 뜻 *御駕, 御命, 御醫, 御用, 御殿, 制御 어가 어명 어의 어용 어전 제어
1	示 11획	禦	막을 **어**	금할 금(禁)과 어거할 어(御)의 합으로 임금의 행차 때 길을 통제하고 일반인의 통행을 금지(禁止)하니 막는다는 뜻 *防禦, 禦寒 방어 어한
3.2	手 4획	抑	누를 **억**	꺾을 절(折)와 우러를 앙(仰)의 합으로 위로 쳐다보지 못하게 꺾어 누른다는 뜻 *抑止, 抑制, 抑留, 抑揚, 抑强扶弱 억지 억제 억류 억양 억강부약

급수	부수	한자	훈 음	해 설
1	肉 13획	臆	가슴 **억**	육 달 월(月)과 뜻 의(意)의 합으로 몸에서 뜻을 품는 가슴이란 뜻 *臆測, 臆想, 臆塞 억측 억상 억색
3.2	心 13획	憶	생각 **억**	품을 회(懷)와 가슴 억(臆)의 합으로 가슴 속에 품고 있는 생각이란 뜻 *記憶, 追憶 기억 추억
5	亻 13획	億	억 **억**	살 주(住)와 가슴 억(臆)의 합으로 지구상에 생물이 살기 시작한 연도가 억측(臆測)으로 백만의 백배인 억 년쯤이란 데서 숫자 억이란 뜻 *億萬, 億萬長者 억만 억만장자
6	言 0획	言	말씀 **언**	글월 문(文)과 두(같을) 이(二)와 입 구(口)의 합으로 문자와 똑같이 입으로 사용하는 단어, 낱말 같은 의사소통의 수단인 말이란 뜻 *言論, 言辯, 言質 언론 언변 언질
3	火 7획	焉	어찌 **언**	까마귀 오(烏)와 바를 정(正)의 합으로 까마귀가 암컷인지 수컷인지 모르듯이 누가 바르고 누가 그른지 어찌 아느냐는 어찌 의 뜻 *誰知烏之雌(까마귀의 암수를 누가 알아) 수 지 오 지 자 *焉敢生心, 終焉, 焉哉乎也 언 감 생 심 종언 언 재 호 야
2人 인	彡 6획	彦	선비 **언**	모양 형(形)과 낳을 산(産)의 합으로 유교 이념을 바탕으로 학문과 덕성을 겸비한 고전학자로 항상 의관을 갖추고 형식과 격식을 차리느라 모양을 낸 선비란 뜻 *彥(문채(文彩)가 두드러진 모양 彦과 동자) *彦士(언사: 재덕이 뛰어난 훌륭한 선비) *人名, 地名 字 인명 지명 자

급수	부수	한자	훈 음	해 설
1	言 9획	諺	상말 **언** 속담 **언**	말씀 어(語)와 선비 언(彦)의 합으로 우리나라에서 선비들이 만들어 낸 말인 언문이란 뜻과 어려운 한문에 비해 일반 상민(常民)을 위한 쉬운 글이니 상말이란 뜻과 민간에 널리 알려진 말인 속담이란 뜻 *諺文(언문: 한글을 낮추어 속된 글이란 뜻) *杜詩諺解(두시언해), *俚諺(이언: 속담)
1	土 9획	堰	방죽 **언**	성 성(城)과 감출 언(匽)의 합으로 감추어 막기 위해 성벽처럼 높이 쌓은 방죽(몸을 숨기기 위해 만든 둑)이란 뜻 *匽(엎드릴 언: 감출 혜(匸)와 굽을 곡 (曲)과 계집녀(女)의 합으로 여자들이 숨어서 볼일을 보는 뒷간, 숨긴다는 뜻 *堰堤(언제: 둑, 방죽)
1	大 5획	奄	가릴 **엄** 문득 **엄** 환관 **엄** 미약한 모양 **엄**	큰 대(大)와 번개 전(電)의 합으로 다리 밑 사타구니를 누가 볼까 봐 번개같이 재빨리 가린다, 덮는다는 뜻과 덮어씌워 남자 구실을 하지 못하게 거세한 환관(내시)이란 뜻 *奄忽(엄홀: 문득, 갑자기) *奄人(엄인: 환관)
1	手 8획	掩	가릴 **엄** 막을 **엄**	막을 거(拒)와 가릴 엄(奄)의 합으로 적에게 약점을 보이지 않으려고 칸막이나 커튼 등으로 막아서 덮어 가린다는 뜻 *掩耳盜鈴(엄이도령: 귀를 막고 방울을 훔침) *掩蔽(엄폐), 掩護(엄호)射擊(사격), 掩門(엄문), 掩襲(엄습)
1	亻 8획	俺	나 **엄** 크다 **엄** 어리석을 **엄**	다를 타(他)와 막을(가릴) 엄(掩)의 합으로 타인은 못 보게 막듯이 상대를 포함하지 않고 우리만의 나란 뜻과 엄폐하여 크게 보이려 하니 크다는 뜻과 귀를 가리고 방울을 훔치려 하니 어리석다는 뜻 *人名(인명) 字(자)

급수	부수	한자	훈 음	해 설
4	口 17획	嚴	엄할 **엄** 혹독하다 공경하다. 경계하다	선우 선(單)과 돌궐 궐(厥)과 감히 감(敢)의 합으로 선우(單于), 돌궐(突厥) 같은 오랑캐를 호통칠 때 감히 여기가 어디라고 함부로 쳐들어오느냐며 위협하니 혹독하다, 가까이하기 조심스러우니 경계한다는 뜻 *嚴格, 嚴罰, 嚴斷, 嚴親, 嚴冬, 嚴密 엄격 엄벌 엄단 엄친 엄동 엄밀
1	亻 20획	儼	의젓할 **엄** 엄숙할 **엄** 삼갈 **엄**	거동 의(儀)와 엄할 엄(嚴)의 합으로 거동이 위엄(威嚴) 있어 보이는 사람이란 뜻과 위엄 있게 예의를 갖추니 엄숙하다, 의젓하다, 삼간다는 뜻 *儼然(엄연: 위엄 있는 모양)
6	木 9획	業	선악의 소행 **업** 일 **업**	열매 과(果)와 대할 대(對)의 합으로 전생의 소행인 선악의 결과(結果)에 대하여 돌아오는 업보란 뜻과 노력에 상대하여 결과를 얻으려고 하는 일인 직업이란 뜻 *業報, 農業, 事業, 職業, 林業, 業務 업보 농업 사업 직업 임업 업무
3	亅 3획	予	나 **여** 주다 **여**	베틀의 북 모양으로 실을 담고 왔다 갔다 퍼 나르니 준다는 뜻과 생각을 끌어내는 주체인 나란 뜻 *杼(북 저) *予取予求(여취여구: 나에게서 얻고 나에게서 구하니, 마음대로 한다는 뜻)
3	水 3획	汝	물이름 **여** 너 **여**	뜰 범(氾)과 계집 여(女)의 합으로 범칭(汎稱; 폭넓게 쓰이는 명칭)으로 여자를 낮추듯이 대등한 사이나 손아래 낮은 사람에 대한 2인칭, 너(당신)란 뜻으로 쓰임 *물이름: 북송시대의 汝州, 지금의 하남성 *汝輩(여배: 너희들)

급수	부수	한자	훈 음	해 설
4.2	女 3획	如	같을 **여**	좋을 호(好)와 맛 미(味)의 합으로 음식을 해 놓고 간이 맞는지 맛을 보라고 하니 내 입에는 좋은 것 같다는 뜻으로 다른 사람은 몰라도 내가 보기에는 그런 것 같다는 뜻 *如前(여전), 如反掌(여반장), 生不如死(생불여사)
3	人 5획	余	나 **여** 남을 **여**	끼일 개(介)와 집 우(宇)의 합으로 우주운행으로 달력을 만들 때 1년은 365일 하고도 조금 남아 그 틈(공간)을 모아 윤달이나 윤일을 끼워 넣는다는 데서 공간이 남는다는 뜻과 한 우리(공간) 속에 들어있는 나를 끼워 포함한 우리란 뜻 *餘(여)의 속자로 쓰임 *余等(여등: 우리들), 余輩(여배: 우리네)
4.2	食 7획	餘	남을 **여**	밥 반(飯)과 남을 여(余)의 합으로 밥이 넉넉해 먹고도 남는다는 뜻 *餘裕(여유), 餘生(여생), 餘力(여력), 餘暇(여가), 餘分(여분)
4	臼 7획	與	더불어 **여** 줄 **여** 너울너울할 **여**	절구 구(臼)와 손 맞잡을 공(廾)과 윗 상(上)과 아래 하(下)의 합으로 절구를 찧을 때 두 사람이 마주 들고(잡고) 위로 아래로 들었다 놓았다 한다는 데서 '나와 누구도 같이' '더불어'란 뜻과 서로 힘을 도와주니 해준다는 뜻과 올라갔다 내려갔다 하니 너울너울한다는 뜻 *參與(참여), 與黨(여당), 與信(여신), 與野(여야), 授與(수여)
3	車 10획	輿	가마 **여**	수레 차(車)와 함께할 여(與)의 합으로 여러 사람이 함께 어깨에 들어 메고 사람을 태우는 수레인 가마란 뜻 *輿論(여론), 喪輿(상여)

급수	부수	한자	훈 음	해 설
3.2	亠 4획	亦	또 **역**	사귈 교(交)와 그럴 연(然)의 합으로 교류(交流)를 해 보니 다른데도 역시 그렇더라는 데서 또한 다른데도 역시란 뜻 *亦是(역시)
3.2	彳 4획	役	부릴 **역**	따를 종(從)과 죽일 살(殺)의 합으로 주인이 종을 죽도록 부려먹는다, 시킨다, 일한다는 뜻 *使役(사역: 하여금 하게 하다, 시킨다는 뜻) *負役(부역), 苦役(고역), 役割(역할), 端役(단역), 主役(주역)
3.2	疒 4획	疫	전염병 **역**	병 병(病)과 고역 역(役)의 합으로 죽도록 고역을 치르는 병을 홍역을 치른다고 하듯이 홍역같이 전염되는 돌림병이란 뜻 *紅疫(홍역), 疫疾(역질), 防疫(방역), 口蹄疫(구제역)
4	土 8획	域	지경 **역**	지경 경(境)과 나라 국(國)의 합으로 둘레를 에워싼 국토의 경계, 한정된 일정한 곳이나 땅을 뜻함 *區域(구역), 地域(지역), 聖域(성역), 廣域市(광역 시)
4.2	辶	逆	거스를 **역**	맞을 영(迎)과 왼 좌(屮)와 앞 전(前)의 합으로 앞에서 좌익이 가로막으며 마주쳐오니 거스른다는 뜻 *逆風(역풍), 叛逆(반역), 逆賊(역적), 順逆(순역), 逆接(역접), 逆順(역순)
4	日 4획	易	주역 **역** 바꿀 **역** 쉬울 **이**	해 일(日)과 만물 물(物)의 합으로 해는 하늘에 있는 큰 양의 기운(에너지)이고 땅에 있는 물질(物質)은 음의 기운이다. 음양의 대칭이 깨어짐으로 시작된 우주는 태극의 모양으로 양이 다하면 음이 되듯 끊임없이 변하여 바뀐다는 주나라 역학에서 바뀐다는 뜻과 주역(周易)을 알면 세상 이치를 이해하기 쉽다는 뜻 *周易(주역), 易學(역학), 易姓革命(역성 혁명), 容易(용이), 難易(난이)

급수	부수	한자	훈 음	해 설
3.2	馬 13획	驛	역말 **역**	말 마(馬)와 엿볼 역(睪)의 합으로 옛날에 편지 등을 전할 때 말을 타고 오래 달리다가 다른 말을 갈아타려고 말을 잡아 가두어두는 역이란 뜻 *鐵馬(철마: 기차를 이름) *睪(엿볼 역: 잡을 집(執)과 그물 망(罒)의 합으로 잡아서 가두어둔다는 뜻) *終着驛(종착역), 簡易驛(간이역)
3.2	言 13획	譯	번역 **역** 품을 **역** 가리다.	말씀 어(語)와 역 역(驛)의 합으로 역에서 말을 바꾸어 타듯이 다른 나라 말을 같은 뜻을 품은 국어(國語)로 바꾸어 번역한다는 뜻 *通譯(통역), 飜譯(번역), 直譯(직역), 意譯(의역)
1	糸 13획	繹	풀어낼 **역** 캐낼 **역** 잇닿을 **역**	실마리 서(緖)와 번역 역(譯)의 합으로 번역할 때 실마리(실 끄트머리) 꼬투리를 잡고 뜻을 캐내어 풀어나간다는 뜻과 말이 꼬리에 꼬리를 물고 이어지니 계속 이어진다는 뜻 *演繹(연역), *繹味(역미: 의미를 캠)
4	廴 4획	延	끌 **연** 뻗칠 **연** 끌어들일 **연**	끌 인(廴)과 오랠 구(久)와 머물 지(止)의 합으로 기차가 제시간에 출발하지 않고 오래 머무르며 시간을 끄니 늘리다, 늘리니 뻗친다는 뜻 *延着(연착), 延期(연기), 延滯(연체), 延命(연명)
1	竹 7획	筵	대자리 **연**	대 죽(竹)과 끌 연(延)의 합으로 대나무를 길게 뻗어 이은 대나무 돗자리란 뜻과 손님을 끌어들이는 자리란 뜻 *慶筵(경연), 酒筵(주연)
3.2	水 5획	沿	물 따라 흐를 **연**	물 수(水)와 골짜기 곡(谷)의 합으로 계곡을 따라 물이 흐른다는 뜻 *沿岸(연안), 沿邊(연변), 沿革(연혁)

급수	부수	한자	훈 음	해 설
4	金 5획	鉛	납 **연**	쇠 금(金)과 물 따라 흐를 연(㳂)의 합으로 금속 중에서 가장 무거워 수심을 잴 때 실에 묶어 물 따라 깊이 내려가게 추로 쓰는 금속인 납이란 뜻 *鉛筆(연필), 亞鉛版(아연판), 測鉛(측연: 수심을 재다)
3.2	車 4획	軟	연할 **연**	실어 보낼 수(輸)와 하고자 할 욕(欲)의 합으로 욕정을 느껴 수정관(輸精管)으로 정충(精蟲)을 내보내고자 할 때 암컷을 부드럽게 살살 녹인다는 데서 달콤하고 부드럽다는 soft의 뜻 *軟性(연성), 軟骨(연골), 軟禁(연금), 軟弱(연약), 軟體動物(연체동물)
4.2	石 6획	硏	갈 **연** 연구할 **연**	돌 석(石)과 평평할 평(平)의 합으로 평평한 돌 두 개를 아래위로 붙여 돌리며 콩 등을 으깨어 간다는 뜻 *硏究(연구: 생각을 짜내려고 머리를 굴린다는 뜻) *硏磨(연마), 硏修(연수)
2人 인	女 6획	姸	고울 **연**	계집 녀(女)와 갈 연(硏)의 합으로 갈고 닦인 지성의 총명하고 어여쁜 여자란 뜻 *姸艶(연염: 몹시 아름다움)
2	石 6획	硯	벼루 **연**	갈 연(硏)과 친할 친(親)의 합으로 친하게 늘 가까이 두고 먹을 가는 돌인 벼루란 뜻 *硯滴(연적), 紙筆墨硯(지필묵 연)
1	手 7획	捐	버릴 **연**	가질 지(持)와 육 달 월(月)과 입 구(口)의 합으로 누에가 몸속에서 입으로 실을 내어놓듯이 가지고 있던 것을 게워 내어놓는다는 뜻 *水災義捐金(수재 의연금), 捐世(연 세), 捐補(연보)

급수	부수	한자	훈 음	해 설
2人 인	女 7획	宴	잔치 **연**	첩 첩(妾)과 집 궁(宮)과 모일 회(會)의 합으로 나라의 경사가 있을 때 궁궐에서 모두 모여 첩을 데리고 음주 가무를 즐긴 데서 요즘은 결혼이나 회갑이나 첫돌 등 좋은 날 음식을 마련하여 손님을 불러 모아 대접하는 잔치란 뜻 *酒宴, 壽宴, 宴會, 回甲宴 주연 수연 연회 회갑연
2人 인	水 9획	淵	못 **연** 깊을 **연**	깊을 심(深)과 내 천(川)과 아래 하(下)의 합으로 흐르는 냇물을 아래에서 가로막아 모아둔 깊은 연못이란 뜻 *淵源, 淵潭, 深淵 연원 연담 심연 *淵蓋蘇文(연개소문: 고구려의 명장)
7	火 8획	然	그럴 **연**	불 화(灬)발 과 고기 육(月)과 개 견(犬)의 합으로 개나 짐승의 고기는 불에 익혀 먹었다, 마땅히 그러하다는 뜻 *當然, 自然, 然後, 忽然 당연 자연 연후 홀연
4	火 12획	燃	탈 **연**	불 화(火)와 그럴 연(然)의 합으로 불을 피워 고기를 익히려니 당연히 장작이나 석탄을 태운다는 뜻 *燃燒, 燃料, 燃燈會 연소 연료 연등 회
1	手 12획	撚	비틀 **연**	손 수(扌)와 태울 연(燃)의 합으로 개고기를 구울 때 앞뒤로 골고루 구우려고 잡은 손을 비틀다, 실 등을 비틀어 꼰다는 뜻 *撚絲(연사: 실을 비틀어 꼬다) *撚斷(연단: 손으로 비틀어 끊다)
4.2	水 11획	演	펼칠 **연** 행할 **연** 긴 물줄기 **연**	물 따라 흐를 연(沿)과 범 인(寅)의 합으로 산대놀이처럼 범이나 사자의 가면을 쓰고 대본에 따라 관객들 앞에서 이야기를 실제로 행동에 옮기는 연극이란 데서 관객들에게 펼쳐 보인다는 뜻 *演劇, 演出, 演技, 演說, 演藝人, 演繹 연극 연출 연기 연설 연예 인 연역

급수	부수	한자	훈 음	해 설
1	行 3	衍	퍼질 **연** 길게 흐를 **연**	다닐 행(行)과 펼칠 연(演)의 합으로 군더더기 말로 연설(演說)이 행렬(行列)처럼 길게 늘어지고 길어진다는 뜻과 늘어지고 길어지니 퍼진다는 뜻 *敷衍說明 부연 설명 *衍文(연문: 군더더기 말)
4.2	火 9획	煙	연기 **연**	태울 연(燃)과 막을 인(垔)의 합으로 막아놓고 태우니 굴뚝에서 나오는 연기란 뜻 *垔(막을 인; 덮을 아(襾)와 막을 색(塞)의 합으로 온돌에 불 피우려고 덮어 막은 아궁이와 굴뚝) *煙幕(연막: 군사 행동을 적에게 보이지 않게 하려고 피우는 연기) *煙氣, 吸煙, 禁煙 연기 흡연 금연
4	糸 9획	緣	인연 **연** 가두른 선 **연**	맺을 결(結)과 서로 호(互)와 모양 상(象)의 합으로 괘상(卦象)이 서로 맞물려 돌아가듯이 결과(結果)의 과보(果報)로 일어나는 인연이란 뜻과 맞물려 감아 두르듯이 얽혀있다는 뜻 *因緣, 地緣, 血緣, 緣故, 緣木求魚 인연 지연 혈연 연고 연목구어
1	木 9획	椽	서까래 **연** 사닥다리 **연**	목재 재(材)와 가두를 연(緣)의 합으로 기와지붕판에 가를 빙 둘러 처마를 구성하는 가늘고 긴 재목(材木)인 서까래란 뜻과 두 개의 긴 재목으로 가를 둘러 서까래를 일정한 간격으로 걸쳐 묶어놓은 사닥다리란 뜻 *椽木, 椽盖板 연목 연 개 판
1	鳥 3획	鳶	솔개 **연**	새 조(鳥)와 주살 익(弋)의 합으로 줄을 묶어서 하늘에 새처럼 날리는 종이로 만든 연이란 뜻 *鳶飛, 鳶絲, 防牌鳶 연 비 연 사 방패연

급수	부수	한자	훈 음	해 설
3	火 12획	燕	제비 **연**	더울 열(熱)과 스물 입(廿)과 북녘 북(北)과 길할 길(吉)의 합으로 북풍에 쫓겨 더운 지방으로 무리지어 옮겨 다니는 철새로 길조(吉鳥)라고 여기는 제비란 뜻 *燕雀, 燕尾服 연작 연미복
3.2	心 7획	悅	기쁠 **열**	깨달을 오(悟)와 말씀 설(說)의 합으로 성인의 말씀을 듣고 깨달으니 크게 기뻐한다는 뜻 *喜悅, 희열 *學而時習之不亦說乎(학이시습지불역열호; 논어의 첫 구절로 배우고 때때로 익히면 어찌 기쁘지 아니하랴)
3	門 7획	閱	볼 **열** 살필 **열**	열 개(開)와 말씀 설(說)의 합으로 학설을 적은 책을 열어 훑어보다, 읽어내다, 살피다, 조사한다는 뜻 *閱覽, 査閱, 檢閱, 閱兵 열람 사열 검열 열병
5	火 11획	熱	더울 **열**	세찰 열(烈)과 기세 세(勢)의 합으로 기세가 세차니 상태가 매우 격렬하다, 열심이다, 뜨겁게 달아오르다의 뜻 *熱烈, 熱火, 熱帶夜, 熱心, 加熱 열렬 열화 열대 야 열심 가열
3	火 4획	炎	불꽃 **염** 염증 **염**	불 화(火)와 불 화(火)의 합으로 뜨겁게 후끈후끈 달은 열기란 뜻 *暴炎, 炎凉世態, 炎症, 腦炎 폭염 염량 세태 염증 뇌염
1	火 8획	焰	불꽃 **염** 화염 **염**	불꽃 염(炎)과 빠질 함(陷)의 합으로 빨려들 것 같은, 집어삼킬 것 같이 타는 불길이란 뜻 *火焰, 氣焰 화염 기염
2姓 성	門 8획	閻	마을 **염**	가문 문(門)과 빠질 함(陷)의 합으로 누각인 대궐 같은 집에 비해 기어들어 갈 만큼 아래로 움푹 꺼진(빠진) 오두막이니 평민이 사는 가문(家門)인 여염집이란 뜻 *閭閻, 閻羅大王 여염 염라대왕

급수	부수	한자	훈 음	해 설
3.2	木 5획	染	물들일 **염** 꼭두서니 **염**	나무 목(木)과 아홉 구(九)와 물 수(氵)의 합으로 굽이굽이 굽은 덩굴(九)식물로 잇꽃과 함께 붉은 물을 들이는 나무인 꼭두서니란 뜻과 물들인다는 뜻 *침투력이 강하고 탈색이 되지 않음(광합성 염료가 생긴 이후 잘 안 씀) *染料(염료), 染色(염색), 感染(감염), 汚染(오염), 染色(염색), 傳染(전염)
2	厂 12획	厭	싫을 **염** 누를 **염**	오랑캐 궐(厥)과 어찌 갈(曷)과 오랑캐 호(胡)와 짐승 수(獸)의 합으로 돌궐(突厥) 말갈(靺鞨) 같은 북쪽에 창궐하는 짐승 같은 오랑캐들이 귀찮고 싫다는 뜻과 못 설치도록 누른다는 뜻 *厭忌(염기), 厭症(염증), 厭世主義(염세주의)
3	鹵 19획	鹽	소금 **염**	볼 감(監)과 짠땅 로(鹵)의 합으로 결정(덩어리)이 보이는 소금이란 뜻 *鹽分(염분), 鹽田(염전), 鹽酸(염산), 鹽基性(염기성), 食鹽水(식염수)
1	色 13획	艶	고울 **염**	빛 색(色)과 풍만할 풍(豊)의 합으로 가슴이 풍만한 s라인의 미인, 여색(女色)이란 뜻으로 곱다, 요염(섹시)하다는 뜻 *艶聞(염문: 연애나 정사에 관한 소문) *妖艶(요염)
5	艹 9획	葉	잎 **엽**	풀 초(草)와 세대 세(世)와 나무 목(木)의 합으로 나무에서 뿌리와 줄기가 아닌 새봄에 싹이 나서 가을에 떨어지며 해마다 세대 교체되는 초록 잎이란 뜻 *落葉(낙엽), 葉茶(엽차), 葉書(엽서), 枝葉(지엽), 金枝玉葉(금지옥엽)
2人(인)	火 12획	燁	빛날 **엽**	등불 등(燈)과 화려할 화(華)의 합으로 등불이 화려하게 반짝이며 찬란히 빛난다는 뜻 *人名 字(인명 자)

급수	부수	한자	훈 음	해 설
4	辶 4획	迎	맞을 **영**	만날 봉(逢)과 우러를 앙(仰)의 합으로 우러러 높은 사람을 만날 때 마중을 나가서 '어서 오십시오' 하며 기쁘게 맞이한다는 뜻 *歡迎(환영), 迎接(영접), 迎日灣(영일만), 迎入(영입), 迎賓館(영빈관), 送舊迎新(송구영신)
2姓(성)	皿 4획	盈	찰 **영**	성할 성(盛)과 아이 밸 잉(孕)과 또 우(又)의 합으로 배 속에 또 사람이 하나 들어있는 것처럼 불룩하게 그릇이 한가득 차다는 뜻 *盈月(영월: 보름달) *盈溢(영일: 가득 차서 넘침)
6	水 1획	永	길 **영**	물 수(水)와 높을 고(高)의 합으로 높은 곳의 물이 계곡으로 흘러 냇물이 되고 강물이 되어 바다까지 흐르는 물길이 길고 멀다는 뜻과 물처럼 흐르는 세월이 길다는 뜻 *永遠(영원), 永久(영구), 永生(영생), 永續(영속)
3	言 8획	詠	읊을 **영**	글 시(詩)와 길 영(永)의 합으로 목청을 길게 뽑으며 시가를 읊는다는 뜻 *詠歌(영가), 詠歎(영탄), 吟詠(음영)
3	水 8획	泳	수영 **영**	뜰 부(浮)와 길 영(永)의 합으로 물 위에 떠서 길게 나아가니 헤엄친다는 뜻 *水泳(수영), 平泳(평영), 蝶泳(접영), 背泳(배영), 混泳(혼영)
6	++ 5획	英	꽃부리 **영** 영국 **영**	꽃 화(花)와 가운데 앙(央)의 합으로 화초의 가운데로 빼어난 꽃대란 뜻 *英才(영재), 英特(영특), 英雄(영웅), 英國(영국), 英語(영어)

급수	부수	한자	훈 음	해 설
4	日 5획	映	비칠 **영** 반사될 **영**	밝을 명(明)과 가운데 앙(央)의 합으로 조명(照明) 등을 비추면 빛이 가운데서 꺾여 반사되어 되비치는 현상을 뜻함 *映窓(영창: 달빛 등이 비치는 창) *映水(영수: 물에 비침) *映寫機(영사기), 上映(상영), 終映(종영), 映畵(영화)
2人(인)	日 9획	暎	비칠 **영**	비칠 영(映)과 꽃부리 영(英)의 합으로 영특(英特)하고 총명함이 비친다는 뜻 *映(영)과 同字(동자) *人名(인명) 字(자)
2人(인)	玉 9획	瑛	옥빛 **영**	구슬 옥(玉)과 비칠 영(暎)의 합으로 구슬이 파르스름하게 비치는 옥빛이란 뜻 *人名(인명) 字(자)
4	火 13획	營	진영 **영** 경영 **영** 오락가락할 **영**	불 화(火)와 집 궁(宮))의 합으로 불이 반짝반짝하는 함부로 들어갈 수 없는 깊은 궁궐 같은 군 진영이란 뜻과 진영에서 작전을 짜고 지시하여 다스리니 경영한다는 뜻 *陣營(진영), 經營(경영), 營爲(영위), 運營(운영), 自營業(자영 업), 入營(입영)
4.2	木 10획	榮	영광 **영**	일 업(業)과 경영 영(營)의 합으로 경영(經營)을 잘하여 이루어낸 업적(業績)으로 이름을 빛낸 영예, 영광이란 뜻과 빛을 내니 번쩍번쩍 화려하다는 뜻 *榮光(영광), 榮華(영화) *華(화)의 뜻
2人(인)	玉 10획	瑩	밝을 **형** 옥돌 **영**	구슬 옥(玉)과 반딧불 형(螢)의 합으로 옥빛같이 파르스름한 빛을 띠는 형광(螢光)등이 밝다는 뜻과 반딧불처럼 푸른빛을 내는 옥돌이란 뜻 *人名(인명) 字(자)

급수	부수	한자	훈 음	해 설
3.2	彡 12획	影	그림자 **영**	모양 형(形)과 별 경(景)의 합으로 별이 가리워 나타나는 모양으로 그림자란 뜻 *影像(영상), 影響(영향), 陰影(음영), 撮影(촬영), 影幀(영정) *影寫(영사: 그림이나 글씨를 밑에 받쳐 놓고 비치는 것을 베껴 그림)
1	女 14획	嬰	갓난아이 **영**	계집 녀(女)와 조개 패(貝)의 합으로 여자들이 패물을 몸에 두르듯이 띠를 두르고 업고 다니는 젖먹이 갓난아이란 뜻 *嬰兒(영아: 갓난애, 유아)
1	曰 2획	曳	끌 **예**	굽을 곡(曲)과 갈고리 궐(亅)과 삐침(끌어내릴) 별(丿)의 합으로 탄도를 알 수 있도록 곡선(曲線)을 그리며 갈고리로 걸어 끌어오듯이 빛을 발하는 예광탄에서 끌어 당겨온다, 이끈다는 뜻 *曳引(예인), 曳引船(예인선) *曳光彈(예광탄: 탄도(彈道)를 알 수 있도록 빛을 길게 끌며 나는 탄환)
2姓(성)	++ 4획	芮	풀 뾰족 뾰족할 **예** 성(姓) **예**	풀 초(草)와 안 내(內)의 합으로 안에서 파란 풀이 뾰족뾰족 내미는 모양 *芮芮(예예: 풀이 뾰족뾰족 자라나는 모양) *姓氏(성씨) 字(자)
1	衣 7획	裔	후손 **예** 옷자락 **예**	엄습할 습(襲)과 장사 상(商)의 합으로 옛날에 상인(商人)이 물건을 실어 나르던 길을 그대로 밟고 따라오듯이 세습(世襲)하여 뒤따라오는 후손이란 뜻과 뒤에 끌려 따라오는 옷자락이란 뜻 *裔胄(예주: 후손)

급수	부수	한자	훈 음	해 설
4	豕 9획	豫	미리 **예** 머뭇거릴 **예**	코끼리(모양) 상(象)과 줄 여(予)의 합으로 떡 줄 사람은 꿈도 안 꾸는데 미리 김칫국부터 마시듯이, 줄 것을 예상(想像)하며 미리 즐거워한다는 데서 '미리'란 뜻과 즐거워한다는 뜻과 줄 것인가 말 것인가 하니 망설여 머뭇거린다는 뜻 *予(줄 여: 베를 짤 때 씨실을 나르는 베틀의 북 모양 (杼: 북 저) *豫告, 豫防, 豫測, 豫約, 豫備, 猶豫 예고 예방 예측 예약 예비 유예
2	頁 9획	預	맡길 **예** 예금 **예**	금액 액(額)과 미리 예(豫)의 합으로 필요할 때 쓸려고 미리 일정 금액을 은행에 맡긴다는 뜻 *預金, 豫託, 豫置 예금 예탁 예치
2人 인	目 9획	睿	슬기 **예** 밝을 **예**	살필 성(省)과 높을 탁(卓)과 덮을 멱(冖)과 골 곡(谷)의 합으로 덮여 보이지 않는 깊은 골짜기까지 살피는 탁월(卓越)한 슬기란 뜻 *叡(밝을 예)와 同字 동자 *睿智, 睿哲, 睿賢, 睿宗 예지 예철 예현 예종
3	金 8획	銳	날카로울 **예**	쇠 금(金)과 벗을 탈(脫)의 합으로 금속을 벼르듯 겉을 벗기고 또 벗겨 속살만 남겨 예민하다 또는 날카롭다, 까칠하다는 뜻 *銳敏, 銳角, 銳利, 精銳, 尖銳 예민 예각 예리 정예 첨예 *銳意(예의: 단단히 벼름)
3	隶 8획	隸	노예 **예**	미칠 이(대)(隶)와 낙관 관(款)의 합으로 붙잡아서 낙인을 찍어 소유하는 종이란 뜻 *隶(미칠 대: 또 우(又)와 구할 구(求)의 합으로 구하는 것이 손에 닿는다, 미친다는 뜻) *隸屬, 隸書, 奴隸 예속 예서 노예

급수	부수	한자	훈 음	해 설
2人 인	水 13획	濊	종족이름 **예** 더러울 **예**	강 강(江)과 민족 이름 예(獩)의 합으로 압록강 주위의 종족인 예맥이란 뜻 *濊貊(예맥: 韓族의 조상이 되는 민족, 고구려의 전신(前身)인 부족국가)
1	禾 13획	穢	더러울 **예** 풀 무성할 **예**	씨앗 종(種)과 묵은 풀 예(薉)의 합으로 묵은 풀이 쌓여 거칠다는 뜻과 거친 종족(種族)인 예맥이란 데서 더럽다는 뜻 *獩(예)와 같음 *薉(해 세(歲)와 풀 초(草)의 합으로 해를 넘긴 풀, 김 묵을 예)
1	言 6획	詣	이를 **예** 나아갈 **예**	알 식(識)과 가리킬 지(指)의 합으로 지식(知識)이 지도자(指導者)의 경지에 이르다는 뜻으로 학문 기술 따위의 식견이 깊은 경지에 도달했다는 뜻 *造詣(조예: 어떤 분야에 대해 깊은 지식이나 이해가 있다는 뜻) *詣闕(예궐: 대궐에 들어감(도달함))
4.2	++ 15획	藝	재주 **예** 예술 **예**	나타낼 저(著)와 뜨거울 열(熱)과 넋 혼(魂)의 합으로 넋(정신, 감정)을 열정적으로 잘 나타낼 수 있는 재주란 뜻과 또는 관중의 주의를 집중하게 하여 넋을 잃게 하는 능란한 재주, 혼을 불사르는 끼라고 할 수 있음 *文藝(문예), 手藝(수예), 藝能(예능), 藝術(예술)
3.2	言 14획	譽	기릴 **예**	말씀 언(言)과 들 거(擧)의 합으로 들추어 추켜세우는 말이니 칭찬한다는 뜻 *譽讚(예찬), 名譽(명예), 榮譽(영예)

급수	부수	한자	훈 음	해 설
7	十 2획	午	낮 **오** 지지(말) **오** 거스를 **오**	되(오를) 승(升)과 매양 매(每)의 합으로 매일 해가 높이 떠오르는 낮(오전 11시부터 오후 1시 사이)을 뜻하고 해가 높이 떠오르니 후끈 달아오른다는 뜻과 위로 쳐드니 거스른다는 뜻과 12 지(支)의 말이란 뜻 *지지(地支)의 오(午)월은 뜨거운 음력 5월이 됨 *正午(정오), 午時(오시), 午前(오전), 午餐(오찬), 午睡(오수)
8	二 2획	五	다섯 **오**	서로 호(互)와 열(더할) 십(十)의 합으로 동양철학에서 서로 합하여 만물을 생성하고 만상(萬象)을 변화시키는 다섯 가지 원소인 물, 불, 나무, 쇠, 흙의 다섯이란 뜻 *五行(오행), 五感(오감), 五福(오복), 五臟(오장), 五大洋(오대양)
1	亻 4획	伍	대오 **오**	짝 반(伴)과 다섯 오(五)의 합으로 다섯 명씩 짝을 맞추어 행군하는 군대 행렬의 대오란 뜻 *隊伍(대오), 行伍(항오), 落伍(낙오), 伍長(오장)
3	口 4획	吾	나 **오** 우리 **오**	입(구멍) 구(口)와 다섯 오(五)의 합으로 오관(五官; 귀, 눈, 입, 코, 피부)의 감각기관을 가지고 느끼는 나란 뜻과 나와 같이 먹고 보고 들으며 한 공간에 사는 식구나 같은 취향을 가진 동호인의 동아리인 '우리'란 뜻 *吾鼻三尺(오비삼척) *吾等(오등: 우리들)
3.2	心 7획	悟	깨달을 **오**	뉘우칠 회(悔)와 나 오(吾)의 합으로 내가 직접 보거나 듣고 또는 맛보거나 냄새로 또는 접촉으로 느껴 그동안 내가 몰랐던 사실을 뒤늦게 알고 깨닫는다는 뜻 *悟道(오도), 覺悟(각오), 大悟覺醒(대오각성)

급수	부수	한자	훈 음	해 설
2	木 7획	梧	오동 **오**	나무 목(木)과 깨달을 오(悟)의 합으로 고시(古詩)에서 뜰아래 오동잎이 떨어지니 가을이구나 하고 깨닫게 해준 나무인 오동나무란 뜻 *梧桐(오동), 梧柳洞(오류동)
1	宀 11획	寤	잠깰 **오**	잘 침(寢)과 깨달을 오(悟)의 합으로 자다가 의식을 깨달으니 잠을 깬다는 뜻 *寤寐不忘(오매불망: 자나 깨나 잊지 못함)
3	水 3획	汚	더러울 **오**	물 수(水)와 어조사 우(于)의 합으로 于는 돌아오니 구부러진 모양으로 아래로 깊이 움푹 파인 웅덩이에 고인 물이 더럽다는 뜻 *汚水(오수), 汚名(오명), 汚染(오염), 汚物(오물), 貪官汚吏(탐관오리)
2成(성)	口 4획	吳	오나라 **오** 큰소리칠 **오**	나 오(吾)와 터질 쾌(夬)의 합으로 장쾌(壯快)하고 호탕하게 나, 내가 자신 있다고 큰소리친다는 뜻과 나라 이름, 성 이름으로 쓰임 *吳越同舟(오월동주), 吳氏(오씨)
3	女 7획	娛	놀 **오**	계집 녀(女)와 큰소리칠 오(吳)의 합으로 옛날에 기생방에서 여자를 데리고 큰소리치며 호걸인 양 논다는 데서 놀다, 즐긴다는 뜻 *娛樂(오락), 誤入(오입)
4.2	言 7획	誤	그르칠 **오** 잘못 **오**	계산 계(計)와 놀 오(娛)의 합으로 여자와 놀아나며 태평하게 정사를 돌보지 않다가는 백년대계(百年大計)를 그르친다, 잘못된다는 뜻 *誤記(오기), 誤答(오답), 誤解(오해), 誤認(오인), 誤算(오산), 誤謬(오류)

급수	부수	한자	훈 음	해 설
3.2	火 6획	烏	까마귀 **오** 검을 **오**	새 조(鳥)에서 까마귀는 온몸의 털이 까매 눈이 보이지 않으므로 鳥에서 눈의 획을 빼고 나타낸 까마귀란 뜻과 까마귀처럼 검다는 뜻 *烏飛梨落(오비이락), 烏合之卒(오합지졸), 烏鵲橋(오작교), 烏竹軒(오죽헌) *烏梅(오매: 껍질 벗기고 까맣게 그을린 매실, 설사 기침에 약이 됨)
3	口 10획	嗚	탄식할 **오**	울 명(鳴)과 까마귀 오(烏)의 합으로 까마귀가 울면 누가 죽은 소식을 듣게 된다는 데서 아이고! 하고 울며 탄식한다는 뜻 *嗚咽(오열), 嗚呼(오호), 嗚呼痛哉(오호통재)
3	亻 11획	傲	거만할 **오** 뽐낼 **오** 업신여길 **오**	곁 방(傍)과 날 출(出)과 놓을 방(放)의 합으로 출세(出世)를 하니 뽐내며 방약무인(傍若無人)으로 곁에 사람이 없는 것같이 업신여기고 제 혼자 잘난 줄 알고 방자(放恣)하여 거만하다는 뜻과 건방지다, 불손하다는 뜻 *傲氣(오기: 발악하듯 기어오르려는 지기 싫어하는 기세) *傲慢(오만), 傲霜孤節(오상고절)
1	大 10획	奧	속 **오** 깊을 **오** 구석 **오**	가운데 앙(央)과 안 내(內)와 캘 채(釆)의 합으로 중앙 한가운데 안으로 캐듯이 파고든 속이란 뜻과 파고 들어간 속이니 깊다, 구석지다는 뜻 *奧妙(오묘), 深奧(심오), 奧地(오지), 奧地探險(오지탐험)
2國(국)	土 13획	墺	물가 **오** 방구들 **오** 나라이름 **오**	땅 지(地)와 속 오(奧)의 합으로 해안이나 도시에서 멀리 떨어진 구석진 땅인 오지(奧地)란 뜻과 구석져 배를 정박하기 좋은 물가란 뜻과 내륙 산간지방에 있는 오스트리아의 약칭 *墺地利(오지리: '오스트리아'의 음역)

급수	부수	한자	훈 음	해 설
1	心 13획	懊	한 할 **오**	한 한(恨)과 속 오(奧)의 합으로 마음속 깊은 곳에 한이 맺힌다는 뜻 *懊惱(오뇌: 마음속에 근심을 품고 괴로워함)
4.2	玉 0획	玉	구슬 **옥**	둥글 환(丸)의 부수인 표 점(丶)과 가로획 셋을 이어 엮어놓은 모양으로 줄(끈)에 꿰어놓은 둥근 구슬이란 뜻과 구슬이니 귀하다는 뜻 *玉皇上帝, 玉石, 玉篇, 玉璽, 玉洋木 옥황 상제 옥석 옥편 옥새 옥양목 *玉碎(옥쇄: 공명이나 충절을 위하여 고귀하게 죽음, 瓦全(와전)의 반대 의미)
2人 인	金 5획	鈺	보배 **옥**	금지옥엽(金枝玉葉)의 보배란 뜻 *人名 字 인명 자
2姓 성	水 4획	沃	비옥할 **옥**	젖을 윤(潤)과 어릴 요(夭)의 합으로 토지가 어린 아이처럼 토실토실 살찌고 촉촉하여 작황이 좋고 산출량이 많은 좋은 땅으로 메마르지 않고 살찌고 기름지다는 뜻 *沃土, 肥沃, 門前沃畓 옥토 비옥 문전옥답
5	尸 6획	屋	집 **옥**	굽힐 굴(屈)과 집(방) 실(室)의 합으로 비닐하우스처럼 철근이나 나무막대를 등을 구부려 뼈대를 세우고 천이나 비닐을 씌워 실내(室內)가 따뜻하게 비나 바람을 피할 수 있도록 덮어씌운 집이란 뜻 *家屋, 屋內, 韓屋, 洋屋 가옥 옥내 한옥 양옥
3.2	犬 10획	獄	우리 **옥** 감옥 **옥**	짐승 수(獸)와 사나울 맹(猛)과 보호할 호(護)의 합으로 위험으로부터 보호하려고 사나운 짐승을 가두는 우리란 뜻과 사나운 사람이나 짐승을 감금하여 가두는 감옥이란 뜻 *監獄, 獄苦, 脫獄, 煉獄, 地獄 감옥 옥고 탈옥 연옥 지옥

급수	부수	한자	훈 음	해 설
6	水 10획	溫	따뜻할 온 온화할 온	물 수(水)와 그릇 명(皿)과 가둘 수(囚)의 합으로 사람을 따뜻하게 둘러 감싸듯이 그릇에 물이 따뜻하다는 뜻과 따뜻한 인정이니 온화하다, 부드럽다는 뜻과 따뜻하게 익힌다는 뜻 *溫情(온정), 溫和(온화), 溫度(온도), 溫冷(온냉), 溫故知新(온고지신)
1	++ 16획	蘊	품을 온	가릴 폐(蔽)와 짤 織(직)와 따뜻할 온(溫)의 합으로 직물로 몸을 가려 온기를 품는다는 뜻 *蘊蓄(온축: 열에 익히듯이 따뜻하게 오래 익혀 쌓은 학문이나 기예 따위의 깊은 지식, 또는 물건을 쌓아둠)
2	禾 14획	穩	편안할 온	옮길 이(移)와 숨을 은(隱)의 합으로 중요한 것을 은밀(隱密)한 장소에 옮겨놓았으니 온전하다는 뜻과 마음이 놓이고 편안하다는 뜻 *穩全(온전), 穩健(온건), 穩當(온당)
3	羽 4획	翁	늙은이 옹 장인 옹 새의 목 아래 털 옹	깃 우(羽)와 공평할 공(公)의 합으로 새의 목 아래 깃으로 공공연히 '에헴'하고 턱수염을 기르는 노인, 늙은이란 뜻과 임금을 돕는 정 2, 3품 이상의 높은 벼슬인 공경대부이니 어르신, 영감이란 뜻 *翁主(옹주: 제후의 딸, 왕의 庶女(서녀)) *老翁(노옹), 塞翁之馬(새옹지마)
2姓(성)	邑 3획	邕	화할 옹 막힐 옹	고을 읍(邑)과 돌 순(巡)의 합으로 옛날 도성의 둘레에 파 놓은 해자(도랑) 물이 도성을 감고 돌아 흐른다는 뜻과 감싸고도니 화목하다는 뜻 *邕穆(옹목: 화목한 모양)
3	手 13획	擁	안을 옹 낄 옹	안을 포(抱)와 화할 옹(雍)의 합으로 어미가 새끼를 품듯이 두 팔로 화목하게 꼭 싸안다 는 뜻 *抱擁(포옹), 擁護(옹호), 擁立(옹립), 擁衛(옹위)

급수	부수	한자	훈 음	해 설
2姓 성	隹 7획	雍	화할 **옹** 학교 **옹**	암컷 자(雌)와 사랑 자(慈)의 합으로 암컷이 사랑으로 알을 품는다는데서 가려주다, 덮어씌우다, 화목하다는 뜻 *雍閼(옹알: 막음(알아들을 수 없는 말)) *辟雍(벽옹: 천자가 세운 학교)
1	土 13획	壅	막힐 **옹**	막힐 색(塞)과 안을 옹(擁)의 합으로 적의 공격이나 찬바람 등으로부터 싸안아 보호하려고 막다, 막힌다는 뜻 *壅塞(옹색), 壅固執(옹고집) *壅拙(옹졸: 꽉 막힘)
2地 지	瓦 13획	甕	독 **옹**	질그릇 구울 견(甄)과 막힐 옹(壅)의 합으로 둘러싸 막듯이 둥그렇게 만들어 구운 질그릇인 항아리(독)란 뜻 *甕器(옹기) *甕算(옹산: 옹기장수가 독 안에서 자다 꿈에 부자가 되어 좋아서 날뛰다 독이 깨진 고사에서 쓸데없이 치는 셈이나 헛수고란 뜻)
3	瓦 0획	瓦	기와 **와**	서로 호(互)와 깍지 낄 차(叉)의 합으로 암기와와 수기와를 아래위로 서로 깍지 끼듯이 꼭 끼워 물이 새지 않게 지붕을 이게 만든 기와란 뜻 *瓦當(와당), 瓦解(와해), 靑瓦臺(청와대) *瓦全(와전: 옥으로 부서지기보다 가치없는 기와가 되어 온전하게 남는다, 곧 보람 없이 오래 산다는 뜻)
3	臣 2획	臥	누울 **와**	신하 신(臣)과 엎드릴 복(伏)의 합으로 신하처럼 엎드리거나 자세를 낮추니 눕다, 엎드린다는 뜻 *臥床(와상), 臥像(와 상), 臥龍(와룡), 臥病(와병), 臥薪嘗膽(와신상담)

급수	부수	한자	훈 음	해 설
1	言 4획	訛	그릇될 **와**	말씀 설(說)과 될 화(化)의 합으로 학설이나 설법(說法)이 변화(變化)되어 잘못 전해진다는 뜻 *訛傳(와전), 訛音(와음)
1	虫 9획	蝸	달팽이 **와**	벌레 충(虫)과 지날 과(過)의 합으로 중심을 지나 삐뚤게 빙빙 돌아가며 꼬인 집 속에 들어있는 곤충인 달팽이란 뜻 *蝸牛(와우: 달팽이) *蝸牛角相爭(와우각생쟁; 사소한 일로 벌이 는 싸움)
1	水 9획	渦	소용돌이 **와**	흐를 류(流)와 달팽이 와(蝸)의 합으로 달팽이 모양으로 빙글빙글 돌아 흐르니 소용돌이친다는 뜻 *渦中(와중), 渦形(와형), 渦紋(와문), 渦旋(와선)
5	宀 4획	完	마칠 **완** 으뜸 **완** 지킬 **완**	안전할 안(安)과 으뜸 원(元)의 합으로 조나라의 재상 인상여(藺相如)가 사신으로 가서 세상에서 으뜸가는 화씨(和氏) 구슬을 가지고 15개의 성과 바꾸자는 간교한 진나라의 흉정에서 뺏기지 않고 안전(安全)하게 돌아왔다는 데서 임무를 마쳤다는 뜻과 안전하게 지켰다는 뜻 *完璧(완벽: 흠이 없는 구슬) *完遂(완수), 完成(완성), 完全(완전), 完納(완납), 完決(완결), 完結(완결)
2地(지)	艹 7획	莞	왕골 **완** 골자리 **관** 빙그레 웃을 **완**	골풀 린(藺)과 완전할 완(完)의 합으로 골풀은 길고 질겨 돗자리 만들기 으뜸인 왕골 풀이란 뜻과 사신 인상여(藺相如)가 임무를 완수(完遂)하고 흐뭇해서 빙그레 웃는다는 뜻 *莞爾(완이: 빙그레 웃는 모양)

급수	부수	한자	훈 음	해 설
1	玉 7획	琓	옥돌 **완**	완전할 완(完)과 구슬 옥(玉)의 합으로 완벽한 구슬인 옥돌이란 뜻 *人名 字 인명 자
1	阜 3획	阮	원나라 **원** 이름 **완**	무리 대(隊)와 으뜸 원(元)의 합으로 군대 병력이 으뜸인 나라 이름?
1	頁 4획	頑	완고할 **완** 무딜 **완**	머리 두(頭)와 으뜸 원(元)의 합으로 최고 우두머리 통치자 원수(元首)의 신념이나 고집이 굳다는 뜻 *頑强, 頑固, 頑鈍, 頑迷, 頑蒙 완강 완고 완둔 완미 완몽
1	宀 5획	宛	마치 **완** 굽을 **완**	너그러울 관(寬)과 바깥(멀리) 외(外)와 말 권(卷)의 합으로 직설적으로 말하지 않고 무엇에 비유하여 너그럽게 에두르는 모양으로 멀리 두르니 굽히고 돌린다는 뜻과 비슷한 예를 드니 '마치' '흡사하다'는 뜻 *宛然(완연: 마치 ~같이 흡사하다)
1	女 8획	婉	순할 **완**	계집 녀(女)와 굽을(마치) 완(宛)의 합으로 마치 여자처럼 굽히고 나긋나긋하니 순하다는 뜻 *婉曲(완곡: 부드럽고 모가 나지 않음) *婉順, 婉美, 婉媚 완순 완미 완미
1	肉 8획	腕	팔 **완**	육 달 월(月)과 굽을 완(宛)의 합으로 몸에서 부드럽게 굽혀지는 팔이란 뜻 *腕力, 腕章 완력 완장 *腕法(완법: 서예에서 여러 가지 팔의 자세인 枕腕法, 提腕法, 懸腕法) 침완 법 제 완 법 현 완 법

급수	부수	한자	훈 음	해 설
3	糸 9획	緩	느릴 **완**	벼리 강(綱)과 도울 원(援)의 합으로 구원(救援)군이 오니 긴장이 풀린다, 긴장이 풀리니 기강(紀綱)이 풀어져 느슨하다, 느긋하니 느리다는 뜻 *緩行(완행), 緩急(완급), 緩和(완화)
3	曰 0획	曰	가로 **왈** 말할 **왈**	입 구(口)와 아니 불(不)의 합으로 아니라고 가로막으며 왈가왈부 논쟁하는 모양으로 자신의 주장을 강하게 말한다는 뜻과 가로막으니 가로란 뜻의 부수자 *曰可曰否(왈가왈부), 孔子曰(공자 왈), 孟子曰(맹자 왈)
8	玉 0획	王	임금 **왕**	땅 지(地)와 으뜸 원(元)의 합으로 지상(地上)에서 가장 으뜸인 왕이란 뜻과 왕이니 최고, 제일 귀한 구슬 옥의 부수임 *王家(왕가), 王冠(왕관), 王子(왕자), 王孫(왕손)
2姓(성)	日 4획	旺	왕성할 **왕**	때 시(時)와 임금 왕(王)의 합으로 왕으로 군림하던 때이니 최고로 성하다는 뜻 *旺盛(왕성), 興旺(흥왕) *人名 字(인명 자)
2人(인)	水 4획	汪	넓을 **왕**	살 활(活)과 왕성할 왕(旺)의 합으로 활동(活動)이 왕성(旺盛)하라는 뜻과 왕성하니 활동 범위가 넓다는 뜻의 인명 자 *汪汪(왕왕), 汪洋(왕양) *人名 字(인명 자)
1	木 4획	枉	굽힐 **왕** 굽을 **왕**	목재 재(材)와 임금 왕(王)의 합으로 삼고초려의 고사처럼 인재(人材)를 등용하려고 왕이 직접 굽히고 찾아간다는 데서 굽힌다는 뜻 *枉法(왕법: 법을 굽히어 악용함) *枉臨(왕림: 남이 자기가 있는 쪽으로 찾아옴을 높여 이르는 말)

급수	부수	한자	훈 음	해 설
4.2	彳 5획	往	갈 **왕** 왕복할 **왕**	한 방향 걸을 척(彳)과 주인 주(主)의 합으로 주인이 가니 다녀온다, 갔다가 온다는 뜻과 목적을 가지고 간다는 뜻 *往復, 往來, 往年, 既往之事, 往診 왕복 왕래 왕년 기왕지사 왕진
1	亻 8획	倭	일본 **왜**	다를 타(他)와 맡길 위(委)의 합으로 남의 나라를 맡아 다스려 준다면서 고려 말에서 조선 초에 걸쳐 우리나라와 중국 연안을 침략하여 노략질하던 일본이란 뜻 *倭政, 倭寇, 倭敵, 壬辰倭亂 왜정 왜구 왜적 임진왜란
1	矢 8획	矮	키 작을 **왜**	짧을 단(短)과 일본 왜(倭)의 합으로 임진왜란을 일으킨 일본의 도요토미 히데요시의 키가 140센티의 단신(短身)이란 데서 키가 작다는 뜻 *矮小, 矮陋 왜소 왜루
2	止 5획	歪	삐뚤 **왜**	바를 정(正)과 아니 불(不)의 합이니 바르지 않으니 비뚤다는 뜻 *歪曲, 歷史歪曲 왜곡 역사왜곡
8	夕 2획	外	바깥 **외** 멀리할 **외**	저녁 석(夕)과 점 복(卜)의 합으로 卜은 거북 등이 갈라진 금의 모양이고 저녁 석은 해가 넘어가는 모양이니 금을 그어놓고 기울어져 넘어가면 바깥이다, 제외된다는 뜻과 국경을 넘어간 외국이란 뜻 *外面, 除外, 在外, 外出, 外科, 外國 외면 제외 재외 외출 외과 외국
3	田 4획	畏	두려울 **외**	이상할 이(異)와 잃을 상(喪)의 합으로 상가(喪家)에 가면 고인에 대한 공경심도 있지만, 이상(異常)하게 두렵고 무섭다는 뜻 *畏敬(외경: 공경하며 두려워함) *畏怯, 畏懼 외겁 외구

급수	부수	한자	훈 음	해 설
1	犭 9획	猥	함부로 **외**	미칠 광(狂)과 두려울 외(畏)의 합으로 두려운 줄 모르고 미친 듯이 날뛰니 함부로 란 뜻 *猥濫(외람), 猥褻(외설), 猥雜(외잡)
1	山 19획	巍	높을 **외**	높을 숭(崇)과 클 위(魏)의 합으로 위축될 만큼 크고 높은 모양 *巍巍(외외: 산이 높고 크고 웅장한 모양) *巍勳(외훈: 높은 훈공)
1	大 1획	夭	어릴 **요** 일찍 죽을 **요** 아름다울 **요**	잃을 실(失)과 어릴 요(幺)의 합으로 어릴 때 잃은, 세례를 받기 전에 죽은 갓난아이의 혼인 요정이라 하여 일찍 죽는다는 뜻과 어리다는 뜻 *夭折(요절: 젊어서 죽음) *夭夭(요요: 나이가 젊고 아름다움)
2	女 4획	妖	요사할 **요** 요정 **요**	묘할 묘(妙)와 어릴 요(夭)의 합으로 어릴 때 죽은 혼이 신묘(神妙)한 초자연적인 존재로 육체를 지배하는 정신작용이 뛰어나 갖가지 모습으로 바뀌며 장난을 치는 요정이란 뜻과 장난을 치니 요사하다는 뜻 *妖精(요정), 妖怪(요괴), 妖邪(요사), 妖艶(요염), 妖術(요술)
5	覀 6획	要	요구할 **요** 중요할 **요**	서녘 서(西)와 맡길 위(委)의 합으로 중요한 군사 문제를 서양에 맡겨 도와주기를 요구한다는 뜻과 중요하다는 뜻 *要領(요령: 허리와 목이란 뜻에서 사물의 요긴한 곳이란 뜻과 경험에 의한 묘한 이치란 뜻) *要求(요구), 重要(중요), 要緊(요긴), 要領(요령), 要請(요청)
2姓(성)	女 6획	姚	어여쁠 **요**	요정 요(妖)와 복숭아 도(桃)의 합으로 복사꽃같이 곱고 요염(妖艶)하게 아름답다는 뜻 *姚冶(요야: 용모가 아름다움)

급수	부수	한자	훈 음	해 설
3	肉 9획	腰	허리 **요**	육 달 월(月)과 중요할 요(要)의 합으로 몸의 위와 아래가 만나는(상체와 하체가 만나는) 요충지 역할을 하는 잘록한 허리란 뜻 *細腰, 腰帶, 腰痛 세요 요대 요통
1	手 5획	拗	꺾을 **요**	누를 억(抑)과 어릴 유(幼)의 합으로 어린 가지 등을 억지로 눌러 꺾는다는 뜻 *執拗(집요: 고집 세고 끈질김) *拗矢(요시: 화살을 꺾다)
1	穴 5획	窈	그윽할 **요**	궁할 궁(窮)과 꺾을 요(拗)의 합으로 꺾듯이 억지로 잡아채어 으슥한 궁지(窮地)로 데려가는 모양에서 눈에 잘 띄지 않는 으슥한, 멀리 떨어진 곳이란 뜻 *窈窕(요조: 으슥하거나 도망가는 구석진) *窈窕淑女(요조숙녀: 나 돌아다니지 않고 깊은 곳에 들어앉아 얌전히 있는 정숙한 여자)
1	穴 10획	窯	가마 **요**	그윽할 요(窈)와 국 갱(羹)의 합으로 양고기를 꼬듯이 질그릇을 넣어 불을 지펴 굽는 깊숙한 기와 가마(가마솥)란 뜻 *窯業, 陶窯, 民窯, 青瓷窯 요업 도요 민요 청자 요
2人 인	土 9획	堯	요임금 **요** 산높을 **요**	흙 토(土)와 우뚝 솟을 올(兀)의 합으로 흙을 산처럼 높이 우뚝 쌓은 모양으로 중국에서 높이 받드는 고대의 성군인 요임금이란 뜻 *堯舜時節(요순시절: 요임금과 순임금 시절, 태평성대를 이름) *堯堯(요요: 산이 높은 모양)
1	亻 12획	僥	바랄 **요**	시대 대(代)와 요임금 요(堯)의 합으로 요순시대 같은 태평성대를 바란다는 뜻과 요행을 바라다 까딱하면 잘못되니 속인다는 뜻도 있음 *僥倖(요행: 행운을 바람)

급수	부수	한자	훈 음	해 설
1	手 12획	撓	구부릴 **요**	꺾을 요(拗)와 높을 요(堯)의 합으로 높은 데 달린 열매를 따려고 가지를 휘어잡아 구부린다는 뜻 *撓改(요개: 휘어서 고침)
1	食 12획	饒	넉넉할 **요**	배부를 포(飽)와 높을 요(堯)의 합으로 요순시절은 배가 불러 땅을 두드리며 격양가를 부를 만큼 넉넉하다는 뜻 *豊饒(풍요), 饒足(요족), 饒舌(요설: 말이 많음)
1	手 10획	搖	흔들 **요**	흔들 교(攪)와 질그릇 부(缶)와 구울 자(炙)의 합으로 질그릇을 굽는 작업을 할 때 물레가 돌며 흔들리다, 회오리바람을 일으킨다는 뜻 *動搖(동요), 搖動(요동), 搖籃(요람), 搖鈴(요 령)
4.2	言 10획	謠	민요 **요**	읊을 영(詠)과 흔들 요(搖)의 합으로 목청을 흔들리듯 떨면서(바이브레이션) 읊는 노래인 민요란 뜻 *民謠(민요), 歌謠(가요), 童謠(동요)
1	辵 10획	遙	멀 **요**	멀 원(遠)과 민요 요(謠)의 합으로 민요는 소리를 길게 빼며 불러 소리가 멀어지는 것 같다는 데서 멀어지듯이 안 들릴 정도, 안 보일 정도로 멀다는 뜻 *遙遠(요원), 遙拜(요배: 먼 곳에서 절함) *逍遙(소요: 목적 없이 거님)
1	凵 3획	凹	오목할 **요**	입 벌릴 감(凵)의 속으로 좁고 깊게 들어간 모양으로 오목하다는 뜻 *凹凸(요철: 오목함과 볼록함)

급수	부수	한자	훈 음	해 설
1	辵 13획	邀	맞을 **요**	맞을 영(迎)과 부딪힐 격(激)의 합으로 적의 탄환을 부딪쳐서 떨어뜨리기 위해 마중 나가는 미사일이란 뜻 *邀擊(요격: 적을 도중에서 기다리고 있다가 침) *奉邀(봉요: 웃어른을 청함)
1	手 15획	擾	어지러울 **요**	들 제(提)와 근심 우(憂)의 합으로 걱정거리를 들어 일으켜 민심을 어지럽힌다는 뜻 *騷擾, 擾亂, 擾民 소요 요란 요민
5	日 14획	曜	빛날 **요**	밝을 명(明)과 뽑을 탁(擢)의 합으로 하늘의 일월성신(日月星辰)이 차례로 뽑혀 올라와 하루씩 빛을 낸다는 요일이란 뜻 *해, 달, 화성, 수성, 목성, 금성, 토성 *日曜日, 月曜日, 火曜日 일요일 월요일 화요일
2人 인	羽 14획	耀	빛낼 **요**	붓 한(翰)과 빛낼 요(曜)의 합으로 빛낸 업적을 붓으로 적어 글로 빛낸다는 뜻 *耀德(요덕: 덕을 빛냄) *耀翰(요한: 글을 빛냄)
3.2	辰 7획	辱	욕될 **욕**	농사 농(農)과 찾을 심(尋)의 합으로 농가(농가: 누추한 시골)를 찾아주시니 누추한 곳을 찾아오셔 귀하신 몸을 더럽힌다는 뜻 *辱臨(욕림: 남의 방문을 높이 이르는 말) *困辱, 凌辱, 辱說, 侮辱, 恥辱, 榮辱 곤욕 능욕 욕설 모욕 치욕 영욕
5	水 7획	浴	목욕 **욕**	물 수(氵)와 골짜기 곡(谷)의 합으로 계곡의 물에서 더러운 몸을 씻는다, 목욕한다는 뜻 *沐浴(목욕: 머리 감고, 몸을 씻음) *浴室, 浴湯, 日光浴, 森林浴 욕실 욕탕 일광욕 삼림 욕

급수	부수	한자	훈 음	해 설
3.2	欠 7획	欲	하고자할 **욕** 바랄 **욕**	버금(다음) 차(次)와 목욕 욕(浴)의 합으로 목욕을 한 다음 성적인 욕구가 생긴다는 데서 바란다, 희망한다, 무엇을 하고자 한다는 뜻 *意欲, 欲求不滿, 欲速不達, 欲反巧拙 의 욕 욕구불만 욕속부달 욕 반 교 졸
3.2	心 11획	慾	욕심 **욕**	사모할 연(戀)와 하고자 할 욕(欲)의 합으로 연모하는 사람을 갖고 싶어 욕심낸다, 탐낸다는 뜻 *貪慾, 慾心, 慾望, 慾情, 貪慾, 慾求 탐욕 욕심 욕망 욕 정 탐욕 욕구
6	用 0획	用	쓸 **용** 부릴 **용**	책 책(冊)과 말 마(馬)의 합으로 주역 8괘를 만들었다는 하도낙서 설(河圖洛書 說)에서 하수와 낙수에서 등에 신비한 금과 글이 적힌 용마(龍馬)가 나와서 그것을 해석하여 책으로 엮어 8괘를 만들었다 하여 무엇을 가지고서 무엇에 이롭게 썼다는 뜻 *所用, 信用, 效用, 用例, 用器, 用務 소용 신용 효용 용례 용기 용무 *食用, 軍用, 費用, 多用, 活用, 濫用 식용 군용 비용 다용 활용 남용
1	水 7획	涌	샘솟을 **용**	물 수(氵)와 솟을 용(甬)의 합으로 甬은 창 모(矛)와 쓸 용(用)의 합으로 용마가 물에서 솟아오르듯 뾰족한 창처럼 뚫고 나온다는 뜻 *湧泉 용 천 *涌沫(용말: 솟아 나오는 거품)
6	力 7획	勇	날랠 **용**	힘 력(力)과 솟을 용(涌)의 합으로 힘이 불끈불끈 솟아오르니 용맹하다는 뜻 *勇氣, 勇敢, 勇士, 勇猛, 勇斷, 兼人之勇 용기 용감 용사 용맹 용단 겸인지용

급수	부수	한자	훈 음	해 설
1	足 7획	踊	뛸 **용**	뛸 도(跳)와 솟을 용(甬)의 합으로 춤을 출 때 높이 뛰어올라 위로 솟구치듯이 뛴다는 뜻 *舞踊 무용
3	广 8획	庸	쓸 **용** 떳떳할 **용** 못할 **용**	뭇 서(庶)와 일 사(事)와 쓸 용(用)의 합으로 서민(庶民)들은 대부분 일손이 필요한 곳에 쓰여 남의 일을 해주고 보수를 받으니 떳떳하다는 뜻과 아래에서 부림을 당하니 부리는 사람보다 못하다는 뜻 *庸才(용재: 평범한 재주) *中庸(중용: 치우침이 없이 떳떳하다) *登庸, 庸劣, 中庸, 採用(庸) 등용 용 열 중용 채용 용
2	亻 11획	傭	품 팔 **용**	대신 대(代)와 쓸 용(庸)의 합으로 일손이 없는 집에서 품삯을 주고 주인 대신 그 사람을 쓰니 품을 팔거나 품을 산다는 뜻 *傭兵(용병: 보수를 받고 군인이 됨, 징병(徵兵)의 반대) *傭船, 日傭職, 雇傭員 용선 일용 직 고용 원
2人 인	金 11획	鏞	쇠북 **용**	떳떳할 용(庸)과 쇠북 종(鍾)의 합으로 떳떳해서 큰소리치듯이 큰 소리를 내는 큰북이란 뜻이나 용렬해서 늘 쥐어박히니 우는(때리니 울리는) 북이라 할 수도 있다 *人名 字 인명 자
1	艹 6획	茸	무성할 **용** 너풀거릴 **용** 녹용 **용**	풀 초(草)와 귀 이(耳)의 합으로 뼈 없이 넓적하게 생긴 귀처럼 딱딱하지 않고 너풀너풀하게 부드럽고 무성한 풀이란 뜻과 사슴의 새로 돋은 연한 뿔인 녹용이란 뜻 *茸茂(용무: 초목이 무성한 모양) *鹿茸(녹용: 사슴의 새로 돋은 연한 뿔)

급수	부수	한자	훈 음	해 설
1	耳 11획	聳	솟을 **용**	귀 이(耳)와 따를 종(從)의 합으로 따르도록 권하니 귀가 솔깃하여 귀를 쫑긋 세운다, 솟는다는 뜻 *聳出(용출), 聳立(용립), 聳聽(용청) *聳動(용동: 귀가 솔깃하여 마음이 움직임)
4.2	宀 7획	容	얼굴 **용** 모양 **용** 받아들일 **용** 담을 **용**	집 가(家)와 풍속 속(俗)의 합으로 삼국유사에 통일신라 때 처용이 역신에게 아내를 빼앗기고도 용서하니 역신이 너그러움에 감동하여 처용의 얼굴을 붙인 집은 들어가지 않겠다 하여 집마다 처용의 얼굴을 그려 붙이던 풍속(風俗)에서 처용의 얼굴 모양이란 뜻과 용서하여 받아들인다는 뜻 *容貌(용모), 美容(미용), 寬容(관용), 容恕(용서), 容器(용기), 容量(용량)
2人(인)	水 10획	溶	녹을 **용**	물 수(氵)와 받아들일 용(容)의 합으로 설탕이나 소금이 물에 녹는 것처럼 물이 거부하지 않고 받아들이니 따로 놀지 않고 녹아든다는 뜻 *溶液(용액), 溶媒(용매), 溶質(용질), 溶解(용해)
2	火 10획	熔	녹을 **용**	불 화(火)와 녹을 용(溶)의 합으로 물질이 뜨거운 불에 녹인다는 뜻 *鎔(쇠 녹일 용)의 속자 *熔融(용융)
2人(인)	金 10획	鎔	녹을 **용**	쇠 금(金)과 녹을 용(熔)의 합으로 금속을 뜨거운 용광로에서 녹인다는 뜻 *鎔巖(용암), 鎔鑄(용주), 鎔接(용접), 鎔鑛爐(용광로)
2人(인)	玉 10획	瑢	패옥소리 **용**	구슬 옥(玉)과 모양 용(容)의 합으로 모양을 내려고 몸에 차고 다니는 구슬이란 뜻 *人名 字(인명 자)

급수	부수	한자	훈 음	해 설
1	⺾ 10획	蓉	부용 **용**	꽃 화(花)와 녹일 용(溶)의 합으로 시름을 녹인다는 꽃, 일명 망우수(忘憂樹)라 함 *芙蓉(부용: 아욱과의 낙엽관목, 담홍색 꽃이 핌, 연꽃의 딴 이름)
3	又 0획	又	또 **우**	오른손의 모양으로 오른손이 힘이 더 나으니 더 나아지게 하려고 연습 등을 또 더한다는 뜻과 다시 거듭한다는 뜻 *又賴(우뢰: 의뢰받은 것을 또 다른 사람에게 의뢰함) *又重之(우중지: 더우기)
3	二 1획	于	갈 **우** 여기 **우** 부터 **우** 어조사 **우**	두 이(二)와 마칠 료(了)의 합으로 二는 중복이란 뜻으로 두 지점을 놓고 저기까지 갔다가 다시 여기까지 돌아왔다는 완료를 나타내는 ~에서부터, ~까지에 쓰이는 조사란 뜻 *於의 뜻 어 *于歸(우귀: 신부가 처가에서 신행을 마치고 시집에 들어가는 일)
5	又 2획	友	벗 **우**	또 우(又)와 오른 우(右)의 합으로 손에 또 손을 잡은 다정한 친구란 뜻 *友軍(우군: 적이 아닌 손을 잡는 군대) *友愛, 友邦, 朋友有信 우애 우방 붕우유신
3.2	宀 3획	宇	집 **우** 하늘 **우**	집 면(宀)과 어조사 우(于)의 합으로 머리 위 지붕처럼 우리가 안주하고 있는 공간, 于가 멀리 두르듯이 멀리 빙 둘러 천지사방의 모든 공간이란 뜻 *宇宙(우주: 천지사방과 고금)
1	辶 3획	迂	멀 **우** 돌 **우** 굽을 **우**	돌아올 반(返)과 어조사 우(于)의 합으로 어디까지 갔다가 돌아서오니 멀다는 뜻과 굽이지다, 우회하니 느리다는 뜻 *迂迴道路, 迂餘曲折 우회 도로 우여곡절

급수	부수	한자	훈 음	해 설
5	牛 0획	牛	소 **우**	뿔이 솟은 소의 모양을 나타낸 상형 자 *牛角(우각), 牛乳(우유), 牛黃(우황), 牛耳讀經(우이독경)
3	尢 1획	尤	더욱 **우** 허물 **우**	절름발이 왕(尢)과 구할 구(求)의 합으로 한쪽 발을 높이 올려놓고 (그 모양이 한쪽 다리가 짧아 절름발이처럼 보임) 딛고 높은데 올라서고자 하는 모양으로 더욱 이란 뜻과 절름발이니 허물이란 뜻 *尤物(우물: 가장 뛰어난 사람이나 물품) *尤悔(우회: 잘못과 뉘우침)
7	口 2획	右	오른쪽 **우** 오를 **우** 강할 **우**	입(말) 구(口)와 또(손) 우(又)의 합으로 말을 잘 듣는 손인 오른손이란 뜻과 오른손이 왼손보다 강하다, 뛰어나다, 높다는 데서 모든 나사는 오른쪽으로 돌리면 올라가고 소리는 높아진다는 뜻 *右側(우측), 右翼(우익), 右議政(우의정), 右往左往(우왕좌왕)
2人(인)	亻 5획	佑	도울 **우**	펼 신(伸)과 오른 우(右)의 합으로 오른손은 강하니 더 강한 쪽에서 팔을 뻗어 궁지에 빠진 사람을 구해주거나 돕는다는 뜻 *佐(도울 좌: 왼손은 더 못한 쪽이니 보조하듯이 돕는다는 뜻) *保佑(보우), 天佑神助(천우신조)
2人(인)	示 5획	祐	복 **우**	귀신 신(神)과 도울 우(佑)의 합으로 신이 도우니 복이란 뜻 *人名(인명) 字(자)
3	羽 6획	羽	깃 **우**	새의 깃털 모양을 나타낸 자 *羽毛(우모), 項羽(항우)將士(장사) *宮商角徵羽(궁상각치우: 五音)

급수	부수	한자	훈 음	해 설
5	雨 0획	雨	비 **우**	두를 잡(帀)과 빗물(水)의 합으로 덮어쓴 우산 위로 떨어지는 물방울이니 내리는 비란 뜻 *帀: 수건 건(巾)과 윗 상(上)의 합으로 위에서 부터 아래로 수건을 덮어쓴 모양 *雨天(우천), 雨備(우비), 雨傘(우산), 雨期(우기), 暴風雨(폭풍우)
2姓(성)	禸 5획	禹	우임금 **우** 느즈러질 **우**	바람 풍(風)이 아래로 쳐진 모양으로 느리고 더디다는 뜻과 요 순 다음의 왕으로 치수(治水)사업에 너무 골몰하여 등이 굽고 네발로 기는 듯이 다리를 절뚝거리며 느리게 걸었다는 우임금이란 뜻 *禹王(우왕: 중국 고대 하(夏)나라를 세운 제왕)
3.2	亻 9획	偶	짝 **우** 우연히 **우**	짝 반(伴)과 짐승(원숭이) 우(禺)의 합으로 원숭이는 멍키라고 한다. 멍키는 두드려 박는 것이고 짝짓기하는 상대인 짝이란 뜻과 우연히 짝지을 인연을 만나게 되니 우연이란 뜻 *禺(짐승 우: 발자국 유(禸)와 사내 남(男)의 합으로 짝짓기하는 긴꼬리원숭이(거세하지 않는 수컷 모양)란 뜻) *配偶者(배우자), 偶像(우상), 偶發(우발), 偶然(우연), 偶數(우수)
4	辶 8획	遇	만날 **우**	운명 운(運)과 짝 우(偶)의 합으로 운명(運命)적으로 우연히 짝을 만나게 된다는 데서 우연히 만난다는 뜻 *境遇(경우), 待遇(대우), 千載一遇(천재일우) *不遇(불우: 운을 잘못 만난)
1	阜 8획	隅	모퉁이 **우**	막힐 방(防)과 만날 우(遇)의 합으로 벽이 서로 만나 막히는 부분인 모퉁이란 뜻 *隅曲(우곡: 구석 모퉁이) *隅奧(우오: 방구석)

급수	부수	한자	훈 음	해 설
1	山 8획	嵎	산굽이 **우**	뫼 산(山)과 모퉁이 우(隅)의 합으로 산이 가로막혀 모퉁이로 꼬불꼬불한 돌아가는 산굽이란 뜻 *嵎夷(우이: 해가 돋는 곳) *嵎嵎(우우: 산이 겹겹이 높은 모양)
1	宀 8획	寓	붙일 **우** 빗댈 **우** 빙자할 **우**	붙일 기(寄)와 원숭이 우(禺)의 합으로 기생충이 남의 몸에 붙어살듯이 원숭이나 동물에 갖다 붙여 빗댄 이야기란 데서 빗댄다는 뜻 *이솝 寓話(우화) *寓居(우거: 남의 집에 기대어 삶)
3.2	心 8획	愚	어리석을 **우**	미혹될 혹(惑)과 원숭이 우(禺)의 합으로 원숭이를 기르는 사람이 먹이를 줄이려고 아침에 세 개 저녁에 네 개를 주려고 하니 원숭이들이 화를 내어 그럼 아침에 네 개 저녁에 세 개 준다고 미혹(迷惑)시킨 조삼모사(朝三暮四)의 고사에서 원숭이가 어리석다는 뜻 *愚弄(우롱), 愚直(우직), 愚鈍(우둔), 愚公移山(우공이산)
4	邑 8획	郵	우편 **우**	고을 읍(邑)과 드리울 수(垂)의 합으로 서울에서 각 고을로 내려보내는 파발인 우편이란 뜻 *郵便(우편), 郵票(우표), 郵遞局(우체국), 郵便番號(우편번호)
1	虍 7획	虞	근심 **우**	사로잡을 로(虜)와 큰소리칠 오(吳)의 합으로 범을 사로잡겠다고 큰소리쳤지만, 사실은 걱정된다는 뜻 *虞犯(우범: 범죄가 일어날까 걱정되는) *虞祭(우제: 장례 후 삼일 동안에 지내는 제사)
3.2	心 11획	憂	근심 **우**	사랑 애(愛)와 일백 백(百)의 합으로 임금이 백성(百姓)을 사랑하여 그들의 생활을 늘 걱정한다는 뜻 *憂愁(우수), 憂慮(우려), 憂鬱(우울) *杞憂(기우: 쓸데없는 걱정)

급수	부수	한자	훈 음	해 설
4	亻 15획	優	우수할 **우** 넉넉할 **우**	갚을 상(償)과 근심 우(憂)의 합으로 노력한 만큼 성적이 나올지 걱정(염려)했던 만큼 보상이 넉넉하다 하여 성적이 잘 나왔을 때 우수하다는 뜻과 노약자들은 걱정되니 우대한다는 뜻 *優秀, 優良, 優性, 老人優待 우수 우량 우성 노인 우대 *優柔不斷(우유부단: 바라는 대로 될지 걱정되어 또 부러지게 결단을 내리지 못한다는 뜻)
2人 인	日 2획	旭	아침 해 **욱**	해 일(日)과 아홉 구(九)의 합으로 아침 해가 구만리 장천(九萬里長天: 넓고 높은 하늘)으로 솟아오르는 힘찬 기세란 뜻 *旭日昇天(욱일승천: 아침 해가 공중으로 떠오른다는 뜻으로 왕성한 기세를 이름)
2人 인	日 5획	昱	밝을 **욱** 햇빛 **욱**	아침 해 욱(旭)과 설 립(立)의 합으로 입신양명(立身揚名)하여 해처럼 떠오르니 이름이 빛나다는 뜻 *人名 字 인명 자
2人 인	頁 4획	頊	삼갈 **욱** 굽실거릴 **욱**	머리 두(頭)와 임금 왕(王)의 합으로 임금 앞에서 머리를 굽히다, 삼가다(조심), 어쩔 줄 모르니 멍하다는 뜻 *頊頊(욱욱: 뜻을 잃은 모양, 아무 생각 없이 멍한 모양)
2人 인	邑 6획	郁	문채날 **욱** 자욱할 **욱**	도시 도(都)와 있을 유(有)의 합으로 발전할 가망이 있는, 유망(有望)한 도시이니 성하고 빛난다, 문물이 성하고 향기가 가득하다는 뜻 *郁馥(욱복: 향기가 매우 짙은 모양) *郁文(욱문: 문물이 성함)

급수	부수	한자	훈 음	해 설
2人(인)	火 9획	煜	빛날 **욱**	빛날 란(爛)과 빛날 욱(昱)의 합으로 불이 찬란하게 비추어 빛난다는 뜻 *人名(인명) 字(자)
3	二 2획	云	이를 **운** 뭉게뭉게 이는 구름 성할 **운**	두 이(二)와 써 이(以)의 합으로 누가 한 말을 가지고 써 똑같이 거듭 전하여 퍼뜨릴 때 혹은 인용할 때 하는 말, 또는 거듭 말하니 말이 많다, 남이 말하는 대로 따라 말한다는 뜻 *云云(운운: 글이나 말을 인용 또는 생략할 때 이러이러하다는 뜻)
5	雨 4획	雲	구름 **운**	비 우(雨)와 많을 운(云)의 합으로 뭉게뭉게 많이 뭉쳐 비가 되는 구름이란 뜻 *雲霧(운무), 雲海(운해), 雲泥之差(운니지차), 雲集(운집)
1	耒 4획	耘	김맬 **운** 제거할 **운**	쟁기 뢰(耒)와 성할 운(云)의 합으로 쟁기로 무성한 풀을 갈아엎어 잡초를 없앤다는 뜻 *耘藝(운예: 풀을 베고 심음) *耕耘機(경운기: 밭을 갈거나 김을 매는 기계)
2姓(성)	艸 4획	芸	향 풀 **운**	꽃다울 방(芳)과 구름 운(雲)의 합으로 향기가 구름처럼 뭉게뭉게 피어오르는 향 풀이란 뜻과 향기를 풍기는 사람이 되라고 이름에 쓰이는 자임 *藝(예)의 약자로 통함
6	辵 9획	運	돌 **운** 움직일 **운** 운명 **운**	돌 환(還)과 군사 군(軍)의 합으로 군대가 포위하여 에워싸듯이 태양을 중심으로 행성이 돌거나 행성을 에워싸고 위성이 돌아간다, 움직인다는 뜻과 천체와 상관있는 간지(干支)의 생년월일(사주)에 의해 우리가 맞닥뜨리는 운명이란 뜻 *運命(운명), 運數(운수), 運送(운송), 運轉(운전), 運動(운동), 幸運(행운)

급수	부수	한자	훈 음	해 설
1	阜 10획	隕	떨어질 운	뭍 륙(陸)과 인원 원(員)의 합으로 큰사람이 죽으면 별이 땅으로 떨어진다는 데서 떨어진다는 뜻 *隕石(운석: 땅에 떨어지는 유성) *隕鐵(운철), 隕星(운성), 隕墜(운추)
1	歹 10획	殞	죽을 운	죽을 사(死)와 떨어질 운(隕)의 합으로 큰 별이 떨어지니 큰 사람이 죽는다는 뜻 *殞命(운명), 殞絶(운절), 殞泣(운읍)
3.2	音 10획	韻	운 운	소리 음(音)과 떨어질 운(隕)의 합으로 시가(詩歌) 등의 소리가 딱딱 맞아떨어지는 운문이란 뜻 *韻文(운문), 韻字(운자), 韻律(운률), 韻致(운치)
2姓(성)	++ 11획	蔚	우거질 울 다북쑥 울	누를 위(尉)와 성할 운(芸)의 합으로 尉는 무사의 벼슬 이름으로 누른다는 의미이니 덮어 누르듯이 답답하게 꽉 우거지는 풀이란 뜻과 다발 지어 빽빽이 우거지는 다북쑥이란 뜻 *鬱(울)과 같이 통함, *人名(인명) 字(자) *蔚然(울연: 초목이 무성하게 우거진 모양)
2	鬯 19획	鬱	답답할 울	울창주 창(鬯)과 질그릇 부(缶)와 수풀 림(林)과 덮을 멱(冖)과 모양 형(形)의 합으로 술 항아리 속에서 술이 익을(발효) 때 부글거리듯이 빽빽한 숲속 같은 데서 속을 부글부글 끓이며 울화가 치밀어 답답하다는 뜻과 답답할 정도로 숲이 우거졌다는 뜻 *鬱火(울화), 鬱蒼(울창), 鬱寂(울적), 鬱鬱蒼蒼(울울창창)

급수	부수	한자	훈 음	해 설
5	隹 4획	雄	수컷 **웅**	두 쌍(雙)과 있을 유(有)와 사사 사(厶)의 합으로 동물이나 식물의 암수 쌍 중에 생식기를 가지고 있는 수컷이란 뜻과 수컷이 적극적이고 힘이 세서 용감하다는 뜻 *雌雄(자웅: 암, 수) *雄飛(웅비), 英雄(영웅), 雄壯(웅장), 雄大(웅대), 雄志(웅지), 雄飛(웅비)
2姓(성)	火 10획	熊	곰 **웅** 빛날 **웅**	비칠 조(照)와 능할 능(能)의 합으로 털이 붉은빛을 띠는 힘이 센(능력이 있는) 불곰이란 뜻과 능력을 지니다, 품다, 띠다, 비친다는 뜻 *熊虎之將(웅호지장: 곰과 범 같은 용맹스러운 장군) *熊女(웅녀), 熊膽(웅담), 熊掌(웅장)
5	儿 2획	元	으뜸 **원** 창설 **원** 기초 토대 **원**	우뚝할(높은) 올(兀)과 하나 일(一)의 합으로 첫째로 높으니 으뜸인 우두머리, 임금, 하늘이란 뜻과 우뚝한 첫째이니 원조이고 원조는 기초한 토대란 뜻 *元祖(원조), 元金(원금), 元利(원리), 元來(원래), 元素(원소), 元日(원일)
5	阜 7획	院	집 **원**	막을 방(防)과 완전할 완(完)의 합으로 안전을 위해 완전(完全)히 담으로 둘러막아 놓은 관공서나 병원 같은 큰 집이란 뜻 *寺院(사원), 病院(병원), 學院(학원), 監査院(감사원), 法院(법원), 院長(원장)
4	心 5획	怨	원망할 **원** 슬퍼할 **원**	생각 상(想)과 누워 뒹굴 원(夗)의 합으로 그리운 사람 생각에 밤에 잠 못 이루고 누워 뒤척이며 원망한다는 뜻 *怨望(원망), 怨恨(원한), 怨聲(원성), 怨讐(원수)

급수	부수	한자	훈 음	해 설
2	++ 5획	苑	나라동산 **원** 막힐 **울**	꽃 화(花)와 누워 뒹굴 원(夗)의 합으로 저녁에 잠 못 이루어 뒤척이며 누워 뒹굴다가 바람 쐬러 나오는 화초(花草)가 있는 집안의 작은 정원이란 뜻과 바람을 쐴 만큼 마음이 답답하다는 뜻 *苑結(원결: 마음이 답답한 일(鬱結) *秘苑(비원)
1	鳥 5획	鴛	원앙 **원**	새 조(鳥)와 누워 뒹굴 원(夗)의 합으로 짝이 그리워 잠 못 이루고 누워 뒤척이는 금실이 좋은 새인 원앙이란 뜻 *鴛鴦(원앙)
5	厂 8획	原	언덕 **원** 근본 **원**	언덕 원(厂)과 향할 향(向)과 해 일(日)과 뾰족할 첨(尖)의 합으로 뾰족한 것은 침으로 나침판처럼 해가 뜨는 방향을 가리키는 데서 해 뜨는 언덕이란 뜻과 해가 떠오르듯이 사물의 맨 처음 시작인 근본이란 뜻 *原産(원산), 草原(초원), 原料(원료), 原因(원인), 原價(원가), 原始(원시)
4	水 10획	源	근원 **원**	물갈래 파(派)와 근본 원(原)의 합으로 갈라져 내려온 물을 거슬러 원래(原來)의 뿌리를 찾아보는 근원이란 뜻 *根源(근원), 字源(자원), 語源(어원), 資源(자원), 源泉課稅(원천과세), 汚染源(오염원)
5	頁 10획	願	바랄 **원**	순할 순(順)과 언덕 원(原)의 합으로 새해 첫날에 해 뜨는 언덕에 올라 해맞이하며 올 한해도 모든 일이 순조(順調)롭기를 바라며 기원한다는 뜻과 바람(소망)이란 뜻 *念願(염원), 所願(소원), 哀願(애원), 歎願書(탄원서), 志願(지원)

급수	부수	한자	훈 음	해 설
2人(인)	衣 4획	袁	옷 길 **원** 성 **원**	옷 의(衣)와 공평할 공(公)의 합으로 임금의 공식적인 옷인 곤룡포 곤(袞)의 변형으로 옷이 도포처럼 치렁치렁 길다는 뜻과 슬플 애(哀)와 갈 거(去)의 합으로 먼길 떠나가는 이를 붙잡고 슬퍼하며 가족이 주렁주렁 매달린다는 뜻 *袁世凱(원세개: 중국 청나라 말의 군인 중화민국의 초대 대통령)
6	辶 10획	遠	멀 **원**	돌아갈 반(返)과 슬플 애(哀)와 갈 거(去)의 합으로 가족이 돌아가시는 것을 슬퍼하며 붙잡고 매달리는 모양이니 돌아오지 못할 죽음의 길이 멀다는 뜻 *永遠(영원), 遠近(원근), 遠洋(원양), 遠大(원대), 遠視(원시), 遠隔(원격)
6	囗 10획	園	동산 **원**	둘레 국(囗)과 옷 길 원(袁)의 합으로 과일을 지키느라 국경처럼 철조망으로 둘러막은 치렁치렁, 주렁주렁 열매가 매달려 늘어진 과수원, 동산이란 뜻 *果樹園(과수원), 田園(전원), 庭園(정원), 園藝(원예), 幼稚園(유치원)
1	犭 10획	猿	원숭이 **원**	짐승 수(獸)와 옷 길 원(袁)의 합으로 팔이 나 꼬리로 나무에 치렁치렁 매달려 열매를 따 먹고 생활하는 짐승인 원숭이란 뜻 *類人猿(유인원), 犬猿之間(견원지간) *猿臂(원비: 원숭이와 같이 긴 팔, 활쏘기 좋은 팔)
1	冖 8획	冤	원통할 **원**	어두울(저승) 명(冥)과 토끼 토(兎)의 합으로 토끼가 용궁 구경을 시켜 주겠다는 자라의 꾐에 속아 바다 깊숙이 갔다가 간을 빼앗길 뻔하였으니 억울하고 분하다는 뜻 *寃(원)은 속자 *溟;바다 명 *冤痛(원통), 冤鬼(원귀), 冤淚(원루)

급수	부수	한자	훈 음	해 설
4	手 9획	援	도울 **원**	손 수(手)와 당길 원(爰)의 합으로 손을 내밀어 끌어 당겨주니 돕는다는 뜻 *당길 원(爰): 다툴 쟁(爭)과 윗 상(上)과 벗 우(友)의 합으로 전쟁(戰爭)에서 어려움에 빠진 우군(友軍)을 위로 끌어당겨 도와준다는 뜻 *救援(구원), 支援軍(지원군), 援助(원조), 援護(원호), 應援(응원)
2人(인)	女 9획	媛	계집 **원** 예쁠 **원**	계집 녀(女)와 도울 원(援)의 합으로 끌어당겨 구원해 주듯이 마음이 끌리는 예쁜 여자란 뜻 *人名(인명) 字(자) *才媛(才媛: 재주 있는 젊은 여자)
2人(인)	玉 9획	瑗	구슬 **원**	구슬 옥(玉)과 계집 원(媛)의 합으로 계집애들이 예쁘게 장식하는 구슬이란 뜻 *人名(인명) 字(자)
4.2	口 7획	員	인원 **원**	인구 구(口)와 품삯 임(賃)의 합으로 품삯(賃金)을 주고 고용한 식구(食口)인 사원이란 뜻과 돈이나 양식이 드는 가구당 식구의 수효란 뜻 *社員(사원), 敎員(교원), 職員(직원), 會員(회원), 滿員(만원), 定員(정원)
4.2	囗 10획	圓	돈 **원** 둥글 **원**	둘레 국(囗)과 수효 원(員)의 합으로 사원에게 지급하는 둘레가 둥그런 동전인 돈이란 뜻과 둥글다는 뜻 *百圓(백 원), 圓形(원형), 圓周(원주), 圓滑(원활)
8	月 0획	月	달 **월**	조각달의 상형 자로 하늘의 달이란 뜻과 달이 지구를 한 바퀴 도는, 달력의 12달이란 뜻 *明月(명월), 七月(칠월), 月刊(월간), 月末(월말), 月貰(월세), 月給(월급)

급수	부수	한자	훈 음	해 설
3.2	走 5획	越	넘을 **월**	넘을 초(超)와 도끼 월(戉)의 합으로 임금이 출정하는 대장에게 주던 도끼인 부월(斧鉞)은 왕이 생살권(형벌)을 넘긴다는 뜻 *超越(초월), 越權(월권), 越冬(월동), 越北(월북), 越牆(월장), 越等(월등) *越尺(월척: 한 자 넘음)
4	㔾 4획	危	위태할 **위**	구를 절(㔾)과 언덕 엄(厂)과 사람 인(人)의 합으로 언덕 위의 사람이 굴러떨어질까 봐 웅크리고 있는 모양으로 위태롭다는 뜻 *危殆(위태), 危險(위험), 危機(위기), 危重(위중), 危篤(위독)
5	亻 5획	位	자리 **위**	맡을 임(任)과 설 립(立)의 합으로 각자 맡아서 지키고 서 있는 위치인 자리란 뜻 *職位(직위), 方位(방위), 位置(위치), 順位(순위), 單位(단위), 地位(지위)
4	女 5획	委	맡길 **위** 고개숙일 **위**	요구할 요(要)와 벼 화(禾)의 합으로 토요토미 정권 치하의 일본이 명나라를 치러 가는데 길을 빌려달라고 요구하자 힘없는 정부가 우물쭈물 내어주고 마음대로 하라고 맡겼다는 뜻과 반항하지 못하고 복종하니 고개를 숙인다는 뜻 *委任(위임), 委員(위원), 委囑(위촉), 委託(위탁)
1	++ 8획	萎	시들 **위**	풀 초(草)와 맡길(고개 숙일) 위(委)의 합으로 초목이 고개를 숙이니 시든다는 뜻 *萎縮(위축: 마르거나 시들어서 쪼그라듦)
2姓(성)	鬼 8획	魏	클 **위** 위나라 **위**	우두머리 괴(魁)와 시들 위(萎)의 합으로 부하를 위축(萎縮)되게 할 만큼 우두머리 두목이 크다는 뜻과 나라 이름 위 *魏(위; 중국 춘추전국시대의 나라 이름)

급수	부수	한자	훈 음	해 설
3	肉 5획	胃	밥통 **위**	고기 육(肉)과 모을 축(畜)의 합으로 몸에 들어온 음식물을 모아 소화액을 분비하여 주무르는 주머니인 밥통이란 뜻 *胃腸, 胃炎, 胃壁 위장 위 염 위벽
3.2	言 9획	謂	이를 **위**	말할 설(說)과 밥통 위(胃)의 합으로 다시 되새김질(反胃)하듯 설명(풀이)하는 말이란 뜻 *可謂(가위: 좋게 말하자면) *所謂, 云謂 소위 운위
2姓 성	水 9획	渭	물이름 **위**	물 하(河)와 밥통 위(胃)의 합으로 황하의 지류로써 지역의 영양을 공급하는 밥통(젖줄)이 되는 물이름 *地名 字 지명 자 *渭水(위수: 황하의 지류)
2姓 성	韋 0획	韋	다룬가죽 **위**	어그러질 천(舛)과 물건 품(品)의 합으로 아래위로 어긋나게 잡아당겨 늘리고 다듬는 가죽이란 뜻 *韋編三絶(위편삼절: 죽간을 맨 가죽끈이 세 번 떨어지도록 공자가 주역을 많이 읽었음)
4	口 9획	圍	에워쌀 **위**	나라 국(國)과 다룬 가죽 위(韋)의 합으로 어긋나게 이쪽저쪽으로 돌아서서 국경을 지키느라 에워싼다는 뜻 *包圍, 範圍, 雰圍氣, 周圍環境 포위 범위 분위기 주위환경
4.2	行 9획	衛	지킬 **위**	다닐 행(行)과 에워쌀 위(圍)의 합으로 경호원이 에워싸고 따라다니며 지켜준다는 뜻 *衛星(위성: 행성의 둘레를 호위하듯이 에워싸고 돌아가는 별) *防衛, 護衛, 守衛, 民防衛, 自衛隊 방위 호위 수위 민방위 자위대

급수	부수	한자	훈 음	해 설
5	亻 9획	偉	위대할 **위**	보호할 보(保)와 지킬 위(衛)의 합으로 나라를 보호하여 지켜내는 위대하고 큰일이란 뜻 *偉人, 偉大, 偉人傳記 위인 위대 위인 전기
3	辵 9획	違	어길 **위**	거스를 역(逆)과 지킬 위(衛)의 합으로 사방을 지키느라고 서로 등지고 반대로 서 있으니 서로 어긋나다, 위반한다는 뜻 *違反, 違法, 違和感 위반 위법 위화감
3	糸 9획	緯	씨실 **위**	짤 직(織)과 어길 위(違)의 합으로 베를 짤 때 날실을 이쪽저쪽 어긋나게 지나가며 짜이는 씨실이란 뜻과 씨실처럼 가로로 그어진 지구의 위도란 뜻 *緯度, 經緯, 北緯 위도 경위 북위
4	寸 8획	尉	누를 **위** 벼슬이름 **위**	쏠 사(射)와 층계 층(層)과 보일 시(示)의 합으로 활이나 총을 쏘아 위엄을 보이는 고위층 무관의 벼슬이란 뜻과 무력으로 누른다는 뜻 *尉官, 大尉, 准尉 위관 대위 준위 *少尉(소위: 장교 계급 중 가장 아래)
4	心 11획	慰	위로할 **위**	원망할 원(怨)과 누를 위(尉)의 합으로 원혼을 눌러 진정시키고 안정시켜 편안히 위로한다는 뜻 *慰靈祭, 慰勞, 慰安, 慰樂施設 위령제 위로 위안 위락 시설
4.2	爪 8획	爲	할 **위** 될 **위**	손톱 조(⺤)와 굽힌 손가락 모양으로 무엇을 만지작거리기 위해 굽힌 손가락과 아래위 두 손의 손톱(灬)의 모양으로 손으로 무엇인가를 조작한다, 하다(do), 하니 된다는 뜻 *爲民(위민: 백성을 위하다) *爲主(위주: 주로 하다) *行爲, 爲始, 爲政 행위 위시 위정

급수	부수	한자	훈 음	해 설
4	女 6획	威	위엄 **위**	같을 여(如)와 개 술(戌)의 합으로 개같이 '으르릉' 하며 물려고 한다는 데서 으른다, 위협한다는 뜻 *威嚴(위엄), 威勢(위세), 威脅(위협), 威風堂堂(위풍당당), 威壓(위압)
3	亻 12획	僞	거짓 **위**	만들 작(作)과 할 위(爲)의 합으로 어떤 일을 사실인 듯 꾸며 조작(造作)을 한 거짓이란 뜻 *僞善(위선), 僞裝(위장), 眞僞(진위), 虛僞(허위), 僞造紙幣(위조지폐)
3.2	幺 2획	幼	어릴 **유**	작을 요(幺)와 도울 조(助)의 합으로 고사리처럼 꼬물꼬물 아직 어려 어른의 도움이 필요한 어린 아이란 뜻 *幼稚園(유치원), 幼年(유년), 幼蟲(유충), 長幼有序(장유유서)
6	田 0획	由	말미암을 **유**	밭 전(田)에서 콩 심은 데 콩 나듯이 밭에 뿌린 씨앗으로 인하여 결과를 끌어내는 원인이란 뜻과 결과를 불러오게 된 까닭으로 씨를 뿌린 원인으로 말미암는다는 뜻 *由來(유래), 理由(이유), 緣由(연유), 事由(사유), 自由(자유)
6	水 5획	油	기름 **유**	즙 액(液)과 뽑을 추(抽)의 합으로 땅속에서 뽑아 올린 액체상태로 산출되는 탄산수소의 혼합물로 자동차나 난방 등에 태워 에너지로 쓰는 석유, 기름이란 뜻 *石油(석유), 原油(원유), 輕油(경유), 食用油(식용 유)
1	宀 6획	宥	용서할 **유** 죄 사할 **유**	받아들일 용(容)과 있을 유(有)의 합으로 죄나 허물이 있지만, 너그러이 받아들이고 용서한다는 뜻 *宥和(유화: 용서하고 화목하게 사이가 좋음) *宥恕(유서: 너그러이 봐 줌)

급수	부수	한자	훈 음	해 설
1	木 5획	柚	유자 **유**	귤나무 귤(橘)과 말미암을 유(由)의 합으로 예전에 효자가 소매 속에 넣어 감추어 와서 어머니께 드린 유래(由來)가 전해지는 귤같이 생겨 신맛이 강한 유자란 뜻 *"반중 조홍감이 유자 아니라도 품음 직하다마는....." *柚子(유자), 柚子茶(유자 차)
7	月 2획	有	있을 **유** 또 **유**	달 월(月)과 오른손(또) 우(又)의 합으로 달이 있다가 그믐에는 또 없다가 보름이 되면 또 있다가 한다는 데서 나타나다, 있다는 뜻과 '또'란 뜻으로도 쓰임 *有無(유무), 有識(유식), 有能(유능), 有名(유명), 有效(유효), 有無(유무)
3	酉 0획	酉	지지 유닭 **유**	서녘 서(西)와 아래 하(下)의 합으로 서산에 해가 아래로 빠지는 시각인 지지(地支)의 5~7시를 뜻하고 방위는 서쪽을 뜻하며 덮어 아래로 누른 술병의 꼭지 모양으로 꼭지를 젖혀 따듯이 목을 젖히고 꼬끼오! 하고 목청을 뽑아 올리듯이 뽐내는 지지(地支)의 수닭이란 뜻 *酉時(유시), 丁酉(정유), 酉方(유방)
3.2	犭 9획	猶	같을 **유** 오히려 **유** 유태 **유**	홀로 독(獨)과 닭 유(酉)와 공개할 공(公)의 합으로 백가쟁명(百家爭鳴)에서 온갖 사상가들이 저마다 밝힌 학설을 공개(公開)하며 닭이 울듯이 다투어 목소리를 높이니 닭이 목청을 뽑는 것 같다 하여 같다는 뜻과 홀로 뽐내며 잘 난 척하니, 넘치는 것은 모자라는 것 같다는 뜻과 넘치는 것은 모자라는 것보다 더 못하다 하여 '오리려'의 뜻 *過猶不及(과유불급), 猶豫(유예), 猶太(유태)

급수	부수	한자	훈 음	해 설
3.2	木 5획	柔	부드러울 **유**	나무 목(木)과 창 모(矛)의 합으로 봄에 나무에서 창처럼 뾰족뾰족 돋는 새순이 부드럽다는 뜻 *柔軟(유연), 柔順(유순), 外柔內剛(외유내강), 優柔不斷(우유부단)
1	足 9획	蹂	짓밟을 **유**	발 족(足)과 부드러울 유(柔)의 합으로 부드럽게 하려고 발로 짓밟는다는 뜻 *蹂躪(유린), 人權蹂躪(인권유린)
4	乙 7획	乳	젖 **유**	새가슴 을(乙)과 기를 부(孚)의 합으로 孚는 손, 발톱 조(爪)와 아들 자(子)로 새가 발밑에 알을 품고 새끼를 까듯이 어미가 가슴으로 새끼를 품고 젖을 먹인다는 뜻 *乳兒(유아), 母乳(모유), 牛乳(우유), 乳母(유모), 乳房(유방), 粉乳(분유)
3.2	幺 6획	幽	그윽할 **유**	작을 요(幺)와 뫼 산(山)의 합으로 아물아물 (가물가물)한 깊은 산골이란 뜻과 무서우리만치 어둡고 아득해 으스스하다, 귀신, 저승의 뜻 *幽靈(유령), 深山幽谷(심산유곡), 幽明(유명), 幽冥(유명)
3.2	心 7획	悠	멀 **유**	닦을 수(修)와 생각 사(思)의 합으로 도를 닦거나 정신수양을 위해 먼 곳에 가서 생각할 여유를 갖는다는 데서 멀다, 한가(느긋)하다 생각한다는 뜻 *悠悠自適(유유자적), 悠久(유구)
3.2	糸 8획	維	맬 **유** 벼리 **유**	벼리 강(綱)과 떠날 리(離)의 합으로 그물이 이탈(離脫)하지 못하도록 벼리 줄에 매여 있다는 뜻과 벼리 줄은 그물을 당겨 올리는 굵은 줄이니 말을 시작한다는 발어사로 쓰임 *維新(유신: 근본이 되는 벼리 줄을 새롭게 한다는 뜻) *維持(유지), 進退維谷(진퇴유곡), 維新(유신), 維歲次(유 세차)

급수	부수	한자	훈 음	해 설
3	口 8획	唯	오직 **유** 대답할 **유**	울 명(鳴)과 새 추(隹)의 합으로 새가 '짹, 짹' 하며 외마디 소리로 울 듯이 '예' 하고 대답한다는 뜻과 한 마디뿐 이니 '오직'이란 뜻 *唯一神(유일신), 唯一無二(유일무이), 唯我獨尊(유아독존)
3	心 8획	惟	생각할 **유** 오직 **유**	감정 정(情)과 오직 유(唯)의 합으로 오직 한 사람에게 주는 사랑이나 한 가지의 사상에만 얽어매여 있는 감정(感情)이나 생각이란 뜻 *惟獨(유독), 惟一(유일)(唯一(유일))
2地(지)	入 7획	兪	대답할 **유** 인월도 **유** 그러할 **유** 성씨 **유**	들 입(入)과 육 달 월(月)과 윗 상(上)과 도랑 괴(巜)의 합으로 몸에서 젖을 빨듯이 물기를 빨아올려 흡입(吸入)한다는 뜻과 흡입하니 빨려 나온다는데서 불려 나오며 예, 예 대답한다는 뜻 *兪兪(유유: '예, 예'하며 너그럽고 온화한 모양 *人月刂(인월도)의 합으로 姓氏(성씨) 字(자) '인월도 유'
3	心 9획	愈	나을 **유**	근심(병) 환(患)과 대답할 유(兪)의 합으로 환부(患部)를 흡입해 고름을 빨아내니 병이 낫다, 기분이 훨씬 낫다는 뜻 *癒(병 나을 유)와 같이 쓰임 *快癒(쾌유)(癒), 愈好(유호: 나아 좋아짐)
1	心 9획	愉	즐거울 **유**	쾌할 쾌(快)와 나을 유(愈)의 합으로 환자가 병이 나아서 완쾌(完快)하니 기분이 날아갈 듯이 즐겁다, 유쾌하다는 뜻 *愉快(유쾌)

급수	부수	한자	훈 음	해 설
1	手 9획	揄	희롱할 **유** 놀릴 **유**	도울 원(援)과 유쾌할 유(愉)의 합으로 응원(應援)석에서 감정을 끌어올려 기분을 돋우려고 칭찬하거나 성질 돋우어 약 올리려고 놀린다, 야유한다는 뜻 *揄揚(유양: 칭찬하여 치켜세움) *揶揄(야유: 남을 빈정거리며 놀림)
1	口 9획	喩	비유할 **유** 깨우칠 **유**	열 계(啓)와 나을 유(愈)의 합으로 계몽(啓蒙)하여 삶의 질을 더 나아지게 하려고 '선진국처럼' 그렇게 하여 잘 살자고 깨우쳐준다는 뜻과 잘 사는 나라를 비유한다는 뜻 *喩敎(유교: 깨우치고 가르침) *比(譬)喩(비 비 유), 直喩(직유), 隱喩(은유)
1	言 9획	諭	깨우칠 **유** 밝힐 **유** 인도할 **유**	가르칠 훈(訓)과 비유할 유(喩)의 합으로 비유하여 깨우쳐주고 훈계(訓戒)하여 깨닫게 교화시킨다는 뜻 *喩(유)와 같이 쓰임 *諭示(유시), 敎諭(교유)
2地(지)	足 9획	踰	넘을 **유**	뛸 도(跳)와 깨우칠 유(諭)의 합으로 글을 깨우치니 다음 장으로 넘어간다, 뛰어넘다, 넘긴다는 뜻 *踰限(유한: 기한을 넘김) *勿踰勿踏(물유물답: 타 넘지 말고 밟지도 말아, 소학구절)
2姓(성)	木 9획	楡	느릅나무 **유**	나무 목(木)과 나을 유(愈)의 합으로 종기의 농(고름)을 삭이고 염증을 치료하는데 효과가 좋은 느릅나무란 뜻 *楡里木(유리 목: 오리나무)

급수	부수	한자	훈 음	해 설
1	金 9획	鍮	놋쇠 **유**	쇠 금(金)과 넘을 유(넘을 踰)의 합으로 7세기경 페르시아 이란 등에서 발달해 당나라를 통해서 (넘어서) 수입하여 들어온 금속인 놋쇠란 뜻 *놋쇠는 안성에서 난 것이 아름답다 하여 안성 맞춤이란 말이 유래됨 *鍮器(유기: 놋그릇) *鍮尺(유척: 검시(檢屍)에 쓰는 놋쇠 자)
1	疒 9획	癒	병나을 **유**	병 병(病)과 나을 유(愈)의 합으로 병이 낫는다는 뜻 *癒合(유합: 상처가 나아서 아물다. 찢어진 곳이 아물어 맞붙다) *快癒, 政經癒着 쾌유 정경 유착
3.2	衣 7획	裕	넉넉할 **유**	깁을 보(補)와 담을 용(容)의 합으로 너그럽게 용기(容器) 한가득 보충(補充)해 주니 넉넉하다는 뜻 *餘裕, 裕福 여유 유복
2人 인	广 9획	庾	노적가리 **유** 곳집 **유**	창고 고(庫)와 더불어 여(與)와 사람 인(人)의 합으로 여럿이서 밑에 사람이 높이 공중으로 볏단을 집어 던지면 위에서 받아 차곡차곡 높이 쌓아 올린 노천(한데)에 쌓은 낟가리란 뜻과 곡식을 쌓아놓은 헛간(창고)이란 뜻 *人名 字 인명 자 *金庾信(김유신: 신라의 장수)
1	言 9획	諛	아첨할 **유**	칭찬 찬(讚)과 불어 여(與)와 사람 인(亻)의 합으로 사람을 여럿이 더불어 볏단처럼 던져 올려 헹가래하는 모양으로 칭찬으로 추켜 우쭐하게 하니 아첨한다는 말 *阿諛(아유: 남에게 잘 보이려고 아첨하는 말) *須臾(수유: 잠시, 잠시간)

급수	부수	한자	훈 음	해 설
3.2	言 7획	誘	꾈 **유**	말할 화(話)와 빼어날 수(秀)의 합으로 이삭처럼 빼어내는 말로 꼬여 낸다, 꾄다는 뜻 *誘惑(유혹), 誘拐(유괴), 誘惑(유혹), 誘發(유발), 誘導彈(유도탄)
4	辶 9획	遊	놀 **유**	거닐 소(逍)와 나그네 려(旅)와 아들(선생) 자(子)의 합으로 장자(莊子)의 소요 유(逍遙遊)처럼 참된 자유를 향한, 얽매인 바 없이 자유로운 활동 작용으로 마음 가는 대로 돌아다니며 스트레스 없이 논다는 뜻 *遊覽(유람), 遊說(유세), 遊園地(유원지), 遊牧民(유목민), 遊擊(유격)
1	水 9획	游	헤엄칠 **유**	물 수(氵)와 놀 유(遊)의 합으로 강이나 바다의 물놀이로 자유롭게 돌아다니며 헤엄을 친다는 뜻 *游泳(유영)
4	辶 12획	遺	남길 **유**	자취 적(迹)과 귀할 귀(貴)의 합으로 조상이 남긴 귀한 발자취인 유적이란 뜻에서 죽은 자가 남긴 것이란 뜻 *遺跡地(유적 지), 遺言(유언), 遺物(유물), 遺族(유족), 遺産(유산), 遺傳(유전)
4	亻 14획	儒	선비 **유** 유학 **유**	어질 인(仁)과 구할(쓰일) 수(需)의 합으로 사람이 살아가는데 필요한 인의예지(仁義禮智)의 덕목을 기본으로 하는 공자의 학설을 연구하는 유학이란 뜻과 조선 시대에 유교를 국교로 하고 유학을 과거시험으로 인재를 뽑았으므로 학문이 잘 닦아진 학자, 현자, 지식인 등 학식과 인품이 갖추어져 관직에 쓰이는 선비란 뜻 *儒學(유학), 儒生(유생), 崇儒抑佛(숭유 억불), 焚書坑儒(분서갱유)

급수	부수	한자	훈 음	해 설
4.2	肉 0획	肉	고기 **육**	안 내(內)와 들 입(入)을 합한 자로 껍질이 아닌 안에 들어있는 살코기란 뜻 *食肉(식육), 肉類(육류), 肉體(육체), 肉眼(육안), 精肉(정육)
7	肉 4획	育	기를 **육**	육 달 월(月)과 아들 자(子)의 합으로 출산 때 머리부터 나오느라 거꾸로 놓인 자식의 모양이니 갓 낳은 작은 몸을 크게 기른다는 뜻 *育兒(육아), 教育(교육), 發育(발육), 育苗(육묘), 體育(체육)
2姓(성)	尸 1획	尹	다스릴 **윤** 성 **윤**	자 척(尺)과 손 우(又)의 합으로 손에 자를 잡고 법(룰)을 정하여 다스린다는 뜻 *判尹(판윤: 조선 때, 한성부의 으뜸 벼슬 이름, 품계는 정이품) *尹瓘(윤관), 尹奉吉(윤봉길)
2人(인)	儿 2획	允	믿을 **윤** 진실로 **윤** 허락할 **윤** 임금 **윤**	으뜸 원(元)과 공변될 공(公)의 합으로 공직(公職)에서 으뜸인 최고 우두머리, 임금이란 뜻과 공정(公正)을 으뜸으로 하니 진실하다, 믿을만하다는 뜻과 믿을만하니 승낙하다, 허락한다는 뜻 *允許(윤허), 允旨(윤지: 임금의 뜻)
2人(인)	金 4획	鈗	창 **윤** 병기 **윤**	쇠 금(金)과 믿을(허락할) 윤(允)의 합으로 허락하니 뚫고 들어가는 모양으로 뚫고 들어가는 끝이 뾰족한 금속이니 창이란 뜻이나 인명 자로 많이 쓰임
2人(인)	肉 5획	胤	자손 **윤**	기를 육(育)과 이을 계(繼)와 으뜸 원(元)의 합으로 길러서 장차 왕위를 계승(繼承)할 왕의 맏아들 원자(元子)란 뜻에서 대를 이을 자손이란 뜻 *胤玉(윤옥), 胤子(윤자), 胤裔(윤예)

급수	부수	한자	훈 음	해 설
3	門 4획	閏	윤달 **윤** 남을 **윤**	틈(사이) 간(間)과 지구 구(球)의 합으로 지구의 황도 주기를 일 년으로 한 태양력이나 달의 삭망을 기준으로 1년을 12개월로 구성한 태음력에서 조금 남는 오차를 조절하기 위해 윤년이나 윤달을 둔다는 데서 딱 안 맞고 틈이 생기니 남는다는 뜻과 남는 틈을 모아 몇 년에 한 번씩 달이나 날을 채운 윤달이나 윤년이란 뜻 *閏餘(윤여: 나머지) *閏年(윤년: 양력에서 윤일이 든 해) *閏月(윤월), 閏年(윤년)
3.2	水 12획	潤	윤택할 **윤** 불을 **윤**	살 활(活)과 윤달(남을) 윤(閏)의 합으로 생활에 여유가 있으니 살림살이가 윤택하다는 뜻과 윤달처럼 12개월에서 더 늘었으니 불어난다는 뜻 *潤澤(윤택), 潤氣(윤기), 潤滑(윤활), 潤濕(윤습), 潤筆(윤필), 利潤(이윤)
1	戈 2획	戎	오랑캐(되) **융** 병장기 **융**	싸움 전(戰)과 벨 예(乂)의 합으로 전쟁 때 적을 베는 무기란 뜻과 서쪽 오랑캐란 뜻 *西戎(서융: 서쪽 오랑캐), 戎具(융구: 싸움에 쓰이는 도구) *戎陣(융진: 싸움의 포진)
1	糸 6획	絨	융단 **융**	짤 직(織)과 오랑캐 융(戎)의 합으로 서쪽 오랑캐들이 쓰던 두껍게 짠 천(페르시아 융단)이란 뜻 *絨緞(융단), 絨毛(융모), 戎壇(융단)砲擊(포격)
2	虫 10획	融	녹을 **융** 화합할 **융**	꿀 밀(蜜)과 솥 력(鬲)의 합으로 꿀처럼 달콤한 말로 마음을 누그러뜨려 녹이듯 솥에 불로 열을 가하여 고체가 액체로 풀어져 잘 섞여 하나로 합친다, 따로 놀지 않고 합치니 어울린다는 뜻 *融合(융합), 融解(융해), 融化(융화), 融通(융통), 金融(금융), 融和(융화)

급수	부수	한자	훈 음	해 설
2人 인	土 6획	垠	지경 은 땅 끝 은	땅 지(地)와 제한 한(限)의 합으로 땅의 제한구역인 경계에 이르니 끝나는 곳이란 뜻 *人名 字 인명 자 *李 垠(이은: 영친 왕, 구한 말 마지막 황태자, 고종의 7째 아들)
6	金 6획	銀	은 은	쇠 금(金)과 제한 한(限)의 합으로 생산량이 한정되어 있어 귀한 금속이었던 은이란 뜻과 과거에은 본위제로 은전을 만들어 썼으므로 은전을 관리하던 은행이란 뜻 *銀貨, 銀錢, 銀行, 銀髮, 銀賞, 銀杏 은화 은전 은행 은발 은상 은행
4.2	心 6획	恩	은혜 은	근심 환(患)과 인할 인(因)의 합으로 근심거리, 환난(患難)에 돌보아줌으로 인하여 입은 고마운 은혜란 뜻 *恩德, 恩惠, 恩師, 恩人, 恩功, 背恩忘德 은덕 은혜 은사 은인 은공 배은망덕
2地 지	殳 6획	殷	은나라 은	헐 훼(毁)와 돌려놓은 몸 신(身)의 합으로 몸을 뒤로 돌려(돌아보며) 하나라를 헐뜯으며 '그러니 망했지!'라고 교훈으로 삼은 하나라 다음 왕조인 은나라란 뜻 *殷(은: 중국 고대의 왕조) *殷鑑不遠(은감불원: 다른 사람의 실패를 자신의 경계로 삼으라는 말)
2人 인	言 8획	誾	향기 은 화할 은	말할 화(話)와 사이 간(間)의 합으로 문틈 사이로 새어 나오는 가족의 화기애애한 말이니 화목하게 이야기한다는 뜻과 집 안에서 하는 말로 새어나갈까 봐 삼간다는 뜻 *人名 字 인명 자 *南 誾(남 은: 조선시대 개국 공신) *誾誾(은은: 화목하게 토론하는 모양, 조심하고 삼가는 모양)

급수	부수	한자	훈 음	해 설
4	阝 14획	隱	숨을 **은** 은퇴할 **은**	험할 험(險)과 다툴 쟁(爭)과 급할 급(急)의 합으로 전쟁에서 위험한 상황을 만나면 급히 몸을 감추고 숨는다는 뜻 *隱身, 隱者, 隱退, 隱逸, 隱居, 隱蔽, 隱遁, 隱匿, 隱語, 隱忍自重 (은신, 은자, 은퇴, 은일, 은거, 은폐, 은둔, 은닉, 은어, 은인자중)
3.2	乙 0획	乙	새가슴 **을** 둘째 **을**	앉아 있는 새의 가슴 모양으로 굽었다는 뜻과 둘째 천간이란 뜻 *甲, 乙 *乙巳條約(을사조약)
6	音 0획	音	소리 **음**	가로 왈(曰)과 다툴 경(競)의 합으로 왈가왈부(曰可曰否) 다투는 시끄러운 소리란 데서 크게 울리어 들리는 소리란 뜻 *音樂, 音標, 音色, 音階 (음악, 음표, 음색, 음계)
6	食 4획	飮	마실 **음**	먹을 식(食)과 노래 가(歌)의 합으로 노래(음악)를 부를 때 흥을 돋우려고 먹는 음식인 술을 마신다는 데서 술뿐 아니라 음료수나 물 등을 마신다는 뜻 *飮酒, 飮料水, 飮福, 飮毒 (음주, 음료수, 음복, 음독)
3	口 4획	吟	음미할 **음** 읊을 **음**	맛 미(味(미))와 머금을 함(含)의 합으로 음식을 입안에 머금고 맛을 되새긴다는 뜻과 노래나 시가를 음미하듯 입안에 머금고 응얼거린다는 뜻 *吟味(음미: 시나 노래를 읊어 그 뜻을 살피거나 사물의 의미를 되새겨 궁구함) *吟風弄月, 吟遊詩人 (음풍농월, 음유 시인)
4.2	阜 12획	陰	그늘 **음**	볕 양(陽)과 구름 운(雲)과 이불 금(衾)의 합으로 구름이 볕을 이불처럼 덮어 가리니 그늘진다는 뜻 *陰陽, 陰影, 陰地, 陰性, 陰散, 陰謀, 陰凶 (음양, 음영, 음지, 음성, 음산, 음모, 음흉)

급수	부수	한자	훈 음	해 설
1	++ 11획	蔭	덕택 **음** 가릴 **음**	가릴 폐(蔽)와 그늘 음(陰)의 합으로 구름이 해를 가리듯이 남에게 베푼 덕행을 드러내지 않아야 복을 받는다고 가린다는 뜻과 드러나지 않는 음덕이란 뜻 *蔭德[음덕], 蔭補[음보], 蔭道[음도]
3	水 8획	淫	음란할 **음**	넘칠(함부로) 랑(浪)과 사랑 애(愛)와 맡길 임(任)의 합으로 함부로 방임(放任)한 사랑의 행각이 절제가 없고 지나치다, 정도가 넘다, 문란하다는 뜻 *淫亂[음란], 淫書[음서], 淫蕩[음탕](술이나 여색 따위에 빠져 몸가짐이 좋지 못함)
7	邑 0획	邑	고을 **읍**	큰 뱀 파(巴)와 입 구(口)의 합으로 巴는 뱀이 길어서 돌돌 말고 있는 모양이니 출입구만 내어놓고 성벽으로 빙빙 돌려 둘러싼 영지나 마을 도성이란 뜻 *邑內[읍내], 都邑[도읍], 邑[읍], 面[면], 洞[동]
3	水 5획	泣	울 **읍**	눈물 루(淚)와 설 립(立)의 합으로 촉나라 제갈량이 군령을 어겨 패한 부하 마속을 기강을 세우기 위해 눈물을 흘리며 베었다는 데서 큰 목적을 위해 아끼는 사람을 버리는 고통에 눈물을 흘리며 운다는 뜻 *泣諫[읍간], 泣訴[읍소], 感泣[감읍], 泣斬馬謖[읍참마속]
1	手 9획	揖	읍할 **읍**	손 수(扌)와 모을 집(輯)의 합으로 두 손을 모아 갖다 대고 맞잡음 *揖禮(읍례: 두 손을 맞잡아 얼굴 앞으로 들고 허리를 앞으로 굽혔다 펴면서 손을 내미는 인사)

급수	부수	한자	훈 음	해 설
3	冫 14획	凝	엉길 **응**	얼 동(凍)과 의심 의(疑)의 합으로 비수, 활 창 등을 들고 다니는 의심스러운 사람 앞에서 무서워 심장이 멎는다, 얼어붙는다, 서로 붙어 굳는다, 응고된다는 뜻 *凝固(응고), 凝視(응시), 凝縮(응축), 凝結(응결), 凝集(응집)
4.2	心 13획	應	응할 **응** 응당 **응**	느낄 감(感)과 매 응(鷹)의 합으로 감화(感化)시켜 행동에 변화를 일으켜 길들인 매처럼 부름에 반응한다, 대답한다는 뜻 *應答(응답), 應試(응시), 應援(응원), 應用(응용), 臨機應變(임기응변)
1	肉 13획	膺	가슴 **응**	육 달 월(月)과 응할 응(應)의 합으로 외부의 자극에 몸에서 반응(反應)하여 쿵쾅거리며 감동(感動)이 일어나는 가슴이란 뜻 *膺受(응수: 선물 등을 받음, 의무 책임 등을 짐) *膺懲(응징: 가슴으로 뉘우치도록 징계함)
2地(지)	鳥 13획	鷹	매 **응**	새 조(鳥)와 쓸 용(庸)과 대신 대(代)와 새 추(隹)의 합으로 일꾼을 고용(雇傭)하듯이 사람 대신 사냥을 시키던 새인 매란 뜻 *鷹視(응시: 날카로운 눈초리로 노려봄)
6	衣 0획	衣	옷 **의**	드릴 향(享)과 긴 장(長)과 이에 네(乃)의 합으로 사제나 왕들이 제사를 드리거나 의식을 행할 때 입던 한쪽 팔을 빼고 어깨부터 아래까지 길게 걸치던 법의란 뜻 *衣冠(의관), 衣服(의복), 衣食住(의식주), 衣裳(의상), 衣類(의류)
6	心 9획	意	뜻 **의** 생각 **의**	마음 심(心)과 소리 음(音)의 합으로 마음속의 소리로 생각이란 뜻과 속에 숨어있는 속뜻을 말함 *意味(의미), 意志(의지), 意識(의식), 好意(호의), 敬意(경의), 本意(본의)

급수	부수	한자	훈 음	해 설
4	亻 6획	依	따를 **의** 의거할 **의**	법식 례(例)와 옷 의(衣)의 합으로 사제가 예배 의식을 치를 때 법의(法衣)를 입는 것은 이미 해 오던 전례(前例)에 따른다는 뜻 *依法(의법: 법에 따라) *依支(의지), 依據(의거), 依託(의탁), 依存(의존), 依舊(의구), 依賴(의뢰)
3	矢 2획	矣	어조사 **의**	화살 시(矢)와 갈 거(去)의 합으로 화살은 이미 시위를 떠났다는 데서 모든 것은 이미 끝났다는 단정이나 개탄을 나타내는 조사란 뜻 *萬事休矣(만사휴의: 무슨 수를 써도 가망이 없음)
3	宀 5획	宜	마땅할 **의** 옳을 **의** 화목할 **의**	집 가(家)와 도울 조(助)의 합으로 가족이 서로 거들어 돕는 것이 마땅하다, 옳다는 뜻과 서로 도우니 화목하다는 뜻 *宜當(의당), 便宜(편의), 時宜適切(시의적절), 便宜施設(편의시설)
1	言 8획	誼	옳을 **의** 의논할 의	의논 의(議)와 마땅할 의(宜)의 합으로 마땅히 서로 의논하여 결정하는 것이 옳다는 뜻과 의논을 하여 의사를 존중하니 사이가 썩 좋다는 뜻 *友誼(우의), 情誼(정의), 厚誼(후의)
4	羊 7획	義	옳을 **의**	양 양(羊)과 나 아(我)의 합으로 我는 손 수(手)와 창 과(戈)의 합이다. 나쁜 늑대로부터 양을 지키려고 손에 창을 들듯이 약한 자를 도와 의협심을 발휘하는 의로움(옳음)이란 뜻과 친형제가 아닌 의리(義理)로 맺은 형제란 데서 진짜가 아니란 뜻이 있음 *義理(의리), 義俠心(의협심), 正義(정의), 主義(주의), 義捐金(의연금), 義務(의무), 義父(의부), 義齒(의치), 義足(의족), 義兄弟(의형제)

급수	부수	한자	훈 음	해 설
4	亻 13획	儀	거동 **의**	법식 례(例)와 옳을 의(義)의 합으로 사람으로서 마땅히 지킬, 도의(道義)상 이전부터 있어 오던 관례(慣例)로 행하는 의식이란 뜻과 의식을 갖추는 예의란 뜻 *儀禮(의례), 儀式(의식), 禮儀(예의), 儀仗隊(의장대), 葬儀(장의)
4.2	言 13획	議	의논 **의**	토론할 토(討)와 옳을 의(義)의 합으로 어떻게 하는 것이 옳은지를 토론한다는 뜻 *國會議員(국회의원), 議會(의회), 議論(의논), 議事堂(의사당), 議題(의제)
1	木 8획	椅	의자 **의**	나무 목(木)과 말 탈 기(騎)의 합으로 말을 타듯이 걸터앉게 만든 나무이니 의자란 뜻 *倚子(의자) *交椅(교의: 신주나 혼백상자를 모시는 의자)
4	疋 9획	疑	의심 **의** 두려울 **의**	비수 비(匕)와 화살 시(矢)와 창 모(矛)와 돌 필(疋)의 합으로 비수나 화살, 창 등을 가지고 주변을 빙빙 도니 자객인가 의심을 받는다는 뜻과 혹시 나를 해칠까 두렵다는 뜻 *疋: 감아 돌리는 필(匹)과 같이 돌아다닌 다는 뜻 *疑心(의심), 疑問(의문), 疑惑(의혹), 疑懼(의구)
1	手 14획	擬	비길 **의** 비슷할 **의**	본뜰 모(摸)와 의심 의(疑)의 합으로 진짜를 가리기 의심할 정도로 본떠 흉내를 내니 비슷하다는 뜻과 흉내 낸다는 뜻 *擬聲語(의성어), 擬態語(의태어), 模擬考査(모의고사)
6	酉 11획	醫	병 고칠 **의**	취할 취(醉)와 감출 혜(匸)와 화살 시(矢)와 헐 훼(毁)의 합으로 전쟁 중에 화살이 들어가 훼손된 데를 마취(痲醉)하고 빼내고 치료하여 고친다는 뜻 *醫員(의원), 醫術(의술), 醫藥(의약), 韓醫(한의), 醫藥分業(의약 분업)

급수	부수	한자	훈 음	해 설
1	殳 11획	毅	굳셀 **의**	죽일 살(殺)과 호걸 호(豪)와 끝 경(竟)의 합으로 호걸은 죽인다 해도 끝까지 굽히지 않고 의연하다는 뜻 *毅然(의연: 의지가 굳고 태도가 꿋꿋하며 단호하다) *剛毅(강의: 강직하고 꿋꿋함)
8	二 0획	二	두 **이**	가로 줄 둘을 그어놓은 지사 자 둘이란 뜻과 두 번이니 거듭이란 뜻과 같다(=)는 뜻으로도 쓰임 *二等(이등), 二重(이중), 二輪車(이륜차), 二律背反(이율배반)
2	貝 5획	貳	두 **이** 대신할 **이**	조개 패(貝)와 두 이(二)와 대신 대(代)의 합으로 돈을 헤아릴 때 변조를 막기 위해 대신으로 쓰는 갖은 자 2라는 뜻 *貳拾萬圓(이십만원), 壹貳參(일이삼)
3.2	己 0획	已	이미 **이** 그칠 **이** 너무 **이**	뱀 사(巳)는 몸이 너무 길어서 말고 있는 모양으로 길어지는 이야기를 중간에 끊고 그만 끝내니 그친다는 뜻과 끊어 끝냈으니 더 말할 필요 없다는 데서 '이미 지난'의 뜻 *已往之事(이왕지사), 不得已(부득이)
5	人 3획	以	써 **이**	올 래(來)와 갈 거(去))의 합으로 가고 오고 거래(去來)를 하는 데서 내 것이 감으로써 상대방 것을 얻어오듯이 어떤 목적 수단 원인으로 작용하여 일어나는 까닭으로, '~로써', ' ~를 함으로써'의 뜻 *以熱治熱(이열치열: 열로써 열을 치료한다) *以後(이후), 漢江以南(한강 이남), 以上(이상), 有史以來(유사 이래)
5	耳 0획	耳	귀 **이** 따름 **이**	귓바퀴가 늘어지고 가운데에 귓구멍이 그려진 상형 자로 귀란 뜻과 직접 본 것은 아니고 듣기만 하였다는 데서 뿐, 따름이란 뜻 *耳鳴(이명), 耳鼻咽喉科(이비인후과), 耳目口鼻(이목구비)

급수	부수	한자	훈 음	해 설
2人 인	心 5획	怡	기쁠 **이**	기쁠 열(悅)와 아이 밸 태(胎)의 합으로 아이가 생긴, 태기(胎氣)가 있다 하여 기뻐한다는 뜻 *台(기를 이: 합할 합(合)과 써 이(以)의 합으로 남녀가 합궁하여 아이가 생기니 기른다, 기쁘다는 뜻) *南怡(조선, 세조 때의 장수)
2人 인	玉 6획	珥	귀걸이 **이**	구슬 옥(玉)과 귀 이(耳)의 합으로 귀에 걸어 장식하는 구슬인 귀걸이란 뜻 *人名 字 (인명 자) *李 珥(이이: 조선 시대의 학자)
1	食 9획	餌	먹이 **이**	먹을 식(食)과 들을 문(聞)의 합으로 소문(所聞)을 듣고, 혹은 냄새를 맡고 찾아오라는 미끼가 되는 먹이란 뜻과 먹으면 좋다 고소문을 듣고 약으로 먹으며 치료하니 식이요법이 되고, 낚시용어로 약밥이라 함 *食餌療法 (식이요법) *好餌(호이: 좋은 미끼)
2地 지	亻 4획	伊	저 **이**	다를 타(他)와 다스릴 윤(尹)의 합으로 다스리는 사람이 지시하려고 이곳이 아닌 다른 곳에 있는 사람이나 물건을 지칭할 때 '그' 또는 '저'라는 3인칭 지시대명사, 또는 동작이나 상태를 형용하는 어조사임 *人名 字 (인명 자) *伊太利(이태리: "이탈리아"의 한자음 표기)
1	疒 6획	痍	상처 **이**	오랑캐 이(夷)와 자국(흔적) 흔(痕)의 합으로 오랑캐를 치러 갔다가 창에 긁힌 흔적, 자국인 상처란 뜻 *傷痍軍人, 滿身瘡痍 (상이군인, 만신창이)

급수	부수	한자	훈 음	해 설
1	弓 3획	弛	늦출 **이** 활부릴 **이** *本音(본음); 시	벌일 장(張)과 베풀 시(施)의 합으로 베풀려고 주머니의 끈을 벌려 풀어놓으니 느슨하다는 뜻과 활(弓)을 땅(地)에 내려놓으니 긴장이 풀린다, 느슨하게 풀어진다는 뜻 *弛緩(이완), 解弛(해이)
3	大 3획	夷	오랑캐 **이** 넓고 평평할 **이** 큰 활 **이**	큰 대(大)와 활 궁(弓)의 합으로 말을 타고 활을 쏘며 드넓은 만주벌인 대지(大地)를 내달리는 동쪽 오랑캐란 뜻과 큰 활이란 뜻 *東夷(동이), 夷狄(이적)
1	女 6획	姨	이모 **이**	계집 녀(女)와 오랑캐 이(夷)의 합으로 옛날에 오랑캐들이 전리품으로 잡은 여자는 죽이지 않고 첩으로 삼은 데서 유래된 자이나 어머니와 언니 동생 하는 여자 형제를 이모라 함 *姨母(이모), 姨母夫(이모부), 姨從四寸(이종사촌)
3	而 0획	而	말 **이** 을 **이**	윗 상(上)과 큰(길) 대(大)의 합으로 위에서 길게 아래로 늘어뜨린 모양으로 이어진다는 뜻. '그러나', '그리고', '그러면' 등의 말을 계속 이어가는 접속사로 쓰임 *似而非(사이비), 博而不精(박이부정), 形而上學(형이상학)
4	禾 6획	移	옮길 **이**	벼 화(禾)와 많을 다(多)의 합으로 벼를 모판에 빽빽이(많이) 싹을 내어 뽑아서 옮겨 심는 모내기에서 따온 자로 다른 데로 옮기다 뜻 *移轉(이전), 移動(이동), 移徙(이사), 轉移(전이), 移替(이체)

급수	부수	한자	훈 음	해 설
4	田 7획	異	다를 **이**	지경 계(界)와 함께 공(共)의 합으로 같은 지구에 공존(共存)하여 살고 있으나 세계(世界)는 인종, 문화와 언어 풍속 등이 제각기 다르다는 데서 특색 있게 서로 다르다는 뜻 *異國(이국), 異意(이의), 異色(이색), 異彩(이채), 異性(이성)
1	爻 10획	爾	너 **이** 가까울 **이** 어조사 **이** 오직 **이**	본받(사귈)을 효(爻)와 사랑 애(愛)의 합으로 사랑하는 사이끼리 사귈 때 서로 소통하여 부르는 '너', 여보. 당신이라는 뜻과 가까운 사람 부르는 소리이니 가깝다는 뜻 이렇게 저렇게 하여 변하게 되니 그러하다 '그렇고 그런...'의 뜻과 오직 당신뿐이라 하여 오직, 뿐이란 뜻 *爾餘(이여: 그 나머지 그 밖) *爾後(이후: 그 후), 爾爾(이이: 그러함) *爻: 사귀다, 본받다, 변하다, 형상, 괘 이름
4.2	皿 5획	益	더할 **익**	그릇 명(皿)과 물 수(水)의 합으로 그릇에 물을 옆으로 기울이고 붓고 있는 모양으로 더하다, 더 많아지니 이익이라는 뜻 *利益(이익), 益鳥(익조), 有益(유익), 益者三友(익자삼우)
3.2	羽 11획	翼	날개 **익** 도울 **익**	깃 우(羽)와 다를 이(異)의 합으로 좌 우 양쪽에서 서로 다른 방향의 사상을 가진 날개란 뜻과 양쪽에서 돕는다는 뜻 *右翼(우익), 左翼(좌익), 右翼團體(우익단체)
1	羽 5획	翌	다음날 **익**	익힐 습(習)과 다툴 경(競)의 합으로 연습(練習)을 한 다음이란 데서 경기(競技)를 하는 다음날이란 뜻 *翌日(익일), 翌年(익년), 翌朝(익조)

급수	부수	한자	훈 음	해 설
2人 인	羽 5획	翊	도울 **익**	날개 익(翼)과 나란히 병(竝)의 합으로 날개처럼 나란히 옆에 붙어서 오른팔, 왼팔이 되어 돕는다는 뜻 *翊戴(익대: 군주로 받들어 도움) *翊贊(익찬: 군주의 정치를 도움)
8	人 0획	人	사람 **인**	고문에는 두 발로 걷는 사람의 형상이었으나 서체의 형식에 따라 삐침과 파임의 두 획으로 안정감 있게 처리한 것인데 마치 서로 기대고 의지하며 살아야 하는 사회적 동물인 사람이라고 비유하기도 함 *人間, 人類, 人格, 人性, 人品, 人才 인간 인류 인격 인성 인품 인재
4	亻 2획	仁	어질 **인**	사람 인(亻)과 두(같을) 이(二)의 합으로 二는 같다는 등호(=)이다. 짐승 같지 않고 사람 같은 윤리 도덕이 있는 인간다운, 인간적인, 인간애가 있는 휴머니즘으로 어질다는 뜻 *仁者, 仁慈, 仁術, 仁者無敵 인자 인자 인술 인자무적
2	刀 1획	刃	칼날 **인**	칼 도(刀)와 표 점 주(丶)의 합으로 칼의 날카로운 부분을 점을 찍어 표시한 칼날이란 뜻 *刃傷, 白刃(백인: 번득이는 칼날) 인상
3.2	心 3획	忍	참을 **인**	칼날 인(刃)과 마음 심(心)의 합으로 칼날을 심장에 갖다 대며 '꼼짝 말라' 하면 참아야 한다는 뜻 *忍耐, 忍苦, 忍辱, 殘忍, 忍之爲德 인내 인고 인욕 잔인 인 지 위 덕
1	革 9획	靭	질길 **인**	가죽 혁(革)과 참을 인(忍)의 합으로 가죽처럼 끈질기게 버티며 찰 참으니 몹시 질기다는 뜻 *靭帶, 强靭 인대 강인

급수	부수	한자	훈 음	해 설
4.2	言 7획	認	알 **인** 알아줄 **인** 발견할 **인**	알 식(識)과 참을 인(忍)의 합으로 참다 보면 언젠가는 알아준다는 데서 진가를 알아준다, 사물을 바르게 안다, 뒤늦게 발견한다는 뜻 *認識(인식), 認可(인가), 認定(인정), 認證(인증), 確認(확인)
4.2	弓 1획	引	당길 **인**	활 궁(弓)과 뚫을 곤(丨)의 합으로 활에 화살을 걸어 끌어당긴다는 뜻 *引上(인상), 引用(인용), 引率(인솔), 引揚(인양), 牽引(견인), 引繼(인계)
1	虫 4획	蚓	지렁이 **인**	뱀 사(蛇)와 끌 인(引)의 합으로 뱀처럼 긴 몸을 끌어당기며 기어 다니는 지렁이란 뜻 *蚯蚓(구인: 지렁이)
4.2	卩 4획	印	도장 **인** 나라이름 **인**	책 권(卷)과 다툴 쟁(爭)의 합으로 책이나 문서에 대한 소유권 등의 분쟁을 피하려고 찍는 도장이란 뜻과 확실한 증표로 삼다, 입을 막다, 도장을 찍는다는 뜻 *나라 이름, 印度(인도), 印尼(인니)(인도네시아) *印章(인장), 印刷(인쇄), 捺印(날인), 印朱(인주), 印鑑(인감), 印度(인도)
5	口 3획	因	인할 **인** 원인 **인**	돌 회(回)와 하늘 천(天)의 합으로 전생에서 돌고 돌아 다시 만나는 하늘이 맺어준 인연이란 뜻에서 자기가 지은 업보에 따라 일어나는 원인이란 뜻 *因果(인과), 因緣(인연), 原因(원인), 因習(인습), 因數分解(인수분해)
3	女 6획	姻	혼인 **인**	결혼 혼(婚)과 인연 인(因)의 합으로 인연을 만나 결혼을 한다는 뜻 *姻戚(인척), 婚姻(혼인)

급수	부수	한자	훈 음	해 설
1	口 6획	咽	목구멍 **인** 삼킬 **연** 막힐 **열**	울 명(鳴)과 인할 인(因)의 합으로 울림으로 인하여 소리를 내는 울대가 있는 목구멍이란 뜻과 슬피 우니, 목이 막힌다는 뜻과 목구멍으로 음식을 삼킨다는 뜻 *咽喉(인후), 咽頭(인두), 耳鼻咽喉科(이비인후과), 嗚咽(오열)
3	宀 8획	寅	범 **인** 지지 **인**	해칠 해(害)와 누를 황(黃)의 합으로 경계의 색인 노란색 또는 누런색의 털가죽을 가진 산짐승으로 성질이 사나워 사람도 해치는 무서운 동물인 호랑이란 뜻과 두려우니 삼간다는 뜻과 범은 산 중 왕이니 공경한다는 뜻과 12 지의 셋째로 방향은 동북, 정월을 뜻함 *寅方(인방), 寅年(인년), 寅時(인시: 오전 3시~5시)
1	水 9획	湮	사라질 **인**	사라질 소(消)와 연기 연(煙)의 합으로 연기처럼 사라져 흔적이 없어졌다는 뜻 *湮滅(인멸: 오래되어 자취가 묻히어 없어짐) *湮沒(인몰: 깊숙이 숨음. 흔적도 없이 사라짐)
8	一 0획	一	한 **일** 첫째 **일** 온통 **일**	하나를 가리키는 지사 자(指事字)로 하나, 첫째, 하나같이 등의 뜻 *一致團結(일치단결), 一絲不亂(일사불란), 一片丹心(일편단심), 一心同體(일심동체)
2	士 9획	壹	한 **일** 모두 **일** 한결같이 **일**	목숨 수(壽)와 어찌 기(豈))의 합으로 목숨이 누구나 모두 하나같이 어떻게든(어떤 방법으로든) 한 번은 죽는다고 할 때 한 번이란 뜻과 오직 한 번이니 한 가지에 전념하다. 전념하니 정성껏 이란 뜻이 되어 일의 갖은 자로 쓰임 *壹百萬圓(일 백 만 원)

급수	부수	한자	훈 음	해 설
1	亻 5획	佚	편안할 **일** 숨을 **일** 달아날 **일**	속세 속(俗)과 잃을 실(失)의 합으로 실직(失職), 벼슬을 잃고 속세를 빠져나오니 편안하다, 은거하여 숨어 산다는 뜻으로 숨을 일(逸)과 같이 쓰임 *佚(逸)女(일녀: 뛰어난 미녀) *佚民(일민: 세상을 등진 사람) *佚樂(일락: 편안하게 즐김)
3.2	辶 8획	逸	편안 **일** 숨을 **일** 달아날 **일** 뛰어날 **일**	토끼 토(兎)와 달아날 도(逃)의 합으로 토끼가 발 빠르게 달아나다, 숨다, 편안하다, 달리기에 뛰어나다는 뜻 *逸脫(일탈), 逸走(일주), 逸話(일화), 安逸(안일) *逸品(일품: 뛰어난 물품)
2人(인)	亻 6획	佾	춤출 **일** 줄 춤 **일**	아우를 병(併)과 여덟 팔(八)과 무리 붕(朋)의 합으로 고대 중국의 주나라 때 잔치를 열면 규정을 정해두고 천자는 가로, 세로 여덟 명씩 대부는 가로, 세로 여섯 명씩 아울러 무리 지어 줄을 서서 추는 춤이란 뜻 *八佾舞(팔일무)
8	日 0획	日	해 **일**	중앙에 주인 주(主)의 표 점을 찍어 우주의 중심이 되는 둥근 태양이란 뜻과 해가 떠있는 동안의 날이란 뜻 *日出(일출), 日沒(일몰), 日月(일월), 日氣(일기), 日記(일기)
1	水 10획	溢	넘을 **일**	물 수(氵)와 더할 익(益)의 합으로 물을 더 붓다가 넘는다는 뜻 *海溢(해일), 腦溢血(뇌일혈)
2人(인)	金 10획	鎰	금의 무게 이름 **일**	쇠 금(金)과 더할 익(益)의 합으로 저울을 하나씩 더 얹어가며 금의 무게를 재는 단위란 뜻 *鎰(일)=24兩(양)

급수	부수	한자	훈 음	해 설
3.2	士 1획	壬	천간 **임** 북방 **임**	병사 사(士)와 일천 천(千)의 합으로 오랑캐의 침입이 잦아서 수천의 병사들을 보내는 북방이란 뜻과 수나 양이 많다는 뜻과 많은 물을 뜻하는 아홉째 천간이란 뜻 *壬午(임오), 壬辰倭亂(임진왜란)
5	亻 4획	任	맡길 **임**	믿을 신(信)과 북방 임(壬)의 합으로 북방의 수비를 믿고 맡긴다는 뜻 *任命(임명), 任務(임무), 委任(위임), 任期(임기), 任用(임용)
3	貝 6획	賃	품삯 **임**	맡길 임(任)과 조개 패(貝)의 합으로 맡긴 대가로 지급하는 돈인 품삯이란 뜻 *賃金(임금), 賃貸(임대), 賃借(임차), 工賃(공임), 無賃乘車(무임승차)
2	女 4획	妊	아이 밸 **임**	계집 녀(女)와 맡을 임(任)의 합으로 여자가 맡은 임무는 아이를 낳아 기르는 임신이란 뜻 *妊娠(임신), 妊産婦(임산부), 避妊(피임)
7	入 0획	入	들 **입**	사람 인(人)의 머리를 꺾어 구부린 모양으로 옛날엔 문이 낮아 머리를 숙이고 들어간다는 뜻 *入門(입문), 入山(입산), 入學(입학), 入社(입사), 大入(대입)
1	刀 10획	剩	남을 **잉**	이로울 이(利)와 탈 승(乘)의 합으로 원금 위에 이자(利子)를 덤으로 더 얹어 주니 본전에서 남은 이익이란 뜻과 나머지 남는 것이란 뜻 *剩餘(잉여: 쓰고 남은 나머지) *剩語(잉어: 쓸데없는 말)

급수	부수	한자	훈 음	해 설
1	子 2획	孕	아이 밸 **잉**	아들 자(子)와 이에 내(乃)의 합으로 아기를 배어 배가 불룩하니 아이를 뱄다는 뜻 *孕胎(잉태: 임신함)
7	子 0획	子	아들 **자**	마칠 료(了)와 세대 세(世)의 합으로 일생을 마치면 세대를 이어갈 아들이란 뜻과 식물의 씨앗이나 동물의 새끼란 뜻과 자손처럼 어떤 학설을 낳은 선생이나 자손이 대를 잇듯이 그 학설을 이어가는 제자란 뜻의 부수자 *지지(地支)로는 자정을 뜻하고 밤에 활동하는 쥐새끼란 뜻 *子息(자식), 子孫(자손), 子宮(자궁), 子音(자음), 子婦(자부), 孔子(공자), 孟子(맹자)
1	亻 2획	仔	자세할 **자**	같을 사(似)와 아들 자(子)의 합으로 새끼같이 자잘하다 작다. 꼼꼼하다, 자세하다는 뜻 *仔細(자세), 仔詳(자상: 꼼꼼하고 세밀함)
7	子 3획	字	글자 **자** 기를 **자** 사랑할 **자**	아들 자(子)와 집 가(家)의 합으로 자식이 결혼하여 가정을 가지면 본이름 대신 좋은 뜻을 가진 이름을 다시 붙여주는 자란 뜻과 뜻을 담은 글자란 뜻과 가정에서 자식을 기르다, 사랑한다는 뜻 *예: 제갈량의 자는 '공명'이고, 공자의 자는 '중니' *文字(문자), 漢字(한자), 英字(영자)
7	自 0획	自	스스로 **자** ~부터 **자**	삐침 별(丿)과 눈 목(目)의 합으로 삐침 획은 붓을 끌어내린다는데서 눈금이나 그물(罒)의 코에 걸어 끌어내니 저절로(스스로) 따라 나온다는데서 '스스로'란 뜻과 '~부터'란 뜻 *自古로: 예로부터 *自己(자기), 自由(자유), 自動(자동), 自然(자연), 自治(자치), 自信(자신)

급수	부수	한자	훈 음	해 설
4	女 5획	姉	누이 **자**	아가씨 낭(娘)과 망할 망(亡)과 수건 건(巾)의 합으로 옛날에 아가씨들이 나들이 때 장옷을 덮어쓰고 사내들이 훔쳐 볼까봐 얼굴을 감춘 모양으로 다 큰 처녀인 큰 애기란 뜻 *姉妹, 姉兄 자매 자형
3	刀 6획	刺	찌를 **자** 깎아낼 **자** 수라 **라**	새길 각(刻)과 책문 책(策)의 합으로 책문에 먹물을 넣어 글자를 새기려고 찌른다는 뜻과 찔러 해칠 계획을 하는 자객이란 뜻과 몰래 해치려고 음식에 독을 넣었는지 놋쇠로 된 자를 찔러 넣어 반응을 보는 임금의 진지인 수라(水刺)란 뜻 *刺字, 刺客, 刺傷, 諷刺, 刺繡, 刺戟 자자 자객 자상 풍자 자수 자극
1	火 4획	炙	구울 **자** 구울 **적**	불 火와 고기 육(肉)의 합으로 불 위에 고기를 얹어 굽는다는 뜻 *膾炙(회자: 널리 사람의 입에 오르내림) *炙鐵(적철: 석쇠), 散炙(산적)
6	耂 5획	者	놈 **자** 것 **자**	생각할 고(考)와 흰(밝힐) 백(白)의 합으로 깊이 생각하여 세상의 이치를 밝힌 학자들이란 데서 이놈, 저놈이란 뜻과 이것, 저것이란 뜻 *前者, 患者, 讀者, 富者, 加害者 전자 환자 독자 부자 가해자
1	火 9획	煮	삶을 **자**	불 화(灬)발과 놈 자(者)의 합으로 깊이 생각한 제자백가(諸子百家)의 사상을 우려먹듯이 국물을 우려내려고 고기나 뼈를 불 위에 얹어놓고 오래 끓인다, 삶는다, 곤다는 뜻 *煮沸(자비: 부글부글 끓음) *煮醬(자장: 장조림)

급수	부수	한자	훈 음	해 설
4	貝 6획	資	재물 **자**	바탕 질(質)과 버금(다음) 차(次)의 합으로 차차(이다음) 바탕(밑천)이 되어 요긴하게 쓰일 재산 가치가 있는 재물이란 뜻 *資本金, 資質, 資格, 資産, 資料 자본금 자질 자격 자산 자료
4	女 6획	姿	모양 **자** 꾸밀 **자**	아내 처(妻)와 재물 자(資)의 합으로 자질(資質)을 갖춘 처첩(妻妾)의 성품이나 소질에서 풍기는 다듬어진 모양이란 뜻과 모양을 내려고 꾸민다는 뜻 *姿態, 姿色, 姿勢 자태 자색 자세
3	心 6획	恣	방자할 **자** 제멋대로할 **자**	모양 태(態)와 모양 자(姿)의 합으로 첩이 한껏 모양을 내어 자태를 자랑하며 왕의 사랑을 받으니 태도가 오만하다, 무서울 것이 없는 듯이 제멋대로 행동한다는 뜻 *放恣, 恣意, 恣行 방자 자의 자행
1	瓦 6획	瓷	사기그릇 **자**	독 옹(甕)과 모양 자(姿)의 합으로 옹기에 예쁘게 색이나 모양을 내어 구워낸 그릇이란 뜻 *靑瓷, 瓷器, 陶瓷器 청자 자기 도자기
2	言 9획	諮	물을 **자**	평할 평(評)과 물을 자(咨)의 합으로 물품(物品)이나 인품(品)이 자질(資質)이 있는지의 평가를 전문가에게 묻는다는 뜻 *咨(물을 자: 재물 자(資)와 물을 문(問)) *諮問(자문: 전문가에게 의견을 물음)
3	++ 6획	茲	이 **자** 돗자리 **자** 불을 **자**	싹 묘(苗)와 작을 요(幺)의 합으로 어린싹이 내미는 모양으로 여기다 물을 주고 해야 하는 여기 '이'란 뜻과 실처럼 꼬아 짜서 깔아놓은 돗자리란 뜻 *茲茲(자자: 초목이 증식하는 모양) *玄부의 검을 자(玆)와 다름에 주의 현

급수	부수	한자	훈 음	해 설
2人 인	水 9획	滋	불을 **자**	물 수(氵)와 이 자(玆)의 합으로 여기(이)에 물을 주어 어린싹을 길러 자라게 한다는 뜻과 더 키우니 불린다는 뜻 *滋養分 자양분 *滋雨(자우: 생물에게 혜택을 주는 비)
3.2	心 9획	慈	사랑 **자**	사랑 애(愛)와 불릴 자(滋)의 합으로 어린 생물에게 젖을 주고 자양분을 주어 길러주는 사랑하는 마음이란 뜻 *慈悲, 慈善, 仁慈 자비 자선 인자 *慈堂(자당: 남의 어머니를 높여 부름)
2	石 9획	磁	자석 **자**	사랑 자(慈)와 돌 석(石)의 합으로 어린 젖먹이가 매달리듯이 작은 쇳가루가 달라붙는 성질이 있는 돌인 자석이란 뜻 *磁石, 磁氣場, 磁針, 磁場 자석 자기장 자침 자장
3	糸 6획	紫	자주 빛 **자**	흴 소(素)와 섶나무 시(柴)의 합으로 하얀 피부에 섶나무 회초리 맞은 피멍의 자국이 자주빛이란 뜻 *紫朱, 紫外線, 紫水晶, 紫霞門 자주 자외선 자수정 자하문
1	疒 6획	疵	흠 **자** 오점 **자**	흔적 흔(痕)과 자주 자(紫)의 합으로 피멍의 자국인 자주색 흔적으로 흠, 오점이란 뜻 *瑕疵, 瑕疵補修 하자 하자보수
2	隹 6획	雌	암컷 **자**	새 추(隹)와 섶나무 시(柴)의 합으로 잔가지가 빽빽한 섶나무에 둥지를 틀고 알을 품는 새인 암컷이란 뜻 *雌雄, 雌性, 雌花 자웅 자성 자화

급수	부수	한자	훈 음	해 설
1	++ 11획	蔗	사탕수수 **자**	풀 초(草)와 뭇 서(庶)의 합으로 빽빽하게 무리로 자라는 설탕의 원료가 되는 초목(草木)인 사탕수수란 뜻 *蔗霜(자상: 흰 설탕), 甘蔗(감자: 사탕수수) *蔗境(자경: 점점 재미있어짐)
1	++ 14획	藉	친경할 **적** 깔개 **자** 빙자할 **자**	천거할(드릴) 천(薦)과 밭갈 경(耕)과 빌릴 차(借)의 합으로 조선 초, 임금이 조상의 제사에 드릴 곡식을 마련하기 위해서라 하기도 하고, 땅을 빌려주고 농업을 권장하려고 라고도 하고 아무튼 왕이 직접 밭을 가는 의식으로 그 소문이 쫘~악 깔리니 칭찬이 자자(藉藉)하다는 뜻과 소문이 깔리듯이 깔고, 그것을 빙자하여 구실을 삼는다는 뜻과 구실 삼으니 핑계한다는 뜻 *慰藉料, 憑藉, 狼藉, 藉藉, 藉田 위자료 빙자 낭자 자자 적전
1	隹 3획	雀	참새 **작**	새 추(隹)와 작을 소(小)의 합으로 몸집이 작은 새인 참새란 뜻 *燕雀, 孔雀 연작 공작 *雀躍(작약: 기뻐서 폴짝폴짝 뜀)
1	鳥 8획	鵲	까치 **작**	새 조(鳥)와 애석할 석(惜)의 합으로 견우직녀의 애석(哀惜)한 한을 풀어준 새인 까치란 뜻 *鵲報(작보: 기쁜 소식) *鵲語(작어: 까치소리)
1	火 3획	灼	사를 **작**	작약 작(芍)과 달굴 련(煉)의 합으로 작약 꽃처럼 새빨갛게 달아오른 불이란 뜻 *灼熱(작열: 불이 새빨갛게 달아오름)

급수	부수	한자	훈 음	해 설
1	勹 1획	勺	구기 **작**	쌀 포(勹)와 하나 일(一)의 합으로 일정(一定)한 양(한 홉의 십분의 일)을 담을 수 있는 감싸듯이 오목한 그릇, 계량컵이란 뜻 *구기: 술이나 기름 등을 뜰 때 쓰는 자루 달린 기구로 국자보다 작음 *勺水不入(작수불입: 한 모금의 물도 마시지 못한다는 뜻으로 음식을 조금도 먹지 못함)
1	++ 3획	芍	함박꽃 **작**	꽃 화(花)와 구기 작(勺)의 합으로 국자(함지박)처럼 꽃송이가 큰 꽃인 함박꽃이란 뜻 *함박: 함지박의 준말 *芍藥(작약)
3	酉 3획	酌	따를 **작** 짐작할 **작**	술 주(酒)와 구기 작(勺)의 합으로 오목한 술잔에 술을 나누어 붓는다, 따른다는 뜻과 넘지 않게 알맞게 혹은 취하지 않게 주량을 짐작한다는 뜻 *酌婦(작부), 酬酌(수작), 斟酌(짐작), 參酌(참작), 無酌定(무작정)
6	日 5획	昨	어제 **작**	때 시(時)와 잠깐 사(乍)의 합으로 잠깐 사이 지나간 때를 말할 때 어제 같았는데 하는 바로 그 하루밖에 안 지난 어제란 뜻 *乍(잠깐 사: 망할 망(亡)과 아래 하(下)의 합으로 맹자 '공손추' 장에 젖먹이가 모르고 우물에 떨어지려는 것을 보자 바로 별안간 벌떡 일어서 구한다는 데서 잠시 사이, '갑자기'의 뜻 *昨日(작일), 昨年(작년), 再昨年(재작년)
1	火 5획	炸	터질 **작** 튀길 **작**	터질 폭(爆)과 지을 작(作)의 합으로 폭발물을 만들어 터트린다는 뜻 *炸裂(작렬: 폭발물 따위가 터져서 산산이 퍼짐)

급수	부수	한자	훈 음	해 설
6	亻 5획	作	지을 **작** 일어날 **작**	거짓 가(假)와 잠깐(갑자기) 사(乍)의 합으로 갑자기 일어난 생각을 적어 글을 짓는다는 데서 가상(假想)으로 꾸며 만들어 낸다는 뜻과 생각이 떠오르듯 일어난다는 뜻 *創作(창작), 工作(공작), 作品(작품), 作業(작업), 作文(작문), 作曲(작곡), 作心(작심)
1	糸 8획	綽	너그러울 **작** 침착할 **작**	등급 급(級)과 높을 탁(卓)의 합으로 성적이나 등급이 탁월(卓越)하여 여유가 있다, 여유 있으니 너그럽다는 뜻 *綽綽(작작: 언행이나 태도가 여유 있는 모양) *餘裕(여유)綽綽(작작)
3	爪 14획	爵	벼슬 **작** 술잔 **작**	손톱(부리) 조(爪)와 관청 서(署)와 어질 량(良)과 봉할 봉(封)의 합으로 옛날에 양가(良家)의 계급(등급)을 봉할 때 서명(署名)을 한 참새 부리 모양의 술잔을 신표로 주었던 데서 귀족의 벼슬이란 뜻과 술잔이란 뜻 *公爵(공작)(侯(후), 佰(백), 子(자), 男(남)), 爵位(작위), 高官大爵(고관대작)
1	口 18획	嚼	씹을 **작** 맛 볼 **작**	맛 미(味)와 술잔 작(爵)의 합으로 술잔의 술을 맛보듯이 씹다, 물다(깨물다)는 뜻 *咀嚼(저작: 음식을 씹음)
4	歹 8획	殘	남을 **잔** 잔인할 **잔** 상할 **잔**	죽을 사(死)와 해할(쌓일) 잔(戔)의 합으로 전쟁이 휩쓸고 난 뒤, 죽은, 시체가 쌓인 모양으로 차마 못 볼 만큼 잔인하다는 뜻과 전쟁은 끝나도 할퀸 상처는 남았다는 뜻 *殘餘(잔여), 殘高(잔고), 殘金(잔금), 殘忍(잔인), 殘虐(잔학)

급수	부수	한자	훈 음	해 설
1	木 8획	棧	사다리 **잔** 잔도 **잔**	사다리 제(梯)와 남을(쌓일) 잔(殘)의 합으로 높은 벼랑이나 절벽에 긁어 파내어 사다리처럼 층계를 내어 층층이 쌓은 길이란 뜻과 발 디딜 선반을 매달아 엮어서 만들어놓은 길이란 뜻 *棧橋(잔교), 棧道(잔도)
1	皿 8획	盞	잔대 **잔**	소반 반(盤)과 사다리 잔(棧)의 합으로 잔도처럼 밑을 안전하게 받치는 그릇으로 술잔을 얹어 받치는 굽이 높은 잔대란 뜻 *盞臺(잔대), 燈盞(등잔)
1	竹 9획	箴	바늘 **잠** 잠언 **잠**	대 죽(竹)과 다 함(咸)의 합으로 죽간(竹簡)에 먹물을 찔러 글자를 새기듯이 다 같이 잊지 말고 가슴 깊이 새겨 경계한다는 뜻과 새기려고 먹물을 찌르는 바늘이란 뜻 *箴言(잠언), 箴諫(잠간), 箴戒(잠계)
3.2	日 11획	暫	잠시 **잠**	때 시(時)와 벨 참(斬)의 합으로 참수(斬首)를 하려는 그때, 잠시 멈추시오 하는 모양으로 짧은 시간인 잠시, 잠깐만이란 뜻 *暫時(잠시), 暫間(잠간), 暫定(잠정), 暫許(잠허)
3.2	水 12획	潛	잠길 **잠**	수영 영(泳)과 잠시 잠(暫)과 이미 기(旡)의 합으로 旡는 고개를 돌리고 이미 배불러 안 먹겠다고 밀어내는 모양이니 수영을 할 때 잠깐(暫間)씩 고개를 좌우로 돌리고, 숨을 내쉬며 자맥질하는 모양으로 물속에 들어가 잠긴다는 뜻 *潛水(잠수), 潛迹(잠적), 潛伏(잠복), 潛水艦(잠수함), 潛望鏡(잠망경)
1	竹 12획	簪	비녀 **잠**	바늘 잠(箴)과 잠길 잠(潛)의 합으로 머리카락 속으로 찔러 넣어 푹 잠기게 꽂아 넣는 비녀란 뜻 *簪笏(잠홀), 玉簪(옥잠), 翡翠簪(비취잠)

급수	부수	한자	훈 음	해 설
2	虫 18획	蠶	누에 **잠**	벌레 충(蟲)과 잠길 잠(潛)의 합으로 고치를 지어 그 속에 몸을 감추어 잠적하는 벌레인 누에란 뜻 *養蠶(양잠), 蠶室(잠실), 蠶農(잠농)
4	隹 10획	雜	섞일 **잡**	모을 집(集)과 졸병 졸(卒)의 합으로 졸개들이 오합지졸로 여기저기서 모여들어서 섞였다는 뜻과 섞이니 혼잡하다는 뜻 *混雜(혼잡), 雜談(잡담), 雜穀(잡곡), 雜草(잡초), 雜音(잡음), 雜念(잡념)
3.2	一 2획	丈	어른 **장** 길이의 단위 **장** **길, 사람의 키**	위 상(上)과 손 우(又)의 합으로 손 위인 연배가 나보다 많은 어른이란 뜻과 손을 위로 뻗어서 잰 길이, 10尺(척)이란 뜻과 열 길 물속 할 때의 어른 키로 잰 길이 '길'의 뜻 *丈家(장가), 大丈夫(대장부), 女丈夫(여장부), 丈母(장모) *春府丈(춘부장: 남의 아버지를 높이어 이르는 말, 椿堂(춘당))
1	木 3획	杖	지팡이 **장**	나무 목(木)과 어른 장(丈)의 합으로 노인장(어르신)이 짚는 나무인 지팡이란 뜻 *棍杖(곤장: 회초리와 긴 막대) *杖朞(장기: 상례에서 지팡이를 짚고 삼베로 지은 상복을 1년 동안 입던 거상)
1	亻 3획	仗	의장 **장**	거동 의(儀)와 지팡이 장(杖)의 합으로 의식(儀式)을 행할 때 지휘봉 같이 잡는 막대란 뜻 *儀仗(의장: 의식 때 쓰이는 무기나 깃발) *兵仗器(병장기), 儀仗隊(의장대)

급수	부수	한자	훈 음	해 설
4	士 4획	壯	굳셀 **장** 장정 **장** 왕성할 **장**	병사 사(士)와 조각 장(爿)의 합으로 爿은 쪼갠 나무로 파죽지세(대나무를 쪼개는 기세)처럼 걷잡을 수 없이 사기가 뻗치는 병사가 씩씩하다는 뜻과 기운찬 한 창 나이의 장정이란 뜻과 장정처럼 혈기가 왕성하다는 뜻 *壯士(장사), 壯丁(장정), 壯年(장년), 壯談(장담), 壯元(장원), 壯烈(장렬)
3.2	++ 7획	莊	장엄할 **장** 별장 **장** 성씨 **장**	풀 초(草)와 장할 장(壯)의 합으로 드넓은 초원(草原)이 웅장(雄壯)한 장원(莊園)이란 뜻과 장원의 드넓은 모양이 장엄하다는 뜻 *莊園(장원; 중세 봉건시대 토지 소유의 형태) *莊嚴(장엄), 莊重(장중), 別莊(별장), 山莊(산장), 莊級旅館(장급여관)
4	衣 7획	裝	꾸밀 **장**	겉 표(表)와 장엄할 장(莊)의 합으로 칼을 차고 씩씩함을 겉으로 드러내듯이 무장을 한다는 뜻과 칼을 차듯이 장신구를 차고 보기 좋게 겉을 꾸민다는 뜻 *裝身具(장신구), 裝備(장비), 武裝(무장), 服裝(복장), 包裝(포장), 裝置(장치)
4.2	寸 8획	將	장수 **장** 장차 **장** 나아갈 **장** 기를 **장**	인도할 도(導)와 씩씩할 장(壯)과 바랄 망(望)의 합으로 기질이 씩씩함을 보니 장차 지도자(指導者)가 될 희망이 있다 하여 부하를 이끄는 장수란 뜻과 장차, 장래에란 뜻 *將帥(장수), 將校(장교), 將軍(장군), 將棋(장기), 將來(장래), 將次(장차)
4	大 11획	獎	장려할 **장**	큰 대(大)와 장차 장(將)의 합으로 장차(將次) 큰 일을 하라고 권하고 도와준다는 뜻 *獎勵(장려), 獎學金(장학금), 獎學官(장학관)

급수	부수	한자	훈 음	해 설
2人 인	艹 11획	蔣	줄 **장** 성씨 **장**	풀 초(草)와 장려할 장(奬)의 합으로 장려하여 도와주니 앞으로 죽죽 뻗어가는 줄(띠) 풀이나 덩굴풀이란 뜻과 나라 이름 장 *蔣茅(장모: 띠 풀) *蔣介石(장개석: 대만의 정치 지도자)
1	水 11획	漿	미음 **장**	물 수(水)와 장차 장(將)의 합으로 오래 끓여 장차 물처럼 마실 수 있도록 끓인 묽은 죽인, 미음이란 뜻 *漿果(장과: 감이나 포도처럼 살과 물이 많은 열매) *漿水(장수: 오래 끓인 좁쌀 미음)
1	酉 11획	醬	젓갈 **장**	술 주(酒)와 장차 장(將)의 합으로 술을 담듯이 콩이나 생선 등을 소금물에 담가 오래 두었다가 장차 발효되면 먹는 된장이나 젓갈이란 뜻 *醬油(장유: 간장), *醬太(장태: 메주콩) *醬滓(장재: 된장)
8	長 0획	長	길 **장** 늘일 **장** 어른 **장** 장점 **장**	늙을 로(老)와 아래로 축 축 늘어진 가지의 늙은 소나무인 낙락장송이란 데서 '오래'란 뜻과 긴 세월의 '길다'는 뜻과 오래된 연장자인 '어른'이란 뜻과 모자라는 단점(短點)에 상대한 '장점'의 뜻으로 쓰임 *長久(장구), 長身(장신), 長官(장관), 院長(원장), 長點(장점), 成長(성장)
4	弓 8획	張	펼 **장** 넓힐 **장** 성씨 **장**	끌 인(引)과 긴 장(長)의 합으로 길게 끌어당겨 넓힌다는 뜻과 접었던 부분을 열어 한 장씩 펼치는 책장이란 뜻 *擴張(확장), 誇張(과장), 伸張(신장), 張力(장력), 冊張數(책장 수)

급수	부수	한자	훈 음	해 설
4	巾 8획	帳	장막 **장**	베 포(布)와 펼 장(張)의 뜻으로 포목(布木)을 넓게 펴서 둘러치는 장막이란 뜻과 장막처럼 접었다, 폈다 하는 통장이란 뜻 *帳幕(장막), 布帳(포장), 帳簿(장부), 預金通帳(예금통장)
6	立 6획	章	글 **장** 드러낼 **장** 도장 **장**	설(나타낼) 립(立)과 글 서(書)와 끝 졸(卒)의 합으로 글을 다 쓴 뒤, 끝에 자신을 드러내 세우려고 찍는 도장이란 뜻과 생각이나 사상을 담은 글이란 뜻과 글로 드러낸다는 뜻 *文章(문장), 憲章(헌장), 圖章(도장), 勳章(훈장)
4.2	阜 11획	障	막을 **장**	막을 방(防)과 글(드러낼) 장(章)의 합으로 글을 쓰려는데 막힌다, 막는다는 뜻과 완결된 문장이나 악장과 악장은 사이를 띄어 막는다는 뜻 *障害(장해: 일을 하는데 거치적거리며 해로움) *障壁(장벽), 障害(장해), 故障(고장), 支障(지장), 安全保障(안전보장)
1	犭 11획	獐	노루 **장**	사로잡을 획(獲)과 글 장 장(章)이 합으로 잡아다가 털을 뽑아서 문장(文章)을 쓰는 붓을 만드는데 쓰이는 짐승인 노루란 뜻 *獐角(장각: 노루의 어린 뿔)
2人(인)	木 11획	樟	녹나무 **장** 장뇌 **장**	나무 목(木)과 막을 장(障)의 합으로 벌레의 접근을 막는 방충제나 방향제로 쓰이는 나무란 뜻 *樟腦(장뇌: 장목(樟木)을 증류하여 얻은 백색 결정, 향료 방충제 방취제로 쓰임)
2人(인)	玉 11획	璋	홀 **장**	구슬 옥(玉)과 글장 장(章)의 합으로 아들을 낳은 경사를 뜻하는 장식품으로 문장을 잘 쓰라는 뜻이 있는 비취옥으로 된 장난감인 홀이란 뜻 *人名 字(인명 자) *弄璋之慶(농장지경)

급수	부수	한자	훈 음	해 설
3.2	++ 9획	葬	장사지낼 **장**	없을 막(莫)과 죽을 사(死)의 합으로 죽은 이를 땅에 묻어 없는 듯이 보이지 않게 감춘다는 뜻 *葬事(장사), 葬儀(장의), 葬禮(장례), 埋葬(매장), 火葬(화장)
1	匚 4획	匠	장인 **장**	상자 방(匚)과 도끼 근(斤)의 합으로 옛날 나무로 상자 궤짝 등을 만드는 도끼를 든 목수란 뜻과 온갖 것을 만드는 기술자를 뜻함 *本字(본자)는 斤(근)대신 工(공)을 넣어 썼었음 * 匠人(장인)
2地(지)	广 3획	庄	농막 **장** 방앗간 **장**	헛간 창(廠)과 흙 토(土)의 합으로 농토(農土) 근처에 지어놓은 헛간이나 방앗간이란 뜻 *田莊(田庄)(전장) *莊(별장 장)의 간체자
3.2	米 6획	粧	단장할 **장** 화장 **장**	가루 분(粉)과 농막 장(庄)의 합으로 방앗간에서 쌀을 찧을 때 뽀얀 가루 먼지가 덮이듯이 가루로 얼굴에 뽀얀 가루를 덮어 발라 화장(化粧)한다는 뜻 *化粧品(화장품), 化粧室(화장실), 美粧院(미장원), 治粧(치장), 丹粧(단장)
3.2	手 8획	掌	손바닥 **장**	손 수(手)와 치마 상(裳)의 합으로 손을 치마처럼 넓게 편 모양이니 손바닥이란 뜻 *掌狀(장상: 손가락을 벌린 모양) *掌匣(장갑), 掌握(장악), 合掌(합장), 仙人掌(선인장), 熊掌(웅장)
7	土 9획	場	마당 **장**	땅 지(地)와 볕 양(陽)의 합으로 지붕이 없이 드러낸 햇볕이 내리는 땅인 마당이란 뜻과 드러난다는 뜻 *場面(장면: 양지처럼 어떤 장소의 겉으로 드러나는 면, 또는 그 장소) *運動場(운동장), 競技場(경기장), 公演場(공연 장), 市場(시장), 停留場(정류장)

급수	부수	한자	훈 음	해 설
4	肉 9획	腸	창자 **장**	육 달 월(月)과 마당 장(場)의 합으로 마당은 밖에 드러난 장소로 몸에 들어간 음식물을 밖으로 밀어내기 위해 연동운동을 하여 배설하는 역할을 하는 창자란 뜻 *胃腸, 小腸, 大腸, 十二指腸, 盲腸 위장 소장 대장 십이지장 맹장
3	土 13획	墻	담장 **장**	성 성(城)과 인색할 색(嗇)의 합으로 嗇은 올 래(來)와 돌 회(回)의 모양이니 도둑이 들어 올까봐 빙빙 둘러쳐 성처럼 쌓아놓은 담이란 뜻 *越墻, 墻壁 월 장 장 벽
1	++ 13획	薔	장미 **장**	꽃 화(花)와 담장 장(薔)의 합으로 담장이나 울타리에 덩굴을 올려 키우는 가시가 있는 꽃인 장미란 뜻 *薔薇 장미
1	木 13획	檣	돛대 **장**	장대 간(杆)과 담장 장(墻)의 합으로 성곽이나 담장 위로 보이도록 장대에 걸어서 높이 매단 돛대란 뜻 *檣杆(장간: 돛대) *檣樓(장루: 군함의 돛대 위에 설치한 망루)
3.2	++ 16획	藏	감출 **장** 숨길 **장**	가릴 폐(蔽)와 해할 장(戕)과 누울 와(臥)의 합으로 적이 해치려 할 때 신하처럼 납작 엎드려 몸을 가리고 숨어있다는 뜻 *戕(해할 장: 장수 장(將)과 戈(창 과)의 합으로 창을 든 장수이니 해한다는 뜻) *冷藏庫, 藏書, 藏置, 收藏, 貯藏 냉장고 장서 장치 수장 저장
3.2	肉 18획	臟	오장 **장**	육 달 월(月)과 감출 장(藏)의 합으로 몸속에 가려져(감추어져) 있는 장기란 뜻 *臟器, 五臟(心臟, 肺臟, 腎臟, 脾臟) 장기 오장 심장 폐장 신장 비장

급수	부수	한자	훈 음	해 설
6	手 0획	才	재주 **재**	손 수(手)의 변형인 재방(扌)을 단독으로 쓸 때 획의 변형으로 가수(歌手)나 선수(選手)나 타고난 솜씨인 재능이란 뜻 *才能(재능), 英才(영재), 天才(천재), 秀才(수재), 才致(재치)
5	木 3획	材	재목 **재**	나무 목(木)과 재주 재(才)의 합으로 재주(솜씨)를 살려 집을 짓거나 책상을 만드는 나무인 목재란 뜻과 나무가 아니더라도 무엇을 만드는 재료란 뜻 *材木(재목), 木材(목재), 鐵材(철재), 材料(재료), 人材(인재)
5	貝 3획	財	재물 **재**	조개 패(貝)와 재료 재(材)의 합으로 고대에 조개를 화폐의 재료로 썼으므로 재물을 뜻함 *財産(재산), 財物(재물), 財數(재수), 財團(재단), 財閥(재벌), 財貨(재화)
6	土 3획	在	있을 **재**	마당 장(場)과 있을 유(有)와 가운데 중(中)의 합으로 어떤 장소 가운데 있다는 뜻과 잘 있었느냐 하니 안부를 묻는다는 뜻 *所在(소재), 在京(재경), 在美(재미), 在外(재외), 不在(부재), 在野(재야), 在職(재직)
5	冂 4획	再	두 **재**	책 책(冊)과 두 이(二)의 합으로 읽은 책을 두 번 세 번 거듭 읽는다는 데서 다시, 거듭이란 뜻 *再次(재차), 再修(재수), 再生(재생), 再臨(재림), 再婚(재혼), 再發(재발), 再選(재선), 再活用(재활용)
5	火 3획	災	재앙 **재**	불 화(火)와 내 천(川一巛)의 합으로 홍수나 화재와 같은 재난이란 뜻 *水災(수재), 火災(화재), 災害(재해), 天災(천재), 災禍(재화)

급수	부수	한자	훈 음	해 설
3.2	車 6획	載	실을 **재** 기록할 **재** 해 **재**	수레 차(車)와 끊을 절(截)의 합으로 나무를 가지런하게 끊어(토막 내어) 차에 싣는다는 뜻과 신문지상(新聞紙上)에 긴 기록문을 끊어서 연재(連載)하여 싣는다는 뜻과 긴 세월을 끊어 한 해란 뜻 *積載(적재), 連載(연재), 千載一遇(천재일우)
3.2	衣 6획	裁	마름할 **재** 재판할 **재**	옷 의(衣)와 실을 재(載)의 합으로 옷을 만들려고 천 위에 치수를 그린 본을 올려놓고 필요 없는 부분을 잘라내는 일인 마름질한다는 뜻 *裁斷(재단), 裁判(재판), 裁量(재량), 獨裁(독재), 裁縫(재봉)
3.2	木 6획	栽	심을 **재**	심을 식(植)과 마름할 재(裁)의 합으로 식물을 기르려고 마름질하듯이 이랑이나 간격을 재어 적당한 위치에 심는다는 뜻 *栽培(재배), 水耕栽培(수경 재배), 盆栽(분재)
3	口 6획	哉	어조사 **재**	부를 호(呼)와 재판할 재(裁)의 합으로 신의 재판(裁判)이 가혹할 때나 통쾌할 때 통탄하거나 감탄하여 부르짖는 조사로 쓰임. *嗚呼痛哉(오호 통 재), 快哉(쾌재)
3	宀 7획	宰	재상 **재** 주관할 **재** 죽일 **재**	벼슬 관(官)과 매울 신(辛)의 합으로 매서운 관리인 재상이란 뜻과 재상은 우두머리가 되는 수상(총리)이고 앞장서서 주관하는 관리인 앞잡이란 뜻과 호되게 다루니 죽인다는 뜻 *主宰(주재: 책임지고 맡아 처리함) *宰相(재상: 임금을 돕고 백관(百官)을 지휘 감독하는 최고의 관직)
1	水 10획	滓	찌끼 **재**	깨끗할 정(淨)과 재상(앞잡이) 재(宰)의 합으로 제국주의 앞잡이들을 깨끗이 없애고 난 뒤에 그들이 남긴 더러운 찌꺼기란 뜻 *殘滓(잔재), 日帝殘滓(일제 잔재)

급수	부수	한자	훈 음	해 설
1	齊 5획	齋	재계할 **재** 공부할 **재**	가지런할(재계) 제(齊)와 제사 제(祭)의 합으로 제사(祭祀) 지낼 때 몸가짐을 가다듬어 가지런히 조심하고 깨끗하게 한다는 뜻 *齋室(재실), 書齋(서재), 沐浴齋戒(목욕재계)
5	爪 4획	爭	다툴 **쟁**	할 위(爲)와 일 사(事)의 합으로 사건(事件)을 해결하면서 이렇게 하자 저렇게 하자며 서로 다툰다 싸운다는 뜻 *戰爭(전쟁), 言爭(언쟁), 爭取(쟁취), 紛爭(분쟁), 鬪爭(투쟁)
1	金 8획	錚	쇳소리 **쟁**	쇠 금(金)과 다툴 쟁(爭)의 합으로 서로 취하려고 싸울 때 쇠(칼이나 창)들이 쨍그렁 부딪히는 소리란 뜻과 맞서 겨루니 실력 등이 엇비슷하다는 뜻 *錚盤(쟁반), 錚錚(쟁쟁)
4.2	亻 5획	低	낮을 **저**	자리 위(位)와 백성 민(民)의 합으로 백성들은 뿌리가 되는 위치이니 낮다는 뜻 *氐(근본 저: 民(민)과 本(본)의 합으로 백성이 근본이 된다는 데서 밑을 표시한 모양) *低俗(저속), 低地帶(저지대), 低價(저가), 低利(저리), 低賃金(저임금)
4	广 5획	底	밑 **저**	자리 좌(座)와 낮을 저(低)의 합으로 가장 낮은 자리이니 밑바닥이란 뜻 *底力(저력), 底邊(저변), 基底(기저), 徹底(철저), 海底(해저)
3.2	手 5획	抵	막을 **저**	막을 항(抗)과 밑 저(底)의 합으로 백성들이 밑에서 억울하게 짓밟히니 당하지만 않고 항거하여 막는다는 뜻 *抵抗(저항), 無抵抗(무저항), 抵觸(저촉)

급수	부수	한자	훈 음	해 설
1	邑 5획	邸	큰집 **저**	도읍 도(都)와 밑 저(底)의 합으로 도성에 내조(來朝)한 제후가 천자(높은 분)를 뵙기 전에 밑에서 기다리는 집이란 뜻으로 높은 관(官)의 상대적인 의미인 사저란 뜻과 높은데 오르기 전의 왕자가 거처하는 집이란 뜻과 봉건시대 영주들이 거처하던 장원이란 뜻 *私邸(사저), 邸宅(저택), 邸下(저하)
1	角 5획	觝	맞닥뜨릴 **저** 씨름 **저**	뿔 각(角)과 밑 저(底)의 합으로 소가 서로 땅의 밑바닥에 뿔을 맞대고 각축전을 벌이는 모양으로 서로 맞댄다는 뜻과 맞붙어 힘으로 겨루어 싸우는 씨름이란 뜻 *抵觸(저촉: 서로 부딪힘) *角觝塚(각저총: 씨름도가 있는 고구려의 고분)
2	水 5획	沮	막을 **저**	물 하(河)와 또 차(且)의 합으로 하천이 터지면 모래주머니 등을 또 얹어 둑을 쌓아서 제방을 막는다는 뜻, 어려움이 살길이 막히니 살 의욕을 잃는다는 뜻 *沮喪(저상), 沮止(저지), 沮害(저해), 沮害要因(저해요인)
1	犭 5획	狙	원숭이 **저** 엿볼 **저**	범할 범(犯)과 막을 저(沮)의 합으로 가로막아 지키고 있다가 갑자기 범한다(덮친다)는 뜻과 조상 조(祖)와 원숭이 원(猿)의 합으로 인류의 조상인 원숭이란 뜻 *狙擊(저격: 몰래 지키고 있다가 쏨) *狙公(저공: 원숭이를 기르는 사람. 원숭이 재주로 돈 버는 사람)
1	口 5획	咀	씹을 **저**	맛 미(味)와 또 차(且)의 합으로 맛을 보려고 혹은 음식물을 잘게 부수기 위해 또, 또 여러 번 씹는다는 뜻 *咀嚼(저작: 음식을 씹음)

급수	부수	한자	훈 음	해 설
1	言 5획	詛	저주할 **저**	말씀 언(言)과 막을 저(沮)의 합으로 일의 진행을 가로막으려고 하는 말이란 뜻(가다가 넘어져 버려라, 망해 버려라) *咀呪(저주: 재앙이나 불행이 닥치기를 빌고 바람)
5	貝 5획	貯	쌓을 **저**	재물 재(財)와 부자 부(富)와 고무래 정(丁)의 합으로 부자가 되려고 재물을 고무래로 끌어모아 쌓는다는 뜻 *貯蓄(저축), 貯藏(저장), 貯水池(저수지), 貯金(저금)
1	豕 9획	豬 (猪)	돼지 **저**	돼지 시(豕)와 놈 자(者)의 합으로 살이 쪘다거나 더럽다거나 돼지 같은 놈이란 뜻 *猪水(저수: 더러운 물) *豬肉(저육: 돼지고기) *猪突(저돌: 산돼지처럼 앞뒤 돌아보지 않고 막 덤빔)
3.2	++ 9획	著	나타낼 **저** 지을 **저** 붙을 **착**	풀 초(草)와 놈 자(者)의 합으로 처음으로 초안(草案)을 잡은 자(사람)이니 지은이란 뜻과 지은이를 나타내어 드러낸다는 뜻과 저자의 착상(著想)은 생각을 붙잡았다 하여 '붙을 착'이 됨 *着(붙을 착)의 본 자 *著述(저술), 著書(저서), 著者(저자), 著作(저작), 顯著(현저), 著想(착상)
1	竹 9획	箸	젓가락 **저**	대나무 죽(竹)과 지을 저(著)의 합으로 저자(著者)가 생각을 붙잡듯이 반찬을 잡는 대나무로 만든 젓가락이란 뜻 *匙箸(시저: 숟가락과 젓가락, 수저) *箸筒(저통: 수저통)
1	足 13획	躇	머뭇거릴 **저**	머뭇거릴 주(躊)와 지을 저(著)의 합으로 저자(著者)가 글이 다듬어지지 않은듯하여 낼까 말까 주저하며 머뭇거린다는 뜻 *躊躇(주저: 머뭇거리거나 나아가지 못하고 망설임)

급수	부수	한자	훈 음	해 설
5	赤 0획	赤	붉을 **적**	없을 무(無)와 달릴 주(走)의 합으로 발 벗고 맨발로 달리니 '아무것도 없이'란 뜻과 맨주먹으로 싸우는 노동자 계급의 혁명 투사들이 피로써 자유를 쟁취한다는 데서 피의 색을 상징하는 붉은 공산주의를 뜻함 *赤狗(적구: 공산당 앞잡이를 얕잡아 부름) *赤手空拳, 赤道, 赤字, 赤潮, 赤旗 적수공권 적도 적자 적조 적기
1	辶 6획	迹	자취 **적**	따를 추(追)와 또 역(亦)의 합으로 도망자를 추적하면서 핏자국이나 발자국이 여기, 또 저기 흘려 놓거나 찍혀있는 모양으로 지나간 발자취인 흔적이란 뜻 *痕迹, 形迹 흔적 형적
3.2	足 6획	跡	자취 **적**	길 로(路)와 흔적 적(迹)의 합으로 조상이 밟고 걸어온 길에 남긴 흔적인 발자취란 뜻 *軌跡, 遺跡, 古跡, 人跡, 追跡 궤적 유적 고적 인적 추적
1	犭 4획	狄	오랑캐 **적**	사냥할 렵(獵)과 불 화(火)의 합으로 화전(火田)을 일구고 수렵(狩獵)을 일삼는 북방민족을 뜻함 *北狄, 夷狄 북적 이적
5	白 3획	的	적실할 **적** 과녁 **적** 맞을 **적**	일백 백(百)과 구기 작(勺))의 합으로 구기는 홉의 10분이 1로 양을 재는 계량컵으로 백발백중(百發百中) 잰 듯이 정확하다는 뜻과 정확하게 맞출 활쏘기 연습하는 과녁이란 뜻과 과녁에 맞추니 딱 맞는다는 뜻 *現實的(현실적; 현실에 맞추다 뜻) *的實(的實; 틀림없이 꼭 그러함) *目的, 的中, 現實的, 兩的, 質的 목적 적중 현실적 양적 질적

급수	부수	한자	훈 음	해 설
3.2	宀 8획	寂	고요 **적** 쓸쓸할 **적**	집 가(家)와 살필 독(督)의 합으로 농작물을 감독(監督)하려고 지어놓은 원두막 같은 오두막집으로 멀리 들판에 외따로 떨어져 외롭고 쓸쓸하다는 뜻 *寂寞, 鬱寂, 入寂, 閑寂, 靜寂 적막 울적 입적 한적 정적
3.2	竹 5획	笛	피리 **적**	대롱 관(管)과 뽑을 추(抽)의 합으로 대나무의 대롱으로 소리를 뽑아내는 악기인 피리란 뜻 *警笛, 汽笛 경적 기적 *號笛(호적: 점호하는 나팔) *胡笛(호적: 오랑캐의 피리, 태평)
4	貝 6획	賊	도둑 **적**	재물 재(財)와 서쪽 오랑캐 융(戎)의 합으로 오랑캐처럼 창을 휘두르며 강제로 재물을 빼어가는 무서운 도둑이란 뜻 *盜賊, 山賊, 義賊, 逆賊, 海賊 도적 산적 의적 역적 해적
1	女 11획	嫡	정실 **적**	아내 부(婦)와 밑동(뿌리) 적(啇)의 합으로 적(啇)은 오래(古) 서 있을 수 있게 단단한 나무의 뿌리 밑동이란 뜻으로 자식을 낳아 뿌리내리는 부인이니 첩이 아닌 본(本)부인이란 뜻 *嫡室, 嫡子, 嫡庶, 嫡出 적실 적자 적서 적출
3.2	手 11획	摘	딸 **적** 들추어낼 **적**	손가락 지(指)와 밑동 적(啇)의 합으로 과수 재배에서 나무를 보호하거나 좋은 열매를 얻기 위하여 수목의 새로 나온 가지의 끝이나 농작물 화초 등의 중요한 부분(밑동)인 생장점을 손가락으로 꼬집어서 끊어 따낸다는 뜻과 꼬집어 들추어낸다는 뜻 *摘果, 摘發, 摘出, 摘要 적과 적발 적출 적요

급수	부수	한자	훈 음	해 설
4.2	攵 11획	敵	원수 **적**	칠 공(攻)과 딸 적(摘)의 합으로 쳐서 뿌리 뽑아 없애 버려야 할 원수란 뜻 *敵手, 對敵, 强敵, 敵陣, 敵對 적수 대적 강적 적진 적대
4	辵 11획	適	알맞을 **적** 맞으러 갈 **적**	맞을 영(迎)과 원수 적(敵)의 합으로 적(敵)을 맞이하여 상대한다는 뜻과 상대하기에 알맞다는 뜻 *適當, 適切, 適應, 適期, 適材適所 적당 적절 적응 적기 적재적소
1	言 11획	謫	귀양 갈 **적**	꾸짖을 견(譴)과 적발할 적(摘)의 합으로 모반을 하다가 적발(摘發)되면 견책(譴責) 사유로 먼 변방으로 귀양을 보낸다는 뜻 *謫居, 謫所, 謫仙 적거 적소 적선
3	水 11획	滴	물방울 **적**	물 수(水)와 딸 적(摘)의 합으로 적과(摘果)를 할 때 과일이 똑똑 떨어지듯이 물이 방울져 똑똑 떨어지는 물방울이란 뜻 *硯滴, 滴露, 餘滴 연적 적로 여적
4	禾 11획	積	쌓을 **적**	벼 화(禾)와 빚 채(債)의 합으로 빚이 눈덩이처럼 쌓이듯이 많이 부풀리게 볏단을 쌓는다는 뜻 *積金, 積雪, 積極, 積善, 面積 적금 적설 적극 적선 면적
4	糸 11획	績	길쌈할 **적** 쌓을 **적**	짤 직(織)과 쌓을 적(積)의 합으로 길쌈할 때 베를 짜 올라간다는 뜻으로 성적이나 업적 등이 쌓일 때 씀 *紡績, 業績, 功績, 成績, 治績, 實績 방적 업적 공적 성적 치적 실적
3.2	足 11획	蹟	자취 **적**	자취 적(跡)과 업적 적(績)의 합으로 업적이나 치적의 발자취란 뜻 *古蹟踏査, 遺蹟, 史蹟, 事蹟 고적 답사 유적 사적 사적

급수	부수	한자	훈 음	해 설
4	竹 14획	籍	문서 **적**	부신 부(符)와 밭갈 경(耕)과 빌릴 차(借)의 합으로 옛날에 어른이 되면 경작지를 나눠(빌려)주고 적어놓은 기록으로 오래 보관하여 시비를 가릴 때 근거 삼거나 대조해 보는 문서란 뜻 *戶籍(호적), 本籍(본적), 國籍(국적), 兵籍(병적), 學籍(학적), 書籍(서적)
4.2	田 0획	田	밭 **전**	밭둑이 그어져 있는 들의 모양으로 경작을 하는 밭이란 뜻 *田畓(전답), 田園(전원), 油田(유전), 泥田鬪狗(이전투구)
2地(지)	田 2획	甸	경기 **전**	경기 기(畿)와 쌀 포(勹)의 합으로 주(周)대에 왕기(王畿)를 둘러싸고 사방 500리를 전이라 하여 왕이 주로 사냥을 나갔으므로 사냥할 전이 됨 *畿甸(기전: 서울 부근)
7	入 4획	全	안전 **전** 완전할 **전**	안 내(內)와 임금 왕(王)의 합으로 임금의 옥체는 궐 안 깊숙이 거처해야 안전하다, 안전하니 온전하다는 뜻과 온전하니 완전하다는 뜻 *安全(안전), 完全(완전), 全體(전체), 全國(전국), 全知全能(전지전능)
1	木 6획	栓	나무못 **전**	막을 두(杜)와 안전 전(仝)의 합으로 안전을 위하여 막아두는 뚜껑이란 뜻 *人名 字(인명 자) *消火栓(소화전)
1	金 6획	銓	저울질할 **전**	저울 눈 수(銖)와 온전할 전(仝)의 합으로 인재를 고를 때 작은 저울눈을 헤아리듯이 전인(仝人: 지덕이 원만한 사람)인지 꼼꼼하게 비교하여 저울질한다는 뜻 *銓衡(전형: 저울, 사람의 됨됨이나 재능을 시험하여 뽑음) *銓注(전주: 인물을 적재적소에 배치함)

급수	부수	한자	훈 음	해 설
5	八 6획	典	법 **전** 본보기 **전** 의식 **전**	갖출 구(具)와 굽을 곡(曲)의 합으로 곡례(曲禮; 몸가짐 등의 예식)에 관하여 갖추어 놓고 본으로 삼으니 본보기 법이란 뜻과 본보기 삼는 책이란 뜻 *儀典(의전), 百科事典(백과사전), 經典(경전), 祝典(축전), 法典(법전)
7	刀 7획	前	앞 **전**	나눌 별(別)과 기간 기(期)와 머리 수(首)의 합으로 시기(時期)를 구별(區別)하여 먼저 나가는 머리 쪽이 앞이란 뜻 *午前(오전), 前面(전면), 前進(전진), 前後(전후), 前半戰(전반전)
1	刀 9획	剪	가위 **전**	끊을 절(切)과 앞 전(前)의 합으로 앞뒤로 나누듯 나누어 끊는(자르는) 기구인 가위란 뜻 *剪枝(전지), 剪除(전제)
1	灬 9획	煎	달일 **전** 전 부칠 **전**	탈 초(焦)와 앞 전(前)의 합으로 앞으로 불려 나갈까 봐 조마조마 애태운다, 초조(焦燥)하게 마음을 졸이듯이 음식물을 끓여 졸이다, 달인다는 뜻과 불 위에서 앞뒤로 뒤집으며 굽는다는 뜻 *花煎(화전), 煎茶(전다), 煎悶(전민), 酒煎子(주전자)
1	竹 9획	箭	화살 **전**	대 죽(竹)과 앞 전(前)의 합으로 대쪽을 날카롭게 깎아 앞으로 멀리 나아가게 만든 화살이란 뜻 *毒箭(독전), 箭書(전서) *箭窓(전창: 방범을 위해 화살을 박은 창)
5	尸 7획	展	펼 **전**	판 국(局)과 희롱할 롱(弄)과 긴 장(長)의 합으로 바둑이나 장기 놀이하려고 판을 길게 펼친다는 뜻과 판을 펴니 늘어놓는다는 뜻 *展示(전시), 展開(전개), 展覽(전람), 發展(발전; 피어난다)

급수	부수	한자	훈 음	해 설
1	車 10획	輾	돌아누울 **전**	구를 전(轉)과 펼 전(展)의 합으로 펼쳤던 몸을 굴려 다시 돌아눕는다는 뜻 *輾轉反側(전전반측: 엎치락뒤치락 잠을 이루지 못함)
1	心 7획	悛	고칠 **전**	뉘우칠 회(悔)와 준걸 준(俊)의 합으로 잘못을 뉘우치고 믿음직하게 변한 모양으로 준수(俊秀)하게 고친다는 뜻 *悛心, 改悛 전심 개전 *悛容(전용: 잘못을 뉘우친 모양)
4	寸 8획	專	오로지 **전**	장수 장(將)와 써 이(以)와 성 조(曺)의 합으로 고대 중국 위나라 때 장수 조조(曹操)의 일가 조 씨들이 관직을 독차지함으로써 권력을 마음대로 휘두른다, 독차지한다는 뜻 *曹자가 西를 닮았다 하여 東을 닮은 曺로 바뀜 조 서 동 조 *專制, 專權, 專攻, 專橫, 專務, 專屬 전제 전권 전공 전횡 전무 전속
5	亻 11획	傳	전할 **전**	다를 타(他)와 오로지 전(專)의 합으로 전공(專攻)한 기술을 다른 사람에게 또는 후대에 전하여 전수한다는 뜻 *傳授, 遺傳, 傳來童話, 傳貰房, 傳染 전수 유전 전래 동화 전세방 전염
4	車 11획	轉	구를 **전** 옮길 **전**	수레 차(車)와 오로지 전(專)의 합으로 전권(專權)을 휘두르듯이 수레바퀴는 전후좌우 마음대로 구른다는 뜻과 굴러서 이동한다, 옮긴다는 뜻 *轉移, 轉入, 轉勤, 轉出, 轉換, 起承轉結 전이 전입 전근 전출 전환 기승전결

급수	부수	한자	훈 음	해 설
1	大 9획	奠	바칠 **전** 정할 **전**	받들 봉(奉)과 두목 추(酋)의 합으로 두목을 받들어 추대하여 정한다는 뜻과 받들듯이 두 손으로 공손히 바친다는 뜻 *奠都(전도: 도읍을 정함) *奠居(전거: 살 곳을 정함) *奠雁(전안: 혼례 때 기러기를 바침)
7	雨 5획	電	번개 **전**	비 우(雨)와 정신 신(神)의 합으로 비 오는 날 음전기 양전기의 충돌로 정신(精神)이 번쩍 들듯이 번쩍이는 번개란 뜻 *電氣(전기), 電算(전산), 電池(전지), 全力(전력), 電壓(전압)
1	頁 10획	顚	엎어질 **전** 거꾸로 **전** 정수리 **전**	정수리 정(頂)과 사진 진(眞)의 합으로 사진(寫眞)을 찍으면 현상하기 전에 상이 거꾸로 나타난다, 정수리가 밑으로 가니 엎어진다는 뜻과 상하나 좌우가 거꾸로 된다는 뜻 *顚倒(전도), 七顚八起(칠전팔기), 顚覆(전복), 主客顚倒(주객전도)
1	土 10획	塡	메울 **전** 누를 **진**	구덩이 갱(坑)과 넘어질(거꾸로) 전(顚)의 합으로 전기가 다 소모되면 거꾸로 다시 구덩이를 메우듯 채워 넣는다는 뜻 *塡塞(전색), 充塡(충전), 補塡(보전)
1	疒 19획	癲	미칠 **전**	병 질(疾)과 넘어질 전(顚)의 합으로 넘어지면서 발작하는 지랄병이라고도 하며 미치광이란 뜻 *癲癇(전간: 사이를 두고 간간이 발작하는 병인 간질)
3	殳 9획	殿	대궐 **전** 큰집 **전** 전각 **전**	층계 단(段)과 모두 공(共)과 굽힐 굴(屈))의 합으로 층계(계단) 아래에서 모두 굽히고 엎드리는 대궐이나 대궐 같은 큰 집이란 뜻과 엎드려 후미에 숨어있는 후군(後軍)이란 뜻 *殿下(전하: 왕이나 왕비의 존칭) *殿戰(전전: 후미에서 싸우는 군) *殿閣(전각), 御殿(어전), 佛殿(불전), 宮殿(궁전), 大殿(대전)

급수	부수	한자	훈 음	해 설
1	水 13획	澱	앙금 **전**	찌끼 재(滓)와 대궐 전(殿)의 합으로 대궐이나 불전에서 납작 엎드려 몸을 낮추듯 아래로 가라앉힌 앙금이란 뜻 *澱粉(전분), 沈澱劑(침전제)
1	食 8획	餞	전별할 **전**	밥 식(食)과 남을 잔(殘)의 합으로 송별회처럼 남은 사람들이 음식이나 돈을 마련하여 떠나는 사람을 대접해 준다는 뜻 *餞別(전별: 떠나는 이를 위하여 잔치를 베품) *餞送(전송), 餞春(전춘), 餞別金(전별금)
4	金 8획	錢	돈 **전**	구리 동(銅)과 남을 잔(殘)의 합으로 지폐에서 거슬러주는 나머지 얼마 안 되는 동전이란 뜻과 납작해서 쌓는 구리로 만든 엽전이란 뜻 *葉錢(엽전), 銅錢(동전), 錢票(전표), 換錢(환전), 金錢(금전)
1	竹 8획	箋	쪽지 **전** 글 **전**	간단할 간(簡)과 남을 잔(殘)의 합으로 여백의 남은 종이를 찢어서 간단하게 메모를 하여 전하는 편지나 작은 쪽지란 뜻 *處方箋(처방전)
6	戈 12획	戰	싸움 **전**	창 과(戈)와 쏠 탄(彈)의 합으로 활이나 총을 쏘고 창이나 칼을 쓰며 싸운다는 뜻 *戰爭(전쟁), 戰鬪(전투), 戰術(전술), 戰略(전략), 戰死(전사), 戰慄(전율)
1	竹 9획	篆	전자 **전**	붓 필(筆)과 서까래 연(椽)의 합으로 고대 중국 진(秦)나라 때 문서를 맡은 낮은 관리(아전)들이 쓰던 한문 서체의 한 가지로 서까래처럼 자른 통나무 토막모양으로 획을 그어 쓰는 붓글씨체인 전서란 뜻 *小篆(소전), 大篆(대전), 篆刻(전각), 全額(전액)

급수	부수	한자	훈 음	해 설
1	广 12획	廛	가게 **전**	가게 점(店)과 들 야(野)와 터 기(基)의 합으로 생활의 터전이 되는 들처럼 수익이 창출되어 삶의 터전이 되는 가게란 뜻 *廛房, 鐵物廛, 魚物廛 전방 철물 어물전
1	糸 15획	纏	얽을 **전**	맺을 결(結)과 가게 전(廛)의 합으로 가게에서 돈주머니를 허리에 감아 맨다, 부착한다는 뜻 *錢臺, 纏結, 纏足 전대 전결 전족 *纏着(전착: 덩굴 같은 것이 나무에 착 붙어서 감음)
5	刀 2획	切	끊을 **절** 심할 **절** 모두 **체**	일곱 칠(七)과 나눌 분(分)의 합으로 한시(漢詩)의 칠언절구(七言絶句)에서 일곱 자씩 한 구(句)로 나누어 끊는다는 뜻과 끊어질 듯 아프다 하여 심하다는 뜻과 구절마다 모두 딱 맞게 끊어지니 모두란 뜻 *一切(일체: 모두 전부 있다는 뜻) (일절: 부인하거나 금하는 말에 씀) *切斷, 切實, 切親, 切下, 懇切 절단 절실 절친 절하 간절
4.2	糸 6획	絶	끊을 **절** 뛰어날 **절**	줄 현(絃)과 비파 파(琶)와 끊을 절(切)의 합으로 백아가 지음(知音)의 친구인 종자기가 죽자 거문고(비파) 줄을 끊고 다시는 켜지 않았다고 하는 고사에서 끊는다는 뜻 *巴(파)의 윗부분이 칼(刀)의 모양이나 절세가인이란 데서는 色(색)으로 쓰기도 함 *伯牙絶絃, 絶世佳人, 絶交, 絶對, 絶妙 백아절현 절세가인 절교 절대 절묘
4	手 4획	折	꺾을 **절**	손 수(扌)와 조갤 석(析)의 합으로 통나무는 도끼로 쪼개어 땔감을 하고 잔가지는 아궁이에 넣을 때 손으로 꺾는다는 뜻 *折枝, 折半, 折衷, 折衝, 屈折, 曲折 절지 절반 절충 절충 굴절 곡절

급수	부수	한자	훈 음	해 설
5	竹 9획	節	마디 **절** 절제할 **절** 계절 **절**	대 죽(竹)과 곧 즉(卽)의 합으로 대나무가 절개를 상징함은 곧 마디가 꺾이지 않기 때문으로 꺾이지 않는 절개란 뜻과 마디(매듭)를 매듯이 허리띠를 졸라매니 절약한다는 뜻 *節次, 節度, 節制, 節約, 節電, 節槪 절차 절도 절제 절약 절전 절개
1	戈 10획	截	끊을 **절**	이룰 성(成)과 끊을 절(切)과 바를 아(雅)의 합으로 재단이 완성되면 반듯하게 필요 없는 부분을 끊어낸다는 뜻 *截斷, 截取線, 去頭截尾, 截長補短 절단 절취 선 거두절미 절 장 보 단
3	穴 17획	竊	훔칠 **절** 도둑 **절**	창 창(窓)과 가릴 채(釆)와 안 내(內)와 발자국 유(禸)의 합으로 창이나 구멍으로 남의 집에 몰래 다녀가서 발자국을 보고 분별할 정도의 좀도둑이란 뜻 *竊盜, 剽竊作品 절도 표절 작품
4	卜 3획	占	점칠 **점** 점령할 **점**	점 복(卜)과 길할 길(吉)의 합으로 길흉을 알아보려고 점을 친다는 뜻과 길한(좋은) 자리를 먼저 차지하여 깃대를 꽂으니 점령했다는 뜻 *占術, 占領, 占據, 占有 점술 점령 점거 점유
5	广 5획	店	가게 **점**	창고 고(庫)와 점령할 점(占)의 합으로 좋은 자리를 차지하여 상품을 창고처럼 많이 넣어놓고 파는 가게란 뜻 *店員, 店鋪, 商店, 百貨店 점원 점포 상점 백화점
1	雨 8획	霑	젖을 **점**	이슬 로(露)와 젖을 습(濕)과 가게 점(店)의 합으로 길가에 펴는 노점(露店)은 비가 오면 물건이 젖는다는 뜻 *霑潤(점윤: 젖어서 불음) *均霑(균점: 고르게 젖음)

급수	부수	한자	훈 음	해 설
1	米 5획	粘	끈끈할 **점**	가루 분(粉)과 젖을 점(霑)의 합으로 가루가 젖어서 끈적끈적해진다는 뜻 *粘液質(점액질), 粘土(점토), 紙粘土(지점토)
4	黑 5획	點	검은점 **점** 가리킬 **점**	검을 흑(黑)과 끈끈할(붙일) 점(粘)의 합으로 깨끗한 바탕에 검은 티끌이 붙어있는 점이란 뜻과 표시하기 위해 점을 찍어 위치를 가리킨다는 뜻 *點檢(점검), 點字(점자), 點線(점선), 點數(점수), 點火(점화), 點心(점심)
3.2	水 11획	漸	점차 **점**	깊을 심(深)과 잠간 잠(暫)의 합으로 잠간(暫間; 조금씩 사이를 두고), 조금씩 끊어서 간격을 두고 단계적으로 깊이 들어간다는 데서 점점, 점차(漸次)란 뜻 *급진(急進)의 반대 뜻 *漸漸(점점), 漸次(점차), 漸進(점진), 漸入佳境(점입가경)
4.2	手 9획	接	붙을 **접** 접대할 **접**	줄 수(授)와 첩 첩(妾)의 합으로 첩이 옆에 바짝 붙어서 술을 따라 준다는 데서 접대한다는 뜻과 옆에 가까이 바짝 붙는다는 뜻 *接續(접속), 接近(접근), 接着(접착), 接觸(접촉), 隣接(인접), 接待(접대)
3	虫 9획	蝶	나비 **접**	벌레 충(虫)과 잎 엽(葉)의 합으로 나무의 잎처럼 납작한 날개를 가진 곤충인 나비란 뜻 *蝶舞(접무), 蝶泳(접영), 胡蝶(호접), 胡蝶夢(호접몽)
4	一 1획	丁	장정 **정** 못 **정** 고무래 **정** 천간 **정**	하나 일(一)과 마칠 료(了)의 합으로 성장을 마치고 하나의 가정을 이룰 한 창 나이인 20세 남자란 뜻과 모양이 닮아서 못이나 농기구인 고무래란 뜻과 인공의 불을 뜻하는 천간(天干)의 넷째로 쓰임 *壯丁(장정), 白丁(백정), 兵丁(병정), 甲乙丙丁(갑을병정)

급수	부수	한자	훈 음	해 설
1	田 2획	町	밭두둑 **정** 밭의 단위 **정**	밭 전(田)과 장정 정(丁)의 합으로 장정이 되면 나누어주는 밭의 단위란 뜻과 밭을 나누는 경계인 밭두둑이란 뜻 *町步(정보)
3.2	頁 2획	頂	꼭대기 **정** 정수리 **정**	머리 두(頭)와 장정 정(丁)의 합으로 일생에서 힘이 한창인 장정(壯丁) 때처럼 흥미가 한창 고조되어 머리 꼭대기까지 오른 절정(絶頂)이란 데서 꼭대기란 뜻과 머리 꼭대기인 정수리란 뜻 *山頂(산정), 頂上(정상), 絶頂(절정), 頂上會談(정상회담), 頂門一鍼(정문일침)
1	金 2획	釘	못 **정**	쇠 금(金)과 정수리 정(頂)의 합으로 물건을 고정하려고 정수리를 두들겨 박는 쇠로 만든 못이란 뜻 *押釘(압정)
3	言 2획	訂	바로잡을 **정**	그릇될 오(誤)와 정수리 정(頂)의 합으로 잘못된 것은 정문일침(頂門一針)으로 따끔하게 훈계하여 바로잡는다는 뜻 *訂正(정정), 訂定(정정)
1	酉 2획	酊	술 취할 **정**	술 주(酒)와 꼭대기 정(頂)의 합으로 술이 머리 꼭대기까지 올라 비틀거리며 취한다는 뜻 *酒酊(주정)
2人(인)	水 2획	汀	물가 **정**	강 강(江)과 꼭대기 정(頂)의 합으로 강이나 바닷물이 넘지 못하는 지대가 높고 모래나 자갈이 덮인 물의 가인 언저리란 뜻 *地名(지명) 字(자)

급수	부수	한자	훈 음	해 설
3.2	亠 7획	亭	정자 **정**	높일 항(亢)과 높을 고(高)와 물가 정(汀)의 합으로 물가의 전망이 좋은 높은 곳에 바람이 잘 통하도록 사방을 틔워 다락처럼 높이 솟게 만든 구조물인 정자란 뜻 *老人亭, 亭子 노인정 정자
5	亻 9획	停	머무를 **정**	쉴 휴(休)와 정자 정(亭)의 합으로 나그네가 시원한 정자에서 쉬었다 가려고 가던 길을 멈추고 잠시 머문다는 뜻 *停止, 停車場, 停戰, 停會 정지 정차 장 정전 정회
3.2	二 2획	井	우물 **정**	나무를 가로세로로 나란히 걸쳐 놓은 옛날의 우물이란 뜻과 나무를 격자로 걸쳐 덮은 천정이란 뜻 *井華水, 天井, 井底蛙, 臨渴掘井 정화수 천정 정저와 임갈굴정
1	穴 4획	穽	함정 **정**	굴 굴(窟)과 우물 정(井)의; 합으로 우물처럼 깊이 굴을 파서 나무를 걸쳐 모르게 덮어놓고 디디면 빠뜨리려는 함정이란 뜻 *陷穽 함정
7	止 1획	正	바를 **정** 정월 **정**	그칠 지(止)와 한 일(一)의 합으로 행동거지(行動擧止)가 법도에 일치(一致)하니 바르다. 삐뚤지 않고 곧다는 뜻과 한 해(歲)의 첫째인 일월(정월)이란 뜻 *正直, 正答, 正當, 正初 정직 정답 정당 정초
4.2	攵 4획	政	정사 **정** 바룰 **정**	기를 목(牧)과 바를 정(正)의 합으로 목동이 양을 치듯이 어리석은 백성이 정당(正當)한 보호를 받으며 살아갈 수 있도록 법도를 세워 다스리는 일인 정치란 뜻 *政治, 政黨, 政界, 政策, 政府 정치 정당 정계 정책 정부

급수	부수	한자	훈 음	해 설
3.2	彳 5획	征	칠 **정** 갈 **정**	갈 왕(往)과 정치 정(政)의 합으로 멀리까지 군대를 이끌고 가서 오랑캐를 다스린다는 뜻과 자신들의 손에 넣는다는 뜻 *征伐, 征服, 出征, 遠征隊 정벌 정복 출정 원정대
4	攵 12획	整	가지런할 **정** 정리할 **정**	묶을 속(束)과 칠 복(攵)과 바를 정(正)의 합으로 나뭇단이나 산가지 등을 묶어서 밑을 쿡쿡 치며 들었다 놓으니 바르고 가지런해진다는 뜻 *整理, 整備, 秩序整然, 整形外科 정리 정비 질서정연 정형외과
2	口 4획	呈	드러낼 **정**	수효 원(員)과 맡을 임(任)의 합으로 사람 수효에 따라 맡은 할당량을 내놓다, 내놓으니 드러낸다, 드린다는 뜻 *贈呈 증정 *呈示(증시: 드러내 보임)
4.2	禾 7획	程	정도 **정** 법 **정**	세금 세(稅)와 드러낼 정(呈)의 합으로 수량이나 등급을 정하여 세금을 매기라고 드러내 보이니 품평한 정도란 뜻과 등급을 정한 법이란 뜻과 거치는 심사의 과정이란 뜻 *程度, 過程, 工程, 旅程, 日程, 課程 정도 과정 공정 여정 일정 과정
3.2	廴 4획	廷	조정 **정**	끌(머무를) 연(延)과 맡길 임(任)의 합으로 나랏일을 맡은 사람들이 머무르는 조정이란 뜻 *廷論(정론: 조정에서 논의하는 일) *朝廷, 法廷, 廷爭 조정 법정 정쟁
6	广 7획	庭	뜰 **정**	큰 집 엄(广)과 조정 정(廷)의 합으로 조정이나 저택 등의 큰 집에 딸린 넓은 마당인 정원이란 뜻 *庭園, 家庭, 庭球 정원 가정 정구

급수	부수	한자	훈 음	해 설
1	手 7획	挺	빼어낼 **정**	뽑을 발(拔)과 조정 정(廷)의 합으로 조정에서 뽑아간다, 빼낸다는 뜻 *挺秀(정수: 남들보다 훌륭하여 빼어남) *挺身隊(정신대: 몸이 끌려가 일본군 위안부로 동원된 종군위안부를 이르는 말)
2人 인	玉 10획	珽	옥 이름 **정**	구슬 옥(玉)과 빼어날 정(挺)의 합으로 빼어나게 좋은 구슬이란 뜻 *人名 字 인명 자
2	舟 10획	艇	그릇배 **정**	배 선(船)과 빼어날 정(挺)의 합으로 적의 동정을 살피려고 앞서나가 경계하러 돌아보는 배란 뜻과 쏜살같이 빼어나게 앞서나가는 경기정(競技艇)이란 뜻 *哨戒艇, 艦艇, 救命艇, 漕艇競技 초계정 함정 구명정 조정 경기
6	宀 5획	定	정할 **정**	집 가(家)와 아래(내릴) 하(下)와 발 족(足)의 합으로 집을 지을 때 지하로 발판을 깊이 내려 움직이지 않게 단단히 고정한다는 뜻과 흔들리지 않고 결단을 내려 결정한다는 뜻 *決定, 安定, 定員, 定足數, 定着 결정 안정 정원 정족수 정착
1	石 8획	碇	닻 **정**	돌 석(石)과 정할 정(定)의 합으로 배를 일정한 곳에 머무르기(정박) 위해 무거운 돌을 묶어 바다 아래로 가라앉혀 배를 고정하는 닻이란 뜻 *碇泊(정박: 배가 닻을 내리고 머무름)
1	金 8획	錠	덩이 **정** 신선로 **정**	땜질할 고(錮)와 정할 정(定)의 합으로 일정(一定)한 양을 단단히 굳힌 알약이란 뜻과 아래서 단단히 버티어 바로 세우는 촛대란 뜻과 밑에 불을 놓고 음식이 식지 않게 데우는 신선로란 뜻 *錠劑(정제: 알약) *糖衣錠(당의정: 겉 표면을 당분으로 입힌 알약)

급수	부수	한자	훈 음	해 설
3.2	貝 2획	貞	곧을 **정** 굳을 **정**	질 부(負)와 칠(채찍질할) 복(攴)의 합으로 의무나 책임을 짊어지고 자신을 채찍질하며 굽히지 않고 끝까지 지켜나가는 절개란 데서 굽히지 않으니 곧다, 바르다는 뜻 *貞操(정조), 貞潔(정결), 貞節(정절), 忠貞(충정), 貞淑(정숙), 不貞(부정)
2	亻 9획	偵	염탐할 **정**	기후(살필) 후(候)와 바를(곧을) 정(貞)의 합으로 척후병처럼 숨어서 남의 부정(不貞)을 엿보며 몰래 살핀다는 뜻 *偵探(정탐), 偵察(정찰), 探偵(탐정)
1	巾 9획	幀	족자 **정**	넓이 폭(幅)과 곧을 정(貞)의 합으로 넓은 그림을 곧게 펴서 걸어두는 그림 족자란 뜻 *影幀(영정) *幀畫(정화=탱화: 불상을 그려서 벽에 거는 그림)
2人(인)	木 9획	楨	광나무 **정**	나무 목(木)과 족자 정(幀)의 합으로 족자의 양쪽에 붙여 그림을 곧게 잡아주는 광(匡: 바로잡을 광)나무란 뜻 *楨幹(정간: 담의 양쪽 끝에 세우는 나무 기둥, 중추적 역할을 하는 골간(骨幹))
2人(인)	示 9획	禎	상서로울 **정**	복 복(福)과 곧을 정(貞)의 합으로 충정(忠貞)을 지키니 복을 받는다는 데서 좋다, 좋은 기운이란 뜻 *人名(인명) 字(자)
5	心 8획	情	뜻 **정** 사정 **정**	마음 심(心)과 푸를(대쪽) 청(靑)의 합으로 일편단심 대쪽처럼 푸르게 변치 않는 마음의 사랑하는 감정이란 뜻과 인정과 도리상의 형편인 사정이란 뜻 *情感(정감), 情談(정담), 友情(우정), 情狀(정상), 情勢(정세), 情報(정보), 情熱(정열), 情緖(정서), 愛情(애정), 同情(동정), 事情(사정)

급수	부수	한자	훈 음	해 설
4	靑 8획	靜	고요 **정**	푸를 청(靑)과 다툴 쟁(爭)의 합으로 늘 푸른 대쪽처럼 일편단심 어떤 당쟁(黨爭)에도 감정이 흔들리지 않고 고요하다, 조용하다는 뜻 *安靜(안정), 靜寂(정적), 靜肅(정숙), 靜脈(정맥), 動靜(동정)
1	靑 13획	竫	편안할 **정** 안정될 **정** 다스릴 **정**	세울 립(立)과 고요 정(靜)의 합으로 법을 세워(立法) 법에 따라 나라를 다스리니 나라가 안정(安靜)되어 편안하다, 다스린다는 뜻 *靜(정)과 같이 통함 *竫國(정국), 竫國功臣(정국공신)
3.2	水 8획	淨	깨끗할 **정** 맑을 **정**	물 수(水)와 고요 정(靜)의 합으로 물이 흔들리지 않고 **고요하니** 찌꺼기가 가라앉아 맑다는 뜻 *淨水器(정수기), 淨化(정화), 淨潔(정결)
4.2	米 8획	精	찧을 **정** 정성 **정** 정신 **정**	쌀 미(米)와 맑을 청(淸)의 합으로 껍질을 벗기고 말끔하게 다듬은 쌀이니 찧는다는 뜻과 불순물을 없애고 알맹이만 꼼꼼하게 정련하니 자세하고 정교하다는 뜻과 몸통이란 껍질 속에 들어있는 정신이란 뜻 *精米所(정미소), 精巧(정교), 精神(정신), 精密(정밀), 精肉(정육)
1	目 8획	睛	눈동자 **정**	눈 안(眼)과 정기 정(精)의 합으로 용을 그리고 마지막에 눈동자를 그려 넣으니 살아 움직였다 하여 정신(精神)을 불어넣는 또는 정기(精氣)를 내뿜는 눈동자란 뜻 *畵龍點睛(화룡점정)
2地	方 7획	旌	기 **정**	깃발 기(旗)와 날 생(生)의 합으로 효자나 충신의 집 앞에 달아놓고 남의 본보기가 되도록 알리어 생색(生色)내려는 목적이 있는 깃발이란 뜻 *旌表(정표), 銘旌(명정), 旌閭(정려), 旌門(정문)

급수	부수	한자	훈 음	해 설
2人 인	日 8획	晶	수정 **정**	별 성(星)이 셋 합친 자로 별처럼 반짝반짝 여러 각도에서 빛이 나는 결정체인 수정이란 귀한 돌이란 뜻 *紫水晶, 結晶, 液晶 자수정 결정 액정
2人 인	鼎 0획	鼎	솥 **정** 세갈래 **정**	재상 상(相)과 아래로 세우는 다리가 있고 위로 두 개의 손잡이가 있는 기구(器具)인 솥이란 뜻과 솥발처럼 벌려 서서 튼튼하게 임금을 받쳐주는 재상(宰相)인 삼정승이란 뜻 *鼎坐(정좌: 세 사람이 솥발 모양으로 대하고 앉음)
2地 지	邑 12획	鄭	정나라 **정** 정중할 **정**	나라 방(邦)과 드릴 전(정할 전)(奠)의 합으로 진나라의 도움을 받았으므로 미녀나 보물을 진에 바쳤다는 나라인 정 나라란 뜻과 정중하다는 뜻 *鄭(정나라 정: 주대(周代) 제후국의 하나) *鄭夢周(정몽주: 고려 말의 충신), 鄭重 정중
8	弓 4획	弟	아우 **제** 제자 **제**	활 궁(弓)과 두 가닥 아(丫)와 삐침 별(丿)의 합으로 한 부모에서 갈라져 나온 형제 중 활처럼 구부리며 자신을 끌어내려 공손하게 낮추는 쪽인 아우란 뜻과 스승에게 굽히는 제자란 뜻 *兄弟, 妹弟, 형제 매제 *子弟(자제: 남의 아들을 높임)
1	心 7획	悌	공손할 **제**	마음 심(忄)과 아우 제(弟)의 합으로 활처럼 구부리는 아우의 마음처럼 공손하다는 뜻 *孝悌(효제: 부모에게 효도하고 형제에 우애 있음)

급수	부수	한자	훈 음	해 설
6	竹 5획	第	차례 **제**	같을 등(等)과 아우 제(弟)의 합으로 여러 형제(兄弟)의 태어난 순서를 매기듯이 등급(等級)의 순번인 차례란 뜻 *第一(제일), 第二(제이), 第三(제삼), 及第(급제)
1	木 6획	梯	사다리 **제**	얽을 구(構)와 차례 제(第)의 합으로 나무를 얽어 차례차례 한 칸씩 딛고 오를 수 있게 만든 사다리란 뜻 *梯形(제형; 사다리꼴) *階梯(계제: 일을 할 수 있게 된 조건이나 기회)
6	刀 6획	制	억제할 **제** 마름할 **제**	끊을 절(切)과 손 수(手)와 베 포(布)의 합으로 재단을 할 때 두 겹으로 포갠 천을 손으로 누르고 끊는다는 데서 함부로 움직이지 못하게 누른다는 뜻과 규칙을 정하여 누르는 제도란 뜻 *制度(제도), 制止(제지), 制壓(제압), 抑制(억제), 制限(제한), 制定(제정)
4.2	衣 8획	製	만들 **제** 지을 **제**	옷 의(衣)와 억제할 제(制)의 합으로 천을 눌러 재단하여 옷을 만든다(짓는다)는 뜻 *製品(제품), 製紙(제지), 製藥(제약), 製鐵(제철), 製造業(제조업)
4	巾 6획	帝	임금 **제**	띠 대(帶)와 아우를 병(竝)의 합으로 나폴레옹처럼 어깨에 장갑(裝甲) 띠를 두르고 넓은 지역을 아울러 통치하던 절대적인 권력이 있는 황제란 뜻 *帝國(제국: 보통왕국보다 범위가 넓고 많은 민족을 포함하는 국토를 총괄적으로 말함) *帝國主義(제국주의), 天帝(천제), 帝王(제왕), 皇帝(황제)

급수	부수	한자	훈 음	해 설
1	足 9획	蹄	발굽 **제**	밟을 천(踐)과 임금 제(帝)의 합으로 제국(帝國)주의가 작은 나라를 짓밟아 점령하듯이 힘껏 짓밟는 소나 말의 발굽이란 뜻 *蹄鐵(제철: 닳는 것을 막기 위해 말발굽에 다는 철구(鐵具))
1	口 9획	啼	울 **제**	탄식할 오(嗚)와 발굽 제(蹄)의 합으로 짓밟히니 탄식하며 운다는 뜻 *啼泣(제읍)
4.2	示 6획	祭	제사 **제**	귀신 신(神)과 고기 육(肉)과 오를 등(登)의 합으로 희생양(고기)을 가져다 올려놓고 신에게 드리는 의식인 제사란 뜻 *祭祀(제사), 祭物(제물), 祭需(제수), 祭器(제기), 忌祭(기제), 祭禮(제례)
4.2	阜 11획	際	끝 **제** 만날 **제** 즈음(때) **제** 사귈 **제**	막을 장(障)과 축제 제(祭)의 합으로 나라와 나라들이 장벽(障壁)을 허물고 축제(祝祭)를 열어 서로 만나고 사귄다는 뜻과 축제 때인, 때(즈음)이란 뜻과 국경 장벽이 있는 변두리 가, 끝이란 뜻 *實際(실제: 맞닥뜨린 실지의 경우나 형편) *國際(국제), 際限(제한)(끝), 此際(차제)(이때), 交際(교제)
4.2	阜 7획	除	덜 **제** 나눌 **제** 섬돌 **제**	끝 제(際)와 남을 여(餘)의 합으로 나눗셈에서 똑같이 나누어 덜어내고 끝에 나머지가 나오는 모양으로 나누어 주고 없애니 덜어낸다는 뜻과 단계적으로 나누어 내려가니 계단식 발판인 섬돌이란 뜻 *除飯(제반: 밥 먹기 전에 조금 덜어서 곡신 에게 감사 뜻을 표하는 것) *除算(제산), 除去(제거), 除草(제초), 除蟲(제충), 除煩(제번), 除夕(제석)

급수	부수	한자	훈 음	해 설
6	頁 9획	題	문제 **제** 제목 **제**	머리 두(頭)와 옳을 시(是)의 합으로 시시비비(是是非非)하는 지동설과 천동설이 어느 것이 맞는지 머리기사로 사회적인 문제가 된다는 데서 문제라는 뜻과 내거는 과거시험 문제인 제목이란 뜻 *問題, 課題, 宿題, 表題, 題目 문제 과제 숙제 표제 제목
4.2	手 9획	提	들 **제** 끌 **제**	가리킬 지(指)와 문제 제(題)의 합으로 문제점을 지적(指摘)하여 들어낸다, 끌어낸다는 뜻 *提示, 提起, 提案, 提供, 提出, 提議 제시 제기 제안 제공 제출 제의
3	土 9획	堤	둑 **제**	재 성(城)과 들 제(提)의 합으로 성을 쌓듯이 흙을 끌어 올려 만든 제방, 둑이란 뜻 *堤防, 防波堤, 防潮堤, 堤潰蟻穴 제방 방파제 방조제 제 궤 의혈
3.2	齊 0획	齊	가지런할 **제** 상복 아랫단 홀 **재** 재계할 **재**	마름모꼴의 뾰족한 창을 들고 병사들이 오와 항을 나란히 정렬하고 있는 모양을 나타낸 부수 자로 들쭉날쭉하지 않고 가지런하다는 뜻과 해이하지 않고 엄숙하다는 뜻과 상복의 아랫단을 가지런하게 바느질하는 모친상이란 뜻 *齊衰(재최: 여자 상중(喪中)에 입는 옷) *齊等(제등: 가지런하게 같다) *齊唱, 一齊히 제창 일제
4.2	水 14획	濟	구제할 **제** 성하고 많을 **제**	다스릴 치(治)와 가지런할 제(齊)의 합으로 수신제가치국평천하(修身齊家治國平天下)하여 곧, 자신의 집이나 나라를 어지럽지 않게 가지런히 먼저 다스리고 천하를 바로잡아 평정하니 도탄에 빠진 백성을 구제한다는 뜻과 정렬하고 있는 군대처럼 많고 성하다는 뜻 *救濟, 濟州, 金融決濟, 濟度, 經濟 구제 제주 금융 결제 제도 경제

급수	부수	한자	훈 음	해 설
2	刀 14획	劑	어음쪽 **제** 약 조제 **제**	나눌 할(割)과 가지런할 제(齊)의 합으로 가지런히(똑같이) 나누어 가지는 증명서나 부적이란 뜻과 가지런히 양을 나누어 만든 약제란 뜻 *劑信(제신: 부신으로 증거를 삼음) *藥劑(약제), 調劑(조제), 營養劑(영양제), 湯劑(탕제), 消化劑(소화제)
4.2	言 9획	諸	모두 **제**	말씀 설(說)과 놈 자(者)의 합으로 유가, 법가, 도가 등 여러 학설(學說)을 주장하는 사상가나 학자(學者)들을 일컬어 모두란 뜻 *諸子百家(제자백가), 諸般(제반), 諸君(제군), 諸島(제도), 諸侯(제후)
1	爪 0획	爪	손톱 **조**	새의 발가락 모양으로 발톱 손톱 등과 손톱같이 생긴 새의 부리를 뜻함 *爪甲(조갑: 손톱이나 발톱) *爪痕(조흔)
3	弓 1획	弔	서러울 **조** 불쌍할 **조**	활 궁(弓)과 가운데 중(中)의 합으로 상중(喪中)이란 뜻으로 사람이 활처럼 몸을 구부리고 막대기를 짚은 모양으로 슬퍼한다는 뜻 *弔喪(조상), 弔哭(조곡), 弔問客(조문객), 弔旗(조기), 弔花(조화)
3.2	儿 4획	兆	조짐 **조** 억 **조**	으뜸(처음) 원(元)과 길 영(永)의 합으로 처음에 하늘과 땅이 둘로 크게 갈라진 태초로부터 억의 만 배의 수를 나타내는 길고 긴 세월인 억 조란 뜻과 거북이나 짐승의 어깨뼈 등을 구워 금이 가거나 갈라지는 방향이나 각도를 보고 앞길을 점을 쳐서 예측하는 조짐이란 뜻 *兆朕(조짐), 吉兆(길조), 凶兆(흉조), 億兆蒼生(억조창생)

급수	부수	한자	훈 음	해 설
4.2	日 2획	早	일찍 **조**	해 일(日)과 반 반(半))의 합으로 해가 아직 반쯤 땅속에 묻혀 있는 반만 떠오른 이른 아침이란 뜻 *早期(조기), 早朝(조조), 早退(조퇴), 早晩間(조만간), 早起(조기)
1	目 6획	眺	바라볼 **조**	눈 안(眼)과 조짐 조(兆)의 합으로 안목이 깊어면 앞날의 조짐이 보이듯이 앞이 막히지 않고 트여 멀리까지 내다보인다는 뜻 *眺望(조망)
4.2	力 5획	助	도울 **조**	더할 가(加)와 또 차(且)의 합으로 또 힘을 더하니 일을 돕는다는 뜻 *助言(조언), 助詞(조사), 助演(조연), 助敎授(조교수), 助産員(조산원)
3	禾 5획	租	조세 **조**	벼 화(禾)와 도울 조(助)의 합으로 나라의 재정을 돕는 곡식인 세금이란 뜻 *租稅(조세), 租借(조차), 賭租(도조)
7	示 5획	祖	조상 **조**	귀신 신(神)과 도울 조(助)의 합으로 보이지 않지만 도와주는 신인 조상이란 뜻 *祖上(조상), 先祖(선조), 祖父母(조부모), 祖國(조국), 王朝(왕조)
4	糸 5획	組	짤 **조**	맺을 결(結)과 도울 조(助)의 합으로 몇 명씩 서로 도울 그룹을 맺어 결성한다. 조를 짠다는 뜻과 실을 또 얹으니 베를 짠다는 뜻 *組織(조직), 組立(조립), 組合(조합)
1	阜 5획	阻	험할 **조** 막힐 **조**	언덕 아(阿)와 또 차(且)의 합으로 언덕을 넘으면 또 언덕이 있으니 길이 순탄하지 않고 험난하다는 뜻과 언덕이 가로막으니 막힌다는 뜻 *阻隘(조애), 隔阻(격조), 阻礙(조애) *阻艱(조간)(조간: 길 등이 험하여 간신이란 뜻)

급수	부수	한자	훈 음	해 설
1	米 5획	粗	거칠 **조**	가루 분(粉)과 험할 조(阻)의 합으로 알갱이가 험한 산길처럼 우툴두툴하니 가루가 곱지 않고 거칠다는 뜻 *粗雜(조잡), 粗惡(조악), 粗服(조복) *粗收入(조수입: 경비를 빼지 않는 수입)
2人(인)	示 5획	祚	복조 **조**	조상 조(祖)와 지을 작(作)의 합으로 조상이 지은 음덕으로 받게 되는 복이란 뜻 *福祚(복조), 天祚(천조), 祚胤(조윤) *溫祚(온조: 백제의 왕)
1	禾 8획	稠	빽빽할 **조**	옮길 이(移)와 두루 주(周)의 합으로 모내기(이앙)를 할 때 두루두루 고루 심는다, 비거나 빠짐없으니 빽빽하다는 뜻 *奧密稠密(오밀조밀: 솜씨가 교묘하고 세밀함)
2	彡 8획	彫	조각할 **조**	모양 형(形)과 두루 주(周)의 합으로 주위를 파내어 모양이 드러나게 새긴다는 뜻 *彫刻(조각), 彫像(조상), 丸彫(환조), 浮彫(부조)
5	言 8획	調	조사할 **조** 고를 **조** 맞을 **조**	찾을 방(訪)과 두루 주(周)의 합으로 사건이 일어나면 주위(周圍) 사람들을 찾아가 물어보고 알리바이를 맞추어 범인을 조사한다는 뜻과 말을 맞추듯이 음을 높지도 낮지도 않게, 옷을 너무 크지도 작지도 않게, 음식을 너무 짜지도 싱겁지도 않게 맞춘다는 뜻과 맞추니 맞게 조절한다는 뜻 *調査(조사), 調節(조절), 調定(조정), 調理(조리), 調律(조율), 調和(조화)
1	冫 8획	凋	시들 **조**	찰 냉(冷)과 두루 주(周)의 합으로 주위의 관심이나 인기가 식으니 시들해진다는 뜻과 주위가 차가우니 잎들이 시든다는 뜻 *凋傷(조상: 음식 등이 시들해지고 물린다) *凋落(조락: 말라 시들어 떨어진다)

급수	부수	한자	훈 음	해 설
1	曰 7획	曹	무리 **조** 마을 **조** 관청 **조** 성씨 **조** 나라이름 **조**	글 서(書)와 굽을 곡(曲)과 지을 저(著)의 합으로 고대 중국 위나라는 조 씨 천국이었다. 글과 곡조(曲調)를 잘 지었던 조 씨(조 조, 조 식, 조 비)들이 무리를 이루니 무리란 뜻과 그들이 관직을 다 차지하고 있으니 관청이란 뜻과 무리 지어 사는 마을이란 뜻 *六曹(육조: 吏曹(이조), 戶曹(호조), 兵曹(병조), 禮曹(예조), 刑曹(형조), 工曹(공조)) *法曹界(법조계)
2成(성)	曰 11획	曺	성씨 **조**	중국에서 쓰는 성씨 조(曹)가 서녘 서(西)를 닮았다 하여, 해가 떠오르는 쪽인 동녘 동(東)을 닮은 曺로 바꾸어 우리나라에서 쓰는 성씨 자 *曺氏(조씨)
1	木 11획	槽	구유 **조** 술통 **조** 물통 **조**	나무 목(木)과 무리 조(曹)의 합으로 가축들이 떼(무리) 지어 먹을 수 있도록 긴 통나무를 파내서 마구간에 두고 먹이를 주던 기구란 뜻 *水槽(수조), 浴槽(욕조), 油槽車(유조차), 淨化槽(정화조)
1	水 11획	漕	배저을 **조**	강(江)과 구유 조(槽)의 합으로 구유처럼 통나무에 홈을 파내 물건이나 사람을 싣고 강이나 바다에 띄워 운반한다는 뜻 *漕船(조선), 漕艇(조정)競技(경기)
1	米 11획	糟	지게미 **조**	식량 량(糧)과 구유(술통) 조(槽)의 합으로 어려울 때 식량으로 대신하던 술을 따르고 술통에 남은 찌꺼기인 술지게미란 뜻으로 가난과 고생의 의미로 쓰임 *糟糠之妻(조강지처: 어려움을 함께한 본처) *糟粕(조박: 하잘것없는 물건을 비유)

급수	부수	한자	훈 음	해 설
1	⻍ 11획	遭	만날 **조**	만날 우(遇)와 배 저을 조(漕)의 합으로 배를 타고 가다가 우연히 어려움을 만난다는 뜻 *遭難(조난) *遭遇(조우: 우연히 어려움을 만남)
2姓(성)	走 7획	趙	성씨 **조** 나라 **조** 추창할 **조**	따를 추(趨)와 닮을 초(肖)의 합으로 똑같이 닮고자 따른다는 뜻. 송(宋)나라의 태조 조 광윤의 성씨다 *走肖爲王(주초위왕: '趙'자를 파자하여 조씨가 왕이 된다는 뜻)의 고사가 있는 글자 *姓氏(성씨) 字(자)
4.2	⻎ 7획	造	지을 **조**	주일 주(週)와 고할 고(告)의 합으로 신의 계고(啓告; 알려 주는 말)가 있고 난 뒤 성경 창세기에 일주일 만에 이 세상 만물을 만들었다는 천지 창조의 만든다는 뜻 *造物主(조물주), 造作(조작), 造船(조선), 造化(조화), 造花(조화)
4.2	鳥 0획	鳥	새 **조**	부리와 눈이 있는 머리와 몸통과 발톱이 있는 새의 상형 자인 새란 뜻 *鳥類(조류), 吉鳥(길조), 鳥足之血(조족지혈), 鳥瞰圖(조감도)
2	手 9획	措	둘 **조** 정돈할 **조**	밀칠 배(排)와 섞일 착(錯)의 합으로 시가(詩歌)따위를 지을 때 잘 섞어 배치(排置)하여 정리하거나 다듬는다는 뜻 *錯(섞일 착)과 같은 뜻 *措置(조치: 일의 결말을 지움) *措辭(조사: 시가 따위를 지을 때 문구를 잘 배치하여 다듬는 일)

급수	부수	한자	훈 음	해 설
4	木 7획	條	가지 **조** 조항 **조**	생각 안(案)과 닦을 수(修)의 합으로 도를 닦아 생각해 낸 학설이 여러 가지란 뜻과 여러 가지로 나누어 갈라지니 가지를 낸다, 나누어진다, 여럿으로 나누어 분류한 조항이란 뜻 *條目, 條項, 條約, 條理, 信條 조목 조항 조약 조리 신조
2	金 3획	釣	낚시 **조** 낚을 **조** 구할 **조**	바늘 침(針)과 묶을 약(約)의 합으로 물고기 등을 잡으려고 꼬부려 미끼를 꿉은 바늘에 줄을 걸어 묶어서 물속에 던지는 낚시란 뜻과 낚는다는 뜻 *釣況, 釣絲, 釣臺 조황 조사 조대 *釣名(조명: 명예를 구함)
6	月 8획	朝	아침 **조** 조정 **조**	시기 기(期)와 일찍 조(早)와 싹 날 철(屮)의 합으로 일찍 해가 싹처럼 돋을 무렵(시기)인 아침이란 뜻과 지는 해가 아닌 떠오르는 해의 좋은 의미로 조정이란 뜻 *朝廷, 朝會, 王朝, 朝夕, 朝餐 조정 조회 왕조 조석 조찬
4	水 12획	潮	조수 **조**	바다 해(海)와 아침 조(朝)의 합으로 아침에 들어왔다가 저녁에 나가는 바닷물인 밀물 썰물이란 뜻 *干潮, 滿潮, 潮水, 潮流, 潮力發電 간조 만조 조수 조류 조력발전
1	口 12획	嘲	조롱할 **조** 비웃을 **조**	시끄러울 조(噪)와 조정 조(朝)의 합으로 조정(朝廷)의 대신들이 당파싸움 같은 의견충돌로 시끄럽게 삐걱거리는 소리이니 조롱하고 비웃는다는 뜻 *嘲弄, 嘲笑, 自嘲 조롱 조소 자조
1	木 8획	棗	대추 **조**	가시 자(朿)와 가시 자(朿)의 합으로 가시가 많은 대추나무란 뜻 *棗栗梨柿(조율이시: 제사에 쓰는 대추, 밤, 배, 감을 아울러 이르는 말)

급수	부수	한자	훈 음	해 설
1	言 5획	詔	조서 **조** 가르칠 **조**	가르칠 훈(訓)과 부를 소(召)의 합으로 불러서 가르친다는 뜻과 천자의 명령이란 뜻 *詔書(조서: 임금의 명령을 적은 문서)
3.2	火 9획	照	비칠 **조**	탈 초(焦)와 밝을 소(昭)의 합으로 초를 태워 밝게 비추거나 돋보기 등의 초점(焦點)을 맞추어 밝게 비춘다는 뜻 *照準(조준), 照明(조명), 對照(대조), 照明施設(조명 시설)
1	聿 8획	肇	시작할 **조** 꾀할 **조**	붓 필(筆)과 열 계(啓)의 합으로 붓을 들고 어리석음에서 깨어나게 계몽하니 비로소 문명이 시작되었다는 뜻과 깨우치게 하려고 꾀한다는 뜻 *肇業(조업: 사업을 시작함) *肇秋(조추: 음력 7월)
1	艸 16획	藻	마름(말) **조**	풀 초(草)와 바다 해(海)와 지껄일 조(喿)의 합으로 입(口)이 셋으로 새들이 나무 위에 모여 지저귀듯 지껄이는 말이 곧 말로 글을 짓는 말이란 뜻과 물풀인 바닷말이란 뜻 *海藻類(해조류: 바닷말 종류) *藻思(조사: 시나 글을 쓰는 재주)
3.2	火 13획	燥	마를 **조**	불꽃 염(炎)과 지껄일 조(喿)의 합으로 몹시 지껄이니 폭염(暴炎)의 가뭄에 초목이 마르듯이 입이 마르다는 뜻 *乾燥(건조), 燥渴(조갈), 焦燥(초조)
1	足 13획	躁	성급할 **조**	뛸 약(躍)과 초조할 조(燥)의 합으로 마음이 바쁘고 애가 타서 초조(焦燥)하여 날뛰니 성급하다는 뜻 *躁急症(조급증)

급수	부수	한자	훈 음	해 설
5	手 13획	操	잡을 **조**	잡을 파(把)와 마를 조(燥)의 합으로 일이 잘 못될까 봐 마음이 불안하고 초조(焦燥)하여 손을 꼭 붙잡는다는 뜻 *操心(조심), 操作(조작), 操縱士(조종사)
1	糸 13획	繰	야청 **조** 고치켤 **조(소)**	풀 역(繹)과 잡을 조(操)의 합으로 손으로 물레를 잡고 고치에서 실을 푼다는 뜻과 검푸른 빛의 얇은 비단이란 뜻 *야청(野靑)은 아청(鴉靑)이니 까마귀처럼 검은 빛이 도는 푸름이란 뜻 *繰綿(조면: 목화의 씨를 앗아놓은)
1	足 0획	足	발 **족** 만족할 **족**	물건 품(品)과 아래 하(下)와 사람 인(亻)의 합으로 人 자의 두 획이 서로 버텨 서서 아래에서 물건을 떠받치는 발이란 뜻과 신이 제 발에 맞으면 되듯이 제 분수에 맞으면 만족한다는 뜻 *手足(수족), 滿足(만족), 不足(부족), 充足(충족), 失足(실족)
6	方 7획	族	겨레 **족**	모(곳) 방(方)과 알 지(知)의 합으로 사는 곳이 같아 서로 잘 아는 친숙한 가족이나 민족이란 뜻 *家族(가족), 部族(부족), 民族(민족), 族譜(족보), 族屬(족속)
1	竹 11획	簇	가는대 **족** 족자 **족**	대 죽(竹)과 겨레 족(族)의 합으로 한군데 붙어살거나 떼를 지어 뭉쳐 다니는 부족처럼 모여 자라는 대나무란 뜻과 부족이 똘똘 뭉치듯이 접어서 똘똘 뭉치기 좋게 만든 족자란 뜻 *簇生(족생: 수풀의 떨기가 더부룩하게 남) *簇子(족자: 그림이나 글씨를 벽에 걸었다가 똘똘 말아 뭉치거나 할 수 있는 액자)

급수	부수	한자	훈 음	해 설
4	子 3획	存	있을 **존**	아들 자(子)와 있을 재(在)의 합으로 대를 이을 아들이, 그 집에 아들이 있다, 없다는 데서 있다는 뜻 *存在(존재), 存續(존속), 存廢(존폐), 存亡(존망)
4,2	寸 9획	尊	높을 **존**	인도할 도(導)와 두목 추(酋)의 합으로 지도자인 두목을 높인다는 뜻 *酋: 말할 설(說)과 닭 유(酉)의 합으로 닭이 울 때 목청을 높이 뽑듯이 목청껏 자기의 주장을 뿜어내 설파한 보스(boss) 두목이란 뜻 *尊待(존대), 尊稱(존칭), 尊貴(존귀), 尊敬(존경), 自尊心(자존심)
5	十 6획	卒	병졸 **졸** 마칠 **졸**	일천 천(千)과 옷 의(衣)의 합으로 고문(古文)에 衣의 모양인 것으로 긴 옷자락이 끌려오듯이 뒤따르는 수천의 병졸이란 뜻과 군사 명령체계에서 졸병은 맨 아래 끝이란 뜻과 끝내니 마친다는 뜻 *兵卒(병졸), 腦卒中(뇌졸중), 卒業狀(졸업장), 卒倒(졸도)
1	犭 9획	猝	갑자기 **졸**	사로잡을 획(獲)과 병졸 졸(卒)의 합으로 병졸들이 노획하려고 갑자기 들이닥친다는 뜻 *猝死(졸사), 猝地(졸지), 猝地風波(졸지 풍파)
3	手 5획	拙	못할 **졸**	손 수(手)와 나타날 출(出)의 합으로 작업한 손자국이 다 드러나니 정교하거나 매끈하지 못하다는 뜻 *拙作(졸작), 稚拙(치졸), 拙著(졸저), 拙筆(졸필)
4.2	宀 5획	宗	마루 **종** 종교 **종**	집 가(家)와 제사 제(祭)의 합으로 제사 모시는 집인 종갓집이란 뜻과 신을 모시는 사상가인 종교란 뜻과 신 모시는 사당이란 뜻 *마루: 집의 용마루나 산마루처럼 꼭대기, 높다는 뜻 *宗家(종가), 宗教(종교), 宗孫(종손), 宗親(종친), 宗派(종파), 宗族(종족)

급수	부수	한자	훈 음	해 설
2	糸 8획	綜	모을 **종** 잉아 **종** (바디)	맺을 결(結)과 마루(종가) 종(宗)의 합으로 제사 때 종갓집에 집결(集結)하니 모이다, 모은다는 뜻과 베를 짤 때 꼭대기에서 모아주는 잉아란 뜻 *잉아: 베틀의 날실을 한 칸씩 걸러서 끌어 올리도록 맨 굵은 실 *綜合(종합: 여러 갈래로 나누어진 부분을 한곳에 합침), 綜合大學(종합대학)
2人(인)	玉 8획	琮	옥홀 **종**	서옥 서(瑞)와 마루 종(宗)의 합으로 종묘에서 의식을 행할 때 쓰는 그릇인 옥 홀이란 뜻 *人名 字(인명 자)
1	足 8획	踪	자취 **종**	자취 적(跡)과 마루 종(宗)의 합으로 종교(宗敎)나 종파(宗派)의 선인들이 지나간 발자취(흔적)란 뜻 유적지의 자취란 뜻 *蹤(자취 종: 따를 종(從))과 자취 적(跡)의 합으로 선인의 발자취를 따라 가본다는 뜻)
4	彳 8획	從	따를 **종**	뒤 후(後)와 병졸 졸(卒)과 발 족(足)의 합으로 졸병이 장수의 뒤를 밟으니 따른다는 뜻과 윗사람이나 주인이 시키는 대로 따르는 사람인 종이란 뜻 *主從(주종), 從軍(종군), 從事(종사), 從量制(종량제), 從祖(종조), 從屬(종속)
2	糸 8획	縱	세로 **종** 조종할 **종**	맺을 결(結)과 따를 종(從)의 합으로 종속되어 주종(主從: 주인과 종) 관계로 높고 낮게 수직으로 맺어지니 세로란 뜻과 주인이 종을 마음대로 부리고 조종한다는 뜻 *縱隊(종대), 縱的(종적), 縱橫(종횡), 放縱(방종), 操縱(조종)
1	心 11획	慫	권할 **종**	간절할 간(懇)과 따를 종(從)의 합으로 따르도록 간곡히 권한다는 뜻 *慫慂(종용: 잘 설명하고 달래어 따르게 함)

급수	부수	한자	훈 음	해 설
5	糸 6획	終	끝 **종**	맺을 결(結)과 겨울 동(冬)의 합으로 겨울은 한 해를 끝맺는다, 마무리한다는 뜻 *終結, 終着, 終禮, 終戰, 終點, 終映 종결 종착 종례 종전 종점 종영
4	金 9획	鍾 (鐘)	쇠북 **종** 술잔 **종**	쇠 금(金)과 무거울 중(重)의 합으로 옛날 손 순이란 효자가 가난하여 노모의 밥을 빼앗아 먹는 어린 아들을 묻어 없애려고 땅을 파니 이상한 쇠가 나와서 두드리니 소리가 천 리를 가서 임금이 사연을 알게 되어 상을 내렸다는 고사에서 멀리 울리는 종이란 뜻과 때려 울린다는 뜻 *重은 천리(千里)가 포개져 있기 때문이고, 아이 동(童)을 쓰기도 함 *鐘樓, 打鐘, 鐘鼎文, 鐘乳石 종루 타종 종정 문 종유석
1	肉 9획	腫	종기 **종** 뭉칠 **종**	육 달 월(月)과 쇠 북 종(鍾)의 합으로 종을 치듯이 몸을 때리니 부어오르고 아픈 종기란 뜻 *腫氣, 腫毒 종기 종 독 *浮腫(부종: 붓고 곪아 아픈)
5	禾 9획	種	씨앗 **종**	벼 화(禾)와 무거울 중(重)의 합으로 양식이 되는 벼(곡식)의 중요(重要)한 씨앗이란 뜻과 종자를 심거나 씨를 뿌린다는 동사로도 쓰임 *種子, 種族, 種類, 種豆得豆, 種苗 종자 종족 종류 종두득두 종묘
1	足 9획	踵	발꿈치 **종** 이을 **종**	밟을 답(踏)과 씨앗 종(種)의 합으로 씨를 받아 다시 전년에 하던 대로 답습(踏襲)하여 이어나가니 잇는다는 뜻과 뒤를 밟는 발의 뒤꿈치란 뜻 *踵武(종무: 뒤를 이음) *踵至(종지: 뒤를 따라 곧 옴)

급수	부수	한자	훈 음	해 설
7	工 2획	左	왼 **좌** 못할 **좌** 어긋날 **좌**	만들 공(工)과 오른 우(右)의 합으로 보수적인 오익에 반대하여 공작(工作)정치를 하는 혁신. 진보의 좌익이란 뜻과 오른손보다 서툴고 못하다는 뜻과 못하니 낮다는 뜻과 우익과 뜻이 어긋난다는 뜻 *左傾, 左遷, 左衝右突, 左顧右眄 좌경 좌천 좌충우돌 좌고우면
3	亻 5획	佐	도울 **좌**	밑 저(低)와 왼 좌(左)의 합으로 왼손은 오른손보다 못한 손이니 더 못한 밑에 사람이 보조하여 돕는다, 힘을 보태어 거든다는 뜻 *佐飯(좌반 자반: 식사를 도와주는 반찬) *輔佐官, 佐郞 보좌관 좌랑 *上佐(상좌: 상전을 돕는)
3.2	土 4획	坐	앉을 **좌** 어쩐지 **좌**	집 당(堂)과 사람 인(人)의 합으로 궁궐 당상(堂上)에 임금의 좌우로 신하들을 앉혔다는 뜻과 앉아있기 마음이 안 편하다 하여 '어쩐지'란 뜻 *坐席, 坐視, 坐禪, 坐藥, 坐不安席 좌석 좌시 좌선 좌약 좌불안석
4	广 7획	座	자리 **좌**	자리 석(席)과 앉을 좌(坐)의 합으로 사람들이 앉아 있는 자리라는 뜻 *座席, 座中, 座談會, 王座, 星座 좌석 좌중 좌담회 왕좌 성좌
1	手 7획	挫	꺾을 **좌**	누를 억(抑)과 앉을 좌(坐)의 합으로 억지로 눌러 앉히니 꺾인다는 뜻 *挫折(좌절: 기세 의지 등이 꺾임)
5	网 8획	罪	허물 **죄**	벌줄 벌(罰)과 아닐 비(非)의 합으로 옳지 못한 일(非行)을 저질러 벌을 받게 되는 죄, 허물이란 뜻 *罪囚, 罪人, 罪目, 犯罪, 免罪 죄수 죄인 죄목 범죄 면죄

급수	부수	한자	훈 음	해 설
7	丶 4획	主	주인 **주**	표점 주(丶)와 임금 왕(王)의 합으로 임금 왕에 점을 찍어 표시한 모양으로 모든 것이 왕을 중심으로 돌아가니 중심이 된다, 주인이다는 뜻 *天主(천주), 主人(주인), 主幹(주간), 主演(주연), 主管(주관), 主軸(주축)
7	亻 5획	住	살 **주** 머무를 **주**	사람 인(亻)과 주인 주(主)의 합으로 주인이란 사람은 나그네처럼 떠나지 않고 머물러 산다는 뜻 *居住地(거주지), 住宅(주택), 住民(주민), 住所(주소), 住民登錄(주민등록)
6	水 5획	注	부을 **주**	씻을 세(洗)와 주인 주(主)의 합으로 세뇌(洗腦)시켜 주된 사상이나 주의(主義) 등을 쏟아붓는다. 정신을 쏟는다는 뜻과 기름 등을 기울여 쏟아붓는다는 뜻 *注入式(주입식), 注油所(주유소), 注意(주의), 注目(주목), 注射(주사)
1	言 5획	註	주낼 **주**	적을 기(記)와 부을 주(注)의 합으로 본문의 중간에 주의(注意)하라고 해석이나 설명을 적어 넣은 것을 주석이란 뜻 *註釋(주석: 뜻을 알기 쉽게 풀이함)
3.2	水 5획	柱	기둥 **주**	나무 목(木)과 주인 주(主)의 합으로 주인처럼 중심에서 축이 되는 나무이니 기둥이란 뜻 *柱礎(주초), 柱心(주심), 電柱(전주), 支柱(지주), 四柱(사주)
2	馬 5획	駐	머무를 **주**	말 마(馬)와 머무를 주(住)의 합으로 역말 제도 때 역에 말을 항상 대기하여 머무르게 한다는 뜻 *駐屯(주둔), 常駐(상주), 駐車場(주차장), 駐美大使(주미대사)

급수	부수	한자	훈 음	해 설
3	舟 0획	舟	배 **주**	탈 승(乘)과 배 복(腹)과 어른(길이) 장(丈)의 합으로 긴 노를 저으며 사람이나 물건을 태우고 실어 나르는 배란 뜻의 부수자 *一葉片舟(일엽편주), 方舟(방주), 刻舟求劍(각주구검), 吳越同舟(오월동주)
5	巛 3획	州	고을 **주**	내 천(川)과 표점 주(丶)의 합으로 내가 흐르는 곳을 표시하여 내를 끼고 들어선 사람이 사는 마을 (고을)이란 뜻 *光州(광주), 全州(전주), 慶州(경주), 羅州(나주)
3.2	水 6획	洲	물가 **주**	바다 해(海)와 고을 주(州)의 합으로 바다에 들어선 큰 고을(땅)이란 뜻 *亞洲(아주), 濠洲(호주)
4	木 2획	朱	붉을 **주**	뿌리 본(本)과 살 생(生)의 합으로 고대인들이 신비하게 여긴 주사(朱砂)는 죽은 이의 피가 땅속에서 굳은 정령의 결정체로 보고 그것으로 환생의 영약을 만들려고 시도하였다는 데서 본래(本來)대로 환생(還生)의 뜻이 있는, 피의 색인 주사가 붉다는 뜻 *朱砂(주사), 朱紅(주홍), 朱黃(주황), 朱丹(주단), 印朱(인주)
3	木 6획	株	그루 **주** 그루터기(**밑 둥**)	나무 수(樹)와 붉을 주(朱)의 합으로 땅속에 묻혀 있다가 환생의 영약을 만드는 주사(朱砂)처럼 땅속에 묻혀 있는 나무의 밑둥치인 그루터기란 뜻과 자본을 투자해 묻어두었다가 다시 이익으로 환원하는 방식인 주식이란 뜻 *株式(주식), 株主(주주), 株券(주권), 守株待兎(수주대토)
3	玉 6획	珠	구슬 **주**	구슬 옥(玉)과 그루 주(株)의 합으로 나무를 벤 둥치를 둥글게 깎아 만든 구슬이란 뜻 *珠簾(주렴), 珠算(주산), 如意珠(여의주), 念珠(염주), 黙珠(묵주)

급수	부수	한자	훈 음	해 설
1	言 6획	誅	벨 **주**	매길 과(課)와 붉을 주(朱)의 합으로 주사(朱砂)는 피의 결정체이니 지주가 소작인에게서 피를 빨듯이 과세(課稅)를 너무 가혹하게 혈세(血稅)로 거둬간다는 뜻과 못살게 죽인다는 뜻 *苛斂誅求(가렴주구), 誅殺(주살), 誅戮(주륙)
4.2	走 0획	走	달릴 **주**	큰 대(大)와 발 족(足)의 합으로 크게 발을 내딛고 달려간다, 달아난다는 뜻의 부수자 *走行(주행), 走馬看山(주마간산), 暴走(폭주)
1	口 5획	呪	빌 **주** 저주할 **주**	씹을 저(咀)와 빌 축(祝)의 합으로 잘못되기를 곱씹으며 저주(咀呪)하여 빈다는 뜻 *咀呪(저주), 呪術(주술), 呪文(주문)
4	口 5획	周	나라이름 **주** 두루 **주** 널리 **주** 미쁠 **주**(忠信)	점칠 점(占)과 쓸 용(用)의 합으로 용마의 등에 그림을 활용(活用)하여 만든 괘로 주역 점을 치던 주나라란 뜻과 주역은 천문, 지리, 인사, 물상 등 골고루 두루 쓰였다는 데서 두루란 뜻과 주공(周公)의 이상 정치가 주위에 널리 알려지니 널리란 뜻 *周易(주역), 周圍(주위), 周到綿密(주도면밀), 周邊(주변), 周旋(주선)
5	辶 8획	週	주일 **주**	돌아올 환(還)과 두루 주(周)의 합으로 해와 달, 화성, 수성, 목성, 금성, 토성으로 두루 한 바퀴 돌아오는 주기란 뜻 *週間(주간), 週刊(주간), 週末(주말), 週初(주초), 週日(주일), 隔週(격주)
3.2	宀 5획	宙	집 **주** 하늘 **주**	집 우(宇)와 말미암을 유(由)의 합으로 우주에 만물이 처음으로 유래(由來)된 시간 적으로 아주 유서 깊은 하늘이란 뜻 *宇(집 우; 공간적으로 우리를 품고 있는 집, 하늘이란 뜻) *宇宙(우주), 宇宙船(우주선)

급수	부수	한자	훈 음	해 설
1	冂 7획	胄	투구 주	무릅쓸 모(冒)와 집 주(宙)의 합으로 우주(宇宙)비행사들이 쓰는 것 같이 깊이 푹 눌러쓰는 투구란 뜻 *甲胄(갑주: 갑옷과 투구)
1	糸 5획	紬	명주 주	비단 견(絹)과 투구 주(胄)의 합으로 투구모양으로 푹 덮어쓴 고치에서 뽑아낸 비단인 명주실이란 뜻 *明紬(명주), 紬緞(주단) *紬繹(주역: 실마리를 뽑음, 단서를 찾아냄)
1	糸 6획	紂	껑그리 주 임금이름 주	끝 종(終)과 오로지 전(專)의 합으로 잔인. 포악하게 마음대로 전횡한 상(은)나라의 마지막 임금이란 뜻 *桀紂(걸주: 하나라 걸 왕과 은나라 주왕은 포악하기로 유명한 임금임)
3	大 6획	奏	아뢸 주 연주할 주	하늘 천(天)과 받들 봉(奉)의 합으로 천자에게 받들어 아뢴다는 뜻과 높은 사람에게 아뢴다는 뜻과 하늘 높이 퍼져나가는 연주란 뜻 *奏請(주청), 演奏(연주), 奏樂(주악), 伴奏(반주), 獨奏(독주)
1	車 9획	輳	모일 주	모을 집(輯)과 연주할 주(奏)의 합으로 연주를 보려고 사람들이 많이 모인다는 뜻 *輻輳(폭주: 바퀴살이 사방에서 한 곳으로 모이듯이 연주를 보러 한곳으로 많이 모임)
4	酉 7획	酒	술 주	닭 유(酉)와 즙 액(液)의 합으로 酉는 목을 길게 빼고 '꼬끼오' 하고 우는 수탉처럼 목이 길고 둥근 오지 물병 모양이니 술병에 든 액체인 술이란 뜻 *酒類(주류), 酒量(주량), 酒色(주색), 酒宴(주연)

급수	부수	한자	훈 음	해 설
6	日 7획	晝	낮 주	아침 단(旦)과 그을 획(畫)의 합으로 하루 중 해가 있는 동안을 선을 그어서 낮이라 한다는 뜻 *晝間(주간: 해 뜰 때부터 해가 질 때까지의 사이) *晝耕夜讀, 晝夜長川, 白晝 주경야독 주야장천 백주
1	亻 9획	做	지을 주 만들 주	지을 작(作)과 연고 고(故)의 합으로 연유(이유)가 있어 지어낸 일이란 뜻이니 일부러(故意; 고의) 그렇게 만들었다는 뜻 *看做, 做工 간주 주공 *做錯(주착: 잘못인 줄 알면서도 저지른 허물)
1	口 11획	嗾	부추길 주	맛 미(味)와 겨레 족(族)의 합으로 개를 부를 때 '족, 족!'소리를 내며 맛있는 것(미끼)을 놓고 달려들거나 따라오게 부추긴다는 뜻 *嗾囑(주촉: 남을 꾀어 부추김) *使嗾(사주: 남을 부추겨 나쁜 일을 시킴)
1	广 12획	廚	부엌 주	곳집 고(庫)와 북 세울 주(尌)의 합으로 붙박이장 등을 벽으로 높이 세워 설치하여 식기나 음식물 등을 많이 얹어 정리할 수 있게 만든 창고인 부엌이란 뜻 *廚房, 庖廚, 廚房長 주방 포주 주방 장
2人 인	田 14획	疇	밭이랑 주 같을 주 무리 주	밭 전(田)과 길(목숨) 수(壽)의 합으로 길게 골을 타 나누어 놓은 밭의 이랑이란 뜻과 골이 똑같고 여러 개이니 같다는 뜻과 무리란 뜻과 타 넘어야 할 경계란 뜻 *範疇(범주: 사물의 개념을 나누어 분류할 때 가장 기본적이고 보편적인 유개념(類概念), 카테고리) *疇輩(주배: 같은 무리)

급수	부수	한자	훈 음	해 설
3	金 14획	鑄	쇠불릴 **주**	쇠 금(金)과 이랑 주(疇)의 합으로 쇠붙이를 녹여 이랑처럼 골을 판 일정한 홈 틀(거푸집)에 부어 만든다는 뜻 *鑄物(주물), 鑄造(주조), 鑄貨(주화), 鑄鐵(주철), 鑄型(주형)
1	足 14획	躊	머뭇거릴 **주**	뛸 약(躍)과 이랑 주(疇)의 합으로 긴 밭이랑을 돌아가자니 멀고 펄쩍 뛰어 타 넘으려니 곡식이 망가질까 봐 망설이며 발이 머뭇거린다는 뜻 *躊躇(주저: 머뭇거리며 망설임)
4.2	竹 0획	竹	대 **죽**	대나무의 갈라진 잎 모양으로 대나무의 상형자 *竹簡(죽간), 竹筍(죽순), 竹鹽(죽염), 竹細工品(죽세공품)
3	亻 7획	俊	준걸 **준** 뛰어날 **준**	뛰어날 걸(傑)과 믿을 윤(允)과 변할 변(變)의 합으로 호걸(豪傑)처럼 믿음직하게 변한 모양으로 두드러지다 걸출하다. 뛰어나다는 뜻 *俊秀(준수), 俊才(준재), 英俊(영준), 俊豪(준호)
2人(인)	山 7획	峻	산 높을 **준**	뫼 산(山)과 준걸 준(俊)의 합으로 남보다 뛰어난 훤칠하고 걸출해 눈에 띄게 높은 산이란 뜻 *人名(인명) 字(자)
2人(인)	土 7획	埈	가파를 **준**	비탈 파(坡)와 높을 준(峻)의 합으로 높은 산의 비탈이니 가파르다는 뜻 *人名(인명) 字(자)
2人(인)	日 7획	晙	밝을 **준**	밝을 명(明)과 준걸 준(俊)의 합으로 단번에 눈에 띄는 준재처럼 명백하게 눈에 들어오니 밝다, 지혜가 반짝인다는 뜻 *人名(인명) 字(자)

급수	부수	한자	훈 음	해 설
2人(인)	馬 7획	駿	준마 **준**	말 마(馬)와 준걸 준(俊)의 합으로 특히 눈에 띄는 준재(俊才)같이 뛰어난 말이란 뜻과 출마(出馬)한 사람 중에 뛰어난 사람이란 뜻 *駿馬(준마)
2人(인)	水 7획	浚	깊을 **준**	강 강(江)과 준걸 준(俊)의 합으로 산이 높듯이 강바닥을 쳐내어 물이 깊다는 뜻 *浚渫(준설), 浚井(준정)
1	立 7획	竣	마칠 **준**	설 립(立)과 높을 준(峻)의 합으로 건물이 들어서 멋지게 모양을 갖추니 공사가 끝났다는 뜻 *竣工(준공), *竣事(준사: 하던 일을 마침)
4.2	水 10획	準	수준기 **준** 법도 **준** 비길 **준**	물 수(氵)와 새매 준(隼)의 합으로 새매가 두 날개로 평형을 유지하며 날듯이 물을 이용하여 수평(水平)을 재는 수준기(水準器)란 뜻과 평평함을 재는 자이니 법이란 뜻과 평평하다, 서로 평평하게 비긴다는 뜻 *基準(기준), 準備(준비), 準據(준거), 準則(준칙), 標準(표준) *準優勝(준우승: 우승팀에 비슷하게 비김)
2	冫 8획	准	승인할 **준** 견줄 **준** 비길 **준**	능가할 능(凌)과 영웅 웅(雄)의 합으로 영웅을 능가할 만하니 인정하여 허가한다는 뜻과 허가하니 승인한다는 뜻과 영웅에 견주어 비기니 버금간다는 뜻 *準(준)과 통함 *認准(인준), 准將(준장), 准教師(준 교사)
1	虫 15획	蠢	꿈틀거릴 **준**	봄 춘(春)과 벌레 충(虫)의 합으로 봄이 되면 벌레들이 꿈틀거리며 활동을 시작한다는 뜻과 벌레의 움직임처럼 동작 둔하고 어리석다는 뜻 *蠢動(준동), 蠢愚(준우), 蠢爾(준이)

급수	부수	한자	훈 음	해 설
3	辵 12획	遵	좇을 준 따를 준	남길 유(遺)와 높일 존(尊)의 합으로 석가세존(釋迦世尊)이 남긴 유지(遺志)를 받들어 따른다는 뜻과 제도나 법도를 존중(尊重)하고 따른다는 뜻 *遵守(준수), 遵範(준범), 遵據(준거), 遵奉(준봉), 遵法精神(준법정신)
1	木 12획	樽	술통 준	통 통(桶)과 따를 준(遵)의 합으로 옛 제도를 준수(遵守)하여 제향(祭享) 때 드리는 아가리가 넓은 술통, 술 단지란 뜻 *樽酒(준주: 병 술, 동이 술)
2人 인	水 14획	濬	깊을 준	깊을 심(深)과 밝을 예(睿)의 합으로 밝게 통찰해야만 볼 수 있을 만큼 깊다는 뜻 *睿(밝을 예; 높을 탁(卓)과 어두울 명(冥)과 아래 하(下)와 골 곡(谷)과 살필 성(省)의 합으로 깊고 어두운 골짜기 아래까지 살피는 밝음이란 뜻과 주로 천자의 통찰에 쓰임) *濬川(준천), 濬哲(준철)
8	丨 3획	中	가운데 중	뚫을 곤(丨)과 둘레 국(口)의 뜻으로 화살이 과녁 안에 들어가듯이 어떤 테두리(범위)의 안에 들어간 모양으로 거리 시간 수 따위의 중간을 가리킴 *的中(적중), 中央(중앙), 中心(중심), 中庸(중용), 中部(중부), 中學(중학), 中立(중립)
3	亻 4획	仲	버금 중	대신 대(代)와 가운데 중(中)의 합으로 중간에서 본인 대신 다리를 놓아 중개한다는 뜻과 맏이나 막내가 아닌 가운데 있는 사람이니 중씨란 뜻 *仲氏(중씨), 仲兄(중형), 仲介(중개), 中媒(중매), 仲裁(중재), 中秋(중추)

급수	부수	한자	훈 음	해 설
7	里 2획	重	무거울 **중** 거듭 **중**	거리 리(里)와 일천 천(千)의 합으로 천리(千里)를 멀다 않으니 중요하다는 뜻과 중요하니 무게를 둔다는 뜻 千과 里가 둘이 겹쳐져 있으니 거듭한다는 뜻 *重量(중량), 二重(이중), 重複(중복), 重疊(중첩), 重要(중요), 重役(중역)
4.2	血 6획	衆	무리 **중** 많을 **중**	피 혈(血)과 사람 인(人) 3개의 합으로 혈족(血族)들이 많이 모여 있는 모양으로 부족국가처럼 무리를 지운다는 뜻 *群衆(군중), 大衆(대중), 民衆(민중), 衆論(중론), 衆智(중지), 衆寡不適(중과 불 적)
3.2	卩 7획	卽	곧 **즉** 나아갈 **즉**	물리칠 각(却)과 고소할 흡(皀)의 합으로 하얀(白)쌀밥과 숟가락(匕)으로 지난날 벼슬아치가 밥상을 물리자마자 곧 출근한다는 데서 바로, 즉시란 뜻과 출근하니 나아간다는 뜻 *卽刻(즉각), 卽時(즉시), 卽席(즉석), 卽決(즉결), 卽興(즉흥), 卽位(즉위)
1	木 15획	櫛	빗 **즐**	널 판(板)과 마디 절(節)의 합으로 마디 절은 매듭지거나 얽힌다는 뜻이 되니 널조각에 촘촘하게 홈을 파서 엉킨 머릿결을 다스리는, 머리를 빗을 때 사용하는 빗이란 뜻 *櫛比(즐비), 櫛齒(즐치), 櫛文土器(즐문토기), 櫛風沐雨(즐풍목우)
1	水 2획	汁	즙 **즙(집)**	즙 액(液)과 합할 십(十)의 합으로 잎이나 과일 등을 모아서 짠 액체인 즙이란 뜻 *綠汁(녹즙), 生汁(생즙), 果實汁(과실즙), 果汁(과즙)
1	艸 9획	葺	기울 **즙** 기울 **집**	띠 모(茅)와 모을 집(輯)의 합으로 띠나 짚을 모아 지붕을 덮어 인다는 뜻 *葺茅(즙모-집모: 띠 풀로 지붕을 임) *葺繕(즙선-집선: 헌 것을 고침)

급수	부수	한자	훈 음	해 설
3.2	疒 5획	症	병 증 증세 증	병 병(病)과 바를 정(正)의 합으로 어떤 병이 드러내는 정체(正體)인 징후, 증세란 뜻 *症勢, 症狀, 症候群, 厭症, 炎症 증세 증상 증후군 염증 염증
3.2	曰 8획	曾	일찍 증 거듭 증	모일 회(會)와 더할 익(益)의 합으로 이미 모여 있는데 또 더하니 '거듭' 이란 뜻과 이미 일찍부터 와 있었다는 데서 '일찍' 이란 뜻 *曾思(증사: 거듭 깊이 생각함) *曾經(증경: 저 지난번에) *曾祖, 未曾有, 曾孫 증조 미증유 증손
4.2	土 12획	增	더할 증	땅 지(地)와 거듭 증(曾)의 합으로 같은 땅에 지난해보다 소득이 더 늘었다는 뜻 *增加, 增産, 增大, 增員 증가 증산 증대 증원
3.2	心 12획	憎	미울 증	사정 정(情)과 더할 증(增)의 합으로 남의 사정(事情)은 모르고 자기만 더 가지려 하니 밉다는 뜻 *可憎, 憎惡, 愛憎 가증 증오 애증
3	貝 12획	贈	드릴 증	팔 판(販)과 더할 증(增)의 합으로 물건을 파는 사람이 덤으로 더 얹어 준다는데서 그냥 준다, 무상으로 드린다는 뜻으로 무상으로 준다는 뜻 *寄贈, 贈呈, 贈賄罪, 贈遺 기증 증정 증회죄 증유
3.2	++ 10획	蒸	찔 증 덥다 증 무리 증	덮을 개(蓋)와 불 화(灬)와 위 상(上)과 물 수(水)의 합으로 불 위에 그릇을 받치고 물을 붓고 덮어서 송편 등을 찐다는 뜻과 찌는 듯한 더위란 뜻과 찔 때 김이 무럭무럭 피어오르듯이 매우 많다는 뜻 *烝과 같이 쓰임 증 *水蒸氣, 蒸發, 蒸溜水, 汗蒸湯 수증기 증발 증류수 한증탕

급수	부수	한자	훈 음	해 설
4	言 12획	證	증거 **증**	기록할 기(記)와 오를 등(登)의 합으로 부동산의 등기(登記)가 매매할 때 소유자를 확인하는 증거가 된다는 뜻 *證據(증거), 證明(증명), 證書(증서), 證券(증권)
7	土 3획	地	땅 **지** 바탕 **지** 곳 **지** 처지 **지**	흙 토(土)와 잇기 야(也)의 합으로 흙덩이가 이어진 땅덩어리란 뜻과 우리가 발 딛고 서 있는 곳인 지위나 처지란 뜻과 하늘에 상대되는 지구인 땅이란 뜻 *土地(토지), 處地(처지), 地位(지위), 農地(농지), 地球(지구), 地域(지역)
3.2	水 3획	池	못 **지**	깊을 심(深)과 땅 지(地)의 합으로 땅을 깊이 파서 물을 저장한 저수지, 못이란 뜻 *塘(못 당: 둑을 쌓아 물을 모은 못이란 뜻) *貯水池(저수지), 池塘(지당), 天池(천지)
5	止 0획	止	그칠 **지**	윗 상(上)과 곧을 직(直)의 합으로 위로 똑바로 세운 모양으로 기계나 사람이 움직이다가 똑바로 서니 멈춘다, 그친다는 뜻의 부수자 *停止(정지), 止血(지혈), 沮止(저지), 禁止(금지), 行動擧止(행동거지)
2地(지)	土 4획	址	터 **지**	땅 지(地)와 그칠 지(止)의 합으로 이제는 사용을 멈춘 옛날의 흔적이 있는 땅인 터란 뜻 *寺址(사지), 城址(성지), 史蹟址(사적지)
1	示 5획	祉	복 **지**	복 복(福)과 터 지(址)의 합으로 복이 있는 터란 뜻과 행복하게 살 수 있도록 시설된 땅이란 뜻 *福祉(복지), 社會福祉(사회복지), 老人福祉(노인복지)

급수	부수	한자	훈 음	해 설
4.2	支 0획	支	가를 **지** 지탱할 **지** 지지 **지**	또(손) 우(又)와 열 십(十)의 합으로 열 손가락처럼 갈라진다는 뜻과 손가락으로 움켜잡고 지탱한다는 뜻과 열을 헤아린다는 뜻과 열두 띠인 지지(地支)란 뜻 *支局(지국), 支店(지점), 支給(지급), 支拂(지불), 支配(지배), 干支(간지), 地支(지지)
3	木 4획	枝	가지 **지**	나무 목(木)과 가를 지(支)의 합으로 나무의 여러 개로 갈라져 뻗어 나간 가지란 뜻 *枝葉(지엽), 接枝(접지) *剪枝(전지: 가위로 가지치기)
1	肉 4획	肢	사지 **지**	육 달 월(月)과 가지 지(枝)의 합으로 몸에서 가지처럼 갈라져 뻗어 나간 팔, 다리, 4개인 사지란 뜻 *四肢(사지), 肢體(지체)
3	口 2획	只	다만 **지** 말그칠 **지**	글귀 구(句)와 병사 병(兵)의 합으로 '노병(老兵)은 죽지 않는다, 다만, 살아질 뿐이다'라는 명구(名句)에서 온 말로 딱 잘라 짧게 끝내는 말이니 다른 것은 생각 않고 단순히, 완전히, 순전히 한 군데 국한한다는 뜻 *但只(단지), 只今(지금)
1	木 5획	枳	탱자 **지** 해칠 **기**	나무 목(木)과 다만(말 그칠) 지(只)의 합으로 제나라 재상 안평중이 초나라에서 도둑질한 제나라 사람을 잡아 와서 제나라 사람은 질이 나빠 도둑질을 한다고 하니 "강남의 귤이 강북에 가면 탱자가 된다지요?" 하며 살기 어려운 이 나라의 풍토 때문이라고 말로써 멋진 반격을 가하여 말문을 막게 한 나무인 탱자나무란 뜻 *枳殼(지각) *枳塞(지색: 가시 많은 탱자나무로 울타리를 쳐서 막음)

급수	부수	한자	훈 음	해 설
1	口 6획	咫	길이 **지**	다만 지(只)와 자 척(尺)의 합으로 다만 한 자뿐인 짧은 거리란 뜻 *咫尺(지척: 썩 가까운 거리) *咫尺不辨 지척 불변
4.2	至 0획	至	이를 **지** 지극할 **지**	기를 육(育)의 아들 자(子) 머리 부분과 흙 토(土)의 합으로 자식이 공손하게 굽힌 머리가 땅에 닿는 모양이다. 정성이 끝까지 이르니 지극하다는 뜻과 어느 장소에 닿아 이르다는 뜻 *至極, 至大, 至誠, 至尊, 至當 지극 지대 지성 지존 지당
3.2	丿 3획	之	갈 **지** 어조사 **지**	이에 내(乃)와 주인 주(主)의 합으로 주관(主觀) 없이 왼쪽에서 오른쪽으로 다시 왼쪽으로 갔다가 오른쪽으로 가니 이리 갔다 저리 갔다 한다는 뜻과 이쪽, 저쪽의 말을 걸어 연결하는 어조사로 '~의'나 '~을'로 쓰임 *居之半(거지반: 거의 반) *之東之西, 人之常情, 左之右之 지 동 지 서 인지상정 좌지우지
2人 인	艹 4획	芝	지초 **지**	풀 초(草)와 갈지(之)의 합으로 이리저리 어디로 갈지를 몰라 점을 치는 신초(神草)로 상서로운 조짐을 보이는 풀이란 뜻 *芝蘭之交, 靈芝, 雲芝 지란지교 영 지 운 지
2	日 2획	旨	뜻 **지** 맛 **지**	날 일(日)과 늙을 로(老)의 합으로 김치 등이 여러(오래) 날 되어 잘 익은 깊은 맛이란 뜻과 깊이 들어있는 맛인 의미, 깊은 속뜻이란 뜻 *敎旨, 趣旨, 論旨, 要旨 교지 취지 논지 요지
4.2	手 6획	指	손가락 **지** 가리킬 **지**	손 수(扌)와 맛(뜻) 지(旨)의 합으로 맛을 볼 때 사용하는 손가락이란 뜻과 손가락을 짚으며 가리켜 보인다는 뜻 *指紋, 指壓, 指針, 指導, 指稱, 指向, 指定 지문 지압 지침 지도 지칭 지향 지정

급수	부수	한자	훈 음	해 설
2	肉 6획	脂	기름 **지**	육 달 월(月)과 맛 지(旨)의 합으로 고기의 맛이 있는 부분인 기름이란 뜻 *脂肪質(지방질), 油脂(유지), 合成樹脂(합성수지)
4.2	心 3획	志	뜻 **지**	생각 사(思)와 선비 사(士)의 합으로 선비가 가슴 속에 생각하고 있는 포부나 계획처럼 지향하는 바란 뜻 *志操(지조), 志望(지망), 志願(지원), 意志(의지), 志士(지사), 同志(동지)
4	言 7획	誌	기록 **지**	적을 기(記)와 뜻 지(志)의 합으로 동지(同志)들의 뜻을 모아 발간한 기록(記錄)이란 뜻 *會誌(회지), 雜誌(잡지), 本誌(본지), 日誌(일지), 校紙(교지)
5	矢 3획	知	알 **지**	화살 시(矢)와 입 구(口)의 합으로 화살표가 가리키는 것을 보고 출입구(出入口)를 알 수 있다는 데서 누가 가르쳐주어 안다, 깨닫는다는 뜻 *知識(지식), 知性(지성), 知覺(지각), 知能(지능), 親知(친지), 知人(지인)
4	日 8획	智	지혜 **지**	저물 혼(昏)과 알 지(知)의 합으로 혼미(昏迷)한 상태에서 화살표를 따라가면 알 수 있겠다고 판단하는 현명한 분별력과 반짝 떠오르는 지혜란 뜻 *智慧(지혜), 機智(기지), 衆智(중지), 智仁勇(지인용), 智略(지략)
3	辶 12획	遲	더딜 **지**	움직일 운(運)과 무소 서(犀)의 합으로 소에 속하는 동물은 대개 움직임이 느리다는 뜻 *犀(무소 서: 살 거(居)와 물 수(水)의 합으로 열대지방의 습지에 사는 물소, 코뿔소란 뜻) *遲遲不進(지지부진), 遲刻(지각), 遲滯(지체), 遲延(지연)

급수	부수	한자	훈 음	해 설
7	糸 4획	紙	종이 **지**	실(섬유질) 사(糸)와 성씨 씨(氏)의 합으로 씨족이 퍼지듯이 서양 페이퍼의 어원은 이집트의 나일강에서 나는 파피루스 줄기를 얇게 갈라 펴서 종횡으로 늘어놓고 물을 뿌려 두들겨 붙여서 건조해 만들었고, 중국의 후한 때 채륜은 수피(樹皮)나 헌 천(섬유)이나 어망 등을 곤죽으로 녹인 방법 등으로 만든 종이란 뜻 *紙幣(지폐), 製紙(제지), 紙面(지면), 壁紙(벽지), 紙匣(지갑), 色紙(색지)
1	手 11획	摯	잡을 **지** 진지할 **지**	받아들일 승(承)과 잡을 집(執)의 합으로 이해하고 받아들이려고 붙잡고 끝까지 애쓰는 모양으로 진심 어린 태도와 성실한 노력을 가지고 착실하다 하여 진지하다는 뜻 *眞摯(진지: 말이나 태도가 참답고 착실함)
4	手 6획	持	가질 **지**	안을 포(抱)와 기다릴 대(待)의 합으로 성공하여 가족이 잘 되기를 기대(期待)하며 포부(抱負)를 가지고 있다는 뜻 *持續(지속), 持參(지참), 支持(지지), 持論(지론), 矜持(긍지)
7	目 3획	直	곧을 **직** 정직할 **직** 값 **치**	눈 목(目)과 열(합할) 십(十)과 하나 일(一)의 합으로 두 선이 하나로 또는 수직으로 합치되어 만나는 눈금인 값이란 뜻과 곧바로 나아가니 곧다, 바르다는 뜻과 곧고, 바르니 정직하다는 뜻 *正直(정직), 直線(직선), 直立(직립), 直行(직행), 直接(직접), 垂直(수직)
2人(인)	禾 8획	稙	올벼 **직**	심을 가(稼)와 곧을 직(直)의 합으로 어린 모를 옮겨 심지 않고 곧바로 씨 뿌려 일찍 먹는 올벼란 뜻 *稙禾(직화: 일찍 심는 벼)

급수	부수	한자	훈 음	해 설
2地 지	禾 10획	稷	피(기장) **직** 농관 **직** 오곡신 **직**	곡식 곡(穀)과 밭 전(田)과 뛰어날 준(俊)의 합으로 밭에서 뛰어나게 키 큰 곡식인 메기장이란 뜻과 오곡의 신, 또는 농사를 다스리는 관직이란 뜻 *稷雪(직설: 싸락눈) *稷神(직신: 곡식을 만든 신) *社稷(사직: 토지신과 곡식 신)
4.2	耳 12획	職	벼슬 **직**	성인 성(聖)과 알 식(識)의 합으로 식견(識見) 있는 자들이 마땅히 따라야 할 양심에 어긋나지 않는 도덕적인, 성(聖)스러운 의무인 본분, 직분이란 뜻 *聖職, 官職, 職員, 職位, 職責, 職業, 職分 성직 관직 직원 직위 직책 직업 직분
4	糸 12획	織	짤 **직** 방직 **직**	짤 조(組)와 벼슬 직(職)의 합으로 직업(職業)으로 실을 자아 베를 짠다는 뜻과 서로 연결하여 조를 짠다는 뜻 *組織, 織女, 織機, 織造, 牽牛織女 조직 직녀 직기 직조 견우직녀
3.2	辰 0획	辰	별 **진** 용 **진** 임금 **진** 때 **신**	긴 장(長)과 꼬리 미(尾)의 합으로 길게 꼬리를 내리고 하늘로 오르는 12 지지(地支)의 하나인 용이란 뜻과 용이니 임금이란 뜻과 B.C 오천년 전후에는 용의 자리별인 북극성이란 뜻과 북극성은 거의 변하지 않는 위치에서 시간(때)을 나타내는 기준이 되니 때라는 뜻 *辰駕(진가: 임금의 수레) *壬辰年, 日辰, 辰時 임진 년 일진 진시 *生辰(생신: 태어난 때)
4	阜 7획	陣	진칠 **진**	군대 대(隊)와 이을 연(連)의 합으로 군대가 길게 이어 진을 친다는 뜻 *長蛇陣, 背水陣, 陣頭指揮, 陣地構築 장사진 배수진 진두지휘 진지 구축

급수	부수	한자	훈 음	해 설
3.2	手 7획	振	떨칠 **진** 구원할 **진**	떨(어길) 불(拂)과 용 진(辰)의 합으로 임금의 뜻을 받아들이지 않고 떨치니 어긴다하여 왕의 진노하는 소리가 산천을 떨게 흔든다는 뜻과 흔들어서 떨어뜨린다는 뜻과 주머니나 곳간을 떨어(털어) 가난한 사람을 구원한다는 뜻 *振動(진동), 振子(진자), 振幅(진폭), 振興(진흥), 振施(진시), 振窮(진궁)
3	雨 7획	震	진동할 **진** 두려워할 **진**	우레 뢰(雷)와 떨 진(振)의 합으로 뇌성벽력(雷聲霹靂)으로 천지가 진동한다는 뜻과 산천초목이 떨며 두려워한다는 뜻 *地震(지진), 震怒(진노), 震度(진도)
4	玉 5획	珍	보배 **진**	임금 왕(王)과 사람 인(人)과 모양 형(形)의 합으로 진 시왕이 불로초를 구할 때 찾던 사람 모양을 한 인삼(人蔘)처럼 산이나 바다에서 나는 흔하지 않고 귀한 것이란 뜻 *山海珍味(산해진미), 珍貴(진귀), 珍味(진미), 珍羞盛饌(진수성찬)
2	言 5획	診	진찰할 **진**	찾을 방(訪)과 사람 인(人)과 모양 형(形)의 합으로 찾아가서 사람 모양을 보고 병의 상태를 알아낸다, 진찰한다는 뜻 *診察(진찰), 診療(진료), 診脈(진맥), 診斷(진단), 聽診器(청진기)
1	疒 5획	疹	홍역 **진**	병 병(病)과 진찰할 진(診)의 합으로 붉은 열꽃이 피어 진찰하면 금방 알 수 있는 병인 홍역이란 뜻 *發疹(발진), 紅疹(홍진)
4.2	辶 8획	進	나아갈 **진**	갈 착(辶)과 밀 추(推)의 합으로 새가 날개로 공기를 밀며 앞으로 나아간다는 뜻 *推進(추진), 前進(전진), 進行(진행), 行進(행진), 進取(진취), 進就(진취)

급수	부수	한자	훈 음	해 설
4.2	目 5획	眞	사진 **진** 사실 **진**	바를 직(直)과 본보기 전(典)과 될 화(化)의 합으로 실물을 본보기로 정직하게 그리거나 찍은 사진이란 뜻과 실물이니 사실이란 뜻 *寫眞(사진), 眞心(진심), 眞實(진실), 眞情(진정), 眞僞(진위), 眞假(진가)
3.2	金 10획	鎭	누를 **진**	섞일 착(錯)과 참 진(眞)의 합으로 착오(錯誤)에 대하여 진실(眞實)을 규명하여 진정시킨다, 흥분한 군중을 가라앉힌다, 누른다는 뜻 *書鎭(서진), 鎭靜(진정), 鎭壓(진압), 鎭火(진화), 鎭痛劑(진통제)
1	口 10획	嗔	성낼 **진**	엄할 엄(嚴)과 누를 진(鎭)의 합으로 소란을 진정(누름)시키려고 엄하게 소리치며 성을 낸다, 호통친다는 뜻 *嗔心(진심: 왈칵 성내는 마음)
3.2	阜 8획	陳	베풀 **진** 진술할 **진** 묵을 **진** 나라이름 **진**	진칠 진(陣)과 동녘 동(東)의 합으로 해가 나무에 걸려 보이는 '동(東)'자(字)처럼 사건에 걸리는 이야기는 진을 치듯이 길게 늘어놓으며 진술한다는 뜻과 오래전의 묵은 이야기도 끌어내니 '묵은' 이란 뜻 *陳列欌(진열장), 陳設(진설), 陳述(진술), 陳腐(진부), 新陳代謝(신진대사)
2姓(성)	禾 5획	秦	나라이름 **진** 벼이름 **진**	곳집 품(稟)과 태산 태(泰)의 합으로 운하를 건설하여 벼농사가 잘되어 곳간에 식량이 태산처럼 쌓이고 부강해지니 천하를 통일할 수 있었던 중국 최초의 통일국가인 나라 이름 진이란 뜻과 열매가 많이 맺히는 벼의 이름인 통일벼란 뜻 *秦始皇(진시황) *秦篆(진전: 진나라 책사(策士)인 이사가 전문(篆文)을 간략하게 하여 만들었다는 소전)

급수	부수	한자	훈 음	해 설
2姓(성)	日 6획	晉	나아갈 **진** 진나라 **진**	봄 춘(春)과 이를 지(至)의 합으로 봄에 이르니 따스한 햇볕을 받아 만물이 자라 뻗어 나아간다는 뜻에서 나아가게 한다, 승진한다는 뜻과 나라 이름 진으로 쓰임 *晋(진): 晉(진)의 속자 *晉体(진체: 진나라 왕희지의 글씨체)
2	水 6획	津	나루 **진**	진 액(液)과 붓 율(聿)의 합으로 붓에 흠뻑 젖은 먹물처럼 액체가 뚝뚝 떨어진다는 뜻과 물이 뚝뚝 떨어지며 건너는 나루터란 뜻 *津夫(진부), 津液(진액), 津渡(진도), 興味津津(흥미진진)
4	皿 9획	盡	다할 **진**	그릇 명(皿)과 없을 무(無)와 일(섬길) 사(事)의 합으로 임금을 섬김에 하나도 남김없이 힘을 다 쏟아부어 충성을 다한다는 뜻 *盡忠(진충), 盡心(진심), 氣盡脈盡(기진맥진), 賣盡(매진), 消盡(소진), 極盡(극진)
2	土 11획	塵	티끌 **진** 먼지 **진**	흙 토(土)와 사슴 록(鹿)의 합으로 사슴 때가 지나가니 일어나는 흙먼지란 뜻 *塵埃(진애), 塵世(진세), 粉塵(분진), 風塵(풍진), 塵穢(진예), 塵肺症(진폐증)
1	口 2획	叱	꾸짖을 **질**	입 구(口)와 맛 지(旨)의 합으로 맛을 보느라고 입맛을 다시며 쩝쩝하듯이 쯧쯧! 하고 혀를 차며 나무란다는 뜻 *叱責(질책), 叱咤(질타)
2	穴 6획	窒	막힐 **질**	구멍 혈(穴)과 이를 지(至)의 합으로 굴의 끝에 이르니 막힌다는 뜻 *窒息(질식), 窒塞(질색), 窒素(질소), 窒酸(질산)

급수	부수	한자	훈 음	해 설
1	木 6획	桎	차꼬 **질**	나무 목(木)과 막힐 질(窒)의 합으로 지난 날 죄인을 가두는 형구로 두 개의 나무토막으로 두 발목을 고정하여 자물쇠를 채우게 되어있는 족쇄란 뜻 *桎梏(질곡: 차꼬와 수갑이란 뜻으로 자유를 가질 수 없게 속박하는 일)
1	肉 11획	膣	질 **질**	육 달 월(月)과 막힐 질(窒)의 합으로 여성의 몸 안에 동굴같이 막혀있는 부위인 아기집(子宮)이란 뜻 *膣炎(질염)
3	女 6획	姪	조카 **질**	같을 여(如)와 지극할 지(至)의 합으로 형제의 자식으로 지극히 가까워 마치 자기의 자식 같은 사이인 조카란 뜻 *猶子(유자: 자식 같으니 조카란 뜻) *姪女(질녀), 叔姪(숙질), 姪婦, 姪壻
3.2	禾 5획	秩	차례 **질** 깨끗할 **질** 십년 **질**	과목 과(科)와 잃을 실(失)의 합으로 실정(失政)을 하여 벼슬자리가 비면 과거(科擧)시험을 보아 깨끗한 관리를 뽑아 등급을 매겨 차례로 앉힌다는 뜻과 고인 물은 썩는다고 한자리에 10년 이상 두지 않는다는 10년이란 뜻 *秩序(질서)
1	辶 4획	迭	갈마들 **질**	바꿀 체(遞)와 잃을 실(失)의 합으로 실수(失手)하여 정치를 잘못한 사람을 바꾼다는 뜻 *更迭(경질: 어떤 직위의 사람을 갈아내고 다른 사람으로 바꿈)
1	足 5획	跌	넘어질 **질**	발 족(足)과 잃을 실(失)의 합으로 실수(失手)로 발을 잘못 디뎌 넘어진다는 뜻 *差跌(차질: 일이 잘못되어 어그러짐)

급수	부수	한자	훈 음	해 설
1	巾 5획	帙	책갑 **질**	장막 장(帳)과 차례 질(秩)의 합으로 휘장처럼 겉에 덮어씌워 차례로 여러 권 엮은 질책이란 뜻과 단단한 갑에 넣어 보관하려고 책을 끼우는 책갑(冊匣)이란 뜻 *帙冊(질책), 書帙(서질)
3.2	疒 5획	疾	병 **질** 빠를 **질** 미워할 **질**	전염병 역(疫)과 알 지(知)의 합으로 지식(知識)인들이 정신적 도덕적으로 퇴폐하여 불건전한 문화가 사회악으로 전염병처럼 빠르게 확산되니 빠르다, 옮을까 봐 미워한다는 뜻과 알고 있는 병인 유전병 같은 질환이란 뜻 *疫疾(역질), 疾患(질환), 疾視(질시), 疾走(질주), 痼疾(고질), 疾風怒濤(질풍노도)
1	女 10획	嫉	미워할 **질**	싫을 혐(嫌)와 병(미울) 질(疾)의 합으로 한 남자가 두 여자를 겸하니 서로 미워하고 싫어한다는 뜻 *嫉妬(질투), 嫉視(질시), 嫉逐(질축), 嫉視(질시)
5	貝 7획	質	바탕 **질** 물을 **질** 인질 **질**	자본(밑천) 자(資)와 도끼 근(斤)의 합으로 자재(資材)가 지닌 무게인 근량(斤量)으로 물체가 지닌 원재료의 품질인 바탕이란 뜻과 품질을 따지어 묻는다는 뜻과 값나가는 사람을 바탕으로 거래를 요구하는 인질이란 뜻 *質量(질량), 人質(인질), 品質(품질), 性質(성질), 質問(질문), 質疑應答(질의응답)
1	月 6획	朕	나 **짐** 조짐 **짐**	무리 붕(朋)과 공평할 공(公)과 하늘 천(天)의 합으로 천자(天子)의 공식(公式) 문서에서 왕이 자기를 호칭하는 나, 또는 나의 무리인 우리라는 뜻과 조짐이란 뜻 *兆朕(조짐: 좋은 일이나 언짢은 일이 생길 기미)

급수	부수	한자	훈 음	해 설
1	斗 9획	斟	헤아릴 **짐**	헤아릴 료(料)와 견딜 감(堪)의 합으로 견디어낼 수 있을지를 헤아리려 본다는 뜻 *斟酌(짐작)
1	亻 2획	什	열사람 **십** 세간 **집**	사람 인(亻)과 열 십(十)의 합으로 열 사람씩 짝이 되어 한 조로 일하는 열사람 이란 뜻과 살 주(住)와 도울 협(協)의 합으로 사람이 살아가는 데 도움이 되는 여러 가지 가재도구란 뜻 *什長(십장), 什器(집기), 什物(집물)
3.2	土 9획	執	잡을 **집** 벗 **집**	갚을 보(報)와 둥글 환(丸)의 합으로 보복(報復)을 하려고 주먹을 둥글게 말아 꽉 움켜쥔다는 데서 물건을 잡는다, 쥐다, 든다는 뜻과 손을 잡으니 벗이란 뜻으로도 쓰임 *執權(집권), 執着(집착), 執筆(집필), 執念(집념), 執事(집사),
6	隹 4획	集	모을 **집**	새 추(隹)와 나무 목(木)의 합으로 새들이 나무 위에 옹기종기 모인다는 뜻 *본래 자는 나무 위에 새가 세 마리 있었다 *集合(집합), 集團(집단), 集會(집회), 募集(모집)
2	車 9획	輯	모을 **집**	실을 재(載)와 귓속말할 집(咠)의 합으로 소곤소곤 귓속말하듯이 아직 남이 모르는 소문들을 신문 등에 실으려고 모은다, 자료 등을 모은다는 뜻 *咠(귓속말할 집: 입을 귀에 갖다 댄 모양) *編輯(편집), 蒐輯(수집), 特輯(특집), 編輯部(편집부)
1	水 12획	澄	맑을 **징**	맑을 청(淸)과 오를 등(登)의 합으로 위로 올라갈수록 물이 맑다는 뜻 *澄水(징수), 淸澄(청징)

급수	부수	한자	훈 음	해 설
3.2	彳 12획	徵	부를 **징**	숨을 미(微)와 임금 왕(王)의 합으로 산속에 숨은 자를 임금이 나오라고 부른다는 뜻 *徵用, 徵集令狀, 徵收, 徵兵檢査 징용 징집영장 징수 징병검사
3	心 15획	懲	징계할 **징**	응할(마땅할) 응(應)과 부를 징(徵)의 합으로 숨은 사람을 불러서 마땅히 그에 상응(相應)하는 벌을 내린다는 뜻 *懲戒, 懲罰, 懲役, 勸善懲惡 징계 징벌 징역 권선징악
1	又 1획	叉	깍지낄 **차**	또 우(又)와 표 점 주(丶)의 합으로 포크처럼 생긴 손가락의 사이에 물건이 집혀 있음을 표시한 점으로 손가락 사이에 끼운다는 뜻과 손가락 사이에 끼워 꼬집는다는 뜻 *交叉, 交叉路 교차 교차로 *夜叉(야차: 모질고 사나운 귀신)
3	一 4획	且	또 **차**	윗 상(上)과 물건 품(品)의 합으로 물건을 위에 물건을 쌓은 모양으로 그 위에 '또'란 뜻 *重且大, 苟且, 且置, 且說 중차대 구차 차치 차설
4.2	欠 2획	次	버금 **차**	노래 가(歌)와 두 이(二)의 합으로 가수(歌手)가 가요대회에서 두 번째이니 일등이 못되다, 차석이란 뜻 *次席, 次例次例, 次官, 年次, 次善 차석 차례 차례 차관 연차 차선
3.2	止 2획	此	이 **차**	바를 정(正)과 나란히 비(比)의 합으로 나란히 붙어있는 바로 옆, 가까운 여기, 이곳이란 뜻 *저 피(彼)의 반대자 *此際, 此後, 於此彼, 此日彼日 차제 차후 어차피 차일피일

급수	부수	한자	훈 음	해 설
4	工 7획	差	다를 **차** 어긋날 **차**	왼 좌(左)와 옳을 의(義)의 합으로 좌익(左翼)은 언제나 우익과 다르게 정의(正義)를 내리고 의견이 다르고 어긋난다는 뜻 *差異(차이), 差度(차도), 差等(차등), 差押(차압), 差益(차익)
1	足 10획	蹉	넘어질 **차**	발 족(足)과 어긋날 차(差)의 합으로 발이 어긋나 잘못 디뎌서 넘어진다는 뜻 *蹉跌(차질: 발을 헛디뎌 넘어짐, 일이 잘못됨)
1	口 10획	嗟	탄식할 **차**	탄식할 탄(嘆)과 어긋날 차(差)의 합으로 일이 차질이(어긋남) 생겨 아! 하고 탄식한다는 뜻 *嗟惜(차석), 嗟歎(차탄)
3	亻 8획	借	빌릴 **차** 가령 **차**	빌릴 가(假)와 예(오랠) 석(昔)의 합으로 여러 날, 오랫동안 빌린다는 뜻 *借用(차용), 借邊(차변), 貸借(대차)
2	辶 11획	遮	가릴 **차** 막을 **차**	뭇 서(庶)와 나아갈 진(進)의 합으로 나아가지 못하게 여럿이서 가려 막는다는 뜻 *遮陽(차양), 遮日(차일), 遮光(차광)
3	手 7획	捉	잡을 **착**	잡을 파(把)와 발 족(足)의 합으로 도망가지 못하도록 발목을 잡는다는 뜻 *捕捉(포착), 瞬間捕捉(순간 포착), 捉送(착송), 捉囚(착수)
1	穴 5획	窄	좁을 **착**	막힐 질(窒)과 지을(만들) 작(作)의 합으로 질식(窒息)하게 만드니 좁힌다, 좁다는 뜻 *狹窄(협착) *窄迫(착박: 답답할 만큼 몹시 좁음)

급수	부수	한자	훈 음	해 설
1	手 10획	搾	짤 **착**	잡을 착(捉)과 좁을 착(窄)의 합으로 잡은 손을 꽉 조여 좁히면서 내용물을 짠다는 뜻 *搾取(착취), 窄乳(착유), 窄油(착유)
5	目 6획	着	붙을 **착**	볼 간(看)과 기를 양(養)의 합으로 자식을 돌보아 기를 때 떼놓지 않고 딱 붙어서 애착을 갖는다는 뜻 *愛着(애착), 執着(집착), 着用(착용), 着想(착상), 着服(착복), 到着(도착), 着地(착지), 着實(착실)
3	金 8획	錯	섞일 **착** 돈 이름 **착**	돈 전(錢)과 빌릴 차(借)의 합으로 옛날에 빌린 돈의 액수가 잘못되다, 계산이 어긋나다, 착오가 생기다, 착각한다는 뜻 *錯覺(착각), 錯誤(착오), 錯雜(착잡), 錯視(착시)
1	金 20획	鑿	뚫을 **착**	일 업(業)과 헐 훼(毁)와 쇠 금(金)의 합으로 단단한 금속(金屬) 같은 것을 밑에 대고 힘을 주어 헐게 하는 일이니 구멍을 뚫는다는 뜻 *掘鑿(굴착), 穿鑿(천착)
1	手 12획	撰	지을 **찬**	가릴 택(擇)과 뽑을 선(選)의 합으로 좋은 말을 가려 뽑아서 글을 짓는다는 뜻 *撰述(찬술), 撰定(찬정) *撰文(찬문: 글을 지음)
1	食 12획	饌	반찬 **찬**	밥 식(食)과 가릴 찬(撰)의 합으로 밥을 먹을 때 이것저것 그날 먹고 싶은 것을 선택하여 만들어 먹는 반찬이란 뜻 *飯饌(반찬), 盛饌(성찬), 素饌(소찬), 饌用(찬용), 珍羞盛饌(진수성찬)

급수	부수	한자	훈 음	해 설
2	食 7획	餐	밥 **찬** 먹을 **찬**	밥 식(食)과 흰쌀 찬(粲)의 합으로 흰 쌀로 지은 밥이란 뜻과 밥을 먹는다는 뜻 *粲(흰쌀 찬: 부서진 뼈 알(歹)은 바깥 외(外)와 같은 획으로 외피(外皮)를 벗긴 흰 쌀이란 뜻) *午餐(오찬), 晩餐(만찬), 尸位素餐(시위소찬)
2人(인)	火 13획	燦	빛날 **찬**	빛날 란(爛)과 밥 찬(餐)의 합으로 눈부시게 흰 쌀밥처럼 기름이 자르르 반짝이며 빛(윤)이 난다는 뜻 *燦爛(찬란), 燦然(찬연), 豪華燦爛(호화찬란)
2人(인)	玉 19획	璨	옥빛 **찬**	구슬 옥(玉)과 흰쌀 찬(粲)의 합으로 흰 쌀밥에 윤기가 반지르르 빛나듯이 옥빛이 찬란하다는 뜻 *人名 字(인명 자)
3.2	貝 12획	贊	도울 **찬** 밝힐 **찬**	질 부(負)와 먼저 선(先)의 합으로 선지자(先知者)들의 생계를 부담(負擔)한다, 뒷받침하여 돕는다는 뜻과 선지자들이 하늘의 도를 밝힌다는 뜻 *贊助金(찬조금), 贊成(찬성), 贊反(찬반), 協贊(협찬), 贊助(찬조)
4	言 19획	讚	칭찬 **찬**	말씀 설(說)과 도울 찬(贊)의 합으로 하늘의 선한 뜻을 밝혀 전해주는 선지자를 돕고 그들의 설법을 기리며 칭찬한다, 찬송한다는 뜻 *讚頌(찬송), 讚揚(찬양), 讚美(찬미), 讚嘆(찬탄), 過讚(과찬), 讚歌(찬가)
2人(인)	金 19획	鑽	송곳 **찬** 뚫을 **찬** 연구할 **찬**	바늘 침(針)과 도울 찬(贊)의 합으로 바늘처럼 찔러 구멍을 뚫는 데 도움이 되는 송곳이란 뜻과 선지자들이 도를 통하려고 학문을 닦아 연구한다는 뜻 *研鑽(연찬: 깊이 연구함)

급수	부수	한자	훈 음	해 설
2人 인	玉 19획	瓚	옥잔 **찬** 재기 **찬**	구슬 옥(玉)과 기릴 찬(讚)의 합으로 하늘의 뜻을 찬송(讚頌)하는 의식을 행할 때 성수를 뜨는 옥으로 된 잔이나 종묘의 제기란 뜻
1	竹 14획	簒	빼앗을 **찬**	계산 산(算)과 제거할 거(去)의 합으로 자신이 왕이 될 속셈(계산)으로 왕을 제거(除去)하고 왕위를 빼앗는다는 뜻 *簒位(찬위), 簒奪(찬탈)
1	糸 10획	纂	엮을 **찬**	여러 루(累)와 빼앗을 찬(簒)의 합으로 왕위를 빼앗고 역사를 새로 쓰기 위해 여러 가지 자료를 모아 엮는다는 뜻 *歷史(역사)編纂(편찬), 纂輯(찬집)
2	木 1획	札	편지 **찰** 명찰 **찰**	표할 표(標)와 새가슴 을(乙)의 합으로 가슴에 표시(標示)하여 다는 명찰이나 가슴에 품었다가 꺼내놓는 편지란 뜻 *名札(명찰), 落札(낙찰), 書札(서찰), 現札(현찰), 流札(유찰)
2	刀 6획	刹	찰나 **찰** 절 **찰**	시각 각(刻)과 죽일 살(殺)의 합으로 죽는 것은 째깍하는 시각인 초의 순간이란 뜻과 범어(ksana)의 음역으로 절이란 뜻 *刹那(찰나: 극히 짧은 시간)
4.2	宀 11획	察	살필 **찰**	지킬 수(守)와 제사 제(祭)의 합으로 나라나 제사를 지낼 때 차리는 방식이나 절차의 관습을 잘 지켜나가려고 자세히 주목하여 본다, 눈여겨 살핀다는 뜻 *觀察(관찰), 視察(시찰), 偵察(정찰), 警察(경찰), 診察(진찰)

급수	부수	한자	훈 음	해 설
1	手 14획	擦	문지를 **찰**	누를 안(按)과 살필 찰(察)의 합으로 보이지 않는 것을 살펴 알아내려는 듯이 손으로 살살 누르며 쓸어 문지른다는 뜻 *摩擦(마찰), 按察(안찰) *擦過傷(찰과상: 스치거나 문질러서 벗긴 상처)
1	立 5획	站	역참 **참**	설 립(立)과 점 점(點)의 합으로 말이나 기차가 달리다가 잠시 멈추어 서는 지점(地點)이란 뜻 *驛站(역참) *兵站(병참: 군대에서 군수품의 보급과 재산관리 등을 맡아보는 병과)
1	厶 9획	參	참여할 **참** 석 **삼**	개인 사(厶)와 끼일 개(介)와 모양 형(形)의 합으로 개인들이 여럿이 끼어든 모양으로 참여하다란 뜻과 너도나도 끼어들어 고르지 못하고 들쭉날쭉한 모양이란 뜻 *갖은자, 숫자 삼으로 쓰임 *參與(참여), 參加(참가), 參考(참고), 參席(참석), 參謀(참모), 參萬(삼 만)
1	心 11획	慘	참혹할 **참**	마음 심(忄)과 참여할 참(參)의 합으로 너도나도 참여하듯이 가지런하지 못한 모양처럼 너덜너덜 찢긴 마음이란 데서 처참하다는 뜻 *悽慘(처참), 悲慘(비참), 慘劇(참극), 慘變(참변), 慘死(참사), 慘變(참변)
2	斤 7획	斬	끊을 **참** 벨 **참** 매우 **참**	끊을 단(斷)과 군사 군(軍)의 합으로 제갈량이 군령(軍令)을 어긴 마속을 군율을 세우기 위해 눈물을 흘리며 참혹하게 처단(處斷)하여 목을 베었다는 고사에서 끊는다, 벤다는 뜻 *斬首(참수), 陵遲處斬(능지처참), 斬新(참신), 泣斬馬謖(읍참마속)

급수	부수	한자	훈 음	해 설
3	心 11획	慙	부끄러울 **참**	달 현(懸)과 벨 참(斬)의 합으로 참수(斬首)를 당하여 저자에 목을 매달리니 부끄럽다는 뜻 *慙愧(참괴), 慙悔(참회)
1	土 11획	塹	참호 **참**	보루 보(堡)와 벨 참(斬)의 합으로 땅을 길게 베어 도랑이나 구덩이를 파서 방호벽으로 쓰는 보루란 뜻 *塹壕(참호: 전투를 위해 땅에 판 구덩이)
1	亻 12획	僭	참람할 **참** 분수에 넘칠 **참**	거짓 위(僞)와 잠길(감출) 잠(潛)의 합으로 실상은 그렇지 않으면서 잠수(潛水)하듯 숨기고 위선(僞善)으로 군자인 척, 친한 척하며 덤비니 분수에 넘친다는 뜻과 뻔뻔하고 주제 넘는다는 뜻 *僭濫(참람: 제 분수를 지나서 방자스러움)
1	心 17획	懺	뉘우칠 **참**	후회 회(悔)와 가늘 섬(纖)의 합으로 뉘우치는 마음을 섬세(纖細)하게 적어놓은 참회록이란 뜻 *懺悔(참회: 잘못을 뉘우치고 마음을 고침) *懺悔錄(참회록: 생활을 뉘우치고 고백한 기록)
1	言 17획	讖	예언서 **참**	적을 기(記)와 뉘우칠 참(懺)의 합으로 가슴 깊이 뉘우침을 몰래 적어둔 비밀, 기밀이란 뜻과 점대 첨(籤)과 적을 기(記)의 합으로 점 대에 적힌 기록인 예언서란 뜻 *讖書(참서), 圖讖(도참) *讒言(참언: 앞일에 대하여 길흉을 예언하는 말)

급수	부수	한자	훈 음	해 설
1	言 17획	讒	참소할 **참**	모의할 모(謨)와 발 빠른 토끼 참(毚)의 합으로 발 빠른 토끼처럼 먼저 가서 교활하게 모함(謀陷)한다는 뜻 *讒言, 讒毁 참언 참훼 *讒訴(참소: 터무니없는 이야기로 남을 일러바치는 일)
3.2	日 4획	昌	번창할 **창**	오를 승(昇)과 글 서(書)의 합으로 당나라 송나라처럼 시서(詩書)가 높이 드러낸다, 또는 잘 된 글이 드러난다, 떠오른다, 정치, 문화가 번성한다는 뜻 *昌朝(창조: 번창한 세상, 당대(唐代)의 조정) *昌言(창언: 도리에 맞는 적절한 말) *昌盛, 昌運, 繁昌, 昌言正論, 碧昌牛 창성 창운 번창 창언 정론 벽창우
5	口 8획	唱	노래 **창** 부를 **창** 인도할 **창**	부를 호(呼)와 번창할 창(昌)의 합으로 나라가 번창하니 임금을 칭송하는 노래를 부른다는 뜻과 큰 소리로 부르짖으며 앞에서 이끈다는 뜻 *歌唱, 合唱, 先唱, 唱曲, 夫唱婦隨 가창 합창 선창 창곡 부창부수 *唱導(창도: 앞장서서 큰소리로 부르짖으며 사람을 인도함)
1	亻 8획	倡	광대 **창** 인도할 **창**	우수할 우(優)와 노래 부를 창(唱)의 합으로 가무(歌舞)나 창극(唱劇)을 잘하는 사람인 광대란 뜻 *倡優 창 우 *倡(唱)義(창의: 의병을 일으킴)
1	女 8획	娼	창녀 **창**	계집 녀(女)와 부를 창(唱)의 합으로 부르면 언제나 따라오는 여자인 창녀란 뜻 *娼女, 公娼, 私娼街 창녀 공창 사창가

급수	부수	한자	훈 음	해 설
1	++ 8획	菖	창포 **창**	꽃 화(花)와 번창할 창(昌)의 합으로 정치와 문화가 번창(繁昌)하던 당나라 때처럼 꽃봉오리가 붓 모양이고 단오에 부녀자들 창포물에 머리를 감고 향을 내던 풀인 창포란 뜻 *菖蒲 창포
1	犭 8획	猖	미쳐 날뛸 **창**	미칠 광(狂)과 번창할 창(昌)의 합으로 전염병 등이 번창(繁昌)하여 미친 듯이 날뛴다는 뜻 *猖獗 창궐 *猖披(창피: 체면이 깎이는 일을 당해 부끄러움)
2人 인	日 5획	昶	해 길 **창**	해 일(日)과 길 영(永)의 합으로 해가 길다는 뜻과 영원(永遠)히 오래도록 번창한다는 뜻 *人名 字 인명 자
3.2	人 8획	倉	곳집 **창** 갑자기 **창**	사람 인(人)과 먹을 식(食)과 물건 품(品)의 합으로 짐승과 달리 인간(人間)들이 식품(食品)을 비축해 두는 창고란 뜻과 홍수 가뭄 같은 흉년으로 갑자기 일어나는 비상시를 대비하니 '갑자기'란 뜻 *倉庫, 穀倉, 營倉 창고 곡창 영창 *倉卒(창졸: 어찌할 겨를이 없이 갑작스럼)
3.2	++ 10획	蒼	푸를 **창**	풀 초(草)와 창고 창(倉)의 합으로 드넓은 곡창(穀倉)지대가 초원처럼 푸르다는 뜻 *滄(바다 창: 바다 해(海)와 蒼)의 합 *蒼天, 蒼白, 蒼空 창천 창백 창공
4.2	刀 10획	創	비롯할 **창** 처음 **창**	새길 각(刻)과 곳집 창(倉)의 합으로 창힐(倉詰)이 새의 발자국을 따라 새긴 것이 문자의 시작이므로 비롯하다, 처음이다는 뜻 *創作, 創意, 創業, 創案, 創立, 創造 창작 창의 창업 창안 창립 창조

급수	부수	한자	훈 음	해 설
1	木 10획	槍	창 **창** 무기 **창**	자루 병(柄)과 창고 창(倉)의 합으로 창고에서 곡식 가마니에 푹 찔러 알곡을 심사하던 죽창(竹槍)처럼 뾰족하게 깎아 찔러 넣는 긴 손잡이(자루)가 달린 무기인 창이란 뜻 *槍劍(창검), 竹槍(죽창)
1	疒 10획	瘡	부스럼 **창**	병 질(疾)과 창 창(槍)의 합으로 창에 찔린 상처가 고질병으로 헗은 부스럼이란 뜻 *滿身瘡痍(만신창이), 痘瘡(두창), 瘡病(창병: 매독)
1	舟 10획	艙	선창 **창**	배 선(船)과 창고 창(倉)의 합으로 배의 창고란 뜻으로 손님을 태우거나 물건을 싣는 곳, 배의 화물칸이나 객실이란 뜻 *船艙(선창; 물가에 다리처럼 만들어 배를 댈 수 있게 마련한 곳)
2地(지)	攵 8획	敞	시원할 **창** 높을 **창** 드러날 **창**	놓을 방(放)과 높을 상(尙)의 합으로 높고 막힌 데 없이 개방(開放)되어 앞이 탁 트이니 시원하다, 높다, 드러난다는 뜻 *高敞(고창: 지세가 높고 사방이 탁 트임)
1	广 12획	廠	헛간 **창** 마굿간 **창**	큰집 엄(广)과 높을 창(敞)의 합으로 사방 벽이 없고 다 드러난 덩그렇게 높은 지붕만 있는 헛간이란 뜻 *工廠(공창), 造兵廠(조병창)(兵器廠(병기창))
6	穴 6획	窓	창문 **창**	빌 공(空)과 제거할 거(去)와 쉴 식(息)의 합으로 사방이 막힌 곳에 숨을 쉴, 공기(空氣)가 들어올 수 있도록 벽을 조금 제거(除去)하고 뚫어 놓은 공기 창, 창구멍이란 뜻 *窓口(창구), 窓門(창문), 封窓(봉창), 同窓(동창)

급수	부수	한자	훈 음	해 설
1	水 11획	漲	불을 **창**	찰 만(滿)과 펼(늘일) 장(張)의 합으로 속이 꽉 차서 가죽이 늘어나는 모양으로 부풀어 오르듯이 부피가 불어난다는 뜻 *漲滿(창만: 물이 불어 가득함)
1	肉 8획	脹	배부를 **창**	배 복(腹)과 불을 창(漲)의 합으로 배가 차서 점점 늘어나니 뱃가죽이 팽팽하다, 배부르다는 뜻 *膨脹(팽창), 脹滿(창만)
2	彡 11획	彰	드러낼 **창** 밝을 **창**	모양(드러날) 형(形)과 도장 장(章)의 합으로 도장을 찍어 글씨나 그림의 작가를 드러내어 밝힌다는 뜻과 공로 등을 글로 밝혀 드러낸다는 뜻 *表彰狀(표창장), 彰顯(창현)
3	日 9획	暢	펴다 **창** 화창할 **창** 통할 **창**	볕 양(昜)과 펼(늘일) 신(伸)의 합으로 햇살이 넓게 퍼지는 모양으로 막혀 그늘진 데가 없으니 화창하다는 뜻과 막힌 데가 없이 순조롭다, 통한다는 뜻 *暢達(창달: 막힘없이 통한다는 뜻과 그늘진 데가 없으니 구김살 없이 자라남) *和暢(화창), 文化暢達(문화 창달)
2姓(성)	采 0획	采	캘 **채** 가리다 **채** 풍채 **채**	손톱 조(爪)와 과일 과(果)의 합으로 열매나 나물을 손톱으로 뜯어 따거나 잡아뽑는다는 뜻의 부수자 *캘 채(採)와 빛 채(彩)의 약자로 쓰임 *風采(풍채: 사람의 드러나 보이는 의젓한 겉모양)
3.2	彡 8획	彩	빛 **채**	빛살 삼(彡)과 캘(딸) 채(採)의 합으로 식물에서 채취(採取)한 여러 가지 고운 빛을 내는 색깔이란 뜻 *色彩(색채), 光彩(광채), 水彩畵(수채화), 彩文土器(채문토기)

급수	부수	한자	훈 음	해 설
4	手 8획	採	캘 **채**	딸 적(摘)과 가릴 채(采)의 합으로 먹는 나물이나 열매를 가려서 딴다, 채취한다는 뜻 *採取(채취), 社員(사원) 採用(채용), 採石場(채석장)
3.2	艸 8획	菜	나물 **채**	풀 초(草)와 캘 채(採)의 합으로 먹을 수 있는 풀을 가려 캔 산나물이란 뜻 *菜蔬(채소), 菜食(채식), 菜松花(채송화), 山菜(산채)
2人 인	土 8획	埰	사패지 **채**	땅 지(地)와 뽑을 채(採)의 합으로 채용(採用)된 관리에게 녹봉으로 내려주던 전지(田地)인 땅이란 뜻 *人名(인명) 字(자) *賜牌(사패: 고려. 조선 때 임금이 왕족이나 공신에게 전지나 노비를 하사(下賜)하거나 전공(戰功)을 세운 향리에게 부역을 면하게 해주던 일이나 문서) *賜牌地(사패지: 임금이 내려준 田地(전지))
2姓 성	艸 11획	蔡	성(나라) **채** 거북 **채**	나물 채(菜)와 제사 제(祭)의 합으로 고대 중국 주나라 무왕의 동생 채숙(蔡叔)에 연원을 두나, 확실치 않은 성 채란 뜻과 풀이 흐드러지다는 뜻과 큰 거북이란 뜻 *蔡倫(채륜: 후한(後漢의 환관으로 세계 최초로 종이 만드는 기술을 발명함)
1	宀 11획	寨	울타리 **채**	찰 한(寒)과 나무 목(木)의 합으로 찬 바람을 막기 위해 나무를 빽빽하게 방풍림으로 심어놓은 울타리란 뜻 *木寨(목채: 나무 울타리)
3	亻 11획	債	빚 **채**	맡을 임(任)과 책임 질 책(責)의 합으로 책임(責任)을 지고 갚아주는 빚이란 뜻 *債務(채무), 債權(채권), 公債(공채), 社債(사채), 國債(국채)

급수	부수	한자	훈 음	해 설
5	貝 4획	責	꾸짖을 **책** 책임질 **책**	질 부(負)와 독할 독(毒)의 합으로 승부(勝負)에 지니 혹독(酷毒)하게 잘못을 따지어 꾸짖고 책임을 지운다는 뜻 *質責(질책), 責任(책임), 責望(책망), 問責(문책), 罪責(죄책), 叱責(질책)
4	冂 3획	冊	책 **책**	종이가 발견되기 이전 고대에 죽간이나 목간에 글을 새겨 촘촘히 엮은 책이란 뜻 *書冊(서책), 空冊(공책), 冊床(책상), 冊房(책방)
1	木 5획	柵	목책 **책**	나무 목(木)과 책 책(冊)의 합으로 책을 엮듯이 나무를 엮어 둘러친 울타리인 목책이란 뜻 *木柵(목책), 鐵柵線(철책선)
3.2	竹 6획	策	꾀 **책** 방책 **책** 대쪽 **책** 짚을 **책**	대답 답(答)과 책 책(冊)과 나무 목(木)의 합으로 옛날 관리 등용 시험 때 목간(혹은 죽간)을 깎아 책문(冊文)을 적어 통에 꽂아놓고 짚게 하여 짚은 죽간의 내용을 외우거나 설명하여 대답하도록 시험하던 대쪽이란 뜻과 꾀(계획)하는 방법이란 뜻과 짚으니 지팡이란 뜻 *政策(정책), 計策(계책), 術策(술책), 策略(책략), 施策(시책)
3.2	女 5획	妻	아내 **처**	계집 녀(女)와 지탱할 지(支)와 깍지낄 차(叉)의 합으로 머리를 틀어 올려 비녀를 꽂아 지탱한, 결혼하여 머리 올린 여자인 아내란 뜻 *妻家(처가), 妻弟(처제), 妻男(처남), 恐妻家(공처가), 糟糠之妻(조강지처)
1	冫 8획	凄	쓸쓸할 **처**	찰 냉(冷)과 아내 처(妻)의 합으로 첩에게 사랑을 주고 아내에게 차갑게 대하니 쓸쓸하다는 뜻 *凄凉(처량), 悽絶(처절)

급수	부수	한자	훈 음	해 설
2	心 8획	悽	슬플 **처**	사정 정(情)과 쓸쓸할 처(凄)의 합으로 쓸쓸한 아내의 심정(心情)이 딱하고 슬프다는 뜻 *悽然(처연), 悽絶(처절)
4.2	虍 5획	處	곳 **처**	범 호(虎)와 하나라(여름) 하(夏)의 합으로 하나라가 호랑이의 입안에, 적진의 너무 깊숙한 곳인 어려운 지경에 처해 있다는 데서 놓여있는 곳, 입장, 위치, 정세, 국면이란 뜻과 여자의 깊은 곳, 혹은 깊은 곳에 틀어박혀 바깥출입을 않는 처녀란 뜻 *處所(처소), 處理(처리), 處斷(처단), 處罰(처벌), 處刑(처형), 難處(난처), 婚處(혼처)
3.2	尸 1획	尺	자 **척**	주검 시(尸)와 또 우(又)의 합으로 손을 길게 펴서 뼘을 재는 모양으로 한 뼘인 한 자란 뜻 *자벌레: 몸을 길게 쭉 뻗으며 이동하는 벌레 *1尺은 10寸이고 丈의 1/10배 1/3미터 *尺度(척도), 越尺(월척), 三尺童子(삼척동자)
3	斤 1획	斥	내칠 척 물리칠 **척**	도끼 근(斤)과 표 점 주(丶)의 합으로 점을 찍듯 도끼로 찍으려고 내리친다, 물리친다는 뜻 *排斥(배척), 斥邪(척사), 斥候(척후), 斥和碑(척화비)
3.2	手 5획	拓	개척 **척** 박을 **탁**	가릴 택(擇)과 돌 석(石)의 합으로 산을 개간할 때 돌을 가려내며 땅을 부드럽게 일구어 농경지를 넓힌다는 뜻과 비석의 글씨를 베끼려고 두드려 탁본한다는 뜻 *開拓(개척), 干拓(간척), 拓本(탁본)
1	肉 6획	脊	등마루 **척**	등 배(背)와 오를 등(登)의 합으로가 등산(登山)하는 산마루처럼 동물이나 사람의 등을 이루는 굵은 뼈대인 척추란 뜻 *脊椎(척추), 脊髓神經(척수신경)

급수	부수	한자	훈 음	해 설
1	广 10획	瘠	메마를 **척**	병 병(病)과 등마루 척(脊)의 합으로 병약하여 등뼈가 앙상하게 드러나니 야위었다는 뜻 *瘦瘠(수척), 瘠薄(척박), 瘠土(척토), 瘠馬(척마)
2	隹 2획	隻	외짝 **척**	새 추(隹)와 취할 취(取)의 합으로 두 쌍(雙)에서 새 한 마리만 잡았으니 쌍이 아닌 외짝이란 뜻과 선박의 수효를 세는 단위 *隻手(척수), 隻言(척언), 隻眼(척안)
2地(지)	阜 7획	陟	오를 **척**	언덕 릉(陵)과 음 보(步)의 합으로 언덕을 걸어 올라간다는 뜻 *陟降(척강), 進陟(진척), *黜陟(출척)(출척: 뽑아내거나 올림)
3.2	戈 7획	戚	겨레 **척** 도끼 **척** 슬퍼할 **척**	창 과(戈)와 삐침 별(丿)과 아재비 숙(叔)의 합으로 창을 빼 드는 숙부인 친척이란 뜻과 숙부가 어린 세자자리를 뺏으려 하니 슬프다, 이맛살을 찌푸린다, 두렵다는 뜻 *外戚(외척), 戚臣(척신), 親戚(친척)
1	水 11획	滌	씻을 **척**	씻을 세(洗)와 가지 조(條)의 합으로 가지 사이사이로 물을 뿌려 깨끗이 씻는다는 뜻 *洗滌(세척), 滌除(척제)
1	手 15획	擲	던질 **척**	던질 투(投)와 정나라 정(鄭)의 합으로 정 나라는 신세를 진 나라에 보물이나 미녀를 바쳤다 하여 투자를 하려고 낸다 던진다는 뜻과 윷이나 동전을 던진다는 뜻 *擲柶(척사: 윷놀이) *擲錢(척전: 동전 던지기)

급수	부수	한자	훈 음	해 설
7	十 1획	千	일천 **천**	열(많을) 십(十)과 오랠 구(久)의 합으로 오랜 세월을 나타내는 숫자를 십진법으로 나타낼 때 일 십 백 올라가다 쉬는, 쉼표를 넣을 만큼 아주 많은 수란 뜻 *千萬, 千年, 千字文, 千軍萬馬 천만 천년 천자문 천군 만 마
7	巛 0획	川	내 **천**	물이 흐르는 모양의 상형 자로 내. 하천이란 뜻 *河川, 淸溪천, 溪川 하천 청계 계천
2地 지	金 3획	釧	팔찌 **천**	쇠 금(金)과 내 천(川)의 합으로 내처럼 흘러내려 손목에 걸리게 만든 금 고리인 팔찌란 뜻 *地名 字 지명 자
7	大 1획	天	하는 **천**	큰 대(大)와 윗 상(上)의 합으로 대기(大氣)권 위의 하늘, 천체란 뜻 *큰 대 부수이니 머리 위 가물가물 끝없는 하늘이라 하여 크다는 비유에 '하늘만큼'이라 함 *天命, 天主, 天機漏泄 천명 천주 천기 누설
4	水 5획	泉	샘 **천**	흰 백(白)과 물 수(水)의 합으로 하얗게 내뿜듯 퐁퐁 솟아나는 물이니 샘이란 뜻 *溫泉, 冷泉, 黃泉, 源泉 온천 냉천 황천 원천
1	穴 4획	穿	뚫을 **천**	내밀 돌(突)과 어금니 아(牙)의 합으로 입 밖으로 튀어나와 내민 상아(象牙)처럼 밖으로 뚫고 나오니 뚫는다는 뜻 *穿孔, 穿鑿, 貫穿 천공 천착 관천
3.2	貝 8획	賤	천할 **천** 싸다 **천** 경시하다 **천**	팔 판(販)과 남을 잔(殘)의 합으로 팔 물건이 많아서 남으니 귀하지 않고 흔하여 싸다, 싸니 천대받는다, 가볍게 본다는 뜻 *賤視, 賤民, 賤待, 賤職 천시 천민 천대 천직

급수	부수	한자	훈 음	해 설
3.2	足 8획	踐	밟을 **천** 행할 **천**	발 족(足)과 천할 천(賤)의 합으로 물건이나 사람을 천대(賤待)하여 발로 짓밟는다는 뜻과 직접 밟으니 실천하여 행한다는 뜻 *實踐(실천), 踐踏(천답), 踐行(천행)
3.2	水 8획	淺	얕을 **천**	시내 계(溪)와 밟을 천(踐)의 합으로 시내가 돌다리로 밟고 지날 만큼 얕다는 뜻 *淺學(천학), 淺薄(천박), 淺才(천재)
1	口 9획	喘	헐떡거릴 **천**	불 호(呼)와 끝 단(端)의 합으로 높은 산에 오를 때 호흡(呼吸)이 끝날(멈출) 것처럼 숨이 차다, 헐떡거린다는 뜻 *喘息(천식), 喘氣(천기)
3	辶 12획	遷	옮길 **천**	피할 피(避)와 중요할 요(要)와 책 권(卷)의 합으로 난리 중에 중요한 책들을 안전한 곳으로 피하여 옮긴다는 뜻 *遷都(천도), 左遷(좌천), 三遷之敎(삼천지교), 改過遷善(개과천선)
1	手 13획	擅	멋대로 할 **천**	휘두를 휘(揮)와 단 단(壇)의 합으로 단상에 올라가 지휘(指揮)하는 사람이 팔을 휘두르며 멋대로 명령하고 결단한다는 뜻 *擅斷(천단: 제멋대로 결단함) *擅橫(천횡: 제멋대로 함)
3	艸 13획	薦	천거할 **천**	풀 초(草)와 해태 치(廌)의 합으로 해태가 지초(芝草)를 물고 선인을 천거한다는 뜻 *廌(해태: 시비선악을 가린다는 상상의 동물로 皐陶(고요)가 해태로 나라를 다스렸다 함) *薦擧(천거), 推薦(추천), 公薦(공천), 推薦(추천), 毛遂自薦(모수자천)

급수	부수	한자	훈 음	해 설
1	門 12획	闡	밝힐 **천** 열 **천**	열 개(開)와 쏠 탄(彈)의 합으로 탄핵(彈劾)하여 사실을 공개(公開)적으로 밝힌다는 뜻 *闡明(천명: 드러내어 밝힘) *闡揚(천양: 생각을 밝혀 널리 퍼뜨림)
1	凵 3획	凸	볼록할 **철**	나올 출(出)의 부수와 가운데가 볼록 튀어 나온 모양으로 가운데가 볼록하다는 뜻 *凹凸(요철), 凸板(철판: 볼록 인쇄)
3.2	口 7획	哲	밝을 **철**	이름 명(名)과 꺾을 절(折)의 합으로 유명(有名)한 철학자 소크라테스에 의해 훌륭하게 전개된 변증법이 모순 대립에서 정. 반. 합으로 꺾어 반전시키는 데서 철학자들이 사리에 밝아 총명하고 지혜롭다는 뜻 *哲學(철학), 明哲(명철)
2人(인)	口 9획	喆	쌍길 **철** 밝을 **철**	길할 길(吉)이 둘이라 하여 쌍 길이라 하고 선비들이 하는 말이라 하여 밝다는 뜻 *人名 字(인명 자)
1	糸 8획	綴	묶을 **철**	맺을 결(結)과 또 우(又)의 합으로 또, 또, 한데 끼워서 걸어 매어 엮는다, 묶는다는 뜻 *點綴(점철: 점을 찍듯이 서로 이어짐) *綴字法(철자법: 글자를 묶는 방법)
1	車 12획	轍	바퀴자국 **철** 흔적(행적) **철**	바퀴자국 궤(軌)와 기를 육(育)과 가르칠 교(敎)의 합으로 교육(敎育)상 본보기가 될 앞에 간 수레의 바퀴 자국이란 뜻 *前轍(전철: 이전 사람의 잘못이나 실패)

급수	부수	한자	훈 음	해 설
2	手 12획	撤	거둘 **철** 그만둘 **철**	내던질 포(抛)와 바퀴자국 철(轍)의 합으로 망한 은나라의 전철(前轍)을 밟지 않으려고 가혹한 세금 제도를 포기(抛棄)하고 그만두다, 시행하던 제도 등을 폐지하여 거둔다는 뜻 *撤廢, 撤回, 撤收, 撤軍, 撤去 철폐 철회 철수 철군 철거
3.2	彳 12획	徹	통할 **철** 밝을 **철** 주나라 세금이름 **철**	부를 징(徵)과 거둘 철(撤)의 합으로 은나라의 가혹한 세금 제도를 철폐하고 가볍게 징수(徵收)한 주나라의 세금이란 뜻과 은나라의 전철을 밟지 않고 교훈을 간파하여 은나라 패망의 원인을 통찰하였으니 밝다는 뜻 *徹底, 徹頭徹尾, 徹夜, 徹天之恨 철저 철두철미 철야 철천지한
2人 인	水 12획	澈	맑을 **철**	맑을 청(淸)과 뚫을(밝을) 철(徹)의 합으로 물이 맑아서 속이 바닥까지 꿰뚫어 보이니 맑다는 뜻 *人名 字 인명 자 *鄭澈(정철: 조선 때 문신 송강가사, 관동별곡을 지음)
5	金 13획	鐵	쇠 **철** 굳을 **철**	쇠 금(金)과 해할 재(栽)와 드러낼 정(呈)의 합으로 재단(裁斷)할 때 천을 잘라 해하듯이 드러내면 사람을 해하는 쇠붙이인 철이란 뜻 *鐵絲, 鐵板, 鐵道, 鐵工, 鐵筋, 鐵骨 철사 철판 철도 철공 철근 철골
3	小 3획	尖	뾰족할 **첨**	작을 소(小)와 큰 대(大)의 합으로 밑은 크고 위는 작으니 뾰족하다는 뜻 *尖塔, 尖端, 尖銳 첨탑 첨단 첨예

급수	부수	한자	훈 음	해 설
3	水 8획	添	보탤 **첨**	깨끗할 정(淨)과 더럽힐 첨(忝)의 합으로 더럽혀진 작품을 깨끗하게 하려고 덧칠을 하거나 깨끗한 것을 오려서 덧붙인다는 뜻 *忝(더럽힐 첨: 삼킬 탄(呑)과 공경 공(恭)의 합으로 뇌물을 삼켜 공경(명예)심을 더럽힌다, 욕된다는 뜻 *添杯(첨배), 添附(첨부), 添加(첨가), 添削(첨삭), 別添(별첨), 添削(첨삭)
1	人 11획	僉	다 **첨**	사람 인(人)과 합할 합(合)의 합으로 인구(人口), 즉 사람 하나하나 개체를 강조한 모두를 합한 모양으로 모두 다란 뜻 *僉位(첨위: 여러분) *僉意(첨의: 여러 의견) *僉知, 朴僉知(박첨지)
1	言 8획	諂	아첨할 **첨**	꾈 유(誘)와 빠질 함(陷)의 합으로 환심을 사서 꼬임에 빠뜨리려고 기분을 맞추고 알랑거려 아첨한다는 뜻 *諂諛(첨유) *阿諂(아첨: 남의 환심을 사려고 붙어서 알랑거림)
2名(명)	目 13획	瞻	볼 **첨**	바라볼 조(眺)와 위태할 위(危)와 경계할 경(警)과 먼저 선(先)의 합으로 위태함을 경계하여 미리 멀리 적의 동정을 살펴본다는 뜻에서 아득히 먼 곳을 바라본다는 뜻 *瞻星臺(첨성대), 瞻望(첨망), 瞻仰(첨앙)
1	竹 17획	籤	제비 **첨**	쪽지 전(箋)과 가늘 섬(纖)의 합으로 글을 쓴 쪽지를 접어 촘촘하게 꽂아놓고 제비뽑기를 한다는 뜻 *抽籤(추첨), 當籤(당첨), 籤紙(첨지)

급수	부수	한자	훈 음	해 설
3	女 5획	妾	첩 **첩**	아내 처(妻)와 아이 동(童)의 합으로 종으로 부리던 계집아이를 아내처럼 사사로이 취하여 삼은 첩이란 뜻 *妻妾(처첩), 妾室(첩실), 愛妾(애첩), 小妾(소첩), 妾出(첩출)
1	貝 5획	貼	붙일 **첩**	부세 부(賦)와 끈끈할 점(粘)의 합으로 주차위반 과태료 등의 세금을 부과(賦課)할 딱지를 끈끈한 풀을 칠해서 붙인다는 뜻 *貼付(첩부: 착 들러붙게 붙임) *貼藥(첩약: 여러 약재를 섞어 한 번 먹을 만큼 봉지에 따로 싸서 풀을 붙인 약)
1	巾 5획	帖	표제 **첩** 문서 **첩**	휘장 장(帳)과 붙일 첩(貼)의 합으로 겉에 휘장을 씌워 붙여 튼튼히 만든 표제란 뜻과 임명장이나 졸업장처럼 천으로 튼튼히 겉면을 씌운 문서인 첩지(체지)란 뜻 *帖子(첩자), 手帖(수첩), 畵帖(화첩), *帖紙(첩지-체지: 임명장)
1	片 9획	牒	글씨판 **첩** 편지 **첩**	편지 독(牘)과 잎 엽(葉)의 합으로 엽서(葉書)처럼 편편한 종이에 찍은 편지인 청첩장이란 뜻 *請牒(청첩), 通牒(통첩) *牒報(첩보: 서면으로 상관에게 보고하던 일)
2	言 9획	諜	염탐할 **첩**	적을 기(記)와 편지 첩(牒)의 합으로 적의 사정을 자세히 적어 편지로 보고하는 간첩인 첩자란 뜻 *間諜(간첩), 諜者(첩자), 諜報員(첩보원)

급수	부수	한자	훈 음	해 설
1	手 8획	捷	이길 **첩** 사냥할 **첩** 빠를 **첩**	빼앗을 략(掠)과 베틀 디딜판 섭(疌)의 합으로 疌은 妻가 머리를 틀어 올리듯이 틀어잡아 낚아채어 달아나는 전리품이란 뜻과 이긴 정보를 가지고 재빠르게 달린다는 뜻 *疌(베틀 디딜판 섭: 아내 처(妻)와 발 족(足)의 합으로 아내가 밟는 베틀의 발인 페달로 북실이 지나가고 밟으면 '철거덕'하고 재빨리 치듯이 낚아채어 재빠르게 달아난다는 뜻) *捷徑(첩경), 敏捷(민첩) *捷報(첩보: 승전소식)
1	田 17획	疊	포갤 **첩** 겹쳐질 **첩**	밭 갈피(성채) 뢰(畾)와 덮을 멱(冖)과 또 차(且)의 합으로 성채를 쌓듯이 그 위에 덮어 또 포개고 겹쳐진다는 뜻 *疊語(첩어), 疊疊山中(첩첩산중), 重疊(중첩), 疊雲(첩운), 疊韻(첩운)
8	靑 0획	靑	푸를 **청** 대껍질 **청**	나타낼 표(表)와 붉을 단(丹)의 합으로 임금(주군)에게 일편단심(一片丹心) 변치 않음을 나타낼 때 겨울에도 낙엽지지 않고 푸른 대나무나 소나무처럼 푸르다는 뜻의 부수자 *靑色(청색), 靑春(청춘), 靑綠(청록), 獨也靑靑(독야청청)
6	水 8획	淸	맑을 **청**	물 수(氵)와 푸를 청(靑)의 합으로 물이 파랗게 보이니 맑다는 뜻 *淸掃(청소), 淸風(청풍), 淸純(청순), 淸潔(청결), 淸廉(청렴)
3	日 8획	晴	갤 **청**	날 일(日)과 맑을 청(淸)의 합으로 날이 맑다 하여 구름이 없고 갠다는 뜻 *快晴(쾌청), 晴曇(청담)
4.2	言 8획	請	청할 **청**	말할 설(說)과 사정 정(情)의 합으로 딱한 사정(事情)을 설명하며 부탁을 한다는 뜻 *申請(신청), 要請(요청), 請約(청약), 請婚(청혼), 請託(청탁), 請求書(청구서)

급수	부수	한자	훈 음	해 설
4	耳 16획	聽	들을 **청**	귀 이(耳)와 임금 왕(王)과 덕행 덕(德)의 합으로 덕이 있는 왕은 귀를 크게 열어놓고 충신의 직언이나 백성의 소리를 잘 듣는다, 들어야 한다는 뜻 *傾聽(경청), 盜聽(도청), 聽衆(청중), 聽取(청취), 聽覺(청각)
4	广 22획	廳	관청 **청**	뭇 서(庶)와 들을 청(聽)의 합으로 서민(庶民)들의 고충을 들어주는 관청이란 뜻 *官廳(관청), 區廳(구청), 郡廳(군청), 市廳(시청), 教育廳(교육청)
1	水 9획	涕	눈물 **체**	흐를 류(流)와 아우 제(弟)의 합으로 제자(弟子)나 아우나 아랫사람이 은혜에 감동하거나 황송해서 흘리는 감사나 감격의 눈물이란 뜻 *感涕(감체: 감격의 눈물) *涕淚(체루), 涕泣(체읍)
3	曰 8획	替	바꿀 **체**	바꿀 경(更)과 가마(손수레) 연(輦)의 합으로 앞뒤에서 가마를 메고 가던 사내들이 위치를 서로 바꾼다는 뜻 *交替(교체), 移替(이체), 世代交替(세대교체), 替費地(체비지)
3	辵 8획	逮	잡을 **체**	달아날 도(逃)와 종 예(隷)의 합으로 달아나는 종(노예)을 붙잡았다는 뜻 *逮捕(체포)
3	辵 8획	遞	갈릴 **체** 우체 **체**	멀 원(遠)과 지낼 력(歷)과 범 호(虎)의 합으로 파발마가 멀리서 비호(飛虎)같이 달려 지나가다가 역에서 다른 파발마에게 문서나 편지를 건네준다, 갈아탄다는 뜻 *郵遞(우체), 遞減(체감) *遞增(체증: 점차 증가)

급수	부수	한자	훈 음	해 설
3	水 11획	滯	막힐 **체**	샐 루(漏)와 띠 대(帶)의 합으로 띠를 졸라 묶어 음식이 빠져나가지 못하고 막혀 머물러 있다는 뜻 *食滯(식체), 滯症(체증), 停滯(정체), 沈滯(침체), 滯納(체납)
1	言 9획	諦	살필 **체** 체념 **체** 진리 **체** 本音; **제**	모두 제(諸)와 임금 제(帝)의 합으로 모든 것을 하늘(天帝)에게 맡긴다는 뜻과 모든 것을 하늘에 맡기니 체념한다는 뜻과 하늘은 공정하게 살핀다는 뜻과 하늘이 다스리는 이치는 변하지 않는 진리란 뜻 *要諦(요체: 사물의 가장 중요한 점) *諦念(체념: 운명에 따르기로 딱 잘라 마음먹음)
2	糸 9획	締	맺을 **체**	맺을 약(約)과 살필 체(諦)의 합으로 제국(帝國)의 강경한 요구에 체념(諦念)하듯 계약(契約)을 맺는다는 뜻 *締結(체결), 條約締結(조약체결)
6	骨 13획	體	몸 **체** 격식 **체** 물질 **체**	뼈 골(骨)과 예도 례(禮)의 합으로 골격과 근육과 살이 풍성하게 붙은 겉모양이란 뜻과 예의란 격식을 차리듯 격식을 갖춘 품격이 드러나는 겉모양이란 뜻 *身體(신체), 體育(체육), 體操(체조), 體格(체격), 體溫(체온), 單體(단체)
4	手 5획	招	부를 **초**	대접할 접(接)과 부를 소(召)의 합으로 접대를 하려고 부른다, 부르려고 손짓한다는 뜻 *招待(초대), 招請(초청), 招人鐘(초인종), 招聘(초빙)
3.2	走 5획	超	뛰어넘을 **초**	달릴 주(走)와 부를 초(招)의 합으로 초대(招待)를 받고 하던 일을 제쳐놓고 달려간다는 데서 뛰다, 뛰어넘다, 능가한다는 뜻 *超越(초월), 超過(초과), 超人(초인), 超能力(초능력), 超滿員(초만원)

급수	부수	한자	훈 음	해 설
1	豸 5획	貂	담비 **초**	모양 모(貌)와 뛰어넘을 초(超)의 합으로 고급스러운 모양이 그 어떤 것도 초월(超越)하는 좋은 털을 가진 담비란 뜻 *狗尾續貂(구미속초: 개 꼬리로 담비의 꼬리를 잇는다는 뜻으로 하찮은 것으로 뒤를 이음)
5	刀 5획	初	처음 **초**	끊을 절(切)과 옷 의(衣)의 합으로 옷을 만들 때는 먼저 길이 넓이 등을 알맞게 끊어내고 바느질을 한다는 데서 먼저 할 일인 처음이란 뜻 *初期, 始初, 初等, 初步, 初志一貫 초기 시초 초등 초보 초지일관
3.2	肉 3획	肖	닮을 **초**	육 달 월(月)과 작을 소(小)의 합으로 축소(縮小)한 것 같은 몸이니 부모를 닮았다는 뜻 *肖像畵, 不肖小子 초상화 불초 소자
2	口 7획	哨	망볼 **초**	입 구(口)와 닮을(작을) 초(肖)의 합으로 입구에 뾰족한 가시나 유리 등을 꼽아놓고 경계하는 초소란 뜻과 초소에서 망을 본다는 뜻 *哨所, 前哨戰 초소 전초전
1	木 7획	梢	나무끝 **초**	나무 목(木)과 닮을(작을) 초(肖)의 합으로 점점 가늘고 작아지는 나무의 끝이란 뜻 *末梢神經 말초신경 *梢頭(초두: 나무의 잔가지 끝)
1	禾 7획	稍	조금 **초** 적을 **초** 겨우 **초**	까끄라기 초(秒)와 나무 끝 초(梢)의 합으로 곡식의 수염인 까끄라기의 끝이니 아주 작다는 뜻 *稍食(초식: 녹봉으로 받는 쌀, 祿米(녹미)) *稍解文字(초해문자: 겨우 글자를 뜯어볼 정도)

급수	부수	한자	훈 음	해 설
1	石 7획	硝	초석 **초**	대포 포(砲)와 사라질 소(消)의 합으로 포격(砲擊)하여 파괴하듯이 사라지게 하는 화약이란 뜻 *硝煙(초연: 화약 연기) *硝石(초석: 질산칼륨, 폭발물질의 원료)
3	禾 4획	秒	까끄라기 **초** 분초 **초**	벼 화(禾)와 적을 소(少)의 합으로 벼나 보리의 수염처럼 적어서 살짝 빠져나갈 만큼 조그만 까끄라기란 뜻과 적은 시간의 단위인 분초의 초란 뜻 *秒速(초속), 秒針(초침)
1	火 4획	炒	볶을 **초**	불 화(火)와 적을 소(少)의 합으로 불에 조금, 살짝 볶는다는 뜻 *炒黑(초흑: 볶아서 꺼멓게 함) *炒麵(초면: 기름에 볶은 밀국수)
3	手 4획	抄	뽑을 **초** 베낄 **초**	뽑을 발(拔)과 적을 소(少)의 합으로 몰래 살짝 뽑아간다, 베낀다는 뜻 *抄掠(초략), 抄錄(초록), 抄譯(초역) *抄本(초본: 원본에서 내용을 베낀 문서)
7	艸 6획	草	풀 **초** 처음 **초** 초서 **초**	풀 날 철(++)와 일찍 조(早)의 합으로 이른 봄에 땅이나 나무에서 뾰족뾰족 처음 돋아나는 파란 풀(새싹)이란 뜻과 처음이란 뜻과 처음에 쓴 원고가 생각나는 대로 빨리 쓰느라 휘날려 쓴다는 데서 날려 쓴 글씨체인 초서란 뜻 *草綠(초록), 草木(초목), 草稿(초고), 草書(초서)
2	火 8획	焦	그을릴 **초** 탈 **초**	더울 열(熱)과 모을 집(集)의 합으로 태양열을 렌즈로 모으면 탄다는 뜻 *焦點(초점), 焦燥(초조), 焦眉之急(초미지급)

급수	부수	한자	훈 음	해 설
1	木 12획	樵	땔나무 **초**	나무 목(木)과 탈 초(焦)의 합으로 아궁이에 태우려고 베어오는 목재인 땔나무란 뜻 *樵童(초동), 樵夫(초부)
1	心 11획	憔	수척할 **초**	근심할 민(憫)과 탈 초(焦)의 합으로 애를 태우고 고민하여 괴로워하니 야위어 수척하다는 뜻 *憔悴(초췌: 근심으로 속을 태워 몸이 야위고 파리함)
1	艸 12획	蕉	파초 **초**	잎 엽(葉)과 탈 초(焦)의 합으로 가뭄에 타서 시들어 말리듯이 잎이 오그라들고 돌돌 말리는 나무인 파초란 뜻 *芭蕉(파초: 중국이 원산지인 잎이 큰 식물)
1	石 12획	礁	암초 **초**	돌 석(石)과 파초 초(蕉)의 합으로 파초처럼 거대하게 자라서 죽은 산호충이 쌓여서 돌처럼 단단히 굳어 이루어진 바위란 뜻 *珊瑚礁, 暗礁(암초: 물에 잠기어 보이지 않는 바위)
1	酉 8획	醋	식초 **초**	실 산(酸)과 오랠 석(昔)의 합으로 술이 오래되어 시어진 식초란 뜻 *醋酸(초산: 자극성 냄새와 신맛을 가진 액체) *食醋(식초: 먹는 초)
2國(국)	木 9획	楚	고초 **초** 초나라 **초**	나무 목(木)과 필 필(疋)의 합으로 나무의 잔가지인 회초리가 다리에 휘감기니 매질한다, 아프다는 뜻과 중국 춘추전국시대의 나라인 초나라란 뜻 *疋: 옆으로 놓인 갈고리(亅)와 발 족(足)으로 걸어서 감아 돌리는 비단 필(匹)이란 뜻과 돌아간다, 돌돌 말린다는 뜻 *苦楚(고초), 淸楚(청초), 四面楚歌(사면초가), 楚漢誌(초한지)

급수	부수	한자	훈 음	해 설
3.2	石 13획	礎	주춧돌 **초**	굳을 확(確)과 고초 초(楚)의 합으로 건물의 밑바닥에서 흔들림 없이 굳게 기둥을 받치며 고초(苦楚)를 견디는 주춧돌이란 뜻 *礎石, 基礎 초석 기초 *柱礎(주초: 기둥과 주춧돌)
3.2	亻 7획	促	재촉할 **촉**	편지 편(便)과 발 족(足)의 합으로 편지를 빨리 전하려고 발걸음을 재촉한다는 뜻 *促求, 促迫, 督促, 促進劑 촉구 촉박 독촉 촉진제
2國 국	虫 7획	蜀	촉규화 **촉** 나라이름 **촉**	벌레 충(虫)과 그물 망(罒)과 쌀 포(勹)의 합으로 망에 쌓여있는 벌레이니 나방이 되기 전의 배추애벌레란 뜻과 벌집같이 생긴 해바라기란 뜻과 유비가 세운 나라 이름 *蜀漢(촉한: 220~263, 유비가 세운 왕조)
3	火 13획	燭	촛불 **촉** 밝힐 **촉**	탈 연(燃)과 촉규화 촉(蜀)의 합으로 촉규(해바라기)꽃 같은 벌집의 성분인 밀랍으로 만들어 불을 태우는 양초란 뜻 *燭光, 燭臺, 燭數, 華燭 촉광 촉대 촉수 화촉 *洞燭(통촉: 사정이나 형편을 헤아려 살핌)
3.2	角 13획	觸	닿을 **촉**	뿔 각(角)과 벌레 촉(蜀)의 합으로 안테나처럼 감지하는 벌레의 뿔이 사물에 닿는다는 뜻 *觸角, 觸感, 接觸, 一觸卽發 촉각 촉감 접촉 일촉즉발
1	口 21획	囑	부탁할 **촉** 맡길 **촉**	명령할 명(命)과 붙을(이을) 속(屬)의 합으로 정년이 되어도 퇴직하지 말고 이어서 일을 더 해 달라고 윗사람이 명하여 부탁한다, 일을 맡긴다는 뜻 *委囑(위촉: 남에게 맡겨 부탁함) *囑望(촉망: 맡아서 하기를 바라고 기대함)

급수	부수	한자	훈 음	해 설
8	寸 0획	寸	마디 **촌** 헤아릴 **촌** 한 치 **촌** (inch)	또 우(又)와 표점 주(丶)의 합으로 손목의 맥을 짚는 자리를 표시한 점으로 맥이 뛰는 시간처럼 짧다는 뜻과 짧은 길이를 뜻하는 한 치(인치)란 뜻과 한 치인 손가락 한 마디의 길이니 마디란 뜻과 맥박을 헤아리니 헤아린다는 뜻 *四寸(사촌), 寸志(촌지), 寸刻(촌각), 寸陰(촌음)
1	心 3획	忖	헤아릴 **촌**	뜻 정(情)과 마디(짧을) 촌(寸)의 합으로 촌지(寸志)를 받고 작은 정성이지만 그 뜻(정)을 헤아린다는 뜻 *忖度(촌탁: 남의 마음을 미루어 헤아림)
7	木 3획	村	마을 **촌**	수풀 림(林)과 마디 촌(寸)의 합으로 숲속의 작은 마을이란 뜻 *農村(농촌), 漁村(어촌), 山村(산촌), 富村(부촌), 江村(강촌)
1	金 6획	銃	총 **총**	송곳 찬(鑽)과 채울 충(充)의 합으로 탄알을 채워서 튕기면 송곳처럼 뚫고 들어가 박히는 무기인 총이란 뜻 *銃器(총기), 銃傷(총상), 銃砲(총포), 銃彈(총탄)
1	土 10획	塚	무덤 **총**	묻을 매(埋)와 덮은 무덤 총(冢)의 합으로 돼지를 잡을 때 발을 꽁꽁 묶듯이 묶은 시체를 흙으로 덮어씌워 묻은 무덤이란 뜻 *武勇塚(무용총), 天馬冢(천마총), 貝塚(패총), 四神冢(사신총)
3	耳 11획	聰	귀 밝을 **총**	들을 청(聽)과 다 총(總)의 합으로 이야기를 다 알아들으니 총명하다 귀가 밝다는 뜻 *聰氣(총기), 聰明(총명), 聰敏(총민)

급수	부수	한자	훈 음	해 설
4.2	糸 11획	總	다 **총** 묶을 **총**	합할 통(統)과 바쁠 총(悤)의 합으로 합하여 맡아 보느라 바쁜 총리처럼 이일 저일 모두 다란 뜻과 총괄하니 묶는다는 뜻과 머리를 묶은 총각이란 뜻 *悤: 정수리 신(囟)과 많을 다(多)와 마음 심(心)의 합으로 생각이나 일이 많아서 두뇌 활동이 분주하고 바쁘다는 뜻 *總代(총대: 전체의 대표) *總理(총리), 總務(총무), 總括(총괄), 總販(총판), 總額(총액), 總計(총계)
1	又 15획	叢	떨기 **총** 모일 **총**	취할 취(取)와 일 업(業)의 합으로 취재(取材)하려고 업적(業績)이나 논평을 수북이 모아놓는다는 뜻과 식물 등이 한군데 소복이 모인 떨기란 뜻 *論叢(논총), 叢書(총서), 叢生(총생)
1	宀 16획	寵	사랑할 **총**	집 궁(宮)과 용(임금) 룡(龍)의 합으로 궁에서 임금의 사랑을 받는다는 뜻 *寵愛(총애), 寵臣(총신), 寵兒(총아)
1	手 11획	撮	취할 **촬** 찍을 **촬**	잡을 착(捉)과 가장 최(最)의 합으로 손가락으로 찰칵 가장 멋진 순간을 포착한다, 포즈를 취하다(잡다), 사진을 찍는다는 뜻 *撮影(촬영) *撮要(촬요: 요점만 골라서 취함)
2姓(성)	山 8획	崔	높을 **최** 성 **최**	고개 령(嶺)과 새 추(隹)의 합으로 새가 넘기에 산 고개가 너무 높고 우뚝하다는 뜻과 성씨 자 *새가 넘는 고개인 조령(鳥嶺) *崔氏(최씨)

급수	부수	한자	훈 음	해 설
3.2	亻 11획	催	재촉할 **최**	빚 채(債)와 높을 최(崔)의 합으로 빚 갚을 약속 기간을 넘기지 못하게 재촉하듯이 말로 몰아대거나 강력히 권고한다는 뜻 *催眠(최면), 催告(최고), 主催(주최), 開催(개최)
5	曰 8획	最	가장 **최**	모일 회(會)와 가질 취(取)의 합으로 여럿이 회의를 하여 가장 좋은 방법을 취한다는 데서 '가장'이란 뜻 *最古(최고), 最初(최초), 最新(최신), 最近(최근), 最適(최적)
3	手 5획	抽	뽑을 **추** 뺄 **추**	누를 압(押)과 기름 유(油)의 합으로 열매를 눌러서 기름을 짜내듯이 고체, 또는 액체에서 어떤 물질을 뽑아낸다는 뜻 *抽出(추출) *抽象(추상: 구체적인 사물이나 관념에서 일반적으로 공통된 관념이나 속성을 추려내어 종합하는 정신작용)
7	禾 4획	秋	가을 **추**	벼 화(禾)와 불 화(火)의 합으로 벼나 열매들이 햇살을 받고 익어 고개를 숙이는 때인 가을이란 뜻 *秋季(추계), 秋收(추수), 秋夕(추석), 秋播(추파), 秋波(추파)
2地(지)	木 9획	楸	개오동 **추** 가래나무 **추**	오동나무 동(桐)과 가을 추(秋)의 합으로 가을이면 오동나무처럼 잎이 떨어지는 활엽수인 호두나무, 일명 추자나무란 뜻 *가래나무(호두나무) *地名(지명) 字(자)
1	魚	鰍	미꾸라지 **추**	물고기 어(魚)와 가을 추(秋)의 합으로 가을에 벼를 베고 빈 논바닥을 뒤집어서 잡는 물고기 가을의 별미인 미꾸라지란 뜻 *鰍魚湯(추어탕)

급수	부수	한자	훈 음	해 설
1	酉 2획	酋	두목 **추** 묵은술 **추**	닭 유(酉)와 공변될 공(公)의 합으로 닭이 울 때 목청껏 소리를 뽑듯이 공공연(公公然)이 뽐내기 좋아하는 왕초 두목 보스, 우두머리란 뜻과 냄새가 뿜어져 나오는 해묵은 술이란 뜻 *酋長 추장
3.2	辶 6획	追	좇을 **추** 따를 **추** 쫒을 **추**	이을 련(連)과 언덕(쌓일) 부(阜)의 합으로 음식점에서 고기를 시키고 이어서 푸짐하게 추가로 더 시키니 뒤에 한 덩어리 더 따라간다는 뜻과 뒤따라가니 뒤쫓는다는 뜻 *追加, 追跡, 追憶, 追慕, 追放, 追伸, 追突 추가 추적 추억 추모 추방 추신 추돌
1	金 6획	鎚	쇠망치 **추**	쇠 금(金)과 뒤따를 추(追)의 합으로 뒤좇아 가서 치는 쇠망치란 뜻 *鐵鎚(철추: 쇠망치)
1	艸 5획	芻	꼴 **추**	풀 초(草)와 쌀 포(包)의 합으로 초원(草原)에 무더기, 무더기 끌어모아 쌓아놓은 소나 양의 먹이 풀, 꼴이란 뜻 *芻米(추미: 가축의 먹이 사람의 양식) *反芻(반추: 소나 양이 풀을 먹고 되새김 함)
2	走 10획	趨	따를 **추** 달릴 **추**	취미 취(趣)와 꼴(풀) 추(芻)의 합으로 힘없는 풀이 바람이 부는 방향 따라 따르듯이 그 시대의 취향(趣向)을 따른다는 뜻 *趨勢(추세: 대세의 흐름이나 傾向(경향)) *歸趨(귀추: 어떤 결과로써 귀착하는 바)
2姓 성	邑 10획	鄒	나라 이름 **추**	고을 읍(邑)과 따를 추(趨)의 합으로 공자의 고향으로 사람들이 공자의 사상을 따르는 고을이란 뜻 *鄒魯之鄕(추로지향: 공자, 맹자의 고향이란 뜻)

급수	부수	한자	훈 음	해 설
4	手 8획	推	밀 **추** 받들 **추** 옮길 **추** 다듬을 **퇴**	밀칠 배(排)와 나아갈 진(進)의 합으로 나아가려고 문을 밀친다는 데서 밀다, 옮기다. 밀어주니 받든다는 뜻 *推進(추진), 推薦(추천), 推移(추이), 推理(추리), 推測(추측) *推敲(퇴고: 고도라는 사람이 시를 지으며 달빛 아래 문을 두드린다고 할까 민다고 할까 하고 고민하다가 한 유의 수레와 부딪힌 고사에서 원고를 다듬는 일을 이르는 말)
1	金 8획	錐	송곳 **추**	바늘 침(針)과 밀 추(推)의 합으로 바늘처럼 뾰족한 쇠로 밀고 나가며 구멍을 뚫는 송곳이란 뜻 *圓錐(원추), 紡錐(방추), 囊中之錐(낭중지추), 立錐之地(입추지지)
1	木 11획	樞	문지도리 **추** 중추 **추**	기밀 기(機)와 감출 구(區)의 합으로 기밀을 감추고 있는 본부인 중심이란 뜻과 나무의 감추어진 부분인 중요한 밑둥치란 뜻과 문의 요긴한 돌쩌귀인 지도리란 뜻 *中樞院(중추원), 中樞神經(중추신경), 樞密院(추밀원), 樞軸(추축), 樞機卿(추기경) *樞機(추기: 사물의 긴요한 곳, 나라의 정무(政務))
1	木 8획	椎	등뼈 **추** 몽치 **추**	중추 추(樞)와 모일 집(集)의 합으로 모든 신경이 모여 있는 중추인 등뼈란 뜻과 한군데 모아 굵게 묶은 뭉치란 뜻 *脊椎(척추: 등뼈) *椎擊(추격: 방망이나 몽둥이로 침)
1	金 9획	錘	저울 **추**	새길 록(錄)과 드리울 수(垂)의 합으로 무게를 잴 때 새겨진 눈금에 걸어 아래로 드리우는 저울의 추란 뜻 *秤錘(칭추) *紡錘(방추: 물레의 가락, 북)

급수	부수	한자	훈 음	해 설
1	土 12획	墜	떨어질 **추**	땅 지(地)와 군대 대(隊)의 합으로 군대가 공격당해 비행기 등이 땅으로 떨어진다는 뜻 *墜落 추락 *擊墜(격추: 총포로 비행기를 떨어뜨림)
3	酉 10획	醜	더러울 **추**	실 산(酸)과 귀신 귀(鬼)의 합으로 귀신같이 혐오스러워 신 것을 먹은 것처럼 인상이 찡그려지는 못난 모양이란 뜻 *醜男, 醜雜, 醜態, 醜聞, 美醜 추남 추잡 추태 추문 미추
3	一 3획	丑	소 **축**	아니(못할) 불(不)과 또 우(又)의 합으로 자유롭지 못하게 손에 고삐를 잡힌 12 지지(地支)의 소란 뜻 *己丑年, 丑時(축시: 오전 1~3시) 기축 년
5	示 5획	祝	빌 **축**	귀신 신(神)과 맏 형(兄)의 합으로 맏이인 형이 제사를 모시며 신에게 고하여 빈다는 뜻 *祝文, 祝賀, 祝福, 祝願, 祝杯, 慶祝 축문 축하 축복 축원 축배 경축
3	田 5획	畜	가축 **축** 기를 **휵**	밭 전(田)과 끌 견(牽)의 합으로 밭에서 쟁기를 끌려고 소를 기르듯이 고기를 얻으려고 집에서 기르는 소, 돼지, 닭 등의 짐승인 가축이란 뜻과 기른다는 뜻 *家畜, 畜産, 牧畜, 畜産農家 가축 축산 목축 축산 농가
4.2	++ 10획	蓄	모을 **축**	풀 초(草)와 가축 축(畜)의 합으로 겨울 동안 가축에게 먹일 풀을 여름에 말려서 건초로 저장해 둔다, 모은다는 뜻 *備蓄, 貯蓄, 蓄財, 蓄積 비축 저축 축재 축적

급수	부수	한자	훈 음	해 설
3	辵 7획	逐	쫓을 **축**	멀 원(遠)과 호걸 호(豪)의 합으로 호걸들이 자기 영역을 지키려고 적수를 멀리 쫓아낸다는 뜻 *角逐(각축: 정권이나 지위를 얻으려고 다툼) *逐條(축조: 한 조목씩 차례대로 좇음) *逐出(축출), 驅逐艦(구축함)
2	車 5획	軸	굴대 **축** 두루마리 **축**	수레 차(車)와 말미암을 유(由)의 합으로 수레의 양쪽 바퀴가 자유(自由)롭게 움직일 수 있도록 굴리는 역할을 하는 긴 막대인 굴대란 뜻 *主軸(주축), 地軸(지축), 回轉軸(회전축)
4.2	竹 10획	築	쌓을 **축** 건축 **축**	차례 제(第)와 장인 공(工)과 모두 범(凡)과 들 보 량(梁)의 합으로 교량(橋梁)을 쌓거나, 집을 짓는 공사(工事)를 할 때 뼈대를 덮어서 벽돌을 차례로 쌓는 모든 공사를 이르는 말로 건축한다, 쌓는다는 뜻 *築臺(축대), 建築(건축), 築堤(축제), 築成(축성), 新築(신축), 增築(증축)
4	糸 11획	縮	줄일 **축**	솜 면(綿)과 잘 숙(宿)의 합으로 솜을 잠재워 부피를 줄인다는 뜻 *縮小(축소), 縮尺(축척), 縮地法(축지법), 濃縮(농축), 緊縮(긴축), 縮約(축약)
2	足 12획	蹴	찰 **축** 찌그러질 **축**	발 족(足)과 나아갈 취(就)의 합으로 축구공을 위로 차올리려고 발을 앞으로 내밀어 힘껏 찬다는 뜻과 발로 차니 찌그러진다는 뜻 *蹴球(축구) *一蹴(일축: 단번에 내 참)

급수	부수	한자	훈 음	해 설
7	日 5획	春	봄 **춘**	해 일(日)과 받들 봉(奉)의 합으로 따스한 햇볕에 만물이 싹이 트면서 봉긋 솟아오르며 생기가 발랄하게 스프링(용수철)처럼 튀어 오르는 봄이란 뜻 *春季(춘계), 春夢(춘몽), 青春(청춘)
2人(인)	木 9획	椿	참죽나무 **춘** 어르신네 **춘**	나무 목(木)과 봄 춘(春)의 합으로 봄에 봉긋하게 꽃망울 터트리는 나무인 동백나무란 뜻과 이 나무는 수명이 길어 장수함을 뜻함 *椿府丈(춘부장; 남의 아버지를 높임말) *椿壽(춘수: 오래도록 장수함)
7	凵 3획	出	날 **출**	입 벌릴 감(凵)과 싹 날 철(屮)의 합으로 깊숙한 곳에서 싹이 나오듯이 밖으로 나온다는 뜻 *出生(출생), 出入(출입), 出發(출발), 出産(출산), 外出(외출), 出荷(출하)
1	黑 5획	黜	내칠 **출**	점 점(點)과 날 출(出)의 합으로 얼굴 등에 있는 점을 빼어낸다는 뜻 *黜陟(출척; 못된 사람을 내쫓고 착한 사람을 올려 씀)
5	儿 4획	充	채울 **충** 충만할 **충** 막을 **충**	아이 아(兒)와 기를 육(育)의 합으로 아이를 기르려면 성장 발육에 필요한 영양과 사랑을 충분하게 채워주어야 한다는 뜻 *充實(충실), 充滿(충만), 充分(충분) *充耳(충이: 귀를 막다)
4.2	心 4획	忠	충성 **충** 정성 **충** 참마음 **충**	뜻 지(志)와 가운데 중(中)의 합으로 치우치거나 흔들리지 않고 언제나 중심(中心)을 잡고 떳떳한 마음으로 지조(志操)를 지키는 충성이란 뜻 *忠誠(충성), 忠臣(충신), 忠孝(충효), 忠告(충고), 忠實(충실)

급수	부수	한자	훈 음	해 설
2	衣 4획	衷	속마음 **충**	속 리(裏)와 충성(진심) 충(忠)의 합으로 속에 들어있는 진심인 속마음이란 뜻 *衷心, 衷情, 苦衷, 折衷, 衷曲 충심 충정 고충 절충 충곡
2人	水 4획	沖	빌 **충** 한가운데 **충** 깊을 **충**	못 지(池)와 가운데 중(中)의 합으로 강이나 연못의 가운데는 깊다는 뜻과 깊어 푹 빠지니 비어있다는 뜻 *沖積土 충적토
3.2	行 9획	衝	부딪힐 **충** 찌를 **충**	다닐 행(行)과 거듭 중(重)의 합으로 자동차나 사람이 양방향으로 주행(走行)하다가 겹쳐 중복(重複)되어 부딪힌다는 뜻과 나무가 하늘에 부딪힐 만큼 높으니 하늘을 찌른다는 뜻 *衝突, 衝激, 衝突, 衝天 충돌 충격 충돌 충천
4.2	虫 12획	蟲	벌레 **충**	虫은 가운데 중(中)과 태아 태(台)의 합으로 사람이나 동식물의 체내에서 나오는 정자인 정충(精蟲)이란 뜻과 땅속에서나 곡식 속에서 알을 실어이는 벌레, 곧 알 속에서 태어나는 수많은 곤충이란 뜻 *害蟲, 蟲齒, 昆蟲, 幼蟲, 松蟲, 爬蟲類 해충 충치 곤충 유충 송충 파충 류
1	心 8획	悴	파리할 **췌**	수척할 초(憔)와 병졸 졸(卒)의 합으로 병졸들이 오랜 전쟁에 지치고 야위었다는 뜻 *憔悴, 悴容 초췌 췌용
1	艸 8획	萃	모일 **췌**	모을 수(蒐)와 병졸 졸(卒)의 합으로 병졸을 모으듯이 자잘한 것들을 끌어 모은다는 뜻 *拔萃, 萃卦 발췌 췌괘

급수	부수	한자	훈 음	해 설
1	肉 12획	膵	췌장 **췌**	장기 장(臟)과 모일 췌(萃)의 합으로 위장의 뒤쪽에 붙어있는 가늘고 긴 삼각주 모양의 장기로 소화효소를 내어 모아 십이지장으로 보내는 췌장이란 뜻 *膵臟 췌장
1	貝 11획	贅	혹 **췌** 군더더기 **췌** 데릴사위 **췌**	바탕 질(質)과 오만할 오(傲)의 합으로 오만하게 저 혼자 잘난 척 바탕에서 유독 튀어나온 혹이란 뜻과 쓸모없는 군더더기란 뜻 *贅居(췌거: 처가살이) *贅言(췌언: 군더더기 말)
3.2	口 4획	吹	불 **취**	불 호(呼)와 노래 가(歌)의 합으로 호흡(呼吸)할 때 숨을 내쉬듯이 노래하기 위해 피리를 분다는 뜻 *鼓吹, 吹奏, 吹笛, 音盤吹入 고취 취주 취적 음반 취입
2	火 4획	炊	불 땔 **취**	탈 연(燃)과 불 취(吹)의 합으로 후 후 불어 바람을 일으켜 가며 아궁이에 땔감을 태우다, 불을 땐다는 뜻 *自炊(자취: 직접 밥을 해 먹는 일) *炊事兵, 炊事道具 취사병 취사 도구
4.2	又 6획	取	가질 **취** 취할 **취**	받을 수(受)와 들을 청(聽)의 합으로 의견을 듣고 흘려버리지 않고 받아들인다, 가진다는 뜻 *임진왜란 때 전리품(戰利品)으로 귀를 베어 취하였다고 귀 무덤이 있다고 함 *聽取, 取捨選擇, 攝取, 取消, 爭取 청취 취사선택 섭취 취소 쟁취
1	女 8획	娶	장가들 **취**	아내 처(妻)와 가질 취(取)의 합으로 아내를 취하니(얻으니) 장가든다는 뜻 *娶妻 취처 *嫁娶(가취: 시집가고 장가드는 일)

급수	부수	한자	훈 음	해 설
2人 인	耳 8획	聚	모을 **취**	들을 문(聞)과 취할 취(取)와 무리 중(衆)의 합으로 들어보고 좋은 의견은 취하려고 무리의 지혜인 중지(衆智)를 모은다는 뜻 *聚落(취락: 인가가 모여 있는 곳) *聚斂(취렴), 聚合(취합)
4	走 7획	趣	취미 **취**	초월할 초(超)와 모을 취(聚)의 합으로 다른 것을 제쳐 놓고 달려가는 우표, 난, 수석 등을 모으는 취미란 뜻 *趣味(취미), 趣意(취의), 趣向(취향), 趣旨(취지), 惡趣味(악취미), 情趣(정취)
3	自 4획	臭	냄새 **취**	코 비(鼻)와 개 견(犬)의 합으로 개는 코가 발달해 냄새를 잘 맡으므로 나타낸 냄새란 뜻 *口臭(구취), 香臭(향취), 體臭(체취), 脫臭(탈취)
4	肉 6획	脆	무를 **취**	육 달 월(月)과 위태할 위(危)의 합으로 몸이 부러질 듯이 위태하니 가냘프고 연하다, 무르다는 뜻 *脆弱(취약)
4	尤 8획	就	나아갈 **취** 이룰 **취**	더욱 우(尤)와 서울 경(京)의 합으로 시골에서 더욱 잘살아 보려고 서울로 돈 벌러 가니 더 발전하여 나아간다는 뜻과 취직을 하여 돈을 버니 뜻을 이룬다는 뜻 *成就(성취), 就學(취학), 就業(취업), 就職(취직), 就寢(취침)
3.2	酉 8획	醉	취할 **취**	술 주(酒)와 끝 졸(卒)의 합으로 술을 적당히 마셔야지 너무 많이 마셔서 끝장을 보니 취한다는 뜻과 정신을 못 차리고 어질어질하다는 뜻 *醉客(취객), 醉中(취중), 滿醉(만취), 陶醉(도취)

급수	부수	한자	훈 음	해 설
1	羽 8획	翠	비취 **취** 푸를 **취**	깃 우(羽)와 취할 취(醉)의 합으로 도취 될 것 같이 깃이 예쁜 비취 새란 뜻과 비취색(파란)이란 뜻 *翡翠色(비취 색), 翡翠玉(비취옥), 翡翠衾(비취금)
3.2	亻 9획	側	곁(가까이) **측** 기울 **측**	기울 경(傾)과 법칙(면) 칙(則)의 합으로 기울어진 면이니 양 사이드란 뜻과 옆에 끼고 있으니 가깝다는 뜻 *側近(측근), 南側(남측), 兩側(양측), 側面(측면), 側柏(측백)
1	心 12획	惻	슬퍼할 **측**	불쌍할 련(憐)과 가까울 측(側)의 합으로 가까운 사람의 아픔을 불쌍히 여겨 슬퍼한다는 뜻 *惻隱(측은), 惻然(측연)
4.2	水 9획	測	헤아릴 **측**	깊을 심(深)과 슬퍼할 측(惻)의 합으로 슬픔의 깊이를 헤아린다는 뜻과 자로 재어 깊이를 잰다는 뜻 *測量(측량), 測雨器(측우기), 觀測(관측), 豫測(예측)
4	尸 12획	層	층 **층**	집 옥(屋)과 거듭 증(曾)의 합으로 옥상에 또 거듭 집을 지은 2층, 삼층의 층이란 뜻 *高層(고층), 階層(계층), 層數(층수), 深層(심층)
4.2	水 5획	治	다스릴 **치**	클 홍(洪)과 처음 시(始)의 합으로 처음에 큰물(홍수)을 다스린다는 데서 생긴 자로 나라나 병을 다스린다는 등으로 고루 쓰임 *治水(치수), 政治(정치), 治療(치료), 治安(치안), 治粧(치장)

급수	부수	한자	훈 음	해 설
1	亻 6획	侈	사치할 **치** 풍부할 **치**	값 치(値)와 많을 다(多)의 합으로 값이 많이 나가는 물건을 사거나 필요 이상으로 많이 사니 사치한다는 뜻 *奢侈(사치: 의복이나 주거지 등을 지나치게 비싼 물건으로 치레하거나 분수에 넘침)
3.2	心 6획	恥	부끄러울 **치**	욕될 첨(忝)과 벼슬 직(職)의 합으로 청렴한 벼슬아치들은 뇌물을 삼키고 명예를 욕되게 함을 몹시 부끄럽게 여긴다는 뜻 *廉恥(염치), 恥辱(치욕), 羞恥(수치), 恥部(치부), 國恥日(국치일)
1	口 10획	嗤	비웃을 **치**	조롱할 조(嘲)와 벌레이름 치(蚩)의 합으로 속에서 꿈틀거리는 벌레처럼 속으로 조롱하여 키들키들 비웃는다는 뜻 *蚩(치: 싹날 철(屮)과 벌레 충(虫)의 합으로 땅 위로 움터 오르는 싹처럼 꿈틀꿈틀하는 치벌레란 뜻과 굼벵이처럼 어리석다, 벌레처럼 하찮게 여긴다는 뜻 *嗤笑(치소: 비웃음 냉소) *嗤侮(치모: 비웃고 업신여김)
2地(지)	山 6획	峙	언덕 **치** 우뚝솟을 **치**	뫼 산(山)과 특별할 특(特)의 합으로 소의 뿔처럼 머리 위로 우뚝하게 치솟은 높은 산이란 뜻 *對峙(대치: 서로 마주 보며 버팀, 맞버팀)
1	疒 6획	痔	치질 **치**	병 녁(疒)과 산언덕 치(峙)의 합으로 항문의 안팎에 살이 치솟아 튀어나오는 병인 치질이란 뜻 *痔疾(치질), 痔漏(치루)
1	火 12획	熾	성할 **치**	탈 연(燃)과 기치 치(幟)의 합으로 기치를 펄럭이듯이 불꽃이 펄럭이며 활활 타니 기세가 대단하다, 성하다는 뜻 *熾烈(치열: 세력이 불길같이 맹렬함)

급수	부수	한자	훈 음	해 설
5	至 4획	致	이를 **치** 이룰 **치**	이를 지(至)와 가르칠 교(敎)의 합으로 열심히 가르쳐서 목표에 다다르니 꿈을 이루었다는 뜻과 좋은 결과를 불러온다는 뜻으로 부르다, 가져온다는 뜻 *致死(치사), 極致(극치), 一致(일치), 致誠(치성), 致命(치명), 致富(치부),
1	糸 10획	緻	밸 **치** 빽빽할 **치**	짤 직(織)과 이를 치(致)의 합으로 간격 등을 일치(一致)시켜 치성(致誠)으로 짠 베란 데서 올이 정교하고 촘촘하게 배이다는 뜻과 빽빽하다는 뜻 *緻密(치밀: 자상하고 꼼꼼함, 곱고 빽빽함) *緻巧(치교)
3.2	亻 8획	値	값 **치**	값 가(價)와 곧을 직(直)의 합으로 헐거나 비싸게 매매된 값이 아닌 본래의 가치에 맞는 정직(正直)한 값어치인 진가란 뜻 *價(값 가: 거래되는 매매가) *價値(가치), 數値(수치), 價値觀(가치관), 加重値(가중치)
4.2	网 8획	置	둘 **치** 설치할 **치**	허물 죄(罪)와 값 치(値)의 합으로 죄의 값을 치르게 하려고 감방에 넣어둔다, 어느 특정 장소에 둔다는 뜻 *置中(치중: 가운데, 중앙에 둔다) *位置(위치), 設置(설치), 配置(배치), 放置(방치), 留置場(유치장)
3.2	禾 8획	稚	어릴 **치**	옮길 이(移)와 떠날 리(離)의 합으로 모판에서 떼어내어 옮겨 심을 때의 벼가 어리다는 뜻 *幼稚(유치), 稚拙(치졸), 稚魚(치어), 幼稚園(유치원)
2地(지)	隹 5획	雉	꿩 **치** 목맬 **치**	새 추(隹)와 화살 시(矢)의 합으로 새 중에도 닭처럼 크고 통통해서 식용으로 좋아 사냥감으로 화살을 맞는 꿩이란 뜻 *雉鷄(치계: 꿩과 닭)

급수	부수	한자	훈 음	해 설
1	疒 14획	癡	어리석을 **치** 미련할 **치**	병 증(症)과 의심 의(疑)의 합으로 치매의 초기 증상은 자주 의심을 한다고 한다. 치매에 걸린 증세처럼 인지장애로 어리석고 지능이 낮아 판단력이 없는 바보 같다는 뜻 *痴(치): 癡(치)의 속자 *癡呆(치매), 白痴(백치), 天癡(천치), 癡情(치정)事件(사건), 癡漢(치한)
1	馬 3획	馳	달릴 **치**	말 마(馬)와 늦출 이(弛)의 합으로 말고삐를 느슨하게 풀어주니 말이 빨리 달린다, 치달아 달린다는 뜻 *당기면 제어(制御)하는 것 *驅馳(구치), 馳突(치돌), 馳獵(치렵), 馳到(치도)
4.2	齒 0획	齒	이 **치** 나이 **치**	해 세(歲)와 윗니 아랫니가 가지런한 모양의 상형자로 치아란 뜻과 이를 보면 연세(年歲)를 알 수 있다 하여 나이란 뜻의 부수자 *年齒(연치: 나이) *齒科(치과), 齒牙(치아), 齒藥(치약), 蟲齒(충치), 齒痛(치통), 齒列(치열)
1	巾 12획	幟	기치 **치**	장수 수(帥)와 알 식(識)의 합으로 어느 장수의 부대인지 알아보기 쉽도록 표(마크)를 새겨 나타내는 장수기란 뜻 *旗幟(기치: 어떤 일에 대한 분명한 태도나 주장)
5	刀 7획	則	법칙 **칙** 곧 **즉** ~면 **즉**	제도 제(制)와 조개 패(貝)의 합으로 조개껍질이나 파편(도편; 깨진 도자기 조각)을 던져 앞, 뒷면으로 찬반을 결정한 제도로 그렇게 정한 규칙이란 뜻과 앞면이 나오면 그것은 곧 찬성한다는 뜻이란 데서 '~하면' 그것은 '곧'이란 뜻이 됨 *아테네의 도편추방제 *原則(원칙), 規則(규칙), 法則(법칙), 校則(교칙), 學則(학칙), 不聞則藥(불문즉약)

급수	부수	한자	훈 음	해 설
1	力 7획	勅	조서 **칙**	굴레 륵(勒)과 묶을 속(束)의 합으로 강제로 구속력이 있는 임금의 명령인 칙서란 뜻 *勅令(칙령: 임금의 명령) *勅書(칙서: 임금이 알리는 내용을 적은 글)
6	見 8획	親	어버이 **친** 친할 **친**	볼 견(見)과 새 신(新)의 합으로 새 며느리가 일년 후에 친견하면서 어렵게 찾아뵙는 친정의 부모님이나 가까운 친척이란 뜻과 직접 찾아뵈니 '친히'란 뜻 *兩親(양친), 親近(친근), 親善(친선), 親見(친견), 親切(친절), 親密(친밀), 親書(친서)
8	一 1획	七	일곱 **칠**	하나 일(一)과 어조사(또) 야(也)의 합으로 일정(一定)하게 7일씩 끊어서 안착시켜 날짜를 배치하는 일주일이나, 일곱 글자로 짓는 7언 시, 절구의 칠이란 뜻 *七言絶句(칠언절구), 七去之惡(칠거지악), 北斗七星(북두칠성)
3	水 11획	漆	옻 **칠** 검을 **칠**	진 액(液)과 옻 칠(桼)의 합으로 부패방지와 방수효과를 위해 진액을 채취해서 가구나 그릇에 바르는 나무인 옻이란 뜻과 옻이 검어서 검다는 뜻 *桼: 나무 목(木)과 끼일 개(介)와 물 수(氺)의 합으로 나무속에서 나온 수액이란 뜻 *漆器(칠기), 漆板(칠판), 漆黑(칠흑), 金漆(금칠)
4.2	亻 7획	侵	침노할 **침**	다를 타(他)와 비 추(帚)와 취할 취(取)의 합으로 남의 집에 몰래 들어와서 빗자루로 쓸듯이 다 쓸어갔다, 노략질로 침입했다는 뜻 *侵入(침입), 侵掠(침략), 侵犯(침범), 南侵(남침), 侵攻(침공)

급수	부수	한자	훈 음	해 설
3	水 7획	浸	젖을 **침**	홍수 홍(洪)와 침범할 침(侵)의 합으로 홍수로 물이 침입하여 젖었다는 뜻 *浸水, 浸透, 浸禮敎, 浸蝕 침수 침투 침례교 침식
4	宀 11획	寢	잘 **침**	잘 숙(宿)과 침상 상(牀)과 침입 침(侵)의 합으로 숙소에서 침상 속으로 침입하여 들어가니 잔다는 뜻 *就寢, 寢具, 寢息, 寢室, 寢牀 취침 침구 침식 침실 침상
3.2	水 4획	沈	잠길 **침** 가라앉을 **침** 성 **심**	젖을 침(浸)과 덮을 멱(冖)과 사람 인(儿)의 합으로 물이 침투(浸透)하여 다 덮고 머리꼭지만 남고 푹 잠기니 가라앉는다는 뜻 *물에 가라앉은 효녀 심청의 성 심 씨 *沈鬱, 沈痛, 沈默, 沈滯, 深氏 침울 침통 침묵 침체 심 씨
3	木 4획	枕	베게 **침** 받칠 **침**	나무 목(木)과 가라앉을 침(沈)의 합으로 나무를 머리의 밑으로 푹 집어넣어 머리를 받친다는 뜻과 머리를 받치는 나무 베게, 목침이란 뜻 *木枕, 枕木, 鴛鴦枕, 高枕安眠 목침 침목 원앙침 고침안면 *枕腕法(침완법: 서예에서 왼팔을 베개처럼 받치고 쓰는 법)
1	石 5획	砧	다듬잇돌 **침**	돌 석(石)과 끈끈할 점(粘)의 합으로 빨래에 끈끈한 풀을 먹여서 말려 주름을 펴려고 두드리는 받침돌인 다듬잇돌이란 뜻 *砧聲(침성: 다듬이질 소리) *砧杵(침저: 다듬이 돌과 방망이)

급수	부수	한자	훈 음	해 설
4	金 2획	針	바늘 **침**	쇠금(金)과 더할 십(十)의 합으로 해진 옷 등을 합하여 꿰매는 단단한 쇠로 된 바늘이란 뜻과 바느질, 바늘 같은 침이란 뜻 *針線(침선: 바느질), 針葉樹(침엽수), 分針(분침), 方針(방침)
1	金 9획	鍼	침 **침**	바늘 침(針)과 느낄 감(感)의 합으로 바늘처럼 찔러 몸에 자극을 주어 치료를 하는 침이란 뜻 *鍼術(침술), 鍼灸(침구), 手指鍼(수지침), 頂門一鍼(정문일침)
1	虫 11획	蟄	숨을 **칩**	벌레 충(虫)과 움켜잡을 집(執)의 합으로 곤충류의 동물(뱀, 개구리)이 추운 겨울에 웅크리고 땅속에 들어있다는 뜻 *蟄居(칩거) *驚蟄(경칩: 24절기의 하나로 개구리 등이 겨울잠에서 깨어나는 3월 15일경)
1	禾 5획	秤	저울 **칭**	벼 화(禾)와 평평할 평(平)의 합으로 곡식의 무게를 달 때 저울대가 평평하게 계량 추를 얹어 무게를 재는 저울이란 뜻 *秤錘(칭추: 저울 추) *秤心(칭심: 공평한 마음) *天秤(천칭), 天平秤(천평칭)
4	禾 9획	稱	부를 **칭** 칭찬할 **칭** 저울 **칭**	저울 칭(秤)과 너 이(爾)의 합으로 상대인 '너'를 부를 때 '여보'라든지 부르는 호칭이란 뜻과 들어올려 무게를 재는 저울이란 뜻과 들어 올리니 칭찬한다는 뜻 *呼稱(호칭), 名稱(명칭), 詐稱(사칭), 假稱(가칭), 略稱(약칭), 對稱(대칭)

급수	부수	한자	훈 음	해 설
4.2	忄 4획	快	쾌할 **쾌**	마음 심(忄)과 터질 쾌(夬)의 합으로 마음을 터놓으니 쾌활하다는 뜻과 답답하게 오래 속에 넣어 두지 않고 시원시원하게 터놓으니 빠르다는 뜻 *夬: 가운데 앙(央)의 한쪽을 트였다 하여 터질 쾌란 뜻 *快活(쾌활), 快適(쾌적), 快速(쾌속), 快樂(쾌락), 爽快(상쾌), 不快(불쾌) *痛快(통쾌: 짜릿하게 상쾌함)
5	亻 3획	他	다를 **타**	신선 선(仙)과 땅 지(地)의 합으로 신선이 사는 땅이니 인간 세상과 다른 곳이란 뜻 *其他(기타), 他鄕(타향), 他界(타계), 他意(타의), 餘他(여타)
5	手 2획	打	때릴 **타**	던질 투(投)와 못 정(丁)의 합으로 투수가 던져 보낸 공을 때리듯이 못을 친다, 두드린다는 뜻 *打者(타자), 打樂器(타악기), 打鐘(타종), 打字(타자), 打算(타산)
3	女 4획	妥	타협할 **타**	좋을 호(好)와 다툴 쟁(爭)의 합으로 다투다가 말고 좋은 게 좋다고 서로 좋게 합의한다는 뜻 *妥協(타협), 妥當(타당), 妥結(타결), 普遍(보편)妥當(타당)
1	阜 5획	陀	비탈질 **타**	비탈 판(阪)과 뱀 사(蛇)의 합으로 뱀처럼 꼬불꼬불 돌아가니 비탈지다는 뜻 *佛陀(불타), 阿彌陀佛(아미타불)
1	馬 5획	駝	낙타 **타**	탈 기(騎)와 비탈 타(陀)의 합으로 꼬불꼬불 산비탈처럼 꼬불꼬불 등이 굽고 말처럼 타고 다니는 낙타란 뜻 *駱駝(낙타), *駝酪(타락: 낙타의 젖, 우유)

급수	부수	한자	훈 음	해 설
1	舟 5획	舵	키 **타**	배 항(航)과 비탈 타(陀)의 합으로 항해 중에 산비탈을 돌듯이 방향을 돌릴 때 짚는 키란 뜻 *操舵手(조타수: 키잡이) *舵手(타수: 키를 조종하는 사람)
1	口 9획	唾	침 **타** 뱉을 **타**	토할 토(吐)와 드리울 수(垂)의 합으로 토하듯이 입에서 나와 아래로 흘러 드리워지는 침이란 뜻 *唾液(타액: 침) *唾手(타수: 손에 침을 뱉음, 힘을 냄) *唾棄(타기: 침을 뱉고 돌아서듯이 돌아보지 않음)
3	土 9획	墮	떨어질 **타**	떨어질 추(墜)와 수나라 수(隋)의 합으로 후주(後周)로 딸을 출가시킨 양 견이 왕위에 오른 어린 외손자를 보좌하다가 간악하게 빼앗아서 세운 수나라는 도덕이나 덕망이 추락(墜落)하여 땅에 떨어졌다는 뜻 *墮落(타락)
1	忄 12획	惰	게으를 **타** 버릇 **타**	버릇 관(慣)과 따를 수(隨)의 합으로 수행(隨行)원이 돌봐주니 게으르다는 뜻과 도움을 받는 것이 오랜 버릇이란 뜻 *怠惰(태타: 게으름) *惰性(타성: 오래되어 굳은, 좋지 않은 버릇)
1	木 9획	楕	길쭉할 **타**	모양 모(模)와 따를 수(隨)의 합으로 수행원이 왕의 주위를 돌듯이 태양주위를 맴도는 위성의 궤도가 계란 같이 길쭉한 원이란 뜻 *橢(타)와 同字(동자) *楕圓(타원: 길쭉한 원)

급수	부수	한자	훈 음	해 설
3	手 3획	托	맡길 **탁**	밀 추(推)와 집 택(宅)의 합으로 남의 집에 몸을 밀어 넣어 맡긴다는 뜻과 집집이 다니며 동냥하려고 바리를 내민다는 뜻 *托鉢僧(탁발승)
2	言 3획	託	부탁할 **탁**	청할 청(請)과 맡길 탁(托)의 합으로 밀어 맡기며 간절히 청하니 부탁한다는 뜻 *付託(부탁), 託兒所(탁아소), 信託(신탁), 依託(의탁), 供託金(공탁금)
5	十 6획	卓	높을 **탁** 뛰어날 **탁**	끝 졸(卒)과 가장 최(最)와 윗 상(上)의 합으로 졸업생(卒業生) 중 성적이 최상(最上)이니 가장 우수하다, 뛰어나다, 두드러지다, 높다는 뜻 *卓越(탁월), 卓上(탁상), 卓見(탁견), 卓子(탁자), 卓球(탁구)
2	玉 8획	琢	쪼을 **탁**	구슬 옥(玉)과 발 묶은 돼지 축(豖)의 합으로 돼지를 잡을 때 움직이지 못하게 발을 묶듯이 구슬을 튕겨 나가지 않게 꼭 묶어놓고 쪼아 다듬는다는 뜻 *琢磨(탁마: 옥을 쪼고 간다는 뜻과 학문을 갈고 닦음) *切磋琢磨(절차탁마)
3	水 13획	濁	흐릴 **탁**	격할 격(激)과 배추벌레 촉(蜀)의 합으로 벌레가 섞여 오염되듯이 격동기에 도덕과 풍교(風敎)가 흐려지고 어지럽게 무너지니 맑지 않다, 더럽고 불순하다는 뜻 *濁酒(탁주), 淸濁(청탁), 濁流(탁류), 混濁(혼탁), 一魚濁水(일어탁수)
3	水 14획	濯	씻을 **탁**	씻을 세(洗)와 뽑을 탁(擢)의 합으로 때가 쏙 빠지게 씻는다는 뜻 *洗濯(세탁), 濯足(탁족)

급수	부수	한자	훈 음	해 설
1	手 14획	擢	뽑을 **탁**	뽑을 발(拔)과 꿩 적(翟)의 합으로 꿩은 깃이 아름다워 뽑아서 수레나 모자 등을 장식할 때 썼다는 데서 뽑는다는 뜻 *拔擢(발탁)
1	金 13획	鐸	방울 **탁**	방울 령(鈴)과 석가 석(釋)의 합으로 절에서 스님이 두드리는 방울이란 뜻 *木鐸(목탁)
1	口 4획	呑	삼킬 **탄** 감출 **탄**	입 구(口)와 요염할 요(妖)의 합으로 요염하게 차려입고 연인을 꾀어 귀중품을 꿀꺽 삼킨다, 감춘다는 뜻 *소련 비밀경찰용어로 외국 외교관을 꾀는 연인을 swallow(제비)라 한다. *甘呑苦吐(감탄고토)
1	土 5획	坦	평탄할 **탄**	땅 지(地)와 아침 단(旦)의 합으로 해가 뜨는 지평선처럼 땅이 굴곡이 없고 평평하다는 뜻 *順坦(순탄: 위태한 언덕이 아닌 평평한 땅을 걷듯이 순조로움) *坦坦大路(탄탄대로), 虛心坦懷(허심탄회)
5	火 5획	炭	숯 **탄**	불 화(火)와 뫼 산(山)과 돌 석(石)의 합으로 광산에서 캐낸 불태우는 돌인 석탄이란 뜻과 열을 내기 위해 태운다는 뜻 *石炭(석탄), 木炭(목탄), 煉炭(연탄), 炭素(탄소), 炭鑛(탄광), 炭酸(탄산), 飮料(음료)
1	糸 8획	綻	옷 터질 **탄**	꿰맬 봉(縫)과 닻 정(碇)의 합으로 배를 정박하려고 닻을 내리면 줄이 술술 풀려나가듯이 꿰맨 옷의 솔기가 터져 실이 풀린다는 뜻 *綻露(탄로), 破綻(파탄), 經濟破綻(경제 파탄)

급수	부수	한자	훈 음	해 설
4	欠 11획	歎	탄식할 **탄**	하품 흠(欠)과 어려울 난(難)의 합으로 하품하며 숨을 길게 내쉬듯이 어려운 일을 놓고 어떻게 할지 '아~' 하며 긴 한숨을 쉰다는 뜻 *長歎息, 恨歎, 感歎, 歎服 장탄식 한탄 감탄 탄복
2姓 성	水 18획	灘	여울 **탄**	얕을 천(淺)과 어려울 난(難)의 합으로 자갈이 많고 물이 얕아 배가 건너기 어려운 강이란 뜻 *地名 字 지명 자 *玄海灘, 新灘津 현 해 탄 신 탄 진
3	言 8획	誕	낳을 **탄** 거짓 **탄**	이야기 화(話)와 뻗칠 연(延)의 합으로 하늘에서 상서로운 빛이 뻗치더니 성인이 태어나더란 이야기에서 성인 탄신이란 뜻과 그 이야기가 거짓인 것 같다 하여 거짓 탄으로도 쓰임 *誕生, 聖誕節, 釋迦誕辰, 誕日鐘 탄생 성탄절 석가 탄신 탄일종
4	弓 12획	彈	쏠 **탄** 튕길 **탄**	활 시위 현(弦)과 홑 단(單)의 합으로 활의 시위를 퉁겨 화살을 하나씩 튕겨 보내 쏜다는 뜻 *彈丸, 彈藥, 彈性, 彈力, 彈琴, 彈壓, 彈劾 탄환 탄약 탄성 탄력 탄금 탄압 탄핵
1	心 12획	憚	꺼릴 **탄** 두려울 **탄**	두려울 구(懼)와 쏠 탄(彈)의 합으로 총탄을 두려워 꺼린다는 뜻 *憚服(탄복: 두려워서 복종함) *忌憚(기탄: 꺼리고 어려움)
3	大 11획	奪	빼앗을 **탈**	오랑케 이(夷)와 모을 집(集)과 오로지할 전(專)의 합으로 오랑캐들이 모여 떼를 지어 몰려와 제멋대로 전횡(專橫)하여 마구 빼앗는다는 뜻 *奪取, 强奪, 換骨奪胎, 削奪官職, 掠奪 탈취 강탈 환골탈태 삭탈관직 약탈

급수	부수	한자	훈 음	해 설
4	肉 7획	脫	벗을 **탈** 빠질 **탈** 해탈 **탈**	태의 포(胞)와 빠져나올 태(兌)의 합으로 태의(胎衣)를 벗고 빠져나오니 허물을 벗는다는 뜻과 벗어나니 빠져나온다는 뜻과 번뇌망상(煩惱妄想)에서 벗어나니 해탈한다는 뜻 *兌: 아이 아(兒)와 나눌 분(分)과 구멍 구(口)의 합으로 분만하여 구멍을 빠져나오니 바뀔 태 *解脫(해탈), 脫稅(탈세), 脫穀(탈곡), 脫毛(탈모), 脫衣(탈의), 脫出(탈출), 虛脫(허탈)
3	貝 4획	貪	탐할 **탐**	재물 화(貨)와 머금을(품을) 함(含)의 합으로 속으로 재물을 갖고 싶은 마음을 머금고(품고) 있다는 뜻 *貪慾(탐욕), 探險(탐험), 貪政(탐정), 貪橫(탐횡), 貪官汚吏(탐관오리)
2地 지	耳 4획	耽	즐길 **탐**	귀 이(耳)와 잠길 침(沈)의 합으로 귀가 솔깃하여 자꾸 빠져든다, 좋아서 즐긴다는 뜻 *耽溺(탐닉), 耽讀(탐독), 耽美主義(탐미주의)
1	目 4획	眈	노려볼 **탐**	곁눈질할 면(眄)과 즐길 탐(耽)의 합으로 즐기며 빠지니 가지고 싶어서 흘끗거리며 노려본다는 뜻과 깊은 생각에 빠져 바라본다는 뜻 *虎視眈眈(호시탐탐: 범이 내려다보는 모양)
4	手 8획	探	찾을 **탐**	밀 추(推)와 깊을 심(深)의 합으로 깊이 숨겨져 있는 비밀 등을 추리(推理)하여 파헤쳐 찾는다는 뜻 *探索(탐색), 探險(탐험), 探求(탐구), 探訪(탐방), 探偵(탐정), 探査(탐사)
3.2	土 10획	塔	탑 **탑**	더할 증(增)과 모을 합(合)과 쌓을 축(蓄)의 합으로 돌을 한데 모아 자꾸 더 갖다 얹어 높이 쌓인 탑이란 뜻 *釋迦塔(석가탑), 多寶塔(다보탑), 尖塔(첨탑), 鐵塔(철탑), 石塔(석탑)

급수	부수	한자	훈 음	해 설
1	手 10획	搭	얹을 **탑** 탈 **탑**	주울 습(拾)과 탑 탑(塔)의 합으로 돌을 주워서 얹어 탑을 쌓듯이 차나 비행기에 몸을 얹어 탄다는 뜻 *搭乘客, 乘車感, 搭載 탑승객 승차 감 탑재
1	宀 5획	宕	방탕할 **탕** 탕건 **탕**	집 가(家)와 깰 파(破))의 합으로 가산(家産)을 크게 써서 함부로 없애 파산(破産)하니 호탕하다는 뜻과 방탕한 탕자(蕩子)가 함부로 의관을 벗어던지고 방탕하게 망건만 쓴다는데서 탕건이란 뜻 *宕巾, 跌宕 탕건 질탕 *豪宕(호탕: 기개가 당당하고 호걸스러움)
3	水 9획	湯	끓을 **탕**	따뜻할 온(溫)과 창자 장(腸)의 합으로 내장(속)을 편안히 하려고 음식을 따뜻하게 데운다, 따뜻하게 끓인다는 뜻 *溫湯, 湯藥, 湯劑, 浴湯 온탕 탕약 탕제 욕탕
1	艸 12획	蕩	방탕할 **탕** 쓸어버릴 **탕**	덮을 개(蓋)와 끓일 탕(湯)의 합으로 목욕탕(沐浴湯)에서 깨끗이 씻어내려고 물을 펑펑 쓴다, 덮어쓴다, 쓸어버린다, 낭비한다는 뜻 *放蕩, 掃蕩, 浩蕩, 蕩平, 蕩減, 蕩盡 방탕 소탕 호탕 탕평 탕감 탕진
6	大 1획	太	클 **태**	큰 대(大)와 큰 대(大)를 둘 합쳐서 하나는 점으로 나타낸 자로 크다는 것을 강조하여 '너무 너무'라는 뜻 *太古(태고: 아주 먼 옛날에) *太陽, 太初, 太祖, 太平洋 태양 태초 태조 태평양
1	水 4획	汰	씻을 **태**	클 홍(洪)과 클 태(太)의 합으로 홍수가 나서 너무 심하게 씻기어 떠내려간다는 뜻 *山沙汰, 淘汰, 自然淘汰 산사태 도태 자연도태

급수	부수	한자	훈 음	해 설
3.2	水 5획	泰	클 **태** 편안할 **태** 태국 **태**	구할 구(求)와 받들 봉(奉)의 합으로 약 2000년 동안 황제들이 받들며 숭배해온 신성한 산으로 도교와 불교의 중심지로 우거진 자연경관과 사찰이 조화를 이루어 구도(求道)자들의 순례지로 세계문화유산에 등재된 태산이란 뜻과 태산처럼 꿈쩍 않으니 안정되어 편안하다는 뜻 *泰山(태산), 泰平(태평) *泰斗(태두: 사람들이 우러르는 태산과 북두)
2人(인)	口 2획	台	별(삼태성) **태** 기를 **이** 기뻐할 **이** 나 **이**	이름 명(名)과 석 삼(參)의 합으로 북두칠성 옆에 나란히 있는 세 개의 별 이름으로 인간의 영혼과 마음은 삼태성으로부터, 육신은 상제님이 계신 북두칠성에 뿌리를 두고 있다는 "한민족과 증산도"의 설에 근거하여 태아가 생겨서 기른다는 뜻과 그래서 기뻐한다는 뜻 *臺(대)의 약자, *人名(인명) 字(자)
2	肉 5획	胎	아이 밸 **태**	배 복(腹)과 별 태(台)의 합으로 배 속에 아이가 생기다, 아기를 밴다는 뜻 *胎兒(태아), 胎敎(태교), 胎夢(태몽), 胎氣(태기), 胎動(태동)
3	心 5획	怠	게으를 **태** 거만할 **태**	모양 태(態)와 아이 밸 태(胎)의 합으로 아이를 밴(임신) 몸처럼 태도가 무겁고 느리니 게으르다는 뜻과 아이를 배니 방자하게 굴며 배를 내밀고 뒤로 제켜 걸으니 거만하다는 뜻 *怠慢(태만), 過怠料(과태료), 懶怠(나태), 怠業(태업), 倦怠(권태)
1	艸 5획	苔	이끼 **태**	풀 초(草)와 아이 밸 태(胎)의 합으로 초목이 진화하기 전 태아처럼 처음 생기는 것에 비유한 이끼란 뜻 *海苔(해태), 靑苔(청태)

급수	부수	한자	훈 음	해 설
2	風 5획	颱	태풍 **태**	바람 풍(風)과 아이 밸 태(胎)의 합으로 북 태평양 남서부에서 발달하여 많은 비를 동반하는 센 바람으로 태아의 모양처럼 중심에 씨눈이 있음 *颱風(태풍)
1	竹 5획	笞	볼기칠 **태**	대 죽(竹)과 태풍 태(颱)의 합으로 죽장(竹杖)이나 죽비로 태풍이 후려치듯이 심하게 볼기를 후려치는 형벌인 매질한다는 뜻 *笞刑(태형)
3.2	歹 5획	殆	위태할 **태** 거의 **태**	죽을 사(死)와 볼기칠 태(笞)의 합으로 심하게 볼기를 쳐서 거의 죽을 지경이니 위태롭다는 뜻과 죽음에 가까웠다는 거의란 뜻 *危殆(위태) *殆半(태반: 거의 반, 반에 가깝다는 뜻)
1	足 5획	跆	밟을 **태**	발 족(足)과 태풍 태(颱)의 합으로 태풍처럼 날쌔게 날아 발로 후려치는 운동인 태권도란 뜻 *國字(국자) *跆拳道(태권도)
2人(인)	儿 5획	兌	바꿀 **태** 통할 **태** 기쁠 **태(열)**	사람 인(儿)과 별 태(台)와 나눌 분(分)의 합으로 사람이 태중에서 분만하여 뚫고 나오니 통한다는 뜻과 통달을 하니 기쁘다는 뜻 *兌卦(태괘), 兌換紙幣(태환지폐)
4.2	心 10획	態	모양 **태**	생각(모양) 상(想)과 능할 능(能)의 합으로 가능(可能)하다고 생각하는 모양으로 할 수 있다는 마음가짐의 모양이란 뜻 *準備態勢(준비태세), 態度(태도), 姿態(자태), 實態(실태), 狀態(상태)

급수	부수	한자	훈 음	해 설
5	宀 3획	宅	집 **택(댁)**	집 가(家)와 오랠 구(久)와 일곱 칠(七)의 합으로 요일을 七로 끊어 오래 고정하듯이. 조립, 세팅하여 뿌리박아 튼튼하게 정착시킨 집이란 뜻 *住宅, 社宅, 家宅, 自宅, 宅配, 宅內 주택 사택 가택 자택 택배 댁내
3.2	水 13획	澤	못 **택** 윤택할 **택**	윤택할 윤(潤)과 엿볼 역(睪)의 합으로 윤기가 번뜩하고 비치니(엿보이니) 광택이 난다는 뜻과 물(氵)을 잡아(執) 가두어놓은(罒) 못(저수지)이란 뜻 *睪: 허물 죄(罪)와 잡을 집(執)의 합으로 잡아 가두어둔 모양 *潤澤, 光澤, 惠澤, 恩澤, 德澤 윤택 광택 혜택 은택 덕택
4	手 13획	擇	선택할 **택**	뽑을 채(採)와 역말 역(驛)의 합으로 역에 있는 여러 말 중 한 마리를 가려 뽑아 선택하여 타고 간다는 뜻 *選擇, 擇一, 採擇, 兩者擇一 선택 택일 채택 양자택일
1	手 13획	撐	버틸 **탱**	가질 지(持)와 손 발바닥 장(掌)의 합으로 편편한 손바닥이나 발바닥을 짚고 유지(維持)하니 지탱한다, 버틴다는 뜻 *支撐, 撐柱(탱주: 버팀 목) 지탱
1	手 15획	攄	펼 **터**	헤칠 피(披)와 걱정 려(慮)의 합으로 마음 속 걱정을 다 열어 헤쳐 펼친다는 뜻과 염려되고 걱정되는 부분은 사전을 펼쳐 다 파헤쳐 본다는 뜻 *攄得(터득: 잘 이해하여 모조리 자기 것으로 만듦) *攄破(터파: 내 속마음을 털어놓아 남의 의혹을 풀어줌)

급수	부수	한자	훈 음	해 설
8	土 0획	土	흙 **토**	윗 상(上)과 더할 십(十)의 합으로 살아가는데 필요한 여러 가지 성분이 합쳐져 이루어진 흙이란 뜻과 합쳐서 뭉친 흙덩어리 땅이란 뜻 *土壤, 土質, 身土不二, 土地 토양 토질 신토불이 토지
3	口 3획	吐	토할 **토**	입 구(口)와 흙 토(土)의 합으로 땅속에 묻혀있는 것을 뿜어낸다, 속에 든 것을 입으로 토해낸다는 뜻 *吐露, 吐氣, 實吐, 嘔吐泄瀉 토로 토기 실토 구토설사
3.2	儿 6획	兎	토끼 **토**	위태할 위(危)와 입 구(口)와 사람 인(儿)발과 표점 주(丶)의 합으로 입술이 갈라져 있고 위험할 때 달아나기를 잘하는 앞다리가 짧고 뒷다리가 길며 꼬리가 짧은 모양을 나타낸 토끼란 뜻 *兎月, 兎死狗烹 토월 토사구팽
4	言 3획	討	칠 **토**	말할 화(話)와 대할 대(對)의 합으로 어떤 문제를 해결하기 위해 대화(對話)로 의논한다는 뜻 *討論, 討議, 檢討, 討伐, 爛商討論 토론 토의 검토 토벌 난상 토론
6	辶 7획	通	통할 **통**	지날 과(過)와 솟을 용(甬)의 합으로 창같이 뾰족한 것이 솟아올라 온 모양으로 뚫려 사람이나 바람 등이 지나갈 수 있다는 뜻 *甬: 쓸 용(用)과 창 모(矛)의 합으로 뾰족한 것으로 찔러 넣어 뚫었다는 뜻 *通行, 痛風, 通路, 通達, 交通, 通話 통행 통풍 통로 통달 교통 통화
1	木 7획	桶	통 **통**	나무 목(木)과 통할 통(通)의 합으로 나무로 만든 위가 뚫려 통하니 물건을 집어넣을 수 있는 그릇이란 뜻 *休紙桶, 沐浴桶 휴지통 목욕통

급수	부수	한자	훈 음	해 설
4	疒 7획	痛	아플 **통**	병 병(病)과 통할 통(通)의 합으로 병이 나서 뚫으려는 듯 콕콕 쑤시고 아프다는 뜻 *痛症, 齒痛, 腹痛, 痛哭, 哀痛, 痛快 통증 치통 복통 통곡 애통 통쾌
1	竹 6획	筒	대통 **통**	대롱 관(管)과 통할 통(洞)의 합으로 연기 등이 통할 수 있도록 속이 뚫린 관으로 대나무 통이란 뜻 *汽筒, 排氣筒, 火筒, 圓筒, 郵遞筒, 筆筒 기통 배기 통 화통 원통 우체통 필통
4.2	糸 6획	統	거느릴 **통** 계통 **통**	계열 계(系)와 채울 충(充)의 합으로 의상이나 언어나 같은 계열(系列)로 채워 모두 하나같이 통일한다, 똑같이 쓰도록 통제하여 거느린다, 다스린다는 뜻 *統一, 統計, 統合, 統治, 大統領, 系統, 統制 통일 통계 통합 통치 대통령 계통 통제
1	心 11획	慟	애통할 **통**	슬플 개(慨)와 움직일 동(動)의 합으로 손 순이 효도하기 위해 아이를 묻으려 한다는 감동(感動)적인 이야기가 몹시 슬프고 가슴 아프다는 뜻 *哀痛 애통
4.2	辶 6획	退	물러날 **퇴**	돌아올 반(返)과 그칠 간(艮)의 합으로 이제 벼슬을 그만두고 돌아와 초야에 묻힌다, 물러난다는 뜻 *정약용은 간(艮) 괘를 어지러운 세상을 피해 은둔하는 군자로 봄 *退職, 後退, 退却, 退勤, 退院, 退學 퇴직 후퇴 퇴각 퇴근 퇴원 퇴학
1	衣 10획	褪	바랠 **퇴**	옷 의(衣)와 물러날 퇴(退)의 합으로 옷의 색깔이 드러나지 않고 뒤로 물러나듯이 물이 빠지니 탈색된다는 뜻 *褪(退)色(퇴색: 빛이 바램)

급수	부수	한자	훈 음	해 설
1	肉 10획	腿	넓적다리 **퇴**	살찔 비(肥)와 물러날 퇴(退)의 합으로 삼국지의 유비가 물러나 있으니 살이 찐다는 넓적다리란 뜻 *大腿部(대퇴부)
1	土 8획	堆	쌓을 **퇴**	더할 증(增)과 모을 집(集)의 합으로 끌어모아 더 쌓는다는 뜻 *堆積(퇴적), 堆肥(퇴비)
1	木 10획	槌	몽치 **퇴(추)**	몽치 추(椎)와 따를 추(追)의 합으로 뒤따라가서 치는 몽치란 뜻 *鐵槌(철퇴)
1	頁 7획	頹	무너질 **퇴**	기울(쓰러짐) 경(頃)과 대머리 독(禿)의 합으로 가을 낙엽처럼 잎이 다 떨어지고 대머리가 되듯이 기울어져 쇠퇴한다, 무너진다는 뜻 *頹落(퇴락: 무너지고 떨어짐) *頹廢(퇴폐: 쇠약하여 내리 무너짐) *衰頹(쇠퇴), 頹運(퇴운), 頹屋(퇴옥)
4	手 4획	投	던질 **투** 줄 **투** 보낼 **투**	때릴 타(打)와 몽둥이 칠 수(殳)의 합으로 때리려고 몽둥이를 들듯이 손을 높이 쳐들고 공이나 물건을 던진다는 뜻 *投身(투신), 投棄(투기), 投票(투표), 投資(투자)
1	女 5획	妬	자식 없는 계집 **투** 투기할 **투** 샘낼 **투**	아내 부(婦)와 돌 석(石)의 합으로 자식을 못 낳는 부인을 석녀(石女)라 하니 자식이 없으니 첩을 들였으므로 석녀가 첩을 미워하며 질투한다는 뜻 *妬忌(투기), 嫉妬(질투)

급수	부수	한자	훈 음	해 설
1	大 7획	套	덮개 **투(토)** 버릇 **투**	큰 대(大)와 긴 장(長)의 합으로 크고 길게 만들어 내용을 씌우는 덮개(봉투)란 뜻과 내용보다 겉에 꾸미는(바르는) 껍데기 말인 상투어란 뜻과 상투적이니 버릇이란 뜻 *封套, 常套的 봉투 상투적 *套語(투어: 진부(陳腐)한 말, 정해진 문구) *套袖(투수: 겨울에 소매에 끼는 것, 토시)
3	辵 8획	透	통할 **투** 비칠 **투** 사무칠 **투**	통할 통(通)과 빼어날 수(秀)의 합으로 빼어난 두뇌로 이해하여 통달(通達)한다는데서 속까지 훤히 꿰뚫어 본다, 속이 훤히 보이니 투명하다, 속까지 미치니 뼈에 사무친다는 뜻 *透明, 透視, 透徹, 透映, 透寫 투명 투시 투철 투영 투사
4	鬥 10획	鬪	싸울 **투**	싸움 투(鬥)와 머리 두(頭)와 상대할 대(對)의 합으로 소처럼 서로 머리를 맞대고 상대하여 싸운다는 뜻 *格鬪(격투: 맨몸으로 부딪혀 싸움) *激鬪(격투: 심하게 싸움) *鬪鷄, 鬪牛, 鬪士, 拳鬪, 鬪志 투계 투우 투사 권투 투지
1	心 11획	慝	사특할 **특**	나쁠 악(惡)과 숨길 닉(匿)의 합으로 나쁜 마음을 숨기고 있으니 사악하다는 뜻 *邪慝(사특: 못되고 나쁨)
6	牛 6획	特	특별할 **특** 우뚝할 **특**	소 우(牛)와 가질지(持)의 합으로 소가 머리 위에 우뚝 솟은 단단한 뿔을 가지고 있는 것처럼 두각(頭角)을 드러내니 남보다 뛰어나다는 뜻과 수소란 뜻 *特別, 特異, 特急, 特技, 特講, 特許 특별 특이 특급 특기 특강 특허

급수	부수	한자	훈 음	해 설
1	巳 1획	巴	땅이름 **파** 큰 뱀 **파**	몸이 길어서 말고 있는 뱀 사(巳)에 너무 커서 한 번 더 돌린 큰 뱀이란 뜻과 중국의 땅이름 사천성의 다른 이름임 *巴(把)鼻(파비: 손잡이) *三巴戰(삼파전: 셋이서 얽혀 겨루는 싸움)
3	手 4획	把	잡을 **파**	손 수(扌)와 뱀 파(巴)의 합으로 뱀이 돌돌 말듯이 말아서 손에 잡아 쥔다는 뜻 *把握(파악), 把守兵(파수병)
1	艸 4획	芭	파초 **파**	잎 엽(葉)과 잡을 파(把)의 합으로 뿌리줄기에서 나온 잎이 서로 감싸듯이 돌돌 말려서 나와 사방으로 퍼지며 잎맥이 나란히 평형으로 형성되는 식물 파초란 뜻 *芭蕉(파초), 芭蕉扇(파초선)
1	爪 4획	爬	긁을 **파**	손톱 조(爪)와 잡을 파(把)의 합으로 손톱으로 잡고 오르려고 끌어당기니 긁는다는 뜻 *爬蟲類(파충류: 뱀, 악어, 거북 등) *爬痒(파양: 가려운 데를 긁음), 搔爬(소파)
1	玉 4획	琶	비파 **파**	거문고 금(琴)과 긁을 파(爬)의 합으로 거문고처럼 줄을 긁어서 소리를 내는 악기인 비파란 뜻 *琵琶(비파)
4	水 5획	波	파도 **파**	바다 해(海)와 가죽(겉) 피(皮)의 합으로 바람이나 달의 인력에 의해 바다의 겉에 출렁이는 물결인 파도란 뜻 *波濤(파도), 波紋(파문), 波長(파장), 波浪(파랑)

급수	부수	한자	훈 음	해 설
3	頁 5획	頗	치우칠 **파**	거느릴 령(領)과 파도 파(波)의 합으로 거느리는 우두머리의 사상이나 영향이 파도처럼 정치적 평정을 잃고 전적으로, 너무 지나치게 한쪽으로만 쏠린다. 기울어진다는 뜻 *頗多(파다), 偏頗的(편파적)
1	足 5획	跛	절름발이 **파**	발 족(足)과 치우칠 파(頗)의 합으로 발이 한쪽이 더 길어 균형이 맞지 않고 치우치니 절름발이란 뜻 *跛行(파행), 跛行國會(파행 국회)
2地(지)	土 5획	坡	비탈 **파** 언덕 **파**	당 지(地)와 치우칠 파(頗)의 합으로 땅이 한쪽으로 치우치니 비탈지다는 뜻 *地名 字(지명 자) *坡州(파주), 松坡區(송파 구)
4.2	石 5획	破	깨뜨릴 **파**	바위 암(岩)과 파도 파(波)의 합으로 파도가 바위에 부딪쳐 부서지니 깨진다는 뜻 *破壞(파괴), 破産(파산), 破格(파격), 破鏡(파경), 破廉恥(파렴치), 破邪(파사)
1	女 8획	婆	할미 **파** 사바 **바**	물결 파(波)와 계집녀(女)의 합으로 나이가 많아 살결이 물결처럼 주름진 여자인 할머니란 뜻과 범어의 음역인 사바란 뜻 *老婆(노파) *産婆(산파: 출산을 돕는 할머니) *裟婆世界(사바세계: 불교에서 중생이 갖가지 고통을 참고 겪어야 하는 이 세상, 속세, 인간 세계를 이름)
4	水 6획	派	물갈래 **파**	강 강(江)과 내 천(巛)의 합으로 강이 여러 갈래로 갈라져 지류가 생긴다는 뜻 *黨派(당파), 派兵(파병), 派遣(파견), 派出所(파출소), 派閥(파벌)

급수	부수	한자	훈 음	해 설
3	罒 10획	罷	마칠 **파** 내칠 **파**	허물 죄(罪)와 능할 능(能)의 합으로 허물이 있어서 일할 수 있는 자격을 박탈하다, 파면한다는 뜻과 일을 할 수 없으니 그만둔다, 마친다는 뜻 *罷免(파업: 억지로 그만두게 함) *罷職, 罷業, 罷場 파직 파업 파장
3	手 12획	播	씨 뿌릴 **파**	뿌릴 살(撒)과 차례 번(番)의 합으로 차례로 한 이랑씩 씨앗을 뿌린다는 뜻과 씨앗을 뿌릴 때 골고루 흩어지게 한다는 뜻 *播種 파종 *播說(파설: 말을 퍼뜨림) *播遷(파천: 임금이 서울을 떠나 난을 피함)
1	心 9획	愎	괴팍할 **퍅** 고집 셀 **퍅**	습관 관(慣)과 돌아올 복(復)의 합으로 반복(反復)되어 굳어진 습관(習慣)으로 고집이 세다는 뜻과 고집이 세어 너그럽지 못하고 엄격하고 까다롭다는 뜻 *乖愎(괴퍅: 성미가 까다롭고 별나서 붙임성이 없음)
3.2	片 4획	版	판목 **판**	조각 편(片)과 반복할 반(反)의 합으로 널조각에 그림이나 글씨를 새겨 여러 장 반복(反復)으로 찍을 수 있게 만들어놓은 판목이란 뜻 *版畫, 銅版, 出版, 版木, 活版 판화 동판 출판 판목 활판
5	木 4획	板	널판 **판**	목재 재(材)와 판목 판(版)의 합으로 판목처럼 넓고 편편한 목재이니 널조각이란 뜻 *版과 통함 판 *板子, 看板, 漆板, 鐵板, 道路標識板 판자 간판 칠판 철판 도로표지 판

급수	부수	한자	훈 음	해 설
2地(지)	阜 4획	阪	비탈 **판**	언덕 부(阜)와 뒤집을 반(反)의 합으로 언덕이 가팔라서 미끄러져 뒤집힐 것 같은 비탈이란 뜻 *地名 字(지명 자)
3	貝 4획	販	팔 **판**	살 구(購)와 돌이킬 반(反)의 합으로 흔하고 값이 쌀 때 구매(購買)하여 귀하고 비쌀 때 되돌려 판다는 뜻 *販賣(판매), 販路(판로), 自販機(자판기), 販促(판촉), 街販(가판)
4	刀 5획	判	재판 **판**	구별 별(別)과 반 반(半)의 합으로 반신반의(半信半疑)하여 잘잘못을 가리기 어려운 사건을 증거 등을 토대로 옳고 그름이나 이기고 짐을 구별(區別)하여 판단한다는 뜻 *審判(심판), 判斷(판단), 判例(판례), 判事(판사), 判定勝(판정승), 裁判(재판)
1	辛 9획	辦	힘쓸 **판**	말 잘할 변(辯)과 권할 권(勸)의 합으로 말을 잘하여 사도록 권하니 판매에 힘을 쓴다는 뜻 *辦公費(판공 비)
8	八 0획	八	여덟 **팔** **가를 팔**	왼손가락 4개와 오른손가락 4개를 마주 댄 모양 여덟이란 뜻과 삐침과 파임 두 획이 양쪽으로 갈라진다, 가른다는 뜻 *八道(팔도), 八字(팔자), 八等身(팔등신), 八方美人(팔방미인)
3	貝 0획	貝	조개 **패** 자개 **패**	서로 상(相)과 여덟 팔(八)의 합으로 두 쪽으로 갈라지는 조개껍질이란 뜻과 껍데기이니 외관을 치장하는 패물이란 뜻의 부수자 *貝子(패자: 옛날의 화폐) *貝物(패물: 산호, 호박, 수정 따위로 만든 물건) *貝錦(패금: 자개 무늬같이 아름다운 비단)

급수	부수	한자	훈 음	해 설
1	口 7획	唄	찬불 **패**	범어의 음역(音譯)으로 부처님을 찬송한다는 뜻 *梵唄(범패: 불교에서 석가여래의 공덕을 찬미하는 노래나 불경을 읽는 소리란 뜻)
5	攵 7획	敗	질 **패**	놓을 방(放)과 재물 재(財)의 합으로 재물(財物)을 건, 내기나 싸움판 승부에서 놓쳤으니 졌다는 뜻 *敗家亡身(패가망신), 敗者(패자), 敗亡(패망), 敗戰(패전), 敗北(패배)
1	水 4획	沛	늪 **패** 쏟아부을 **패**	못 연(淵))과 앞치마 불(巿)의 합으로 앞치마를 덮어 가린 듯이 허옇게 물로 덮인 못, 늪이란 뜻과 위에서 덮어쓰듯이 쏟아붓는 주룩주룩 내리는 비란 뜻 *沛澤(패택: 저수지) *沛然(패연: 비가 내리는 기세가 매우 세참)
1	亻 6획	佩	찰 **패**	사치할 치(侈)와 두를 잡(帀)과 바람 풍(風)의 합으로 멋을 풍기려고 몸치장으로 노리개나 반지 등을 몸에 둘러 차다는 뜻 *佩物(패물: 몸에 차는 장식물 노리개)
1	心 7획	悖	어그러질 **패**	괴이할 괴(怪)와 혜성 패(孛)의 합으로 혜성은 살(煞)별이라고도 한다. 혜성은 갑작스럽게 나타나는 특성으로 질서정연한 우주운행의 법칙에 어긋난다고 생각하여 도리에 어긋난다는 뜻과 혜성이 나타나면 병란의 징조로 괴이한 일이 일어난다, 불길한 징조라는 일설이 있었음 *孛(혜성 패: 태양계에 가까워지면 갑자기 기체를 방출하여 사방으로 빛을 발하는 꼬리별) *悖倫(패륜: 사람으로서 마땅히 지켜야 할 도리에 어긋나는 일)

급수	부수	한자	훈 음	해 설
1	片 8획	牌	패 **패**	판목 판(版)과 비석 비(碑)의 합으로 공로나 업적을 새긴 판목(板木)을 비석(碑石)처럼 세워놓게 만든 작은 패란 뜻 *感謝牌(감사패), 功勞牌(공로 패), 名牌(명패), 門牌(문패), 賞牌(상패)
1	禾 8획	稗	피 **패** 잘 **패**	벼 화(禾)와 낮을 비(卑)의 합으로 벼와 비슷하게 생겼으나 질이 낮고 열매가 훨씬 자잘한 돌피란 뜻 *稗飯(패반: 피밥) *稗官(패관: 옛날 임금이 정사(政事)를 살피기 위해 민간의 풍속이나 자잘한 이야기들(가담항설)을 모아 기록하게 시키던 벼슬)
2	雨 13획	霸	으뜸 **패**	신령 령(靈)과 고칠 혁(革)과 능할 능(能)의 합으로 신령처럼 뛰어난 초능력을 가진 최고의 혁명가(革命家)란 뜻 *覇는 속자: 덮을 복(覆)과의 합으로 세상을 덮을 만큼 뛰어난 능력자란 뜻 *制覇(제패), 連覇(연패), 爭覇(쟁패), 覇氣滿滿(패기만만),
2姓(성)	彡 9획	彭	성 **팽** 총소리 **팽**	모양 형(形)과 북 고(鼓)의 합으로 북 모양처럼 바람이 잔뜩 들어 팽팽하다는 뜻과 '빵빵'하는 총소리, '팡팡' 튀는 북소리란 뜻 *姓氏(성씨), 地名(지명) 字(자) *彭祖(팽조: 堯(요)의 신하 은의 말년까지 700년이나 살았다는 신선)
1	水 12획	澎	물 부딪는 소리 **팽**	조수 조(潮)와 팽팽할 팽(彭)의 합으로 사조(思潮) 등이 팽팽하게 부딪혀 튕기며 솟구쳐 크게 일어난다는 뜻 *澎湃(팽배: 파도 등이 부딪혀 크게 일어남, 사상이나 세력 등이 기운차게 일어남)

급수	부수	한자	훈 음	해 설
1	肉 12획	膨	부풀 **팽**	배 복(腹)과 팽팽할 팽(彭)의 합으로 배가 빵빵하게 불러 부풀어 있다는 뜻 *膨脹(팽창), 膨大(팽대), 膨膨(팽팽), 膨滿(팽만)
3.2	片 0획	片	조각 **편** 한쪽 **편** 납작할 **편**	나무 목(木)의 고문(古文)을 가운데 반으로 자른 오른쪽 조각의 상형 자 *破片(파편), 片道(편도), 片舟(편주), 一片丹心(일편단심)
2人(인)	戶 5획	扁	넓적할 **편** 치우칠 **편**	문 호(戶)와 책 책(冊)의 합으로 두루마리 책이 아니라 외짝 문처럼 한쪽을 엮어 넘기며 열어볼 수 있게 만든 책이 넓적하다는 뜻과 한쪽으로 넘기니 치우친다는 뜻 *扁平(편평), 扁舟(편주), 扁額(편액) *扁鵲(편작: 중국 고대의 유명한 의사)
3	糸 9획	編	엮을 **편** 짤 **편**	짤 조(組)와 편편할 편(扁)의 합으로 책을 납작하게 접어 여러 쪽을 조합(組合)하여 짜 맨다는 뜻 *編輯(편집), 編成(편성), 編著(편저), 編纂(편찬), 編曲(편곡), 編隊(편대)
4	竹 9획	篇	책 **편** 편차할 **편**	간편할 간(簡)과 엮을 편(編)의 합으로 죽간(竹簡)처럼 엮어서 넘겨볼 수 있도록 만든 책이란 뜻 *詩篇(시편), 玉篇(옥편), 上篇(상편), 下篇(하편), 長篇(장편)
3	亻 9획	偏	치우칠 **편**	기울일 경(傾)과 책 편(篇)의 합으로 책장을 넘기듯이 한쪽으로 기울어 젖힌다는 뜻과 한쪽으로 기울어지니 치우친다는 뜻 *偏食(편식), 偏愛(편애), 偏見(편견), 偏頗(편파), 偏差(편차)

급수	부수	한자	훈 음	해 설
3	辶 9획	遍	두루 **편**	통할 통(通)과 책 편(篇)의 합으로 책 한 권을 통독(通讀)하여 끝까지 읽어내는 데서 두루두루 전체 다란 뜻 *遍歷(편력), 遍在(편재), 普遍(보편) *讀書百遍義自通(독서 백 편 의 자 통)
1	馬 9획	騙	속일 **편**	말 마(馬)와 펄럭일 편(翩)의 합으로 명을 건국한 주원장의 부인이 발이 커서 숨겨오다가 어느 날 가마에서 바람이 펄럭여 마각(馬脚)이 드러난 고사에서 속였다는 뜻 *마각(馬脚: 숨기고 있는 정체) *騙取(편취), 騙弄(편롱) *騙馬(편마: 말 위에서 하는 재주놀이, 曲馬)
7	亻 7획	便	편지 **편** 편리할 **편** 변소 **변** 방향 **편**	대신 대(代)와 바꿀 경(更)의 합으로 교대(交代)로 이어받아 다른 말을 바꿔 타고 먼 길을 달려가서 전하는 역말 제도의 우편이란 뜻과 역전 휴게실에 갖추는 편의시설인 변소란 뜻과 편의시설을 이용하니 편리하다는 뜻과 편지를 인편으로 보낼 때 방향이란 뜻 *便紙(편지), 郵便(우편), 小便(소변), 便器(변기), 便宜(편의), 便利(편리)
1	革 9획	鞭	채찍 **편**	가죽 혁(革)과 편지 편(便)의 합으로 편지를 빨리 전하기 위해 말이 힘껏 달리도록 내리치는 가죽끈인 채찍이란 뜻 *鞭撻(편달), 教鞭(교편), 走馬加鞭(주마가편)
1	貝 5획	貶	떨어뜨릴 **폄**	천할 천(賤)과 모자랄 핍(乏)의 합으로 궁핍(窮乏)하게 산다고 천하게 얕보고 권위나 신용 따위를 낮게 떨어뜨린다는 뜻 *貶下(폄하), 貶降(폄강), 褒貶(포폄), 貶格(폄격), 貶毁(폄훼)

급수	부수	한자	훈 음	해 설
7	干 2획	平	공평할 **평** 평평할 **평**	해 년(年)과 나눌 분(分)의 합으로 일 년을 12달로 똑같이 나누니 공평하다, 똑같으니 편편하다, 평등하다는 뜻 *平野, 平均, 公平, 平凡, 平等, 平和, 平日 평야 평균 공평 평범 평등 평화 평일
4	言 5획	評	평할 **평**	매길 과(課)와 공평할 평(平)의 합으로 값을 매길 때 공평하게 평가한다는 뜻 *評價, 評點, 評判, 批評 평가 평점 평판 비평
2	土 5획	坪	들 **평**	땅 지(地)와 평평할 평(平)의 합으로 평평해서 작물을 심기 좋아 논밭으로 쓰이는 땅인 들이란 뜻과 평면을 재는 단위인 평수란 뜻 *建坪, 坪數, 坪當價格 건평 평수 평당가격
1	艸 5획	萍	부평초 **평**	풀 초(草)와 뜰 부(浮)와 평평할 평(平)의 합으로 물 위에 평평하게 떠서 사는 풀이란 뜻 *浮萍草(부평초: 늪이나 연못 물 위에 떠서 자라는 다년생 수초, 개구리밥)
3.2	肉 4획	肺	허파 **폐**	육 달 월(月)과 저자 시(市)의 합으로 시장의 상품이나 사람들이 오고 가듯이 몸속에 공기가 들락날락 오고 가며 숨을 쉬는 기관인 허파란 뜻 *肺炎, 肺氣量, 肺活量, 炭肺 폐염 폐기량 폐활량 탄폐
4	門 3획	閉	닫을 **폐**	열 개(開)와 갈고리 궐(亅)과 삐침 별(丿)의 합으로 높이 밀어 올려 열었던 문(샷다)을 긴 갈고리로 걸어 붓으로 삐침을 쓰듯이 아래로 끌어내리니 닫는다는 뜻 *閉店, 閉鎖, 閉業, 閉講, 閉會, 廢校 폐점 폐쇄 폐업 폐강 폐회 폐교

급수	부수	한자	훈 음	해 설
3	广 12획	廢	쓰러질 **폐** 폐할 **폐**	가게 점(店)과 개발 발(發)의 합으로 개발(開發)을 하려고 점포나 헌 집 등을 쓰러뜨려 없앤다는 뜻과 점포를 없애니 장사를 그만둔다는 뜻 *廢鑛(폐광), 廢品(폐품), 廢業(폐업), 廢刊(폐간), 廢止(폐지), 廢車(폐차)
3.2	廾 12획	弊	폐단 **폐** 나쁠 **폐** 엎드릴 **폐**	희롱할 롱(弄)과 옷 해질 폐(敝)의 합으로 옷이 해져 놀림당하는 모습이니 헐어 누추하고 부끄러운 자기의 회사나 집을 낮추어 이르는 말로 엎드린다는 뜻과 헐었다고 놀리니 해롭고 나쁘다는 뜻 *敝(헤질 폐: 수건 건(巾)과 가를 팔(八)과 패할 패(敗)의 합으로 헐어서 낡은 헌옷) *弊家(폐가: 자기 집의 겸칭) *民弊(민폐), 弊社(폐사), 弊習(폐습), 疲弊(피폐)
3	巾 12획	幣	비단 **폐** 화폐 **폐**	비단 백(帛)과 엎드릴 폐(弊)의 합으로 자신을 낮추어 엎드려 삼가 드리는 비단인 폐백이란 뜻과 잘 해지는 화폐인 지폐란 뜻 *幣帛(폐백), 幣物(폐물), 貨幣(화폐), 紙幣(지폐), 造幣公社(조폐공사)
3	艸 12획	蔽	가릴 **폐**	덮을 개(蓋)와 해질 폐(敝)의 합으로 해진 데를 덮어 숨기려고 가린다는 뜻 *隱蔽(은폐), 掩蔽(엄폐), 蔽遮(폐차: 덮어 가림)
1	阜 7획	陛	섬돌 **폐**	계단 계(階)와 집 당(堂)의 합으로 당상을 오를 때 딛는 계단이란 뜻 *陛下(폐하: 임금의 존칭, 계단의 밑이란 뜻으로 직접 주상(奏上)하지 않고 계단 밑의 가까운 신하에게 아뢴다는 데서 온 말)

급수	부수	한자	훈 음	해 설
1	歹 14획	斃	넘어질 **폐** 죽을 **폐**	엎어질 폐(獘)와 죽을 사(死)의 합으로 가축 등이 엎어져 픽픽 쓰러져 죽는다는 뜻 *斃死(폐사), 集團斃死(집단 폐사)
4.2	巾 2획	布	베 **포** 펼 **포** 베풀 **보**	수건 건(巾)과 왼(못할) 좌(左)의 합으로 좌우로 펼쳐 수건처럼 몸을 감싸거나 덮는 천이란 뜻과 비단보다 못한 무명이나 삼베를 뜻하고 좌우로 천을 펼친다는 뜻 *麻布(마포), 布木(포목), 布告(포고), 布教(포교), 布帳馬車(포장마차), 布施(보시) *布衣之交: 벼슬하지 않을 때의 사귐이니 참된 우정을 뜻함
2	心 5획	怖	두려울 **포**	두려울 구(懼)와 펼 포(布)의 합으로 적이 선전포고(宣傳布告)를 하니 두렵다는 뜻 *恐怖, 畏怖, 怖伏
4.2	勹 3획	包	쌀 **포**	쌀 포(勹)몸과 뱀 사(巳)의 합으로 뱀이 몸을 말듯이 몸을 말아 웅크리고 태아가 배속에 들어있는 모양으로 사람의 배로 덮어 감싼다는 뜻과 보자기로 돌돌 말아 싼 꾸러미나 보따리란 뜻 *小包(소포), 包圍(포위), 包裝(포장), 包含(포함), 包容(포용), 包括(포괄)
4.2	手 5획	抱	안을 **포**	손 수(手)와 쌀 포(包)의 합으로 두 손으로 따뜻이 감싸 껴안는다는 뜻 *抱擁(포옹)
3	肉 5획	胞	태의 **포**	배 복(腹)과 안을 포(抱)의 합으로 배속에 감싸 안은 모양으로 배 속에 아기를 밴다는 뜻 *胞胎(포태), 細胞(세포), 胞子(포자)

급수	부수	한자	훈 음	해 설
3	食 5획	飽	배 부를 **포**	먹을 식(食)과 태의 포(胞)의 합으로 밥을 많이 먹어서 아이를 밴 것처럼 배가 부르다는 뜻 *飽食(포식), 飽滿(포만), 飽和狀態(포화상태)
1	水 5획	泡	물거품 **포**	물 수(水)와 배부를 포(飽)의 합으로 물이 공기를 머금고 배부른 것처럼 빵빵하게 부푼 물방울이란 뜻 *泡沫(포말)
1	口 5획	咆	으르릉 거릴 **포**	울 명(鳴)과 물거품 포(泡)의 합으로 물거품이 끓는 것처럼 짐승이 '그르렁(으르렁)'거리며 운다는 뜻 *咆哮(포효: 사나운 짐승의 울부짖음)
4	魚 5획	鮑	절인고기 **포** 전복 **포**	고기 어(魚)와 쌀 포(包)의 합으로 생선을 싼 보자기에 생선 물이 베어 냄새나듯이 베이다, 절인다는 뜻과 대포 포(砲)의 합으로 배가 터진 듯 다 드러내고 있는 고기인 전복이란 뜻 *鮑魚之肆, 鮑石亭 *鮑尺(포척: 바다에서 전복을 업으로 따는 사람)
4.2	石 5획	砲	대포 **포**	깰 파(破)와 물방울 포(泡)의 합으로 수포(水泡)가 터지듯이 터뜨려 파괴(破壞)하려고 쏘는 무기인 대포란 뜻 *大砲(대포), 砲彈(포탄), 砲兵隊(포병대), 砲擊(포격)
1	广 5획	庖	주방 **포** 푸줏간 **포**	부엌 주(廚)와 으르렁거릴 포(咆)의 합으로 가축을 잡느라고 성난 가축이 '으르렁'거리며 울부짖는 푸줏간이란 뜻 *庖丁(포정: 소를 잡아 요리하는 사람) *庖漢(포한: 백정)

급수	부수	한자	훈 음	해 설
1	衣 5획	袍	두루마기 **포**	옷 의(衣)와 쌀 포(抱)의 합으로 몸 전체를 감싸는 옷인 두루마기란 뜻 *道袍(도포: 남자가 통상예복으로 입던 긴 겉옷)
1	疒 5획	疱	천연두 **포**	병 증(症)과 물거품 포(泡)의 합으로 수포(水泡)가 생기는 증상인 천연두란 뜻 *疱瘡(포창: 마마), 天然痘(천연두)
2	手 5획	抛	던질 **포**	던질 투(投)와 탓할 우(尤)와 힘 력(力)의 합으로 허물을 탓하며 싫다고 내동댕이치듯이 힘껏 던져 버린다는 뜻 *抛棄(포기), 抛物線(포물선)
3	手 7획	捕	잡을 **포**	잡을 착(捉)과 클 보(甫)의 합으로 필요해서 쓰려고 손을 내밀어 구하다가 잡는다는 뜻 *甫(클 보: 쓸 용(用)과 구할 구(求)의 합으로 쓰임이 있어 구하는 사람이 많다, 시장이 크다, 넓다는 뜻 *捕捉(포착), 生捕(생포), 捕獲(포획), 捕手(포수)
1	辶 7획	逋	달아날 **포**	도망 도(逃)와 잡을 포(捕)의 합으로 붙잡아놓은 죄인이나 짐승 등이 빠져나가 도망하려고 달아난다는 뜻 *逋脫(포탈), 逋亡(포망), 逋逃(포도)
1	勹 7획	匍	길 **포**	쌀 포(包)와 달아날 포(逋)의 합으로 포위(包圍)망을 뚫고 몰래 달아나려고 개구멍 따위를 빠져나가기 위해 엎드려 긴다는 뜻 *匍匐(포복: 엎드려 배를 땅에 대고 김) *匍球(포구: 야구에서 배트를 맞고 기어가 듯 굴러가는 공)

급수	부수	한자	훈 음	해 설
2人 인	艸 9획	葡	포도 **포**	풀 초(草)와 길 포(匍)의 합으로 엉금엉금 기듯이 덩굴손으로 잡고 기어오르는 초목인 포도란 뜻 *葡萄(포도), 葡萄糖(포도당), 葡萄汁(포도즙) *葡萄牙(포도아): '포르투갈'의 한자음 표기
1	口 7획	哺	먹일 **포**	입 구(口)와 잡을 포(捕)의 합으로 사냥감을 잡아다 입에 넣어 먹여준다, 먹을 것을 갖다 먹인다는 뜻 *哺乳類(포유류), 反哺之孝(반포지효)
1	囗 7획	圃	채마밭 **포**	동산 원(園)과 포도 포(葡)의 합으로 포도 등의 과일이나 채소를 심는 전원(田園)인 밭이란 뜻 *圃田(포전) *藥圃(약포: 약초밭)
3.2	水 7획	浦	물가 **포**	바다 해(海)와 잡을 포(捕)의 합으로 바다나 강가의 얕은 곳으로 물이 빠지면 가재나 조개 등을 잡는 물가란 뜻 *浦口(포구), 浦港(포항), 浦項(포항)製鐵(제철)
1	艸 10획	蒲	부들 **포**	풀 초(草)와 물가 포(浦)의 합으로 늪이나 저수지 등 물가에서 자라는 풀인 부들이란 뜻 *菖蒲(창포: 단오에 머리 감을 때 쓰는 풀)
1	肉 7획	脯	육포 **포**	육 달 월(月)과 포장할 포(鋪)의 합으로 길을 넓혀 포장하듯이 편편하게 펴서 눌려놓은 고기인 포란 뜻 *肉脯(육포), 生鮮(생선)脯(포) *脯醢(포혜: 살로 포를 뜨거나 식혜를 담는 다는 뜻으로 잔혹한 형벌)

급수	부수	한자	훈 음	해 설
2	金 7획	鋪	펼(깔) **포** 가게(점포) **포**	쇠 금(金)과 잡을 포(捕)의 합으로 금전(돈)을 벌어들이려고 물건을 펼쳐놓고 파는 소자본의 작은 가게란 뜻과 가게에 물건을 펼쳐놓는다, 깔아놓는다는 뜻 *典當鋪, 店鋪, 鋪裝道路, 鋪道 전당포 점포 포장도로 포도
1	衣 9획	褒	기릴 **포** 칭찬할 **포**	속마음 충(衷)과 지킬 보(保)의 합으로 나라를 지키는 군인들의 고충(苦衷)을 보상(報償)하기 위해 휴가 등으로 칭찬하여 상을 준다는 뜻 *褒貶, 褒賞 포폄 포상 *褒章(포장: 칭찬하여 더 권하고 힘쓰라 함)
3	巾 9획	幅	너비 **폭** 폭 **폭**	펼 포(布)와 복 복(福)의 합으로 복음을 널리 퍼뜨리듯이 넓게 펼친 너비, 폭이란 뜻 *大幅, 步幅, 江幅, 路幅, 畵幅 대폭 보폭 강폭 노폭 화폭
4.2	日 11획	暴	심할 **폭** 사나울 **포**	해 일(日)과 함께 공(共)과 태산(심할) 태(泰)의 합으로 햇볕이 한꺼번에 너무 심하게 쏟아붓듯이 내리쬔다, 심하다, 지나치다, 사납다는 뜻과 성질에 쓰일 때는 사나울 포로 읽힘 *暴炎, 暴雨, 暴風, 暴雪, 暴惡, 橫暴 폭염 폭우 폭풍 폭설 포악 횡포
1	日 15획	曝	볕 쬘 **폭**	비칠 영(映)과 심할 폭(暴)의 합으로 볕을 심하게 비추어 쬔다는 뜻 *曝陽(폭양: 뜨겁게 내리쬐는 햇볕, 뙤약 볕)
1	水 15획	瀑	폭포 **폭** 소나기 **포**	물 수(氵)와 심할 폭(暴)의 합으로 물이 심하게 쏟아져 내리는 폭포란 뜻 *瀑布水 폭포수

급수	부수	한자	훈 음	해 설
4	火 15획	爆	불터질 **폭**	탈 연(燃)과 심할 폭(暴)의 합으로 불이 심하게 한꺼번에 터진다는 뜻 *爆發(폭발), 爆音(폭음), 爆藥(폭약), 爆彈(폭탄), 爆笑(폭소)
2人(인)	木 3획	杓	북두자루 **표**	자루 병(柄)과 구기 작(勺)의 합으로 북두칠성(斗)의 바가지같이 뜨는 그릇의 손잡이란 뜻과 손잡이를 잡으니 권력을 잡는다는 뜻 *人名 字(인명 자)
1	豸 3획	豹	표범 **표**	발 없는 벌레 치(豸)와 짐작할 작(酌)의 합으로 먹잇감이 나타날 것을 미리 짐작(斟酌)하여 발이 없어 기는 것처럼 엎드려서 잠복하여 있다가 사냥을 하는 짐승인 표범이란 뜻 *豹變(표변: 군자가 구악(舊惡)을 고치고 선(善)에 옮김이 표범의 무늬가 빛나는 것처럼 현저함 또는 태도가 갑자기 변함 *豹死留皮(표사유피)
6	衣 2획	表	겉 **표** 겉보기 **표**	옷 의(衣)와 선비 사(士)의 합으로 의관(衣冠)을 하고 드러내는 겉면, 겉보기 외관이란 뜻과 겉으로 나타낸다는 뜻 *表示(표시), 表現(표현), 表音(표음), 表出(표출), 表面(표면), 表紙(표지)
4.2	示 6획	票	표(티켓) **표**	보일 시(示)와 필요할 요(要)의 합으로 요구(要求)를 할 때 증거로 내보이는 영수증 같은 표란 뜻 *車票(차표), 投票(투표), 改票(개표), 郵票(우표), 手票(수표)
4	木 11획	標	표시할 **표** (마크)	널판 판(板)과 표 표(票)의 합으로 누구나 볼 수 있도록 널조각에 표를 매달아 놓고 표시한다는 뜻 *標識板(표지판), 商標(상표), 目標(목표), 標準(표준), 標語(표어), 標本(표본)

급수	부수	한자	훈 음	해 설
3	水 11획	漂	뜰 **표**	뜰 부(浮)와 표시할 표(標)의 합으로 바다에 굴 양식장 등의 위치를 표시하기 위해 띄워놓은 기구처럼 가라앉지 않고 물 위에 뜬다는 뜻 *浮標, 漂流, 漂白, 漂失 부표 표류 표백 표실
1	風 11획	飄	나부낄 **표**	바람 풍(風)과 뜰 표(漂)의 합으로 바람이 부는 대로 떠돌아다닌다, 바람에 나부낀다는 뜻 *飄然(표연: 바람에 나부끼는 모양) *飄泊(표박: 바람에 날려 여기저기 떠돌아 다님)
1	刀 11획	剽	빼앗을 **표** 빠를 **표**	처음 창(創)과 표할 표(標)의 합으로 남이 창안(創案)한 상표(商標)나 학설이나 시가 따위를 얼른 빼앗아가 자기 것으로 발표한다는 뜻 *剽竊, 剽奪 표절 표탈 *剽襲(표습: 조금도 변경하지 않고 그대로 모방)
1	心 11획	慓	사나울 **표**	성품 성(性)과 빼앗을 표(剽)의 합으로 남의 것을 재빨리 빼앗는 양심도 없고 포악한 성질이니 사납다는 뜻 *慓毒, 慓悍 표독 표한
5	口 6획	品	물건 **품** 인품 **품**	이름 명(名)이 셋으로 여러 가지 이름을 가진 사람이나 물건이란 뜻과 높고 낮은 등급이 있으니 품등이나 품계란 뜻 *品種, 品目, 商品, 上品, 人品 품종 품목 상품 상품 인품
4.2	禾 8획	稟	곳집 **품** 받을 **품** 줄 **품** 천품 **품**	벼 화(禾)와 높을 고(高)와 돌 회(回)의 합으로 높이 겹겹으로 담장을 둘러친 곡식 창고란 뜻과 태어날 때부터 제 밥그릇은 하늘이 정해 타고난다는 뜻과 하늘이 부여해 준다는 뜻 *稟受(품수: 선천적으로 타고남) *稟給(품급: 관청에서 받는 녹봉) *稟決(품결: 여쭈어 논하여 결정함)

급수	부수	한자	훈 음	해 설
6	風 0획	風	바람 **풍** 흘레할 **풍** 풍속 **풍**	벌레 충(虫)과 무릇(모두) 범(凡)의 합으로 대체로 벌레들이 꼬리를 쳐서 바람을 일으켜 냄새를 멀리 퍼뜨려 암컷을 유인한다는 데서 흘레(흘레: 짝짓기)한다, 바람을 피운다는 뜻과 널리 퍼져 모두가 따라 하니 유행하는 풍속이란 뜻 *風俗(풍속), 風速(풍속), 風車(풍차), 風船(풍선), 風習(풍습), 風景(풍경)
1	木 9획	楓	단풍나무 **풍**	나무 목(木)과 바람 풍(風)의 합으로 씨앗에 바람개비(부메랑) 같은 날개가 붙어있고 붉은빛이 고와 풍경(風景)이 좋은 나무인 단풍나무란 뜻 *丹楓(단풍) *楓嶽山(풍악산: 가을 금강산의 이름)
1	言 9획	諷	욀 **풍** 풍자할 **풍**	깨우칠 유(諭)와 바람 풍(風)의 합으로 사회나 인물 등의 잘못된 풍조(風潮)를 깨우치려고 넌지시 돌려 빗대어 말한다는 뜻과 사회상을 빗대어 풍월(風月)을 외운다는 뜻 *諷刺(풍자: 무엇에 빗대어 남을 꼬집어 깨우침) *諷詠(풍영: 시가를 읊조림)
2姓(성)	馬 10획	馮	탈 **빙** 업신여길 **빙** 성 **풍**	말 마(馬)와 얼음 빙(氷)의 합으로 말을 타듯이 얼음 위를 탄다는 뜻과 물의 신인 하백(河伯)과 우사(雨師)의 이름인 풍이(馮夷)란 뜻 성씨 자 *馮夷(풍이: 물속에 있는 귀신의 이름) *馮虛(빙허: 허공(하늘) 높이 오름)
4.2	豆 6획	豊	풍년 **풍**	제기 모양 두(豆)와 농사 농(農)의 합으로 제기(祭器) 위에 농사지은 것을 푸짐하게 얻는다는 뜻에서 풍성하다는 뜻 *豊年(풍년), 豊富(풍부), 豊作(풍작), 豊盛(풍성), 豊滿(풍만)

급수	부수	한자	훈 음	해 설
3.2	皮 0획	皮	가죽 **피** 겉 **피**	삐침 별(丿)과 지탱할 지(支)의 합으로 붙잡아 지탱해 놓고 아래로 끌어내려 벗긴 짐승의 털가죽이란 뜻과 가죽이니 겉껍데기란 뜻 *毛皮(모피), 皮革(피혁), 皮膚(피부), 皮骨(피골)
3.2	衤 5획	被	덮을 **피** 입을 **피** 당할 **피**	옷 의(衤)와 가죽 피(皮)의 합으로 짐승의 털가죽을 빼앗아 옷으로 덮어 입었으니 덮다, 입는다는 뜻과 해를 입으니 당한다는 뜻과 덮는 이불이란 뜻 *被服(피복), 被害(피해), 被告(피고), 被殺(피살), 被選擧權(피선거권)
3.2	彳 5획	彼	저 **피**	칠 정(征)과 입을 피(被)의 합으로 정벌(征伐)을 하면 해를 입는 쪽인 저쪽이란 뜻과 우리 편이 아니고 저편의 '저'란 뜻 *彼岸(피안), 彼此(피차), 彼我(피아), 此日彼日(차일피일) *知彼知己(지피지기) 百戰百勝(백전백승)
1	手 5획	披	펼칠 **피** 헤칠 **피**	부를 초(招)와 입을 피(被)의 합으로 우리 집 큰일에 은혜를 입은 사람들을 초대(招待)해서 잔치를 연다는 뜻과 이런저런 이야기를 털어놓으니 열어 헤친다는 뜻 *披瀝(피력: 심중의 생각을 털어내어 말함) *披露宴(피로연: 결혼식 등을 널리 알려 베푸는 잔치)
4	疒 5획	疲	피곤할 **피**	병 병(病)과 헤칠 피(披)의 합으로 피로연(披露宴)을 열고 병자처럼 드러누울 정도로 몸이 지치고 피곤하다는 뜻 *疲勞(피로), 疲弊(피폐), 疲困(피곤), 疲乏(피핍)
4	辶 13획	避	피할 **피**	도망 도(逃)와 벼락 벽(霹)의 합으로 벼락을 맞을까 봐 도망하여 피한다는 뜻 *避身(피신), 避雷針(피뢰침), 避暑地(피서지), 避難(피난), 避妊(피임)

급수	부수	한자	훈 음	해 설
3	匸 2획	匹	짝 **필** 필 **필**	감출 혜(匸)와 사람 인(儿)의 합으로 한 사람의 몸을 감출 만한 옷감 한 필이란 데서 혼자, 쌍이 아닌 짝이란 뜻과 한사람이 타는 말이나 피륙을 세는 단위로 쓰임 *配匹(배필: 부부가 되는 짝) *匹馬(필마: 한 마리의 말) *匹夫匹婦(필부필부: 첩이 없이 남편과 아내 하나씩 짝지어 사는 보통의 사람이란 뜻)
1	疋 0획	疋	필 **필** 발 **소**	평 갈고리(亅)와 발 족(足)의 합으로 옷감을 감은 '필'이란 뜻과 굴린다, 구른다는 뜻과 돌아다니는 발이란 뜻 *짝 필(匹)과 같은 뜻 *疋木(필목: 목으로 짠 비단의 총칭) *疋帛(필백: 비단 피륙) *疋緞(필단: 필로 된 비단)
5	心 1획	必	반드시 **필**	마음 심(心)과 몸 신(신(身))의 합으로 신체의 동력에 꼭 필요한 심장이란 데서 '꼭', '반드시'란 뜻 *必要, 必修, 必讀, 必然, 必勝 필요 필수 필독 필연 필승
2人 인	水 5획	泌	스며 흐를 **필**	물 수(水)와 반드시 필(必)합으로 중심부(中心部)를 뚫고 나온 물이란 뜻과 몸속을 거쳐 나온 분비물이란 뜻 *人名 字 인명 자 *泌尿器, 分泌物 비뇨기 분비물
3.2	田 6획	畢	마칠 **필** 그물 **필**	지경 계(界)와 빛날 화(華)의 합으로 인간의 세계(世界)에 와서 화려(華麗)하게 꽃피우고 빛나는 업적을 남기니 맡은 바 할 일이나 생을 마친다는 뜻 *畢生, 畢納, 檢査畢, 畢業, 未畢, 畢竟 필 생 필납 검사필 필업 미필 필경

급수	부수	한자	훈 음	해 설
2姓(성)	弓 9획	弼	도울 **필**	약할 약(弱)과 일백 백(百)의 합으로 문무 백관(百官)들이 연약한 어린 왕을 돕는다는 데서 옆에서 돕다, 거든다는 뜻 *활을 바로잡는 기구인 '도지개'라 함 *輔弼(보필: 임금의 정사(政事)를 도움) *弼導(필도: 돌보며 인도함)
1	丿 4획	乏	모자랄 **핍**	오랠 구(久)와 갈지(之)의 합으로 지구력(持久力)을 보는 오래달리기에서 끝에 힘이 빠져 갈지자로 이리 갔다 저리 갔다 비틀거리니 힘이 다했다, 버틸 힘이 모자란다는 뜻 *窮乏(궁핍: 모자라고 궁색함) *缺乏(결핍), 乏盡(핍진)
1	辶 9획	逼	핍박할 **핍**	임박할 박(迫)과 덧붙일 부(副)의 합으로 임박(臨迫)하여 바짝 다가오듯이 바짝 더 따라 붙인다는 뜻 형세 등이 절박하게 바짝 조여온다 죈다는 뜻 *逼迫(핍박) *逼眞(핍진: 실물과 차이가 없이 아주 비슷함)
7	一 2획	下	내릴 **하** 아래 **하**	한 일(一)과 뚫을(세울) 곤(丨)과 표 점 주(丶)의 합으로 일정(一定)한 위치에서 아래로 내려온 곳을 점으로 표시한 지사 자로 내려간다는 뜻과 아래란 뜻 *地下(지하), 下層(하층), 下等(하등), 下午(하오), 下落(하락), 下校(하교)
3.2	亻 5획	何	어찌 **하**	사건 건(件)과 옳을 가(可)의 합으로 일어난 사건의 경위(經緯)를 물을 때 '누가'라고 입을 크게 벌리고 묻는 데서 누가?, 언제?, 어디서?, 무엇을,? 어떻게?, 왜? 하며 뭐가! 뭐 어째! 라고 묻는 어조의 어찌해서란 뜻 *六何原則(육하원칙), 何必(하필), 何等(하등) *何如間(하여간: 어쨌든 간에)

급수	부수	한자	훈 음	해 설
3	水 5획	河	물 **하**	맑을 청(淸)과 어찌 하(何)의 합으로 육하원칙의 언제인 언제나 맑아지겠나? 하는 백년하청(百年河淸)의 황하란 뜻과 황하강처럼 넓은 물인 하천이란 뜻 *黃河(황하), 河川(하천), 河海(하해), 河口(하구)
3	++ 7획	荷	연꽃 **하** 멜 **하**	꽃 화(花)와 어찌 하(何)의 합으로 꽃에서 어찌 사람이 하며 입을 딱 벌리게 하는 연꽃이란 뜻과 어찌 하(何)와 없을 막(莫)의 합으로 '아'하고 입을 딱 벌릴 만큼 막강(莫强)하게 짐을 싣는다는 뜻 *荷物(하물), 荷役(하역), 荷重(하중), 手荷物(수하물), 荷花(하화)
7	夊 7획	夏	여름 **하** 나라이름 **하**	천천히 걸을 쇠(夊)와 꼭대기 정(頂)의 합으로 양력 6월 22일 무렵 태양이 일 년 중 가장 높이 뜨고 낮의 길이가 가장 긴 기간으로 해가 늦게 지니 천천히 가는 모양으로 여름이란 뜻과 허리가 굽고 네발로 기는 듯이 천천히 걷는 우임금이 세운 나라 이름이란 뜻 *夏至(하지), 夏服(하복), 夏季(하계), 春夏秋冬(춘하추동)
3.2	貝 5획	賀	축하할 **하**	귀할 귀(貴)와 더할 가(加)의 합으로 남의 경사에 축하 인사를 할 때 귀한 것을 추가(追加)하여 예물로 보내던 데서 축하한다는 뜻 *賀客(하객), 賀禮(하례), 年賀狀(연하장), 慶賀(경하)
1	辶 9획	遐	멀 **하**	멀 원(遠)과 틈 가(暇)의 합으로 휴가(休暇)를 내어 다녀와야 할 만큼 길이 멀다는 뜻 *昇遐(승하: 먼 곳으로 오른다는 뜻에서 임금의 죽음을 이르는 말) *遐邇(하이: 먼 곳과 가까운 곳)

급수	부수	한자	훈 음	해 설
1	雨 9획	霞	놀 **하**	구름 운(雲)과 멀 하(遐)의 합으로 해가 기울어 파장이 멀리 뻗으면 구름이 붉게 물들어 하늘색이 붉은 저녁노을이란 뜻 *霞彩(하채), 紫霞門(자하문)
1	虫 9획	蝦	새우 **하**	벌레 충(虫)과 놀 하(霞)의 합으로 노을처럼 익으면 붉게 물드는 곤충인 새우란 뜻 *鰕(하)와 같음 *大蝦(대하) *蝦蟹(하해: 새우와 게)
1	玉 9획	瑕	티 **하**	구슬 옥(玉)과 노을 하(霞)의 합으로 백옥 같은 살에 노을처럼 불그레한 피멍인 흠(疵: 흠 자)이란 뜻 *瑕疵(하자), 瑕疵補修(하자보수)
2	虍 3획	虐	모질 **학** 사나울 **학**	범 호(虎)와 또(손) 우(又)의 합으로 범이 손톱을 반대로(거꾸로) 쳐들고 할퀴려 하니 포악하다 사납다 모질다는 뜻 *虐殺(학살), 虐政(학정), 殘虐(잔학), 虐待(학대), 自虐(자학)
1	疒 10획	瘧	학질 **학**	전염병 역(疫)과 모질 학(虐)의 합으로 말라리아 모기가 옮기는 모진 고열과 주기적으로 발작이 있는 전염병이란 뜻 *瘧疾(학질)
1	言 10획	謔	희롱거릴 **학**	풍자할 풍(諷)과 모질 학(虐)의 합으로 포학(暴虐)한 정치를 빗대어 놀이로 풍자(諷刺)한다는 뜻 *謔笑(학소) *諧謔(해학: 익살스럽고 품위 있는 농담)

급수	부수	한자	훈 음	해 설
8	子 13획	學	배울 **학**	글자 자(字)와 글월 문(文)과 아이 아(兒)의 합으로 아이가 문자(文字)를 배운다는 뜻 *현대 중국어는 爻대신 文을 씀으로 문자(글)를 배운다는 뜻 *爻(효: 주역의 괘를 이루는 6개의 효란 뜻) *學校, 學問, 學者, 學士, 學說 학교 학문 학자 학사 학설
3.2	鳥 10획	鶴	두루미 **학**	새 조(鳥)와 높이 날 학(隺)의 합으로 새 중에 가장 높은 품계로 곧게 서는 태도나 청아한 모양이 실리에 흔들리지 않는 선비의 의연함을 닮아 관직에 높이 오름을 의미하는 두루미란 뜻 *隺(높이 날 학: 갓 관(冠)과 새 추(隹)의 합으로 관직에 높이 오른다는 뜻) *鶴舞, 鶴髮, 仙鶴, 鶴首苦待, 群鷄一鶴 학무 학발 선학 학수고대 군계일학
1	土 14획	壑	골 **학**	땅 지(地)와 높을 탁(卓)과 골 곡(谷)과 또 우(又)의 합으로 높은 봉우리와 골짜기가 또, 또 거듭되는, 깊은 골짜기란 뜻 *萬壑千峰 만학천봉
1	网 3획	罕	드물 **한**	그물 망(网)과 방패 간(干)의 합으로 새가 날아들지 못하게 방패처럼 막는 그물이란 뜻과 새 그물은 짜임이 듬성듬성 드물다는 뜻 *稀罕, *罕例(한례: 드문 예) 희한
3	水 3획	汗	땀 **한**	진 액(液)과 방패(막을) 간(干)의 합으로 열이 새나가지 않게 막아놓으니 몸에 끈적하게 나는 진액인 땀이란 뜻. *汗蒸幕, 汗牛充棟, 汗血, 冷汗(식은 땀) 한증막 한우충동 한혈 냉한

급수	부수	한자	훈 음	해 설
3	日 3획	旱	가물 **한** 마를 **한**	심할 폭(暴)과 땀 한(汗)의 합으로 폭염(暴炎)에 땀이 나고 목이 마른다는 뜻과 물이 모자라니 메마르고 가문다는 뜻 *旱災, 旱魃, 旱害 한재 한발 한해 *旱稻(한도: 마른논에서 자라는 벼)
1	心 7획	悍	사나울 **한**	인정 정(情)과 메마를 한(旱)의 합으로 인정이 메말라 피도 눈물도 없는 사나운 사람이란 뜻 *慓悍, 悍勇, 悍婦 표 한 한용 한부
4.2	阜 6획	限	제한 **한** 끝 **한**	끝 제(際)와 물러날 퇴(退)의 합으로 물러날 때가 되니 끝이란 뜻과 더 갈 수 없으니 한계란 뜻 *制限, 限定, 限界, 無限, 權限 제한 한정 한계 무한 권한
4	心 6획	恨	한 **한**	감정 정(情)과 끝 한(限)의 합으로 제한(制限)하여 더 하고 싶어도 어쩌지 못하여 아쉬운 감정이 남아있는 여한이란 뜻 *悔恨, 痛恨, 恨歎, 怨恨 회한 통한 한탄 원한
4	門 4획	閑	한가할 **한** 문지방 **한**	사이 간(間)과 쉴 휴(休)의 합으로 쉴 사이가 있으니 한가하다는 뜻과 문 사이에 있는 나무로 문지방, 막다, 호위의 뜻이 됨 *閑寂, 閑散, 農閑期, 閑談, 閑暇 한적 한산 농 한 기 한담 한가
7	水 11획	漢	한수 **한** 나라 **한** 클 **한**	물 하(河)와 가죽 혁(革)과 흙 토(土)의 합으로 가죽같이 질긴 붉은 찰흙이 있는 황하(黃河)를 끼고 발달한 한족, 지금의 중국이란 뜻과 중국이란 나라가 크다 하여 토(土)를 대(大)로 바꾸어 쓰며 크다는 뜻으로도 쓰임 *漢族, 漢文, 漢字, 漢江, 漢陽 한족 한문 한자 한강 한양

급수	부수	한자	훈 음	해 설
1	水 13획	澣	옷빨래 **한** 열흘 **한**	씻을 세(洗)와 돌 알(斡)과 간지 간(干)의 합으로 당대(唐代) 관리들에게 간지(干支; 갑, 을, 병, 정, 무, 기, 경, 신, 임, 계)로 돌아 열흘 만에 한 번씩 집에 보내서 옷을 빨고 목욕하라고 휴가를 준다는데서 빨래한다는 뜻과 열흘이란 뜻 *上澣(상한), 中澣(중한), 下澣(하한)(상순, 중순, 하순으로 쓰임)
2	羽 10획	翰	편지 **한** 붓 **한**	깃 우(羽)와 줄기 간(幹)의 합으로 깃털을 묶어 손잡이 대(줄기)를 붙여 만든 붓이란 뜻과 붓으로 쓴 편지란 뜻 *書翰文(서한문), 翰林院(한림원), 翰墨(한묵)
8	韋 8획	韓	나라이름 **한**	다룬 가죽 위(韋)와 아침(조선) 조(朝)의 합으로 조선(朝鮮) 다음의, 남북 양쪽으로 서로 돌아선 형상인 대한민국의 국호라 볼 수 있지만, 고대 삼한(三韓) 때로 거슬러 가서 아침에 해 돋는 동방의 위대(偉大)한 나라란 뜻 *韋(다룬 가죽 위: 둘레 국(口)과 어그러질 천(舛)의 합으로 서로 어긋나게 돌아서 국경을 지키는 모양이며 서로 반대 방향으로 잡아당기어 늘리며 펴는 가죽이란 뜻 *韓國(한국), 北韓(북한), 南韓(남한), 韓服(한복), 韓流(한류), 韓食(한식)
3.2	刀 10획	割	벨 **할**	칼 검(劍)과 해할 해(害)의 합으로 검객이 해치듯이 칼로 벤다는 뜻 *分割(분할), 役割(역할), 割腹(할복), 割引(할인), 割當(할당), 割賦(할부)
1	車 10획	轄	굴대빗장 **할** 맡아볼 **할**	군사 군(軍)과 벨 할(割)의 합으로 군대를 나누어 여러 지역을 분할(分割)하여 맡아본다, 맡아 관리한다는 뜻과 수레의 굴대에 바퀴가 빠져나오지 않게 막는 빗장 이란 뜻 *管轄(관할), 直轄(직할), 管轄區域(관할구역)

급수	부수	한자	훈 음	해 설
3.2	口 4획	含	머금을 **함**	입 구(口)와 이제 금(今)의 합으로 삼키지 않고 지금 입안에 있으니 머금고 있다는 뜻 *含量(함량), 包含(포함), 含有(함유), 含蓄(함축), 含憤蓄怨(함분 축 원)
1	凵 6획	函	상자 **함** 술잔 **함**	구덩이 감(凵)과 구할 구(求)와 아래 하(下)의 합으로 구해주듯이 손을 집어넣어 꺼내야 할 만큼 구덩이가 깊은 모양으로 상자란 뜻 *國旗函(국기 함), 私書函(사서함), 投票函(투표함) *函尺(함척: 얇은 널로 짠 상자 안에서 위로 끌어 올렸다 내렸다 하며 고저를 재는 자)
1	水 9획	涵	젖을 **함**	젖을 침(沈)과 함(상자) 함(函)의 합으로 상자 속으로 들어가듯이 젖어 들어간다, 스며들며 젖는다, 깊이 빠져들어 간다는 뜻 *涵泳(함영: 무자맥질, 물속에서 떴다, 가라 앉았다 하며 팔다리를 놀리는 수영) *意識涵養(의식 함양), 涵育(함육)
3	口 6획	咸	다 **함** 성씨 **함**	같을 동(同)과 창 과(戈)와 삐침 별(丿)의 합으로 창을 빼어 들고 많은 사람이 모두 같이 함성을 지를 때의 모두 다의 다란 뜻과 성씨 *咸池(함지: 해가 빠진다는 곳) *咸興差使(함흥차사)
1	口 9획	喊	함성 **함**	부를 창(唱)과 다 함(咸)의 합으로 창을 빼들고 다 같이 부르는 소리인 함성이란 뜻 *喊聲(함성), 高喊(고함)
1	糸 9획	緘	봉할 **함**	꿰맬 봉(縫)과 다 함(咸)의 합으로 비밀 등이 빠져나가지 않게 빈틈없이 모두 다 꿰매어 입을 봉한다는 뜻 *封緘(봉함), 緘口無言(함구무언)

급수	부수	한자	훈 음	해 설
1	鹵 9획	鹹	짤 **함**	짠땅(소금) 로(鹵)와 다 함(咸)의 합으로 소금에 다 잠기도록 푹 절이니 짜다는 뜻 *鹹水(함수: 짠물, 바닷물)
3.2	阜 8획	陷	빠질 **함** 무너뜨릴 **함**	막을 방(防)과 위태할 위(危)와 절구 구(臼)의 합으로 절구는 부수는 도구이다. 방어벽이 부서져 무너지니 군대가 위기에 빠진다는 뜻 *陷沒(함몰), 陷落(함락), 陷穽(함정), 缺陷(결함), 謀陷(모함)
1	金 6획	銜	재갈 **함** 직함 **함**	자물쇠 쇄(鎖)와 지킬 위(衛)의 합으로 비밀을 지키기 위해 자물쇠를 채우듯이 입에 물리는 재갈이란 뜻 *銜枚(함매: 하무를 물림, 옛날 군졸들이 행군할 때 떠들지 못하도록 입에 물리는 작은 막대) *銜字(함자: 남의 이름을 높여 이르는 말) *銜勒(함륵: 재갈)
1	木 14획	檻	우리 **함** 함거 **함**	막을 두(杜)와 감독할 감(監)의 합으로 죄인이나 사나운 짐승이 달아나지 못하게 나무로 칸 막을 치고 감시하던 우리란 뜻 *檻車(함거: 죄인이나 맹수를 호송하던 수레) *檻致(함치: 죄인을 함거로 보냄)
2	舟 14획	艦	싸움배 **함**	배 선(船)과 우리 함(檻)의 합으로 적의 화살을 막기 위하여 우리를 치듯이 사방을 철판으로 막아놓은 싸움배란 뜻 *戰艦(전함), 軍艦(군함), 艦長(함장), 航空母艦(항공모함)
6	口 3획	合	합할 **합**	같을 동(同)과 여덟 팔(八)의 합으로 두 손을 합장하듯이 같이 모아 합한다는 뜻 *合掌(합장), 合計(합계), 合心(합심), 合同(합동), 合體(합체)

급수	부수	한자	훈 음	해 설
1	虫 6획	蛤	대합조개 **합**	벌레 충(虫)과 합할 합(合)의 합으로 두 개의 큰 껍질이 합장(合掌)하듯이 붙어있는 곤충인 조개란 뜻 *大蛤, 紅蛤 대합 홍합
1	皿 6획	盒	뚜껑 있는 그릇 **합**	그릇 명(皿)과 합할 합(合)의 합으로 그릇에 뚜껑이 합장하듯이 덮인 뚜껑 있는 그릇이란 뜻 *饌盒 찬 합 *香盒(향합: 향을 꽂는 그릇)
2地 지	阜 7획	陜	땅이름 **합** 좁을 **협**	언덕 부(阜)와 낄 협(挾)의 합으로 언덕을 끼고 있는 좁은 협곡 모양의 땅이란 뜻 *地名 字 지명 자 *陜川, 陜(峽)谷 합천 협 곡
2人 인	亠 2획	亢	높을 **항** 목 **항**	돼지 해 머리 두(亠)와 안석 궤(几)의 합으로 높이 머리를 밀어 올려 안석(案席)처럼 받치고 있는 목이란 뜻과 떠받들고 있으니 높다는 뜻 *亢進(항진: 위세 좋게 뽐내며 나아감) *亢龍(항룡: 지극히 높은 지위) *亢龍有悔, 亢鼻 항룡유회 항비
4	手 4획	抗	겨를 **항** 저항할 **항**	누를 억(抑)과 높을 항(亢)의 합으로 위에서 눌러도 고개를 숙이지 않고 목을 꼿꼿이 세우고 반항한다는 뜻 *抵抗, 抗拒, 抗命, 抗菌, 抗訴, 抗生劑 저항 항거 항명 항균 항소 항생제
4.2	舟 4획	航	항해할 **항**	돌아올 반(般)과 높을 항(亢)의 합으로 물 위나 공기 위로 붕 떠서 사람이나 물건을 실어 옮기고 돌아다닌다는 뜻 *航海, 航空, 運航, 航海士 항해 항공 운항 항해사

급수	부수	한자	훈 음	해 설
1	水 4획	沆	넓을 **항**	바다 해(海)와 배 항(航)의 합으로 배를 띄우는 바다처럼 넓다는 뜻 *人名 字 인명 자
3.2	頁 9획	項	목 **항** 목덜미 **항**	목 경(頸)과 칠 공(攻)의 합으로 공기나 음식이 들어오는 좁은 통로(숨통)로써 급소라서 치기(공격하기) 좋은 좁은 길목이란 뜻과 좁아서 잡아쥐기 좋은 급소인 목덜미란 뜻과 목처럼 범위를 좁혀 세부적으로 나누어 놓은 조항이란 뜻 *項目, 條項, 事項, 項羽(장사) 항목 조항 사항 항우
1	缶 3획	缸	항아리 **항**	장군 부(缶)와 목 항(項)의 합으로 목이 좁게 생긴 질그릇인 항아리란 뜻 *缸胎(항태: 거칠고 두껍고 무거운 오지그릇) *缸硯(항연: 오지그릇의 파편으로 만든 벼루)
1	肉 3획	肛	똥구멍 **항**	육 달 월(月)과 항아리 항(缸)의 합으로 목이 좁은 항아리처럼 빵빵한 똥배에서 좁혀지는 괄약근이 있는 똥구멍이란 뜻 *肛門, 脫肛 항문 탈항
3.2	心 6획	恒	항상 **항**	습관 관(慣)과 뻗칠 긍(亘)의 합으로 亘은 해가 뜨고 지는 것으로 변함없이 이어지는 습관이니 '늘'이란 뜻 *恒星, 恒常, 恒用, 恒久的, 恒茶飯事 항성 항상 항용 항구적 항다반사
3	巳 6획	巷	거리 **항** 골목 **항**	뱀 사(巳)와 함께 공(共)의 합으로 마을 사람들이 함께 사용하는 뱀처럼 꼬불꼬불한 골목길이란 뜻 *巷間, 街談巷說 항간 가담항설

급수	부수	한자	훈 음	해 설
4.2	水 9획	港	항구 **항**	바다 해(海)와 골목 항(巷)의 합으로 바다에 배가 드나드는 골목인 항구란 뜻 *港口(항구), 港灣(항만), 港都(항도), 漁港(어항), 空港(공항)
5	宀 7획	害	해칠 **해** 어찌 **갈**	손 객(客)과 풀 무성할 봉(丰)의 합으로 주인 아닌 객이 함부로 못 들어오게 가시덩굴 같은 것으로 빽빽이 막아놓은 요새 같은 집으로 찔리거나 상처를 입히니 해친다는 뜻과 어찌 들어가나 하여 부사 '어찌'로 쓰일 때는 갈로 읽힘 *損害(손해), 害蟲(해충), 妨害(방해), 被害(피해), 公害(공해)
3	大 7획	奚	어찌 **해** 종족이름 **해**	빼앗을 탈(奪)과 다툴 쟁(爭)과 빌미 기(幾)의 합으로 빌미를 일으켜 낌새만 있으면 약탈과 전쟁을 하려고 하는 오랑캐라는 뜻과 '어찌'라는 부사로 쓰임 *奚琴(해금: 오랑캐들이 좋아하던 데서 붙여진 악기의 이름) *奚奴(해노: 종), *奚若(해약: 어찌)
7	水 7획	海	바다 **해**	물 수(水)와 매양(모두) 매(每)의 합으로 모든 것을 받아들이는 넓고 깊은 물인 바다란 뜻 *받아들인다고 바다라고 이름 지었다 함 *海洋(해양), 海外(해외), 海水(해수), 海邊(해변), 東海(동해)
4.2	角 6획	解	풀 **해**	뿔 각(角)과 칼 도(刀)와 소 우(牛)의 합으로 포정(庖丁)이 칼을 각도(角度)에 잘 맞춰 능숙하게 다루니 소의 뼈와 살이 낱낱이 갈라지고 풀어 헤쳐진다는 뜻 *莊子(장자)의 養生(양생)에서 소를 잡는 모습이 지극히 예술적이라고 표현함 *解體(해체), 解釋(해석), 解答(해답), 解決(해결), 解産(해산), 解氷(해빙), 解弛(해이)

급수	부수	한자	훈 음	해 설
1	心 13획	懈	게으를 **해**	게으를 만(慢)과 풀 해(解)의 합으로 긴장이 풀어져서 게을러진다는 뜻 *懈怠(해태: 몹시 게으름) 懈惰 해타
1	辶 13획	邂	만날 **해**	만날 우(遇)와 풀 해(解)의 합으로 회포를 풀기 위해 만난다는 뜻 *邂逅(해후: 우연히 서로 만남)
1	亻 9획	偕	함께 **해**	동반 반(伴)과 다 개(皆)의 합으로 동반자로 부부 둘 다 나란히 백 년까지 산다는 데서 둘이 함께 한다는 뜻 *百年偕老 백년해로
1	木 9획	楷	본보기 **해**	본뜰 모(模)와 함께 해(偕)의 합으로 획을 통일하여 본보기로 정형화해 놓고 모두 함께 따라 쓰며 배우는 서예의 정자체인 해서란 뜻 *楷書 해서 *楷白(해백: 정확하고 명백함)
1	言 9획	諧	화할 **해** 희롱할 **해**	고를 조(調)와 함께 해(偕)의 합으로 함께 조화(調和)를 이루며 잘 어울리고 화합한다는 뜻과 음악의 음계가 조화(하모니)를 이루어 어울린다, 화(和)한다는 뜻 *諧謔(해학: 익살스럽고 품위 있는 농담) *諧調(해조: 서로 잘 어울림)
1	口 6획	咳	기침 **해**	토할 토(吐)와 놀랄 해(駭)의 합으로 해괴(駭怪)한 것을 보고 '헛! 그 참 괴상한 일도 다 있지' 할 때, '허!'하며 토해내는 웃어른의 말소리나 가래가 없는 마른기침이란 뜻 *咳嗽, 咳喘 해수 해천

급수	부수	한자	훈 음	해 설
3	亠 4획	亥	돼지 **해** 지지 **해**	드릴 향(享)과 써 이(以)의 합으로 1년을 마무리하고 가을에 수확한 곡식과 돼지를 잡아서 하늘에 바치고(드리고) 묘사를 지내던 달인 10월을 나타내는 지지(地支)의 돼지란 뜻과 제사에 쓰려고 잡은 돼지란 뜻 *亥月(해월: 12지(支)의 10월) *亥時(해시: 오후 9~11)
1	言 6획	該	마땅할 **해** 그 **해**	말할 화(話)와 새길 각(刻)의 합으로 말씀을 새겨 듣는 것이 마땅하다는 뜻과 정각(正刻)이니 바로 그때, 바로 그것에 맞는 말이란 뜻 *該當(해당: 어떤 일에 관계되는 바로 그것, 바로 들어맞음) *該郡(해군: 그 고을)
1	骨 6획	骸	해골 **해** 마를 **해**	뼈 골(骨)과 새길 각(刻)의 합으로 잡은 돼지고기의 살을 깎아내고 뼈만 남은 해골이란 뜻과 눈이 퀭~하니 깡말랐다는 뜻 *骸骨(해골: 죽은 사람이 살이 썩고 남은 뼈)
1	馬 6획	駭	놀랄 **해**	놀랄 경(驚)과 해골 해(骸)의 합으로 해골을 보고 무서워 깜짝 놀란다는 뜻 *駭怪(해괴), 駭怪罔測(해괴망측)
4	木 6획	核	씨 **핵**	복숭아 도(桃)와 새길 각(刻)의 합으로 살을 깎아낸 복숭아 살구 등의 속에 박힌 씨란 뜻과 중심이란 뜻 *核心(핵심), 核家族(핵가족), 核分裂(핵분열), 核酸(핵산)
1	力 6획	劾	캐물을 **핵**	겁박할 겁(劫)과 씨 핵(核)의 합으로 어떤 사실의 핵심(核心: 속 알맹이)을 알아내려고 겁박(劫迫)하며 추궁하고 들추어내려고 캐묻는다는 뜻 *彈劾(탄핵: 죄상을 들추어 꾸짖음) *彈劾訴追(탄핵소추)

급수	부수	한자	훈 음	해 설
6	行 0획	行	다닐 **행** 줄 **항**	사람 인(亻)을 겹친, 가는 사람들과 오는 사람들의 모양으로 오고 가니 다닌다는 뜻과 행인이 이어지니 줄을 선다는 뜻의 부수자 *行人(행인), 步行(보행), 行動(행동), 行爲(행위), 行列(항렬), 行伍(항오)
2地(지)	木 3획	杏	살구 **행** 은행 **행**	나무 목(木)과 다만 지(只)의 합으로 동봉(董奉)이란 사람이 치료비로 단지(但只) 중병에는 5그루, 가벼운 병자에게는 1그루의 살구나무만을 심게 하였다는 유래에서 살구란 뜻 *杏林(행림; 의원의 미칭) *杏仁(행인: 살구 씨)
6	干 5획	幸	다행 **행**	천간 간(干)과 지지 지(支)와 여덟 팔(八)의 합으로 천간(天干)과 지지(地支)의 팔자(八字)로 보는 사주의 운으로 조합이 좋으면 행, 안 좋으면 불행, 좋은 조합이 많으면 다행이란 뜻 *幸運(행운), 幸福(행복), 多幸(다행), 不幸(불행)
6	口 3획	向	향할 **향**	집 면(宀)과 입 구(口)의 합으로 집의 출입구나 창문이 향하는 방향이란 뜻 *南向(남향), 東向(동향), 方向(방향), 向上(향상), 向學(향학)
3	亠 6획	享	누릴 **향** 드릴 **향**	형통할 형(亨)과 아들 자(子)의 합으로 자손이 높이 되니 영화를 누린다는 뜻과 자손이 높이 받들어 제사를 지낸다는 뜻 *享樂(향락), 享壽(향수), 享有(향유), 祭享(제향), 秋享(추향)
4.2	香 0획	香	향기 **향**	벼 화(禾)와 맛 지(旨)의 합으로 곡식을 씹으면 고소한 맛이 난다는 데서 음식의 향이란 뜻과 입안이나 코로 맡는 여러 가지 좋은 냄새란 뜻 *香氣(향기), 香料(향료), 香水(향수)

급수	부수	한자	훈 음	해 설
4.2	邑 10획	鄕	시골 **향**	고을 읍(阝)과 작을 요(幺)와 나아갈 즉(卽)의 합으로 어릴 때 자라난 고을인 고향이란 뜻과 수구초심(首丘初心의 고사)에서 향할 향(向)의 뜻도 있음 *故鄕(고향), 歸鄕(귀향), 鄕土(향토), 鄕校(향교), 鄕愁(향수), 京鄕(경향)
3.2	音 13획	響	울릴 **향**	소리 음(音)과 시골 향(鄕)의 합으로 고향(어린 시절)을 되돌아보듯이 산에 부딪혀 되돌아오는 소리인 메아리란 뜻과 부딪혀 울린다는 뜻 *響應(향응: 메아리처럼 부름에 응함) *交響樂團(교향악단), 反響(반향), 影響(영향)
1	口 16획	嚮	향도할 **향**	향할 향(向)과 울릴 향(響)의 합으로 맹인에게 소리를 울려서 방향을 가르쳐주며 이끌어준다는 뜻 *嚮導(향도: 길을 안내함) *嚮子(향자: 지난번 접때)
1	食 13획	饗	잔치 **향** 흠향할 **향**	밥 식(食)과 고향 향(鄕)의 합으로 출세하면 고향에 가서 음식을 마련하여 잔치를 벌인다는 뜻 *饗宴(향연), 饗應(향응), 饗設(향설), 饗報(향보), 饗禮(향례)
5	言 4획	許	허락할 **허** 많을 **허**	청할 청(請)과 합할 합(合)과 더할 십(十)의 합으로 더하여 합치자는 청혼 등을 받아들인다. 허락한다는 뜻과 남녀가 합치듯이 여러 사람이 합하여 내는 말, '이영차!' 하는 많다는 뜻 *許可(허가), 許容(허용), 許諾(허락), 特許(특허), 免許(면허), 許多(허다)

급수	부수	한자	훈 음	해 설
4.2	虍 6획	虛	거짓말 **허** 빌 **허**	범 호(虎)와 쌍 상투 관(丱)의 합으로 丱은 머리를 양 갈래로 묶은 어린아이란 뜻이니 어린아이에게 겁을 주려고 말 안 들으면 호랑이가 나온다고 거짓말한다, 거짓, 헛소리, 헛되다는 뜻 *虛風(허풍), 虛勢(허세), 虛空(허공), 虛妄(허망)
1	口 11획	噓	불 **허** 내뿜을 **허**	불 취(吹)와 빌 허(虛)의 합으로 허파의 공기를 비우며 내뿜는다, 불어낸다는 뜻과 '흐흐흑'하며 흐느낀다는 뜻과 텅 빈, 없는, 거짓말한다는 뜻 *吹噓(취허: 남의 잘한 일은 허풍을 쳐서 칭찬하여 천거함)
1	土 12획	墟	터 **허**	땅 지(地)와 빌 허(虛)의 합으로 쓰이지 않고 비어있는 땅이란 뜻 *廢墟(폐허: 파괴당하여 황폐하게 된 터)
3	車 3획	軒	수레 **헌** 추녀 **헌**	수레 차(車)와 난간 간(干)의 합으로 옛날 대부들이 타던 지붕이 있고 앞이 높은 수레란 뜻과 높아서 떨어질까 난간(欄干)을 치는 처마 끝(추녀)이란 뜻과 수레에 높이 올라앉으니 우쭐하다, 드높다는 뜻 *軒燈(헌등: 처마에 다는 등) *軒軒丈夫(헌헌 장부), 軒擧(헌거), 軒郞(헌 랑)
4	心 12획	憲	법 **헌** 고시할 **헌** 밝힐 **헌**	매달 현(懸)과 해로울 해(害)와 벌릴(펼칠) 라(羅)의 합으로 국민의 기본적 인권이 침해(侵害)받지 않도록 규범이나 원칙을 세워 나열(羅列)하여 걸어두는 국가의 기본이 되는 법이란 뜻과 사무실에 걸어두는 설립 허가나 특허장 등 법인단체 따위의 기초가 되는 법이란 뜻 *憲法(헌법), 憲裁(헌 재), 制憲(제헌), 改憲(개헌), 教育憲章(교육헌장)

급수	부수	한자	훈 음	해 설
3.2	犬 16획	獻	드릴 **헌**	문서(글) 장(狀)과 곳 처(處)와 사이 뜰 격(隔)의 합으로 멀리 떨어져 있는 곳에서 글을 써서 장계(狀啓)를 임금에게 올린다, 바친다는 뜻 *속자는 南(남)(남면하는 임금이란 뜻)과 犬(견)의 합 *獻身(헌신), 獻納(헌납), 獻金(헌금), 獻花(헌화), 貢獻(공헌)
1	欠 9획	歇	쉴 **헐** 다할 **헐**	마실 음(飮)과 목마를 갈(渴)의 합으로 목이 마르니 물 좀 마시고 쉬어가자는 뜻과 힘이 다 빠져 쉬어야 할 정도니 기력이 떨어지다, 다하다는 뜻 *間歇(간헐: 그쳤다 이어졌다 함) *歇價(헐가: 다 떨이할 때 싸게 주는 값)
4	阜 13획	險	험할 **험**	숨을 은(隱)과 칼 검(劍)의 합으로 검객이 숨어있으니 위험하다는 뜻 *險難(험난), 險惡(험악), 危險(위험), 保險(보험), 冒險(모험)
4.2	馬 13획	驗	시험 **험**	말 탈 기(騎)와 위험할 험(險)의 합으로 위험을 무릅쓰고 말 타기를 시험해보다, 직접 체험한다는 뜻 *體驗(체험), 實驗(실험), 試驗(시험), 經驗(경험), 效驗(효험), 靈驗(영험)
2人(인)	赤 7획	赫	빛날 **혁**	붉을 적(赤)과 붉을 적(赤)의 합으로 붉게(빨갛게) 이글이글 불타듯이 빛난다는 뜻 *人名(인명) 字(자) *朴赫居世(박혁거세)
2人(인)	火 14획	爀	불빛 **혁**	태울 소(燒)와 빛날 혁(赫)의 합으로 열정 등을 활활 태우듯이 눈에 빛나는 정열의 불빛이란 뜻 *赫(혁)과 통함 *人名(인명) 字(자)

급수	부수	한자	훈 음	해 설
4	革 0획	革	가죽 **혁**	악어나 짐승의 가죽을 벗겨 무두질(털을 뽑고 기름을 제거)하여 머리, 몸통, 다리, 꼬리 부분을 펴서 반듯하게 다듬어 놓은 모양으로 두드리고 다듬어 새롭게 고친다는 뜻 *皮革(피혁), 革帶(혁대), 改革(개혁), 革命(혁명), 革新(혁신)
3.2	玄 0획	玄	검을 **현** 하늘 **현** 묘할 **현**	높을 고(高)와 작을 요(幺)의 합으로 하늘이 너무 높아서 작아 보여 아물아물 (가물가물)하다는 뜻과 너무 높거나 깊어 알 수 없으니 오묘하다는 뜻과 꼬질꼬질 때가 묻어 검다는 뜻의 부수자 *玄黃(현황), 玄奧(현오), 玄關(현관), 玄孫(현손), 玄武(현무)
3	糸 5획	絃	줄 **현** 악기 줄 **현**	줄 선(線)과 현묘할 현(玄)의 합으로 가물가물 가늘게 꼬인 줄로 튕기면 묘한 소리를 내는 거문고나 비파 등의 악기 줄이란 뜻 *絃樂器(현악기)
2	弓 5획	弦	활시위 **현**	활 궁(弓)과 악기 줄 현(絃)의 합으로 악기 줄처럼 활에 매어 화살을 잡아당기는 활시위란 뜻 *上弦(상현: 활의 현이 위로 향한 모양으로 상현달은 음력 7, 8일의 달 모양) *下弦(하현: 활의 현이 아래로 향한 모양 음력 22, 23일의 달 모양)
1	目 5획	眩	아찔할 **현**	눈 안(眼)과 검을 현(玄)의 합으로 눈앞이 가물가물하니 아찔하다는 뜻과 가물가물하니 분명치 않고 흐릿하게 보인다는 뜻 *眩惑(현혹), 眩氣症(현기증)

급수	부수	한자	훈 음	해 설
1	行 5획	衒	자랑할 **현** 내보일 **현**	거리 가(街)와 아찔할 현(眩)의 합으로 상가(商街)에 화려하게 진열된 상품들이 눈을 현혹(眩惑)시킬 만큼 번쩍번쩍 뽐내며 자랑하고 있다는 뜻 *衒學(현학: 스스로 자기 학문을 자랑함, 학자라고 드러냄)
2人(인)	金 5획	鉉	솥귀 **현**	가마 부(釜)와 드러낼 현(衒)의 합으로 발 없는 솥인 가마솥을 걸 때 위로 드러나는 부분인 솥귀란 뜻과 솥을 드는 솥 귀처럼 임금을 받드는 삼정승이란 뜻 *人名 字(인명 자) *三鉉(삼현: 三公으로 태사, 태부, 태보)
2人(인)	火 5획	炫	빛날 **현**	빛날 난(爛)과 현혹될 현(眩)의 합으로 눈이 아찔하게 현혹될 만큼 찬란하게 빛난다는 뜻 *人名 字(인명 자)
6	玉 7획	現	나타낼 **현**	구슬 옥(玉)과 뵈올 현(見)의 합으로 구슬로 화려하게 장식하여 외형을 드러내 보여 눈에 띄게 한다, 눈앞에 나타난다는 뜻 *現像(현상), 現象(현상), 現狀(현상), 現代(현대), 現在(현재), 現金(현금), 出現(출현)
2地(지)	山 7획	峴	고개 **현**	뫼 산(山)과 나타날 현(現)의 합으로 산의 등성이로 올라서면 멀리 산세나 지형이 나타나는 고갯마루란 뜻 *地名 字(지명 자) *阿峴洞(아현동)

급수	부수	한자	훈 음	해 설
1	糸 6획	絢	무늬 **현**	합할 통(統)과 열흘 순(旬)의 합으로 천간 열흘을 하나로 합하듯이 일정한 문양을 합하여 한 덩어리로 묶은 패턴이란 뜻과 여러 가지 문양이 통일성 있게 어우러져 화려하고 곱기가 현란하다는 뜻 *絢爛(현란)
4.2	貝 8획	賢	어질 **현** 현명할 **현**	도울 찬(贊)과 굳을 견(堅)의 합으로 성인(선각자)을 도와 성인의 훌륭한 뜻을 밝혀 정립하고 더욱 굳게 다진 현인이란 뜻과 밝히니 지혜롭다, 성인의 뜻을 도우니 자비롭다, 성현의 도이니 어질다는 뜻 *聖賢(성현), 賢明(현명), 賢母良妻(현모양처), 賢淑(현숙)
3	糸 10획	縣	고을 **현** 매달 **현**	맬 계(系)와 곧을 직(直)과 거느릴 통(統)의 합으로 중앙정부에서 멀리 떨어진 지방들을 계열(系列)지어 직속(直屬) 관할구역으로 통치(統治)하는 행정단위인 '현'이란 뜻과 중앙의 지시에 따라 움직이니 매여 있다는 뜻 *郡縣制度(군현제도), 州縣(주현), 縣令(현령), 縣監(현감)
3	糸 16획	懸	매달 **현** 멀 **현**	모양 태(態)와 고을 현(縣)의 합으로 현(縣)이 중앙정부에 매인 상태(狀態)처럼 높은데 매달린다는 뜻과 지방이니 멀리 떨어져 있다는 뜻 *懸板(현판), 懸垂幕(현수막), 懸賞金(현상금), 懸案(현안), 懸隔(현격)
4	頁 14획	顯	나타날 **현**	기릴 송(頌)과 그윽할 유(幽)와 비칠 조(照)의 합으로 죽은 이의 공덕을 칭송하여 밝게 비추어 드러내니 나타낸다는 뜻과 죽은 이를 모시는 제사 때 지방(紙榜)에 쓰는 자 *顯忠日(현충일), 顯著(현저), 顯微鏡(현미경), 顯旌(현정), 顯考(현고)

급수	부수	한자	훈 음	해 설
4.2	血 0획	血	피 **혈**	그릇 명(皿)과 갈 지(之)의 합으로 이리저리 왔다 갔다 하며 온몸에 영양을 담아 나르는 피란 뜻의 부수자 *血族(혈족), 血肉(혈육), 獻血(헌혈), 血液(혈액), 血痕(혈흔)
3	穴 0획	穴	구멍 **혈**	집 면(宀)과 가를 팔(八)의 합으로 비나 추위를 피하는 집으로 삼던 갈라져 틈이 벌어진 구멍이나 파낸 구덩이란 뜻 *虎穴(호혈), 經穴(경혈), 蟻穴(의혈)
3	女 10획	嫌	싫어할 **혐**	아내 부(婦)와 겸할 겸(兼)의 합으로 아내를 둘 이상 겸해 놓으니 서로 싫어하고 미워한다는 뜻 *嫌惡(혐오), 嫌疑(혐의)
4.2	十 6획	協	도울 **협**	더할 십(十)과 힘 력(力)의 합으로 여러 사람의 힘을 더하여 하나로 합친다는 뜻과 힘을 보태어 돕는다는 뜻 *協力(협력), 協同(협동), 協助(협조), 協會(협회), 協議(협의)
3.2	肉 6획	脅	갈빗대 **협** 으를 **협**	가슴 응(膺)과 여럿이 도울 협(劦)의 합으로 가슴에 여러 개의 뼈가 합쳐져 장기들을 감금하는 갈빗대란 뜻과 몸에 힘을 잔뜩 넣어 윽박지르니 위협한다는 뜻 *威脅(위협), 脅迫(협박), 脅迫狀(협박장), 脅制(협제) *脅勒(협륵: 협박하여 우겨댐) *脅肩(협견: 어깨를 으쓱거림)
1	手 7획	挾	낄 **협** 품을 **협** 도울 **협**	도울 부(扶)와 낄 협(夾)의 합으로 부축하기 위하여 양쪽에서 사람이 겨드랑을 끼고 있다, 품다, 돕는다는 뜻 *挾攻(협공), 挾私(협사), 挾詐(협사), 挾雜(협잡), 挾扶(협부), 挾滯(협체)

급수	부수	한자	훈 음	해 설
1	亻 7획	俠	호협할 **협**	도울 보(保)와 낄 협(挾)의 합으로 무술이 뛰어난 호걸이 약한 사람을 보호하여 양쪽 겨드랑 사이에 품어 끼고 의롭게 돕는다는 뜻 *豪俠, 俠客, 義俠心, 武俠志 호협 협객 의협심 무협 지
1	犭 7획	狹	좁을 **협**	사냥 렵(獵)과 낄 협(挾)의 합으로 짐승사냥을 할 때 골짜기를 사이에 끼고 양쪽에서 몰아 들어가 사냥감과의 거리를 좁힌다는 뜻 *狹薄, 狹小, 狹義, 狹窄, 狹心症 협박 협소 협의 협착 협심증
2	山 7획	峽	골짜기 **협**	메 산(山)과 좁을 협(狹)의 합으로 산을 양쪽으로 끼고 있는 좁은 골짜기란 뜻 *峽谷, 峽路, 海峽 협곡 협로 해협
1	頁 7획	頰	뺨 **협**	얼굴 안(顔)과 끼일 협(挾)의 합으로 콧마루를 끼고 얼굴의 양쪽에 있는 뺨이란 뜻 *頰骨, 頰筋, 紅頰 협골 협근 홍협
8	儿 3획	兄	맏 **형** 형 **형**	으뜸(첫째) 원(元)과 입 구(口)의 합으로 식구(食口) 중 첫 번째니 키가 우뚝한 맏형이란 뜻 *兄弟, 兄氏, 姊兄, 妻兄 형제 형 씨 자형 처형
6	彡 4획	形	모양 **형**	터럭 삼(彡)과 열 개(開)의 합으로 캄캄한 곳에서 문을 열자 빛이 비치니 비로소 드러나는 모양인 색, 질, 구조와는 다른 겉모양인 윤곽을 말함 *彡(터럭 삼: 삐침 획을 셋 그려서 빗살같이 햇살이 비치는 모양을 나타냈다) *人形, 體刑, 形式, 形容, 形態, 形象化 인형 체형 형식 형용 형태 형상화

급수	부수	한자	훈 음	해 설
4	刀 4획	刑	형벌 **형**	모양 형(形)과 벨 할(割)의 합으로 옛날에 죄인에게 코를 베거나 발꿈치를 베거나 하여 '꼴(모양) 좋다' 하며 본보기 삼으려는 형벌이란 뜻 *刑罰(형벌), 刑期(형기), 刑事(형사), 刑法(형법), 刑事責任(형사책임)
2	土 6획	型	모형 **형** 거푸집 **형**	굳을 견(堅)과 형벌 형(刑)의 합으로 꼴(모양)을 본뜨려고 윤곽선으로 단단히 굳혀놓은 모형(거푸집)이란 뜻 *金型(금형; 금속으로 굳힌 모형) *模型(모형), 新型(신형), 大型(대형), 類型(유형)
1	艸 6획	荊	가시나무 **형**	가혹할 가(苛)와 형벌 형(刑)의 합으로 형벌처럼 찌르는 따가운 가시나무란 뜻 *荊冠(형관) *荊棘(형극: 가시나무의 가시, 고난)
2姓(성)	邑 4획	邢	나라 이름 **형** 성씨 **형**	나라 이름 형
3	亠 2획	亨	형통할 **형**	서울 경(京)과 마칠 료(了)의 합으로 서울로 가서 공부를 마쳤으니 일이 잘되어간다는 뜻 *萬事亨通(만사형통)
2人(인)	火 5획	炯	빛날 **형**	불 화(火)와 멀 경(冂)과 입 구(口)의 합으로 멀리까지 뚫어져 보일 만큼 불빛이 밝게 비친다는 뜻 *人名 字(인명 자) *炯眼(형안), 炯心(형심)
2人(인)	水 15획	瀅	물 맑을 **형**	맑을 청(淸)과 밝을 형(瑩)의 합으로 옥빛처럼 파르스름하게 물이 맑다는 뜻 *人名 字(인명 자)

급수	부수	한자	훈 음	해 설
3	虫 10획	螢	반딧불 **형**	벌레 충(虫)과 불 화(火)의 합으로 어두운 밤에 몸에서 불빛을 내며 왔다 갔다 하는 벌레인 반딧불이란 뜻 *螢光燈(형광등), 螢雪之功(형설지공), 螢光物質(형광물질)
3	行 10획	衡	균형 **형** 저울 **형**	다닐 행(行)과 물고기 어(魚)와 하늘 천(天)의 합으로 물고기가 몸을 세우고 다닐 때 옆줄로 균형을 잡는다는 데서 양쪽에 무게를 같도록 평형을 재는 천칭(天秤)이란 뜻과 균형을 맞춘다는 뜻 *均衡(균형), 衡平(형평), 平衡(평형) *度量衡(도량형: 길이 양 무게를 재는 단위)
2人(인)	香 11획	馨	꽃다울 **형** 향기 **형**	소리 성(聲)과 향기 향(香)의 합으로 산사(山寺)의 풍경(風磬) 울리는 소리처럼 멀리 퍼지는 향기란 뜻 *人名 字(인명 자)
3	八 2획	兮	어조사 **혜** 말 멈출 **혜** 노래후렴 **혜**	여덟 팔(八)과 깊이 생각할 고(考)의 합으로 기구한 '내 팔자(八字)야!' 하며 깊이 한숨을 쉬는 모양으로 애석하여 탄식한다는 뜻과 어구(語句)의 중간이나 끝에 놓여 어세를 조절하는 조사로 쓰임 *歸去來兮(귀거래혜)
1	彐 8획	彗	비 **혜** 혜성 **혜**	비 추(帚)와 풀 무성할 봉(丰)의 합으로 풀로 엮은 빗자루란 뜻과 빗자루처럼 긴 꼬리 모양의 갑자기 빛을 내는 별인 혜성이란 뜻 *彗掃(혜소: 빗자루) *彗星(혜성: 꼬리 별)

급수	부수	한자	훈 음	해 설
3.2	心 11획	慧	지혜 **혜**	생각 상(想)과 혜성 혜(彗)의 합으로 갑자기 빛을 발하는 혜성처럼 어떻게 해야 할지 고민하다가 갑자기 환하게 떠오르는 좋은 생각인 지혜란 뜻 *智慧, 慧智, 慧眼, 慧聖, 慧悟 지혜 혜지 혜안 혜성 혜오
4.2	心 8획	惠	은혜 **혜**	은혜 은(恩)과 오로지 전(專)의 합으로 전문가가 가르쳐 이끌어주고 베풀어준 은혜란 뜻 *恩惠, 惠澤, 慈惠, 天惠, 施惠, 互惠 은혜 혜택 자혜 천혜 시혜 호혜
1	酉 12획	醯	초 **혜**	술 주(酒)와 흐를 류(流)와 그릇 명(皿)의 합으로 술을 담아 거르는(체를 받혀 흘러내리게) 모양으로 과일이나 곡식을 술처럼 담아 오래 삭히면 식초가 된다. *食醯, 醯鷄(혜계: 초파리) 식혜
3	二 2획	互	서로 **호**	두 이(二) 부수로 위와 아래 둘이서 맞물고 있는 모양으로 서로란 뜻 *相互, 互稱, 互選, 互惠 상호 호칭 호선 호혜
4.2	戶 0획	戶	문 **호** 지게 **호**	문 문(門)의 한쪽으로 여닫이, 외 짝문이란 뜻 *家家戶戶, 戶口, 門戶 가가호호 호구 문호
2姓 성	戶 7획	扈	호위할 **호** 따를 **호**	문 호(戶)와 고을 읍(邑)의 합으로 읍내에 가면 도성을 지키는 문지기 호위병이란 뜻과 호위병처럼 지키며 뒤따르니 따른다는 뜻 *扈衛, 跋扈, 扈從 호위 발호 호종
4.2	女 3획	好	좋을 **호**	아내 부(婦)와 아들 자(子)의 합으로 부녀자가 자식을 안고 좋아한다. 사랑한다는 뜻 *好感, 好機, 好材, 好況, 好事多魔 호감 호기 호재 호황 호사다마

급수	부수	한자	훈 음	해 설
3	丿 4획	乎	어조사 **호**	다할 핍(乏)과 마칠 료(了)와 어조사 혜(兮)의 합으로 힘이 다해서 일을 마치며 '후유'하고 깊이 탄식하듯이 한숨을 내쉬는 탄식의 조사로 감탄이나 영탄(詠歎)에 형용의 힘을 강조하기 위해 붙이는 어조사란 뜻 *不亦悅乎, 斷乎 불역열호 단호
4.2	口 5획	呼	부를 **호**	입 구(口)와 어조사 호(乎)의 합으로 감탄을 할 때나 긴 한숨을 내쉴 때처럼 입으로 길게 숨을 내쉰다, 불어낸다는 뜻과 큰 소리로 부른다, 감탄하여 환호성을 지른다는 뜻 *呼吸, 呼價, 呼出, 呼名, 歡呼 호흡 호가 호출 호명 환호
3.2	虍 2획	虎	범 **호**	범 문체 호(虍)와 우뚝할 올(兀)의 합으로 뭇 짐승들 중에서도 우뚝 뛰어난 산중의 왕으로 가죽에 줄무늬 문체가 있는 호랑이란 뜻 *虎班(호반: 文班, 武班의 양반(兩班)중에 무반(武班)을 달리 이르는 말) *虎患, 虎口, 虎死留皮, 虎視眈眈 호환 호구 호사유피 호시탐탐
6	虍 7획	號	부르짖을 **호** 울 **호** 부를 **호**	범 호(虎)와 입을 크게 벌리는 모양(号)으로 범이 '으흥~'하며 크게 울부짖듯이 상대방이 들을 수 있게 크게 부른다는 뜻과 부르는 이름이란 뜻 *號令, 號俸, 號數, 雅號, 暗號, 號外 호령 호봉 호수 아호 암호 호외
1	玉 8획	琥	호박 **호**	구슬 옥(玉)과 범 호(虎)의 합으로 지질시대의 수지(樹脂)가 땅속에 묻히어 산소 수소 탄소 등과 화합하여 굳어진 광물로 호랑이처럼 누렇고 약간의 줄무늬가 보이는 황색 투명한 보석이란 뜻 *琥珀 호박

급수	부수	한자	훈 음	해　　설
1	犭 5획	狐	여우 **호**	홀로 독(獨)과 외로울 고(孤)의 합으로 자기가 남을 잘 속여 남을 믿지 못하고 의심이 많아 늘 외롭게 혼자 다닌다는 여우란 뜻 *狐媚, 九尾狐, 狐死兎泣, 狐假虎威 호미　구 미 호　호 사 토 읍　호가호위
1	弓 5획	弧	활 **호**	활 궁(弓)과 오이 과(瓜)의 합으로 덩굴식물(오이, 참외 등)처럼 굽고 휘어진 활이란 뜻 *弧矢, 括弧 호시　괄호 *弧線(호선: 활모양 줄)
2人 인	日 4획	昊	여름하늘 **호**	더울 서(暑)와 하늘 천(天)의 합으로 볕이 뜨거워 후끈 달아오른 더운 여름 하늘이란 뜻 *人名 字 인명　자
3.2	肉 5획	胡	오랑캐 **호** 턱밑살 **호**	오랠 고(古)와 고기 육(肉)의 합으로 오래되어 축 늘어진 턱 밑 살이란 뜻과 턱밑에서 먹을 것을 빼앗으려고 자꾸 침입하는 오랑캐란 뜻 *丙子胡亂 병자호란
5	水 9획	湖	호수 **호**	물 수(氵)와 오랑캐 호(胡)의 합으로 북방 오랑캐인 몽골 지방에 화산 분화 흔적이 보이는 현무암이 많아 온천, 냉천이 많고 호수가 많다 하여 유래된 자 *湖南(호남: 한국에서는 벽골제 이남을 이름) *湖水, 畿湖地方 호수　기호지방
1	玉 9획	瑚	산호 **호**	보배 진(珍)과 호수 호(湖)의 합으로 물속(호수)에서 군체(群體)를 이루고 사는 산호 과의 강장동물이 죽어 오래 굳은 것(비즐)으로 진귀한 보물로 쓰임 *珊瑚, 珊瑚礁 산호　산호초

급수	부수	한자	훈 음	해 설
1	米 9획	糊	풀 호	쌀 미(米)와 오랑캐 호(胡)의 합으로 북쪽 오랑캐들의 식량(쌀)이 부족해서 쌀을 조금 넣고 묽게 끓인 죽이나 미음처럼 끈끈한 전분인 풀이란 뜻 *模糊(모호: 죽처럼 쌀의 모양이 다 풀어짐) *糊塗(호도: 분명하지 않고 흐리멍텅함) *曖昧模糊, 糊口之策 애매모호 호구지책
3.2	水 7획	浩	넓을 호 클 호	바다 해(海)와 만들 조(造)의 합으로 넓은 바다를 보며 조물주가 만들어낸 대자연의 기상의 넓고 크다는 뜻 *浩氣, 浩然之氣, 浩蕩 호기 호연지기 호탕
2人 인	白 7획	皓	빛 호 밝을 호	흰 백(白)과 넓을 호(浩)의 합으로 드넓은 하늘에 해가 비치니 환하다 밝다, 희다는 뜻과 미인의 넓게 드러낸 이가 하얗다는 뜻 *皓齒, 皓雪, 丹脣皓齒, 皓皓白髮 호치 호설 단순호치 호호 백발
2人 인	日 7획	晧	밝을 호 햇살비칠 호	해 일(日)과 빛 호(皓)의 합으로 햇살이 빛나니 밝다는 뜻 *人名 字 인명 자
2人 인	水 12획	澔	넓을 호 밝을 호	넓을 호(浩)와 빛날 호(皓)의 합으로 넓게 빛난다, 드넓은 세상에서 크게 빛나라는 뜻 *人名 字, *浩와 同字 인명 자 호 동자 *澔然(호연: 넓고 큼, 거침없는 모양) *澔蕩(호탕: 넓고 큰 모양. 마음이 자유로운 모양)
2人 인	示 5획	祜	복 호	빌 축(祝)과 연고 고(故)의 합으로 누군가 복을 빌어주어서 그런 연고로 받게 되는 복이란 뜻 *人名 字 인명 자

급수	부수	한자	훈 음	해 설
3.2	豕 7획	豪	호걸 **호**	모양 상(象)과 높을 고(高)의 합으로 기상(氣象)이 높고 큰 사람이나 지체 높은 가문을 뜻함 *豪傑, 豪族, 文豪, 豪言壯談 호걸 호족 문호 호언 장담
3	毛 7획	毫	가는털 **호** 아주 작을 **호** 붓끝 **호**	털 모(毛)와 클 호(豪)의 합으로 배포가 큰 사람들이 호언장담(豪言壯談)할 때 어떤 경우에도 전혀 동요하지 않는 부정에 쓰여 조금을 뜻하는 '털끝만큼'이라든지 '추호도'라고 할 때의 가을 털갈이 때 떨어지는 아주 가늘고 작은 털이란 뜻과 문호들이 쓰는 붓의 털이란 뜻 *秋毫, 毫末, 揮毫大會 추호 호말 휘호 대회
2	水 11획	濠	해자 **호** 호주 **호**	호수 호(湖)와 클 호(豪)의 합으로 큰 집 둘레에 구덩이를 파서 호수처럼 물을 채워 놓고 적의 침입을 막던 해자(垓字)란 뜻과 오스트리아의 한자음 표기인 호주란 뜻 *外濠, 濠洲 외호 호주
2地 지	土 11획	壕	해자 **호**	땅 지(地)와 해자 호(濠)의 합으로 적에게 몸을 숨기기 위해 해자처럼 땅을 깊이 파놓은 구덩이인 참호란 뜻 *塹壕, 防空壕, 掩蔽壕 참호 방공호 엄폐호
2人 인	金 10획	鎬	냄비 **호** 호경 **호**	솥귀 현(鉉)과 높을 고(高)의 합으로 솥 귀처럼 손잡이가 달린 굽이 높은 냄비란 뜻과 주(周)의 무왕이 처음으로 연 도시 이름 *地名 字, *鎬京 지명 자 호 경
4.2	言 14획	護	보호할 **호**	건설(설치)할 설(設)과 사로잡을 획(獲)의 합으로 사로잡은 사나운 짐승이 사람을 해칠까 봐 우리를 설치하여 가두어 지키며 보호한다는 뜻 *護送, 護衛兵, 護身術, 保護, 看護 호송 호위병 호신술 보호 간호

급수	부수	한자	훈 음	해 설
4	戈 4획	或	혹시 **혹**	경계 계(戒)와 하나 일(一)과 입 구(口)의 합으로 만일(萬一)의 경우를 대비하여 창을 들고 경계(警戒)하며 입구(入口)를 지킨다. 적이 쳐들어올까 봐 '혹시나'의 뜻 *或是(혹시), 或者(혹자), 間或(간혹), 設或(설혹), 或如(혹여)
3.2	心 8획	惑	의심 **혹**	염려 려(慮)와 혹시 혹(或)의 합으로 혹시 하는 걱정이 자꾸 일어나니 의심한다는 뜻 *疑惑(의혹), 魅惑(매혹), 不惑(불혹), 誘惑(유혹), 眩惑(현혹), 當惑(당혹)
2	酉 7획	酷	심할 **혹**	초 산(酸)과 알릴 고(告)의 합으로 초처럼 신맛에 인상을 찌푸리듯이 신문 사설 등에 어떤 일을 몹시 찡그리며 언짢게 알린다. 못마땅함을 심하게 나무라듯 평한다. 신랄하게 혹평한다는 뜻 *酷毒(혹독), 酷使(혹사), 苛酷(가혹), 酷評(혹평), 酷暑(혹서), 酷寒(혹한)
3	日 4획	昏	저물 **혼** 어두울 **혼**	해 일(日)과 밑 저(氐)의 합으로 해가 밑으로 기운 때인 저물 때란 뜻과 저무니 날이 어둡다는 뜻 *黃昏(황혼), 昏迷(혼미), 昏睡狀態(혼수상태), 昏定晨省(혼정신성)
4	女 8획	婚	혼인 **혼**	며느리 부(婦)와 저물 혼(昏)의 합으로 옛날의 혼례풍습으로 저물면 신부를 맞아 결혼하였다지만 낮에 혼례식을 올리고 밤에 신부를 맞이하여 부부가 된다는 뜻인 듯함 *婚姻(혼인), 婚約(혼약), 婚處(혼처), 婚期(혼기), 婚需(혼수), 離婚(이혼), 破婚(파혼)
4	水 9획	混	섞을 **혼** 흐릴 **혼**	빠질 골(汩)과 견줄 비(比)의 합으로 나란히 있는 둘이 똑같아 보여 고민에 빠진 모양이다. 헷갈리다. 판단이 흐리다. 혼란스럽다는 뜻 *混亂(혼란), 混同(혼동), 混雜(혼잡), 混成(혼성), 混濁(혼탁), 混合(혼합)

급수	부수	한자	훈 음	해 설
1	水 9획	渾	흐릴 **혼** 온 **혼**	섞을 혼(混)과 휘저을 휘(揮)의 합으로 휘저어 섞으니 흐려졌다는 뜻과 모두 함께 섞는다는 뜻 *渾身(혼신, 온몸) *渾眷(혼권: 온 식구) *渾然一體 혼연일체
3.2	鬼 4획	魂	넋 **혼**	귀신 귀(鬼)와 구름 운(雲)의 합으로 죽으면 구름따라 떠도는 귀신인 영혼이란 뜻 *魂魄, 靈魂, 冤魂, 招魂, 魂飛魄散 혼백 영혼 원혼 초혼 혼비백산
3.2	心 4획	忽	문득 **홀** 소홀할 **홀**	마음 심(心)과 말 물(勿)의 합으로 마음에서 털어버려 신경 쓰지 말라 하니 소홀하다는 뜻과 마음에 두지 않고 있었는데 문득, 갑자기이란 뜻 *疎忽, 忽待, 忽然, 忽然忽歿 소홀 홀대 홀연 홀연 홀 몰
1	心 8획	惚	황홀할 **홀**	황홀할 황(恍)과 문득 홀(忽)의 합으로 휘황찬란함에 갑자기(문득) 마음이 어리벙벙하다는 뜻 *恍惚, 恍惚境 황홀 황홀경
1	竹 4획	笏	홀 **홀**	대쪽 간(簡)과 문득(잊을) 홀(忽)의 합으로 왕조 때, 벼슬아치가 조현(朝見)할 때, 조복에 갖추어 손에 쥐던 중요한 내용을 잊어버리지 않기 위하여 대쪽에 절차를 적은 번호표 또는 의식순서 등을 적은 목록이란 뜻 *笏記(홀기: 혼례나 제사 때 의식의 순서를 적은 글)
2人	水 5획	泓	물 넓을 **홍**	바다 해(海)와 클 홍(弘)의 합으로 바다처럼 굉장히 넓고 크다는 뜻 *人名 字 인명 자

급수	부수	한자	훈 음	해 설
3	弓 2획	弘	클 **홍** 넓을 **홍**	펼 장(張)과 참여할 참(參)의 합으로 새로운 지식이나 정보 등을 펼쳐 많은 사람이 참여하도록 널리 알리니 넓다는 뜻과 그 뜻이 크다는 뜻 *弘報(홍보), 弘益(홍익) *弘道(홍도: 도를 넓힘)
3.2	水 6획	洪	클 **홍**	물 수(氵)와 함께 공(共)의 합으로 물이 한꺼번에 모여들어 큰물 즉, 홍수가 진다는 뜻 *洪水(홍수) *洪福(홍복: 큰 행복) *洪量(홍량: 마음의 도량이 넓음)
1	口 9획	哄	떠들 **홍**	부를 호(呼)와 함께 공(共)의 합으로 여럿이 호응하는 모양으로 왁자지껄 시끄럽게 떠든다는 뜻 *哄笑(홍소: 떠들썩하게 웃음) *哄動(홍동: 여러 사람이 떠들썩함)
4	糸 3획	紅	붉을 **홍**	얽을 규(糾)와 왼 좌(左)의 합으로 급진적인 극좌의 소련공산당이 규합(糾合)하여 투쟁적인 눈에 핏발선 빨갱이란 데서 붉다는 뜻 *朱紅(주홍), 多紅(다홍), 紅柹(홍시), 紅一點(홍일점), 紅東白西(홍동백서)
1	虫 3획	虹	무지개 **홍**	뱀 사(蛇)와 붉을 홍(紅)의 합으로 비 온 뒤에 뱀처럼 길게 붉은 띠로 나타나는 하늘의 무지개란 뜻 *虹橋(홍교: 무지개다리(하늘과 땅 사이에 걸리는 신들의 다리))
1	言 3획	訌	내분 **홍**	말씀 언(言)과 붉을 홍(紅)의 합으로 얼굴 붉히며 과격한 언쟁으로 핏대를 세운다는 뜻 *訌爭(홍쟁: 내부에서 일어나는 분쟁)

급수	부수	한자	훈 음	해 설
3	鳥 6획	鴻	기러기 **홍** 클 **홍**	새 조(鳥)와 강 강(江)의 합으로 겨울엔 따뜻한 강남으로 떼 지어 날아가는 철새인 기러기란 뜻 *鴻恩(홍은: 큰 은혜) *鴻爪(홍조: 분명치 않음) *雪泥鴻爪, 鴻圖, 鴻鵠之志 설니홍조 홍도 홍곡 지 지
8	火 0획	火	불 **화**	불꽃이 활 활 타는 불의 상형 자 *火力, 火藥, 火爐, 火傷, 火星, 火曜日 화력 화약 화로 화상 화성 화요일
5	匕 2획	化	될 **화**	비수 비(匕)와 사람 인(亻)의 합으로 匕는 亻에서 세로획을 굽혀 사람이 늙어서 허리가 굽어 꼬부라진 모양으로 변하여 그렇게 되었다는 뜻 *變化, 化石, 化合, 化粧, 化身, 化工 변화 화석 화합 화장 화신 화공
7	艹 4획	花	꽃 **화**	풀 초(草)와 변화 화(化)의 합으로 초목(草木)이 벌 나비를 불러 수정하려고 곱게 물들며 아름답게 변화(變化)하는 꽃이란 뜻과 활짝 피는 청춘기인 한창때나 전성기란 뜻 *花草, 花園, 花壇, 花盆, 花環 화초 화원 화단 화분 화환
4.2	貝 4획	貨	재물 **화**	팔 매(賣)와 될 화(化)의 합으로 팔면 돈이 되는 재산이 되는 물건이란 뜻 *貨物, 財貨, 百貨店, 金貨, 通貨 화물 재화 백화점 금화 통화
2	革 4획	靴	신 **화**	가죽 혁(革)과 될 화(化)의 합으로 질긴 가죽으로 변화시켜 만든 신이란 뜻 *長靴, 短靴, 室內靴, 製靴, 洋靴店 장화 단화 실내화 제화 양화점

급수	부수	한자	훈 음	해 설
3	禾 0획	禾	벼 **화**	열매 과(果)와 삐침 별(丿)의 합으로 열매가 익으면 무거워 아래로 고개를 숙이는 벼의 상형 자 *禾穀(화곡) *禾穗(화수: 벼의 이삭)
6	口 5획	和	평화 **화** 어울릴 **화**	맛 미(味)와 벼 화(禾)의 합으로 주식으로 하는 벼가 우리 입맛에 맞는다는 데서 뜻이 맞으니 잘 어울린다, 화목하다, 평화롭다는 뜻 *和合(화합), 和平(화평), 平和(평화), 和解(화해), 和答(화답), 和色(화색), 調和(조화), 家和萬事成(가화만사성)
4	艸 8획	華	빛날 **화** 힐 **화** 화교 **화**	꽃 화(花)와 스물 입(廾)과 일천 천(千)의 합으로 꽃이 수천 송이 많이 피어 화려한 모양으로 외관의 화려함이란 뜻과 눈이 부시게 희다는 뜻과 중화(中華)는 중국이란 뜻 *글자 속에 十이 6개이고 一이 하나이므로 61살인 회갑(回甲)을 화갑(華甲)이라 함 *華僑(화교: 외국에 사는 중국 교포) *華麗(화려), 華甲(화갑), 昇華(승화), 中華民國(중화민국), 華僑(화교)
2人(인)	女 12획	嬅	탐스러울 **화**	계집 녀(女)와 빛날 화(華)의 합으로 활짝 핀 꽃같이 여자가 탐스럽다는 뜻 *人名(인명) 字(자)
2姓(성)	木 12획	樺	벚나무 **화**	나무 목(木)과 빛날 화(華)의 합으로 봄에 연분홍이나 흰 꽃이 수만 송이 화려하게 피는 벚나무란 뜻 *樺太(화태: 사할린) *樺皮(화피: 벚나무의 껍질, 활을 만들거나 약재로 쓰임)

급수	부수	한자	훈 음	해 설
7	言 6획	話	말씀 **화**	말씀 언(言)과 살 활(活)의 합으로 생활에 쓰이는 말이란 뜻 *會話(회화), 對話(대화), 電話(전화), 通話(통화), 話題(화제), 話術(화술)
6	田 8획	畵	그림 **화**	밭 전(田)과 붓 필(筆)과 날 출(出)의 합으로 밭을 나누기 위해 붓으로 선을 그어 경계를 나타내려고 그리는 그림이란 뜻 *畫(화)의 속자 *畫(그림 화: 밭을 나누어 경계를 치려고 줄을 긋듯이 붓으로 선을 그어 그린 그림이란 뜻 *畵家(화가), 圖畵紙(도화지), 畵面(화면), 映畵(영화), 畵龍點睛(화룡점정)
3.2	示 9획	禍	재앙 **화**	귀신 신(神)과 허물 과(過)의 합으로 과실(過失)을 범하면 신이 재난으로 앙갚음하는 재앙이 내린다는 뜻 *신이 삐치면(咼: 삐뚤어질 괴) 화를 내린다 *災禍(재화), 禍福(화복), 禍根(화근), 輪禍(윤화), 士禍(사화), *禍不單行(화불단행: 엎친 데 덮친 격으로 화는 언제나 혼자 다니지 않는다는 뜻)
4.2	石 10획	確	확실할 **확** 굳을 **확**	대포 포(砲)와 높이 날 확(隺)의 합으로 대포가 높이 날아가서 목표지점에 정확하게 맞는다는 데서 정확하니 틀림없다, 변동이 없으니 굳다는 뜻 *正確(정확), 確實(확실), 確答(확답), 確保(확보), 確信(확신), 確立(확립), 確認(확인)
3	禾 14획	穫	거둘 **확**	가을 추(秋)와 모을 집(集)과 취할 취(取)와 감출 장(藏)의 합으로 가을엔 익은 곡식을 모아 저장하기 위하여 거두어들인다는 뜻 *收穫(수확), 多收穫(다수확)

급수	부수	한자	훈 음	해 설
3	手 15획	擴	넓힐 **확**	씨 뿌릴 파(播)와 넓을 광(廣)의 합으로 사상이나 종교 등을 전파(傳播)하여 활동 범위를 넓게 한다는 뜻 *擴散(확산), 擴大(확대), 擴聲器(확성기), 擴充(확충)
3	丶 2획	丸	둥글 **환** 낟알 **환**	표 점 주(丶)와 아홉 구(九)의 합으로 여러 번 굴려 한 점으로 뭉치니 둥글다는 뜻과 영양이 뭉친 곡식 등의 작은 알갱이란 뜻 *淸心丸(청심환), 丸藥(환약), 砲丸(포환), 睾丸(고환), 丸彫(환조)
2	幺 1획	幻	헛보일 **환**	유령 유(幽)와 꺾은 갈고리(亅)의 합으로 유령처럼, 잡으면 끌어올 물체가 없는 상태인 허깨비, 헛보인다는 뜻 *力에서 끌어내린다는 삐침이 없음 *幻覺(환각), 幻滅(환멸), 幻影(환영), 幻想(환상), 幻燈器(환등기)
1	宀 6획	宦	벼슬살이 **환** 내시 **환**	궁궐 궁(宮)과 신하 신(臣)의 합으로 궁중에 사는 신하인 내시란 뜻과 관리가 되어 신하가 된다는 뜻 *宦官(환관; 내시), *宦福(환복: 벼슬할 복) *宦厄(환액), 宦達(환달), 宦慾(환욕)
5	心 7획	患	근심 **환** 병 **환**	생각 려(慮)과 꿸 관(串)의 합으로 다치거나 낡아서 꿰매거나 치료를 해야 하니 염려(念慮)되는 환자란 뜻과 염려되니 근심(걱정)이란 뜻 *患者(환자), 老患(노환), 患部(환부), 憂患(우환), 內憂外患(내우외환)
2人(인)	木 6획	桓	굳셀 **환**	기개 개(槪)와 뻗칠 긍(亘)의 합으로 뻗치며 밀고 나가는 기개이니 굳세다는 뜻과 선전(宣)하는 광고표지판(標)이란 뜻 *桓雄(환웅: 단군 신화에 나오는 천제의 아들, 웅녀와 단군을 낳음)

급수	부수	한자	훈 음	해 설
1	魚 10획	鰥	홀아비 **환** 환어 **환** 잠이 오지 않을 **환**	물고기 어(魚)와 눈 목(目)과 물 수(氺)의 합으로 물속에서 눈을 뜨고 자는 물고기처럼 항상 근심으로 잠 못 드는 홀아비란 뜻과 잠이 오지 않는다는 뜻 *鰥寡孤獨(환과고독: 홀아비, 과부, 고아, 늙어서 자식이 없는 사람들)
3.2	手 9획	換	바뀔 **환** 바꿀 **환**	가질 지(持)와 빛날 환(奐)의 합으로 본래 지니고 있던 모습에서 빛깔이나 무늬가 새롭게 바뀐다는 뜻과 가지고 있던 것과 신선한 새것을 서로 바꾼다는 뜻 *奐; 빛 색(色)과 밝을 병(丙)과 큰 대(大)의 합으로 밝아지니 빛(색)이 선명하게 드러나 크게 빛나는 모양, 선명해진다, 빛이 난다는 뜻 *換骨奪胎(환골탈태), 交換(교환), 換算(환산), 換率(환율), 換錢(환전), 換氣(환기)
2人(인)	火 9획	煥	불빛 **환**	불 화(火)와 빛날 환(奐)의 합으로 불빛이 환하게 빛을 낸다는 뜻 *煥然: 환히 빛나는 모양
1	口 9획	喚	부를 **환** 외칠 **환**	부를 호(呼)와 빛날 환(奐)의 합으로 기억 등이 희미하게 사라지려는 것을 선명하게(환하게) 다시 불러일으킨다는 뜻 *喚起(환기), 召喚(소환), 阿鼻叫喚(아비규환), 喚聲(환성)
3.2	辵 13획	還	돌아올 **환**	멀 원(遠)과 마칠 파(罷)의 합으로 생을 마치고 멀리 다시는 못 올 세상으로 돌아간다는 데서 멀리 제자리로 돌아가거나 돌아온다는 뜻 *還生(환생), 還元(환원), 返還(반환), 還甲(환갑), 還俗(환속)

급수	부수	한자	훈 음	해 설
4	玉 13획	環	고리 **환**	구슬 옥(玉)과 돌아올 환(還)의 합으로 옥 반지같이 한 바퀴 돌아 제자리로 돌아온 동그란 모양의 고리(ring)란 *花環, 玉指環, 環境, 循環 화환 옥지환 환경 순환
4	欠 18획	歡	기쁠 **환**	입 벌릴(하품) 흠(欠)과 볼 관(觀)의 합으로 경기를 관전(觀戰)하다가 자기편이 이기면 입을 크게 벌리고 "와아!" 환성을 지르며 기뻐한다는 뜻 *歡聲, 歡迎, 歡待, 歡心, 歡喜 환성 환영 환대 환심 환희
1	馬 18획	驩	기뻐할 **환**	역 역(驛)과 기쁠 환(歡)의 합으로 공항이나 역에서 마중을 나온 사람들이 오랜만에 가족을 만나 기뻐한다는 뜻 *交驩(교환: 서로 기쁨을 나눔)
7	水 6획	活	살 **활** 움직일 **활**	물 수(氵)와 혀 설(舌)의 합으로 생물은 물을 먹어야 산다. 매몰된 위기상황에서도 물만 있으면 오래 살아남을 수 있다는 데서 죽지 않고 생기 있다는 뜻 *活動, 活氣, 生活, 活力, 活字 활동 활기 생활 활력 활자
1	門 9획	闊	트일 **활** 넓을 **활**	열 개(開)와 살 활(活)의 합으로 성격이 개방(開放)적이고 활발(活潑)하니 확 트였다는 뜻과 시야가 확 트이니 넓다는 뜻 *廣闊, 闊葉樹 광활 활엽 수
2	水 10획	滑	미끄러울 **활** 익살 스러울 **골**	기름 유(油)와 몸 체(體)의 합으로 기름기나 물기가 있어서 물체(物體)가 매끄럽다, 미끄러진다는 뜻과 뼈가 있는 말로 매끄럽게 풍자하여 웃기는 익살이란 뜻 *滑降, 滑走路, 圓滑, 潤滑油, 滑稽 활강 활주로 원활 윤활유 골계

급수	부수	한자	훈 음	해 설
1	犭 10획	猾	교활할 **활**	여우 호(狐)와 미끄러울 활(滑)의 합으로 여우처럼 매끄럽게 남을 속여 넘기니 교활하다는 뜻 *狡猾(교활), 猾吏(활리: 교활한 관리)
4	水 5획	況	상황 **황** 하물며 **황**	살 활(活)과 맏(뛰어날) 형(兄)의 합으로 생활이 형처럼 커가니 어떤 현상이 더 나아지는 형편을 이르는 말, 또는 더 나아가 심함을 빗댄 말 '하물며'란 뜻 *狀況(상황), 不況(불황), 現況(현황), 盛況(성황), 好況(호황), 實況(실황)
3.2	白 5획	皇	임금 **황**	흰 백(白)과 임금 왕(王)의 합으로 해가 비치듯이 눈부시게 화려하게 치장한 임금인 황제란 뜻 *皇帝(황제), 皇室(황실), 皇后(황후), 皇太子(황태자)
1	几 9획	凰	봉황 **황**	바람 풍(風)과 임금 황(皇)의 합으로 황제의 풍채처럼 대단한 위엄이 있는 새란 뜻으로 皇과도 통하며 봉황의 무늬를 황제의 옷에 수놓아 위엄을 더한다. 서양에서는 불사조, "파닉스"라 하며 600년 만에 한 번씩 스스로 타 죽고 그 재 속에서 다시 태어난다는 신령스러운 새라 함 *鳳凰(봉황)
1	火 9획	煌	빛날 **황**	빛날 란(爛)과 임금 황(皇)의 합으로 황제의 의관이 화려해서 찬란하게 빛난다는 뜻 *輝煌燦爛(휘황찬란: 광채가 눈부시게 빛남)
1	辶 9획	遑	허둥거릴 **황**	맞을 영(迎)과 임금 황(皇)의 합으로 황제를 맞으며 두려워 허둥거린다는 뜻 *遑急(황급: 허둥지둥 급한 모양)

급수	부수	한자	훈 음	해 설
1	心 9획	惶	두려울 **황** 황송할 **황**	두려울 구(懼)와 허둥거릴 황(遑)의 합으로 허둥거리며 어떻게 해야 좋을지 두렵다는 뜻 *惶恐(황공), 慌忙(황망), 惶悚(황송)
1	彳 9획	徨	방황할 **황**	갈 왕(往)과 두려울 황(惶)의 합으로 황제를 맞으려니 황송하고 두려워 어쩔 줄 몰라서 우왕좌왕(右往左往)하며 방황한다는 뜻 *彷徨(방황)
1	心 6획	恍	황홀할 **황**	황송할 황(惶)과 빛 광(光)의 합으로 황송하게도 황제가 방문하는 영광에 황홀하다는 뜻 *恍惚(황홀: 사물에 마음이 팔려 멍한 모양)
2人(인)	日 6획	晃	밝을 **황**	오를 승(昇)과 빛 광(光)의 합으로 해가 높이 떠오르니 빛이 대낮처럼 밝다는 뜻 *人名(인명) 字(자)
1	心 10획	慌	다급할 **황**	두려울 황(惶)과 거칠 황(荒)의 합으로 폐허가 되거나 버려져 있어 거친 황무지를 보고 어디서부터 손대야 할지 일이 겁이 나고 어찌해야 할지를 모른다는 뜻 *恐慌(공황: 갑자기 닥치거나 변한 사태에 놀랍고 두려워 어떻게 해야 할 바를 모름, 경제 공황의 준말) *慌忙(황망: 다급해 어쩔 줄을 모름)
3	++ 6획	荒	거칠 **황**	무성할 무(茂)와 없을 망(亡)과 성글(소외) 소(疏)의 합으로 패망한 나라의 소외(疏外)된(내버려져 돌보지 않아) 잡초만 무성한 황무지로 황폐하다는 뜻 *荒廢(황폐), 荒蕪地(황무지), 荒野(황야)

급수	부수	한자	훈 음	해 설
2人 인	水 10획	滉	물 깊을 **황**	깊을 심(深)과 밝을 황(晃)의 합으로 사리에 밝으니 학문이 아주 깊이가 있다는 뜻 *退溪(퇴계) 李滉(이황: 조선시대의 학자)
6	黃 0획	黃	누를 **황**	함께 공(共)과 두(다시) 재(再)의 합으로 삼국사기에 유리왕이 부른 황조가(黃鳥歌)에서 꾀꼬리는 암수 사이좋게 노니는데 나는 누구와 함께 다시 돌아갈까 하는 데서 꾀꼬리 색이 노랗다는 뜻 *黃鳥歌(황조가), 黃河(황하), 黃土(황토), 黃金(황금), 黃色(황색), 黃昏(황혼)
4	火 2획	灰	재 **회** 석회 **회**	불 화(火)와 돌 석(石)의 합으로 화산이 폭발한 뒤에 식어 굳은 돌처럼 무엇이 불에 타고 뒤에 남은 재란 뜻과 잿더미인 절망이란 뜻 *灰色(회색), 石灰(석회), 灰色分子(회색분자)
1	心 6획	恢	넓을 **회** 클 **회** 돌이킬 **회**	품을 회(懷)와 재 회(灰)의 합으로 산전수전을 겪어 속이 다 타서 마음이 재가 되었으니 품어 용서하고 싸안는 마음이 넓다는 뜻과 잿더미에서 다시 살아난다는데서 회생한다는 뜻 *恢宏(회굉), 恢弘(회홍), 恢復(회복), 恢恢(회회)(넓고 큼)
1	日 7획	晦	그믐 **회**	어두울 암(暗)과 매양 매(每)의 합으로 매월 한 번씩 달이 없고 어두울 때가 그믐이란 뜻 *晦冥(회명: 어두움) *晦朔(회삭)
3.2	心 7획	悔	뉘우칠 **회**	깨달을 오(悟)와 그믐 회(晦)의 합으로 그믐처럼 어두워서, 눈이 어두워(모르고) 뒤늦게 깨닫고 뉘우친다, 후회한다는 뜻 *悔改(회개), 悔恨(회한), 後悔(후회), 懺悔錄(참회록)

급수	부수	한자	훈 음	해 설
1	言 7획	誨	가르칠 **회**	가르칠 훈(訓)과 뉘우칠 회(悔)의 합으로 훈계(訓戒)하여 뉘우치도록 깨우쳐주어 가르친다는 뜻 *誨諭(회유: 타이름) *敎誨(교회: 가르쳐 잘못을 깨우치게 함)
4.2	口 3획	回	돌아올 **회**	둘레 국(口)과 원 원(圓)의 합으로 원의 둘레를 빙 돌아서 다시 제자리로 온다는 뜻 *回轉(회전), 回甲(회갑), 回想(회상), 回答(회답), 回顧(회고)
2	廴 6획	廻	돌릴 **회**	끌 연(延)과 돌 회(回)의 합으로 기간을 끌거나 말을 돌려 회피(回避)한다는 뜻과 피하려고 돌아간다, 또는 방향을 다른 데로 돌린다는 뜻 *輪廻(윤회: 바퀴를 돌림) *迂廻(우회), 左回(廻)轉(좌회전)
1	彳 6획	徊	노닐 **회**	갈 왕(往)과 돌 회(回)의 합으로 이리 갔다 다시 돌려 저리 갔다 하며 노닌다는 뜻 *徘徊(배회; 목적 없이 이리저리 거님) *徘徊顧眄(배회고면: 목적 없이 이리저리 거닐며 기웃거림)
1	虫 6획	蛔	회충 **회**	벌레 충(虫)과 돌 회(回)의 합으로 기생충의 한가지로 몸이 길어 돌돌 말려있는 회충이란 뜻 *蛔蟲(회충)
2地(지)	水 8획	淮	물이름 **회**	강 강(江)과 모일 집(集)의 합으로 두 강이 만나 물이 모여 흐르는 물인 듯함 *地名字(지명자) *淮陽郡(회양군)

급수	부수	한자	훈 음	해 설
6	曰 9획	會	모일 **회** 만날 **회**	가로 왈(曰)과 무리 당(黨)과 모일 합(合)의 합으로 무리가 모여 왈가왈부(曰可曰否) 의논을 하려고 모인다는 뜻 *會合(회합), 會議(회의), 大會(대회), 會社(회사), 會食(회식), 教會(교회), 國會(국회)
1	肉 13획	膾	어회 **회**	고기 육(肉)과 모일 회(會)의 합으로 고기를 먹기 알맞게 작은 조각으로 썰어 모아놓은 회란 뜻 *膾炙(회자: 회와 구운 고기란 뜻으로 사람들의 입에 오르내린다는 말) *生鮮膾(생선회), 肉膾(육회)
2地(지)	木 13획	檜	전나무 **회**	솔 송(松)과 모일 회(會)의 합으로 소나무과의 상록 교목으로, 빽빽하게 모여 숲을 이루는 전나무란 뜻 교회(教會)에서 크리스마스트리 만드는 나무 *地名(지명) 字(자) *檜木(회목), 檜皮(회피)
1	糸 13획	繪	그림 **회**	줄 선(線)과 모일 회(會)의 합으로 선들이 모여 나타내는 그림이란 뜻 *繪畫(회화), 繪具(회구)
3.2	心 16획	懷	품을 **회**	뜻 정(情)과 속 리(裏)와 눈 목(目)과 물 수(氺)의 합으로 오랜만에 만나 얼싸안고 그동안 속에서 참고 있던 울음보를 터뜨리며 눈물을 흘리고 정을 나누며 얼싸안으니 품는다는 뜻 *懷抱(회포), 懷柔(회유), 述懷(술회), 感懷(감회), 懷古談(회고담)
3.2	刀 12획	劃	그을 **획**	나눌 할(割)과 그림 화(畵)의 합으로 구역을 나누기 위해 선을 그려서 긋는다는 뜻 *區劃(구획), 劃期的(획기적), 劃一的(획일적), 劃數(획수), 企劃(기획), 計劃(계획)

급수	부수	한자	훈 음	해 설
3.2	犭 14획	獲	사로잡을 **획**	사냥 렵(獵)과 거둘 확(穫)의 합으로 사냥으로 물고기나 짐승 등의 먹을 것을 수확하여 사로잡는다는 뜻 *獲得(획득), 濫獲(남획), 捕獲(포획), 漁獲(어획)
3.2	木 12획	橫	가로 **횡** 함부로 **횡**	표할 표(標)와 누를 황(黃)의 합으로 눈에 잘 띄는 노란색으로 줄을 그어 표해 놓은 횡단보도처럼 가로지른다는 뜻과 가로막으니 함부로 하다, 방자하다는 뜻 *縱橫(종횡), 橫隊(횡대), 橫暴(횡포), 橫領(횡령), 橫厄(횡액), 橫財(횡재)
1	爻 0획	爻	점괘 **효**	주역의 괘를 이룬 가로획을 이름, 양의 효와 음의 효가 있고 음양이 서로 얽히어 사물이 변하는 것을 나타내니 엇갈린다는 뜻과 그것을 보고 본받는다는 뜻 *爻象(효상: 이 효의 배치는 엇갈리니 맞지 않아 좋지 못하다는 뜻) *爻卦(효괘: 팔괘(八卦)를 놓다, 점친다는 뜻)
7	子 4획	孝	효도 **효** 상중 **효**	아들 자(子)와 늙을 로(老)의 합으로 아들이 늙은 부모를 업은 모양으로 효자란 뜻과 늙은이처럼 땅에 막대를 짚은 자식이니 상중(喪中)에 있다는 뜻 *孝城(효성), 孝道(효도), 孝婦(효부), 忠孝(충효) *孝服(효복: 상복)
1	酉 7획	酵	술 괼 **효**	술 주(酒)와 으르릉 거릴 효(哮)의 합으로 부모를 잃은 상제가 슬픔의 감정이 끓어오르듯이 술이 부글부글 끓어오르며 발효된다는 뜻 *孝; 늙은이(老)처럼 땅에 지팡이 짚은 자식(子)이니 상제(喪制)란 뜻이 된다. *酵素(효소), 醱酵(발효) *酵母(효모: 이스트)

급수	부수	한자	훈 음	해 설
1	口 7획	哮	으르릉 거릴 **효**	으르릉 거릴 포(咆)와 효도 효(孝)의 합으로 부모를 잃은 효자가 "아이고!" 하고 고함을 지르며 슬피 울부짖는다는 뜻 *咆哮(포효), 哮吼(효후)
5	攵 6획	效	본받을 **효** 배울 **효** 보람 **효**	가르칠 교(教)와 학교 교(校)의 합으로 학교에서 가르치는 대로 본받는다, 배운다는 뜻과 배운 성과인 효과와 공부를 시키려고 돈 들여 가르친 보람이란 뜻 *效果(효과), 效力(효력), 時效(시효), 無效(무효), 藥效(약효), 效驗(효험)
3	日 12획	曉	새벽 **효** 깰 **효**	밝을 명(明)과 높을 요(堯)의 합으로 해가 높이 떠오르면서 밝아지는 새벽이란 뜻과 밝아지니 알다 깨닫는다는 뜻 *曉星(효성: 새벽에 드문드문 남은 별이란 뜻으로 수가 적은 것을 이름) *曉得(효득: 깨쳐 알다) *曉悟(효오: 깨달음)
1	口 14획	嚆	울릴 **효** 우는 화살 **효**	울 명(鳴)과 쑥 호(蒿)의 합으로 옛날에 전쟁을 시작할 때 개전(開戰)의 신호로 쑥 화살을 쏘아 울렸다는 뜻 *嚆矢(효시: 사물의 맨 처음)
3	亻 7획	侯	과녁 **후** 제후 **후**	지킬 보(保)와 위태할 위(危)와 화살 시(矢)의 합으로 화살에 조준되는 위험한 과녁이란 뜻과 천자가 있는 왕성을 보호(保護)하기 위하여 과녁처럼 왕성을 둘러싸고 있는 봉건제도의 제후란 뜻 *왕성에서 떨어진 사방 500리를 후라 함 *諸侯(제후), 侯爵(후작: 5등 작의 둘째)

급수	부수	한자	훈 음	해 설
1	木 2획	朽	썩을 **후**	마를 고(枯)와 생각(죽은 이) 고(考)의 합으로 죽어 물이 마르니 썩어 문드러지다, 쇠퇴한다는 뜻 *老朽, 不朽 노후 불후
4	亻 8획	候	맞을 **후** 살필 **후** 철 **후** 기후 **후**	과녁 후(矦)와 가운데 중(中)의 합으로 멀리서 과녁의 가운데를 맞히려고 살핀다는 뜻과 맞는다는 뜻과 가운데이니 한창인 철(시즌)이란 뜻 *사과 철, 딸기 철, 여름철 *斥候兵, 氣候, 徵候 척후 병 기후 징후 *候鳥(후조: 철새) *候補(후보: 보충하기 딱 맞는 사람)
2	口 9획	喉	목구멍 **후**	입 구(口)와 과녁 후(矦)의 합으로 과녁처럼 둘러싸인 가운데의 입, 좁은 길목 위험하게 숨통을 죄는 목구멍이란 뜻 *喉頭炎, 咽喉炎, 耳鼻咽喉科 후두염 인후염 이비인후과
1	口 10획	嗅	냄새 맡을 **후**	마실 흡(吸)과 냄새 취(臭)의 합으로 공기를 들이마시며 '킁킁' 냄새를 맡는다는 뜻 *嗅覺, 嗅官, 嗅器 후각 후관 후기
7	彳 6획	後	뒤 **후**	갈 왕(往)과 작을 요(幺)와 천천히 걸을 쇠(夊)발의 합으로 조금씩 천천히 가면 뒤진다는 뜻과 선두가 아닌 꼬리란 뜻 *後孫, 後方, 背後, 後尾, 後悔, 後繼 후손 후방 배후 후미 후회 후계
2姓 성	口 3획	后	왕후 **후** 뒤 **후**	맡을 사(司)를 뒤집은 모양으로 뒤에서 맡아 수렴청정하는, 권력이 있는 왕후란 뜻과 왕의 뒤에 있다 하여 '뒤 후'로 쓰임 *王后, 皇太后 왕후 황태후

급수	부수	한자	훈 음	해 설
4	厂 7획	厚	두터울 **후** 짙을 **후**	재앙 액(厄)과 무릅쓸 모(冒)와 아들 자(子)의 합으로 공사장이나 전쟁에서 머리를 보호하여 액을 막는 투구나 헬멧 같은 두꺼운 모자(帽子)란 데서 철면피처럼 얼굴이 두껍다, 두툼하다, 두터운 정으로 인심이 후하다, 넉넉하다는 뜻 *厚顔無恥(후안무치), 厚德(후덕), 厚待(후대), 厚謝(후사), 厚生(후생)
1	辵 10획	逅	만날 **후**	우연할 우(遇)와 뒤 후(后)의 합으로 먼 훗날 우연히 만난다는 뜻 *邂逅(해후: 우연히 서로 만남)
1	口 10획	吼	울 **후**	울 명(鳴)과 구멍(공자) 공(孔)의 합으로 백가쟁명(百家爭鳴) 중에 공자의 학설이 크게 울렸다 하여 크게 울린다, 부르짖는다는 뜻 *師子吼(사자후: 불교에서 말하는 일체의 엎드려 승복하게 하는 부처님의 설법이란 뜻과 산천을 울리는 사자처럼 열변을 토한다는 뜻)
6	言 3획	訓	가르칠 **훈** 인도할 **훈**	말씀 언(言)과 따를 순(順)의 합으로 말씀대로 따르라고 가르치다, 인도한다는 뜻 *家訓(가훈), 校訓(교훈), 敎訓(교훈), 訓育(훈육), 訓示(훈시), 訓練(훈련), 訓話(훈화)
2人(인)	土 14획	壎	질 나팔 **훈**	흙 토(土)와 불길 훈(熏)의 합으로 불길을 씌워 구워낸 토기로 된 나팔이란 뜻 *壎篪(훈지: 형제간의 우애를 뜻함)
1	日 9획	暈	달무리 **훈** 어지러울 **훈**	흐릴 담(曇)과 어두울 명(冥)과 바퀴 륜(輪)의 합으로 바퀴처럼 동그란 어두운(흐릿한) 빛인 무리란 뜻과 눈이 흐릿하고 몽롱하니 어지럽다는 뜻 *暈圍(훈위: 해나 달의 언저리에 후광처럼 보이는 흐릿한 둥근 무리) *暈色(훈색: 무지개 따위의 둘레가 흐릿함)

급수	부수	한자	훈 음	해 설
2人 인	火 10획	熏	불길 **훈** 연기오를 **훈**	검을 흑(黑)과 혀 설(舌)의 합으로 <u>검은 연기</u>를 내뿜으며 집어삼킬 듯 <u>혀를 널름거리며</u> 타오르는 불길이란 뜻과 후끈하다는 뜻 *熏熏(훈훈: 온화하고 기뻐하는 모양) *熏蒸(훈증: 익히고 찜)
2	力 14획	勳	공 **훈**	공 공(功)과 연기 낄 훈(熏)의 합으로 나라나 이웃에 <u>끼친</u> <u>공으로</u> 훈훈한 이야기가 되는 공로란 뜻 *功勳(공훈), 賞勳(상훈), 國家報勳處(국가보훈처)
2人 인	++ 14획	薰	향풀 **훈** 더울 **훈**	향기 방(芳)과 공 훈(勳)의 합으로 남에게 끼친 <u>꽃다운 향기</u>란 뜻과 불길이나 연기처럼 더운 기운이란 뜻 *人名 字(인명 자) *薰風(훈풍: 첫여름에 훈훈하게 부는 남풍)
1	口 9획	喧	시끄러울 **훤**	부를 환(喚)와 선전할 선(宣)의 합으로 상인이 물건을 팔려고 손님 <u>부르는</u> 소리가 시끄럽다는 뜻 *喧騷(훤소: 떠들고 소란스러움) *喧爭(훤쟁: 떠들썩하게 싸움)
1	十 3획	卉	풀 **훼** 많을 **훼**	싹 날 철(屮)과 풀 초(草)의 합으로 <u>새싹</u> 같은 파란색의 <u>풀이</u>란 뜻과 屮이 셋이니 풀이 많다는 뜻 *花卉(화훼: 꽃과 풀)
1	口 9획	喙	부리 **훼**	입 구(口)와 서까래 연(椽)의 합으로 <u>서까래</u>를 이어내듯이 덧대어 이어낸 것처럼 길게 튀어나온 <u>새의 입</u> 모양인 부리란 뜻 *喙息(훼식: 주둥이로 숨쉼) *容喙(용훼: 말참견)

급수	부수	한자	훈 음	해 설
3	殳 9획	毁	헐 **훼**	몽둥이 칠 수(殳)와 절구 구(臼)와 칠 공(攻)의 합으로 절구에 몽둥이 같은 방망이로 찧으니 부서진다는 뜻과 부서지니 헐다, 훼손된다는 뜻 *毁損, 毁墓, 毁傷 훼손 훼모 훼상
4	手 9획	揮	휘두를 **휘**	손가락 지(指)와 군사 군(軍)의 합으로 군대를 지휘하느라고 손가락으로 여기저기 가리키느라고 팔을 휘두른다는 뜻 *揮帳(휘장: 휘둘러 치는 장막) *一筆揮之, 揮毫大會, 實力發揮, 指揮, 發揮 일필휘지 휘호 대회 실력 발휘 지휘 발휘
1	彐 10획	彙	무리 **휘** 모을 **휘** 고슴도치 **휘**	고슴도치 머리 계(彐)와 클(무덤) 총(冢)과 결과 과(果)의 합으로 연구 결과물(結果物)을 수록하기 위해 같은 범주(카테고리)의 내용이나 갈래에 따라 분류하여 수북이 모은다는 뜻 *고슴도치는 둥근 몸통에 가시털이 풀이 수북한 무덤 같다. *彙報(휘보: 종류별로 분류해서 한 곳에 모은 보고서나 책) *語彙, 萬彙群象, 彙類, *國字임 어휘 만휘군상 휘류
3	車 8획	輝	빛날 **휘**	군사 군(軍)과 빛 광(光)의 합으로 군대에서 칼날이나 창 등의 무기가 광채를 내며 번뜩인다는 뜻 *부수가 수레인 것에 주의 *輝映, 輝煌燦爛 휘 영 휘황 찬란
1	麻 11획	麾	대장기 **휘**	삼 마(麻)와 털 모(毛)의 합으로 긴 털이 삼단처럼 드리워진 대장기란 뜻과 아악에서 지휘봉으로 쓰던 기란 뜻 *麾下部隊 휘하 부대

급수	부수	한자	훈 음	해 설
1	言 9획	諱	꺼릴 **휘** 피할 **휘**	조심할 근(謹)과 씨실 위(緯)의 합으로 조심해서 씨실처럼 뒤로 돌아가니 피한다는 뜻 *諱(휘: 돌아가신 조상이나 높은 어른의 이름을 함부로 부르지 않기 위해 피한다는 뜻) *諱之秘之(휘지비지: 우물쭈물 넘어감, 결과를 분명히 맺지 않음 '흐지부지'의 어원)
2人 인	彳 14획	徽	아름다울 **휘** 세겹노끈 **휘**	부를 징(徵)과 맬 계(系)의 합으로 신분, 직무 또는 명예를 나타내기 위하여 옷이나 모자에 매단 표장(表章), 상징(象徵)하는 마크란 뜻과 휘장을 다니 멋있고 아름답다는 뜻 *徽章(휘장), 徽號(휘호)
7	亻 4획	休	쉴 **휴** 그칠 **휴**	사람 인(人)과 나무 목(木)의 합으로 사람이 들일을 하다가 나무 그늘에서 쉰다는 뜻과 쉬니 하던 일을 멈춘다, 그친다는 뜻 *休紙(휴지: 필요할 곳에 놓아두는 종이) *休息(휴식), 休暇(휴가), 連休(연휴), 休學(휴학)
2人 인	火 6획	烋	아름다울 **휴** 기운건장할 **휴**	그럴 연(然)과 쉴 휴(休)의 합으로 휴양지(休養地)의 자연(自然)이 아름답다는 뜻과 자연에서 휴식을 취하니 다시 기운이 펄펄 나게 건장하다는 뜻 *人名 字(인명 자)
3	手 10획	携	끌 **휴**	밀 추(推)와 이에(끌어) 내(乃)의 합으로 밀거나 끌고 다니며 짐을 가지고 다니기 좋게 만든 가방(케리어)처럼 밀거나 끈다는 뜻과 기술 등을 서로 도와 밀어주고 끌어준다는 뜻 *携帶電話(휴대 전화), 技術提携(기술제휴), 事業提携(사업 제휴)

급수	부수	한자	훈 음	해 설
1	心 6획	恤	구휼할 **휼**	뜻 정(情)과 피 혈(血)의 합으로 피를 흘리며 전사한 군인의 유가족을 동정하여 보상금을 준다는 뜻과 확대되어 정부가 이재민을 구제한다든지 흉년에 백성들을 구휼한다는 뜻 *救恤(구휼: 빈민이나 이재민 등을 돕고 보살핌) *矜恤(긍휼: 가엽게 여겨 돌보아 줌)
5	凵 2획	凶	흉할 **흉** 나쁠 **흉**	입 벌릴 감(凵)과 벨 예(乂)의 합으로 베어 집어삼키려고 입 벌리고 있는 모양으로 속으로 못된 생각을 품으니 나쁘다는 뜻 *凶作(흉작: 농사가 잘못됨) *凶計(흉계), 凶惡(흉악), 吉凶(길흉)
1	水 6획	洶	용솟음칠 **흉** 술렁일 **흉**	살 활(活)과 가슴 흉(胸)의 합으로 가슴속 심장의 붉은 피가 활발(活潑)하게 용솟음친다는 뜻과 오랑캐 때문에 인심이 술렁인다는 뜻 *洶洶(흉흉: 인심이 술렁거려 험악한 모양, 물이 어지러이 용솟음치는 모양)
2族(족)	勹 4획	匈	오랑캐 **흉**	쌀 포(包)와 흉할 흉(凶)의 합으로 남쪽으로 내려와 식량을 빼어가는 흉악한 생각을 품고 있는 무리, 특히 몽골 지방의 민족 이름 흉노족이란 뜻 *匈奴族(흉노족: 기원전 3세기~1세기경에 몽골 지방에서 활약하던 유목민족)
3	肉 6획	胸	가슴 **흉**	육 달 월(月)과 흉할 흉(凶)과 쌀 포(包)의 합으로 몸에서 심장이나 간이나 폐 등의 장기들이 잘못될까 봐 갈빗대로 감싸고 있는 가슴이란 뜻 *胸部(흉부), 胸圍(흉위), 胸襟(흉금)

급수	부수	한자	훈 음	해 설
1	儿 4획	兇	흉악할 **흉**	으뜸 원(元)과 흉할 흉(凶)의 합으로 흉한 생각을 하고 있는 우두머리의 원흉이라는 뜻 *凶(흉)자와 통함 *兇漢(흉악한 사람)
5	黑 0획	黑	검을 **흑**	불 화 발(灬)과 집 당(堂)과 입 구(口)와 높을 상(尙)의 합으로 집의 온돌방에 불을 지피면 연기가 나가는 출구(出口)인 높은 지붕 위의 굴뚝이 새까맣게 검다는 뜻 *黑白(흑백), 黑人(흑인), 黑幕(흑막), 黑心(흑심), 黑字(흑자), 黑鉛(흑연)
1	疒	痕	흉터 **흔** 흔적 **흔**	병 병(病)과 그칠 간(艮)의 합으로 병이 그친 자리에 남은 흉터란 뜻과 남은 흔적이란 뜻 *傷痕(상흔), 痕迹(흔적), 血痕(혈흔)
1	欠	欣	기뻐할 **흔**	기쁠 환(歡)과 새 신(新)의 합으로 새것을 주니 '와아!'하고 환성(歡聲)을 지르며 좋아서 기뻐한다는 뜻 *欣快(흔쾌) *欣然(흔연: 기분이 좋은 모양)
2人(인)	欠 8획	欽	공경할 **흠** 부러울 **흠** 임금의 말 **흠**	감탄 탄(歎)과 비단 금(錦)의 합으로 번쩍번쩍하는 비단옷을 입은 황제를 감탄(感歎)하여 부러워한다는 뜻과 공경한다는 뜻과 황제의 사물에 대한 존칭으로 쓰임 *古音(고음)은 금 *欽慕(흠모: 존경하여 사모함) *欽差(흠차: 임금이 보내는 사신) *欽命(흠명: 임금의 명령)
1	欠 0획	欠	하품 **흠**	기운 기(氣)와 사람 인(人)의 합으로 사람이 입을 크게 벌리고 기운을 토해내는 모양으로 하품을 한다, 입을 벌린다, 틈이 벌어지니 모자란다는 뜻 *欠伸(흠신: 하품과 기지개)

급수	부수	한자	훈 음	해 설
1	欠 9획	歆	부러울 **흠** 공경할 **흠** 먹일 **흠**	공경할 흠(欽)과 소리 음(音)의 합으로 공경하는 소리(명성이나 칭송)란 뜻과 마실 음(飮)과 어두울 암(暗)의 합으로 신이 몰래 마신다, 제사의 예를 받는다, 신에게 제물을 드린다는 뜻 *歆饗(흠향: 신이 제물을 받음) *歆格(흠격: 신명이 감응하여 소원에 음함)
4.2	口 4획	吸	마실 **흡**	입 구(口)와 미칠 급(及)의 합으로 폐까지 깊숙이 미치도록 입으로 공기를 들이마신다는 뜻 *吸引(흡인), 吸着(흡착), 吸收(흡수), 吸水(흡수), 呼吸(호흡)
1	水 6획	洽	젖을 **흡** 흡족할 **흡**	살 활(活)과 마치 흡(恰)의 합으로 살아가는데 꼭 맞다, 충분하다는 뜻과 물과 합하니 젖는다는 뜻 *洽足(흡족), 未洽(미흡), 洽然(흡연)
1	心 6획	恰	마치 **흡**	생각 억(憶)과 합할 합(合)의 합으로 생각하고 있던 것과 합치되니 꼭 맞다, 맞춘 듯 마침맞다, 적당하다는 뜻 *마치는 "마침 잘 왔다"의 마침이란 뜻 *恰似(흡사: 거의 같음, 비슷함) *恰巧(흡교: 때마침 공교롭게도)
4.2	臼 9획	興	일어날 **흥**	더불어 여(與)와 같을 동(同)의 합으로 여민동락(與民同樂) 곧, 백성과 더불어 같이 즐긴다면 나라가 저절로 흥하고 그렇지 않으면 망한다고 맹자가 양혜왕에게 주장한 데서 백성이나 재산이 일어난다는 뜻과 여럿이 즐겁게 노니 신명이 일어나고 흥겹다는 뜻 *興盛(흥성), 興亡(흥망), 復興(부흥), 興奮(흥분), 興味(흥미)

급수	부수	한자	훈 음	해 설
4.2	巾 4획	希	바랄 **희** 드물 **희**	펼 포(布)와 가르칠 교(敎)의 합으로 포교(布敎)를 하여 가르침이 널리 퍼지기를 바란다는 뜻과 넓은 지역으로 뿌려 퍼뜨리니 드물다는 뜻 *希望(희망), 希求(희구)
3.2	禾 7획	稀	드물 **희**	가을 추(秋)와 바랄 희(希)의 합으로 '인생 칠십고희래(人生七十古稀來)'에서 누구나 오래 살기를 바라지만 춘추(春秋; 나이를 높임말) 칠십이 보기 드물다 흔하지 않다는 뜻 *稀薄(희박), 稀微(희미), 稀貴(희귀), 稀少(희소) *古稀(고희: 예로부터 보기 드물다는 70살을 이르는 말)
2	女 6획	姬	계집 **희**	계집 녀(女)와 턱 이(頤)의 합으로 頤는 아래위로 입을 받치고 있는 턱을 포함한 입의 모양으로 입을 크게 떠벌리고 입방아 찧듯이 지껄이기 좋아하는, 잔소리 늘어놓는 계집아이란 뜻 *舞姬(무희), 美姬(미희), 佳姬(가희)
3.2	口 9획	喜	기쁠 **희** 좋을 **희**	좋을 선(善)과 맺을 결(結)의 합으로 좋은 사람과 결혼(結婚)을 하게 되니 기뻐한다, 즐거워한다는 뜻 *喜酒(희주: 결혼 축하주) *喜消息(희소식), 喜悅(희열), 喜悲(희비)
2人(인)	女 12획	嬉	놀 **희** 아름다울 **희**	계집 희(姬)와 기쁠(즐길) 희(喜)의 합으로 여자를 데리고 희희낙락 즐기며 논다는 뜻과 결혼식 날 예쁘게 단장한 아름다운 여자란 뜻 *人名(인명) 字(자)

급수	부수	한자	훈 음	해 설
2人 인	心 12획	憙	기뻐할 **희**	생각 상(想)과 기쁠 희(喜)의 합으로 기쁜 일을 생각하며 기뻐한다는 뜻 *人名 字 인명 자
2人 인	示 12획	禧	복 **희**	복 복(福)과 좋을 희(喜)의 합으로 50년마다 한 번씩 돌아오는 좋은 해 축복의 복이란 뜻 *人名 字 인명 자 *禧年(희년: 가톨릭의 성년(聖年), 해방의 해)
2人 인	火 12획	熹	성할 **희** 빛날 **희**	세찰 열(烈)과 복 희(禧)의 합으로 복 있는 해이니 사업이 세차게 일어나고 일이 번창한다는 뜻 *人名 字 인명 자 *朱熹 주 희
2	火 9획	熙	빛날 **희**	빛날 희(熹)와 턱 이(頤)와 골목 항(巷)의 합으로 사람들이 큰 거리(골목)로 쏟아져 나와 드러내 놓고 떠벌리며(입방아를 찧다) 태평성대(복스런 해)를 맘껏 노래하는 모양으로 기쁘다, 즐겁다, 희망에 빛나다는 뜻 *熙朝(희조: 잘 다스려진 시대)
2	口 13획	噫	슬플 **희**	숨 내쉴 호(呼)와 가슴 억(臆)의 합으로 가슴(억장이 무너지듯)을 치며 깊은 한숨을 내쉰다, 탄식한다는 뜻 *噫嗚(희오: 탄식함) *噫欠(희흠: 트림과 하품)
3,2	戈 12획	戲	놀 **희**	경계 계(戒)와 빌 허(虛)의 합으로 경계를 시키려고 거짓말(헛소리)로 호랑이 나온다고 놀렸다는 뜻과 거짓으로 꾸며 경계시키고 교훈 삼도록 하는 이야기인 희곡이란 뜻 *戲弄, 戲曲, 遊戲, 戲劇 희롱 희곡 유희 희극

급수	부수	한자	훈 음	해 설
2人	羊 10획	羲	기운 **희** 황제이름 **희**	옳을 의(義)와 빼어날 수(秀)와 상고할 고(考)의 합으로 중국의 고고학(考古學)에 의롭고 빼어난 성인, 전설상의 제왕 또는 그 신, 중국 천지창조의 신이며 삼황오제의 우두머리, 중국 최고의 제왕이며 계사전(繫辭傳)의 기록에서 처음으로 8괘를 만들었고 그물을 만들어 고기를 잡는 법을 가르쳤다 함 *羲經(희경: 주역의 별칭) *羲農(희농: 복희씨와 신농씨) *羲皇(희황: 복희(伏羲)씨) *王羲之(왕희지: 중국 동진(東晋)의 서예가)
1	牛 16획	犧	희생 **희**	소 우(牛)와 복희 희(羲)의 합으로 삼황오제(三皇五帝)들께 제사를 지낼 때 소나 양을 잡아서 바쳤으니 소처럼 몸을 바쳐 희생된다는 뜻 *犧牲 희생
1	言 6획	詰	꾸짖을 **힐**	창 힐(倉頡)과 기록할 기(記)의 합으로 새의 발자국 등으로 글자를 만들었다는 창힐이 알아보기 어렵게 글자를 적어놓았다고 비난한다, 나무란다는 뜻 *詰難, 詰責 힐난 힐책